PAGE 50 SUR LA ROUTE

ÎLES, PLAGES, VILLES ET VILLAGES
Visites, activités et bonnes adresses

PAGE 397 LES ÎLES ET PLAGES DE THAÏLANDE PRATIQUE

TOUT POUR S'ORGANISER
Vols intérieurs, lignes de ferrys,
organismes à connaître

ÉDITION ÉCRITE ET ACTUALISÉE PAR

Brandon Presser

Celeste Brash, Austin Bush

Bienvenue sur les îles et plages de Thaïlande

Les plus belles plages

Les plages thaïlandaises évoquent un coin de paradis : de hauts palmiers ombragent un sable nacré, les coraux s'épanouissent au large et des bars décontractés accueillent les vacanciers jusqu'à point d'heure. Avec deux longues côtes et des îles verdoyantes cernées par une mer azur, le pays est un Éden tropical qui comble les hédonistes comme les ermites, les riches comme les fauchés. Postés telles des sentinelles entre ciel et mer, de spectaculaires pitons calcaires complètent ce tableau fabuleux. Autant que la splendide diversité de ce cadre, c'est l'infinie variété des activités qu'il permet qui séduit les voyageurs. Escalader les falaises à pic de Krabi, nager avec de doux requins-baleines près des pinacles au large de Ko Tao et de Ko Pha-Ngan, côtoyer des pêcheurs nomades à Trang, déguster des en-cas à base de produits de la mer sur les stands de Hua Hin ou apprécier les services d'un majordome expérimenté dans une villa privée d'un hôtel luxueux à Phuket, à vous de faire votre choix

Thaïlande gourmande

Si les plages attirent le voyageur en Thaïlande, la gastronomie le retiendra. Même si on trouve des restaurants thaïlandais dans le monde entier, c'est sur cette terre où elle est née que la cuisine thaïlandaise révèle pleinement ses saveurs. Concoctés avec des produits locaux à la fraîcheur irréprochable,

GLENN VAN DER KNIJFF/LONELY PLANET IMAGES©

Baies de sable doré, hamacs se balançant nonchalamment entre deux palmiers et formations karstiques émergeant des eaux ; le long des côtes sud de la Thaïlande, le rêve d'un paradis tropical devient réalité.

(À gauche) *Long-tail boat* sur Hat Hin Khom, Ko Phi Phi Don
(Ci-dessous) Éléphant sur une plage de Krabi

CHRISTIAN ASLUND/LONELY PLANET IMAGES©

depuis la citronnelle acidulée jusqu'au piment brûlant, des poissons charnus au poulet goûteux, les plats se déclinent en quatre saveurs principales : épicé, doux, salé et aigre. Chaque région possède ses particularités, qui invitent les voyageurs à parcourir le pays à leur recherche. Mais que les amateurs de plages se rassurent : il est désormais possible de goûter aux multiples saveurs du pays sans quitter le confort de son île.

Un accueil chaleureux

Entre le regard pétillant accompagnant le *wâi* – le geste de salutation thaïlandais, paumes jointes – et le sourire joyeux des passants, difficile de ne pas tomber sous le charme du "pays du sourire". Un surnom tout à fait justifié pour un royaume où l'hospitalité est reine. Depuis longtemps, la Thaïlande est le pays le plus visité de l'Asie du Sud-Est, ravi d'ouvrir la porte sur ses splendeurs naturelles aux étrangers de tous horizons. Au final, les îles et les plages constituent le cocktail parfait, avec leur mélange de paysages marins, de pics calcaires et de soleil tropical, qui sert de cadre pour des complexes hôteliers très professionnels, où tout est mis en œuvre pour satisfaire vos caprices avec élégance et diligence.

Les incontournables ›

Bangkok
La capitale thaïlandaise, une mégapole moderne et trépidante (p. 52)

Hua Hin
La station balnéaire de la haute société thaïlandaise (p. 147)

Ko Samet
La destination de week-end des habitants de Bangkok (p. 109)

Ko Kut
Une île couverte de jungle et bordée de plages secrètes (p. 135)

Ko Tao
Le paradis des plongeurs (p. 206)
Parc national maritime d'Ang Thong
Îlots oubliés (p. 220)
Ko Pha-Ngan
Une jungle ourlée de plages idylliques (p. 192)
Ko Samui
Profitez d'une villa privée en bord de mer (p. 174)
Railay
De sublimes formations karstiques, paradis des grimpeurs (p. 310)
Ao Phang-Nga
Charmante baie ponctuée de formations rocheuses (p. 286)
Phuket
Le luxe à l'état pur sur la côte d'Andaman (p. 237)
Ko Phi Phi
Cadre spectaculaire et vie nocturne trépidante (p. 316)
Ko Lanta
Des rubans de sable et une douce animation (p. 323)
Îles de Trang
Des îles paisibles et des plages désertes (p. 336)
Ko Lipe
Le sable blanc des plages est frangé d'une mer azur (p. 350)
Chumphon
Isthme de Kra
Ranong
Ko Tao
Parc national maritime d'Ang Thong
Ko Pha-Ngan
Ko Samui
Chaiya
Surat Thani
Parc national de Khao Sok
Parc national maritime des îles Surin
Îles Surin
OCÉAN INDIEN
Parc national maritime des îles Similan
Îles Similan
Khao Lak
Phang-Nga
Nakhon Si Thammarat
Thung Song
Krabi
Railay
Phuket
Ko Phi Phi
Ko Lanta
Trang
Kantang
Ranot
Phattalung
Thaleh Luang
Songkhla
Hat Yai
Parc national de Thaleh Ban
Satun
Sadao
Parc national maritime de Ko Tarutao
Ko Lipe
Pulau Langkawi
Alor Setar
Sungai Petani
Pattani
Yala
Narathiwat
Sungai Kolok
Betong
Keroh
Kota Bharu
MALAISIE
GOLFE DE THAÏLANDE
MER DE CHINE MÉRIDIONALE
0
150 km

20 FAÇONS DE VOIR LES ÎLES ET PLAGES DE THAÏLANDE

Les îles de Trang

1 Une brise chaude, le ronronnement du moteur du *long-tail boat* dont la proue usée s'habille de bandes de tissu coloré… Depuis cette embarcation, vous découvrez une nouvelle île, dont la végétation d'un vert intense resplendit sous les rayons dorés du soleil matinal. Votre prochaine destination ? La plage de sable blanc, là-bas – une parmi tant d'autres, à découvrir à pied ou avec masque et tuba (p. 334). Ko Kradan (p. 340)

Plongée à Ko Tao

2 Avec une mer tiède et calme et une fabuleuse vie sous-marine, Ko Tao (p. 206) est l'île par excellence où s'initier à la plongée – d'autant que les clubs pratiquent des tarifs très raisonnables. Près de la côte, des criques rocheuses et des récifs de corail peuplés de multiples poissons peuvent se découvrir en masque et tuba. L'île est suffisamment petite pour explorer les moindres recoins de sa jungle et dénicher des plages de sable désertes.

MUM62/ SHUTTERSTOCK ©

KRAIG LIEB/LONELY PLANET IMAGES ©

3

KIMBERLEY COOLE/LONELY PLANET IMAGES ©

4

PAUL BEINSSEN/LONELY PLANET IMAGES ©

Ko Pha-Ngan

3 Renommée pour ses "fêtes de la pleine lune" (Full Moon Parties) et ses soirées techno qui durent toute la nuit, Ko Pha-Ngan (p. 194), jadis paisible et vaguement hippie, est devenue un rendez-vous de noctambules. Les paillotes ont été transformées en hôtels de charme, offrant une alternative à Ko Samui pour ceux qui recherchent le confort. Sur les côtes nord et est, les inconditionnels du hamac pourront échapper à la vie moderne tout en se régalant d'une excellente cuisine. Sail Rock, l'un des sites de plongée les plus spectaculaires du golfe, se situe près des côtes.

Escalade à Railay

4 Le site d'escalade de Railay (p. 310) ravira spécialistes et débutants. Avec près de 500 voies équipées sur des parois calcaires, dévoilant un panorama prodigieux (des pics gris ornés de verdure, bordés par une eau cristalline et des plages de sable blanc), les sensations sont garanties dès les premiers mètres gravis. Les grimpeurs aguerris pourraient y passer des mois. Pour encore plus de frissons, essayez l'escalade libre en solo sur une paroi surplombant la mer : la chute se transforme ici en agréable plongeon.

Les trésors de Ko Ratanakosin

5 Berceau du Bangkok moderne, l'île artificielle de Ko Ratanakosin (p. 53) est aussi l'un des quartiers les plus charmants de la capitale. Elle abrite les principaux sites incontournables de Bangkok, tels le Bouddha d'Émeraude, le Wat Phra Kaew et le Wat Pho, et quelques petits trésors, comme le remuant marché aux amulettes et le superbe musée du Siam. Le quartier peut être rejoint en bateau, lors d'une charmante croisière sur le fleuve à bord du Chao Phraya Express. Notre promenade à pied (p. 63) passe par les sites majeurs. Wat Phra Kaew (p. 56), Bangkok

Visite de Ko Lanta

6 À moto ou en *túk-túk* (prononcer *đúk đúk*), s'écarter des plages touristiques de Ko Lanta (p. 323) permet de découvrir d'accueillants villages de pêcheurs musulmans et une jolie jungle. Ne manquez pas les rues aux airs de Far West et les boutiques d'art de Ban Lanta, puis poursuivez vers le sud de la côte orientale, relativement épargné par le tourisme. Tout au sud s'étend le parc national maritime de Ko Lanta, que peu de sites naturels égalent en beauté. Vous croiserez sur votre route de nombreuses grottes et de jolies plages de sable blond.

Ao Phang-Nga en kayak

7 Les visites en vedettes bondées n'offrent qu'un vague aperçu de la superbe baie parsemée de pics calcaires du parc national d'Ao Phang-Nga (p. 287), que vous aurez tout loisir d'admirer à bord d'un kayak. Accompagné de lézards volants, de cobras de mer et de calaos à casque rond, pénétrez dans les grottes maritimes, pique-niquez sur des plages solitaires et nagez dans une eau calme. À la tombée de la nuit, l'émerveillement est total face à la célèbre bioluminescence de la baie.

Croisière vers le Richelieu Rock

8 Mondialement réputés, les sites de plongée qui parsèment les eaux cristallines des parcs nationaux maritimes des îles Surin et des îles Similan comptent parmi les meilleurs du pays. Le spot suprême reste toutefois le lointain Richelieu Rock (p. 277), uniquement accessible en s'aventurant au nord, vers les Burma Banks, lors de croisières plongée (p. 269). L'affleurement en forme de fer à cheval où s'abrite une importante faune marine sert de garde-manger aux raies mantas et aux requins-baleines.

7

MARTIN STRMISKA/ALAMY ©

OLEGD/ SHUTTERSTOCK ©

Hua Hin, la plus urbaine des stations balnéaires

9 Villégiature royale, Hua Hin (p. 147), est un délicieux cocktail de ville et de mer, avec ses longues et larges plages, la fantastique cuisine servie sur ses marchés et son mode de vie véritablement thaïlandais. Marchez jusqu'aux plages au sud de la ville pour plus de tranquillité, grimpez jusqu'au temple perché sur sa colline, ou apprenez à maîtriser la mer et le vent lors d'un cours de kitesurf. Et, bien sûr, comme les Thaïlandais, régalez-vous du matin jusqu'au soir.

Vacances à la carte à Ko Samui

10 Souhaitant capter une clientèle nombreuse, Ko Samui (p. 174) est une station balnéaire aux excellentes infrastructures, essentiellement tournée vers le tourisme de masse. Chaweng, une somptueuse plage de sable, est fréquentée par ceux qui veulent voir et être vu. Si peu de vacanciers s'intéressent à la culture locale, il reste des endroits paisibles qui rappellent l'ancien surnom de Samui, "l'île des cocotiers", et quelques criques prisées des familles. L'île compte aussi de nombreux centres de bien-être pour pratiquer le yoga ou la méditation.

Luxe à Phuket

11 Loger dans un *resort* de luxe à Phuket (p. 236) est le summum du plaisir. Ici, piscine privée, personnel de maison et vue sur la mer turquoise sont agrémentés d'une touche thaïlandaise. Bien sûr, il existe des hôtels luxueux dans des centaines d'autres endroits du monde, mais nulle autre destination ne réunit la douceur des sourires, la lueur de l'or d'une statue du Bouddha et la légère odeur de frangipanier qui flotte dans l'air. Entre spa, plongée, détente, randonnée et kayak, les activités ne manquent pas.

MICK ELMORE/LONELY PLANET IMAGES ©

JOE CUMMINGS/LONELY PLANET IMAGES ©

La maison de Jim Thompson

12 Visiter l'ancienne demeure d'un marchand de soie américain peut paraître étrange, mais la maison de Jim Thompson (p. 59) à Bangkok vaut vraiment le détour. À la fin des années 1950, Thompson assembla quatre vieilles maisons thaïlandaises en bois qu'il décora d'une riche collection d'art et d'objets anciens asiatiques. Les visites guidées soulignent des détails que l'observateur distrait ne remarquerait pas. On trouve sur place un centre artistique, un café-restaurant et une boutique vendant la célèbre soie de Thompson.

Ko Chang

13 Le relief accidenté de Ko Chang (p. 95) cache une nature sauvage parmi les mieux préservées d'Asie du Sud-Est. L'intérieur escarpé de l'île abrite une flore et une faune dignes de *Jurassic Park*, où se croisent reptiles exotiques, oiseaux colorés et même quelques éléphants. Bien que les promoteurs aient envahi le joli front de mer, on trouve tout de même plusieurs coins bordés de sable à l'est et au sud, bien à l'écart des sentiers battus.

14

PAUL BEINSSEN/LONELY PLANET IMAGES ©

Les plages de Ko Lipe

14 Comment choisir entre Hat Pattaya et Sunrise Beach (p. 350) ? La plupart des visiteurs se seront fait leur opinion en repartant, et tous auront passé d'agréables moments à méditer sur la question. Pattaya est un sublime croissant de sable blanc où s'invitent volontiers les barbecues de fruits de mer et les filets de volley-ball, tandis que les *long-tails boats* se balancent sur l'eau azur. Sunrise, plus dorée, offre une vue spectaculaire sur la majestueuse Ko Adang aux quelques vacanciers qui paressent au soleil. Entre les deux, notre cœur balance.

À la découverte des îles Ko Yao

15 À seulement une heure de Phuket-ville, les rives sereines des discrètes îles Ko Yao (p. 288), assez méconnues, émergent au cœur de l'éblouissante baie d'Ao Phang-Nga. Loin des bars louches et des fêtes nocturnes de la ville, ces îles calcaires isolées hébergent de sages communautés de pêcheurs musulmans. Si l'on y trouve l'un des complexes hôteliers les plus luxueux de la région, les îles abritent surtout des huttes équipées de ventilateur, pour se reposer après une journée de plongée, d'escalade ou de VTT.

Parc national maritime d'Ang Thong

16 Alex Garland devait rêver au parc national maritime d'Ang Thong (p. 220) lorsqu'il rédigea son roman culte *La Plage* (adapté au cinéma avec Leonardo DiCaprio). Cet éblouissant archipel de 42 petites îles aux falaises à pic, recèle des lagons secrets, de magnifiques plages ambrées et une riche faune tropicale. Ang Thong se découvre lors d'excursions d'une journée depuis Ko Samui.

ANGELA MARIA LOBEFARO/GETTY IMAGES ©

BLAINE HARRINGTON III/CORBIS ©

17

18

Escapade à Ko Samet

17 Proche de Bangkok, la jolie Ko Samet (p. 109) constitue une destination balnéaire parfaite si votre temps est compté. Les constructions se cachent dans la jungle, le sable et la mer regroupent toutes les caractéristiques des paradis tropicaux et un chemin côtier boisé serpente entre des promontoires rocheux et des criques splendides. Les plages du nord, très fréquentées dans la journée, deviennent festives à la nuit tombée. Celles du sud, plus calmes, invitent au farniente. Votre escapade terminée, prenez le bateau et revenez à Bangkok pour le déjeuner.

La belle Ko Phi Phi

18 Destination parmi les plus célèbres de Thaïlande, Ko Phi Phi (p. 316) mérite tous les éloges qu'elle reçoit. Ses eaux limpides, ses magnifiques plages et ses époustouflantes falaises calcaires en font un excellent spot de plongée (avec bouteille ou juste masque et tuba) et même d'escalade. La nuit, elle devient le lieu de tous les plaisirs, où des jeunes gens boivent leurs cocktails à même de petits seaux. Lendemains difficiles assurés.

PANITHANKS/ SHUTTERSTOCK ©

CHRISTER FREDRIKSSON/LONELY PLANET IMAGES ©

Solitude sur Ko Kut

19 Face au Cambodge, la plus méridionale des grandes îles de Thaïlande déploie une jungle dense ourlée de plages immaculées, idéales pour les bains de soleil et les soirées paisibles rythmées par le chant des cigales. Si la topographie de Ko Kut (p. 135) ressemble à celle de nombreuses autres îles du royaume, avec sa forêt tropicale dissimulant des chutes d'eau, sa situation à la pointe de l'archipel de Ko Chang confère aux eaux qui la bordent une exceptionnelle teinte émeraude.

L'agitation de Patong

20 Patong (p. 257), sur l'île de Phuket, offre le meilleur et le pire du sud de la Thaïlande : agréables plages de sable et pollution des Jet-Skis, shopping à foison et prix gonflés, cabarets de premier choix et prostitution. On y trouve de nombreux centres de plongée, d'excellents hôtels et la vie nocturne la plus trépidante du littoral de la mer d'Andaman. Dans ce paysage urbain animé, les T-shirts souvenirs très osés et les propositions de "massage" pullulent. Mais après quelques jours passés sur la plage et au centre commercial, tout cela vous semblera faire partie du décor.

L'essentiel

Monnaie

» Baht thaïlandais (B)

Langue

» Thaï

Quand partir

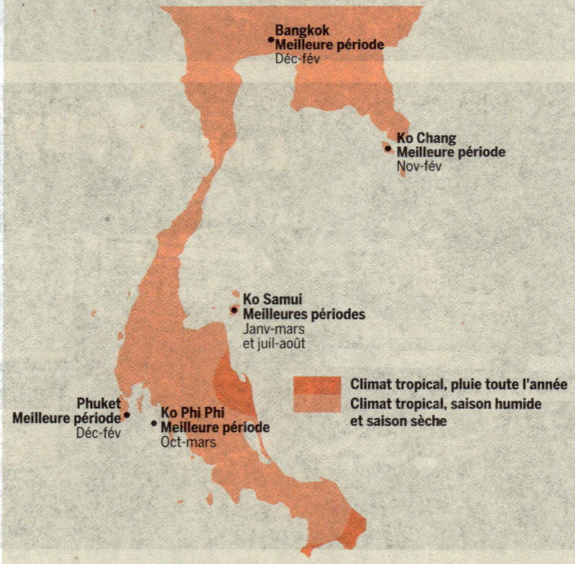

Haute saison
(nov-mars)

» Après la mousson vient la saison sèche, encore fraîche : les températures sont agréables et la nature resplendit.

» Lors des vacances occidentales de Noël, les touristes affluent sur les plages, et les prix s'envolent.

Saison intermédiaire
(avr-juin)

» Avril, mai et juin sont généralement extrêmement chauds et secs, mais la brise marine rafraîchit l'atmosphère.

Basse saison
(juil-oct)

» Les côtes d'Andaman et du golfe reçoivent tour à tour les pluies de mousson.

» En juillet et août, la côte sud du golfe est souvent ensoleillée.

» L'activité cesse sur certaines îles et les traversées en bateau sont plus rares par mauvais temps.

Budget quotidien

Moins de

1 500 B

» Chambre en pension rudimentaire : 300-1 000B

» Excellents repas sur les marchés ou les stands de rue

» Un ou deux verres en soirée

» Déplacements à pied et en transports en commun

1 500-3 000 B

» Pension ou hôtel de catégorie moyenne : 1 000-2 500 B

» Repas occidentaux ou plats de poisson

» Plusieurs verres en soirée

» Location de deux-roues

Plus de

3 000 B

» Hôtel de charme : 2 500 B et plus

» Repas raffinés

» Excursions privées

» Location de voiture

Argent

» Les DAB sont très répandus et facturent 150 B pour les retraits sur des comptes étrangers. Les cartes Visa et MasterCard sont acceptées dans les établissements haut de gamme.

Visa

» Pas de visa pour un séjour touristique inférieur à 30 jours, un passeport en cours de validité suffit. Les visas de 60 jours sont à demander dans son pays d'origine auprès des ambassades et consulats thaïlandais.

Téléphone portable

» La Thaïlande utilise le réseau GSM ; les cartes SIM prépayées sont bon marché. La technologie 3G en HSPA+ fonctionne dans la zone de Bangkok.

Transports

» Les bus sont nombreux et abordables, les vols intérieurs peu coûteux, les trains lents et pittoresques. La location de motos et de voitures est très répandue.

Sites Web

» **Office national du tourisme de Thaïlande** (TAT ; www.tourismethaifr.com)

» **Ambassade de France en Thaïlande** (www.ambafrance-th.org)

» **Lonely Planet** (www.lonelyplanet.fr)

» **Guide de la Thaïlande sur Internet** (http://thailande-guide.com)

» **Dictionnaire français-thaï** (www.francais-thai.com)

» **ThailandeFr** (http://thailande-fr.com)

» **Gavroche Magazine** (www.gavroche-thailande.com)

» **Thai Travel Blogs** (www.thaitravelblogs.com, en anglais)

Taux de change

Canada	1 $C	31 B
Chine	10 Y	50 B
États-Unis	1 $US	32 B
Japon	100 ¥	40 B
Suisse	1 FS	32 B
Zone euro	1 €	39 B

Pour connaître les derniers taux de change, connectez-vous au site : www.xe.com/ucc/fr.

Numéros utiles

Indicatif de la Thaïlande	☎66
Urgences	☎191
Codes d'accès à l'international	☎001, 007, 008, 009 (selon les opérateurs)
Appels internationaux via un opérateur	☎100
Police touristique	☎1155

Arriver en Thaïlande

» **Depuis/vers l'aéroport international de Suvarnabhumi**

Airport Bus Toutes les heures de 6h10 à 21h (150 B)

Airport Rail Link Service local (45 B, 30 min) jusqu'à la station Phaya Thai ; service express (150 B, 15 min) jusqu'à la station Makkasan

Taxis Avec compteur : 220-380 B, supplément aéroport de 50 B plus péages ; selon la circulation, environ 1 heure pour rejoindre Bangkok.

REJOINDRE LES ÎLES EN AVION

Si vous avez l'intention de séjourner principalement dans les îles, autant arriver directement à Phuket ou à Ko Samui par un vol international sans avoir à changer à Bangkok. De nombreuses compagnies aériennes relient l'aéroport international de Phuket (HKT), porte d'accès à la côte d'Andaman, à Paris, Bruxelles, Séoul, Kuala Lumpur, Hong Kong, Singapour et Jakarta. L'aéroport de Ko Samui (USM), de moindre importance, dessert Hong Kong, Kuala Lumpur et Singapour.

Pour un premier séjour

Quelques conseils sont toujours utiles quand on visite un pays pour la première fois. Voici quelques expressions à apprendre, quelques coutumes à adopter et quelques règles de bienséance à suivre. Un chapitre pour faire connaissance en douceur avec la Thaïlande.

Langue

Vous ne connaissez pas un mot de thaï ? Ne vous inquiétez pas, la plupart du temps, vous n'en aurez pas besoin. Dans les villes touristiques, les chauffeurs de bus ou de taxi, les vendeurs du marché et bien d'autres personnes parlent anglais. Toutefois, dans les endroits plus reculés, il peut être utile de savoir commander son repas ou de compter en thaï. Vos efforts seront récompensés d'un beau sourire.

L'écriture thaïe vous placera dans la position d'un analphabète. Les noms des rues sont toujours indiqués en lettres latines, mais comme il existe plusieurs systèmes de transcription, l'orthographe de ces noms varie, ce qui prête à confusion.

Réserver une chambre

Bien qu'il soit facile de trouver une chambre au dernier moment dans de nombreux établissements des catégories moyenne et économique, nous vous recommandons de réserver vos premières nuitées. Ces phrases vous aideront lors de la réservation.

Bonjour.	สวัสดี	sà-wàt-dee
Je voudrais réserver une chambre.	ขอจองห้องหน่อย	kŏr jorng hôrng nòy
une simple	ห้องเดี่ยว	hôrng dèe·o
une double	ห้องเตียงคู่	hôrng đee·ang kôo
Je m'appelle...	ผม/ดิฉันชื่อ...	pŏm/dì-chăn chêu ... (m/f)
de... à... (date)	จากวันที่ ... ถึงวันที่ ...	jàhk wan têe ... tĕung wan têe ...
Combien est-ce...?	... ละเท่าไร	... lá tôw-rai
par nuit	คืน	keun
pour deux personnes	สำหรับสองคน	săm·ràp sŏrng kon
Merci.	ขอบคุณ	kòrp kun

Quelles tenues ?

En raison de la chaleur tropicale qui règne toute l'année, les tenues amples et légères sont les plus confortables. N'oubliez pas une petite veste pour de rares soirées plus fraîches et pour vous protéger de la climatisation dans l'avion. Pour la visite des temples, prévoyez des vêtements couvrant les bras et les jambes. Aux pieds, vous n'aurez besoin que d'une paire de sandales, et peut-être de quelque chose de plus élégant pour un dîner chic à Bangkok ou à Phuket.

À emporter

- » Passeport
- » Carte bancaire
- » Permis de conduire
- » Guide de conversation
- » Adaptateur électrique
- » Téléphone portable GSM
- » Chargeur de téléphone portable
- » Écran solaire
- » Répulsif contre les moustiques
- » Crème apaisante contre les piqûres d'insectes
- » Chemises légères à manches longues
- » Pantalons en tissu léger
- » Chapeau
- » Lunettes de soleil
- » Serviette de plage
- » Sandales confortables
- » Lampe électrique ou frontale
- » Appareil photo
- » Antibiotiques

Avant de partir

» Vérifiez si votre passeport est encore valable pour au moins six mois.

» Réservez vos vols internationaux et intérieurs.

» Faites une demande de visa auprès du consulat de Thaïlande si vous avez l'intention de rester plus d'un mois dans le pays.

» Souscrivez une assurance voyage et automobile.

» Consultez votre médecin pour un examen vous déclarant apte à la plongée.

Étiquette

Si les Thaïlandais se montrent compréhensifs et hospitaliers, il n'existe pas moins des règles de comportement à respecter. La meilleure façon de gagner le cœur d'un Thaïlandais est de sourire – manifester sa colère ou entamer une dispute fait perdre la face à toutes les personnes présentes. Vous éviterez toute remarque sur la famille royale et manipulerez les objets à l'effigie du roi avec respect, y compris les pièces de monnaie et les billets de banque.

» **Dans les temples** Portez des vêtements décents. Ôtez vos chaussures, comme l'usage le veut d'ailleurs dans presque tous les intérieurs. Si vous vous asseyez devant une statue du Bouddha, faites en sorte que vos pieds ne pointent pas dans sa direction. Les femmes ne doivent pas toucher les moines ni leurs effets personnels. Pour éviter de les frôler par inadvertance, mieux vaut garder vos distances.

» **À la plage** Pas de nudité sur la plage. Les Thaïlandais sont très pudiques et la plupart se baignent entièrement vêtus. En quittant la plage, les hommes porteront une chemise, et les femmes passeront un vêtement sur leur maillot de bain.

Marchander

» **Quand marchander** En Thaïlande, le marchandage est au centre de presque tout échange commercial. Il n'y a pas de règles précises. Si vous achetez des vêtements ou des souvenirs, mieux vaut acheter en quantité : plusieurs T-shirts vous donneront droit à une réduction.

» **Quand ne pas marchander** Dans quelques rares situations, il ne convient pas de marchander : dans un restaurant, une station-service ou un grand hôtel. En revanche, c'est l'usage dans la plupart des hôtels en bord de mer tenus par des Thaïlandais.

Argent

En général, il est beaucoup plus simple de payer en espèces dans les restaurants, les bars, les lieux de divertissements et les boutiques de souvenirs. La plupart des hôtels des catégories moyenne et supérieure, comme de nombreux clubs de plongée, acceptent les cartes bancaires, mais en ajoutant 2 ou 3% à la somme pour frais de traitement. Les cartes les plus couramment acceptées sont les Visa et les Mastercard.

Quand vous retirez de l'argent dans un distributeur, on vous prélève également une somme importante (généralement entre 150 et 200 B, soit 4 ou 5 €). Il vaut donc mieux bien évaluer ses dépenses journalières et limiter le nombre de retraits. Vous trouverez des DAB dans presque tous les 7-Eleven. Cependant, sur de nombreuses îles, les distributeurs sont rares : lisez attentivement la rubrique *Renseignements* correspondant à votre destination afin de vous organiser.

Quoi de neuf ?

Pour cette nouvelle édition du guide Thaïlande îles et plages, *nos auteurs sont partis en quête des toutes dernières nouveautés. Voici quelques-unes de nos préférées.*

Atterrissage au paradis

1 Grâce aux vols internationaux qui desservent directement Phuket et Ko Samui, atteindre la plage de ses rêves est aujourd'hui facile. En outre, des vols intérieurs assurent la liaison, sans avoir à passer par Bangkok, vers des baies turquoise frangées de sable d'une blancheur étincelante.

Une offre de plongée diversifiée

2 Ko Tao ne s'adresse plus qu'aux seuls débutants. Les plongeurs expérimentés explorent désormais des grottes sous-marines et certains abandonnent même les bouteilles pour des plongées en apnée (p. 208).

Des hôtels économiques tout confort à Bangkok

3 Ces dernières années, l'offre hôtelière pour voyageurs indépendants à petit budget a connu une révolution à Bangkok. De nouveaux établissements, comme NapPark, proposent des dortoirs ultra-design, des espaces communs cosy et de nombreuses activités (p. 51).

Une architecture sino-portugaise restaurée

4 Phuket a longtemps été un port important sur la route du commerce international. Une grande partie de ses bâtiments sino-portugais ont récemment retrouvé leur éclat d'antan, et le Phuket 346, une ancienne *shophouse* (maison-boutique) est même devenue un hôtel (p. 247).

Une escalade sur Ko Yao Noi

5 Les falaises de Railay figurent parmi les sites d'escalade les plus prisés du monde et attirent une foule de grimpeurs. Pour des expériences plus calmes, au large de la côte de Phuket, contactez Mountain Shop Adventures (p. 289).

Des villas équipées avec personnel de maison

6 Dernière nouveauté pour des vacances de luxe en Thaïlande : la villa privée. Si vous recherchez la sérénité, vous apprécierez ce type de séjour, qui présente tous les avantages du complexe hôtelier sans l'inconvénient de la foule. Les Ko Jum Beach Villas (p. 331) se fondent dans un paysage luxuriant.

Une agence de voyages d'un clic

7 Vous trouverez des agences de voyages dans le moindre coin un peu touristique de Thaïlande. Mais depuis qu'Internet couvre toutes les côtes, réserver d'un clic ses activités et ses transports n'a jamais été aussi simple. Essayez Backpackers Thailand (www.backpackersthailand.com), une agence de Ko Pha-Ngan (p. 205).

Miam ! Nahm !

8 L'adresse londonienne du chef australien David Thompson a été le premier restaurant thaïlandais à recevoir une étoile au Michelin. Il a depuis ouvert une enseigne du nahm à Bangkok (p. 77).

Envie de...

Plages

Des criques secrètes aux longues étendues de sable, les plages de Thaïlande sont magnifiques et attirent les amateurs de soleil du monde entier. L'époque où l'on profitait seul de ce paradis est bien révolue, mais le cadre n'a rien perdu de sa splendeur.

Îles de Trang Archipel paisible aux îlots tous plus idylliques les uns que les autres. Caressez le sable depuis votre hamac puis plongez au milieu des récifs (p. 335).

Ko Kut Des kilomètres de sable désert bordent la solitaire Ko Kut ; ne manquez pas Khlong Chao, une plage de rêve incontournable (p. 135).

Ko Pha-Ngan Réputée pour ses fêtes débridées lors de la pleine lune, Ko Pha-Ngan est l'île idéale pour se prélasser dans un hamac le reste du temps.

Ko Lipe Une belle récompense attend ceux qui se seront déplacés jusque-là : le sable d'un blanc immaculé se prête aux photos sur Hat Pattaya (p. 350).

Îles Similan Aussi éblouissantes au-dessus de la mer qu'en dessous. Quelques rochers parsèment le paysage blanc nacré et bleu profond (p. 284).

Plongée et snorkeling

Les eaux chaudes et claires comme la diversité des paysages sous-marins placent le pays parmi les premières destinations mondiales pour la plongée.

Parcs nationaux maritimes des îles Surin et Similan Ces îles comptent parmi les meilleurs sites de plongée au monde, avec de spectaculaires gorges rocheuses, des récifs de coraux durs et mous et une infinité d'espèces marines. Croisières de plusieurs jours depuis Khao Lak (p. 282).

Ko Lanta Une valeur sûre de la mer d'Andaman, avec des récifs fréquentés par les raies mantas, les requins-baleines et d'autres grandes espèces pélagiques (p. 325).

Ko Tao Des centres de plongée à prix abordable, une eau peu profonde et de bonnes conditions toute l'année : l'île parfaite pour s'initier à la plongée. Les récifs proches de la rive invitent au snorkeling (p. 206).

Ko Phi Phi L'ultime paradis des noctambules est entouré de quelques spots qui méritent de chausser ses palmes, notamment pour admirer les reliefs karstiques immergés (p. 317).

Gastronomie

La cuisine thaïe est parfumée, disponible partout et très bon marché. Des stands de rue s'installent aux heures des repas, des marchés de nuit vendent des plats préparés et des restaurants familiaux servent des recettes traditionnelles.

Currys Relevés, parfumés et colorés, les currys se présentent sous forme de soupe qui constitue un repas complet. Bangkok offre des spécialités de tout le pays. Dans le Sud, la soupe de curry est agrémentée de copieuses portions de poisson bouilli.

Produits de la mer Crevettes grillées, calamars sautés copieusement épicés, currys de crabe et moules frites, autant d'incitations à dîner sur la côte.

Fruits Succulents et variés, ils composent facilement un repas. Omniprésents sur les marchés.

Cuisine de l'Isan Les 3 plats du Nord-Est – le *gài yâhng* (poulet grillé), le *sôm·đam* (salade de papaye verte épicée) et le *kôw nĕe·o* (riz gluant) – sont toujours appréciés dans les échoppes du Sud.

Cours de cuisine Apprenez les secrets des cuisiniers thaïlandais dans les écoles de Bangkok (p. 62), Phuket (p. 243) ou Ko Samui (p. 179).

Envie de... vie nocturne ? Une nuit (ou plus !) à Bangkok s'impose. Les sorties dans les bars sont aussi de rigueur à Phuket et Ko Samui. Entre Ko Pha-Ngan et Ko Phi Phi, les voyageurs assurent une ambiance résolument festive.

Une nuit dans un cinq-étoiles

En Thaïlande, le luxe a une saveur toute particulière, liée à son hospitalité dont elle est si fière. Les grandes îles du pays abritent certains des meilleurs cinq-étoiles du monde, à des tarifs parfois étonnamment modérés.

Phuket Une foule d'hébergements haut de gamme bordent les plages de sable à l'ouest de Phuket. Si vous n'y logez pas, prenez-y un cocktail (p. 236).

Ko Samui Plus paisible que Phuket, Samui allie hôtels de luxe et retraites paisible. Ses nombreuses péninsules recèlent autant de paradis privés pour les voyageurs aux portefeuilles bien garnis (p. 179).

Bangkok La concurrence féroce entre les hôtels maintient les prix bas dans la capitale. Profitez-en pour vous offrir une chambre de luxe (p. 66).

Khao Lak Réputée surtout pour la plongée, Khao Lak recèle quelques établissements cinq étoiles un peu moins chers que sur Phuket, sa voisine (p. 283).

Ko Pha-Ngan Très fréquentée par les voyageurs à petit budget, Ko Pha-Ngan possède une poignée d'hébergements luxueux installés le long de ses eaux paisibles (p. 195).

Sports d'aventure

Bien sûr, les possibilités de plongée sont légion mais vous trouverez une foule d'occupations palpitantes qui ne nécessitent ni masque, ni tuba.

Escalade à Railay Les reliefs karstiques caractéristiques de l'Andaman sont spectaculaires à Railay. Des centaines de grimpeurs en tentent l'ascension (p. 310).

Trekking dans la jungle de Ko Chang Offrez-vous une expérience de type *Au cœur des ténèbres* dans l'épaisse jungle de Ko Chang, une vaste étendue préservée (p. 125).

Kayak à Phang-Nga Depuis votre kayak, levez la tête et observez la roche déchiquetée qui défie les paisibles nuages (p. 287).

Tyrolienne à Phuket Tel un gibbon, traversez la vaste et humide palmeraie et balancez-vous dans la canopée tout en découvrant les secrets de la forêt en contrebas (p. 237).

Escalade dans les îles de Ko Yao Beaucoup moins touristique que Railay, la paisible Ko Yao Noi est la destination montante parmi les grimpeurs en quête d'aventure (p. 288).

Retour aux sources

Ne vous fiez pas aux rumeurs, les lieux où l'on peut oublier tous ses soucis abondent encore en Thaïlande. Accrochez votre hamac en coton, allongez-vous et savourez.

Ko Lao Liang Perdue entre les îles de Trang et l'archipel de Ko Tarutao, Ko Lao Liang est la destination où se dissimuler entre deux falaises (p. 342).

Ko Phra Thong Près de l'estuaire boueux de Ranong, Ko Phra Thong est un petit bijou de la mer d'Andaman, où se rassemblent des touristes d'âge mûr qui se remémorent leurs premiers voyages (p. 278).

Ko Pha-Ngan Ko Pha-Ngan devient de plus en plus chic mais possède toujours une kyrielle de lieux préservés de toute construction (p. 192).

Ko Wai L'une des plus petites îles de l'archipel de Ko Chang retrouve sa sérénité lorsque les visiteurs venus pour la journée s'en retournent avant le coucher du soleil (p. 133).

Bang Saphan Yai Sur le continent, dans une partie un peu oubliée du golfe de Thaïlande, Bang Saphan Yai préserve un mode de vie traditionnel ; les huttes de bambou abondent (p. 166).

Mois par mois

Le top 5

1 **Songkran**, avril

2 **Loi Krathong**, novembre

3 **Fête de la Pleine Lune**, tous les mois

4 **Fête végétarienne**, octobre

5 **Anniversaire du roi**, décembre

Janvier

Le temps sec et frais attire les touristes européens qui cherchent à fuir l'hiver.

Nouvel An chinois

Les Thaïlandais d'origine chinoise fêtent le Nouvel An lunaire chinois (date variable selon l'année). Au programme, pendant une semaine : grand ménage et feux d'artifice. S'il est célébré en grande pompe à Phuket, Bangkok et Pattaya, le Nouvel An (*đrùd jeen*) reste, en général, une fête familiale.

Février

La haute saison se poursuit et les frileux viennent en Thaïlande pour le soleil et la fête.

Makha Bucha

À la pleine lune du 3e mois lunaire, Makha Bucha (*mah·ká bou·chah*) est l'une des 3 fêtes célébrant des moments clés de la vie du Bouddha. Elle commémore le prêche du Bouddha devant 1 250 moines "éclairés", venus l'écouter "sans invitation préalable". Cette fête nationale est l'occasion de se rendre au temple.

Mars

La saison chaude et sèche approche et les plages se vident. Les vents annoncent l'époque des cerfs-volants et du kitesurf. Les étudiants, en vacances avant le deuxième semestre de cours, sillonnent le pays en touristes.

Festival international de musique de Pattaya

Des groupes pop et rock de toute l'Asie viennent se produire à Pattaya. Ce festival gratuit attire un grand nombre d'étudiants de l'université de Bangkok.

Avril

Un temps chaud et sec enserre le pays. La saison touristique ralentit, sauf durant le Songkran. Pensez à réserver bien à l'avance car les Thaïlandais voyagent beaucoup à cette occasion.

Songkran

Le Nouvel An traditionnel thaïlandais (12-14 avril) commence sagement, puis dégénère en bataille d'eau. Le matin, des cortèges colorés de bouddhas s'avancent vers les temples et sont aspergés d'eau lors d'une cérémonie. Les plus jeunes membres de la famille honorent les anciens en versant de l'eau sur leurs mains. Après cela, tout le monde charge son pistolet à eau et descend dans la rue pour arroser et se faire arroser ; commandos spéciaux et camionnettes équipées pour l'occasion n'épargnent personne ! Bangkok est l'épicentre des batailles. Les innocents spectateurs se réfugient à l'intérieur jusqu'à ce que plus personne n'ait de munitions.

Mai

Dans l'attente de la saison des pluies, les festivités en appellent aux précipitations abondantes et aux récoltes généreuses. C'est une saison intermédiaire sous-estimée durant laquelle les prix sont bas et les touristes peu nombreux.

Cérémonie des Labours royaux

Astrologie et anciens rites brahmaniques se mêlent dans cette cérémonie royale qui marque l'ouverture officielle de la saison de plantation du riz. Un bœuf sacré est attelé à une charrue de bois pour labourer les terres du Sanam Luang, à Bangkok. Ce rituel restauré dans les années 1960 par le roi est accompli par le prince héritier Maha Vajiralongkorn.

Juin

Dans certaines régions, la saison des pluies commence déjà sous la forme d'une averse l'après-midi, laissant le reste de la journée à la musique et aux réjouissances.

Festival de jazz de Hua Hin

Des groupes de jazz viennent dans cette retraite royale pour rendre hommage au roi, saxophoniste de jazz et compositeur accompli.

Juillet

Début de la saison des pluies. Les festivités annoncent le carême bouddhique. Les communautés religieuses préparent cette période de réflexion et de méditation.

Khao Phansa

Le jour suivant Asahna Bucha (jour du premier sermon du Bouddha), la fête de Khao Phansaa marque

(ci-dessus) Fidèles au temple Jui Tui lors de la Fête végétarienne (p. 249) à Phuket
(ci-dessous) Adolescents dans Th Khao San à Bangkok à l'occasion de Songkran (p. 25), le Nouvel An thaïlandais

le début du carême bouddhique (1er jour de la lune décroissante du 8e mois lunaire). C'est traditionnellement ce moment que les hommes choisissent pour entrer dans les ordres, et les moines pour se retirer au monastère et se consacrer à l'étude et à la méditation. Au cours de la fête de Khao Phansaa, les fidèles font des offrandes de cierges et autres fournitures aux temples, et assistent aux ordinations.

Août

À la moitié de la saison des pluies, le ciel reste couvert et les averses sont quotidiennes. L'humidité est omniprésente.

Anniversaire de Sa Majesté la Reine

L'anniversaire de la reine de Thaïlande (12 août) est un jour férié, lors duquel on célèbre les mères dans tout le pays. À Bangkok, cette journée est marquée par des événements culturels qui ont lieu dans Th Ratchadamnoen et sur le Sanam Luang.

Octobre

C'est le début des préparatifs religieux pour la fin de la saison des pluies et du carême bouddhique. La mousson se termine dans presque tout le pays.

Fête végétarienne

Fin septembre ou début octobre, durant les 9 jours de cette fête (pendant le 9e mois lunaire), la viande est bannie de l'alimentation, conformément aux croyances bouddhiques chinoises concernant la purification de l'esprit et du corps. Dans les villes où vit une forte communauté sino-thaïlandaise, comme Bangkok, Hua Hin, Pattaya, Trang et Krabi, les banderoles jaunes des vendeurs de plats végétariens prolifèrent, tandis que les personnes méritantes, habillées en blanc, se retirent pour méditer. À Phuket, les manifestations prennent une tournure extrême (et parfois effrayante), lorsque certains participants en transe se transpercent la peau.

Novembre

Saison fraîche et sèche. Si vous arrivez assez tôt, vous éviterez les foules de touristes. Les plages sont agréables, et les paysages luxuriants parfaits pour faire de la randonnée et admirer les cascades.

Loi Krathong

Comptant parmi les fêtes les plus populaires de Thaïlande, Loi Krathong se déroule lors de la 1re pleine lune du 12e mois lunaire. Le but de cette célébration est de remercier la divinité des rivières qui donne la vie aux champs et aux forêts, et de lui demander pardon pour la pollution causée par les hommes. Partout, on fait flotter sur les cours d'eau de petites embarcations en feuille de bananier (appelées *kràthong* ou *grà·tong*) que l'on décore de fleurs et que l'on charge d'encens et de pièces de monnaie.

Décembre

Ciel bleu, hôtels bondés et ambiance de vacances : c'est l'apogée de la saison touristique.

Anniversaire de Sa Majesté le Roi

Date anniversaire du roi, le 5 décembre est un jour férié célébré par des défilés et différents hommages. C'est également la fête des Pères dans tout le pays. À Bangkok, Th Ratchadamnoen Klang est illuminée et décorée, et tout le monde porte des chemises roses, car cette couleur est le symbole de la monarchie.

Choisir sa plage et son programme

Jusqu'où êtes-vous prêt à voyager pour trouver la plage de vos rêves ? Définissez d'abord vos priorités, puis laissez-vous guider.

Départ

Je recherche une plage réputée

À une heure de vol ou à une nuit de train de Bangkok, mais pas à une journée de voyage.

Question hébergement, je préfère...

... une auberge de jeunesse.

... un hôtel familial ou luxueux.

La plongée sous-marine...

m'intéresse...

ne m'intéresse pas...

Mon activité préférée :

Le farniente sur la plage.

L'escalade.

Question nourriture :

Je voudrais surtout déguster poissons et fruits de mer.

Je veux me régaler de plats thaïlandais.

J'aime la cuisine internationale

Mon complexe hôtelier idéal...

... est moins connu, mais jouit d'une ambiance jeune.

... est réputé pour son confort conforme aux standards internationaux.

Ko Lanta p. 323

Hua Hin p. 147

Ko Tao p. 206

Railay p. 310

Ko Samui p. 174

Phuket p. 237

Ko Chang (côte d'Andaman) p. 274

Îles de Trang p. 336

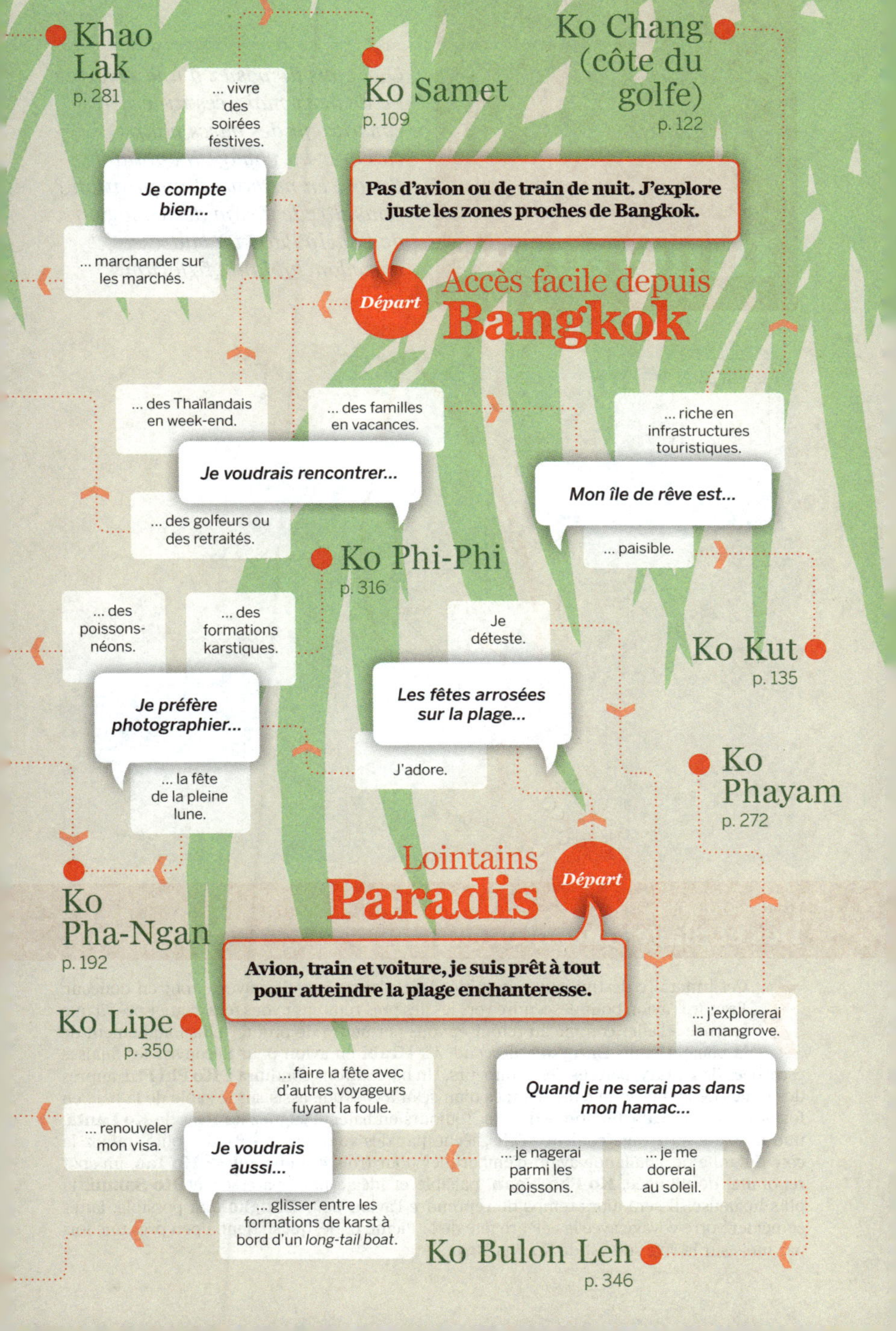
Khao Lak
p. 281
Ko Samet
p. 109
Ko Chang (côte du golfe)
p. 122
... vivre des soirées festives.
Je compte bien...
... marchander sur les marchés.
Pas d'avion ou de train de nuit. J'explore juste les zones proches de Bangkok.
Départ
Accès facile depuis Bangkok
... des Thaïlandais en week-end.
... des familles en vacances.
... riche en infrastructures touristiques.
Je voudrais rencontrer...
Mon île de rêve est...
... des golfeurs ou des retraités.
... paisible.
Ko Phi-Phi
p. 316
... des poissons-néons.
... des formations karstiques.
Je déteste.
Ko Kut
p. 135
Les fêtes arrosées sur la plage...
Je préfère photographier...
J'adore.
Ko Phayam
p. 272
... la fête de la pleine lune.
Lointains Paradis
Départ
Ko Pha-Ngan
p. 192
Avion, train et voiture, je suis prêt à tout pour atteindre la plage enchanteresse.
Ko Lipe
p. 350
... j'explorerai la mangrove.
... faire la fête avec d'autres voyageurs fuyant la foule.
Quand je ne serai pas dans mon hamac...
... renouveler mon visa.
Je voudrais aussi...
... je nagerai parmi les poissons.
... je me dorerai au soleil.
... glisser entre les formations de karst à bord d'un long-tail boat.
Ko Bulon Leh
p. 346

Itinéraires

Que vous disposiez d'une semaine ou de deux mois, ces itinéraires constituent des bases pour élaborer un voyage inoubliable. Encore en manque d'inspiration ? Consultez le forum des voyageurs de Lonely Planet à l'adresse www.lonelyplanet.fr/forum.

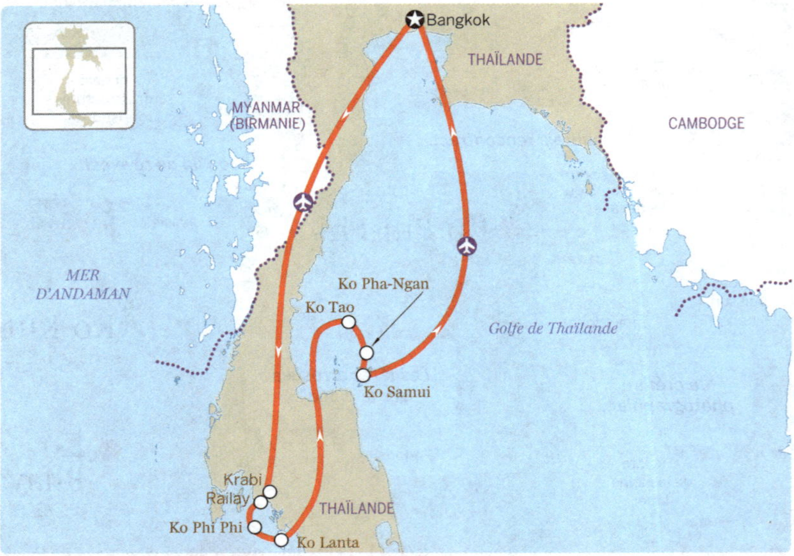

Deux semaines

Îles et plages incontournables

Cet itinéraire destiné aux non-initiés leur réserve une découverte tout en douceur. Prendre l'avion pour descendre vers les îles puis remonter vous fera gagner près d'une journée à l'aller comme au retour et vous permettra de profiter plus longuement de la plage. Depuis **Bangkok**, descendez à **Krabi** en avion pour découvrir les falaises escarpées de **Railay**, paradis des grimpeurs. Un bateau vous conduira à **Ko Phi Phi**, auprès des foules de jeunes voyageurs équipés d'un seau à cocktail, assis sur le sable de la baie en forme de sablier caractéristique de l'île. Toujours en bateau, gagnez les rives de **Ko Lanta**, une île plate au rivage couleur pêche, léché par des vagues azur. Par la route, ralliez la côte du golfe de Thaïlande avant d'embarquer pour trois îles idylliques : **Ko Tao**, un spot renommé de plongée, **Ko Pha-Ngan**, paisible et idéale pour paresser, et **Ko Samui**, la plus luxueuse. Il sera alors temps de reprendre l'avion pour **Bangkok**. Si possible, faites coïncider votre voyage avec la célèbre fête de la Pleine Lune, qui se tient à peu près une fois par mois sur la rive sud-est de Ko Pha-Ngan.

Un mois

Le grand tour

Mille et un itinéraires sont possibles mais pourquoi ne pas envisager un extraordinaire circuit de détente. Plus qu'un simple séjour en bord de mer, un voyage d'un mois vous fera véritablement découvrir le sud de la Thaïlande, ses îles, ses plages et ses parcs verdoyants. Démarrez votre périple à **Bangkok**, la capitale, avant de suivre le littoral vers le sud. Votre première étape est **Hua Hin**, lieu de villégiature préféré du roi et ville animée où habitants et expatriés se pressent sur les marchés de fruits de mer et dans les charmantes baraques sur la jetée. Parcourez les collines escarpées du paisible **parc national de Khao Sam Roi Yot** avant de rallier **Ko Tao**. Équipé d'une bouteille, plongez à la rencontre des poissons, puis rendez-vous à **Ko Pha-Ngan** pour de calmes moments de détente sur la plage. Non loin, **Ko Samui** offre un plus grand choix d'activités et saura satisfaire comme par magie tous les budgets et toutes les envies. Ne manquez pas l'excursion d'une journée dans les îlots sauvages du **parc national maritime d'Ang Thong**. Changez de littoral en faisant escale dans le **parc national de Khao Sok**, connu comme l'une des plus anciennes jungles du monde. Si vous en avez le temps, à **Khao Lak** embarquez pour une croisière de plongée à la découverte des plus beaux fonds marins du pays, cachés dans les **parcs nationaux maritimes des îles Similan et Surin**, près de la frontière birmane. Longez le littoral vers le sud jusqu'à **Phuket** et goûtez ce qui se fait de mieux en termes de luxe et d'hospitalité. Si vous en avez le courage, passez une nuit à Patong. Pagayez autour des reliefs calcaires de la paisible **Phang-Nga**, puis dormez sous les rochers escarpés de **Ko Phi Phi** après une agréable soirée festive sur la plage. Escaladez les falaises de **Railay**, toutes proches, traversez la plate et tranquille **Ko Lanta**, puis rejoignez en bateau les **îles de Trang** : vous voilà au paradis. Un dernier archipel attend les voyageurs qui s'aventurent plus au sud, vers la frontière malaisienne. **Ko Lipe** est une île de choix pour ceux qui souhaitent rester en contact avec la civilisation, mais laissez-vous conduire par les *chow leh* (nomades des mers) vers les calmes **Ko Adang** ou **Ko Rawi** si vous vous sentez l'âme d'un Robinson Crusoé.

FRANK CARTER/LONELY PLANET IMAGES©

» (ci-dessus) Ko Kradan (p. 340)
» (ci-contre) Bungalows sur Ko Lipe (p. 350)

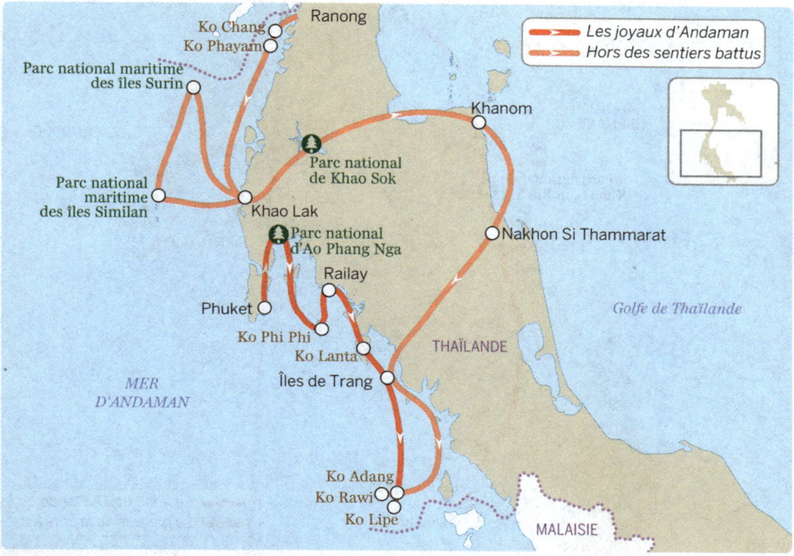

Deux semaines

Les joyaux d'Andaman

Les rêves de plages parfaites au sable doux et aux eaux émeraude deviennent réalité le long de la côte d'Andaman, où des rochers calcaires s'élevant vers le ciel leur créent un écrin splendide. Gagnez directement **Phuket** pour démarrer ce périple le long d'un des plus beaux littoraux du monde. Faites une croisière au milieu des reliefs karstiques du **parc national d'Ao Phang-Nga**, qui rivalisent avec ceux de la baie d'Along. Plus au sud, les baies en forme de sablier de **Ko Phi Phi** sont sans pareilles, en particulier lorsque le soleil se couche derrière les contours accidentés de Ko Phi Phi Leh, au large. Admirez les ombres anthropomorphiques que projettent les falaises de **Railay** sur le sable, puis rejoignez en bateau **Ko Lanta**, une île plate qui s'explore à deux-roues. Découvrez les secrets des **îles de Trang**, tels que le lagon émeraude ou le récif préservé de **Ko Kradan**, puis dirigez-vous vers la frontière malaisienne où vous trouverez la minuscule **Ko Lipe**, protégée par sa voisine, plus grande, **Ko Adang**.

Trois semaines

Hors des sentiers battus

Loin des destinations fréquentées, organisez votre propre itinéraire à travers certaines îles et plages moins connues du sud de la Thaïlande. Depuis **Ranong**, porte d'entrée peu engageante de la région, ralliez l'île de **Ko Phayam** et la "petite" **Ko Chang** (la "grande" étant près du Cambodge). Échangez vos conseils de plongée à **Khao Lak**, plus au sud, et embarquez pour une croisière jusqu'à la frontière birmane. Ensuite, direction le littoral opposé, en faisant escale au **parc national de Khao Sok** pour plonger dans une grotte. Reposez-vous quelques jours sur la plage en arrivant à **Khanom**, dans le golfe de Thaïlande. Mettez le cap au sud pour découvrir la richesse culturelle du centre de **Nakhon Si Thammarat**, parsemé de temples, avant de retrouver la côte d'Andaman pour visiter d'autres îles pendant quelques jours. Faites votre choix parmi les petites **îles de Trang** isolées (**Ko Kradan** ou **Ko Sukorn** par exemple), puis dirigez-vous vers le sud pour un bivouac avec les *chao leh* sur les paisibles **Ko Adang** ou **Ko Rawi**.

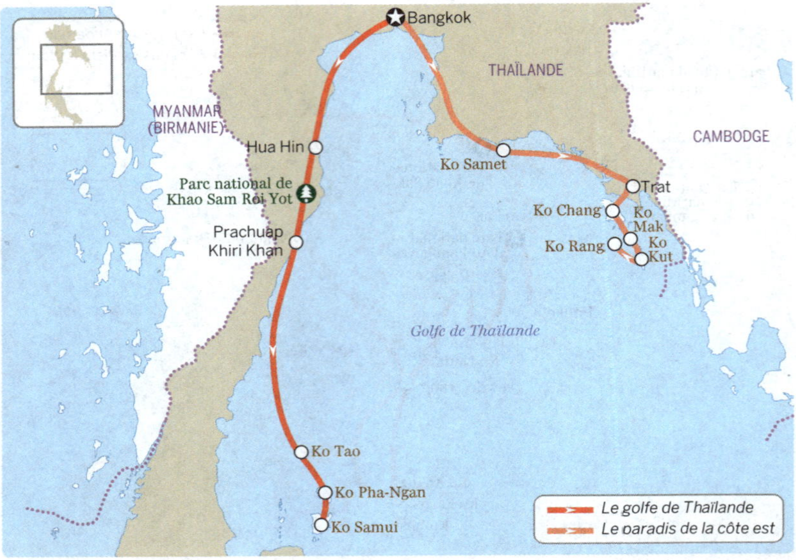

Deux semaines
Le golfe de Thaïlande

La météo moins capricieuse que sur la côte d'Andaman fait du golfe de Thaïlande une destination idéale presque toute l'année pour des vacances au bord de la mer. Au départ de **Bangkok**, prenez la route vers le sud jusqu'à **Hua Hin**, où se trouve le palais d'été du roi. Dégustez le poisson frais des marchés avant de gravir les collines du **parc national de Khao Sam Roi Yot**. Falaises calcaires, temples secrets et plages paisibles attendent les voyageurs peu pressés. Traversez les villages endormis du bord de mer à **Prachuap Khiri Khan**, puis prenez un bateau à Chumphon pour gagner les eaux calmes du golfe, en vous arrêtant d'abord à **Ko Tao** (où vous apprendrez à plonger), avant de rallier **Ko Pha-Ngan** pour vivre tel un naufragé sur l'une des plages tranquilles de l'île. Célébrez la fête de la Pleine Lune avant de rejoindre **Ko Samui**, plus grande île de la région, connue pour offrir de parfaites vacances au goût de luxe. D'autres options d'hébergement plus pittoresques et divers restaurants s'étalent à perte de vue.

Dix jours
Le paradis de la côte est

Les trésors du sud de la Thaïlande constituent certainement l'attrait principal du royaume, mais si le temps presse ou que vous vous rendez au Cambodge, découvrez l'est du golfe de Thaïlande. Depuis **Bangkok**, direction **Ko Samet**, île champêtre qui accueille les habitants de la capitale le week-end. Longez la côte jusqu'à la paisible ville de **Trat**, puis embarquez pour l'archipel de Ko Chang. Baladez-vous à pied ou à dos d'éléphant dans la jungle de **Ko Chang**, l'île la plus grande et la plus développée de la région. Isolez-vous encore plus sur **Ko Mak** ou sur l'île accidentée de **Ko Kut**. Les véritables Robinson iront sur les îles sauvages voisines, **Ko Kham** ou **Ko Rayang**, bordées de magnifiques coraux. **Ko Rang** vous réserve aussi une expérience digne de l'émission *Koh Lanta*, sans les caméras.

Plongée et snorkeling

Spots pour débutants

Ko Tao Tout tourne autour de la plongée sur cette île dont émane une énergie fantastique. Les dizaines de sites sont parfois visités par des requins-baleines. C'est la meilleure destination (et la moins chère) de Thaïlande pour s'initier à la plongée. Sail Rock (plus proche de Ko Pha-Ngan) et Chumphon Pinnacle sont les points phares de la zone.

Croisières de plongée

Khao Lak Point d'accès vers les archipels tropicaux de Surin et Similan. Explorez la myriade de spots de plongée au cours d'une croisière de plusieurs jours et ne manquez pas le Richelieu Rock – un site étonnant, découvert par le commandant Cousteau.

Vie sous-marine

Ko Lanta Un autre haut lieu de la plongée, réputé pour ses eaux cristallines et la richesse de sa vie sous-marine, dont des raies mantas et des requins-baleines. Une plongée autour des pics immergés, à Hin Daeng et Hin Muang, s'impose.

Sites de snorkeling

Ko Phi Phi Cette île, revenue sur la scène de la plongée après le tsunami, offre une profusion de récifs coralliens scintillants sous des eaux parfaitement limpides. Ko Mai Phai et Ko Nok sont des sites inégalés pour le snorkeling, tandis que Hin Bida et Ko Bida Nok ont la faveur des plongeurs.

Plongée

Si vous êtes prêt à revêtir une combinaison de plongée, vous accéderez à un magnifique royaume sous-marin qui rivalise en beauté avec les paysages paradisiaques qu'offre, à terre, la Thaïlande.

Programmer son voyage

Les pluies de mousson et le pic de la saison touristique sont deux facteurs à prendre en compte avant de choisir les dates de votre voyage et votre destination. Tenez compte de la variation de l'intensité des pluies au cours de la saison et selon la côte, et de l'existence de microclimats, secs ou humides.

Quand partir

Sur le golfe de Thaïlande les conditions permettent de plonger toute l'année, mais pas sur la côte d'Andaman où la saison optimale se situe entre décembre et avril. La mousson du sud-ouest touche plus fort l'archipel de Ko Chang que des sites de plongée plus à l'est sur la côte du golfe ; la meilleure saison de ce côté de la côte s'étend de novembre à début mai.

Sur la côte d'Andaman, durant la saison optimale, on a de bonnes chances d'apercevoir des raies mantas. Les requins-baleines fréquentent toute l'année la côte du golfe.

Déc-fév Peu de pluie le long de la côte d'Andaman. Sous l'eau, de grands poissons pélagiques viennent se nourrir dans cet inouï garde-manger.

Avr-juin Le long du golfe, les plages sont plutôt calmes et le temps encore sec garantit une bonne visibilité sous-marine.

LE "JACKPOT" DU PLONGEUR

La plupart des plongeurs viennent en Thaïlande avec l'espoir de voir un requin-baleine – le plus grand poisson du monde, dont la gueule gigantesque peut atteindre 2 m de largeur ! Pas de quoi s'inquiéter cependant : cette gueule munie d'un filtre absorbe surtout du plancton, du krill (petites crevettes) et d'autres organismes minuscules. Les plongeurs racontent que le requin-baleine adulte est plutôt amical. Inoffensive, cette paisible créature semble se plaire à nager parmi les bulles émises par les plongeurs. Les requins-baleines ont l'habitude de fréquenter les promontoires submergés et d'y rester durant plusieurs jours. Si le bruit court qu'un plongeur en a vu un, dépêchez-vous de vous équiper et de gagner la haute mer. La plupart des moniteurs interrogés ont déclaré en observer entre trois à sept fois chaque année. Autrefois, on les voyait seulement à certaines saisons, mais les changements climatiques ont perturbé leurs habitudes, et on peut désormais les observer toute l'année.

Essayez d'éviter les périodes suivantes :

Juin-sept La mousson déferle sur la côte d'Andaman. Des hôtels ferment et les excursions en bateau sont parfois annulées pour tempête.

Oct-déc La mousson bat son plein sur le golfe.

Réservations

Il n'est pas nécessaire de réserver pour les sorties de plongée en Thaïlande, sauf si vous avez l'intention de partir en croisière dans les parcs maritimes nationaux des îles Surin et Similan ou si vous recherchez un circuit de plongée avec hébergement compris. Pour la plupart des destinations, comme à Ko Tao (p. 206) et Ko Phi-Phi (p. 316), une solide infrastructure permet aux visiteurs de se décider à la dernière minute. Consultez les chapitres régionaux pour faire votre choix.

Coûts

Comparée à d'autres sports, la plongée sous-marine peut s'avérer onéreuse, mais revient beaucoup moins cher en Thaïlande que dans d'autres pays. Les conditions y sont idéales aussi bien pour les débutants que pour les passionnés. Il est souvent plus avisé d'opter pour un stage comprenant plusieurs plongées. Une série de 10 plongées coûte entre 7 000 et 10 000 B sur les plages les plus abordables. Une autre offre répandue consiste en une excursion d'une journée jusqu'aux meilleurs spots de la région, avec deux ou trois plongées programmées. Basé sur la consommation en essence du bateau, le prix de ces excursions à la journée varie selon la distance parcourue. Comptez environ 2 500 B pour une sortie à la journée à partir de Ko Pha-Ngan et jusqu'aux alentours de 5 000 B pour un voyage jusqu'à Hin Daeng et Hin Muang depuis Ko Lanta.

Dans le prix de ces excursions est souvent compris l'hébergement "gratuit" fourni par votre centre, mais qui n'est gratuit que les jours où vous plongez.

Vous trouverez ci-contre les tarifs des cours et ceux des croisières de plongée.

Où plonger

Les côtes de Thaïlande se trouvent à la jonction de deux zones océaniques : les eaux de la mer d'Andaman déferlent depuis l'ouest, tandis que les eaux du golfe de Thaïlande viennent des îles indonésiennes et de la mer de Chine méridionale. Bien que la vie sous-marine soit similaire des deux côtés de la péninsule, chaque région présente des caractéristiques intéressantes. Nous vous conseillons de combiner les deux.

La côte d'Andaman

Durant la bonne saison, la mer d'Andaman offre l'assurance de plongées parmi les plus fabuleuses du Sud-Est asiatique. La visibilité lors des quelques mois de conditions climatiques favorables est exceptionnelle. Après plusieurs évaluations post-tsunami des récifs coralliens de la mer d'Andaman, les plongeurs s'accordent à dire que les dommages on été limités. Certains affirment même que la mer est plus belle ces dernières années. On a recensé au moins 210 espèces de coraux durs et 108 variétés de poissons de récif dans la zone baignant les provinces du Sud, où vous aurez des chances de croiser d'énormes créatures pélagiques.

Des centres organisent des croisières de plongée de plusieurs jours, au départ de Khao Lak (p. 282) et de Phuket (p. 237), à destination des tranquilles archipels des îles Surin et Similan, plus loin à l'ouest. Au sud, Ko Phi-Phi (p. 316), Ko Lanta (p. 325) et même la petite Ko Lipe (p. 350) sont idéales pour chausser ses palmes.

Le golfe de Thaïlande

L'avantage du golfe de Thaïlande est que les conditions en mer permettent en général de plonger toute l'année. Décrivant un C, cette côte, deux fois plus longue que celle d'Andaman, présente des différences spectaculaires depuis la frontière de la Malaisie, au sud, jusqu'à celle du Cambodge, au nord-est. La côte sud-ouest du golfe jouit des plus beaux spots, aux alentours des îles de Ko Tao (p. 206) et de Ko Pha-Ngan (p. 193). Ko Tao est l'endroit au monde qui délivre le plus de brevets de plongée. Pattaya (p. 101), à 2 heures à peine de Bangkok, dispose de spots marquants, dont plusieurs sur des épaves. À l'extrémité orientale de la côte, l'archipel de Ko Chang (p. 127) est aussi un haut lieu de plongée, bien que la mer agitée limite la saison de novembre à mai.

Plongée sûre

Avant la plongée

Avant d'embarquer sur un bateau, vérifiez les points suivants afin que l'expérience soit réussie et se déroule en toute sécurité :

- » Vérifiez que vous êtes en possession d'un certificat de plongée délivré par un organisme reconnu. Si vous n'avez pas plongé depuis 6 mois, n'hésitez pas à suivre un cours pour revoir le maniement de l'équipement.
- » Demandez un certificat médical à votre médecin avant le départ si c'est votre première expérience – il sera exigé par les centres de plongée. Les asthmatiques ne sont pas autorisés à plonger.
- » Ne plongez pas si vous n'êtes pas en forme ou appréhendez cet exercice. Faites attention à bien vous hydrater les jours où vous plongez.
- » Ne plongez jamais seul, et si vous plongez sur un site pour la première fois, faites-le en compagnie d'un moniteur ou d'un maître de plongée qui connaît bien les lieux.
- » Entre votre dernière plongée et un vol en avion, il faut 24 heures. En revanche, vous pourrez plonger peu de temps après avoir débarqué de l'avion.
- » Vérifiez que votre police d'assurance couvre les accidents de plongée. Sinon, contractez une assurance spécifique sur www.daneurope.org.

Caissons de recompression

Le nombre de structures médicales spécialisées dans les accidents de plongée est limité.

On trouve des caissons de recompression hyperbares dans les grands centres comme Bangkok, Ko Samui (p. 191), Pattaya et Phuket (p. 244). Ko Tao possède une chambre d'urgence, mais la plupart des accidents sont traités à Ko Samui. À Khao Lak, les victimes d'accident sont généralement transportées à Phuket (à 1 heure au sud environ). Vérifiez auprès de votre centre où se trouve le caisson de recompression la plus proche. Assurez-vous aussi qu'il y a des réserves d'oxygène sur le bateau.

Cours de plongée

La Thaïlande est l'un des meilleurs endroits au monde pour s'initier à la plongée. Le marché des écoles de plongée étant saturé, vous obtiendrez un enseignement haut de gamme à peu de frais, car chaque centre voudra vous avoir comme client. Nous vous conseillons de passer votre diplôme à Ko Tao (p. 207), où les cours débutent à 9 000 ou 9 800 B selon le type de licence. C'est aussi un endroit merveilleux pour progresser dans votre carrière de plongeur – voir p. 207 pour des informations sur le sujet.

Outre Ko Tao, de nombreux sites dispensent des diplômes ; comptez 3 000 à 6 000 B de plus pour un brevet Open Water. Ko Pha-Ngan (p.192), Ko Phi-Phi (p. 317), Khao Lak (p. 282) et Ko Lanta (p. 325) sont les autres grandes centres de plongée du pays, parfaits pour des cours d'initiation.

Croisières de plongée

Durant ces vingt dernières années, l'industrie des croisières de plongée n'a cessé de se développer. La plupart des opérateurs sont basés à Khao Lak, juste au nord de Phuket, sur la côte d'Andaman. Ces croisières tout compris (hébergement à bord, repas, équipement de plongée, guides) durent de 2 à 5 nuits. Pour plus d'informations, reportez-vous p. 282. Sur la côte du golfe, ce genre de croisières n'existe pas.

Apnée

L'apnée permet l'exploration du monde sous-marin sans équipement de plongée ni de snorkeling. Le plongeur ne fait appel qu'à sa seule capacité à retenir sa respiration. Populaire en tant que sport de compétition, jouant sur des records de profondeur et de temps, l'apnée est également proposée aux touristes dans un cadre relaxant. L'un des meilleurs endroits pour s'y essayer est Ko Tao (p. 208), île au sud du golfe. Les cours pour débutants (en général sur 2 jours) coûtent environ 5 000 B.

Pour plus d'informations sur l'apnée, consultez les organismes **AIDA International** (Association internationale pour le développement de l'apnée ; www.aidainternational.org) et **CMAS** (Confédération mondiale des activités subaquatiques ; www.cmas.org).

PRÉSERVER LES RÉCIFS CORALLIENS DE THAÏLANDE

Le royaume sous-marin de Thaïlande est fragile. Voici quelques règles de conduite fondamentales à adopter pour participer à la protection des récifs coralliens.

» Sur une île ou lors d'un circuit en bateau, rapportez toujours vos déchets avec vous sur le continent (même les déchets biodégradables comme une peau de banane).

» Sachez que c'est un délit d'abîmer ou de prélever du corail dans les parcs maritimes.

» Ne pourchassez pas les animaux marins, ne les touchez pas.

» Ne vous tenez pas debout ou ne vous appuyez pas sur le corail Vous l'endommageriez et risqueriez de vous couper profondément.

» Si vous avez un bateau, respectez les règles d'amarrage et les zones de non amarrage autour des récifs coralliens. Faites très attention quand vous jetez l'ancre.

» Lors d'une plongée, vérifiez votre lestage avant d'entrer dans l'eau. Gardez votre gilet stabilisateur à distance du récif et assurez-vous que les petits équipements, tels régulateurs et profondimètres, ne le touchent pas.

» Dans le cas du snorkeling, surtout si vous êtes débutant, pratiquez d'abord loin du récif corallien jusqu'à ce que vous ayez maîtrisé votre flottab lité.

» Louez une combinaison plutôt que de vous enduire de crème solaire, qui a un effet néfaste sur la vie corallienne.

» Soyez conscient de l'emplacement de vos palmes ; essayez de ne pas remuer les sédiments et de ne pas écraser le corail.

» Ne plongez pas ou ne vous baignez pas près d'un dugong.

» Ne rapportez pas de coquillages en souvenir, c'est illégal.

Plongée technique

La plongée technique (ou tech dans le jargon des initiés) est réservée aux plongeurs confirmés et requiert du matériel spécifique, notamment un réservoir contenant un mélange de gaz qui permet de descendre plus profond. Les plongeurs passionnés d'épaves et de grottes la pratiquent.

Ces dernières années, la spéléologie sous-marine est également devenue une activité à la mode et plusieurs opérateurs sur Ko Tao (p. 209) proposent des excursions d'1 jour/1 nuit jusqu'aux grottes immergées du parc national de Khao Sok.

Snorkeling

Le snorkeling (juste avec palme, masque et tuba) est très apprécié par ceux qu'angoisse l'idée de respirer dans une bouteille. Quantité d'îles, dont Ko Tao (p. 208), Ko Pha-Ngan (p. 193), Ko Phi Phi (p. 317), ainsi que les îles de Trang (p. 335) et celles de l'archipel de Ko Chang, offrent des sites de snorkeling exceptionnels, tout près du rivage.

Circuits organisés

Les excursions de snorkeling à la journée sont de plus en plus appréciées, et nombre de centres de plongée en proposent. Comptez entre 500 et 1 000 B pour la journée, selon l'éloignement des sites. Le snorkeling se pratique souvent lors d'excursions vers des îles vierges et des merveilles naturelles secrètes.

Les excursions les plus chères utilisent des bateaux rapides et sophistiqués et un équipement de choix ; les moins chères, qui mettent l'accent sur le côté culturel et convivial, mènent leurs clients sur des sites souvent quelconques. N'hésitez pas à louer un hors-bord ou un *long-tail boat* traditionnel. En cherchant un peu, vous trouverez des récifs tranquilles.

Plonger en indépendant

Il est facile d'organiser soi-même son séjour. Sur les deux côtes, nombre d'hôtels et de boutiques de plongée louent des palmes, des masques et des tubas pour 100 à 200 B la journée en moyenne. Suivez en gros les mêmes règles que pour la plongée :

» Partez avec un compagnon.

» Portez un gilet de sauvetage si vous n'êtes pas bon nageur ou ne connaissez pas les courants.

» Vérifiez votre matériel pour les eaux profondes.

» Renseignez-vous un minimum sur la vie des récifs si vous les explorez sans guide.

» Prévenez toujours quelqu'un de la zone où vous comptez pratiquer le snorkeling.

» Protégez avec de la crème solaire votre nuque, la face interne de vos bras et le pli des genoux.

» Enfilez une combinaison légère (epaisse de 3 mm) comme protection thermique et anti-UV total.

À table comme un Thaïlandais

Quand partir

Été En Thaïlande, durians, mangues, mangoustans et litchis offrent toute leur saveur pendant la saison chaude (de mars à juin), moment idéal pour déguster des fruits.

Saison des pluies Pendant la saison des pluies (de juin à octobre) se déroule la Fête végétarienne (généralement fin septembre ou début octobre). Elle est particulièrement observée dans les villes à forte population chinoise, comme Bangkok, Phuket-ville et Trang. Notons également que dans les régions majoritairement musulmanes, on trouvera difficilement de la nourriture en journée durant le ramadan.

Où aller

Bangkok Meilleur endroit pour manger en Thaïlande, avec des étals de rue bon marché et savoureux, toutes les cuisines régionales, et des plats internationaux.

Trang Cette paisible ville du Sud possède des restaurants sino-thaïlandais réputés, de vieux cafés, et on y mange quelques-unes des meilleures spécialités thaïlandaises du sud du pays.

Currys relevés, nouilles à profusion, produits de la mer ultra-frais et fruits tropicaux savoureux, le choix est large. Mais la plupart des visiteurs ignorent que les restaurants des pensions et les stands de rue touristiques servent souvent une version édulcorée de la cuisine thaïlandaise. Afin de vous aider à découvrir les véritables saveurs du pays, nous avons créé un chapitre entier pour vous familiariser avec les spécialités de Bangkok et du sud de la Thaïlande. Pour une vision d'ensemble de la gastronomie thaïlandaise, voir p. 382.

Expériences culinaires

Les meilleurs restaurants

Krua Apsorn, Bangkok (p. 75). Ce restaurant réputé propose un vaste menu de succulentes spécialités de Bangkok et du centre de la Thaïlande.

Poj Spa Kar, Bangkok (p. 75). L'établissement, qui serait le plus vieux de la ville, propose des recettes de l'ancienne cuisine du palais.

Jay Fai, Bangkok (p. 75). Dans une échoppe en plein air, ce restaurant apprécié sert des poêlées riches en fruits de mer qui évoquent la cuisine chinoise.

Bharani, Bangkok (p. 79). Copieux bols de nouilles riches en viande, une spécialité du centre du pays.

Pan & David Restaurant, Ko Si Chang (p. 101). Excellente cuisine thaïlandaise et douceurs occidentales comme la glace maison et le café préparé dans une cafetière à piston.

Mum Aroi, Pattaya (p. 106). Ce petit bijou sert une fantastique cuisine thaïlandaise au milieu de restaurants touristiques médiocres. Ne vous trompez pas de porte !

Rang Yen Garden, Cha-am (p. 146). En plein cœur d'une région touristique, ce restaurant donnant sur un jardin sert des spécialités locales.

Marché de nuit, Hua Hin (p. 155). C'est là qu'il faut aller manger si vous visitez la ville préférée du roi. Goûtez le succulent curry de crabe.

Kanya, Ko Tao (p. 216). Délicieux plats maison, sur la route menant à la jungle depuis le centre de Sairee.

Cookies Salad, Ko Pha-Ngan (p. 200). Le nom du lieu n'est pas thaï, mais les currys qu'on y sert respectent de précieuses recettes familiales.

Ka Jok See, Phuket (p. 248). Lorsque vous aurez fini les bons plats thaïlandais, vous pousserez votre assiette et vous danserez sur les tables, comme tout le monde !

Mama's Restaurant, Khao Lak (p. 284). Excellentes spécialités de produits de la mer ; surtout les croquettes de poisson.

À LA TABLE DES VOYAGEURS *AUSTIN BUSH*

Tout a commencé quand j'ai commandé un riz sauté à la mode de Hat Yao, un improbable mélange de riz, de blanc de poulet et de ketchup, enveloppé dans une fine omelette. J'ai mangé toutes sortes de plats thaïlandais dans presque toutes les régions du pays, mais jamais rien de la sorte. Je n'avais jamais vu non plus de curry vert comme celui qu'on m'a servi le lendemain : sirupeux, insipide, regorgeant de carottes, de chou-fleur et de pommes de terre. En me penchant à nouveau sur la carte, je me suis aperçu… qu'elle contenait une longue liste de plats qu'on ne trouvait qu'ici, à Hat Yao, sur l'île de Ko Pha-Ngan. Ce genre de cuisine, adaptation à peine reconnaissable de spécialités locales et étrangères, aux saveurs fades, aux ingrédients mystérieux et aux origines encore plus obscures, est ce que j'appelle la "cuisine pour voyageurs".

Le simple fait qu'elle existe conduit à cette question : pourquoi aurait-on besoin d'une cuisine "facile" ou "confortable" quand on est sur la route ? Le voyage n'est-il pas synonyme de découvertes ? Admettons qu'un estomac délicat puisse avoir envie de retrouver des saveurs familières… Un Italien sujet aux indigestions pourra alors commander des spaghettis carbonara, mais sans doute pas du poulet frit mayonnaise, des falafels au poulet méconnaissables ou du chou-fleur au fromage. Or, ces plats semblent bien être la norme plutôt que l'exception à Hat Yao.

Les petits-déjeuners des globe-trotteurs en particulier n'ont absolument rien de commun avec la cuisine locale. Les Anglais, avec leur "Full English Breakfast", semblent dominer la région, tandis que les Suisses, avec leur müesli (souvent de simples flocons d'avoine avec quelques corn-flakes), ont laissé une influence palpable, faute d'être savoureuse. Tout aussi répandu, l'"American Breakfast" — café instantané, pain plus léger que l'air, saucisse et œuf au plat huileux — ne contribue guère à promouvoir la gastronomie américaine, et n'est pas le meilleur moyen de commencer la journée.

Même si vous vous efforcez de rester "local", la cuisine pour voyageurs de style thaïlandais est tout aussi bizarre – voire plus – que les plats d'inspiration occidentale. L'authentique cuisine du sud de la Thaïlande, riche en poissons et fruits de mer, est l'une des plus savoureuses du pays, si ce n'est du monde. Malheureusement, les cuisines des pensions de Hat Yao servent constamment des salades thaïlandaises ternes, des sautés aux légumes flasques, des currys à peine épicés et, comble de l'insolite sur une île, très peu de poisson.

Sur Hat Yao, si la vraie cuisine thaïlandaise vous manque, repérez où mange le personnel de votre pension – en général, à l'écart des principaux coins touristiques. Vous pouvez aussi commander un *kôw pàt à·me·rí·gan* ("riz sauté américain") : du riz sauté avec du ketchup, des rondelles de saucisse et des raisins secs, le tout surmonté d'un œuf au plat. Le riz américain, servi partout en Thaïlande, est très apprécié des enfants et des étudiants. Et c'est finalement le seul plat qui soit vraiment thaïlandais au menu des restaurants de Hat Yao !

VOUS PRENDREZ DES GLAÇONS ?

La qualité des glaçons est l'une des grandes inquiétudes des voyageurs qui se rendent pour la première fois en Thaïlande. Au risque de paraître fataliste, si c'est votre premier séjour dans le pays, les glaçons seront probablement le cadet de vos soucis : vous aurez de toute manière des soucis gastriques. L'adaptation de notre organisme à une cuisine différente, à de nouvelles bactéries et autres insectes avec lesquels nous ne sommes pas familiers, ne se fait généralement pas sans heurts.

Cela se traduit souvent par de simples troubles intestinaux qui ne durent que quelques heures. Pour tenter d'éviter des problèmes plus sérieux, limitez-vous aux restaurants et étals de rue fréquentés, où les plats sont préparés à la commande, et buvez uniquement de l'eau en bouteille.

Quant aux glaçons, nous en ajoutons dans nos boissons depuis des années sans avoir jamais ressenti une quelconque gêne.

Lanta Seafood (p. 330). Les meilleurs poissons et fruits de mer de Ko Lanta. Goûtez le vivaneau au curcuma et à l'ail.

Restaurants bon marché

Chinatown, Bangkok (p. 76). Soupes de nouilles, fritures et en-cas salés dans les rues du quartier le plus animé de Bangkok.

Food Plus, Bangkok (p. 76). On trouve d'innombrables currys bon marché dans cette ruelle étroite du centre-ville.

MBK Food Court, Bangkok (p. 76). Établissements peu coûteux et propres, proposant de savoureuses spécialités thaïlandaises et sino-thaïlandaises.

Marché de nuit de Soi 38, Bangkok (p. 80). Ni vin, ni toit, et pourtant ce sera l'un de vos dîners les plus inoubliables.

Marché de Laem Din, Ko Samui (p. 184). Les habitants s'y rendent pour des en-cas abordables et des produits frais.

Marché de nuit de Trang, Trang (p. 335). Le meilleur de la côte d'Andaman. Vous saliverez devant les currys bouillonnants, les poulets et poissons frits, les *pàt tai* et les spécialités sucrées.

Marché de nuit de Krabi, Krabi (p. 302). Près de l'embarcadère de Khong Kha, excellente cuisine thaïlandaise, authentique malgré les menus en anglais.

Marché alimentaire local, Ko Phi Phi (p. 322). De loin l'endroit le moins onéreux pour se restaurer sur cette île plutôt chère. Essayez le poisson-chat fumé.

Cours de cuisine

Un cours d'une journée s'organise généralement comme suit : choix des ingrédients sur un marché, puis préparation de pâtes de curry, de soupes, de currys, de salades et de desserts.

Khao, Bangkok (p. 62)

Helping Hands, Bangkok (p. 62)

Koh Chang Thai Cookery School, Ko Chang (p. 126)

KaTi, Ko Chang (p. 126)

Buchabun Art & Crafts Collection, Hua Hin (p. 152)

Samui Institute of Thai Culinary Arts, Ko Samui (p. 179)

Mom Tri's Boathouse, Phuket (p. 243)

Blue Elephant Restaurant & Cookery School, Phuket (p. 243)

Phuket Thai Cookery School, Phuket (p. 243)

Pum Thai Cooking School, Phuket (p. 243)

Krabi Thai Cookery School, Ao Nang (p. 307)

Railay Thai Cookery School, Railay (p. 311)

Pum Restaurant & Cooking School, Ko Phi Phi Don (p. 318)

Time for Lime, Ko Lanta (p. 325)

Spécialités locales

À Bangkok, comme dans le sud de la Thaïlande, la géographie et les principales minorités du pays (musulmane et chinoise) influencent la cuisine locale de façon diverse mais marquée.

La cuisine de Bangkok

Bangkok est un melting-pot de la Thaïlande, il n'est donc pas étonnant d'y retrouver presque toutes les spécialités du pays. Mais si on parle de la cuisine propre à la ville, elle a été façonnée par le climat et les cultures du centre du pays, les immigrants et les plats raffinés de la cour royale.

À Bangkok, on aime les mélanges sucré-salé. De nombreux plats comportent du poisson d'eau douce, du porc, du lait de coco et du sucre de palme (ingrédients communs dans les plaines du centre du pays). La capitale étant proche du golfe de Thaïlande, les restaurants y servent aussi un grand choix de produits de la mer. Il y a 200 ans environ, les marchands et ouvriers chinois introduisirent divers plats de nouilles et de fritures dans la gastronomie de Bangkok. Autre marque de leur influence, la rareté des plats à base de bœuf découle d'un précepte bouddhiste chinois interdisant de manger les "grands" animaux. Enfin, la cour royale exerce une influence considérable sur la cuisine de la ville, réinventant depuis près de 300 ans, de manière raffinée et sophistiquée, les plats du centre de la Thaïlande. À l'origine uniquement réservés au palais, ces mets sont désormais servis dans toute la ville.

Quelques plats incontournables de Bangkok :

Pàt tai Fines nouilles de riz sautées avec des crevettes fraîches et/ou séchées, des germes de soja, du tofu, un œuf et un assaisonnement, accompagnées traditionnellement de demi-citrons, de quelques tiges de ciboulette chinoise et d'une fleur de banane tranchée.

Yam ƀlah dùk foo Très fines lamelles de poisson-chat frit, piment et cacahuètes, servies avec une sauce à la mangue aigre-douce.

Đôm yam Citronnelle, feuilles de combava et jus de citron vert donnent à cette soupe son goût acidulé caractéristique ; son piquant légendaire provient du piment frais ou d'une pâte de piment.

Yen đah foh Bouillon légèrement cramoisi comprenant plusieurs boulettes de viande, du sang caillé et des légumes verts, le *yen đah foh* est probablement le plat de nouilles le plus effrayant et le plus populaire à Bangkok.

Kà·nŏm bêuang Il existe deux versions traditionnelles de ces en-cas semblables aux tacos : sucrée ou salée.

Gaang sôm Poisson d'eau douce, légumes et/ou herbes, et un épais bouillon aigre composent généralement la célèbre "soupe aigre" du centre de la Thaïlande.

Mèe gròrp Ces nouilles croustillantes à la saveur aigre-douce, préparées de façon traditionnelle (certainement une ancienne recette royale), sont de plus en plus rares.

Gŏoay đĕeo reua Ces bols de nouilles agrémentées de porc ou de bœuf comptent parmi les plats thaïlandais les plus savoureux. Leur nom, "nouilles bateau", rappelle qu'ils étaient autrefois servis sur les canaux, dans le centre de la Thaïlande.

Saveurs du Sud

Palais sensibles, prenez garde : la cuisine du Sud est incontestablement la plus piquante dans un pays où toutes les cuisines régionales sont déjà très relevées ; elle a aussi tendance à être très salée. Les poissons et fruits de mer, bien sûr, tiennent une place de choix. Il peut s'agir de poisson frais grillé ou ajouté à une soupe, ou encore de poissons et crevettes saumurés ou fermentés, servis sous forme de sauces ou de condiments. Deux des principales cultures du Sud, la noix de coco et la noix de cajou, entrent

AU-DELÀ DES ÉTALS DE RUE

Tout article de magazine ou de journal portant sur la cuisine thaïlandaise fait immanquablement l'éloge des étals de rue du pays. Si les marchands ambulants et les échoppes proposent effectivement des plats savoureux, ce sont loin d'être les seuls endroits à valoir le détour. Lors de nos recherches, nous avons découvert que les meilleurs restaurateurs ne se déplacent pas mais tiennent plutôt des restaurants familiaux établis de longue date, installés généralement dans de vieilles *shophouses* (maison de marchand traditionnelle) sino-portugaises. Les cuisiniers y préparent le même plat (ou un choix limité de plats) depuis des décennies, et le font à merveille. Les tarifs y sont peut-être légèrement plus élevés que dans la rue, mais le cadre est souvent plus confortable et plus propre, avec en outre un relent d'histoire. De tels établissements disposent rarement de menus en anglais, mais il est souvent possible de désigner une photo ou un plat. En cas de besoin, rendez-vous p. 425 pour pratiquer votre thaï.

Les stands de rue étant un élément essentiel de la découverte de la Thaïlande, laissez-vous tenter par un ou deux repas, mais assurez-vous de tester également des restaurants à l'ancienne.

AUSTIN BUSH/LONELY PLANET IMAGES ©

AUSTIN BUSH/LONELY PLANET IMAGES ©

» (ci-dessus) Plats du sud de la Thaïlande

» (ci-contre) Fruit du dragon au marché Or Tor Kor (p. 89), Bangkok

CAFÉ À LA MODE DU SUD

Dans la plupart des villes du Sud, vous verrez de nombreux cafés a l'ancienne, appelés *ráan ko-píi*. Le temps semble suspendu dans ces établissements, presque exclusivement tenus par des Thaïlandais d'origine chinoise : en général, le cadre et la carte n'ont pas changé depuis des décennies. Parmi leurs caractéristiques : des tables avec plateau de marbre, des tasses et couverts anciens, et une clientèle presque exclusivement masculine qui paraît faire partie des meubles. La ville de Trang (p. 333) possède certains des *ráan ko-píi* les plus typiques du pays.

Si les grains de café utilisés dans les *ráan ko-píi* viennent parfois de l'étranger, ils sont en revanche torréfiés en Thaïlande. Bien que d'un noir de jais, ils donnent une boisson qui manque souvent de corps. Cela peut être dû à la méthode de préparation qui consiste à verser de l'eau chaude dans un sac de tissu rempli de café moulu. L'habituel *ko-píi* est servi avec une dose de lait concentré sucré et une ou plusieurs cuillerées de sucre, dans de petits verres. Si vous n'êtes pas amateur de sucre, commandez un *ko-píi or* (café noir) ou demandez simplement qu'on ne mette pas de sucre. Tous les cafés chauds sont servis avec une tasse de thé vert léger à boire après.

Les *ráan ko-píi* sont parfaits pour manger sur le pouce. Les plus traditionnels disposent, à l'entrée, un plateau de brioches chinoises à la vapeur, d'en-cas sucrés, tels le riz gluant enveloppé dans une feuille de bananier, et de pâtisseries.

dans la composition de nombreux plats. Les légumes ne sont pas en reste : la quasi-totalité des repas sont accompagnés d'une assiette de légumes frais et de fines herbes, ainsi que d'une sauce épicée à base de pâte de crevettes, de piments, d'ail et de citron. Parmi les légumes locaux à goûter, citons le *sà-tor* (un légume vert amer similaire au haricot), le *lôuk ni·ang* (un haricot rond vert foncé) et le *mét ri·ang* (semblable à de grands germes de soja vert foncé).

Parmi les plats qui pourront vous être proposés, citons les suivants :

Gaang đai ƀlah Curry de poisson très épicé et salé qui contient du *tai plaa* (estomac de poisson salé) ; bien meilleur qu'on ne l'imagine.

Khà-nŏm jin nám yaa Ce plat de nouilles de riz fermentées, nappé d'une sauce très pimentée similaire au curry, est toujours accompagné d'un plateau d'herbes et de légumes frais.

Kôw yam Très appréciée au petit-déjeuner, cette spécialité se compose de riz recouvert d'herbes ciselées, de germes de soja, de crevettes séchées, de noix de coco grillée et de poudre de piment rouge, le tout servi avec une sauce aigre-douce à base de poisson.

Gaang sôm Appelée *gaang lĕu·ang* (curry jaune) dans le centre de la Thaïlande, cette soupe aigre épicée doit sa couleur à l'usage copieux de curcuma, une racine très répandue dans la cuisine du Sud.

Ngóp Sorte de curry grillé, ce plat mêle lait de coco, une pâte à base d'herbes et des fruits de mer. Le tout est enveloppé dans une feuille de bananier et grillé jusqu'à ce que ce soit ferme.

Gài tôrt hàht yài Le célèbre poulet frit de Hat Yai tire son goût puissant d'une marinade contenant des épices séchées.

Kôo·a glîng Spécialité du Sud composée de viande émincée frite avec une pâte de curry très épicée. Servie avec un plateau d'herbes et de légumes frais.

Pàt sà·đor Sauté de "haricots puants" populaire, à la fois relevé et épicé, avec crevettes, ail, piments et pâte de crevette.

L'influence musulmane

Les musulmans, qui seraient arrivés dans le sud de la Thaïlande à la fin du XIVe siècle, ont importé d'Inde et du Moyen-Orient une cuisine à base de viande et d'épices séchées. Près de 700 ans plus tard, cette influence culinaire reste perceptible. Tandis que certains plats musulmans comme le *ro·ti*, un pain frit similaire au *paratha* indien, ont peu changé (voire pas du tout), d'autres, comme le *gaang mát·sà·màn*, mêlent de manière originale les styles et les ingrédients thaïlandais et indiens ou moyen-orientaux. Plus récemment, d'autres recettes musulmanes sont arrivées par la Malaisie, au sud.

Parmi les plats musulmans typiques, citons :

Kôw mòk Le *biryani*, plat répandu dans tout le monde musulman, est également présent en Thaïlande. Ici, il est habituellement au poulet et accompagné d'une sauce aigre-douce, ainsi que d'un bol de bouillon de volaille.

Sà·đé (satay) Ces brochettes de viande grillée sont probablement arrivées en Thaïlande via la Malaisie. La sauce salée aux cacahuètes dans laquelle on les trempe est souvent considérée à tort comme thaïlandaise.

Má·đà·bà Appelé *murtabak* en Malaisie et en Indonésie, ce *ro·ti* est fourré d'une farce salée (ou parfois sucrée), puis frit pour le rendre croustillant.

Súp hăhng woo·a Cette soupe de queue de bœuf, probablement d'origine malaisienne, est plus riche et souvent plus aigre que le *đôm yam* thaïlandais "bouddhique".

Sà·làt kàak Littéralement, "salade musulmane" (*kàak* étant un terme légèrement péjoratif pour désigner l'origine indienne et/ou musulmane). Ce plat contient des feuilles de laitue pommée, des morceaux de tofu, du concombre, des œufs durs et des tomates, le tout nappé d'une sauce à la cacahuète sucrée.

Gaang mát·sà·màn Le "curry musulman" est un plat riche à base de lait de coco qui, contrairement à la plupart des currys thaïlandais, tire une grande partie de sa saveur d'épices séchées. Comme pour beaucoup de plats thaïlandais musulmans, le goût sucré prédomine.

Gastronomie sino-thaïlandaise

Depuis des siècles, les immigrants du sud de la Chine influencent la cuisine thaïlandaise. Le wok et divers plats de nouilles furent probablement introduits en Thaïlande par des ouvriers et marchands chinois. Leurs recettes perdurent à Bangkok et dans le sud du pays, notamment dans les villes à forte population chinoise comme Trang et Phuket-ville.

Voici les plats sino-thaïlandais que vous rencontrerez sûrement à Bangkok et dans le Sud :

Mŏo yâhng Spécialité de la ville de Trang, ce porc rôti (avec sa peau et sa graisse) se déguste généralement lors d'un brunch (*yam cha*).

Đìm sam Bouchées à la vapeur que l'on mange lors d'un petit-déjeuner ou d'un brunch (*yam cha*) dans la communauté chinoise de Trang.

Kôw kăh mŏo Exemple typique du repas chinois composé d'un plat unique : la cuisse de porc en daube servie sur du riz s'accompagne souvent de légumes verts et d'un œuf dur.

Kôw man gài Le riz au poulet, originaire de l'île chinoise de Hainan, est désormais omniprésent en Thaïlande.

Bà·mèe Nouilles chinoises de blé aux œufs, généralement servies avec des morceaux de porc grillé, quelques légumes verts et/ou des raviolis *wonton*.

Sahlah ɓow Ces brioches chinoises cuites à la vapeur sont un classique dans les vieux cafés chinois du sud du pays (voir l'encadré ci-contre).

Gŏoay đĕeo kôoa gài Appréciées dans le quartier Chinatown de Bangkok, ces larges nouilles de riz sont frites avec un œuf, du poulet, du calamar, et de l'huile à l'ail.

Oh đôw Petits morceaux de taro frits avec de l'œuf et de petites huîtres, couverts de couenne de porc grillée – spécialité de Phuket-ville.

Loh bà Autres mets raffinés de Phuket-ville, ces en-cas salés frits sont servis avec une sauce légèrement sucrée.

Goh·ɓée Café chinois (voir l'encadré ci-contre).

Voyager avec ses enfants

Les meilleures régions

Ko Samui et le sud-ouest du golfe de Thaïlande

Les plus grands peuvent en toute sécurité faire du snorkeling à Ko Tao. Les plages au nord de Ko Samui sont prisées des familles avec bambins. Chaweng est parfaite pour leurs aînés.

Phuket et le nord de la côte d'Andaman

En plus de la plage, Phuket offre de nombreux divertissements, mais évitez Patong. Sur cette côte, les familles trouvent une dizaine d'îles où profiter de la mer.

Ko Chang et la côte est

À Ko Chang, les eaux peu profondes sont idéales pour les jeunes nageurs et les plages délicieuses le soir à marée basse. Pour les plus grands, promenades dans la jungle, camps d'éléphants et kayak dans la mangrove.

Hua Hin et le nord-ouest du golfe de Thaïlande

Hua Hin : son long ruban de plage, ses temples perchés, repaires des singes, ses temples troglodytiques de Phetchaburi fréquentés par les chauves-souris ! À Ban Krut et Bang Saphan Yai, jeu dans les vagues avant le petit-déj.

La Thaïlande avec des enfants

Pour les Thaïlandais, qui s'extasient sur la moindre petite chose "mignonne", les enfants étrangers, au look si exotique, deviennent le centre de tous les regards et de toutes les attentions, faisant tomber les barrières de leur timidité naturelle.

Même les bébés deviennent des vedettes et transforment des chauffeurs de taxi bourrus en tontons gâteux faisant des "*já ăir*" (coucou !) à n'en plus finir. Si vous achetez à manger dans la rue avec un bébé dans les bras, attendez-vous à ce que le marchand vous propose de tenir l'enfant le temps que vous mangiez – et il ira alors lui présenter les autres vendeurs de rue.

Les enfants un peu plus âgés se montrent parfois craintifs vis-à-vis des gens qu'ils ne connaissent pas, ce qui s'accommode mal avec l'intérêt passionné dont font preuve les Thaïlandais envers les petits. Si vous voyagez avec des enfants timides, le plus simple est de rester dans les zones touristiques et d'éviter les coins reculés du pays, où tout étranger, *a fortiori* un enfant, attire l'attention.

Le guide *Voyager avec ses enfants* de Lonely Planet contient d'utiles conseils sur la façon d'occuper les enfants pendant les trajets et une fois sur place.

À ne pas manquer

Les enfants apprécieront les plages, qui s'étirent le long de jolie baies baignées d'eaux peu profondes, idéales pour les nageurs débutants. Plus on descend vers le

À TABLE !

Dans ce pays où les enfants, et les bébés en particulier, sont tellement aimés, le repas devient pour les parents une expérience libératrice ! Objet de tous les compliments, sollicité par tous, votre nourrisson passera dans les bras de tous les serveurs. Profitez de ce moment d'ouverture culturelle pour vous reposer un instant !

La cuisine thaïlandaise étant souvent très épicée, il vous faudra déployer tout un savoir-faire pour commander des plats adaptés au palais des enfants – une exigence à laquelle se plieront l'immense majorité des établissements. En général, les petits Thaïlandais ne mangent pas très épicé avant d'aller à l'école élémentaire et semblent se régaler de *kôw nĕe·o* (riz gluant) ou de sucreries. Des menus pour enfant proposent du poulet à toutes les sauces (non épicées) – *gài yâhng* (poulet grillé), *gài tôrt* (poulet frit) et *gài pàt mét má·môo·ang* (poulet sauté aux noix de cajou) – ou encore du *kài jì·o* (omelette thaïlandaise). Le *kôw man gài* (riz et poulet hainanais) est aussi un plat pas trop épicé.

sud, plus l'eau est claire, et lorsque le récif est proche, les poissons viennent tout près du rivage. Profitez de la plage, mais faites attention aux courants et prenez très au sérieux tous les panneaux d'avertissement. À Phuket, Ko Chang et dans bien d'autres destinations balnéaires, les enfants de 6 ans et plus auront l'occasion d'aller voir des animaux, de se balader jusqu'à des cascades et de pratiquer des sports aquatiques.

À Bangkok, les enfants aimeront le métro aérien (Skytrain ou BTS) et les galeries commerciales bourrées d'escalators. Les ados et les préados, eux, apprécieront sûrement le paradis du shopping qu'est la capitale.

En train, si vous voyagez de nuit, on attribue aux enfants les couchettes basses, près de la fenêtre.

Les temples peuvent se révéler des buts d'excursion séduisants. Les chemins menant aux sanctuaires perchés en haut des montagnes sont l'occasion de dépenser un peu d'énergie ; ils s'élèvent parfois dans des forêts peuplées de singes et parsemées de grottes. À l'intérieur des temples bouddhiques, les bambins seront intéressés par les rituels de l'acquisition des mérites : on brûle des bâtons d'encens, on s'incline devant le bouddha, on frotte une feuille d'or sur la statue principale. La plupart des temples possèdent en outre un endroit dédié aux pratiques divinatoires. On secoue une boîte en bambou jusqu'à ce que l'un des bâtonnets qui s'y trouvent tombe. Il porte un numéro, qui correspond à une prédiction. Ou on dépose de l'argent dans le récipient (parfois un automate !) correspondant au jour de la semaine où l'on est né, pour obtenir en échange une divination.

Pratique

Les équipements pour enfants en bas âge – siège auto, chaise haute ou espace de change pour bébés – sont quasi inexistants. Les parents devront faire preuve d'imagination ou imiter les Thaïlandais, qui tiennent leurs bambins sur les genoux la plupart du temps.

Vous trouverez des aliments pour bébé et des couches en ville, dans les supérettes et les 7-Eleven, mais pas dans les zones rurales. Il y a aussi des vêtements enfant chez Tesco Lotus, Big C ou Tops Market. Les pharmacies vendent des crèmes contre les rougeurs.

Voyager avec des tout-petits peut être un vrai défi. Les rues de Thaïlande sont souvent trop bondées pour une poussette, sauf les modèles canne qui peuvent se faufiler et se replier pour entrer dans un *túk-túk*. Porter son enfant peut être pratique, mais faites attention à ce que la tête du bébé ne dépasse pas la vôtre, de nombreux objets étant accrochés en hauteur

Santé et sécurité

Dans l'ensemble, les parents n'ont pas trop de souci à se faire concernant les questions de santé. Bien sûr, les précautions d'usage s'imposent. Il convient avant tout d'observer les règles d'hygiène élémentaires, comme se laver régulièrement les mains. Veillez à ce que vos enfants ne jouent pas avec les animaux : la rage est répandue dans le pays. La plupart des chiens que vous croiserez ne sont pas des animaux de compagnie et préfèrent fouiller les poubelles plutôt que se laisser caresser.

Les enfants sont sensibles aux piqûres de moustique. Vous trouverez sur place des crèmes de fabrication locale pour atténuer l'inflammation et apaiser les démangeaisons.

Dans les métropoles bruyantes, le risque d'overdose sensorielle existe pour les plus jeunes. Rappelez-leur quelques consignes de sécurité avant de sortir car ils auront du mal, au milieu de l'agitation et du bruit de la rue, à comprendre vos instructions.

Les régions en un clin d'œil

Bangkok

Culture/Histoire ✓✓✓
Gastronomie ✓✓✓
Shopping ✓✓✓
Temples du Siam

Construits pour affirmer la puissance du pays après la guerre dévastatrice contre la Birmanie, les temples royaux bouddhiques de Bangkok sont désormais des lieux de pèlerinage national et les plus beaux exemples d'art et d'architecture classiques du pays.

Toujours plus

Gratte-ciel, luxueuses galeries commerciales, boîtes de nuit, rues encombrées… Cette mégalopole survoltée est excessive en tout. On trouve à manger dans les stands de rue comme dans les restaurants tendance, et les marchés traditionnels côtoient les centres commerciaux.

À la santé des étoiles

Une vraie soirée couleur locale se résume souvent à une table en plastique où s'entrechoquent les bouteilles de bière fraîche. Toutefois, cette ville qui aime s'élever a mis à profit ses gratte-ciel grâce à des bars sur les terrasses. Des bataillons de jeunes étudiants branchés s'y pressent.

p. 52

Ko Chang et la côte est

Plages ✓✓
Plongée ✓
Petites villes ✓✓

Un chapelet d'îles

Ko Chang et ses îles couvertes de forêt vierge sont appréciées des touristes pour leur ambiance tropicale, leurs sites de plongée et leur vie nocturne. La paisible Ko Kut comble les solitaires, Ko Mak offre une atmosphère bon enfant et la petite Ko Wai jouit de superbes eaux cristallines et de nombreux récifs.

Villes provinciales

Les voyageurs négligent les petites villes côtières comme Chanthaburi, connue pour son marché aux pierres précieuses, et Trat, carrefour vers Ko Chang. Elles offrent pourtant un charme différent de celui des îles, celui d'une vie quotidienne tranquille et prospère.

p. 95

Hua Hin et le nord-ouest du golfe de Thaïlande

Culture/histoire ✓
Plages ✓✓
Petites villes ✓✓

Une côte royale

Lieu de villégiature des rois, cette séduisante côte, moins fréquentée que les autres littoraux du pays, attire familles et jeunes mariés. Arrêtez-vous à Phetchaburi pour visiter son palais perché sur une colline et ses sanctuaires troglodytiques.

Plage et ville

Pour ceux qui ne veulent pas être totalement coupés du monde, cette région allie mer et animation. Une ambiance agréable règne dans la petite Prachuap Khiri Khan encadrée de falaises karstiques ; Hua Hin et Phetchaburi abritent chacun un quartier d'échoppes caractéristiques des villes côtières investies par les marchands chinois.

p. 138

Ko Samui et le sud-ouest du golfe de Thaïlande

Plages ✓✓✓
Plongée ✓✓
Vie nocturne ✓✓

Paradis sous-marin

Les trois îles sœurs de Samui, aux charmes variés, attirent les amoureux de vie insulaire. Entourée d'eaux tièdes paisibles, Ko Tao reste une des meilleures destinations au monde pour s'initier à la plongée sans se ruiner. Ses spots de snorkeling, tout proches du rivage, rendent accessible à tous l'observation de la faune marine.

Farniente

Farniente et fête de la pleine lune font la réputation de Ko Pha-Ngan. Samui, avec ses *resorts* haut de gamme, séduit de nombreux vacanciers étrangers. Le parc national d'Ang Thong, à découvrir à l'occasion d'une excursion, subjugue par ses falaises calcaire surgissant des eaux azurées.

p. 171

Phuket et le nord de la côte d'Andaman

Resorts ✓✓✓
Plongée ✓✓
Vie nocturne ✓✓

Le territoire de Cousteau

Faune sous-marine multicolore, coraux intacts, eaux transparentes : entre les parcs nationaux maritimes des îles Similan et Surin et la frontière birmane, les sites de plongées et snorkeling se succèdent, au point que les voyageurs ne se déplacent jamais sans leur masque et leur tuba. Embarquez pour une croisière et des plongées inoubliables aux côtés de raies mantas et d'un éventuel requin-baleine au Richelieu Rock.

Phuket

Avec de beaux *resorts* et un aéroport moderne, la destination balnéaire phare de Thaïlande rend possible le rêve de tout un chacun d'accéder rapidement à une plage.

p. 236

Ko Phi Phi et le sud de la côte d'Andaman

Plongée ✓✓
Gastronomie ✓✓
Culture ✓

Le grand plongeon

Le sud d'Andaman n'est pas aussi connu que le sud du golfe de Thaïlande et le nord d'Andaman, mais en plongeant dans les eaux de Ko Lanta et de Ko Phi Phi, on se demande pourquoi. Les monts sous-marins de Hin Muang et Hin Daeng sont dignes des spots les plus réputés. Ko Phi Phi offre certaines des plus belles sorties snorkeling du pays.

Les marchés

Trang et Krabi abritent d'excellents marchés de nuit où dénicher nouilles, poissons grillés ou salades épicées à votre goût. Sur les îles, les stands de plage tiennent la vedette et, chaque soir, vous pourrez admirer les prises du jour sur des présentoirs en forme de bateaux.

p. 299

Les adresses sont présentées par ordre de préférence de l'auteur

Les pictos pour se repérer :

- Les coups de cœur de l'auteur
- Les adresses écoresponsables
- GRATUIT Entrée, accès libre

Voir aussi l'index où figurent toutes les localités couvertes dans ce guide.

Sur la route

Bangkok

Dans ce chapitre »

Le top des restaurants

» nahm (p. 77)
» Krua Apsorn (p. 75)
» Bo.lan (p. 79)
» Kai Thort Jay Kee (p. 76)
» MBK Food Court (p. 76)

Le top des hébergements

» AriyasomVilla (p. 73)
» Metropolitan (p. 69)
» Siam Heritage (p. 69)
» Siam@Siam (p. 68)
» Lamphu Tree House (p. 66)

Pourquoi y aller

Si vous avez opté pour le farniente sur une plage déserte, Bangkok vous semblera de prime abord un simple point de transit planté de tours en béton plutôt que de palmiers. Mais, une fois rassasié des plaisirs de la plage, vous apprécierez l'atmosphère enfiévrée et la sophistication de la capitale.

Mégapole à l'apparence chaotique et tentaculaire, polluée et surpeuplée, Bangkok suscite toutes sortes de sentiments et d'impressions, sauf l'ennui. D'emblée, le visiteur est happé par la ville. Où que se pose le regard, dans les rues ou sur les canaux, on est frappé par le va-et-vient des travailleurs qui gagnent leur bureau ou rentrent chez eux. Des écoliers courent sous le soleil, des vendeurs concoctent des mets appétissants sur leurs petits fourneaux ambulants, des moines se promènent aux côtés d'hommes d'affaires dans les centres commerciaux climatisés… Alliant une riche histoire à des aspects très contemporains, la Cité des Anges, royaume de la gastronomie (parmi les meilleures et les moins chères du monde) et temple du shopping, est sans conteste l'une des villes d'Asie à l'énergie la plus contagieuse.

Quand partir

L'Organisation météorologique mondiale classe Bangkok parmi les villes les plus chaudes du monde. Pour ne rien arranger, les températures sont très homogènes et atteignent des moyennes maximales plutôt étouffantes – de 32 à 34°C. La saison des pluies s'étend à peu près de mai à octobre, et jusqu'à 300 mm de pluie s'abattent alors sur la ville chaque mois. En réalité, à Bangkok, seul l'hiver en décembre-janvier offre quelques semaines tempérées, unique moment de répit entre l'humidité et la chaleur implacable.

Histoire

Bangkok est une capitale assez récente. À la suite du sac d'Ayuthaya perpétré par les Birmans (p. 361), le roi Taksin choisit d'établir sa capitale à Thonburi, sur la rive occidentale du fleuve Mae Nam Chao Phraya. Mais, en 1782, le roi Rama Ier (Phraphutthayotfa Chulalok ; r. 1782-1809), fondateur de la dynastie des Chakri (p. 362), déplaça la capitale de l'autre côté du fleuve, sur le site du modeste village de Bang Makok (l'actuelle Bangkok).

Les reliques bouddhiques d'Ayuthaya, de Thonburi et de Sukhothai furent elles aussi déplacées dans de nouveaux sanctuaires – des temples à la hauteur impressionnante – et la cité se déploya autour de la résidence royale de Ko Ratanakosin. Sous les règnes de Rama IV (Mongkut ; 1851-1868) et de son fils, Rama V (Chulalongkorn ; 1868-1910), Bangkok et le pays se modernisèrent, adoptant les modes de vie et les styles architecturaux de l'Occident. Les Européens arrivèrent en masse pour négocier des contrats et accroître leur influence dans la région.

L'année 1932 marque en Thaïlande la fin de la monarchie absolue, mais aussi les débuts d'une période de grande instabilité politique. Depuis, Bangkok a connu 19 tentatives de coups d'État, dont la moitié a conduit à un changement de gouvernement. Le dernier en date, en septembre 2006, a provoqué la destitution du très controversé Thaksin Shinawatra, sans effusion de sang, après des mois de tensions entre partisans et opposants du Premier ministre. Toutefois, les combats politiques ne sont pas toujours pacifiques, et, parfois, les manifestations de masse se terminent par la mort de manifestants.

Dans les années 1970, Bangkok, devenue un lieu de plaisir et de débauche pour les troupes américaines qui combattaient au Vietnam, acquit la réputation de "ville du péché". Les années 1980 et 1990 furent marquées par la croissance rapide de l'économie thaïlandaise, et des gratte-ciel de Bangkok. Mais la crise du marché boursier de 1997 vint freiner le développement économique de la capitale, du pays, voire de toute cette région d'Asie.

Bangkok a récemment été marquée par des troubles politiques intermittents, et parfois violents, entre les "chemises jaunes", composées des élites monarchistes et militaristes, et les "chemises rouges", qui regroupent les partisans de Thaksin Shinawatra, l'ex-Premier ministre exilé. En 2008, des "chemises jaunes" paralysèrent les aéroports de Bangkok durant deux semaines et, en 2010, des "chemises rouges" organisèrent un siège du quartier commercial de la ville qui prit fin au bout de deux mois, suite à l'intervention violente de l'armée.

Cette opposition entre "rouges" et "jaunes" était au centre des élections nationales en juillet 2011. La popularité durable de Thaksin a permis au parti Pheu Thai, lié aux "chemises rouges", de l'emporter. Le Premier ministre Yingluck Shinawatra, cadette de Thaksin et novice en politique, essaie de faciliter le retour de son frère en Thaïlande, ce qui relance l'agitation politique.

À voir

Les îles et les plages de Thaïlande n'abritant pas beaucoup de sites traditionnels et historiques, cela vaut la peine de profiter d'un séjour à Bangkok pour en visiter quelques-uns. La capitale abrite certains *wat* (temples) et palais parmi les plus beaux du pays, dont beaucoup sont concentrés à Ko Ratanakosin, à Thonburi et à Dusit, trois quartiers qui jouxtent celui de Banglamphu où sont regroupés nombre d'hôtels.

Les temples thaïlandais sont des lieux sacrés, notamment ceux qui sont liés à la monarchie. Les visiteurs sont donc tenus de se comporter et de s'habiller décemment : haut avec des manches, pantalon ou jupe sous les genoux, et chaussures fermées. Des sarongs et des pantalons larges sont disponibles à l'entrée du Wat Phra Kaew. Ôtez vos chaussures avant d'entrer dans les bâtiments, et, quand vous êtes assis devant une représentation du Bouddha, repliez vos jambes, car pointer les pieds vers des figures vénérées constitue une offense.

KO RATANAKOSIN ET BANGLAMPHU

เกาะรัตนโกสินทร์/บางลำพู

Les sites incontournables de Bangkok sont principalement situés à Ko Ratanakosin, ancien petit district royal. Wat Arun est sur la rive opposée, à Thonburi, et facilement accessible en ferry.

Banglamphu abrite à la fois le quartier le plus ancien de la ville et, autour de Th Khao San, une zone de chambres d'hôtes, d'hôtels, de restaurants et de bars, à l'ambiance festive de jour comme de nuit. Si vous préférez la fête aux visites, c'est l'endroit qu'il vous faut (voir l'encadré p. 57).

À ne pas manquer

1. Aller d'un site historique à l'autre à bord du **Chao Phraya Express** (p. 93)
2. Marcher dans les rues du vieux Bangkok, notamment à **Ko Ratanakosin** (p. 63)
3. Apprendre la cuisine thaïlandaise dans l'une des nombreuses écoles de cuisine de la capitale, comme **Khao** (p. 62)
4. Trinquer à la lumière des étoiles et des gratte-ciel sur le toit du **Moon Bar at Vertigo** ou du **Sirocco Sky Bar** (p. 81)
5. Se faire délicieusement masser, pour un prix dérisoire, dans un spa ou un salon comme le **Ruen-Nuad Massage Studio** (p. 61)

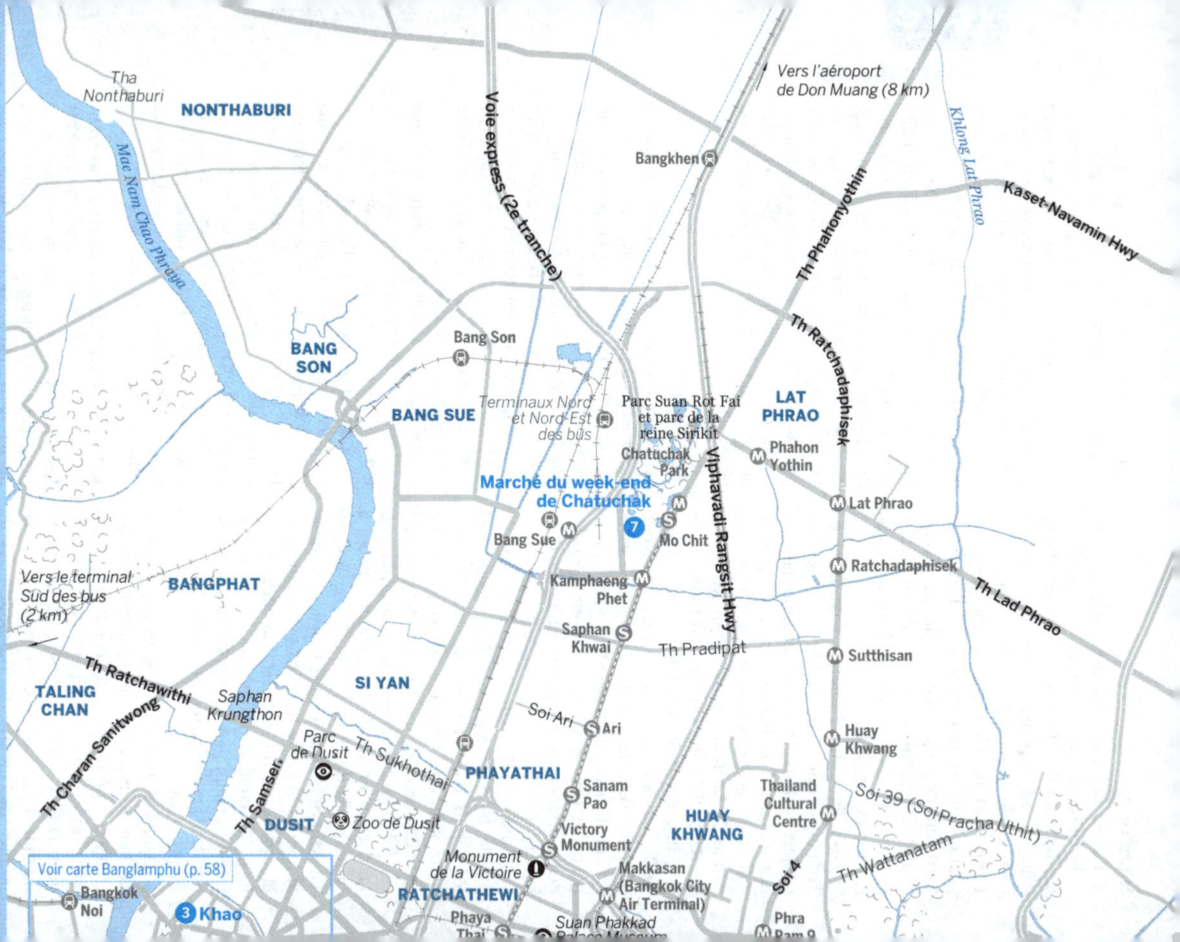

6 Être reçu dans la **maison de Jim Thompson** (p. 59), qui était à une époque la plus jolie de la ville

7 Dépenser ses bahts sur le **marché du week-end de Chatuchak** (p. 89), l'un des plus grands marchés du monde

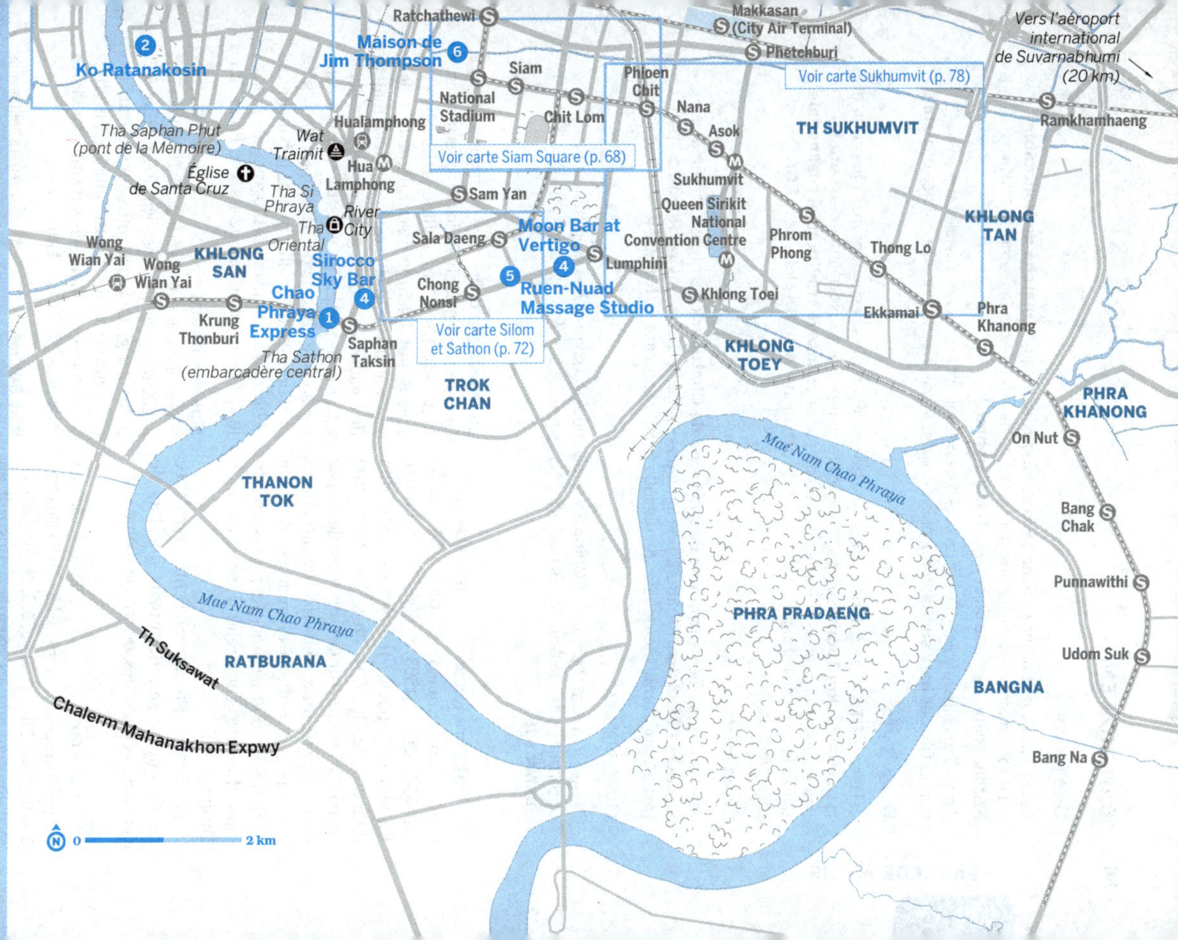

BANGKOK EN...

Une journée

Levez-vous tôt et prenez le **Chao Phraya Express** jusqu'au **marché de Nonthaburi**. Au retour, descendez à Tha Chang pour visiter les musées et les temples de **Ko Ratanakosin**, avant de déjeuner à **Banglamphu**.

Après vous être rafraîchi, buvez un cocktail en admirant le coucher du soleil sur la ville depuis l'un des **bars sur les toits**, puis dégustez la cuisine thaïlandaise raffinée du **nahm**.

Deux jours

Laissez le **BTS** (métro aérien) vous mener vers différentes destinations de **shopping** et la maison de **Jim Thompson** pour une visite ; faites une pause déjeuner au **buffet** d'un des hôtels de la capitale. Finissez la journée par un **massage traditionnel thaïlandais**. S'il vous reste de l'énergie, allez donc vous déhancher dans les clubs de la **RCA** (Royal City Avenue).

Trois jours

Passez une journée au **marché du week-end de Chatuchak**, ou prenez en semaine un **cours de cuisine**. Profitez d'une luxueuse soirée de jazz au **Living Room**, ou, pour rester dans l'ambiance locale, de musique folk thaïlandaise au **Raintree**.

Quatre jours

Prenez le métro (MRT) pour **Chinatown**, où vous découvrirez des marchés animés et certains des meilleurs étals traditionnels de rue. Le soir, fréquentez les bars de **Th Sukhumvit**.

♥ Wat Phra Kaew — TEMPLE BOUDDHIQUE

(วัดพระแก้ว/พระบรมมหาราชวัง ; carte p. 58 ; 350 B ; ⌚8h30-15h30 ; 🚌503 et 508, ⛴Tha Chang). Également appelé temple du Bouddha d'Émeraude, le Wat Phra Kaew est une merveille architecturale composée de stupas dorés, de colonnes couvertes de mosaïques et de riches frontons de marbre. Il abrite le Bouddha d'Émeraude, le plus sacré du pays. L'entrée comprend l'accès au parc Dusit (p. 60).

Le **Grand Palais**, ancienne résidence royale qui ne sert désormais que lors de certaines cérémonies, occupe le même site.

♥ Wat Pho — TEMPLE BOUDDHIQUE

(วัดโพธิ์ วัดพระเชตุพน ; carte p. 58 ; Th Sanamchai ; 100 B ; ⌚8h-21h ; 🚌508 et 512, ⛴Tha Tien). Le Wat Pho cumule les records : construit au XVIe siècle, c'est le plus grand et le plus ancien temple de Bangkok. Cependant, avec 46 m de longueur et 15 m de hauteur, le Bouddha couché reste la plus grande curiosité. Une école de massage thaïlandais traditionnel est rattachée au temple (p. 62). Elle dispose de plusieurs pavillons sur le site.

La montagne d'Or — TEMPLE BOUDDHIQUE

(ภูเขาทอง ; carte p. 58 ; Th Boriphat ; accès au sommet 10 B ; ⌚8h-17h). Cette colline artificielle et le **Wat Saket** voisin jouissent d'une très belle vue sur la vieille ville. Si vous êtes amateur de couchers de soleil, grimpez jusqu'ici juste avant la fermeture et vous tomberez à coup sûr sous le charme de Bangkok ! Depuis les quartiers est de la ville, prenez le bateau-taxi (*klorng boat*, souvent orthographié *khlong)*, jusqu'à son terminus ouest à Tha Phan Fah.

Musée national — ART ET CULTURE

(พิพิธภัณฑสถานแห่งชาติ ; carte p. 58 ; Th Na Phra That 1 ; 200 B ; ⌚9h-15h30 mer-dim ; 🚌32, 123 et 503, ⛴Tha Chang). Ce musée offre un vaste aperçu de la culture et de l'art thaïlandais ; profitez pleinement des lieux en suivant une **visite guidée** (⌚9h30 mer et jeu).

Wat Suthat — TEMPLE BOUDDHIQUE

(วัดสุทัศน์/เสาชิงช้า ; carte p. 58 ; Th Bamrung Meuang ; 20 B ; ⌚8h30-16h30). Sa remarquable statue du Bouddha, ses fresques murales colorées et sa relative tranquillité font du Wat Suthat le plus ravissant temple bouddhique de Bangkok. Le site est surtout connu pour son *wí hăhn,* ou grande salle, le plus vaste de Thaïlande, qui abrite un bouddha Phra Si Sakayamuni. Avec ses 8 m de hauteur, c'est

Sakayamuni. Avec ses 8 m de hauteur, c'est le plus gros bronze de style Sukhothai (XIIIe-XVe siècle) qui soit parvenu jusqu'à nous. Face à l'entrée nord, le **Sao Ching-Cha** (Balançoire géante) est une grande balançoire rouge qui servait jadis lors des rituels brahmaniques. Le Wat Suthat est facilement accessible à pied depuis Banglamphu ; on peut aussi prendre le *klorng boat* pour Tha Phan Fah et terminer à pied.

Wat Arun

TEMPLE BOUDDHIQUE

(วัดอรุณฯ ; carte p. 58 ; Thonburi ; 50 B ; ⏲8h30-16h30 ; ⛴traversée du fleuve en ferry depuis Tha Tien). Ce temple étonnant tient son nom du dieu de l'aube indien, Aruna. Comme taillé dans le granite, il domine la rive occidentale du fleuve Chao Phraya. Des mosaïques de porcelaine et de céramique couvrent presque intégralement l'imposante *prang* (tour) de style khmer, haute de 82 m.

Musée du Siam

CULTURE

(สถาบันพิพิธภัณฑ์การเรียนรู้แห่งชาติ ; carte p. 58 ; Th Maha Rat ; 300 B ; ⏲10h-18h mar-dim ; 🚌32 et 524, ⛴Tha Tien). Ce nouveau musée, situé dans le district royal, explore les origines et la culture du peuple thaï à travers une scénographie moderne et passionnante.

Marché aux amulettes

MARCHÉ

(ตลาดพระเครื่องวัดมหาธาตุ ; carte p. 58 ; Th Maha Rat ; ⏲7h-17h ; ⛴Tha Chang). Ce marché, aussi étrange que fascinant, s'étend sur les trottoirs de Th Maha Rat et de Th Phra Chan, et dans un dédale de stands couverts près de Tha Phra Chan. On y vend une grande variété de petits talismans qu'examinent avec attention des collectionneurs, moines, chauffeurs de taxi et professionnels de métiers à risques.

Musée médico-légal de Songkran Niyomsane et musée des Parasites

MUSÉE

(ตลาดพระเครื่องวัดมหาธาตุ ; carte p. 58 ; 2e ét., bâtiment Forensic Pathology, Siriraj Hospital, Th Phrannok, Thonburi ; 40 B ; ⏲9h-16h lun-sam ; ⛴Tha Wang Lang). Cette institution sordide présente des objets ayant trait à des crimes célèbres, dont le T-shirt ensanglanté d'une victime poignardée à mort avec un... godemiché. À l'adresse voisine, le musée des Parasites est du même goût. Pour accéder au musée, le plus simple est de faire la traversée du fleuve en ferry depuis Tha Wang Lang (sur la rive de Thonburi) ou Tha Chang. Arrivé à l'embarcadère, tourner à droite et entrer dans l'hôpital Siriraj, puis suivre la signalétique verte indiquant "Museum".

CHINATOWN ET PHAHURAT

เยาวราช (สำเพ็ง)/พาหุรัด

À Chinatown (également appelé Yaowarat), boutiques d'orfèvrerie, imposantes enseignes lumineuses et éventaires envahissent les trottoirs. Une effervescence à la fois enivrante et épuisante, dans un quartier qu'il est intéressant de visiter la nuit, lorsque tout y est éclairé et que les étals de rue sont omniprésents. Venir en taxi ou à pied depuis la station de métro (MRT) Hua Lamphong.

Wat Traimit

TEMPLE BOUDDHIQUE

(วัดไตรมิตร ; temple du Bouddha d'or ; carte p 54 ; angle Th Yaowarat et Th Charoen Krung ; 40 B ; ⏲8h-17h mar-dim ; ⛴Tha Ratchawong, Ⓜ Hua Lamphong). Le Wat Traimit est célèbre pour son extraordinaire **bouddha en or massif** de 3 m de hauteur, pesant 5,5 tonnes. Sculptée dans le gracieux style Sukhothai, la statue fut "redécouverte" il y a 40 ans, sous un revêtement de stuc qui se brisa alors qu'on la déplaçait dans le temple. Cette

THÀNŎN KHAO SAN

Près de 30 ans après que les habitants de Thànŏn Khao San, une rue de Banglamphu, ont commencé à transformer leurs demeures en pension bon marché pour les voyageurs avec sac à dos, le quartier est devenu un repaire de touristes unique au monde. Jour et nuit, Th Khao San est envahie d'étrangers du monde entier qui se mêlent à une foule de mendiants, de marchands ambulants, de travestis et d'artistes de rue. Tresses, piercings, CD piratés, bijoux hippies, artisanat, contrefaçons de vêtements de marque, en-cas thaïlandais, bières fraîches, grenouilles en bois, on trouve de tout sur les stands de cette rue, véritable théâtre du voyageur, où l'on est à la fois acteur et spectateur.

Selon certains, Th Khao San est devenu une sorte de ghetto qui empêche de découvrir la ville. De fait, nombre de touristes quittent Bangkok en ayant seulement fait un tour dans cette rue, mais sa réputation s'avère assez injuste. Banglamphu est aujourd'hui un quartier où la jeunesse de Bangkok aime sortir, ce qui lui donne l'ingrédient typiquement thaïlandais qui lui a longtemps fait défaut.

Banglamphu

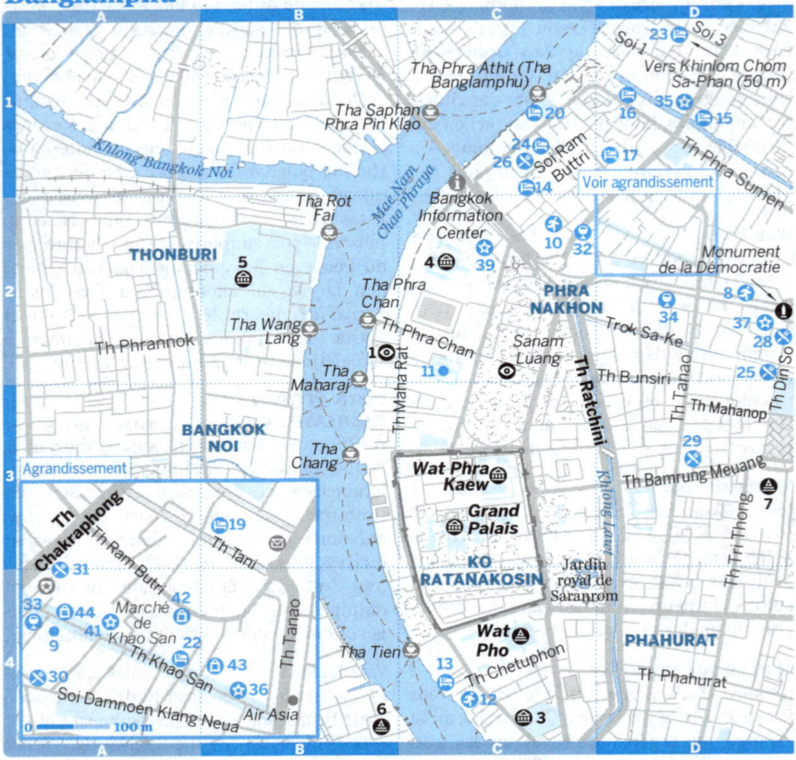

enveloppe fut sans doute ajoutée pour la protéger des voleurs, à la fin de la période Sukhothai ou, plus tard, lors du siège birman de la période Ayuthaya.

Le temple accueille le **Yaowarat Chinatown Heritage Center** (100 B ; ⌚8h-17h mar-dim), un intéressant petit musée dont les expositions multimédias sont consacrées à l'histoire de Chinatown et de ses habitants.

Talat Mai MARCHÉ ALIMENTAIRE

(ตลาดใหม่ ; Soi 6/Trok Itsaranuphap, Th Yaowarat ; 73, 159 et 507, Tha Ratchawong, M Hua Lamphong). Le "nouveau marché", en fait une étroite ruelle couverte entre deux hauts immeubles, vaut le détour même si la nourriture ne vous passionne pas. L'ambiance survoltée, les couleurs et les parfums exotiques, en font une expérience sensorielle inoubliable. Mieux vaut s'y rendre pendant l'effervescence matinale, entre 6h et 10h.

GRATUIT Wat Mangkon Kamalawat TEMPLE CHINOIS

(วัดมังกรกมลาวาส ; Neng Noi Yee ; angle Th Mangkorn et Th Charoen Krung ; ⌚9h-18h ; 73, 159 et 507, Tha Ratchawong, M Hua Lamphong). Nuages de fumée d'encens, cliquetis des bâtons porte-bonheur et chants religieux composent l'ambiance de ce temple bouddhique mahayana, de style chinois. Il s'agit du plus grand et plus important édifice religieux du quartier, datant de 1871. Les activités religieuses et culinaires y sont particulièrement soutenues durant le Festival végétarien (voir l'encadré p. 65).

Marché de Phahurat MARCHÉ

(ตลาดพาหุรัด ; carte p. 76 ; T Phahurat et Th Chakraphet ; Tha Saphan Phut (Memorial Bridge), 82, 169, 507). Caché derrière l'India Emporium, un centre commercial flambant neuf qui détonne terriblement, le marché de Phahurat est un bazar infini mêlant tissus

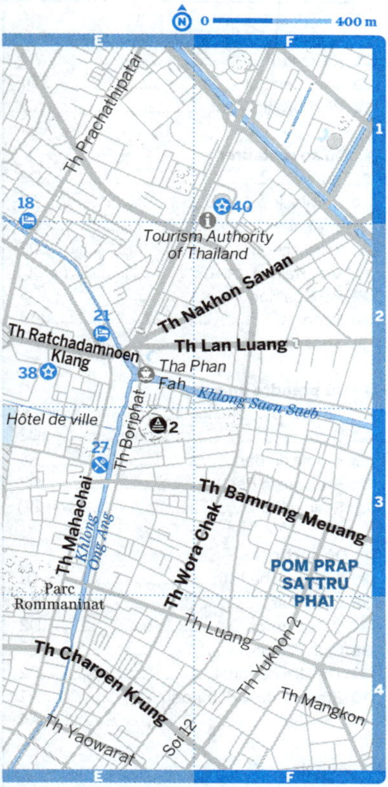

indiens, vendeurs de rue proposant du *paan* (noix de bétel à chiquer) et boutiques débordant de délicieuses friandises d'Inde du Nord. À proximité se dresse le **Gurdwara Siri Guru Singh Sabha** (Th Phahurat ; ⌚9h-17h), qui serait le deuxième plus grand temple sikh hors d'Inde.

AUTRES QUARTIERS

♥ Maison de Jim Thompson MUSÉE

(Carte p. 68 ; www.jimthompsonhouse.com ; 6 Soi Kasem San 2 ; adulte/enfant 100/50 B ; ⌚9h-17h, visites guidées obligatoires en anglais et français toutes les 20 min ; klorng-taxi Tha Hua Chang, National Stadium). Cette résidence arborée fut habitée par l'exportateur de soie et collectionneur d'art américain du même nom. Né dans le Delaware en 1906, Thompson fut brièvement agent de l'OSS (ancienne CIA) en Thaïlande, pendant la Seconde Guerre mondiale. Il s'installa ensuite à Bangkok, où il se passionna pour les soies thaïlandaises, dont il envoyait des échantillons aux grands couturiers de Milan, de Londres et de Paris, parvenant peu à peu à fidéliser une clientèle mondiale.

Collectionneur d'objets d'art asiatiques, Thompson recueillit aussi des pans de maisons en ruine du centre de la Thaïlande pour les réassembler sur le site actuel, en 1959. Il s'autorisa toutefois une surprenante liberté dans l'agencement des demeures : il fit inverser le sens des façades (les murs extérieurs se retrouvant à l'intérieur), afin que l'on puisse en admirer les sculptures. Sa collection d'objets d'art asiatique, modeste, mais d'un goût exquis, ainsi que ses objets personnels, sont exposés dans le bâtiment principal.

Thompson disparut dans des circonstances mystérieuses en 1967, lors d'une randonnée dans les Cameron Highlands, dans l'ouest de la Malaisie. La même année, sa sœur fut assassinée aux États-Unis, ce qui alimenta la théorie du complot. Thompson fut-il éliminé par la CIA ? par des concurrents ? Ou a-t-il été dévoré par un tigre ?

♥ Ancient City MUSÉE

(เมืองโบราณ ; www.ancientcity.com ; adulte/enfant 400/300 B ; ⌚8h-17h ; Bearing puis taxi ou bus). Ce site original, à l'est de Bangkok, dans la banlieue de Samut Prakan, est un musée en plein air de 80 ha. Il comprend 109 reproductions des plus célèbres monuments historiques du pays, dont certains n'existent plus. Loin d'être un simple parc d'attractions, l'architecture raffinée d'Ancient City vaut vraiment le détour.

Le bus climatisé n°511 part de l'extrémité est de Th Sukhumvit jusqu'au terminal des bus Samut Prakan ; le minibus n°36 conduit ensuite à l'entrée du site.

Suan Phakkad Palace Museum MUSÉE

(วังสวนผักกาด ; carte p. 54 ; 0 2245 4934 ; Th Sri Ayuthaya ; 100 B ; ⌚9h-16h ; Phaya Thai). Trésor souvent méconnu, ce ravissant palais, constitué de 8 maisons en bois traditionnelles, servit jadis de résidence à la princesse Chumbon de Nakhon Sawan, après avoir été une ferme à laitues (ce qu'évoque son nom). Les bâtiments sur pilotis contiennent des objets d'art, des antiquités et des meubles. Havre de paix, le parc du palais accueille des cygnes et des canards, et compte un jardin à moitié clos.

Banglamphu

Les incontournables
Grand Palais C3
Wat Pho C4
Wat Phra Kaew C3

À voir
1 Marché aux amulettes B2
2 Mont d'Or E3
3 Musée du Siam C4
4 Musée national C2
5 Musée médico-légal de Songkran Niyomsane et musée des Parasites B2
6 Wat Arun B4
7 Wat Suthat D3

Activités
8 Grasshopper Adventures D2
9 Khao A4
10 Sor Vorapin Gym C2
11 Wat Mahathat C2
12 École de massage et de médecine traditionnelle du Wat Pho C4

Où se loger
13 Arun Residence C4
14 Baan Sabai C1
15 Diamond House D1
16 Fortville Guesthouse D1
17 Lamphu House D1
18 Lamphu Tree House E1
19 NapPark Hostel B3
20 Navalai River Resort C1
21 Old Bangkok Inn E2
22 Rikka Inn A4
23 Sam Sen Sam D1
24 Wild Orchid Villa C1

Où se restaurer
25 Arawy D2
26 Hemlock C1
27 Jay Fai E3
28 Krua Apsorn D2
May Kaidee .... (voir 35)
29 Poj Spa Kar D3
30 Ranee's A4
31 Shoshana A4

Où prendre un verre
Amorosa .... (voir 13)
32 Gazebo C2
33 Hippie de Bar A4
34 Pranakorn Bar D2
Rolling Bar .... (voir 21)

Où sortir
35 Ad Here the 13th D1
36 Brick Bar B4
37 Café Democ D2
38 Club Culture E2
39 Théâtre national C2
40 Stade Ratchadamnoen F1
41 The Club A4

Achats
42 Saraban A4
43 Shaman Bookstore B4
44 Shaman Bookstore A4

GRATUIT **Sanctuaire d'Erawan** AUTEL
(ศาลพระพรหม ; San Phra Phrom ; carte p. 68 ; angle Th Ploenchit et Th Ratchadamri ; 6h-20h ; Chit Lom). Plusieurs accidents se produisirent lors de la construction de l'Erawan Hotel, dans les années 1950. Ils cessèrent dès que ce sanctuaire en l'honneur du dieu hindou Brahma fut érigé. En plus l'hôtel fut un succès et, depuis, les croyants viennent prier devant cet autel.

Ban Kamthieng MUSÉE
(บ้านคำเที่ยง ; carte p. 78 ; Siam Society, 131 Soi 21/Asoke, Th Sukhumvit ; adulte/enfant 100/50 B ; 9h-17h mar-sam ; M Sukhumvit, Asok). Convertie en musée, cette charmante maison en bois de style traditionnel permet de découvrir les objets, les tâches de la vie quotidienne et les croyances populaires du nord de la Thaïlande.

Parc du palais Dusit PALAIS ROYAL
(วังสวนดุสิต ; carte p. 54 ; délimité par Th Ratchawithi, Th U-Thong Nai et Th Ratchasima ; adulte/enfant 100/50 B, inclus dans le billet du Grand Palais ; 9h30-16h ; 18, 28 et 515). Ce ravissant parc est un ancien site royal doté d'un paisible espace vert et de divers musées d'artisanat. L'incontournable **palais Vimanmek**, construit en 1868, serait le plus grand édifice en teck doré du monde.

GRATUIT **Parc Lumphini** PARC
(สวนลุมพินี ; carte p. 72 ; délimité par Th Phra Ram IV, Th Witthayu (Wireless Rd), Th Sarasin et Th Ratchadamri ; 5h-20h ; M Si Lom et Lumphini, Sala

Daeng). Baptisé du nom de la cité natale du Bouddha au Népal, le plus grand et le plus populaire parc du centre-ville est ponctué de sentiers, de pelouses paisibles et de clairières, et comporte un grand lac artificiel avec pédalos à louer. L'endroit est idéal pour voir les habitants se détendre : tai-chi matinal, jogging, musculation, cours d'aérobic en plein air ou sortie avec les enfants. De mi-février à avril, le parc accueille des combats de cerfs-volants. Toute l'année, c'est le meilleur endroit à Bangkok pour apercevoir d'énormes varans.

GRATUIT **Église de Santa Cruz** ÉGLISE CATHOLIQUE
(โบสถ์ซางตาครูส ; carte p. 54 ; Th Kuti Jiin ; sam et dim ; Tha Pak Talat (Atsadang). Construite en 1913, cette église catholique ne présente pas un grand intérêt, hormis le dimanche. Néanmoins, le quartier environnant vaut le détour pour le charme désuet de l'ancienne concession portugaise de la période Ayuthaya (1350-1767), et pour ses pâtisseries d'inspiration portugaise (*kà·nŏm fàràng*).

Activités

Les habitants de Bangkok considèrent le massage traditionnel comme une thérapie préventive. Omniprésents dans la capitale, les lieux de massage vont des spas de luxe aux humbles salons de massage des pieds. Attention : un homme qui demande un "massage à l'huile" peut recevoir un traitement dont l'orthodoxie n'est pas garantie par l'école du Wat Pho... Pour un massage "classique", évitez les salons où les masseuses sont jeunes et en minijupe.

Suivant le quartier, comptez environ 250 B pour un massage des pieds et 500 B pour un massage du corps.

Ruen-Nuad Massage Studio MASSAGE
(Carte p. 72 ; 0 2632 2662 ; 42 Th Convent ; massage thaïlandais 350 B/h ; 10h-21h ; Si Lom, Sala Daeng). Situé dans une maison en bois rénovée, ce lieu charmant échappe à la vulgarité comme à la mode new age qui sévissent dans de nombreux salons de massage de Bangkok. Prix raisonnables.

Health Land SPA, MASSAGE
(www.healthlandspa.com ; massage 2 heures 450B). Ekamai (carte p. 78 ; 0 2392 2233 ; 96/1 Soi 10, Soi 63/Ekamai, Th Sukhumvit ; 9h-23h ; Ekkamai) ; Sathon (carte p. 72 ; 0 2637 8883 ; 120 Th Sathon Neua ; 9h-23h ; Chong Nonsi) ; Sukhumvit (carte p. 78 ; 0 2261 1110 ; 55/5 Soi 21/Asoke, Th Sukhumvit ; 9h-24h ; Sukhumvit, Asok). Sa formule proposant des soins d'experts à prix modiques, dans un agréable salon, a si bien réussi qu'Health Land est aujourd'hui à la tête d'un petit empire, dont les salons émaillent la ville.

École de massage et de médecine traditionnelle du Wat Pho MASSAGE
(Carte p. 58 ; 0 2622 3550 ; 392/25-28 Soi Pen Phat ; massage thaïlandais 220 B/h ; 8h-18h ; 508 et 512, Tha Tien). C'est la plus grande école de massage du pays. Des étudiants de médecine thaïlandaise traditionnelle proposent des soins dans des locaux climatisés, mais les pavillons du temple ont plus de charme. Cours de massage thaïlandais (voir p. 62).

Divana Massage & Spa SPA, MASSAGE
(Carte p. 78 ; 0 2261 6784 ; www.divanaspa.com ; 7 Soi 25, Th Sukhumvit ; soin spa à partir de 2 500 B ; 11h-23h lun-ven, 10h-23h sam-dim ; Sukhumvit, Asok). Plutôt luxueux, Divana mêle tradition et modernité dans le cadre apaisant d'un jardin privé.

UN NOM COMPLIQUÉ

Le nom de Bangkok vient de Bang Makok, qui signifie "lieu des olivettes", du nom d'un village qui existait ici avant l'établissement de la capitale en 1782. Le nom complet est, officiellement, "Krungthep mahanakhon amon rattanakosin mahintara ayuthaya mahadilok popnopparat ratchathani burirom udomratchaniwet mahasathan amonpiman avatansathit sakkathattiya visnukamprasit", que les Thaïlandais abrègent en Krung Thep (Cité des Anges). Le nom apparaît en entier sur l'immense panneau à l'extérieur de l'hôtel de ville (carte p. 58). Si vous voulez briller, vous n'avez qu'à apprendre par cœur ce que cela signifie : "Ville des anges, grande ville, résidence du Bouddha d'Émeraude, ville imprenable du dieu Indra, grande capitale du monde ciselée de neuf pierres précieuses, ville heureuse, généreuse dans l'énorme Palais royal pareil à la demeure céleste, règne du dieu réincarné, ville dédiée à Indra et construite par Vishnukarn".

S'ORIENTER DANS BANGKOK

Le Mae Nam Chao Phraya (fleuve Chao Phraya) sépare Bangkok de la ville plus ancienne de Thonburi. La voie ferrée menant à la gare de Hualamphong sépare l'est de l'ouest de la capitale. Coincée entre le chemin de fer et le fleuve, la partie la plus ancienne de la ville est composée de temples historiques, du Chinatown animé et de Banglamphu (abritant la célèbre Th Khao San), repaire des voyageurs étrangers. À l'est du chemin de fer, la ville nouvelle, tout en gratte-ciel et en centres commerciaux, avec notamment les quartiers de Siam Square, de Sukhumvit et de Silom, se consacre au commerce.

Un mot sur les rues : dans ce guide, *thànǒn* (rue) est abrégé par "Th". Un *soi* est une ruelle qui part d'une plus grande rue. L'adresse d'un monument situé dans un *soi* sera notée 33 Soi 3, Th Sukhumvit, ce qui signifie dans le *soi* 3 qui part de Th Sukhumvit. Le *tràwk* (allée) est plus petit qu'un *soi*.

Cours

Khao CUISINE
(Carte p. 58 ; ☎08 9111 0947 ; www.khaocookingschool.com ; D&D Plaza, 68-70 Th Khao San ; cours 1 500 B ; ⌚9h30-12h30 et 13h30-16h30). Un expert de la cuisine thaïlandaise a fondé cette nouvelle école, au cœur de Th Khao San (dans la cour juste derrière D&D Inn). Vous y apprendrez à réaliser divers plats traditionnels.

Phussapa Thai Massage School MASSAGE
(Carte p. 78 ; ☎0 2204 2922 ; www.thaimassage-bangkok.com ; 25/8 Soi 26, Th Sukhumvit ; inscription à partir de 6 000 B ; ⌚9h-16h ; Phrom Phong). Tenu par un résident japonais installé de longue date, l'établissement propose des stages de massage thaïlandais pour débutants (30 heures sur 5 jours). Cours moins longs de massage des pieds et d'automassage. Massage thaïlandais : 250 B/heure.

Helping Hands CUISINE
(☎08 4901 8717 ; www.cookingwithpoo.com ; cours 1 200 B ; ⌚8h30-13h lun-sam). Ce cours de cuisine populaire a été créé par une habitante du bidonville de Khlong Toey et se déroule dans son quartier. Les cours, qui doivent être réservés, portent sur quatre plats. Ils comprennent aussi une visite du marché de Khlong Toey et le transport depuis/vers l'Emporium (carte p. 78).

Wat Mahathat MÉDITATION
(Carte p. 58 ; 3 Th Maha Rat ; 32, 201 et 503, Tha Maharaj et Tha Chang). Ce temple abrite deux centres de méditation indépendants. L'**International Buddhist Meditation Center** (☎0 2222 6011 ; www.centermeditation.org ; Section 5, Wat Mahathat ; dons acceptés) propose des cours de méditation quotidiens à 7h, 13h et 18h. Ils sont dispensés par l'anglophone Phrasuputh et durent 3 heures. Le **Meditation Study and Retreat Center** (☎0 223 6878 ; www.meditation-watmahadhat.com ; Wat Mahathat ; dons acceptés) propose un programme de méditation quotidien soumis à une discipline rigoureuse.

École de massage et de médecine traditionnelle du Wat Pho MASSAGE
(Carte p. 58 ; ☎0 2622 3550 ; www.watpomassage.com ; 392/25-28 Soi Phen Phat ; à partir de 5 000 B ; ⌚8h-18h ; 508 et 512, Tha Tien). Cours de massage traditionnel pour débutants et autres. L'école est située à l'extérieur de l'enceinte du temple, dans une maison traditionnelle rénovée, dans Soi Phen Phat (non signalé, cherchez le restaurant Coconut Palm).

Sor Vorapin Gym BOXE THAÏE
(Carte p. 58 ; ☎0 2282 3551 ; www.thaiboxings.com ; 13 Th Kasab, Th Chakraphong ; tarif par jour/mois 500/9 000 B ; 2, 15, 44 et 511, Tha Phra Athit (Banglamphu). Spécialiste de l'entraînement pour les non-Thaïlandais (hommes et femmes). La salle de sport n'est pas très loin de Th Khao San.

Baipai Thai Cooking School CUISINE
(☎0 2561 1404 ; www.baipai.com ; 8/91 Soi 54, Th Ngam Wong Wan ; cours 1 800 B ; ⌚9h30-13h30 et 13h30-17h30 mar-sam). Les deux cours quotidiens de Baipai sont dispensés par une équipe restreinte, dans une coquette villa de banlieue. Quatre plats par cours. Transferts possibles.

Circuits organisés

Si vous cherchez un guide, nous vous recommandons :

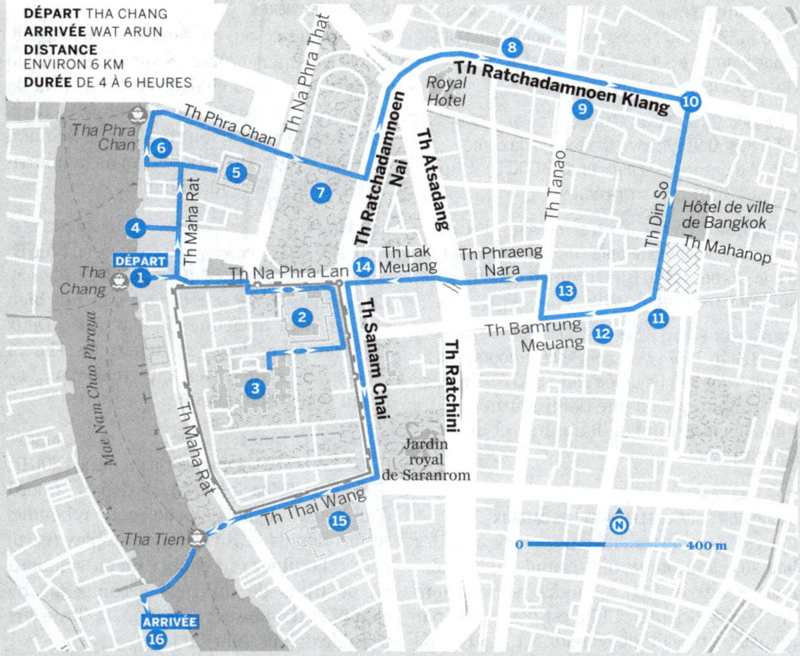

Promenade à pied
dans le vieux Bangkok

Les sites "incontournables" de Bangkok sont concentrés dans l'ancien quartier royal, Ko Ratanakosin, et le quartier voisin, Banglamphu. Démarrez tôt pour éviter la chaleur et la foule, pensez à une tenue correcte pour les temples.

Depuis 1 **Tha Chang,** rejoignez la porte principale du 2 **Wat Phra Kaew** et du 3 **Grand Palais**.

Regagnez Th Maha Rat et poursuivez vers le nord. Tournez à gauche dans 4 **Trok Tha Wang**, une allée étroite bordant un quartier ancien et méconnu de Bangkok. Revenez sur Th Mahathat et continuez vers le nord. Sur la droite, le 5 **Wat Mahathat** est une université bouddhique très réputée. Traversez la rue, tournez à gauche dans l'animé Trok Mahathat et parcourez le petit 6 **marché aux amulettes**.

Sortez à Tha Phra Chan, traversez Th Maharat et continuez vers l'est – vous croiserez de nombreux vendeurs d'herbes traditionnelles et d'amulettes – jusqu'à 7 **Sanam Luang**, le "champ royal".

Traversez Th Ratchadamnoen Nai et partez vers le nord, puis tournez à droite au Royal Hotel pour arriver dans 8 **Th Ratchadamnoen Klang**, les Champs-Élysées de Bangkok. Continuez vers l'est jusqu'au 9 **mémorial du 14-Octobre**, érigé en mémoire des manifestants tués le 14 octobre 1973 par l'armée lors d'un rassemblement démocratique. Vous apercevrez un peu plus loin, le 10 **monument de la Démocratie**.

Tournez à droite dans Th Din So et continuez vers le sud jusqu'à deux monuments moins connus mais reconnaissables, 11 **Wat Suthat et Sao Ching-Cha**.

Coupez à travers les 12 **magasins religieux** le long de Th Bamrung Meuang pour aller manger à 13 **Poj Spa Kar**.

Une fois rassasié, tournez à gauche dans Th Phraeng Nara, traversez le Khlong Lawt, et continuez vers l'ouest le long de Th Lak Meuang jusqu'au symbole spirituel de la ville, le 14 **Lak Meuang**, dans la rue du même nom.

Prenez Th Sanam Chai vers le sud et tournez à droite dans Th Thai Wang, où vous pénétrerez dans le 15 **Wat Pho**, qui abrite l'immense bouddha couché et des recoins paisibles.

Enfin, dirigez-vous vers Tha Tien pour prendre le ferry jusqu'au 16 **Wat Arun,** d'influence khmère, sur l'autre rive.

Tour with Tong CIRCUITS ORGANISÉS
(☎0 81835 0240 ; www.tourwithtong.com ; circuit d'une journée à partir de 1 000 B). Circuits dans Bangkok et ses environs.

Thai Private Tour Guide CIRCUITS ORGANISÉS
(☎0 81860 9159 ; www.thaitourguide.com ; circuit d'une journée à partir de 2 000 B). Chob et Mee sont très appréciés.

Bangkok Private Tours CIRCUITS THÉMATIQUES
(www.bangkokprivatetours.com ; circuit à pied d'une journée 3 400 B). Organise des circuits sur mesure dans la ville.

Bangkok Food Tours CIRCUITS THÉMATIQUES
(☎08 9126 3657 ; www.bangkokfoodtours.com ; circuit d'une demi-journée 950-1 300 B). Visites gastronomiques d'une demi-journée dans les quartiers de Bang Rak et de Chinatown.

Croisières

EXCURSIONS SUR LE FLEUVE ET LES CANAUX

Certes, pour des raisons pratiques, les bateaux à moteur ont gagné du terrain, mais Bangkok mérite toujours son surnom de "Venise orientale". Elle est parcourue par un vaste réseau de canaux et d'affluents sillonnés par des embarcations en tout genre, des canoës aux péniches. Dans ses vieux quartiers, nombre d'habitations, de commerces et de temples ont un accès direct à un cours d'eau, rappelant l'époque où les Thaïlandais se considéraient comme des *jâo náam* (seigneurs de l'eau).

La meilleure façon de passer d'une rive à l'autre du fleuve consiste à prendre le **Chao Phraya Express** (☎0 2623 6001 ; tickets 9-32 B). La plupart des bateaux qui remontent le fleuve en direction du nord ont pour terminus Tha Nonthaburi, tandis que les bateaux qui le descendent ont le leur à Tha Sathon (appelé aussi Central Pier), près de la station de BTS Saphan Taksin. Quelques bateaux continuent jusqu'au Wat Ratchasingkhon, plus au sud. Voir p. 93 pour plus de détails.

Il est possible d'affréter des *long-tail boats,* emblématiques de Bangkok, pour naviguer sur les *klorng* de Thonburi, notamment le Khlong Bangkok Yai et le Khlong Bangkok Noi. On trouve des pilotes à Tha Chang (carte p. 58), à Tha Saphan Phut (carte p. 54), à Tha Oriental (carte p. 54) et à Tha Si Phraya (carte p. 54). Comptez environ 1 000 B/heure (la proximité d'un hôtel cher fait augmenter les prix) ; négociez.

DÎNERS-CROISIÈRES

En amoureux ou en famille, vous apprécierez les dîners-croisières sur le fleuve Chao Phraya, loin de la chaleur et du bruit de la ville, avec pour spectacle des lumières de la ville. Les formules vont de la croisière bon marché à plus sophistiquée, mais la nourriture est loin d'être inoubliable.

Loy Nava DÎNER-CROISIÈRE
(☎0 2437 4932 ; www.loynava.com ; menu 1 766 B ; ⏲18h-20h et 20h10-22h10 ; ⛴Tha Si Phraya). Créée en 1970, cette croisière pourrait bien être la plus ancienne de Bangkok. Deux excursions par jour, au départ de Tha Si Phraya, près de River City (carte p. 54). Menu végétarien possible.

Wan Fah Cruises DÎNER-CROISIÈRE
(☎0 2222 8679 ; www.wanfah.in.th ; menu 1 200 B ; ⏲19h-21h ; ⛴Tha Si Phraya). Le départ, à bord d'un bateau de bois à belle coque rebondie, se fait depuis le River City Complex (carte p. 54). Le dîner (au choix : menu standard ou de fruits de mer) est accompagné de chants et de danses traditionnels. Transfert possible depuis/vers l'hôtel.

Circuits à vélo

Si de nombreux circuits à vélo parcourent les quartiers urbains de Bangkok, d'autres sillonnent la zone voisine de Phra Pradaeng, plus verdoyante et moins moderne. Là, des sentiers enjambent les canaux qui irriguent de petites plantations et débouchent sur de modestes villages.

Grasshopper Adventures CIRCUITS À VÉLO
(Carte p. 58 ; ☎0 2280 0832 ; www.grasshopperadventures.com ; 57 Th Ratchadamnoen Klang ; à partir de 750 B ; ⏲8h30-18h30 lun-ven ; 🚌2, 15, 44 et 511, ⛴klorng-taxi Phan Fah). Cet organisme réputé organise des excursions originales à Bangkok et dans ses environs, dont un circuit de nuit et un circuit à travers les espaces verts de la ville.

ABC Amazing Bangkok Cyclists CIRCUITS À VÉLO
(Carte p. 78 ; ☎0 2665 6364 ; www.realasia.net ; 10/5-7 Soi 26, Th Sukhumvit ; circuits à partir de 1 000 B ; ⏲départs quotidiens 8h, 10h et 13h ; 🚇Phrom Phong). Depuis plus de 10 ans, les circuits d'ABC proposent de découvrir la "vraie" Asie en suivant les sentiers surplombant les canaux champêtres de la ville.

BANGKOK POUR LES ENFANTS

Les activités spécialement conçues pour les enfants sont peu nombreuses, mais les habitants de Bangkok ne manquent pas d'attentions à l'égard des jeunes voyageurs. Les parents trouveront des informations utiles sur www.bambiweb.org (en anglais).

Même s'il n'est pas spécifiquement destiné à un jeune public, le musée du Siam (p. 57) propose des expositions interactives qui plairont aux enfants.

Le **zoo de Dusit** (carte p. 54 ; Th Ratchawithi ; adulte/enfant 100/50 B ; 8h-18h ; 18, 28 et 515, Phaya Thai puis taxi) accueille, sur 19 ha, près de 300 mammifères, 200 reptiles et 800 oiseaux dont des espèces indigènes assez rares comme le banteng, le gaur, le serow et quelques rhinocéros. Le terrain, ombragé, comprend une aire de jeux pour les petits, et on peut louer des pédalos sur le lac.

Le monde des océans a été recréé au **Siam Ocean World** (carte p. 68 ; 0 2687 2000 ; www.siamoceanworld.co.th ; sous-sol, Siam Paragon, Th Phra Ram I ; adulte/enfant 900/700 B ; 10h-21h ; Siam), à l'intérieur d'un centre commercial. On peut admirer derrière la vitre la zone des grands récifs ou assister au repas quotidien des pingouins et des requins.

Le **parc Lumphini** (p. 60) est idéal aux heures fraîches de la matinée ou de la soirée, ou pour une partie de cerf-volant (pendant la saison). Non loin de là, les enfants peuvent voir de redoutables serpents à la ferme aux serpents du **Queen Saovabha Memorial Institute** (hors carte p. 72 ; www.saovabha.com ; à l'angle de Th Phra Ram IV et Th Henri Dunant ; adulte/enfant 200/50 B ; 9h30-15h30 lun-ven, 9h30-13h sam-dim ; M Si Lom, Sala Daeng), où est produit de l'anti-venin.

Le Centre MBK (p. 87) et le Siam Paragon (p. 88) abritent chacun des pistes de bowling qui occuperont les plus grands. Le **Krung Sri IMAX** (carte p. 68 ; 0 2511 5555 ; Siam Paragon, Th Phra Ram I ; adulte/enfant 350/450 B ; Siam) projette des films d'action américains, ainsi que des documentaires sur la nature.

Fêtes et festivals

En dehors des grandes fêtes suivantes, il se passe toujours quelque chose à Bangkok. Consultez le site du **TAT** (www.tourismthailand.org) ou du **Bangkok Information Center** (www.bangkoktourist.com) pour les dates exactes.

Nouvel An chinois NOUVEL AN
Durant une semaine, les Chinois de Thaïlande fêtent le Nouvel An lunaire (danses du lion et feux d'artifice). Février-mars.

Songkran NOUVEL AN
Le Nouvel An thaïlandais est l'occasion d'une bataille d'eau géante. Mi-avril.

Fête royale des Labours FÊTE TRADITIONNELLE
Le prince héritier inaugure la saison de la plantation du riz à Sanam Luang. Début mai.

Fête végétarienne VÉGÉTARIEN
Les Sino-Thaïlandais fréquentent les temples et bannissent la viande pendant 10 jours. Entre septembre et octobre.

Loi Krathong FÊTE TRADITIONNELLE
De petits paniers en forme de lotus, faits de feuilles de bananier et dans lesquels sont déposées des bougies, sont lâchés sur le fleuve. Début novembre.

Festival international du film de Bangkok CINÉMA
(www.worldfilmbkk.com). Mi-novembre.

Où se loger

Bangkok compte plus de 400 hôtels et pensions, allant des établissements bon marché pour voyageur indépendant aux hôtels parmi les plus luxueux du monde. Ils sont disséminés dans toute la ville, mais tendent à se regrouper par quartiers selon leur standing.

Banglamphu et la célèbre (quoique controversée ; voir p. 57) Th Khao San attirent la plupart des voyageurs à petit budget. Situé près du fleuve, des monuments et des musées du vieux Bangkok, ce quartier se révèle pratique. Au nord, à une longue distance à pied, Thewet est un quartier paisible, idéal pour visiter les palais de Dusit. Il abrite un ensemble de bonnes pensions. Plus au sud, Chinatown est un quartier vivant, mais souvent négligé, offrant pourtant quelques hébergements corrects. On trouve également des options convenables pour petits budgets en face de la gare ferroviaire de Hualamphong.

SE LOGER À BANGKOK

Les chambres d'hôtel sont généralement plus chères à Bangkok qu'ailleurs en Thaïlande, mais le choix est immense et il est possible d'obtenir des réductions importantes, si bien que l'on peut trouver des hébergements à très bons prix. Nous avons classé les chambres en 3 catégories :

» **Petits budgets** (indiquée **$**) Moins de 1 000 B

» **Catégorie moyenne** (indiquée **$$**) De 1 000 B à 3 000 B

» **Catégorie supérieure** (indiquée **$$$**) Plus de 3 000 B

Les prix indiqués sont ceux pratiqués en haute saison, mais des réductions importantes peuvent être obtenues en réservant en ligne.

À quoi devez-vous vous attendre selon le prix ? Pour les hôtels petits budgets, l'époque des lits à 50 B dans Banglamphu est révolue, mais si votre budget est très serré, optez pour un lit dans un dortoir (ou une "chambre-placard") avec ventil. et sdb commune pour 150 à 200 B. Plus le tarif monte, plus vous avez de chance d'avoir une serviette de toilette, une douche chaude et la clim. Si vous cherchez l'intimité et une sdb privative, des chambres fonctionnelles mais sans charme sont proposées aux environs de 700 B.

La catégorie moyenne rassemble un peu de tout, des chambres médiocres aux pensions de très bonne qualité. Au-delà de 1 000 B, vous accéderez à des hôtels de type occidental avec personnel en uniforme et réception impeccable. Si vous ne voulez pas dépenser trop et que vous n'êtes pas regardant sur la déco, des chambres très correctes existent entre 1 500 et 2 000 B. Même si votre budget est plus élevé, réservez à l'avance pour bénéficier de réductions parfois importantes.

Les hôtels de catégorie supérieure se multiplient à Bangkok. Ils comprennent en général une piscine, un spa, une salle de sport, des salles de réunion et une connexion Internet hors de prix. Les chambres des grandes enseignes sont en général plus spacieuses, alors que les hôtels de charme soignent la décoration. Au sommet de cette catégorie, le prix des chambres commence à 10 000 B, mais pour la plupart des hôtels internationaux, de charme ou design, les prix oscillent entre 6 000 et 9 000 B, avant réductions éventuelles. La plupart des hôtels de cette catégorie ajoutent des frais de service de 10%, ainsi que 7% de taxe.

Les berges du fleuve au sud de Chinatown sont occupées par plusieurs palaces offrant une vue spectaculaire. Th Silom et, plus récemment, Th Sathon accueillent des établissements élégants et récents de catégorie moyenne, aux tarifs raisonnables, ainsi que de luxueux hôtels de catégorie supérieure. Aux alentours de Siam Square, on trouve plusieurs hôtels haut de gamme et une poignée d'adresses bon marché. Th Sukhumvit, où misère et luxe alternent selon les *soi* (ruelles) empruntées, accueille quelques nouveaux hôtels de charme, de nombreux hébergements touristiques de catégorie moyenne et d'autres, bon marché et haut de gamme. Pour plus de renseignements sur l'hébergement en Thaïlande, voir p. 404.

KO RATANAKOSIN ET BANGLAMPHU

Banglamphu, où se trouve Th Khao San, la rue des voyageurs avec sac à dos, permet à tout un chacun de trouver facilement un hébergement. Ce n'est ni le seul ni le meilleur endroit où se loger, mais les prix y sont généralement bas et la qualité relativement élevée. À Ko Ratanakosin, les hôtels de charme en bord de fleuve fleurissent.

♥ **Lamphu Tree House** HÔTEL **$$**
(Carte p. 58 ; ☎0 2282 0991 ; www.lamphutreehotel.com ; 155 Wanchat Bridge, Th Prachatipatai ; ch avec petit-déj 1 500-2 100 B ; 🚌56, 58 et 516, ⛴Tha Phra Athit (Banglamphu), ⛴klorng-taxi Tha Phah Fah ; ❄@📶🏊). Chambres charmantes et accueillantes. Le bar sur le toit, la piscine, le restaurant, l'accès Internet et le calme qui l'entoure vous feront regretter de partir.

Diamond House HÔTEL **$$**
(Carte p. 58 ; ☎0 2629 4008 ; www.thaidiamondhouse.com ; 4 Th Samsen ; ch 2 000-2 800 B, ste 3 600 B ; 🚌32 et 516, ⛴Tha Phra Athit (Banglamphu) ; ❄@📶). Même s'il partage le bâtiment avec un temple chinois kitsch, aucune faute de goût n'est à relever dans

cet hôtel original et branché. La plupart des chambres sont conçues dans un style loft (lit sur une estrade), décorées dans de belles couleurs sombres et meublées avec raffinement.

Arun Residence HÔTEL $$$
(Carte p. 58 ; ☎0 2221 9158 ; www.arunresidence.com ; 36-38 Soi Pratu Nok Yung ; ch avec petit-déj 3 500-3 800 B ; 🚌123 et 508, ⛴Tha Tien ; ❄@📶). Les 6 chambres sont à la fois douillettes et stylées, certaines hautes de plafond, dans un esprit loft, d'autres réunissant 2 chambres. La plus belle, la suite du dernier étage, possède un balcon privé. Les espaces communs, dont une bibliothèque, un bar sur le toit et un restaurant, sont accueillants.

NapPark Hostel AUBERGE DE JEUNESSE $
(Carte p. 58 ; ☎0 2282 2324 ; www.nappark.com ; 8 Th Tani ; dort 550-750 B ; ⛴Tha Tien ; ❄@📶). Cette auberge extrêmement bien conçue est pourvue de dortoirs de différentes tailles. Le plus petit et le plus cher d'entre eux compte 6 lits futuristes équipés de prises de courant, de mini-TV, de lampes de lecture et du Wi-Fi.

Old Bangkok Inn HÔTEL $$$
(Carte p. 58 ; ☎0 2629 1787 ; www.oldbangkokinn.com ; 609 Th Phra Sumen ; ch avec petit-déj 3 190-6 590 B ; ⛴klorng taxi Tha Phan Fah ; ❄@📶). Les 10 chambres de cet hôtel aux allures de palais sont somptueuses, avec leurs couleurs chaudes et leurs meubles en bois massif. Idéal pour une lune de miel.

Fortville Guesthouse HÔTEL $
(Carte p. 58 ; ☎0 2282 3932 ; www.fortvilleguesthouse.com ; 9 Th Phra Sumen ; ch 650-970 B ; 🚌32, 33, 64 et 82, ⛴Tha Phra Athit (Banglamphu) ; ❄@📶). D'extérieur, l'hôtel oscille entre l'église et le château, mais les chambres sont sobres voire minimalistes. Les plus chères sont pourvues d'un réfrigérateur, d'un balcon et du Wi-Fi gratuit.

Navalai River Resort HÔTEL $$$
(Carte p. 58 ; ☎0 2280 9955 ; www.navalai.com ; 45/1 Th Phra Athit ; ch avec petit-déj 2 900-4 800 B ; 🚌32, 33, 64 et 82, ⛴Tha Phra Athit (Banglamphu) ; ❄@📶🏊). Dernier-né de la Th Phra Athit, cet hôtel chic possède 74 chambres modernes, dont beaucoup avec vue sur le Chao Phraya.

Baan Sabai HÔTEL $
(Carte p. 58 ; ☎0 2629 1599 ; baansabai@hotmail.com ; 12 Soi Rongmai ; ch 190-600 B ; 🚌53 et 516, ⛴Tha Phra Athit (Banglamphu) ; ❄@). Ce vieux bâtiment brinquebalant porte bien son nom ("maison confortable"). On y trouve des dizaines de chambres basiques mais agréables à tous les prix.

Wild Orchid Villa HÔTEL $
(Carte p. 58 ; ☎0 2629 4378 ; www.wildorchidvilla.com ; 8 Soi Chana Songkhram ; ch 280-1 800 B ; 🚌32, 33, 64 et 82, ⛴Tha Phra Athit (Banglamphu) ; ❄@📶). Les chambres sont propres, bien agencées et claires, même si les moins chères sont parmi les plus minuscules qu'on ait jamais vues.

Également recommandés :

Lamphu House HÔTEL $
(Carte p. 58 ; ☎0 2629 5861 ; www.lamphuhouse.com ; 75-77 Soi Ram Buttri ; ch 200-950 B ; ⛴Tha Phra Athit (Banglamphu) ; ❄@📶). Niché dans Soi Ram Buttri, cet hôtel bon marché, accueillant et calme, vous fera oublier la proximité de Th Khao San.

Rikka Inn HÔTEL $$
(Carte p. 58 ; ☎0 2282 7511 ; www.rikkainn.com ; 259 Th Khao San ; ch 1 150-1 450 B ; 🚌53 et 516, ⛴Tha Phra Athit (Banglamphu) ; ❄@📶🏊). Chambres petites, mais charmantes, piscine sur le toit et emplacement central pour cet hôtel de catégorie moyenne d'un excellent rapport qualité/prix, qui renouvelle l'offre de Th Khao San.

Sam Sen Sam CHAMBRES D'HÔTES $
(Carte p. 58 ; ☎0 2628 7067 ; www.samsensam.com ; 48 Soi 3, Th Samsen ; ch 590-2 400 B ; ⛴Tha Phra Athit (Banglamphu) ; ❄@📶). Cette villa restaurée, lumineuse, est très appréciée pour son service sympathique et sa situation calme.

CHINATOWN ET PHAHURAT

Le Chinatown de Bangkok n'est pas le quartier le plus accueillant, mais permet de loger loin des touristes et sans être sollicité en permanence.

VOTRE AVIS

Vous avez déniché un fabuleux restaurant et voulez partager votre découverte ? Vous n'êtes pas d'accord avec nos conseils ? Ou vous souhaitez parler de votre dernier voyage ? Rendez-vous à l'adresse lonelyplanet.fr/forum, pour poser vos questions, présenter un blog, montrer vos photos et proposer des conseils, et surtout pour discuter avec des voyageurs dont vous partagez les centres d'intérêt.

Siam Square

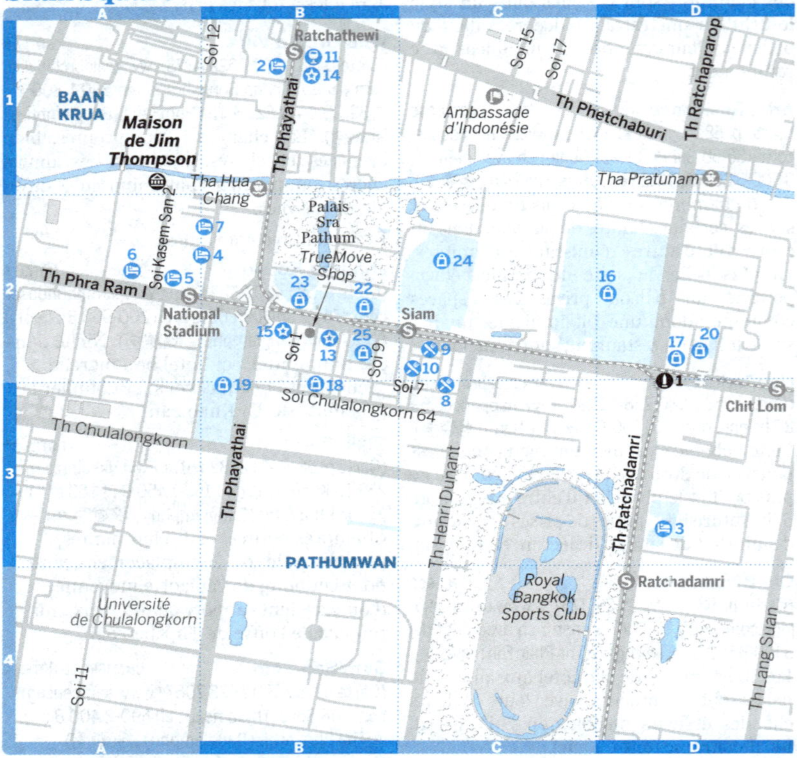

Shanghai Mansion HÔTEL $$$

(☎0 2221 2121 ; www.shanghai-inn.com ; 479-481 Th Yaowarat ; ch 1 500-3 500 B, ste 4 000 B ; Tha Ratchawong ;). Cet hôtel de charme rappelle le Shanghai de 1935 avec ses vitraux, ses nombreuses lanternes, ses couleurs criardes et un style kitsch très étudié.

Baan Hualampong PENSION $

(☎0 2639 8054 ; www.baanhualampong.com ; 336/20-21 Trok Chalong Krung ; dort avec petit-déj 150 B, ch avec petit-déj 290-800 B ; Hua Lamphong ;). Simple et confortable, cette pension est à quelques pas de Hualamphong, la principale gare ferroviaire de Bangkok.

@Hua Lamphong HÔTEL BON MARCHÉ $

(☎0 2639 1925 ; www.at-hualamphong.com ; 326/1 Th Phra Ram IV ; dort 200 B, ch 690-1 000 B ; Tha Ratchawong, Hua Lamphong ;). Auberge de jeunesse soignée, en face de la gare ferroviaire.

SIAM SQUARE

Siam Square est pratique car bordé par les deux lignes de BTS. Soi Kasem San 1 accueille de nombreux voyageurs sac à dos.

♥ **Siam@Siam** HÔTEL $$$

(Carte p. 68 ; ☎0 2217 3000 ; www.siamatsiam.com ; 865 Th Phra Ram I ; ch avec petit-déj 5 000-7 000 B ; National Stadium ;). La réception de ce nouvel établissement ressemble plus à un parc d'attractions qu'à un hôtel, mais c'est ce qui fait son charme. La décoration, sympathique méli-mélo de couleurs et de matières, se poursuit dans les chambres, réparties du 14e au 24e étage qui offrent une superbe vue sur la ville. Wi-Fi et petit-déjeuner inclus.

Lub*d AUBERGE DE JEUNESSE $

(Carte p. 68 ; ☎0 2634 7999 ; www.lubd.com ; Th Pha Ram I ; dort 550 B, ch 1 350-1 800 B ; National Stadium ;). Un ensemble de 24 dortoirs (certains réservés aux femmes)

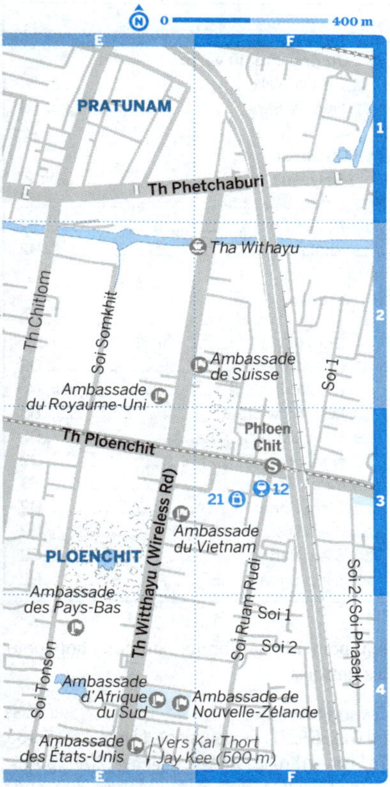

de quatre lits et de chambres privées, avec ou sans sdb. Un bar se trouve dans la zone commune avec accès Internet gratuit et jeux à disposition. Également machines à laver et salle TV douillette.

Hansar HÔTEL **$$$**

(Carte p. 68 ; ☎0 2209 1234 ; www.hansarbangkok.com ; 3 Soi Mahadlekluang 2, Th Ratchadamri ; ch avec petit-déj 5 500-24 000 B ; 🚉Ratchadamri ; ❄@📶🏊). À quelques pas de l'arrêt de BTS Ratchadamri, ce tout nouvel hôtel allie style et accessibilité. Les 94 chambres sont toutes dotées d'une immense sdb et d'un grand bureau. Plus petits (et moins chers), les studios avec kitchenette, machine à laver, baignoire isolée, Wi-Fi gratuit et balcon constituent une offre plus intéressante.

LIT HÔTEL **$$$**

(Carte p. 68 ; ☎0 2612 3456 ; www.litbangkok.com ; 36/1 Soi Kasemsan 1 ; ch avec petit-déj 7 000-10 000 B ; 🚉Siam ; ❄@📶🏊). Dans un bâtiment original, ce nouvel hôtel propose un grand nombre de chambres. Visitez-en quelques-unes, car elles sont toutes différentes et certains équipements, dont la douche visible depuis le salon, ne conviennent pas à tout le monde. Traquez les promotions sur le site Internet.

Asia Hotel HÔTEL **$$$**

(Carte p. 68 ; ☎0 2217 0808 ; www.asiahotel.co.th ; 296 Th Phayathai ; ch avec petit-déj 3 700-4 800 B, ste avec petit-déj 8 000-10 000 B ; ⛴klorng-taxi Tha Ratchathewi, 🚉Ratchathewi ; ❄@📶🏊). Hôtel pour groupes de touristes récemment rénové. Les chambres sont plus modernes que ne le laisse penser le hall des années 1970.

Wendy House HÔTEL **$**

(Carte p. 68 ; ☎0 2214 1149 ; www.wendyguesthouse.com ; 36/2 Soi Kasem San 1 ; s/d 900/1 050 B ; ⛴klorng-taxi Tha Ratchathewi, 🚉National Stadium ; ❄@📶). Chambres petites mais impeccables et bien tenues, dotées d'équipements allant de la TV au réfrigérateur.

SILOM, SATHON ET RIVERSIDE

Le quartier d'affaires le long de Th Silom n'est pas le plus charmant de la capitale, mais il est pratique pour sortir le soir et pour se déplacer en BTS (métro aérien) ou MRT. Les berges voisines accueillent certains des hôtels de luxe les plus réputés de Bangkok.

♥ **Siam Heritage** HÔTEL **$$$**

(Carte p. 72 ; ☎0 2353 6101 ; www.thesiamheritage.com ; 115/1 Th Surawong ; ch avec petit-déj 3 000-3 500 B, ste avec petit-déj 4 500-9 000 B ; Ⓜ Si Lom, 🚉Sala Daeng ; ❄@📶🏊). Niché à l'écart de la très animée Th Surawong, cet hôtel au charme très thaïlandais est aussi chic qu'accueillant – sûrement parce que ses propriétaires vivent dans le même bâtiment. Les chambres, habillées de soie et de bois sombres, sont décorées dans un mélange de tradition et de modernité.

Metropolitan HÔTEL **$$$**

(Hors carte p. 72 ; ☎0 2625 3333 ; www.metropolitan.como.bz ; 27 Th Sathon Tai, ch avec petit-déj 4 951-5 768 B, ste avec petit-déj 6 945-21 186 B ; Ⓜ Lumphini ; ❄@📶🏊). L'extérieur de l'ancien YMCA a peu changé, mais il cache l'un des hôtels les plus soignés de la capitale. Le minimalisme domine ici, sauf au niveau de la taille des suites en duplex, immenses. Petit-déjeuner américain ou "bio". Le nahm (p. 77) adjacent est le meilleur

Siam Square

Les incontournables
Maison de Jim Thompson A1

À voir
1 Sanctuaire d'Erawan D3
Krung Sri IMAX .... (voir 24)
Siam Ocean World .... (voir 24)

Où se loger
2 Asia Hotel B1
3 Hansar D3
4 LIT B2
5 Lub*d A2
6 Siam@Siam A2
7 Wendy House B2

Où se restaurer
8 Coca Suki C3
Crystal Jade La Mian Xiao Long Bao .... (voir 1)
9 Food Plus C2
MBK Food Court .... (voir 19)
10 Som Tam Nua C2

Où prendre un verre
11 Co-Co Walk B1
12 Hyde & Seek F3

Où sortir
Calypso Cabaret .... (voir 2)
13 Lido B2
14 Rock Pub B1
15 Scala B2

Achats
16 Central World Plaza D2
Doi Tung .... (voir 23)
17 Gaysorn Plaza D2
Kinokuniya .... (voir 24)
18 Marco Tailors B3
19 MBK Center B3
20 Narai Phand D2
21 Pinky Tailors F3
22 Siam Center B2
23 Siam Discovery Center B2
24 Siam Paragon C2
25 Siam Square B2

restaurant gastronomique thaïlandais à Bangkok.

Mandarin Oriental HÔTEL $$$
(☎0 2659 9000 ; www.mandarinoriental.com ; 48 Soi 40/Oriental, Th Charoen Krung ; ch avec petit-déj 12 799-14 799 B, ste avec petit-déj 23 999-140 999 B ; navette fluviale de l'hôtel depuis Tha Sathon/Central Pier ; ❄@📶🏊). Ce palace à la déco classique est le plus ancien de Bangkok. Il a accueilli de grands noms de la littérature.

Baan Saladaeng HÔTEL $$
(Carte p. 72 ; ☎0 2636 3038 ; www.baansaladaeng.com ; 69/2 Th Sala Daeng ; ch avec petit-déj 1 300-2 300 B ; MSi Lom, Sala Daeng ; ❄📶). Parmi les minuscules hôtels de charme de Th Sala Daeng, Baan Saladaeng est le plus accueillant. Les couleurs vives de la réception sont reprises dans les 11 chambres. Celles des derniers étages sont les plus spacieuses.

Shangri-La Hotel HÔTEL $$$
(☎0 2236 7777 ; www.shangri-la.com ; 89 Soi 42/1/Wat Suan Phlu, Th Charoen Krung ; ch avec petit-déj 6 800-7 700 B, ste avec petit-déj 8 500-15 600 B ; Saphan Taksin ; ❄@📶🏊). Un récent ravalement a redonné de son lustre à cet hôtel. Tarifs raisonnables, charmant emplacement sur les berges, ambiance *resort*, activités et équipements nombreux : un bon choix pour les familles.

Swan Hotel HÔTEL $$
(☎0 2235 9271 ; www.swanhotelbkk.com ; 31 Soi 36, Th Charoen Krung ; s/d avec petit-déj 1 200/1 500 B ; Tha Oriental ; ❄@📶🏊). Malgré son style années 1960, les vastes chambres, l'emplacement paisible et la piscine font du Swan une bonne option.

All Seasons Sathorn HÔTEL $$
(Hors carte p. 72 ; ☎0 2343 6333 ; www.allseasons-sathorn.com ; 31 Th Sathon Tai ; ch avec petit-déj 1 800-2 500 B ; MLumphini ; ❄@📶). L'ancien King's Hotel s'est réincarné dans ce joli lieu moderne, en plein milieu du quartier des ambassades. La décoration aux couleurs vives et aux lignes graphiques compense le manque de lumière de certaines chambres.

HQ Hostel AUBERGE DE JEUNESSE $
(Hors carte p. 72 ; ☎0 2233 1598 ; www.hqhostel.com ; 5/3-4 Soi 3, Th Silom ; dort 380-599 B, ch 1 300-1 700 B ; MSi Lom, Sala Daeng ; ❄@📶). Cette nouvelle auberge de jeunesse en plein milieu du quartier financier de Bangkok possède des chambres et dortoirs basiques, mais à la déco soignée, et des espaces communs accueillants.

ATTERRISSAGE TARDIF

L'angoisse du voyageur arrivant à Bangkok est décuplée si son vol atterrit aux alentours de minuit. Vais-je trouver un taxi, une chambre ? Rassurez-vous, la plupart des vols internationaux atterrissent tard, les taxis circulent en permanence et Bangkok ne manque pas d'hébergements.

Si vous n'avez pas effectué de réservation, vous pouvez vous rendre au bas de la rue Sukhumvit, à la sortie de la voie rapide. Les hôtels de Soi Nana, comme le **Swiss Park** (carte p. 78 ; ☎0 2254 0228 ; 155/23 Soi 11/1, Th Sukhumvit ; ch 1 500-1 900 B, ste 2 900 B ; Nana ;) et le **Federal** (carte p. 78 ; ☎0 2253 0175 ; www.federalbangkok.com ; 27 Soi 11, Th Sukhumvit ; ch avec petit-déj 1 050-1 500 B ; Nana ; @) reçoivent fréquemment des arrivées tardives et restent abordables. Vous pouvez également aller à Th Khao San, toujours animée et pleine d'hôtels et de pensions remplis de touristes fraîchement arrivés.

Si vous avez besoin de loger près de l'aéroport, voici quelques adresses plus que correctes :

Aéroport international de Suvarnabhumi

L'option bon marché la plus proche est Refill Now! (p. 74).

Grand Inn Come Hotel (☎0 2738 8189-99 ; www.grandinncome-hotel.com ; 99 Moo 6, Th Kingkaew, Bangpli ; ch avec petit-déj à partir de 1 800 B ; @). Un bon hôtel de catégorie moyenne à 10 km à l'ouest de l'aéroport, avec navette et bar karaoké animé.

Novotel Suvarnabhumi Airport Hotel (☎0 2131 1111 ; www.novotel.com ; ch avec petit-déj à partir de 7 146 B ; @). Plus de 600 chambres luxueuses à l'intérieur de l'aéroport.

Aéroport de Don Muang

Amari Airport Hotel (☎0 2566 1020 ; www.amari.com ; 333 Th Choet Wutthakat ; d avec petit-déj 2 001-3 350 B ; @). Juste en face de l'aéroport.

New Road Guesthouse AUBERGE DE JEUNESSE $
(☎0 2630 9371 ; www.newroadguesthouse.com ; 1216/1 Th Charoen Krung ; dort ventil/clim 160/250 B, ch 900-2 500 B ; Tha Si Phraya ; @). Pour les budgets serrés, les dortoirs propres, avec ventilation, figurent parmi les hébergements les moins chers de la capitale. Les chambres de cet auberge de jeunesse récente, installée dans une *shophouse* (maison de marchand traditionnelle) sont petites et chères, mais les dortoirs sont soignés, les locaux impeccables et l'emplacement est pratique.

Si vous aviez été hippie en Asie dans les années 1970, vous auriez posé votre natte dans une pension de Soi Ngam Duphli, près de Th Phra Ram IV, pas très loin du parc Lumphini. C'est toujours un quartier bon marché, encore plus accessible que Th Khao San grâce à l'arrêt de MRT Lumphini.

Penguin House HÔTEL $
(☎0 2679 9991 ; www.penguinhouses.com ; 27/23 Soi Si Bamphen ; ch 800-950 B ; Lumphini ;). Penguin est une bouffée d'air frais dans ce quartier de vieux hôtels fatigués. Les chambres à l'arrière sont plus calmes et quelques-unes peuvent accueillir 2 couples.

ETZzz Hostel AUBERGE DE JEUNESSE $
(☎0 2286 9424 ; www.etzhostel.com ; Soi Ngam Duphli ; dort/ch 200/900 B ; Lumphini ;).

SUKHUMVIT

Cette artère interminable est une sorte de zone internationale officieuse dans la capitale thaïlandaise. Elle regroupe la majorité des hébergements de la ville, de la pension pour voyageurs à petit budget au taudis pour touristes sexuels, en passant par les hôtels de luxe. Les premières sont situées entre les Soi 1 et 4, alors que les hébergements hauts de gamme ne commencent qu'au Soi 12.

Sukhumvit étant fréquentée par des voyageurs plus fortunés, les prestations touristiques y sont plus chères qu'à Banglamphu. On y trouve de la nourriture de toutes les régions du globe, une vie nocturne animée. La zone est parfaitement desservie par le BTS comme par le MRT.

Silom et Sathon

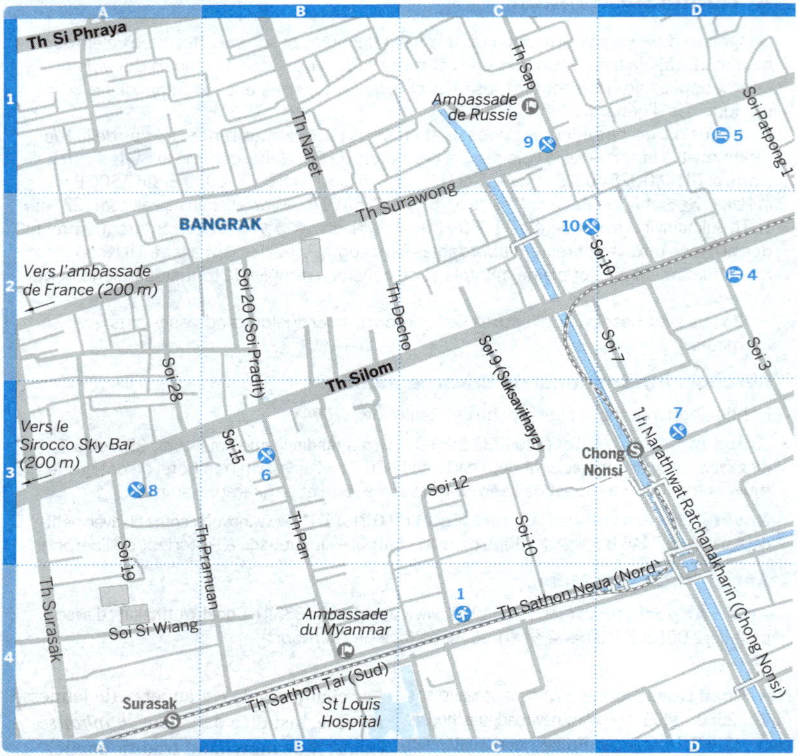

Silom et Sathon

Les incontournables
- Parc Lumphini F1

Activités
- 1 Health Land C4
- 2 Ruen-Nuad Massage Studio E3

Où se loger
- 3 Baan Saladaeng F2
- 4 HQ Hostel D2
- 5 Siam Heritage D1

Où se restaurer
- 6 Chennai Kitchen B3
- 7 FooDie D3
- 8 Nadimos A3
- 9 Scoozi C1
- 10 Soi 10 Food Centres C2
- 11 Somtam Convent E2

Où prendre un verre
- 12 Balcony E1
- 13 DJ Station E1
- 14 G.O.D. E1
- 15 Telephone E1

Où sortir
- 16 Tapas Room E1

Achats
- 17 Jim Thompson E1

♥ AriyasomVilla HÔTEL $$$

(Carte p. 78 ; ☎0 2254 880 ; www.ariyasom.com ; 65 Soi 1, Th Sukhumvit ; ch avec petit-déj 4 248-9 138 B ; Phloen Chit ;). Si vous arrivez à réserver, vous aurez le privilège de découvrir l'une des 24 chambres spacieuses, toutes décorées avec soin dans le style thaïlandais et dotées d'un superbe mobilier ancien. Spa et belle piscine tropicale. Petit-déjeuner végétarien servi dans une magnifique veranda d'origine.

72 Ekamai HÔTEL $$

(Carte p. 78 ; ☎02 714 7327 ; www.72ekamai.com ; 72 Soi 63/Ekamai, Th Sukhumvit ; ch avec petit-déj 2 100 B, ste avec petit-déj 2 500-2 850 B ; Ekkamai ;). Excellent choix que cet hôtel jeune et design. Les suites junior sont immenses et, comme toutes les chambres, bien équipées. À quelques pas de l'arrêt de BTS Ekkamai et des lieux de sortie nocturne.

Eugenia HÔTEL $$$

(Carte p. 78 ; ☎0 2259 9017-19 ; www.theeugenia.com ; 267 Soi 31/Sawatdi, Th Sukhumvit ; ste avec petit-déj 8 107-9 911 B ; Phrom Phong puis taxi ;). Les demeures coloniales ne font pas partie de l'héritage thaïlandais, mais cet hôtel de 12 chambres se complaît dans cet anachronisme : animaux empaillés, lits à baldaquin et meubles anciens, le tout avec classe et style.

Ma Du Zi HÔTEL $$$

(Carte p. 78 ; ☎0 2615 6400 ; www.maduzihotel.com ; angle Th Ratchadapisek et Soi 16, Th Sukhumvit ; ch avec petit-déj 5 000-12 000 B, ste avec petit-déj 12 000 B ; MSukhumvit, Asok ;). Son nom – un jeu de mots autour de "venez jeter un coup d'œil" en thaï – correspond mal à cet hôtel sur réservation n'acceptant pas les clients au débotté. Une fois franchie l'immense porte, vous découvrirez un lieu charmant, de taille moyenne, à la déco aux couleurs sombres et chics.

Sheraton Grande Sukhumvit HÔTEL $$$

(Carte p. 78 ; ☎0 2649 8888 ; www.luxurycollection.com/bangkok ; 250 Th Sukhumvit ; ch avec petit-déj 3 500-10 000 B, ste avec petit-déj 16 500-55 000 B ; MSukhumvit, Asok ;). Les chambres de cet hôtel visant une clientèle d'affaires sont parmi les plus spacieuses de la ville. Nombreux équipements à disposition.

Sacha's Hotel Uno HÔTEL $$

(Carte p. 78 ; ☎0 2651 2180 ; www.sachas.hotel-uno.com ; 28/19 Soi 19, Th Sukhumvit ; ch avec petit-déj 1 800-2 500 B ; MSukhumvit, Asok ;). Chambres étonnamment luxueuses et bon marché. Emplacement pratique.

Seven HÔTEL $$$

(Carte p. 78 ; ☎0 2662 0951 ; www.sleepatseven.com ; 3/15 Soi 31/Sawatdi, Th Sukhumvit ; ch avec petit-déj 3 290-5 290 B ; Phrom Phong ;). Minuscule hôtel aux chambres fraîches et colorées. Personnel très sympathique.

Stable Lodge HÔTEL $$

(Carte p. 78 ; ☎0 2653 0017 ; www.stablelodge.com ; 39 Soi 8, Th Sukhumvit ; ch 1 495-1 695 B ; Nana ;). Une rénovation récente a donné un peu de vie à ses chambres simples aux grands balcons offrant toujours une aussi belle vue sur la ville.

Bien que cette partie de la ville soit plutôt chic, on trouve un choix correct d'hébergements pour voyageurs à petit budget :

Suk 11 HÔTEL $

(Carte p. 78 ; ☎0 2253 5927 ; www.suk11.com ; 1/33 Soi 11, Th Sukhumvit ; s avec petit-déj 535-695 B, d avec petit-déj 749-963 B ; Nana ;). Cette pension populaire est une véritable oasis dans la jungle urbaine de Th Sukhumvit. Les chambres les moins chères n'ont pas de sdb individuelle. Il y a près de 100 chambres mais mieux vaut réserver au moins deux semaines à l'avance.

Bed Bangkok AUBERGE DE JEUNESSE $

(Carte p. 78 ; ☎0 2655 7604 ; www.bedbangkok.com ; 11/20 Soi 1, Th Sukhumvit ; dort avec petit-déj 390 B, ch avec petit-déj 800-1 200 B ; M Sukhumvit, Asok ;). Établissement flambant neuf et accueillant malgré la décoration un peu froide. Le service sympathique compense la dureté des lits des dortoirs.

Nana Chart AUBERGE DE JEUNESSE $

(Carte p. 78 ; ☎0 2259 6908 ; www.thailandhostel.com ; à l'angle de Soi 25 et Th Sukhumvit ; dort avec petit-déj 390-550 B, ch avec petit-déj 1 200-1 800 B ; M Sukhumvit, Asok ;). Cette auberge assez récente pour voyageurs à petit budget propose 68 chambres basiques mais plus que correctes et d'excellents dortoirs avec sdb attenantes.

HI-Sukhumvit AUBERGE DE JEUNESSE $

(Carte p. 78 ; ☎0 2391 9338 ; www.hisukhumvit.com ; 23 Soi 38, Th Sukhumvit ; dort/s avec petit-déj 320/650 B, d avec petit-déj 900-1 300 B ; Thong Lo ;). Située dans une rue résidentielle calme à quelques pas du BTS, cette sympathique auberge se distingue par ses dortoirs impeccables aux immenses sdb.

AUTRES QUARTIERS

La plupart des hôtels suivants se trouvent hors des quartiers que nous avons délimités et sont moins faciles d'accès. Ils sont en général situés dans des zones plus calmes, ce qu'apprécieront ceux qui ne souhaitent pas être au cœur de l'agitation.

Pour les hôtels situés près des aéroports de Bangkok, voir l'encadré p. 71.

Phra-Nakorn Norn-Len HÔTEL $$

(☎0 2628 8188 ; www.phranakorn-nornlen.com ; 46 Soi Thewet 1, Th Krung Kasem ; s avec petit-déj 1 800 B, d avec petit-déj 2 200-2 400 B ; 32 et 516, Tha Thewet ;). Sis dans une vaste enceinte arborée rappelant le Bangkok d'antan, cet hôtel clair et agréable est charmant, mais il n'est pas très bon marché. Les chambres, meublées simplement, sont joliment peintes et décorées d'objets anciens. Wi-Fi, massage et autres moyens de relaxation sont disponibles.

Refill Now! HÔTEL $

(☎0 2713 2044 ; www.refillnow.co.th ; 191 Soi Pridi Bhanom Yong 42, Soi 71, Th Sukhumvit ; dort/s/d 480/928/1 215 B ; Phra Khanong puis taxi ;). Cet hôtel design est doté d'une pièce commune à la déco digne d'un catalogue de mode et d'un salon de massage à l'étage. *Túk-túk* (30 B/pers) pour les stations de BTS Thong Lo et Phra Khanong.

Mystic Place HÔTEL $$

(☎0 2270 3344 ; www.mysticplacebkk.com ; 224/5-9 Th Pradiphat ; ch avec petit-déj 2 250-3 250 B ; Saphan Khwai puis taxi ;). Cet hôtel loue 36 chambres, toutes décorées différemment et originalement (graffitis aux murs, tronc en table de chevet...). Très animé et populaire : pensez à réserver à l'avance.

Pullman Bangkok King Power HÔTEL $$$

(☎0 2680 9999 ; www.pullmanbangkokkingpower ; 8/2 Th Rang Nam ; ch avec petit-déj 3 861-4 331 B, ste avec petit-déj 6 803-7 274 B ; Victory Monument ;). Excellent choix pour ceux qui cherchent un hôtel d'affaires en dehors du centre-ville.

Au nord de Banglamphu, près de la Bibliothèque nationale, Th Si Ayuthaya, à Thewet, est une enclave agréable pour voyageurs à petit budget, fréquentée particulièrement par les familles et les trentenaires. C'est un joli quartier arboré, mais sujet aux inondations durant la saison des pluies.

Sri Ayuttaya Guest House HÔTEL $

(☎0 2282 5942 ; 23/11 Th Si Ayuthaya ; ch 400-1 000 B ; 32 et 516, Tha Thewet ;). La décoration de bois et de brique contraste avec les autres offres bon marché de Bangkok. La moitié des chambres disposent d'une sdb.

Shanti Lodge CHAMBRES D'HÔTES $

(☎0 2281 2497 ; 37 Th Si Ayuthaya ; dort 250 B, ch 400-1 950 B ; 32 et 516, Tha Thewet ;). Cette pension familiale respire la sérénité. Le choix est vaste, visitez plusieurs chambres avant de vous décider (les moins chères sont très mal insonorisées).

Taewez Guesthouse HÔTEL $
(☎0 2280 8856 ; www.taewez.com ; 23/12 Th Si Ayuthaya ; ch 250-530B ; 🚌32 et 516, ⛴Tha Thewet ; ❄@📶). Très fréquentée par les Français. Les chambres les moins chères sont basiques et sans sdb, mais d'un bon rapport qualité/prix.

Où se restaurer

Le goût des Thaïlandais pour la gastronomie n'est nulle part plus frappante qu'à Bangkok. L'odeur caractéristique de la capitale est un mélange des vapeurs qui émanent des stands de nouilles et des pots d'échappement. Certains quartiers semblent envahis par les restaurants, les marchands de rue et les étals.

Aux yeux des étrangers, il semble que les habitants de Bangkok passent leur temps à table ou à grignoter, comme s'ils vivaient pour manger, et non l'inverse. Si vous réussissez à vous adapter et à manger tout au long de la journée, votre séjour dans la capitale en sera d'autant plus délicieux.

Nombreux sont les voyageurs qui enchaînent les repas médiocres, en fréquentant principalement les pensions et les restaurants touristiques offrant une atmosphère à l'occidentale plutôt que des plats de qualité. Nous vous encourageons vivement à sortir des sentiers battus et à découvrir les petits restaurants et étals de rue. Pour en savoir plus sur la gastronomie locale, voir p. 39.

Les restaurants ouvrent généralement de 10h à 23h tous les jours, mais de nombreux établissements de catégorie moyenne ferment entre 14h et 17h.

KO RATANAKOSIN ET BANGLAMPHU

Les vieux quartiers près du fleuve regorgent de modestes restaurants thaïlandais mais aussi, en raison de la présence des voyageurs, d'établissements à l'occidentale et végétariens.

♥ **Krua Apsorn** THAÏLANDAIS $$
(Carte p. 58 ; Th Din So ; plats 70-320 B ; ⏲déj et dîner lun-sam ; 🚌2, 25, 44, 511, ⛴klorng-taxi Tha Phan Fah ; ❄). Ce restaurant, fréquenté par des membres de la famille royale thaïlandaise, a été sacré meilleur restaurant de la ville par le *Bangkok Post* en 2006. Les incontournables : les moules sautées aux herbes, le succulent crabe frit dans de l'huile au piment jaune, et l'omelette au crabe façon tortilla.

Jay Fai THAÏLANDAIS $$$
(Carte p. 58 ; 327 Th Mahachai ; plats à partir de 250 B ; ⏲15h-2h ; ⛴klorng-taxi Tha Phan Fah). Quand on voit la simplicité de sa salle à manger, on ne dirait pas que le Jay Fai a la réputation de servir les *pàt kêe mow* ("nouilles de l'ivrogne") les plus chères – mais aussi les meilleures – de Bangkok.

Poj Spa Kar THAÏLANDAIS $$
(Carte p. 58 ; 443 Th Tanao ; plats 100-200 B ; ⏲déj et dîner ; 🚌 2, 25, 44, 511, ⛴klorng-taxi Tha Phan Fah ; ❄). Le plus vieux restaurant de Bangkok (dont le nom se prononce *pôht*

UN VÉGÉTARIEN À BANGKOK

Le végétarisme est de plus en plus populaire à Bangkok, mais les restaurants exclusivement végétariens sont rares et disséminés dans la ville.

C'est à Banglamphu, où ils se sont multipliés pour répondre à la demande d'étrangers refusant de manger de la viande, qu'on trouve le plus de restaurants acceptables pour les végétariens. Il s'agit en général d'échoppes modestes cuisinant des plats sautés. Citons **Arawy** (carte p. 58 ; 152 Th Din So, Phra Nakhon ; plats 20-30 B ; ⏲8h-20h ; 🚌10, 12, ⛴klorng-taxi Tha Phan Fah), **May Kaidee** (carte p. 58 ; 33 Th Samsen ; plats 50-100 B ; ⏲déj et dîner ; ❄ ; 🚌32, 516, ⛴Tha Phra Athit), qui compte, en plus de 3 annexes dans les environs de Th Khao San, une école de cuisine thaïlandaise végétarienne, et **Ranee's** (carte p. 58 ; 77 Trok Mayom ; plats 70-320 B ; ⏲petit-déj, déj et dîner ; 🚌 32, 516, ⛴Tha Phra Athit (Banglamphu), dont le menu comporte un grand choix de plats végétariens.

Ailleurs, **Baan Suan Pai** (Banana Family Park, Th Phahonyothin ; plats 15-30 B ; ⏲7h-15h ; 🚆Ari), MBK Food Court (p. 76) et Chennai Kitchen (p. 78) proposent tous des plats végétariens bon marché et savoureux.

Pendant la fête végétarienne d'octobre, la ville se délecte de tofu. Les étals et les restaurants signalent leur menu végétarien par un drapeau jaune. C'est à Chinatown qu'ils sont le plus nombreux.

sà·pah kahn) continue de concocter les recettes d'un ancien cuisinier du palais.

Hemlock THAÏLANDAIS $$
(Carte p. 58 ; 56 Th Phra Athit ; plats 60-220B ; 16h-24h ; 32, 33, 64 et 82, Tha Phra Athit (Banglamphu) ;). Établissement confortable au menu éclectique comportant plusieurs spécialités (dont de nombreux plats végétariens) introuvables ailleurs.

Shoshana ISRAÉLIEN $$
(Carte p. 58 ; 88 Th Chakraphong ; plats 90-220 B ; déj et dîner ; 32 et 516, Tha Phra Athit (Banglamphu) ;). L'une des meilleures et des plus anciennes adresses israéliennes de Th Khao San est installée dans une allée sans nom, presque secrète, à côté de l'ancienne station-service.

Khinlom Chom Sa-Phan THAÏLANDAIS $$
(Hors carte p. 58 ; 0 2628 8382 ; 11/6 Soi 3, Th Samsen ; plats 75-280 B ; 11h-2h ; 32 et 516, Tha Phra Athit (Banglamphu) ;). Les Thaïlandais y apprécient la vue sur la rive et les savoureux plats de fruits de mer. Appelez pour réserver une table au bord du fleuve.

CHINATOWN ET PHAHURAT

Au simple nom de Chinatown, les habitants de Bangkok rêvent déjà des nouilles préparées le soir par les marchands ambulants de Th Yaowarat, près de Trok Itsaranuphap (Soi 6, Th Yaowarat). On dîne également bien dans le quartier indien de Phahurat.

Old Siam Plaza THAÏLANDAIS $
(Rdc, Old Siam Plaza, angle Th Phahurat et Th Triphet ; plats 15-50 B ; 9h-18h30 ; Tha Saphan Phut (Memorial Bridge). Dans cet espace de restauration d'un centre commercial, des desserts sucrés et sirupeux sont réalisés sous vos yeux à partir d'ingrédients comme le riz ou les haricots.

Étals de fruits de mer de Th Phadungdao THAÏLANDAIS $$
(angle Th Phadungdao et Th Yaowarat ; plats 180-300 B ; dîner mar-dim ; Tha Saphan Phut (Memorial Bridge), M Hua Lamphong). Le soir, barbecues et chaises envahissent cette intersection animée où l'on vient déguster des plateaux de fruits de mer.

Royal India INDIEN $$
(392/1 Th Chakraphet ; plats 65-250 B ; déj et dîner ; Tha Saphan Phut (Memorial Bridge). Ne vous laissez pas intimider par cette allée sombre. Depuis plus de 30 ans, le Royal India est une adresse réputée pour sa cuisine d'Inde du Nord.

SIAM SQUARE

Si la faim vous tenaille dans ce quartier du centre-ville, vous avez de grandes chances de vous retrouver dans le *food court* (espace de restauration) d'un centre commercial ou dans un établissement franchisé. Mais si vous arrivez à oublier l'ambiance aseptisée des lieux, vous ferez un repas correct.

MBK Food Court THAÏLANDAIS $
(Carte p. 68 ; 6e ét., MBK Center angle Th Phra Ram I et Th Phayathai ; 10h-21h ; National Stadium ;). Cet espace de restauration climatisé, dans un centre commercial, offre un excellent aperçu de la gastronomie thaïlandaise. Les plats, traduits en anglais, sont aussi frais et savoureux que dans les stands de rue. Achetez des coupons à l'accueil pour régler. Vous pouvez vous faire rembourser la somme non utilisée.

Kai Thort Jay Kee THAÏLANDAIS $
(Soi Polo Fried Chicken ; hors carte p. 68 ; 137/1-3 Soi Sanam Khlii (Polo), Th Witthayu/Wireless Rd ; plats 40-300 B ; 7h-22h ; M Lumphini ;). On y sert des plats du nord-est de la Thaïlande : *sôm·đam* (salade de papaye verte épicée), riz gluant et *lâhp* ("salade" de viande émincée). Le poulet frit (nom du restaurant) est une spécialité du Sud, mais, recouvert d'une épaisse couche d'ail frit croustillant, il devient une expérience propre à Bangkok.

Crystal Jade La Mian Xiao Long Bao CHINOIS $$
(Carte p. 68 ; Urban Kitchen, sous-sol, Erawan Bangkok, 494 Th Ploenchit ; plats 120-400 B ; déj et dîner ; Chit Lom ;). Le nom terriblement long de cette excellente chaîne singapourienne fait référence aux nouilles de blé (*la mian*), spécialité du restaurant, et aux célèbres bouchées à la vapeur de Singapour (*xiao long pao*).

Food Plus THAÏLANDAIS $
(Carte p. 68 ; allée entre Soi 3 et Soi 4, Siam Sq ; plats 30-70 B ; 6h-18h). Cette minuscule allée déborde de *ráhn kôw gaang* (étals de riz et de currys). Saveurs authentiques et délicieuses pour moins de 100 B.

Som Tam Nua CUISINE DU NORD-EST THAÏLANDAIS $$
(Carte p. 68 ; 392/14 Soi 5, Siam Sq ; plats 59-130 B ; 10h45-21h30 ; Siam ;). L'établissement ne peut rivaliser avec les stands de rue en matière de saveurs, mais la salle climatisée

INTERVIEW

DAVID THOMPSON : CHEF CUISINIER ET AUTEUR

David Thompson est le chef des deux célèbres restaurants "nahm" de Londres et de Bangkok, tous deux étoilés au Michelin. Il est également l'auteur du best-seller : *Le Livre de la cuisine thaïe* (Éditions du Rouergue, 2004).

COMMENT DÉCRIRIEZ-VOUS LA CUISINE DE BANGKOK ?

La cuisine est plutôt raffinée, les saveurs brutes et frustes des lointaines régions isolées étant adoucies. L'influence chinoise est immense, car Bangkok était une ville chinoise. La cuisine des plaines centrales, dont la ville est l'incarnation, est subtile et tourne autour des quatre saveurs classiques (sucré, acide, salé et piquant).

POUVEZ-VOUS NOUS CITER QUELQUES SPÉCIALITÉS DE BANGKOK ?

J'aime certains des plats de Chinatown, que ce soit des spécialités d'huîtres ou des nouilles aux boulettes de poisson ou au canard laqué. Quand il est bien cuisiné, j'aime aussi le *ɓoo pàt pŏng gàrèe* (crabe sauté à la poudre de curry) : c'est un plat simple, mais délicieux et abordable. Et, enfin, le *pàt tai* (nouilles de riz, souvent avec des crevettes) – qui n'a rien d'original mais est tellement bon.

QUEL EST LE QUARTIER LE PLUS GASTRONOMIQUE ?

Cela dépend de ce qu'on recherche. Pour le canard laqué ou les nouilles, c'est Chinatown. Mais si vous voulez manger thaïlandais, c'est sur les marchés qu'il faut aller. Les traces de l'époque où Bangkok n'était qu'un assemblage de villages y sont nombreuses. Pour la cuisine arabe, allez dans le quartier près de la mosquée Haroon, à proximité de l'Oriental Hotel (Mandarin Oriental, p. 70). Pour les gâteaux portugais, Santa Cruz (p. 61) est un bon choix.

QUEL EST VOTRE RESTAURANT PRÉFÉRÉ ?

Ça change constamment. J'aime bien le Krua Apsorn (p. 75). C'est local, c'est bon, c'est authentique, ce n'est pas trop sophistiqué. La cuisine est préparée pour des Thaïlandais, il est fréquenté par des Thaïlandais et c'est thaïlandais.

QUEL EST LE MEILLEUR MARCHÉ ?

Or Tor Kor (p. 89), évidemment. Même s'il s'est aseptisé, il n'a pas perdu son âme en se modernisant. On y trouve de très bons produits.

QUEL CONSEIL CULINAIRE DONNERIEZ-VOUS À UN TOURISTE VENANT POUR LA PREMIÈRE FOIS ?

Mangez, ne réfléchissez pas, mangez, c'est tout. Vous avez très peu de risques de tomber malade et vous vous en voudrez de ne pas avoir essayé. Choisissez les établissements les plus fréquentés, car ils ne le sont pas sans raison.

Propos recueillis par Austin Bush

à la déco branchée est idéale pour goûter aux spécialités du Nord-Est. Il y a souvent la queue au dîner.

Coca Suki SINO-THAÏLANDAIS **$$**

(Carte p. 68 ; 416/3-8 Th Henri Dunant ; plats 60-200 B ; ⌚11h-23h ; 🚉Siam ; ❄). Coca Suki est l'un des premiers restaurants à avoir servie le *sù·gêe*, une fondue avec divers ingrédients crus à tremper dans un bouillon, immensément populaire auprès des familles thaïlandaises.

SILOM, SATHON ET BORD DU FLEUVE

Nombre d'employés déjeunent sur les stands de rue, et les modestes établissements musulmans et indiens se multiplient dans la partie ouest de Th Silom et de Th Surawong. Mais ce quartier est réputé pour ses élégants restaurants servant une cuisine thaïlandaise royale ou fusion internationale.

♥ **nahm** THAÏLANDAIS **$$$**

(Hors carte p. 72 ; ☎0 2625 3333 ; Metropolitan Hotel, 27 Th Sathon Tai ; menu fixe 1 700 B ; ⌚dîner ; Ⓜ Lumphini ; ❄). David Thompson, chef et auteur australien, est à l'origine ce qui pourrait être le meilleur restaurant thaïlandais de Bangkok. S'inspirant de vieilles recettes, il redonne vie à des mets qui avaient disparu, comme le curry

Sukhumvit

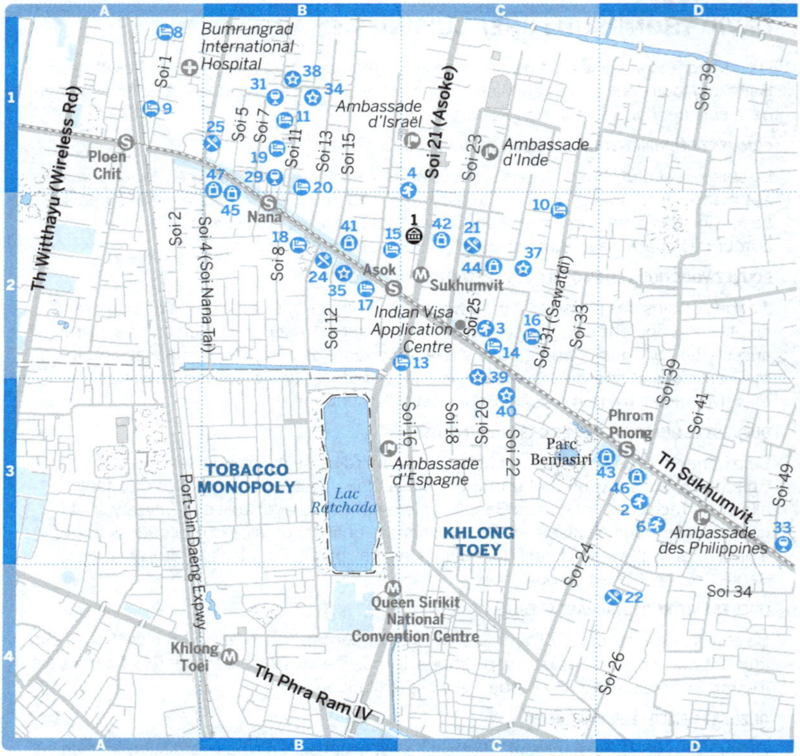

de poisson fumé aux crevettes, le foie de volaille et les coques au poivre noir. Saveurs riches et présentation soignée. Réservation recommandée.

Scoozi ITALIEN **$$**

(Carte p. 72 ; www.scoozipizza.com ; 174 Th Surawong ; pizzas 100-425 B ; ⌚déj et diner ; 🚉Sala Daeng, Ⓜ Si Lom ; ❄). Scoozi est désormais présent dans plusieurs quartiers de Bangkok, mais c'est à l'adresse originale (ici) que les pizzas sont les meilleures.

Nadimos LIBANAIS **$$**

(Carte p. 72 ; www.nadimos.com ; Baan Silom, angle Th Silom et Soi 19 ; plats 70-400 B ; ⌚déj et dîner ; 🚉Surasak, 🚌 15, 504 ; ❄🌿). Ce restaurant plutôt conventionnel sert les spécialités libanaises habituelles et quelques plats qu'on n'aurait jamais cru voir aussi loin de Beyrouth. Grand choix pour les végétariens.

FooDie THAÏLANDAIS **$$**

(Carte p. 72 ; Soi Phiphat 2 ; plats 80-150 B ; ⌚déj et dîner ; 🚉Chong Nonsi ; ❄). Ce restaurant spacieux, de style cafétéria, propose des plats thaïlandais du Sud et, plus rares, du centre. Ne manquez pas le *yam sôm oh* (salade de pamplemousse épicée et aigre-douce), et le pimenté *prík kĭng Ƀlah dòok foo* (poisson-chat croustillant frit dans une pâte de curry).

Chennai Kitchen INDIEN **$**

(Carte p. 72 ; 10 Th Pan ; plats 50-150 B ; ⌚10h-15h et 18h-21h ; 🚉Surasak ; ❄🌿). Le menu de ce minuscule restaurant est ce qui se fait de mieux à Bangkok en matière de cuisine végétarienne d'Inde du Sud.

Somtam Convent THAÏLANDAIS **$**

(Hai ; carte p. 72 ; 2/4-5 Th Convent ; plats 20-120 B ; ⌚10h30-21h ; Ⓜ Si Lom, 🚉Sala Daeng). Ce restaurant populaire constitue une introduction moins intimidante que les stands

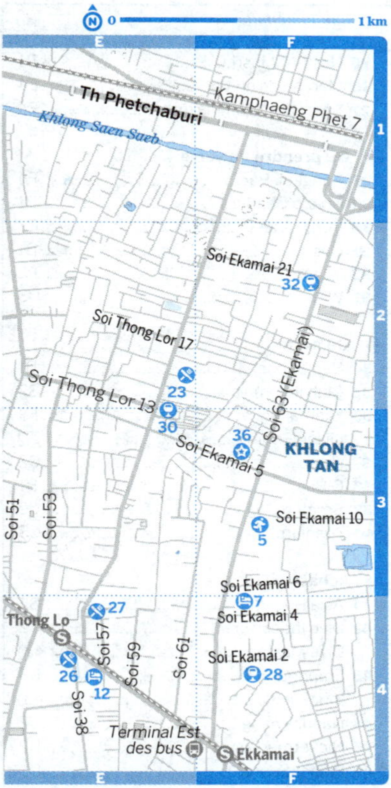

de rue aux merveilles de la cuisine du Nord-Est, telles que le *lâhp* ("salade" de viande émincée) et le *sôm đam* (salade de papaye).

Soi 10 Food Centres THAÏLANDAIS **$**

(Carte p. 72 ; Soi 10, Th Silom ; plats 20-60 B ; ⌚déj lun-ven ; 🚉Sala Daeng, Ⓜ Si Lom). Ces deux immenses bâtiments mitoyens cachés derrière le Soi 10 sont le QG des employés de bureau du coin.

SUKHUMVIT

C'est dans cette avenue que se restaure la communauté des expatriés de Bangkok.

♥ Bo.lan THAÏLANDAIS **$$$**

(Carte p. 78 ; ☎0 2260 2962 ; www.bolan.co.th ; 42 Soi Rongnarong Phichai Songkhram, Soi 26, Th Sukhumvit ; menu fixe 1 500 B ; ⌚dîner mar-dim ; 🚉Phrom Phong). Un couple australo-thaïlandais offre une approche érudite de la cuisine thaïlandaise et un menu fixe saisonnier comportant des plats introuvables ailleurs. Réservations recommandées.

Nasir Al-Masri MOYEN-ORIENTAL **$$$**

(Carte p. 78 ; 4/6 Soi 3/1, Th Sukhumvit ; plats 80-350 B ; ⌚24h/24 ; 🚉Nana ; ❄✎). Ce royaume de la gastronomie du Moyen-Orient attire les passants avec son extérieur brillant en inox. Salle climatisée ou extérieur dans une authentique ambiance de café à chicha.

Myeong Ga CORÉEN **$$$**

(Carte p. 78 ; ☎0 2229 4658 ; angle Soi 12 et Th Sukhumvit ; plats 200-550 B ; ⌚dîner ; Ⓜ Sukhumvit, 🚉Asok ; ❄). Au rez-de-chaussée du Sukhumvit Plaza, centre commercial de plusieurs étages appelé aussi Korean Town, ce restaurant est le meilleur pour savourer d'authentiques mets coréens.

Soul Food Mahanakorn THAÏLANDAIS **$$**

(Carte p. 78 ; ☎0 2714 7708 ; www.soulfood-mahanakorn.com ; 56/10 Soi 55/Thong Lor, Th Sukhumvit ; plats 120-250 B ; ⌚dîner ; 🚉Thong Lo ; ❄). Ce bar-restaurant douillet sert des plats thaïlandais rustiques, savoureux, mais chers, comme le *gài tôrt Hat Yai* (poulet frit de style thaïlandais du Sud), le *gaeng hang lair* (curry de porc d'inspiration thaïlandaise du Nord), ainsi que d'excellents cocktails. Réservations recommandées.

Bharani THAÏLANDAIS **$**

(Sansab Boat Noodle ; carte p. 78 ; 96/14 Soi 23, Th Sukhumvit ; plats 50-200 B ; ⌚10h-22h ; Ⓜ Sukhumvit, 🚉Asok ; ❄). Bharani propose un peu de tout, du ragoût de langue de bœuf au riz sauté à la pâte de crevettes, mais ce sont les *boat noddles* (nouilles bateau) qui valent vraiment le déplacement. On les appelle ainsi car elles étaient vendues par des bateaux naviguant sur les *klorng* d'Ayuthaya.

Bed Supperclub INTERNATIONAL **$$$**

(Carte p. 78 ; ☎0 2651 3537 ; www.bedsupperclub.com ; 26 Soi 11, Th Sukhumvit ; plats 450-990 B, menus fixes 790-1 850 B ; ⌚19h30-22h mar-jeu, dîner 21h ven-sam ; 🚉Nana ; ❄). Cet établissement avant-gardiste propose une "cuisine éclectique moderne". Un menu surprise est servi à 21h pile les vendredi et samedi.

Boon Tong Kiat Singapore Hainanese Chicken Rice SINGAPOURIEN **$**

(Carte p. 78 ; 440/5 Soi 55/Thong Lor, Th Sukhumvit ; plats 60-150 B ; ⌚déj et dîner ; 🚉Thong Lo puis taxi ; ❄). Commandez le plat éponyme de

Sukhumvit

À voir

1 Ban Kamthieng C2

Activités

2 ABC Amazing Bangkok Cyclists D3
3 Divana Massage & Spa C2
4 Health Land C1
5 Health Land F3
6 Phussapa Thai Massage School D3

Où se loger

7 72 Ekamai F4
8 AriyasomVilla A1
9 Bed Bangkok A1
10 Eugenia C2
11 Federal B1
12 HI-Sukhumvit E4
13 Ma Du Zi C2
14 Nana Chart C2
15 Sacha's Hotel Uno B2
16 Seven C2
17 Sheraton Grande Sukhumvit B2
18 Stable Lodge B2
19 Suk 11 .... B1
20 Swiss Park B1

Où se restaurer

Bed Supperclub .... (voir 34)
21 Bharani C2
22 Bo.lan D4
23 Boon Tong Kiat Singapore Hainanese Chicken Rice E2
24 Myeong Ga B2
25 Nasir Al-Masri B1
26 Marché de nuit de Soi 38 .... E4
27 Soul Food Mahanakorn E4

Où prendre un verre

28 Bangkok Bar F4
29 Cheap Charlie's B1
30 Iron Fairies E3
31 Nest B1
32 Tuba F2
33 WTF D3

Où sortir

34 Bed Supperclub B1
35 Club Insomnia B2
36 Ekamai Soi 5 .... F3
Living Room .... (voir 17)
37 Narz C2
38 Q Bar B1
39 Scratch Dog C2
40 Titanium C3

Achats

41 Asia Books B2
42 Dive Indeed C2
Dive Master .... (voir 42)
43 Emporium D3
Kinokuniya .... (voir 43)
44 Nandakwang C2
45 Nickermann's B2
46 Planet Scuba D3
47 Raja's Fashions B1

ce restaurant et découvrez à quel point un mets peut être à la fois simple et subtil.

Marché de nuit du Soi 38 SINO-THAÏLANDAIS $
(Carte p. 78 ; Soi 38, Th Sukhumvit ; plats 30-60 B ; 19h-3h ; Thong Lo). Après une longue nuit en discothèque, ce regroupement d'étals de cuisine sino-thaïlandaise fera l'effet d'une oasis dans le désert.

AUTRES QUARTIERS

Mallika THAÏLANDAIS $$
(21/36 Th Rang Nam ; plats 70-480 B ; 10h-22h10 lun-sam ; Victory Monument ; ❄). Un rêve devenu réalité : de l'authentique cuisine régionale thaïlandaise (du Sud), un menu en anglais compréhensible, un service agréable et un cadre impeccable. Les prix sont un peu élevés pour un restaurant familial, mais ils sont justifiés.

Kaloang Home Kitchen THAÏLANDAIS $$
(503-505 Th Samsen ; plats 60-170 B ; 11h-23h ; 32, 516, Tha Thewet). L'atmosphère décontractée et le menu très fourni en produits de la mer vous feront vite oublier l'aspect un peu sommaire des lieux. Sirotez une bière les yeux dans l'eau et la trépidation de la ville s'estompera doucement. Pour vous y rendre, prenez Th Si Ayuthaya jusqu'au fleuve.

Pathé THAÏLANDAIS $$
(angle de Th Lad Phrao et Th Viphawadee ; plats 75-160 B ; 14h-1h ; M Phahon Yothin ; ❄). Équivalent thaïlandais d'un restaurant américain des années 1950, ce lieu populaire combine nourriture thaïlandaise copieuse, ambiance joviale et juke-box aux disques rayés.

Où prendre un verre

Autrefois destination de débauche nocturne, Bangkok mène depuis quelques années une politique moralisatrice, avec des règlementations limitant la vente d'alcool et des heures de fermetures imposées. La plupart des bars ferment ainsi à 1h (pour connaître les lieux qui restent ouverts tard, voir p. 82). Notez qu'il est interdit de fumer à l'intérieur (et parfois sur les terrasses couvertes) de tous les lieux de sortie depuis 2008.

KO RATANAKOSIN ET BANGLAMPHU

Les alentours de Th Khao San sont l'un des meilleurs endroits pour sortir.

Hippie de Bar BAR
(Carte p. 58 ; 46 Th Khao San ; 18h-2h ; Tha Phra Athit (Banglamphu). Ambiance rétro originale dans ce bar fréquenté par des Thaïlandais. Places à l'intérieur et à l'extérieur, et musique meilleure qu'à l'accoutumé.

Amorosa BAR
(Carte p. 58 ; www.arunresidence.com ; toit-terrasse, Arun Residence, 36-38 Soi Pratu Nok Yung ; 18h-23h ; 123, 508, Tha Tien). C'est peut-être le seul bar du coin, mais quel bar ! Perché sur un toit, l'Amorosa offre une superbe vue sur le Wat Arun. Un endroit de rêve pour admirer le coucher du soleil sur le fleuve.

Également recommandés :

Pranakorn Bar BAR
(Carte p. 58 ; 58/2 Soi Damnoen Klang Tai ; 18h-24h ; klorng-taxi Tha Phan Fah). Ce grand immeuble sans âme a été transformé en un lieu chaleureux où règne une belle ambiance. Montez sur le toit pour une vue de Banglamphu.

Rolling Bar BAR
(Carte p. 58 ; Th Prachathipatai ; 18h-24h ; klorng-taxi Tha Phan Fah). Si vous avez envie de fuir l'agitation de Th Khao San, ce bar calme au bord du canal est idéal. Délicieux en-cas et musique live.

SIAM SQUARE

Co-Co Walk BAR
(Carte p. 68 ; 87/70 Th Phayathai ; 18h-1h ; Ratchathewi). Cet espace couvert, fréquenté par des étudiants thaïlandais, regroupe pubs, bars et musique live.

Hyde & Seek BAR
(Carte p. 68 ; rdc, Athenee Residence, 65/1 Soi Ruam Rudi ; 11h-1h ; Phloen Chit ;). Ce bar sert quelques-uns des meilleurs cocktails de Bangkok. Savoureux en-cas et plats d'inspiration anglaise.

SUKHUMVIT

WTF BAR
(Carte p. 78 ; www.wtfbangkok.com ; 7 Soi 51, Th Sukhumvit ; 18h-1h mar-dim ; Thong Lo ;). Le Wonderful Thai Friendship est un bar de quartier original et accueillant, doté d'une galerie d'art sur 2 étages. Allez-y pour la superbe carte de boissons et d'en-cas aux influences allant de Macao à l'Espagne, ou pour admirer la dernière exposition d'art contemporain.

Cheap Charlie's BAR
(Carte p. 78 ; Soi 11, Th Sukhumvit ; lun-sam ; Nana). Le cadre de ce bar de plein air fait un peu "débarras". Le manque de chaises

LA TÊTE DANS LES ÉTOILES

Bangkok est l'une des rares grandes villes où tout est permis, même de construire un bar ou un restaurant sur le toit d'un gratte-ciel. Attention : la plupart des établissements suivants exigent une tenue correcte.

Moon Bar at Vertigo (hors carte p. 72 ; Banyan Tree Hotel, 21/100 Th Sathon Tai ; 17h30-1h ; M Lumphini). Perché au sommet d'un gratte-ciel de 61 étages, ce bar offre une vue sur le ciel de Bangkok et est très prisé au coucher du soleil. Mieux vaut arriver tôt pour être bien placé.

Sirocco Sky Bar (hors carte p. 72 ; The Dome, 1055 Th Silom ; 18h-1h ; Saphan Taksin). Comme une star hollywoodienne, descendez les marches qui mènent au bar de ce restaurant qui surplombe le fleuve.

Nest (hors carte p. 78 ; 0 2255 0638 ; www.thenestbangkok.com ; 8e ét., Le Fenix Hotel, 33/33 Soi 11, Th Sukhumvit ; 17h-2h ; Nana). Perché sur le toit de l'hôtel Le Fenix, Nest est un labyrinthe chic de fauteuils habilement dissimulés et de canapés accueillants.

JUSQU'AU BOUT DE LA NUIT

La majorité des pubs et des discothèques fermant aux alentours de 1h du matin, la vie nocturne de Bangkok s'est considérablement assagie. Heureusement, quelques établissements ont obtenu la permission de rester ouverts jusqu'au petit matin.

Près de Soi Ngam Duphli, le **Wong's Place** (27/3 Soi Si Bamphen, Th Phra Ram IV ; ⏲20h-tard ; Ⓜ Lumphini ; ❄) est un bar pour voyageurs à petit budget ouvert depuis des années, où l'ambiance ne s'éveille qu'après minuit. Le **Gazebo** (carte p. 58 ; 3ᵉ ét., 44 Th Chakraphong ; ⛴ Tha Phra Athit (Banglamphu) représente le côté snob de Th Khao San. Du fait de son emplacement, il n'est pas soumis aux règles strictes en matière d'horaires de fermeture. Dans Th Sukhumvit, le **Club Insomnia** (carte p. 78 ; Soi 12, Th Sukhumvit ; entrée 200 B ; ⏲20h-tard ; Ⓜ Sukhumvit, 🚊 Asok) et le **Scratch Dog** (carte p. 78 ; ☎0 2262 1234 ; Windsor Suites Hotel, 8-10 Soi 20, Th Sukhumvit ; ⏲20h-tard ; Ⓜ Sukhumvit, 🚊 Asok) vous feront danser jusqu'au petit matin sur du hip-hop et du R&B.

Pour des soirées plus alternatives, demandez au chauffeur de taxi de vous conduire à l'un des lieux suivants : **Shock 39**, **Spicy**, **Spice Club**, **Boss** ou **Bossy**. Ces discothèques, toutes situées dans le centre de Bangkok, restent ouvertes bien après le lever du soleil. On aimerait vous en dire un peu plus à leur sujet et les indiquer sur les cartes, mais d'après notre expérience et nos recherches, ces boîtes de nuit existent dans un autre monde, celui de la nuit, où seuls les chauffeurs de taxi de Bangkok arrivent à se repérer.

favorise les rencontres, on y côtoie des touristes et des résidents de longue date.

Iron Fairies BAR

(Carte p. 78 ; www.theironfairies.com ; Soi 55/Thong Lor, Th Sukhumvit ; ⏲17h-24h lun-sam ; 🚊 Thong Lo ; ❄). Essayez d'imaginer une usine abandonnée dans le Paris de 1912 et vous aurez une idée de la décoration de ce bar à vin et restaurant très couru. Le personnel se vante de servir les "meilleurs hamburgers" et il y a de la musique live après 21h30. Attention, les places assises sont rares.

Également recommandés :

Bangkok Bar BAR

(Carte p. 78 ; Soi Ekamai 2, Soi 63 (Ekamai), Th Sukhumvit ; ⏲20h-1h ; 🚊 Ekkamai ; ❄). Trémoussez-vous avec les jeunes Thaïlandais branchés dans ce bar sympathique. Musique live. Les plats assez consistants en font un lieu idéal pour dîner.

Tuba BAR

(Hors carte p. 78 ; 34 Room 11-12 A, Soi Ekamai 21, Soi 63 (Ekamai), Th Sukhumvit ; 🚊 Ekkamai puis taxi ; ❄). Entre dépôt de meubles vintage extravagants et bar de quartier sympathique, cet étrange établissement ne manque pas de caractère. Offrez-vous une bouteille et régalez-vous d'ailes de poulet.

AUTRES QUARTIERS

River Bar Café BAR

(405/1 Soi Chao Phraya, Th Rachawithi, Thonburi ; ⏲17h-24h ; ⛴ Tha Saphan Krung Thon ; ❄). Avec son emplacement superbe au bord du fleuve, sa bonne cuisine et ses concerts, le River Bar Café comporte tous les ingrédients pour une soirée réussie. Choisissez une table au bord de l'eau pour profiter de la brise et pour échapper à la musique des groupes parfois un peu trop enthousiastes.

Sky Train Jazz Club BAR

(Angle Soi Rang Nam et Th Pahohyothin ; ⏲18h-1h ; 🚊 Victory Monument). En dépit de son nom, ce bar ressemble plus à l'appartement d'un ami qu'à un club de jazz. Il offre toutefois une belle vue sur le BTS, avec parfois du jazz et une agréable atmosphère de bar clandestin. Pour s'y rendre, chercher l'enseigne puis grimper jusqu'au toit par l'effrayante cage d'escalier parsemée de graffitis.

☆ Où sortir

Clubs

L'important à Bangkok est d'être dans le bon club au bon moment. Pour connaître le programme, consultez les sites (en anglais) de **Dudesweet** (www.dudesweet.org) ou de **Club Soma** (wwww.clubsoma.tumblr.com), organisateurs de fêtes mensuelles immensément populaires, ou encore de **Paradise Bangkok** (www.zudrangmarecords.com) pour des soirées rétro de musiques du monde. Parmi les autres sources d'information figurent le magazine **BK** (http://bk.asia-city.com/nightlife) et, pour ceux qui aiment le quartier de Th Sukhumvit, www.thonglor-ekamai.com.

L'entrée des clubs et discothèques coûte entre 100 et 800 B et comprend souvent une boisson. Les Thaïlandais n'arrivent généralement pas avant 23h, et tout le monde doit présenter une pièce d'identité. La plupart des clubs ferment à 2h.

RCA DISCOTHÈQUES
(Royal City Ave ; près de Th Phra Ram IX ; Ⓜ Phra Ram 9 puis taxi). Autrefois repaire des ados, la Royal City Avenue (RCA), une avenue digne de Las Vegas, a enfin grandi. Les lieux suivants accueillent des noctambules de tout âge : **808 Club** (www.808bangkok.com ; à partir de 300 B), **Flix/Slim** (entrée gratuite), **Route 66** (www.route66club.com ; entrée gratuite) et **Cosmic Café** (entrée gratuite).

Tapas Room DISCOTHÈQUE
(Carte p. 72 ; www.tapasroom.net ; 114/17-18 Soi 4, Th Silom ; 100 B ; Ⓜ Si Lom, Sala Daeng). Ici, point de tapas à se mettre sous la dent, mais le nom évoque bien l'ambiance hispano-marocaine qui règne dans cet antre aux multiples étages.

Ekamai Soi 5 DISCOTHÈQUE
(Carte p. 78 ; angle Soi Ekamai 5 et Soi 63/Ekamai, Th Sukhumvit ; Ekkamai puis taxi). Cet espace en plein air qui regroupe plusieurs établissements est la destination de choix des jeunes branchés de Bangkok, du moins pour le moment. **Demo** (entrée gratuite) combine gros son et ambiance d'entrepôt new-yorkais, alors que **Funky Villa** (entrée gratuite), avec sa terrasse et sa musique commerciale, offre une atmosphère plus détendue.

Bed Supperclub DISCOTHÈQUE
(Carte p. 78 ; www.bedsupperclub.com ; 26 Soi 11, Th Sukhumvit ; entrée à partir de 600 B ; Nana). Cette boîte est incontournable à Bangkok depuis près de 10 ans. Arrivez tôt pour dîner (voir p. 79). Les danseurs invétérés préféreront la soirée hip-hop très courue du mardi.

Également recommandés :

Club Culture DISCOTHÈQUE
(Carte p. 58 ; www.club-culture-bkk.com ; entrée à partir de 200 B ; Th Ratchadamnoen Klang ; klorng-taxi Tha Phan Fah). Installé dans un bâtiment de 4 étages qu'on dirait abandonné, ce club est le plus décalé de Bangkok. Les dates et horaires d'ouverture variant selon les événements, consultez le site Internet.

The Club DISCOTHÈQUE
(Carte p. 58 ; www.theclubkhaosan.com ; entrée gratuite ; 123 Th Khao San ; klorng-taxi Tha Phan Fah). Situé au beau milieu de Th Khao San, cette discothèque aux airs de grotte accueille un joyeux mélange de Thaïlandais et de routards.

Q Bar DISCOTHÈQUE
(Carte p. 78 ; www.qbarbangkok.com ; 34 Soi 11, Th Sukhumvit ; entrée à partir de 700 B ; Nana). Dans ce lieu à la déco industrielle sombre se côtoient célébrités, inconnus et prostituées. Des soirées à thème rythment le calendrier hebdomadaire.

BANGKOK GAY ET LESBIEN

La communauté homosexuelle de Bangkok est très ouverte et elle se montre, profitant de nombreux lieux nocturnes et même d'une Gay Pride. Le **guide du Bangkok lesbien** (www.bangkoklesbian.com), **Dreaded Ned** (www.dreadedned.com) et **Fridae** (www.fridae.com) fournissent des informations à jour concernant les événements.

Le bas de Th Silom abrite le quartier gay de Bangkok. Le **DJ Station** (carte p. 72 ; 8/6-8 Soi 2, Th Silom ; 200 B ; 20h-tard ; Sala Daeng, Ⓜ Si Lom) et le **G.O.D.** (Guys on Display ; carte p. 72 ; Soi 2/1, Th Silom ; 280 B ; 20h-tard ; Ⓜ Si Lom, Sala Daeng) accueillent Thaïlandais et *fa·ràng* (Occidentaux). Pour discuter, le Soi 4 voisin abrite le **Balcony** (carte p. 72 ; www.balconypub.com ; 86-88 Soi 4, Th Silom ; 17h30-1h ; Ⓜ Si Lom, Sala Daeng) et le **Telephone** (carte p. 72 ; 114/11-13 Soi 4, Th Silom ; 17h-1h ; Ⓜ Si Lom, Sala Daeng).

Pour changer de la rue Silom, essayez les "Confidential Sundays" au Bed Supperclub, ou allez en périphérie, où plusieurs bars de Th Kamphaeng Phet, dont le **Fake Club** (Th Kamphaeng Phet, Chatuchak ; 21h-2h ; Ⓜ Kamphaeng Phet, Mo Chit) et **el Ninyo** (Th Kamphaeng Phet, Chatuchak ; 21h-2h ; Ⓜ Kamphaeng Phet, Mo Chit), font le plein le week-end et promettent de grandes soirées.

La scène lesbienne de Bangkok se limite au **Zeta** (29/67 Royal City Ave/RCA, à l'écart de Phra Ram IX ; 100 B ; 20h-2h ; Ⓜ Phra Ram 9 puis taxi).

Café Democ CLUB
(Carte p. 58 ; www.cafe-democ.com ; 78 Th Ratchadamnoen Klang ; entrée gratuite ; klorng-taxi Tha Phan Fah). Des DJ prometteurs font preuve de dextérité aux platines de ce petit et modeste club du vieux Bangkok.

Narz DISCOTHÈQUE
(Carte p. 78 ; 112 Soi 23, Th Sukhumvit ; 500 B ; M Sukhumvit, Asok). L'ancien Narcissus a été réaménagé et comprend désormais 3 espaces séparés à la programmation différente.

Concerts

Reprises de joyeux tubes de pop locale ou de vieux classiques occidentaux (impossible d'échapper à *Hotel California*) sont au programme de la plupart des groupes se produisant dans les bars de Bangkok. Toutefois, de plus en plus d'établissements s'écartent de la norme et proposent des groupes originaux aux performances inspirées.

Brick Bar BAR
(Carte p. 58 ; sous-sol, Buddy Lodge, 265 Th Khao San ; 20h-1h ; Tha Phra Athit (Banglamphu) ;). Ce bar en sous-sol accueille tous les soirs différents concerts et des clients presque exclusivement thaïlandais. La soirée s'achève souvent debout sur les tables.

Living Room BAR LOUNGE
(Carte p. 78 ; 0 2649 8888 ; niveau 1, Sheraton Grande Sukhumvit, 250 Th Sukhumvit ; 18h30-24h ; M Sukhumvit, Asok ;). Ne vous fiez pas à son apparence : ce bar d'hôtel plutôt morne se transforme chaque soir en club de jazz, le meilleur de la ville. Renseignez-vous à l'avance pour connaître la programmation, toujours de qualité.

Saxophone Pub & Restaurant SALLE DE CONCERT
(www.saxophonepub.com ; 3/8 Th Phayathai ; 18h-2h ; Victory Monument ;). Cette institution est le centre de la scène musicale de Bangkok. Si c'est un peu trop bruyant pour un premier rendez-vous, la qualité et la diversité de la musique en font un lieu parfait pour une virée entre amis mélomanes.

Ad Here the 13th BAR
(Carte p. 58 ; 13 Th Samsen ; 18h-24h ; Tha Phra Athit (Banglamphu) ;). À côté de Khlong Banglamphu, Ad Here est un vrai bar de quartier : des habitués, de la bière fraîche et de la musique chaleureuse jouée par un groupe talentueux. Concert à partir de 22h, mais mieux vaut arriver plus tôt si vous convoitez l'une des rares chaises.

Tawandang German Brewery BAR
(Angle Th Phra Ram III et Th Narathiwat Ratchanakharin ; Chong Nonsi puis taxi ;). C'est la fête de la bière toute l'année dans cette salle de concert immense, au sud de la ville. La nourriture germano-thaïlandaise est bonne, les bières maison très correctes, et les concerts quotidiens (à partir de 20h30) garantissent une ambiance festive.

Également recommandés :

Titanium CONCERTS
(Carte p. 78 ; 2/30 Soi 22, Th Sukhumvit ; 20h-1h ; Phrom Phong ;). Certains viennent dans ce "bar de glace" pour le froid et la vodka aromatisée. Quand à nous, c'est pour Unicorn, un groupe de rock exclusivement féminin.

Raintree CONCERTS
(116/63-64 Soi Th Rang Nam ; 18h-1h ; Victory Monument ;). Un des derniers lieux de la ville pour écouter de la musique folk thaïlandaise héritée des mouvements communistes des années 1960 et 1970.

Rock Pub CONCERTS
(Carte p. 68 ; www.therockpub-bangkok.com ; 93/26-28 Th Phayathai ; 21h30-2h ; Ratchathewi ;). Si vous pensiez que l'ère du heavy metal était révolue depuis longtemps, faites un tour dans ce pub où les posters d'Iron Maiden font office de

CABARETS DE LADYBOYS

La dernière attraction touristique à la mode à Bangkok est le spectacle de travestis reprenant des chansons kitsch. Le **Calypso Cabaret** (carte p. 68 ; 0 2653 3960 ; www.calypsocabaret.com ; Asia Hotel, 296 Th Phayathai ; 1 200 B ; spectacles 20h15 et 21h45 ; Ratchathewi) et le **Mambo Cabaret** (0 2294 7381 ; www.mambocabaret.com ; 59/28 Yannawa Tat Mai ; 800-1 000 B ; spectacles 19h15, 20h30 et 22h ; Chong Nonsi puis taxi) proposent des spectacles de danse façon Broadway et des play-back sur des chansons pop.

CINÉMA 4 ÉTOILES

À Bangkok, le cinéma est une affaire sérieuse. Chaque centre commercial a son cinéma, et peu d'autres villes au monde peuvent s'enorgueillir d'avoir une salle de moins de 50 places comme l'EGV's Gold Class, dont le ticket comprend le prêt de couverture, d'oreiller et de chaussettes, ainsi que le service jusqu'à votre place de boissons et d'en-cas. Au Major Cineplex's Emperor Class, vous aurez, pour le prix d'un strapontin chez nous, une banquette double, spécial couple. Si les 5 000 places des 16 salles du Paragon Cineplex vous paraissent trop peu élitistes, devenez membre de l'Enigma, un cinéma réservé à ses adhérents.

Pour une atmosphère plus originale, choisissez les cinémas indépendants à l'ancienne de Siam Square, dont le **Scala** (carte p. 68 ; ☎0 2251 2861 ; Siam Square, Soi 1, Th Phra Ram I ; Siam) et le **Lido** (carte p. 68 ; ☎0 2252 6498 ; Siam Square, Th Phra Ram I ; Siam), ou pour une programmation plus "artistique", le **House** (☎0 2641 5177 ; www.houserama.com ; UMG Bldg, Royal City Ave, près de Th Petchaburi ; Ⓜ Phra Ram 9 puis taxi).

La majorité des cinémas du pays proposent des séances sous-titrées en anglais : pour les horaires, consultez le site **Movie Seer** (www.movieseer.com). La diffusion de tous les films est précédée de l'hymne royal thaïlandais, pendant lequel vous êtes censé vous lever respectueusement. Que la chaleur et la moiteur des rues ne vous fassent pas oublier que tous les cinémas de Bangkok ont tendance à forcer un peu sur la clim. Alors, à moins d'être au Gold Class, pensez à apporter une petite laine.

décoration et où les jeans noirs semblent de rigueur.

Boxe thaïlandaise

Le **stade Lumphini** (Sanam Muay Lumphini ; hors carte p. 72 ; ☎0 2251 4303 ; Th Phra Ram IV ; Ⓜ Lumphini) et le **stade Ratchadamnoen** (Sanam Muay Ratchadamnoen ; carte p. 58 ; ☎0 2281 4205 ; Th Ratchadamnoen Nok ; 70, 503 et 509, klorng-taxi Tha Phan Fah) accueillent les plus grands combats de *moo·ay tai* (ou *muay thai*) de Thaïlande. Ils se déroulent les lundi, mercredi, jeudi et dimanche à 18h30 au Ratchadamnoen, et au Lumphini les mardi et vendredi à 18h30, ainsi que le samedi à 17h et 20h30. Les étrangers devront débourser 1 000/1 500/2 000 B pour une place en tribunes de 3e classe/2e classe/ring (réservez pour cette dernière option). N'achetez pas vos places auprès des vendeurs à la sauvette autour des stades.

Spectacles traditionnels

Véritable sanctuaire de la culture thaïlandaise, Bangkok propose nombre de spectacles de théâtre et de danse. Pour plus d'informations sur ces traditions séculaires, voir p. 380.

Chalermkrung Royal Theatre THÉÂTRE
(Sala Chalerm Krung ; ☎0 2222 0434 ; www.salachalermkrung.com ; angle Th Charoen Krung et Th Triphet ; 800-1 200 B ; ⏲19h30 ; Tha Saphan Phut (Memorial Bridge). Situé dans un bâtiment Art déco thaïlandais, à la limite du quartier de Chinatown-Phahurat, ce théâtre offre tous les jeudi et vendredi un cadre magnifique aux représentations de *kŏhn* (théâtre dansé et masqué évoquant l'épopée du *Ramakian,* la version thaïlandaise du *Ramayana*). Tenue correcte exigée (ni short, ni débardeur, ni sandales).

Aksra Theatre THÉÂTRE DE MARIONNETTES
(☎0 2677 8888, ext 5730 ; www.aksratheatre.com ; 3e ét., King Power Complex, 8/1 Th Rang Nam ; 400-600 B ; ⏲spectacles 19h30-20h30 lun-mer, dîners-spectacles 18h30-21h jeu-dim ; Victory Monument). Les représentations les plus intéressantes sont celles du *Ramakian* avec des marionnettes d'une quarantaine de centimètres de hauteur que 3 marionnettistes actionnent. Venez en début de semaine pour le spectacle seul et en fin de semaine pour le spectacle combiné à un dîner-buffet thaïlandais.

National Theatre THÉÂTRE
(Carte p. 58 ; ☎0 2224 1352 ; 2 Th Rachini ; 60-100 B ; Tha Chang). Après de longs travaux de rénovation, le Théâtre national a rouvert ses portes. Spectacles de *kŏhn* (drame dansé avec des masques représentant souvent des scènes du *Ramakian)* les 1er et 2e dimanches du mois, de *lá·kon* (théâtre dansé thaïlandais) le 1er vendredi du mois, et de musique thaïlandaise le 3e vendredi du mois.

Achats

Bienvenue au paradis des consommateurs. La ville compte un des plus grands marchés à ciel ouvert du monde, d'innombrables et immenses centres commerciaux de luxe, et des bazars sur presque tous ses trottoirs. Cependant, en dépit de l'apparente diversité de l'offre, Bangkok n'excelle véritablement que dans un domaine : les babioles. Ce n'est pas ici que vous achèterez un appareil photo numérique dernier cri ou un (vrai) sac de marque. En revanche, vous pourrez faire le plein de porcelaine, de T-shirts à des prix défiant toute concurrence et de bibelots asiatiques. Évitez néanmoins les CD et les logiciels pirates.

Le problème est de dénicher les bonnes adresses dans cette ville tentaculaire. La *Nancy Chandler's map of Bangkok*, très bien faite, comporte des annotations sur toutes sortes de petites boutiques et de marchés (*dà làht*) hors des sentiers battus.

Librairies

Les succursales de **Bookazine** et de **B2S** (www.b2s.co.th), que l'on trouve dans tous les centres commerciaux de Bangkok, proposent une bonne sélection de presse internationale et de livres en anglais. Les librairies indépendantes de Bangkok sont presque toutes situées dans le quartier de Banglamphu. Th Khao San est le seul endroit où sont vendus des livres d'occasion en langues étrangères. Les prix ne sont pas particulièrement intéressants, mais le choix est large.

Asia Books LIBRAIRIE

(Carte p. 78 ; www.asiabook.com ; Soi 15, 221 Th Sukhumvit ; 8h-21h ; M Sukhumvit, Asok). Autres boutiques dans le centre commercial Emporium (voir carte p. 78) et le Siam Discovery Center (ci-contre).

SE FAIRE TAILLER UN COSTUME SUR MESURE

À Bangkok, les vêtements sur mesure se vendent à des prix doux. Mais il est important de connaître le processus pour éviter toute déception. Si vous vous laissez tenter par l'une des offres très populaires à Bangkok – une veste, deux pantalons, deux chemises, une cravate, plus un *sarong* en soie offert, le tout pour 169 $US –, il y a des chances pour que le style et la coupe ne valent effectivement pas plus que 200 $US. À l'inverse, mieux vaut connaître la tendance actuelle des prix pour s'assurer de ne pas payer trop cher.

Pour échapper à ce genre de problèmes, sachez précisément ce que vous voulez avant d'entrer dans une boutique. Pour un costume, voulez-vous une veste droite ou croisée ? Avec combien de boutons ? Quel style de pantalon ou de jupe ? Vous pouvez également apporter votre vêtement préféré et en demander une réplique. Comptez une semaine pour faire confectionner vos vêtements (ou, si votre programme le permet, faites les premiers essayages avant de partir pour la plage et les suivants à votre retour). Chemises et pantalons peuvent être réalisés en 48 heures, voire moins, mais les tailleurs sérieux vous demanderont de 2 à 5 essayages pour un costume. Méfiez-vous de ceux qui peuvent traiter votre commande en moins de 24 heures.

Parmi les adresses réputées :

Raja's Fashions (carte p. 78 ; 1/6 Soi 4, Th Sukhumvit ; 10h30-20h30 lun-sam ; Nana). Bobby et sa mémoire des noms vous donneront l'impression d'être aussi important que les nombreux ambassadeurs, personnalités politiques étrangères et hauts fonctionnaires qu'habille, depuis des décennies, sa petite boutique familiale.

Pinky Tailors (carte p. 68 ; 888/40 Mahatun Plaza Arcade, Th Ploenchit ; 10h-19h30 lun-sam ; Phloen Chit). Les vestes de costume sur mesure sont la spécialité de Mr Pinky depuis plus de 35 ans. Derrière le Mahatun Building.

Marco Tailors (carte p. 68 ; 430/33 Soi 7, Siam Sq ; 9h-19h lun-sam ; Siam). Ce tailleur à la réputation bien établie confectionne exclusivement des costumes pour homme. Vaste choix de lainages et de cotons à des prix raisonnables.

Nickermann's (carte p. 78 ; www.nickermanns.net ; sous-sol, Landmark Hotel, 138 Th Sukhumvit ; 10h-21h ; Nana). Les femmes d'affaires raffolent des tailleurs sur mesure de Nickermann's. Il faut dire que ses pantalons et ses vestes épousent parfaitement les courbes. Confectionne aussi des robes de soirée.

MARCHANDAGE

La plupart de vos achats à Bangkok nécessiteront de pratiquer une activité disparue depuis longtemps en Occident : le marchandage. Contrairement à ce qui se pratique sur Th Khao San, le marchandage (*dòr rahkah* en thaï) ne doit pas être agressif. Il s'agit plutôt pour les deux interlocuteurs de parvenir à un accord juste pour chacun d'entre eux.

Pour négocier, la première règle est d'avoir une notion du prix de l'objet. Renseignez-vous auprès de plusieurs vendeurs pour vous faire une idée. Il est recommandé de partir d'environ 50% du prix demandé, puis de remonter. Si vous achetez plusieurs exemplaires d'un même objet, vous aurez d'autant plus de légitimité à demander et à obtenir une réduction. Si le vendeur accepte immédiatement votre prix, il doit être trop élevé, mais il serait malvenu de redémarrer la négociation. En règle générale, courtoisie et flexibilité joueront en votre faveur. Ne marchandez que si vous avez réellement l'intention d'acheter un article. Et, surtout, ne vous mettez pas en colère pour quelques bahts. Les Thaïlandais, même les moins fortunés, ne réagissent jamais de la sorte.

Kinokuniya LIBRAIRIE

(www.kinokuniya.com ; ⌚10h-22h) Siam Paragon (carte p. 68 ; 3e ét., Th Phra Ram I ; 🚉Siam) ; Emporium (carte p. 78 ; 3e ét., Th Sukhumvit ; 🚉Phrom Phong). La plus grande librairie du pays compte 2 boutiques, qui proposent une sélection d'ouvrages en plusieurs langues, de la presse et des livres pour enfants.

Saraban LIBRAIRIE

(Carte p. 58 ; 106/1 Th Ram Butri ; ⌚9h30-20h30 ; 🚌2, 15, 44, 511, ⛴Tha Phra Athit (Banglamphu). Plus grande sélection de presse internationale et de guides Lonely Planet de Th Khao San.

Shaman Bookstore LIBRAIRIE

Susie Walking Street (carte p. 58 ; Susie Walking Street, près de Th Khao San ; ⌚9h-23h) ; Th Khao San (carte p. 58 ; Th Khao San ; ⌚9h-23h). Avec ses 2 boutiques, Shaman propose le plus grand choix de livres d'occasion dans le quartier de Th Khao San. Un ordinateur permet de rechercher les titres disponibles.

Grands magasins et centres commerciaux

Les grands magasins de Bangkok sont autant d'oasis d'harmonie dans cette ville chaotique et polluée. Il y fait extrêmement frais, et une grande partie de la population de Bangkok s'y réfugie les dimanches après-midi pour échapper à la chaleur. Les stations du BTS disposent souvent de passages menant directement aux magasins. La plupart des centres commerciaux sont ouverts de 10h ou 11h à 21h ou 22h.

MBK Center CENTRE COMMERCIAL

(Mahboonkhrong ; carte p. 68 ; www.mbk-center.co.th/en ; angle Th Phra Ram I et Th Phayathai ; 🚉National Stadium et Siam). Ce centre commercial colossal est devenu une attraction touristique à part entière. C'est ici que vous trouverez au meilleur prix téléphones portables (4e étage) ou articles de marque bradés (presque à tous les étages). C'est également l'un des meilleurs endroits pour acheter du matériel photographique (rez-de-chaussée et 5e étage). Le vaste espace de restauration (*food court*, au 6e étage) est l'un des meilleurs de la ville (voir p. 76).

Siam Center et Siam Discovery Center CENTRE COMMERCIAL

(Carte p. 68 ; angle Th Phra Ram I et Th Phayathai ; 🚉National Stadium et Siam). Ces 2 centres commerciaux jumeaux sont presque austères en comparaison du frénétique MBK, de l'autre côté de la rue. Siam Discovery Center est spécialisé dans la décoration d'intérieur (le 3e niveau est entièrement consacré au design minimaliste asiatique et aux tissus chatoyants). Siam Center, premier centre commercial construit en Thaïlande (en 1976), a récemment été relooké pour attirer les jeunes fashionistas. Parmi les boutiques de mode, plusieurs lignes de vêtements locales occupent le 2e étage.

Gaysorn Plaza CENTRE COMMERCIAL

(Carte p. 68 ; angle Th Ploenchit et Th Ratchadamri ; 🚉Chit Lom). Avec ses escaliers en spirale et ses halls blancs, le Gaysorn Plaza est devenu un véritable musée de la haute couture. Les grands créateurs locaux occupent l'espace "Thai Fashion Chic" du 2e étage, tandis que le dernier niveau est consacré à la

ESCROQUERIES CLASSIQUES À BANGKOK

Gardez en tête ces arnaques classiques et aidez-nous à combattre les ingénieux experts en escroquerie de la ville en nous signalant leurs dernières trouvailles dont vous auriez vent.

Les pierres précieuses. Si une personne vous conseille sur l'achat d'une pierre précieuse sans avoir été sollicitée, vous pouvez être sûr qu'il s'agit d'une escroquerie.

Fermé aujourd'hui. Ignorez toute personne vous informant qu'un site est fermé pour cause de fête religieuse ou de nettoyage. C'est un moyen de vous attirer vers une vente de pierres précieuses.

Circuit en *túk-túk* pour 10 B. Oubliez votre programme du jour si vous avez accepté une telle offre. Les "visites" feront l'impasse sur les sites, et le chauffeur vous amènera voir les tailleurs et vendeurs de pierres précieuses qui le rémunèrent à la commission.

Course de taxi au forfait. Refusez fermement toute course à un tarif imposé. Si le chauffeur a "oublié" de mettre le compteur, dites simplement "*Meter, kha/khap*" ("Compteur, madame/monsieur").

Bus touristiques. Dans les bus longue distance au départ de Th Khao San, les voleurs bien organisés ont tout le temps de fouiller dans vos sacs. Pour éviter tout désagrément, gardez vos objets de valeur sur vous au lieu de les placer dans la soute à bagages.

Aimables inconnus. Méfiez-vous des hommes bien habillés qui viennent vous demander d'où vous venez et où vous allez. Les services touristiques locaux rappellent que cette attitude, inhabituelle chez les Thaïlandais, doit être accueillie avec méfiance. Et pour cause : c'est souvent une manœuvre pour vous attirer vers une arnaque (pierres précieuses ou jeu d'argent).

décoration d'intérieur, avec notamment un large choix d'artisanat local de qualité.

Siam Square CENTRE COMMERCIAL
(Carte p. 68 ; entre Th Phra Ram I et Th Phayathai, Siam). Ce paradis pour ados aligne ses boutiques branchées dans 12 *soi*. La plupart sont tenues par de jeunes créateurs qui se lancent et ne durent pas longtemps.

Également recommandés :

Siam Paragon CENTRE COMMERCIAL
(Carte p. 68 ; Th Phra Ram I ; Siam). Les marques de luxe internationales occupent presque tous les étages du plus grand et plus fastueux centre commercial de Bangkok. Les clients se détendent dans l'atrium au bassin miroitant ou dans l'espace de restauration au sous-sol.

Central World Plaza CENTRE COMMERCIAL
(Carte p. 68 ; angle Th Ratchadamri et Th Phra Ram I ; Chit Lom). Ce gigantesque centre commercial a beaucoup souffert lors des troubles politiques d'avril 2010, mais la grande majorité des boutiques a rouvert.

Artisanat et décoration

Les marchés de rue vendent une multitude d'objets manufacturés que l'on retrouve dans toutes les villes touristiques. Dans les centres commerciaux, la qualité des produits – et les prix – est légèrement supérieure. Ce sont les boutiques indépendantes qui proposent les articles les plus intéressants.

Nandakwang TEXTILES
(Carte p. 78 ; 108/2-3 Soi 23, Th Sukhumvit ; 9h-17h lun-sam, 10h-17h dim ; M Sukhumvit, Asok). Annexe d'un magasin de la ville de Chiang Mai, Nandakwang vend des articles tissés à la main.

Jim Thompson TEXTILES
(Carte p. 72 ; www.jimthompson.com ; 9 Th Surawong ; 9h-21h ; M Si Lom, Sala Daeng). Cette boutique, la plus grande de la marque fondée par Jim Thompson (qui contribua à exporter la soie thaïlandaise à l'étranger), vend des mouchoirs, sets de table, châles et coussins.

Doi Tung ARTISANAT
(Carte p. 68 ; www.doitung.com ; 4e ét., Siam Discovery Center, Th Rama I ; 11h-20h ; Siam). Objets en céramique ocre et tissus colorés, réalisés par des artisans du nord de la Thaïlande.

Thai Home Industries ARTISANAT
(35 Soi 40/Oriental, Th Charoen Krung ; 9h-18h30 lun-sam ; Tha Oriental). Cette ancienne résidence de moines à l'allure de temple est une véritable caverne d'Ali Baba, pleine de trésors hétéroclites.

Narai Phand ARTISANAT
(Carte p. 68 ; www.naraiphand.com ; rdc, President Tower, 973 Th Ploenchit ; 10h-20h ; Phloen Chit). Ce magasin gouvernemental vend des objets artisanaux à prix fixes, destinés aux touristes, dans un espace climatisé.

Marchés

Que le marchandage ne vous décourage pas ; c'est une pratique plaisante pour les vendeurs comme pour les clients.

Marché du week-end de Chatuchak MARCHÉ
(Talat Nat Jatujak ; carte p. 54 ; http://chatuchak.org/ ; 9h-18h sam-dim ; Chatuchak Park et Kamphaeng Phet, Mo Chit). Environ 200 000 visiteurs se rendent chaque jour dans cet immense marché couvert aux 15 000 étals. On y trouve de tout, des en-cas aux objets artisanaux ainsi que des allées entières de vêtements. Prévoyez une journée complète, il y a beaucoup à voir, à faire et à acheter (un conseil, lorsque quelque chose vous plaît, achetez-le car vous ne le retrouverez probablement pas plus tard).

Les **Chatuchak Park offices**, à l'extrémité nord des Soi 1, 2 et 3, comprennent un centre d'information, une banque avec **DAB** et un **guichet de change**. Des plans schématiques, ainsi que des toilettes, sont répartis dans le marché.

Les matins de semaine, quelques étals débordent du marché et s'intallent dehors. Un marché quotidien de légumes, plantes et fleurs se tient également à l'extérieur, du côté sud. Une section de ce dernier, le **marché Or Tor Kor** (Th Kamphaeng Phet ; 8h-18h ; Kamphaeng Phet), le plus "chic" des marché de primeurs de Bangkok, vend des fruits et des fruits de mer énormes, et possède un *food court* correct.

Également recommandés :

Marché de Pak Khlong MARCHÉ
(Marché aux fleurs ; Th Chakkaphet et Th Atsadang ; 24h/24 ; Tha Saphan Phut (Memorial Bridge). Toutes les nuits, ce marché proche du Chao Phraya devient un immense marché de fleurs en gros.

Talat Rot Fai MARCHÉ
(Th Kamphaeng Phet ; 18h-24h sam-dim ; Kamphaeng Phet). Situé dans une vaste gare de triage abandonnée, ce marché est consacré à tout ce qui est rétro, des anciens plats en émail aux Vespa d'occasion.

Matériel de plongée

La plupart des boutiques de plongée se situent aux alentours de Th Sukhumvit.

Dive Indeed MATÉRIEL DE PLONGÉE
(Carte p. 78 ; 0 2665 7471 ; www.diveindeed.com ; 14/2 Soi 21, Th Sukhumvit ; Sukhumvit, Asok)

Dive Master MATÉRIEL DE PLONGÉE
(Carte p. 78 ; 0 2259 3191 ; www.divemaster.net ; 16 Asoke Court, Soi 21, Th Sukhumvit ; Sukhumvit, Asok)

VUE DE L'INTÉRIEUR

Plusieurs résidents de Bangkok, thaïlandais et étrangers, tiennent des blogs et des sites Internet sur la vie dans la capitale thaïlandaise. Parmi les plus intéressants :

Ma vie en Asie (www.monasie.com) Le blog d'un Français parti s'installer en Asie et actuellement basé à Bangkok. Une vision toute en image particulièrement agréable.

2Bangkok (www.2bangkok.com ; en anglais). Ce passionné de l'actualité, mordu d'histoire, décortique les gros titres d'hier et d'aujourd'hui concernant la capitale.

Austin Bush Food Blog (www.austinbushphotography.com/blog ; en anglais). Tenu par l'auteur de ce chapitre, le blog se concentre sur la gastronomie. Les photos les plus alléchantes du Net !

Global Post (www.globalpost.com/bio/patrick-winn/articles ; en anglais). Patrick Winn, correspondant en Asie du Sud-Est pour cette agence de presse sur Internet, est installé à Bangkok et a un don pour découvrir tout ce qui s'y passe de décalé.

Thai Blogs (www.thai-blogs.com ; en anglais). Portail de blogs sur la culture thaïlandaise.

Dive Supply MATÉRIEL DE PLONGÉE
(☎0 2354 4815 ; www.divesupply.com ; 457/4 Th Sri Ayuthaya ; Phaya Thai)

Planet Scuba MATÉRIEL DE PLONGÉE
(Carte p. 78 ; ☎0 2261 4412/3 ; www.planetscuba.net ; 666 Th Sukhumvit ; Phrom Phong)

Renseignements

On trouve des DAB, des banques et des bureaux de change partout.

Accès Internet et téléphone

Les cybercafés ne manquent pas à Bangkok, chacun prétendant offrir la connexion la plus rapide et la moins chère. Les prix varient selon la quantité d'utilisateurs locaux ; Banglamphu est moins cher que Sukhumvit ou Silom : on peut y surfer pour 20 B/h. De nombreux cybercafés ont équipé leurs ordinateurs du logiciel Skype qui permet de passer un appel international au prix d'une consultation sur la Toile.

Le **TrueMove Shop** (carte p. 68 ; www.truemove.com ; Soi 2, Siam Sq ; 7h-22h ; Siam) est un bon endroit dans le centre-ville pour tout ce qui touche aux télécommunications. Ses ordinateurs connectés en haut débit sont équipés de Skype, on peut y acheter des téléphones et abonnements téléphoniques et trouver des renseignements sur les lieux de la capitale équipés du Wi-Fi.

Le Wi-Fi est omniprésent et le plus souvent gratuit à Bangkok. Vous trouverez des points d'accès WI-FI gratuits (*hotspots*) dans la plupart des commerces et lieux publics. Pour une liste détaillée des *hotspots* du centre-ville, consultez www.bkkpages.com/useful/wifi ou www.stickmanweekly.com/WiFi/BangkokFreeWirelessInternetWiFi.htm.

Agences de voyages

À Bangkok, les tarifs des agences de voyages sont très variables ; comparez les prix. Voici quelques agences établies de longue date :

Diethelm Travel (☎0 2660 7000 ; www.diethelmtravel.com ; 14ᵉ ét., Kian Gwan Bldg II, 140/1 Th Witthayu/Wireless Rd ; Phloen Chit)

STA Travel (Carte p. 72 ; ☎0 2236 0262 ; www.statravel.co.th ; 14ᵉ ét., Wall Street Tower, 33/70 Th Surawong ; 9h-17h lun-ven, 9h-12h sam ; Si Lom, Sala Daeng)

visit beyond (☎0 2630 9371 ; www.visitbeyond.com ; New Road Guest House, 1216/1 Th Charoen Krung ; Tha Oriental ; 8h-12h et 15h-19h)

Argent

À Bangkok, les banques ouvrent généralement de 8h30 à 15h30. Les agences des quartiers très fréquentés et des centres commerciaux ferment plus tard. On trouve des DAB dans tous les quartiers. Bon nombre de banques thaïlandaises disposent d'un bureau de change ; vous en trouverez également à proximité de la plupart des sites touristiques. Il est possible de casser les billets de 1 000 B dans un 7-Eleven ou d'autres magasins fiables. Un vendeur de rue ou un taxi ne pourra pas vous rendre la monnaie sur un billet de 500 B ou plus.

Médias

Bangkok 101 (www.bangkok101.com ; en anglais). Le principal mensuel sur la ville présente des reportages photo et passe en revue les sites touristiques, les restaurants et les lieux de divertissement

Bangkok Post (www.bangkokpost.com ; en anglais). Le principal quotidien en anglais. Les éditions du vendredi et du week-end sont une mine d'informations sur la vie culturelle et les lieux de sortie nocturne.

BK (http://bk.asia-city.com ; en anglais). Hebdomadaire gratuit à l'usage de la jeunesse branchée.

CNNGo (www.cnngo.com/bangkok ; en anglais). Les pages consacrées à Bangkok sont une bonne source d'informations sur les restaurants et les événements.

Le Petit Journal (www.lepetitjournal.com/bangkok.html ; en français). Un site d'actualité tenu par des francophones expatriés.

Poste

Poste principale (Th Charoen Krung ; 8h-20h lun-ven, 8h-13h sam-dim ; Tha Si Phraya)

Renseignements touristiques

Bangkok Information Center (Carte p. 58 ; ☎0 2225 7612-4 ; www.bangkoktourist.com ; 17/1 Th Phra Athit ; 8h-19h lun-ven, 9h-17h sam-dim ; 32, 33, 64, 82, Tha Phra Athit (Banglamphu). L'office du tourisme de Bangkok fournit cartes, brochures et conseils.

Tourism Authority of Thailand (TAT ; ☎1672 ; www.tourismthailand.org) Siège (☎0 2250 5500 ; 1600 Th Petchaburi Tat Mai ; 8h30-16h30 ; M Phetchaburi) ; Banglamphu (carte p. 58 ; ☎0 2283 1500 ; angle Th Ratchadamnoen Nok et Th Chakrapatdipong ; klorng taxi Tha Phan Fah ; 8h30-16h30) ; Aéroport international de Suvarnabhumi (☎0 2134 0040 ; 2ᵉ ét., entre les portes 2 et 5 ; 24h/24).

Services médicaux

Les hôpitaux suivants offrent un service d'urgence 24h/24 où le personnel parle anglais. Les prix sont élevés, mais la qualité l'est aussi. Appelez-les pour obtenir une ambulance.

BNH (carte p. 72 ; ☎0 2686 2700 ; www.bnhhospital.com ; 9 Th Convent ; M Si Lom, Sala Daeng)

Bumrungrad International Hospital (carte p. 78 ; ☎0 2667 1000 ; www.bamrungrad.com ; 33 Soi 3/Nana Nua, Th Sukhumvit ; Phloen Chit)

Toilettes

Il existe peu de toilettes publiques à Bangkok. Le plus simple est de se rendre dans un hôtel, un fast-food ou, encore mieux, un hôtel de luxe. Dans un centre commercial, on vous demandera peut-être de 2 à 5 B. Les plus récents ont des toilettes pour handicapés. Les toilettes à la turque sont en voie de disparition à Bangkok.

Urgences

Pompiers (☎199)

Police/Urgences (☎191)

Police touristique (☎centre d'appel national 1155 ; 24h/24). Les agents de cette unité sont anglophones.

Depuis/vers Bangkok

Avion

Bangkok a deux aéroports. L'**aéroport international de Suvarnabhumi** (hors carte p. 54 ; ☎0 2132 1888 ; www.bangkokairportonline.com), situé à 30 km à l'est de Bangkok, accueille des vols internationaux et domestiques depuis septembre 2006. Son nom se prononce "*sú-wan-ná-poum*". Il a hérité du code BKK, utilisé auparavant par l'ancien aéroport de Don Muang. Le site non officiel de l'aéroport propose des informations pratiques en anglais et le détail des arrivées et départs en temps réel.

TRANSPORTS DEPUIS/VERS BANGKOK

Ce tableau présente les temps de parcours et les prix pour se rendre sur les îles et les plages les plus courues de Thaïlande. Pour plus de détails, consultez le chapitre relatif au transport de chaque destination.

DESTINATION	BUS	TRAIN	AVION
Khao Lak	ND	ND	1 heure 15/à partir de 1 480 B (vol pour Phuket)
Ko Chang	5 heures/248 B (direction Trat)	ND	1 heure/2 890 B (vol pour Trat)
Ko Lanta	12 heures/720-1 080 B (direction Krabi)	ND	1 heure 15/à partir de 1 590 B (vol pour Krabi)
Ko Lipe	14 heures/800-1 200 B (direction Satun)	ND	ND
Ko Pha-Ngan	8 heures/375-550 B (direction Chumphon), 10 heures/379-759 B (direction Surat Thani)	7 heures/82-480 B (direction Chumphon), 8-12 heures/217-1 379 B (direction Phun Phin, Surat Thani)	1 heure 15/à partir de 2 800 B (vol pour Chumphon), 65 min/à partir de 3 300 B (vol pour Ko Samui), 70 min/à partir de 1 272 B (vol pour Surat Thani)
Ko Phi Phi	12 heures/720-1 080 B (direction Krabi)	ND	1 heure 15/à partir de 1 590 B (vol pour Krabi)
Ko Samet	4 heures/157 B (direction Ban Phe)	ND	ND
Ko Samui	8 heures/375-550 B (direction Chumphon), 10 heures/379-759 B (direction Surat Thani)	7 heures/82-480 B (direction Chumphon), 8-12 heures/217-1 379 B (direction Phun Phin, Surat Thani)	65 min/à partir de 3 300 B (vol pour Chumphon)
Ko Tao	8 heures/375-550 B (direction Chumphon)	7 heures/82-480 B (direction Chumphon)	65 min/à partir de 3 300 B (vol pour Chumphon)
Phuket	ND	ND	1 heure 15/à partir de 1 480 B

ND = Non disponible

Lors de la rédaction de ce guide, l'ancien aéroport international de Bangkok, **Don Muang** (hors carte p. 54 ; ☎0 2535 1111 ; www.donmuangairportonline.com), situé à 25 km au nord de la capitale, accueillait des vols nationaux des compagnies Orient Thai (anciennement One-Two-Go), Nok Air et aussi de Thai Airways.

Bus

Les bus partant des gares routières publiques sont beaucoup plus fiables, et moins sujets aux vols, que ceux au départ de Th Khao San ou d'autres centres touristiques.

Terminal Sud (Sai Tai Mai ; hors carte p. 54 ; ☎0 2435 1199 ; Th Bromaratchachonanee, Thonburi). En face du Saphan Phra Pinklao, dans la lointaine banlieue ouest, ce terminal dessert les destinations du Sud (Phuket, Surat Thani, Krabi, Hat Yai) ainsi que Kanchanaburi et l'ouest de la Thaïlande. Pour vous y rendre, le plus simple est de prendre le taxi. Sinon, prenez un bus n°79, 159, 201 ou 516 depuis Th Ratchadamnoen Klang ou le bus 40 depuis le monument de la Victoire.

Terminal Est (Ekamai ; carte p. 78 ; ☎0 2391 2504 ; Soi Ekamai/40, Th Sukhumvit ; Ekkamai). Bus pour les villes de l'est du golfe de Thaïlande, ou situées à proximité, dont Pattaya, Rayong, Chanthaburi et Trat. La station de BTS Ekkamai est située juste à côté du terminal.

Terminal Nord et Nord-Est (Mo Chit ; carte p. 54 ; ☎destinations au nord 0 2936 2841, poste 311/442, destinations au nord-est 0 2936 2852, poste 611/448 ; Th Kamphaeng Phet ; Ⓜ Kamphaeng Phet puis taxi, Mo Chit puis taxi). Communément appelé gare "Mor Chit" *(sà·tăuh·nii măw chít)*, le terminal dessert le nord et le nord-est du pays.

Minibus

Les minibus privés, appelés *rót đôo*, sont une manière rapide et relativement confortable de se déplacer entre Bangkok et les provinces voisines. L'arrêt de minibus le plus important se situe au nord du monument de la Victoire (carte p. 54), avec des départs fréquents pour le terminal Sud des bus (35 B, 1 heure, de 6h30 à 21h). Juste à l'est du monument se trouvent des minibus pour Ko Samet via Ban Phe (200 B, 2 heures 30, de 6h à 21h), Pattaya (97 B, 2 heures, de 6h à 20h) et l'aéroport international de Suvarnabhumi (40 B, 1 heure, de 5h à 22h30).

Train

La principale gare ferroviaire de Bangkok est celle de **Hualamphong** (carte p. 54 ; ☎centre d'appel national 1690, 0 2220 4334 ; www.railway.co.th ; Th Phra Ram IV ; Ⓜ Hua Lamphong). Mieux vaut ignorer les revendeurs et les agences de voyages. Pour connaître les horaires et les prix pour d'autres destinations, appelez la **State Railway of Thailand** (☎centre d'appel national 1690 ; www.railway.co.th) ou consultez le site Internet.

Comment circuler

Louer une voiture dans la capitale n'est pas recommandé en raison des difficultés de stationnement et des embouteillages, mais aussi parce que les taxis, bon marché, vous conduisent partout.

Depuis/vers l'aéroport

Lors de notre visite, les deux aéroports étaient toujours en activité à Bangkok. La grande majorité des vols transite par l'aéroport flambant neuf de Suvarnabhumi, mais quelques vols intérieurs passent toujours par le vieil aéroport de Don Muang. Pour se rendre de l'un à l'autre, comptez au minimum 1 heure, car ils se trouvent à des points opposés de la ville. Les minibus circulent entre les deux aéroports de 6h à 17h (30 à 50 B).

AÉROPORT INTERNATIONAL DE SUVARNABHUMI

AIRPORT RAIL LINK En 2010, avec beaucoup de retard, la ligne de train aérienne reliant le centre de Bangkok à l'aéroport international de Suvarnabhumi a enfin été achevée. Un train express circule, sans s'arrêter, entre les stations Makkasan et Phaya Thai et l'aéroport (15 à 17 min, 150 B), de 6 h à minuit. Selon la taille de votre groupe et votre horaire d'arrivée, ce mode de transport n'est pas forcément moins cher ni plus rapide qu'un taxi. Makkasan, également appelé City Air Terminal (carte p. 54), est à quelques pas de la station de MRT Phetchaburi.

L'Airport Rail Link se situe au niveau B1 de l'aéroport international de Suvarnabhumi.

TRANSPORTS LOCAUX Plusieurs bus locaux climatisés desservent le centre des transports publics de l'aéroport, à 3 km de Suvarnabhumi auquel il est relié par des navettes gratuites. Les lignes de bus susceptibles d'être utilisées par les touristes à destination de Bangkok sont le 551 (monument de la Victoire), le 554 (Don Muang) et le 556 (Th Khao San), ainsi que la ligne de minibus 552 (jusqu'à la station BTS On Nut) ; tarifs à partir de 25 B.

Pour aller de la ville à l'aéroport, prenez le BTS jusqu'à On Nut, puis près de l'entrée du marché face au Tesco, prenez le minibus 522 (25 B, environ 40 min, de 6h à 21h). Vous pouvez également prendre les minibus qui se trouvent à l'est du monument de la Victoire (40 B, 1 heure, de 5h à 22h30).

TAXI À la sortie du terminal, ignorez les racoleurs et les pancartes "official airport taxis" (qui demandent 700 B). Sortez au niveau du 1er étage et faites la queue pour prendre un taxi public. Bien qu'ils doivent utiliser leur compteur, les chauffeurs tentent souvent leur chance en proposant un tarif forfaitaire : insistez en demandant "Meter, please". Les frais de péage (payés par les passagers) varient entre 25 et 45 B. Vous devrez aussi vous acquitter auprès du chauffeur de 50 B de supplément d'aéroport. Le coût total d'une course vers la plupart des sites du centre de Bangkok est d'environ 300 B.

AÉROPORT DE DON MUANG

Le bus local 59, lent et bondé, s'arrête sur la voie rapide devant l'aéroport et continue jusqu'à Banglamphu, en passant par Th Khao San et le monument de la Démocratie.

Comme à Suvarnabhumi, les taxis publics partent de l'extérieur du terminal d'arrivée et un supplément de 50 B est à prévoir en plus de la course.

La passerelle allant du Terminal 1 à l'Amari Airport Hotel mène également à la gare de Don Muang, d'où partent des trains reliant la gare de Hualamphong toutes les 60 à 90 min de 4h à 11h30, puis toutes les heures de 14h à 21h30 (de 5 à 10 B, 1 heure).

Bateau

Jadis principal moyen de transport de la ville, les bateaux publics continuent de circuler sur l'imposant fleuve Chao Phraya et sur quelques *klorng* (canaux).

SUR LES CANAUX

Au fil des années, les lignes de bateaux dans Bangkok et sur le *klorng* de Thonburi ont diminué. Pourtant, vu le problème que posent les embouteillages, il se pourrait qu'on réorganise le réseau fluvial. Actuellement, des bateaux-taxis (*klorng-taxi*) parcourent le canal le long de Khlong Saen Saeb (de Banglamphu à Ramkhamhaeng). C'est un bon moyen pour se rendre de Banglamphu à la maison de Jim Thompson, aux centres commerciaux de Siam Square (descendre à Tha Hua Chang pour ces deux destinations) et à d'autres sites plus à l'est le long de Sukhumvit (avec correspondance obligatoire à Tha Pratunam). Ces bateaux, surtout empruntés par les banlieusards qui se rendent quotidiennement au travail, ne s'arrêtent que quelques secondes ; dépêchez-vous ou vous resterez à quai – et prenez garde aux éclaboussures, l'eau est sale. Les tickets coûtent de 9 à 21 B et les bateaux circulent de 6h à 19h environ.

ITINÉRAIRES FLUVIAUX

Chao Phraya Express (☎0 2623 6001 ; www.chaophrayaexpressboat.com), l'un des moyens de transport les plus spectaculaires (et pratiques) de la capitale, navigue sur le fleuve Chao Phraya et dessert le sud et le nord de Bangkok. L'embarcadère central est appelé Tha Sathon ou Saphan Taksin, et relie la station BTS Saphan Taksin à l'extrémité sud de la ville. Comme de nombreux visiteurs, il y a des chances que vous vous dirigiez vers les arrêts en direction du nord, précédés d'un N.

Les tickets coûtent de 13 à 32 B et s'achètent en général à bord, mais les plus grandes stations ont des guichets. Conservez bien votre billet tout au long du trajet.

La compagnie a des bateaux express (drapeau orange, jaune ou jaune et vert), locaux (sans drapeau) et des bateaux de tourisme (plus gros). Aux heures de pointe, faites bien attention à la couleur du drapeau pour éviter de vous retrouver dans une province éloignée.

Ligne locale (⏲6h-8h30 et 15h-18h lun-ven ; 9-13 B). Sans drapeau, cette ligne dessert tous les embarcadères (toutes compagnies) entre le Wat Ratchasingkhon, au sud du centre-ville, et Nonthaburi, au nord. Arrêts fréquents.

TAXI À BANGKOK : QUELQUES CONSEILS

» Ne prenez jamais un taxi qui refuse de mettre le compteur (même lorsque vous lui demandez "Meter, please"). Ils sont généralement garés devant les hôtels ou dans les zones touristiques. Il suffit d'en héler un autre.

» Les chauffeurs ne tenteront généralement pas de vous emmener "faire un tour" comme dans d'autres pays ; ils gagnent plus en changeant de clients.

» Sachez que de nombreux chauffeurs à Bangkok sont des travailleurs saisonniers venus de la campagne : ils peuvent ne pas connaître leur chemin.

» Si un chauffeur refuse de vous conduire quelque part, c'est certainement parce qu'il doit restituer son taxi loué avant une certaine heure, et non parce qu'il n'aime pas votre allure.

» Très peu de chauffeurs parlent anglais ; une adresse écrite en thaï vous sera d'une grande aide.

» Les vieux taxis sont peut-être moins confortables, mais leurs chauffeurs, propriétaires du véhicule (contrairement aux nouveaux taxis qui sont souvent loués), sont généralement plus expérimentés.

Ligne touristique (⏲9h30-15h30 ; 19 B, billet à la journée enfant/adulte 80/150 B). Ce bateau, plus cher, offre de nombreuses places assises et propose des commentaires en anglais (parfois intelligibles). Il opère depuis Tha Sathon et fait arrêt à 8 embarcadères proches de sites touristiques jusqu'à Tha Phra Athit (Banglamphu).

Ligne express Orange (⏲5h50-18h40 lun-ven, 6h-18h40 sam-dim ; 14 B). Ligne la plus fréquente avec de nombreux arrêts, entre le Wat Ratchasingkhon et Nonthaburi.

Ligne express Jaune (⏲6h10-8h40 et 15h45-19h30 lun-ven ; 19-28 B). Cette ligne dessert les principaux embarcadères entre Ratburana et Nonthaburi.

Ligne express Verte (⏲6h15-8h05 et 16h05-18h05 lun-ven ; 11-31 B). Circule seulement aux heures de pointe jusqu'à l'embarcadère Pakkret, très au nord.

Ligne express Bleue (⏲7h-7h45 et 17h05-18h25 lun-ven ; 11-32 B). Circule seulement aux heures de pointe, sans arrêt jusqu'à Nonthaburi.

Des ferrys font aussi la traversée entre Thonburi et Bangkok. Les embarcadères se trouvent près de ceux de la compagnie Chao Phraya Express et la traversée coûte 3,5 B.

BTS (Skytrain) et MRT (métro)

Le BTS aérien, également appelé Skytrain *(rót fai fáh)*, parcourt le "nouveau" Bangkok (Silom, Sukhumvit et Siam Square). Les deux lignes se croisent à la station Siam. Les trains circulent entre 6h et minuit et les tarifs vont de 15 à 40 B. Les distributeurs automatiques de billets n'acceptent généralement que les pièces, mais les guichets changent de la monnaie.

Le métro de Bangkok (MRT), très utile pour se rendre à la gare ferroviaire de Hualamphong depuis les quartiers de Sukhumvit ou de Silom, sert principalement aux déplacements entre la capitale et sa banlieue. Les tarifs vont de 15 à 40 B. Les rames circulent entre 6h et minuit.

Bus

À Bangkok, les bus sont nombreux, mais le service est désordonné. Une carte des bus (comme le *Bangkok Bus Guide* de ThinkNet) s'avère nécessaire. Elle peut comporter des erreurs, les lignes étant souvent modifiées.

Comptez un minimum de 5 B pour un bus ordinaire (sans climatisation), et 11 B pour un bus climatisé. Les lignes de bus suivantes sont pratiques pour les touristes vogageant dans la zone comprise entre Banglamphu et Siam Square :

Bus 15. De Tha Phra, sur la rive du côté de Thonburi, jusqu'à Sanam Luang (accès par le Wat Phra Kaew). Arrêts au MBK Center (correspondance avec le BTS) et sur Th Ratchadamnoen Klang (accès par Th Khao San).

Bus 47. Du port de Khlong Toei au Department of Lands, le long de Th Phahonyothin, au nord de Bangkok. Arrêts le long de Th Phra Ram IV, au MBK Center, à Th Ratchadamnoen et Sanam Luang.

Moto-taxi

À Bangkok, les moto-taxis ont deux utilités. Elles font communément partie du système de transport public, conduisant de l'angle d'une rue principale, telle que Th Sukhumvit, aux extrémités des *soi* qui partent de cette rue. Les chauffeurs portent des vestes de couleur numérotées. Regroupés à chaque extrémité de leur *soi*, ils demandent généralement entre 10 et 20 B pour une course (sans casque, à moins que vous ne le demandiez).

Leur autre rôle est d'éviter les embouteillages. Indiquez votre destination, négociez un prix (de 20 B pour une courte distance à environ 150 B pour traverser la ville) et mettez le casque qui sera, normalement, proposé pour les trajets plus longs. Que le chauffeur soit "prudent" ou kamikaze, à un moment donné, vous vous retrouverez généralement du mauvais côté de la chaussée et aurez plusieurs grands frissons. Ces courses dignes d'un manège à sensations sont le quotidien de ces motards. Gardez bien vos jambes contre la machine, car les conducteurs ont l'habitude de frôler dangereusement les véhicules. Si vous portez une jupe, asseyez-vous en amazone et ramenez tous vos vêtements pour éviter qu'un morceau de tissu ne se coince dans la roue ou la chaîne.

Taxi

De nombreux touristes hésitent à les utiliser. Pourtant, la plupart des taxis sont neufs et confortables, et leurs chauffeurs sont aimables. C'est un très bon moyen de se déplacer à Bangkok. Tous les taxis doivent utiliser un compteur, qui démarre à 35 B. Comptez entre 60 et 90 B pour une course dans le centre de Bangkok.

Túk-Túk

Certains voyageurs ne jurent que par eux, mais la plupart ont du mal à négocier un tarif juste ; mieux vaut connaître le prix d'un trajet vers votre destination avant de solliciter un chauffeur. Comptez 50 B minimum pour une petite course.

Si un chauffeur vous propose une balade touristique, tournez les talons : il s'agit d'un système de rabattage destiné à vous faire acheter des produits bien trop chers.

Voiture

Si vous avez besoin d'un véhicule, prenez une voiture avec chauffeur ou engagez un taxi. **Julie Taxi** (☎08 1846 2014 ; www.julietaxitour.com), est une compagnie réputée proposant des véhicules variés et un excellent service.

Ko Chang et la côte est

Dans ce chapitre »

Le top des restaurants

» Mum Aroi (p. 106)
» Barrio Bonito (p. 131)
» Cool Corner (p. 120)
» Pan & David Restaurant (p. 101)

Le top des hébergements

» Birds & Bees Resort (p. 105)
» Tubtim Resort (p. 112)
» Ban Jaidee Guest House (p. 119)
» Bang Bao Sea Hut (p. 130)
» Paradise Cottages (p. 129)

Pourquoi y aller

Depuis longtemps déjà, les habitants de Bangkok aiment fuir le train-train de la ville le temps d'un week-end sur la côte est du pays. Quelques-unes des premières stations balnéaires thaïlandaises y ont vu le jour, lançant ainsi une tendance qui s'est répandue partout où le sable côtoie la mer. Au fur et à mesure de l'industrialisation du pays, seules quelques plages à courte distance de la capitale, comme celles de Ko Samet, ont conservé leur authenticité. Un peu plus loin, Ko Chang et ses îles-sœurs offrent la plus belle ambiance "tropicale" de la région, mais elles sont très fréquentées.

Par-delà les petites collines et le littoral qui se profile au loin, on devine le Cambodge. La côte est constitue un lien naturel et culturel entre les deux pays. De nombreuses villes thaïlandaises à l'intérieur des terres furent occupées par les Français à l'époque coloniale, lorsque la frontière fluctuait. Si vous voyagez sans contraintes de temps, allez explorer ces lieux méconnus où vous découvrirez les vestiges de l'ancien Siam, les délices des marchés et un art de vivre au quotidien typiquement thaïlandais.

Quand partir

Le meilleur moment pour s'y rendre ? À la fin de la saison des pluies (aux alentours de novembre) et avant le début de la haute saison (de décembre à mars). Les températures sont douces, les paysages verdoyants et les prix raisonnables. La saison haute à Ko Chang se situe pendant les fêtes de fin d'année. L'affluence se réduit en mars, quand démarre la saison chaude.

La saison des pluies s'étend de mai à octobre. Certains commerces de Ko Chang ferment et les îles voisines de Ko Wai, Ko Mak et Ko Kut n'accueillent plus personne. Pendant la mousson, il vaut mieux parier sur Ko Samet, un peu plus sèche.

À ne pas manquer

1. Une promenade sur la plage et une randonnée dans la jungle de **Ko Chang** (p. 125)
2. Se laisser porter par les eaux cristallines de **Ko Kut** (p. 135)
3. Nager avec les poissons dans les ondes transparentes de **Ko Wai** (p. 133)
4. Aller de crique en crique sur la superbe **Ko Samet** (p. 109), à la fois si proche et si loin de Bangkok
5. Parcourir la vieille ville et observer les vendeurs de pierres précieuses à **Chanthaburi** (p. 114)
6. Faire ses courses avec les ménagères thaïlandaises les jours de marché à **Trat** (p. 118)
7. Fuir le tohu-bohu de Bangkok lors d'une escale authentique à **Si Racha** (p. 98) et d'une excursion d'une journée à **Ko Si Chang** (p. 100)
8. Admirer le chef-d'œuvre moderne de Pattaya, le **sanctuaire de la Vérité** (p. 103), un édifice tout en bois sculpté, hommage à l'art hindou et à l'art bouddhique
9. Déguster coquillages et crustacés en bord de mer, une tradition balnéaire incontournable en Thaïlande

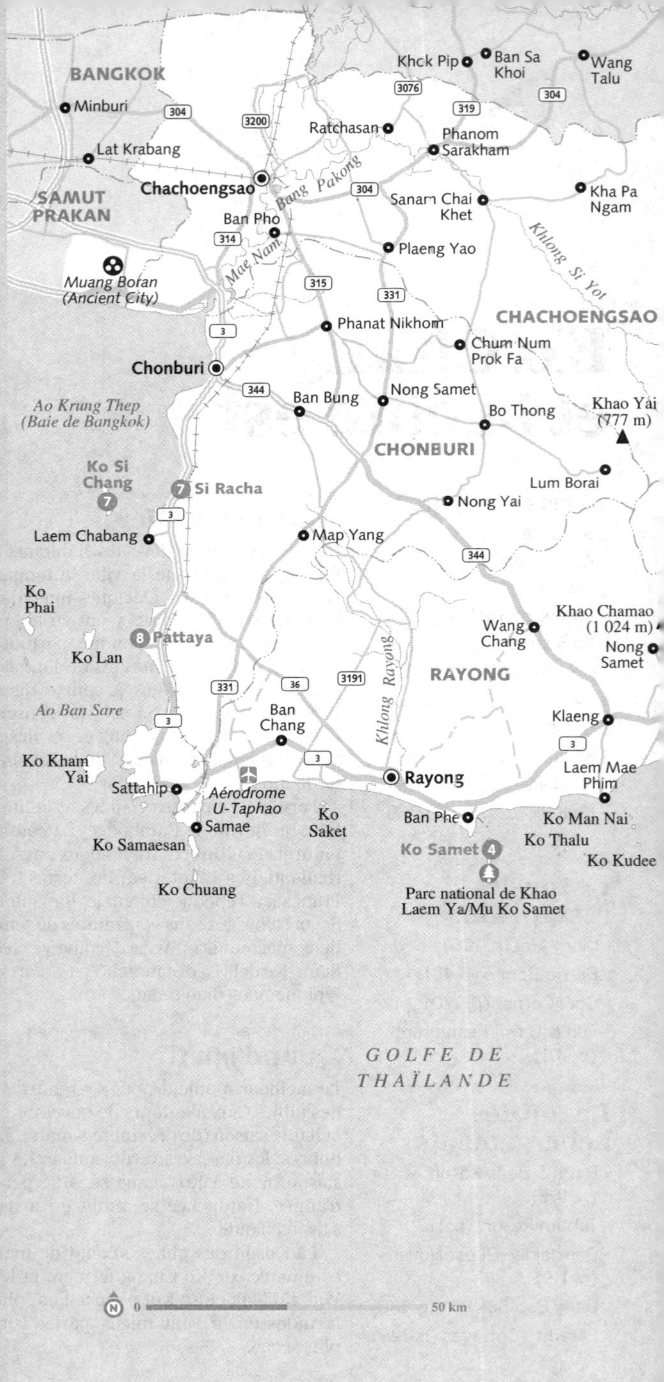

Lam
Prachinburi
Sa Kaew
Huay Jot
Watthana Nakhon
Ang Sila
Non Mak Mun
348
33
Sai Yoi
317
Khao Chakan
Aranya Prathet
Poipet
CAMBODGE
3395
Sai Diaw
Non Sao-Eh
Sisophon
Khlong Hat
Khao Takrup (660 m)
Wang Mai
3395
317
Khao Daeng
Thun Khanan
CHANTHABURI
Tamun
Battambang
Khao Soi Dao Nua (1 566 m)
Pung Ngon
Nong Chek Soi
Takra
Ban Pakard
Psar Pruhm
Parc national de Khao Chamao/Khao Wong
Parc national de Khao Khitchakut
Pong Nam Ron
Pailin
Si Yaek
Kong Din
317
Nong Khla
Makham
3
Ban Pa-Ah
Tha Mai
5 Chanthaburi
Chang Thun
Parc national de Nam Tok Philo
Nong Sii
Laem Sadet
Ta Chalap
3157
Chak Yai
Laem Singh
Khlung
Pong
Dan Chumpon
Laem Ko Proet
3159
3271
Tha Chot
TRAT
CAMBODGE
3156
3
Trat
6
Ban Noen Sung
Bang Kradan
Laem Muang
318
Laem Ngop
Ao Trat
Tha Sen
1 Ko Chang
Laem Sok
Parc national maritime de Mu Ko Chang
Mai Rut
Ko Wai 3
Ko Kradat
Ko Mak
Ko Rayang
Khlong Yai
Ko Mai Si
2 Ko Kut
Hat Lek
Krong Koh Kong

Si Racha

ศรีราชา

68 300 HABITANTS

Petite ville discrète du littoral, Si Racha mêle pêche traditionnelle et modernité industrielle. Les tours d'appartements du front de mer dominent un entrelacs de pontons délabrés ; les cargos qui viennent décharger leurs marchandises au port de Laem Chabang partagent les canaux de navigation avec les petits bateaux de pêche multicolores.

Les villes thaïlandaises qui connaissent une certaine modernité ont l'art de la dissimuler pour ressembler à n'importe quelle autre ville du pays. Dans le cas de Si Racha, il faut connaître un peu le contexte pour comprendre que les nombreux restaurants japonais de la ville sont destinés à la main-d'œuvre des usines automobiles japonaises installées tout près, et que les BMW que l'on croise dans la rue sont également produites localement. D'ailleurs, autour de Laem-Chabang, le port en eau profonde le plus actif de Thaïlande, pullulent entrepôts de produits pétrochimiques et usines chimiques, le nerf de l'économie thaïlandaise. Résultat, l'argent afflue et cela se voit : le nouveau bâtiment municipal ressemble à un palace, et le parc qui abrite des équipements sportifs est entretenu à la perfection.

À Si Racha, ni maisons d'hôtes, ni bars à hôtesses, ni embouteillages : ce qui peut être un inconvénient est un avantage d'un point de vue touristique. Très facilement accessible depuis l'aéroport Suvarnabhumi de Bangkok, c'est l'endroit idéal pour faire une pause tranquille loin des endroits trop fréquentés.

À voir

Si Racha compte peu de curiosités, mais il fait bon s'y promener.

Ko Loi ÎLE

Cette petite île rocheuse est reliée au continent, depuis l'extrémité nord du front de mer, par une longue jetée. Cette construction, curiosité locale réputée, fait la fierté des habitants. L'île dégage autour de son **temple thaïlando-chinois** (du lever au coucher du soleil) et de ses deux immenses bassins où s'ébattent des tortues de toutes tailles et de tous âges, une véritable ambiance de fête. D'ici, vous pouvez aussi prendre le bateau pour vous rendre sur l'île de Ko Si Chang.

UNE SAUCE QUI A FAIT LE TOUR DU MONDE

À en juger par l'immense popularité de la sauce pimentée Sriracha Hot Chili aux États-Unis, on pouvait s'attendre à ce qu'elle soit incontournable dans la ville qui lui a donné son nom. Pourtant, personne à Si Racha ne semble vraiment la connaître, et encore moins savoir que les chefs américains l'utilisent dans toutes leurs recettes, depuis les cocktails jusqu'aux marinades, et que les magazines gastronomiques la recommandent avec l'huile de truffe comme condiment incontournable. Il est à noter que le monde de la gastronomie a repris le nom de la sauce sous une appellation légèrement différente de celle de la ville : "Sriracha" au lieu de "Si Racha".

L'explication en est simple : le produit vendu aux États-Unis est en fait une fabrication locale. Un immigrant vietnamien résidant dans une banlieue de Los Angeles a concocté, d'après les souvenirs culinaires de son pays natal, une sauce pimentée pour accompagner des nouilles. Ses premières productions ont vite connu des ruptures de stock ; l'affaire s'est développée jusqu'à la création de la Huy Fong Foods Company.

Aujourd'hui, les bouteilles arborant le célèbre logo au coq sont commercialisées aux États-Unis et en Australie, mais pas dans les pays asiatiques, selon un porte-parole de l'entreprise. Il arrive cependant d'en trouver dans les magasins de nouilles en Thaïlande. Comment cette sauce au nom thaïlandais, mais d'inspiration vietnamienne et née aux États-Unis, a-t-elle pu arriver jusqu'ici, la Huy Fong Foods Company n'en a aucune idée.

Pour autant, cela ne veut pas dire que la Thaïlande n'a pas sa propre version d'une sauce pimentée à base de vinaigre (*nám prík sĕe rah·chah*). En fait, on pense que le condiment est originaire de Si Racha mais qu'il a voyagé ensuite à travers l'Asie où il a connu quelques évolutions. En Thaïlande, les sauces de ce genre, comme les populaires marques Golden Mountain ou encore Sriraja Panich, agrémentent *kài ji·o* (omelette) et *hŏy tôrt* (omelette aux moules frites) ; elles sont généralement plus homogènes et d'une texture moins épaisse que celle de la marque au coq.

Health Park JARDIN
Ce parc dédié aux activités sportives est situé sur le front de mer ; c'est certainement l'un des parcs municipaux les mieux entretenus du pays. Terrain de jeux, café ombragé (avec Wi-Fi), parcours de santé et nombreuses animations en soirée.

Où se loger

Les hôtels en bois sur les jetées restent les lieux d'hébergement les plus authentiques (et "rudimentaires").

Siriwatana Hotel HÔTEL $
(☎0 3831 1037 ; Soi Siriwatana, Th Jermjompol ; ch 200 B). Cet hôtel en bois sur pilotis domine la mer. Vous avez même une vue imprenable sur l'océan depuis le trou de ses toilettes à la turque ! Sommaire, mais les chambres sont à un excellent prix.

Samchai HÔTEL $
(☎0 3831 1800 ; Soi 10, Th Jermjompol ; ch 300 B). Cherchez le panneau "Hotel" et vous découvrirez cet autre hôtel en bois sur le quai, plus confortable.

Seaview Sriracha Hotel HÔTEL $$
(☎ 0 3831 9000 ; 50-54 Th Jermjompol ; ch 900-1 200 B ; ❄@). Chambres spacieuses et confortables, certaines avec vue sur la mer. Les chambres donnant sur la rue peuvent s'avérer un tantinet bruyantes. Mais Si Racha n'ayant rien de la place de la Concorde, tout au plus percevrez-vous un brouhaha diffus le matin.

Où se restaurer et prendre un verre

Si Racha est réputé pour ses fruits de mer.

Moom Aroy FRUITS DE MER $$
(menu en thaï ; plats 100-350 B ; ⌚déj et dîner). Situé au nord de la ville, le Moom Aroy porte bien son nom, qui signifie "coin des délices". C'est l'endroit idéal pour faire un repas de fruits de mer à Si Racha en admirant la jetée. Tourner à gauche depuis l'hôpital Samitivet Sriracha et chercher la citerne dissimulée par un poisson haut de 2 m.

Bang Saen FRUITS DE MER $$
(plats 100-250 B ; ⌚déj et dîner). Faites comme les Thaïlandais qui jugent leurs plages d'après leurs restaurants de fruits de mer. Cette station balnéaire, située à 18 km au nord de la ville, n'est pas le meilleur site pour la baignade, mais les habitants de Bangkok et les étudiants des universités proches l'apprécient pour sa gastronomie et ses paysages. Accès par ses propres moyens.

Si Racha

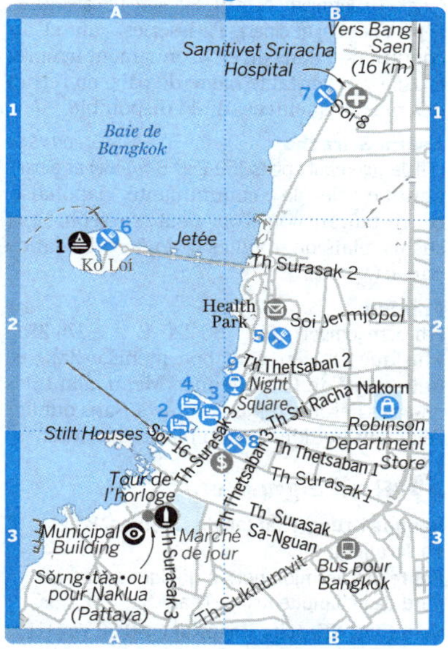

Si Racha

À voir
1 Temple sino-thaïlandais ... A2

Où se loger
2 Samchai ... A2
3 Seaview Sriracha Hotel ... A2
4 Siriwatana Hotel ... A2

Où se restaurer
5 Asami Sriracha ... B2
6 Stands de fruits de mer de Ko Loi ... A2
7 Moom Aroy ... B1
8 Picha Cake Garden ... B3

Où prendre un verre
9 Pop Pub ... B2

Ko Loi Seafood Stalls FRUITS DE MER $
(plats 40-160 B ; ⌚déj et dîner). Sur la jetée de Ko Loi, ces petites échoppes sans prétention sont spécialisées dans les fruits de mer. Pas de menu en français ou en anglais, mais tout est bon !

Night Square MARCHÉ $
(angle Th Jermjompol et Th Si Racha Nakorn ; plats à partir de 50 B ; ⌚17h). Ce marché de nuit d'apparence modeste suffira largement à satisfaire les petites faims.

Picha Cake Garden BOULANGERIE $
(angle Th Jermjompol et Th Surasak 1 ; café 40 B ; ⌚petit-déj, déj et dîner). Pâtisseries, café et air conditionné dans un environnement irréprochable. Un véritable havre de paix, en retrait des rues fréquentées. Wi-Fi disponible.

Asami Sriracha JAPONAIS $$
(Th Jermjompol ; plats 150-250 B ; ⌚déj et dîner). Cantine de la communauté japonaise, ce restaurant où l'on peut s'asseoir, sert sushis, plats de nouilles (*udon*) et de viande panée (*katsu*).

Pop Pub BAR
(Th Jermjompol ; plats 60-220 B ; ⌚17h-23h). Musique et bière font bon ménage dans ce pub "rock" du front de mer. Menu allant des en-cas salés aux repas complets. Sans oublier l'élément liquide, disponible en quantité.

Renseignements

Banque Krung Thai (angle Th Surasak 1 et Th Jermjompol)

Poste (Th Jermjompol). À quelques rues au nord de la banque Krung Thai.

Samitivet Sriracha Hospital (☎0 3832 4111 ; Soi 8, Th Jermjompol). Considéré comme le meilleur hôpital de Si Racha.

Comment s'y rendre et circuler

Il n'y a pas de véritable gare routière à Sri Racha, mais la plupart des compagnies sont installées les unes à côté des autres sur Th Sukhumvit (Hwy 3). Les autobus de la compagnie nationale desservent Ekamai, le terminal Est de Bangkok (88 à 155 B, 2 heures), Mo Chit, le terminal Nord (100 B, 1 heure 30) et le terminal de Suvarnabhumi (aéroport, 100 B, 1 heure) avec des départs et arrivées toutes les heures depuis le bureau situé à côté de IT Mall (Tuk Com) sur Th Sukhumvit.

Un service de minibus est assuré à destination des principales gares routières de Bangkok (100 à 120 B) et du monument de la Victoire (100 B). L'arrêt se trouve devant le grand magasin Robinson sur Th Sukhumvit.

Tous les bus arrivant de Bangkok continuent sur Pattaya (50 B) et en direction de l'est. Les *sŏrng·tăa·ou* (pick-up) tout blancs partent de la tour de l'horloge de Si Racha à destination du marché de Naklua près de Pattaya (25 B, 30 min).

Les compagnies d'autobus privées ont leurs bureaux sur Th Sukhumvit, au sud de l'intersection avec Th Surasak. Elles desservent les destinations lointaines comme Nong Khai (506 B, 12 heures, 1 départ chaque soir), Khorat (380 B, 5 heures, 2 départs chaque soir) et Phuket (848 à 1 138 B, 1 départ chaque soir).

Tous les jours, un train partant de Bangkok pour Pattaya s'arrête à Si Racha. Il quitte la gare Hua Lamphong à 6h55 et repart de Si Racha à 14h50 (3e classe 100 B, 3 heures). La gare ferroviaire de Si Racha est à 3 km du front de mer.

Les *túk-túk* (tricycles à moteur) parcourent la ville pour 30 à 40 B.

Ko Si Chang เกาะสีชัง

5 000 HABITANTS

Il règne à Ko Si Chang, autrefois résidence balnéaire royale, une atmosphère de village de pêcheurs, et les curiosités qu'elle recèle méritent amplement une escapade d'une journée depuis Si Racha. Les habitants de Bangkok viennent y déguster des fruits de mer le week-end, se prendre en photo au bord de l'eau et faire des offrandes aux temples locaux.

À voir

GRATUIT **Phra Chudadhut Palace** SITE HISTORIQUE
(⌚9h-17h mar-dim). Le roi Rama V (connu aussi sous le nom de Chulalongkorn) résidait dans cet ancien palais royal pendant la saison estivale. Le bâtiment fut abandonné lors de la brève occupation de l'île par les Français en 1893. La grande galerie du trône – un superbe édifice en teck doré appelé le palais Vimanmek – fut transportée à Bangkok en 1910 (voir p. 60).

Les vestiges actuels sont d'un style victorien peu prononcé, et révèlent les préférences architecturales du roi. **Ruen Vadhana** et **Ruen Mai Rim Talay** abritent des représentations historiques des visites du roi dans l'île et ses programmes de travaux publics, y compris une conférence à ses sujets locaux sur les réunions à l'occidentale autour d'un thé. En haut de la colline se trouve le **Wat Asadang Khanimit**, un temple avec une petite chambre où Rama V avait coutume de méditer. L'unique image de Bouddha à l'intérieur a été conçue il y a plus de 50 ans par un moine du cru. Tout près de là, se trouve un affleurement rocheux emballé dans un tissu sacré, appelé Bell Rock (le rocher de la cloche), car il résonne quand on le cogne.

Dans cette propriété royale, une tenue vestimentaire correcte (jambes et bras doivent être couverts) est officiellement requise. Mais le lieu n'abritant pas de personnel administratif, la réglementation n'est guère appliquée. Le site est, hélas, un peu à l'abandon, ce qui est surprenant compte tenu de la proximité de Bangkok et du respect traditionnellement dispensé à l'égard de ce roi.

Cholatassathan Museum AQUARIUM
(don à l'entrée ; 9h-17h mar-dim). Juste avant d'arriver au palais, vous pouvez faire une halte dans ce musée aquatique où l'on trouve de jolis spécimens marins. Autour de l'aquarium, les Thaïlandais font des commentaires sur les qualités culinaires des différentes espèces. L'Institut thaïlandais de recherches sur les ressources aquatiques travaille ici sur les coraux.

San Jao Phaw Khao Yai TEMPLE
(du lever au coucher du soleil). La curiosité la plus imposante de l'île : un temple chinois finement sculpté, remontant à l'époque où les négociants chinois venaient s'amarrer dans ces eaux abritées. En février, durant le Nouvel An chinois, l'île est envahie de visiteurs en provenance de Chine. On peut aussi admirer les grottes-sanctuaires, l'entrelacs de passerelles et la superbe vue sur l'océan. Situé à l'est de la ville, le temple domine la baie où flottent silencieusement des bateaux de plaisance dernier cri.

Wat Tham Yai Phrik TEMPLE
(วัดถ้ำยายปริก ; dons bienvenus ; aube-nuit). Ce monastère bouddhique est construit autour d'un réseau de grottes de méditation creusant la crête calcaire centrale de l'île. Il offre une vue magnifique du *chédi* (stupa) situé au sommet de la colline. Moines et *mâa chi* (nonnes) en provenance des 4 coins de la Thaïlande viennent profiter de l'environnement paisible des grottes. Ne soyez pas étonnés si quelqu'un vous propose une visite informelle et vous parle de bouddhisme. Possibilité de retraites méditatives.

Hat Tham Phang PLAGE
Au sud-ouest de l'île, Hat Tham Phang ("la plage de la grotte effondrée") offre à la location des installations sommaires, fauteuils de plage et parasols. Baignade déconseillée mais soleil à volonté.

Activités

Quelques habitants proposent des sorties en **snorkeling** à Koh Khaang Khao (île de Bat), à l'extrémité sud de Ko Si Chang. Renseignez-vous au Pan & David Restaurant.

Vous pouvez louer des **kayaks de mer** (400 B/j) à Hat Tham Phang, et suivre la côte jusqu'à Koh Khaang Khao, un autre bon site de snorkeling.

Si Chang Healing House MASSAGE
(0 3821 6467 ; 167 Mu 3 Th Makham Thaew ; 8h-18h jeu-mar). On y dispense massages et soins de beauté (400-800 B) dans un immense jardin situé en face du Pan & David Restaurant.

Où se restaurer

La ville compte plusieurs petits restaurants. Les fruits de mer, accommodés avec simplicité, sont une valeur sûre.

Pan & David Restaurant INTERNATIONAL $$
(0 3821 6629 ; 167 Mu 3 Th Makham Thaew ; plats 50-260 B ; petit-déj, déj et dîner mer-lun). Poulet fermier, glace maison, café filtre, une carte des vins et d'excellents plats thaïlandais : le menu est parfait. Mieux vaut appeler pour réserver. Le restaurant se trouve à 200 m du palais.

Lek Tha Wang FRUITS DE MER $
(plats 60-150 B ; déj et dîner). Situé près de l'entrée du palais, ce restaurant est réputé chez les Thaïlandais qui viennent y déguster coquillages et crustacés. Sinon, il y a toujours du *đôm yam gûng* (soupe pimentée et aigre-douce aux crevettes) et du poisson frit.

Renseignements

L'unique petite agglomération de l'île fait face au continent et accueille le ferry en provenance de Si Racha. Des routes bosselées relient le village à tous les autres sites.

Kasikornbank (99/12 Th Atsadang). Possède un DAB et change les devises.

Poste (Th Atsadang). Près de la jetée.

www.koh-sichang.com Une excellente source de renseignements.

Comment s'y rendre et circuler

Des bateaux partent pour Ko Si Chang toutes les heures entre 7h et 20h depuis l'embarcadère de Ko Loi à Si Racha (40 B l'aller). Depuis Ko Si Chang, les navires repartent toutes les heures de 6h à 18h.

Les *túk-túk* de Ko Si Chang vous emmènent n'importe où pour 40-60 B. Un tour complet de l'île revient à quelque 300 B : préparez-vous à marchander.

Il est possible de louer des motos sur la jetée.

Pattaya

พัทยา

216 000 HABITANTS

Synonyme de prostitution, Pattaya ne fait aucune concession sur l'industrie qui la fait vivre. Clubs de *go-go dancers*, salons de massage et bars américains constituent le cœur de la ville, à côté duquel les quartiers chauds de Bangkok font figure de

Pattaya et Naklua

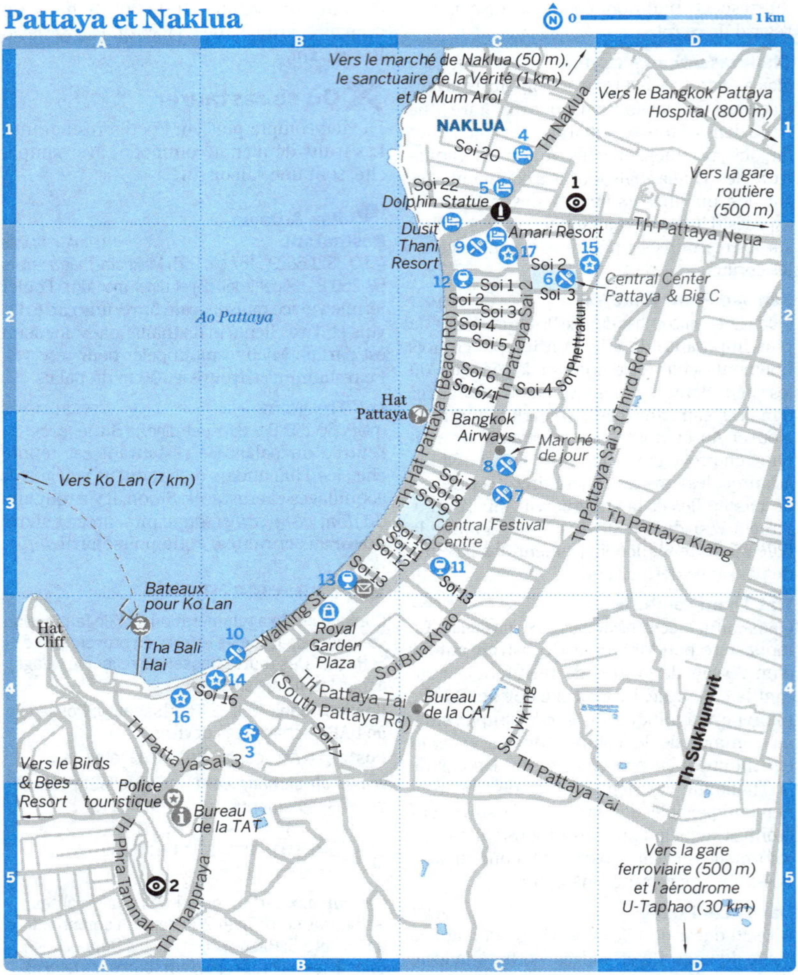

modèles réduits de province. La ville est à peine moins glauque en journée, quand les familles russes et est-européennes débarquent d'un charter et dépassent en nombre les drag-queens en stilettos. Les habitants de Bangkok ont récemment fait de Pattaya leur destination de prédilection pour le week-end. Ils prennent leur dîner en bord de mer, les pieds au sec, en se félicitant de la différence appréciable de prix et de la transparence de l'eau par rapport à Hua Hin. Cela signifie-t-il que *Sin City* (la ville du péché) est en train de devenir la ville où tout le monde peut trouver son bonheur ? Pas vraiment, mais la salubrité publique commencerait à se frayer un chemin à travers le vice (permettez-nous d'être sceptique).

La ville est construite autour de **Ao Pattaya**, une vaste baie en forme de croissant qui fut l'une des premières stations balnéaires de Thaïlande dans les années 1960. Toute la zone environnante constitue maintenant un pôle d'activités important en Thaïlande ; la baie, autrefois site de pêche et de baignade, est devenue un bassin industriel. Quelques Thaïlandais venus de province continuent de s'y baigner mais nous vous le déconseillons car l'eau est loin d'y être propre. Par contre,

Pattaya et Naklua

À voir	
1 Fairtex Sports Club	C1
2 Khao Phra Tamnak	A5
Activités	
3 Thais 4 Life	B4
Où se loger	
4 Garden Lodge Hotel	C1
5 Woodlands Resort	C1
Où se restaurer	
6 Central Festival Food Hall & Park	C2
La Baguette	(voir 5)
7 Leng Kee	C3
8 Mae Sai Tong	C3
9 Mantra	C2
10 Nang Nual	B4
Où prendre un verre	
11 Green Bottle	C3
12 Gulliver's	C2
13 Hopf Brew House	B3
Où sortir	
14 Blues Factory	B4
15 Differ	C2
16 Lima Lima	A4
17 Tiffany's	C2

la promenade du front de mer offre un parcours ombragé de toute beauté le long de la côte.

Les plus optimistes diront que Hat Jomtien, au sud du centre-ville, est un quartier plutôt convivial. C'est vrai, il y a moins de bars à strip-tease, mais en dehors de cela, Jomtien est bien loin d'être pittoresque ; il abrite par ailleurs un certain nombre d'hôtels et de restaurants de médiocre qualité. Pattaya-Nord (Pattaya Neua) est en train de se transformer en mini-Bangkok avec ses tours d'appartements et ses hôtels pour clientèle d'affaires respectable. Au nord se trouve la plage de **Naklua**, plus attrayante que Jomtien et un peu plus prometteuse pour les touristes alternatifs de Pattaya.

À voir et à faire

Sanctuaire de la Vérité MONUMENT

(ปราสาทสัจธรรม ; ☎0 3836 7229 ; www.sanctuaryoftruth.com ; 206/2 Th Naklua ; entrée 500 B ; 8h-18h). Construit intégralement en bois, sans clous ni vis métalliques, le sanctuaire de la Vérité, qui offre une vue extraordinaire sur l'océan, est une sorte d'expérience visionnaire, à la fois œuvre d'art, symbole religieux et monument culturel. Cette sorte de temple sculpté est né d'une idée et de la volonté de Lek Viriyaphant, un millionnaire thaïlandais qui y a consacré sa fortune. Il a également financé d'autres projets – comme la Cité antique près de Bangkok –, ayant permis de préserver et remettre au goût du jour d'anciennes techniques de construction et d'architecture en passe de disparaître. Dans le cas du sanctuaire, il continuera de promouvoir les techniques manuelles de sculpture du bois, puisque sa construction, démarrée il y a une trentaine d'années, est toujours en cours.

L'édifice se compose de 4 ailes dédiées à l'iconographie religieuse thaïlandaise, khmère, chinoise et indienne. Des représentations divines d'inspiration hindoue et bouddhique finement sculptées recouvrent l'intégralité de la construction en bois haute de 20 étages. Du haut de son toit unificateur, des siècles de travail artistique représentant des mythes religieux nous contemplent et nous éclairent. Pour les non-bouddhistes, l'expérience sera plus culturelle que transcendante, car la plupart des symboles ne parlent pas d'eux-mêmes. Quoi qu'il en soit, l'édifice et le décor sont magnifiques et l'architecture à couper le souffle.

Des visites guidées ont lieu toutes les 30 min de 8h30 à 17h. Spectacles de danses thaïlandaises à 11h30 et 15h30. Motos-taxis depuis Pattaya pour 50 à 70 B.

Anek Kusala Sala (Viharn Sien) MUSÉE

(อเนกกุศลศาลา (วิหารเซียน) ; ☎0 3823 525 ; en retrait de Th Sukhumvit ; 50 B ; 9h-17h). Étape prisée des groupes, ce musée héberge plus de 300 œuvres d'art chinoises, essentiellement des statues en bronze et en laiton incarnant des personnages historiques, mais aussi des divinités bouddhiques, confucianistes et taoïstes. Fondé par Sa-nga Kulkobkiat, un Thaïlandais ayant grandi en Chine, le musée fut créé au titre de projet bâtisseur d'amitié entre les deux pays. Il est surtout connu pour ses collections impressionnantes. Un livret bilingue thaï-anglais très pratique est disponible au guichet.

Le 1er étage expose une foule de représentations d'immortels chinois, allant de Pangu, le géant cosmique, à Guan Yin, la déesse

Hat Jomtien

Hat Jomtien

Où se loger

Où se restaurer

de la miséricorde. Le 2e étage est le plus impressionnant du musée, avec ses statues de moines Shaolin, plus grandes que nature, dans des positions d'arts martiaux. Juste à côté se trouve une collection attendrissante de statues figurant des acteurs du quotidien (voyante, tailleur, liquoriste) sur lesquelles les visiteurs déposent une pièce de 1 baht.

Le musée se trouve à 16 km du centre de Pattaya. Prendre Th Sukhumvit à la bifurcation en quittant le Wat Yan Sangwararam. Un *sŏrng·tăa·ou* faisant la liaison Pattaya-Sattahip (25 B) vous déposera à l'intersection, et de là vous pouvez prendre un moto-taxi pour les 3 derniers km jusqu'au musée (50 B). Le retour vers la route principale est plus délicat, il vous faudra négocier avec le chauffeur pour qu'il vous attende, ou vous débrouiller par vos propres moyens.

Ko Lan PLAGE

(เกาะล้าน). Idéale pour les excursions d'une journée, cette petite île est située à 7 km au large de Pattaya. Le week-end, les fêtards de Bangkok viennent y purger leurs frasques, affalés dans des fauteuils de plage. Ses eaux turquoise sont continuellement troublées par les jet-skis, les bateaux-bananes tractés et autres divertissements de bord de mer. Cinq plages principales agrémentent l'île, toutes facilement accessibles à moto, mais n'espérez pas en profiter seul. Les bateaux partent depuis la jetée Bali Hai de Pattaya (30 B, 5 départs quotidiens), située à l'extrémité sud de Walking St. Le dernier bateau part de Ko Lan à 18h.

Khao Phra Tamnak POINT DE VUE

(เขาพระตำหนัก ; carte p. 102 ; ⏲du lever au coucher du soleil). Le bouddha doré géant érigé au sommet de cette colline boisée entre Jomtien et South Pattaya (Pattaya Tai) rappelle que la religion veille toujours sur cette Gomorrhe moderne. La silhouette paisible du bouddha du Wat Phra Yai existe depuis l'époque où Pattaya était un petit village de pêcheurs ; une fois là-haut, on peut presque imaginer ce qu'était la vie ici avant l'arrivée des mini-jupes et des bière Chang. Possibilité de se rendre au sommet de la colline en partant de Walking St. Sur le chemin, vous croiserez un petit sanctuaire chinois.

Fairtex Sports Club FITNESS, MUAY TAI

(Carte p. 102 ; ☎0 3825 3888 ; www.fairtex-muaythai.com ; 179/185-212 Th Pattaya Neua ; 800 B). Professionnels en nage, adeptes des arts martiaux et sportifs casse-cou se retrouvent dans cette académie de *muay tai* (boxe thaïlandaise) aux allures d'hôtel de luxe, pour s'entraîner et suer pendant leurs vacances. Les entraînements quotidiens comprennent frappes sur protections matelassées, affrontements et corps-à-corps, répétitions d'exercices et travail de musculation. Avec un peu de chance, on peut aussi y croiser des célébrités comme les champions nationaux et certains spécialistes internationaux d'arts martiaux.

Fairtex forme des combattants de *muay tai* depuis 40 ans. En 2005, l'académie a ouvert ce club de sport qu'elle a occidentalisé pour accueillir des visiteurs du monde entier souhaitant pratiquer arts martiaux et remise en forme. Possibilités d'hébergement et accès à la piscine du club ainsi qu'aux autres sites sportifs.

Flight of the Gibbon AVENTURE EN PLEIN AIR

(☎08 9970 5511 ; www.treetopasia.com ; excursions à partir de 3 000 B). Cette tyrolienne de 3 km, ponctuée de 26 plateformes, traverse la canopée de Khao Kheeo Open Safari à Chonburi, à 50 minutes de Pattaya. Une journée complète d'activités vous y attend, comprenant une course d'obstacles dans la jungle ainsi qu'une visite du zoo voisin. La tyrolienne est accessible aux enfants mesurant au moins 1 m. Les enfants plus petits peuvent être accompagnés par un adulte.

Festivals

Festival international de musique de Pattaya MUSIQUE POP

À la mi-mars, pendant 3 jours, la musique bat son plein sur la promenade en bord de mer de Pattaya. En 2011, des groupes venus de Corée, du Japon, de Malaisie et du Laos ont tenu le haut de l'affiche en compagnie de groupes thaïlandais en verve comme Modern Dog et Tattoo Colour.

Où se loger

Vous êtes un touriste "alternatif" de Pattaya, c'est-à-dire ni un touriste sexuel ni un touriste en voyage organisé ? Alors évitez le centre de Pattaya et optez pour Naklua, Jomtien ou certains quartiers de Pattaya Neua. Même si vous n'avez aucune envie de voir Pattaya, une nuit ici est à envisager si vous transitez par l'aéroport Suvarhabhumi, à 110 km d'ici, et ne voulez pas faire une escale nocturne à Bangkok.

RS Seaside HÔTEL $$

(Carte p. 104 ; ☎0 3823 1867 ; www.rs-seaside.com ; Th Hat Jomtien ; ch à partir de 650 B ; ❄≋). Chambres modestes et personnel avenant, un bon rapport qualité/prix pour le quartier touristique de la ville. Les petits-déjeuners sont inclus dans le prix de la chambre.

Summer Beach Inn HÔTEL $$

(Carte p. 104 ; ☎0 3823 1777 ; Th Hat Jomtien ; ch 650-1 500 B ; ❄@). Chambres propres et confortables dans cet hôtel tout en hauteur offrant tous les atouts de la modernité loin des turpitudes de Pattaya.

Rabbit Resort HÔTEL $$$

(Carte p. 104 ; ☎0 3825 1730 ; www.rabbitresort.com ; Hat Dongtan ; ch à partir de 4 000 B ; ❄@≋). Superbes bungalows et chalets disséminés dans la forêt du bord de mer entre Jomtien et Pattaya Tai. La décoration intérieure met en valeur la créativité artistique thaïlandaise, et les sdb y sont d'une élégance rare. Le refuge idéal pour échapper à Pattaya.

♥ **Birds & Bees Resort** HÔTEL $$$

(☎ 0 3825 0556 ; www.cabbagesandcondoms.co.th ; Soi 4, Th Phra Tamnak ; ch à partir de 4 500 B ; ❄@≋). Venez vous ressourcer au cœur d'un jardin tropical joliment émaillé d'œuvres d'art satiriques où serpentent de nombreux sentiers. L'hôtel dispose d'une plage semi-privée. Les lapins se cachent derrière les buissons, tandis que dans la piscine les enfants s'éclaboussent à qui mieux-mieux.

Garden Lodge Hotel HÔTEL $$

(Carte p. 102 ; ☎0 3842 9109 ; angle Soi 20 et Th Naklua ; ch 950-1 450 B ; ❄≋). Chambres de qualité avec balcons, dans un jardin paysager. Piscine ombragée.

Woodlands Resort HÔTEL $$$

(Carte p. 102 ; ☎0 3842 1707 ; www.woodland-resort.com ; angle Soi 22, 164/1 Th Naklua ; ch à partir de

YODSAENKLAI FAIRTEX, CHAMPION DE *MUAY THAI*

À le voir, on ne devinerait jamais que Khun Yod est un célèbre champion de *muay thai* (ou *moo·ay tai*) la boxe thaïlandaise. Il est humble et lui, dont la carrière touche à sa fin, plus trapu que les jeunes loups musclés d'aujourd'hui capables de décocher à leurs adversaires un coup de pied à hauteur de la tête. Yod a commencé à se battre à l'âge de 8 ans, en partie pour aider sa famille de paysans à subsister. Son premier combat, qu'il a perdu, s'est déroulé lors d'une fête au temple, dans sa province natale de Nong Banglamphu. Mais depuis ce jour, il a acquis le surnom de "génie informatique" (Computer Wizard) pour sa technique méthodique de combat. Il a été trois fois champion du Lumphini (le titre mythique de la discipline), est rentré sur le circuit international et a gagné le championnat WBC Muay Thai dans la catégorie welter. Au cours des deux dernières années, il a combattu dans 12 pays ; il ne se déplace jamais sans son stock de nouilles Mama et un *rice cooker* (autocuiseur), privilégiant le régime thaïlandais aux spécialités locales.

À Pattaya, Yod recommande de jogger de bon matin sur la route qui longe la plage pour remonter ensuite vers Khao Phra Tamnak. Autre suggestion : prendre un plat de *sôm·đam lao* (salade épicée à base de papayes vertes râpées à la mode laotienne) à la petite boutique en face du bâtiment municipal. Comme la coutume l'exige, Yod tire son nom de champion de la salle où il s'entraîne (Fairtex) et se prépare aux matchs.

COMITÉ DE BIENFAISANCE

En contrepoint à la débauche notoire de la ville, on trouve à Pattaya un réseau d'organisations caritatives bien établi. Le père Ray Brennan, un prêtre américain de l'ordre des rédemptoristes, mort en 2003, fut l'un des nombreux bénévoles ayant œuvré ici. Il a laissé en héritage 6 programmes caritatifs encadrés par la Fondation rédemptoriste. Il est également le fondateur de l'orphelinat et de l'école des sourds de Pattaya, tous deux désormais sous la houlette du diocèse catholique. Leur succès est dû à la générosité des bienfaiteurs et des bénévoles.

Orphelinat de Pattaya (☎0 3842 3468 ; www.thepattayaorphanage.org ; Th Sukhumvit, North Pattaya). Il a été fondé dans les années 1970 après qu'un paroissien démuni eut confié son bébé au père Ray. Ce premier enfant fut le début d'une longue série, amplifiée par le bouche-à-oreille selon lequel le prêtre pouvait remédier aux conséquences non désirées dues à la présence militaire américaine dans la région lors du conflit vietnamien. Aujourd'hui, l'établissement accueille de jeunes orphelins touchés par des fléaux modernes (pauvreté, drogue, VIH/sida) et contribue à trouver des familles d'adoption. Si vous souhaitez aider l'orphelinat, vous pouvez payer le prix d'un repas, faire un don d'objets utiles ou encore lui offrir un peu de votre temps.

Redemptorist Foundation (volunteer@fr-ray.org). Cette fondation gère des écoles pour aveugles et handicapés, ainsi qu'un foyer et un centre d'accueil pour les enfants des rues, dont la plupart proviennent de l'industrie sexuelle infantile de Pattaya. La fondation dirige par ailleurs une garderie pour les enfants d'ouvriers, leur évitant ainsi d'accompagner leurs parents sur des sites dangereux. Les bénévoles sont répartis sur différents centres, pour y enseigner l'anglais, où occuper les enfants par des activités ludiques ou des projets artistiques. Les candidats doivent être prêts à s'engager pour un minimum de 6 mois. Si vous êtes intéressé, contactez la fondation qui vous remettra le livret d'accompagnement destiné aux bénévoles.

Si le temps vous manque, mais que vous souhaitez contribuer autrement, faites un saut à **Thais 4 Life** (www.thais4life.com ; Soi Yen Sabai Condotel, Th Phra Tamnak ; ⏲12h-18h lun-sam), une librairie caritative dont les bénéfices financent les traitements médicaux pour les démunis, les orphelinats et les uniformes scolaires.

3 700 B ; ❄@☒). Étonnamment abordable, Woodlands Resort conjugue discrétion et professionnalisme autour d'un jardin tropical et de 2 piscines, dont l'une avec une entrée "plage" pour les jeunes baigneurs. Les chambres, meublées en teck, sont lumineuses et aérées.

Où se restaurer

Du fait du statut touristique de la ville, de nombreux restaurants affichent des prix élevés pour une qualité médiocre. Préférez les plus modestes. La plupart des menus sont bilingues anglais-russe.

♥ Mum Aroi THAÏLANDAIS $$
(☎0 3822 3252 ; 83/4 Soi 4, Th Naklua ; plats 180-240 B ; ⏲dîner). Le Mum Aroi, le "coin des délices", est un restaurant en bord de mer à l'architecture résolument moderne, mélange de verre et de béton, dans le village de pêcheurs de Naklua. Tout en regardant les vieilles barques de pêche abandonnées aux vagues de l'océan, vous vous y régalerez d'une exquise cuisine thaïlandaise sous la caresse rafraîchissante des embruns. Goûtez le *sôm·đam Ɓoo* (salade de papayes épicées et crabe) et le *Ɓlah mèuk nêung ma-now* (poulpe cuit à la vapeur dans du jus de citron). Un *baht bus* (voir p. 109) vous déposera ici pour 100 B.

Central Festival Food Hall & Park INTERNATIONAL $
(Carte p. 102 ; Th Pattaya Sai 2 ; plats à partir de 60 B ; ⏲déj et dîner). L'endroit le plus tape-à-l'œil pour déguster une assiette de *pàt tai*. On se croirait dans un centre commercial en plein Bangkok.

Sam's Mexican & American Grill MEXICAIN-AMÉRICAIN $$
(Carte p. 104 ; ☎08 6142 8408 ; 472/9 Th Tha Phraya, Jomtien Plaza ; plats 80-200 B ; ⏲fermé dim). La cuisine mexicaine n'est certes pas le fort de la Thaïlande, et pourtant, on retrouve dans les deux pays la même passion pour l'épicé et l'acide. Chez Sam, le transfert de l'Amérique vers l'Asie est plutôt réussi.

Nang Nual THAÏLANDAIS $$

(Carte p. 102 ; ☎0 3842 8478 ; Walking St ; plats 100-200 B ; ⏲déj et dîner). Le restaurant de fruits de mer le plus populaire de Pattaya. Loin de profiter des touristes, il maintient ses prix à un niveau abordable. Plats agréables sans être extraordinaires. La terrasse extérieure offre une magnifique vue sur la baie.

Mae Sai Tong THAÏLANDAIS $

(Carte p. 102 ; Th Pattaya Klang ; plats 50 B). Attenant au marché de jour, cette petite échoppe est connue pour son *kôw nĕe·o má·môo·ang* (riz aux mangues) vendu tout au long de l'année. La concurrence, elle, doit patienter jusqu'à la saison sèche.

Leng Kee THAÏLANDAIS-CHINOIS $

(Carte p. 102 ; Th Pattaya Klang ; plats 50-80 B ; ⏲déj et dîner). À l'instar de Bangkok et des autres villes du littoral thaïlandais, Pattaya possède un quartier chinois florissant, animé par les familles de deuxième et troisième génération qui parviennent à harmoniser leur patrimoine chinois et thaïlandais. Ce restaurant modeste est une halte-déjeuner très prisée pour son canard au riz, mais est également très couru pendant le Nouvel An chinois lorsque le menu se fait végétarien et inclut les nouilles dorées porte-bonheur.

La Baguette BOULANGERIE $

(Carte p. 102 ; ☎0 3842 1707 ; 164/1 Th Naklua ; plats à partir de 120 B ; ⏲petit-déj, déj et dîner). Dépendant du complexe Woodlands, ce petit café raffiné vous propose de délicieuses pâtisseries et de succulentes crêpes pour accompagner votre expresso. Connexion Wi-Fi.

Mantra INTERNATIONAL $$$

(Carte p. 102 ; ☎0 3842 9591 ; Th Hat Pattaya ; plats 240-800 B ; ⏲dîner lun-sam, brunch et dîner dim). Spacieux et cosy à la fois, avec sa tenture de soie brute au-dessus du bar et le décor de bois sombre de son immense salle à manger, Mantra mérite le détour même si vous n'y prenez qu'un cocktail. Au menu, spécialités japonaises, thaïlandaises et indiennes. Le brunch du dimanche est un must.

Ban Amphur THAILANDAIS $

(plats à partir de 100 B ; ⏲déj et dîner). De nombreux Thaïlandais viennent dîner dans ce village de pêcheurs situé à 15 km au sud de Pattaya. On trouve une demi-douzaine de restaurants sur la route qui longe la plage et certains sont si vastes que les serveurs communiquent par talkie-walkie. Choisissez-en un qui ne soit ni trop désert ni trop bondé, et rassasiez-vous de fruits de mer. Transport à prévoir.

Où prendre un verre

Malgré la multitude des classiques bars à bière bruyants, il reste quelques bons endroits où l'on peut prendre un verre en toute tranquillité.

Hopf Brew House BAR

(Carte p. 102 ; ☎0 3871 0650 ; Th Hat Pattaya). Authentique et un peu triste avec son décor en bois sombre, cet établissement est un refuge apprécié des amateurs de bière d'un certain âge. Bières brassées et pizzas cuites au four à bois sur place.

Gulliver's BAR

(Carte p. 102 ; ☎0 3871 0641 ; Th Hat Pattaya). Ne vous fiez pas à sa façade néocoloniale : elle dissimule une ambiance très "café des sports" à l'intérieur.

Green Bottle BAR

(Carte p. 102 ; ☎0 3842 9675 ; 216/6-20 Th Pattaya 2). Bière bon marché, ambiance festive et tenue décontractée sont la marque de fabrique de ce pub ouvert depuis 1988.

Où sortir

Oubliez le Pattaya de débauche et rendez-vous sur Walking St. Ce quartier semi-piétonnier, fréquenté essentiellement par les jeunes, abrite bars et clubs pour tous les goûts.

Lima Lima DISCOTHÈQUE

(Carte p. 102 ; Walking St). Lieu de rencontre international autour de la musique, où se mêlent touristes russes et occidentaux, Thaïlandais et expatriés.

Differ DISCOTHÈQUE

(Carte p. 102 ; Soi Phettrakun). Discothèque très appréciée le week-end par les citadins de Bangkok. En face du "Big C".

Blues Factory MUSIQUE LIVE

(Carte p. 102 ; ☎0 3830 0180 ; www.thebluesfactorypattaya.com ; Soi Lucky Star, Walking St). Le meilleur endroit de Pattaya pour écouter de la musique en live.

Tiffany's THÉÂTRE

(Carte p. 102 ; ☎08 4362 8257 ; www.tiffany-show.co.th ; 464 Th Pattaya 2 ; 500-800 B ; ⏲18h, 19h30 et 21h). Fondé en 1974, il fut certainement le premier cabaret de travestis. Spectacle musical agrémenté de paillettes, de satin et de chansons d'amour.

Renseignements

Accès Internet

La plupart des hôtels et de nombreux endroits en ville vous proposent un accès Wi-Fi ou une connexion Internet.

Argent

Banques et DAB disponibles partout en ville.

Désagréments et dangers

La nuit, à Pattaya, on ne compte plus les incidents liés à l'excès d'alcool (rixes, vols à l'arraché, conduite dangereuse). Faites en sorte de rester toujours lucide et évitez au maximum toute situation susceptible de dégénérer.

Médias

Explore Pattaya, magazine bimensuel gratuit, vous informe sur les événements et les curiosités, et répertorie hôtels et restaurants. *What's On Pattaya*, un mensuel, est de même nature. *Pattaya Mail* (www.pattayamail.com) est l'hebdomadaire de la ville en anglais. Pattaya 24 Seven (www.pattaya24seven.com) est un guide en ligne.

Office du tourisme

Tourism Authority of Thailand (TAT ; carte p. 102 ; ☎0 3842 8750 ; 609 Th Phra Tamnak ; ⏲8h30-16h30). Situé en bordure nord-ouest du parc Rama IX. Brochures et cartes disponibles auprès du personnel.

Poste

Poste (carte p. 102 ; Soi 13/2, Th Pattaya Sai 2)

Services médicaux

Bangkok Pattaya Hospital (☎0 3842 9999 ; www.bph.co.th ; 301 Th Sukhumvit, Naklua ; ⏲24h/24). Soins de première qualité.

Urgences

Police touristique (☎numéro d'urgence 1155). Le quartier général se trouve à côté du bureau Tourism Authority of Thailand sur Th Phra Tamnak et des guérites de police longent les plages de Pattaya et de Jomtien.

Depuis/vers Pattaya

Avion

L'aéroport de Pattaya, le U-Taphao International Airport, se trouve à 33 km au sud de la ville. Ancienne base militaire, il accueille désormais quelques vols commerciaux, essentiellement des charters. **Bangkok Airways** (☎0 3841 2382 ; www.bangkokair.com ; 179/85-212 Th Pattaya Sai 2) assure des vols vers Phuket (à partir de 3 000 B) et vers Ko Samui (3 600 B).

Bateau

Un nouveau service de ferrys à grande vitesse relie Pattaya à Hua Hin (adulte/enfant 1 500/900 B, 3 heures 30). Les ferrys partent de Pattaya à 8h30, 3 fois par semaine en haute saison (2 fois en basse saison) et partent de Hua Hin à 12h30 les mêmes jours. Réservations et renseignements : **Thai Living Ferry** (☎0 3836 4515 ; www.thailivingferry.com).

TRAJET DIRECT POUR LA CÔTE EST

De nombreux bus et minibus relient la côte est à l'aéroport Suvarnabhumi, ce qui permet d'éviter Bangkok en arrivant ou en repartant par avion. Cela intéresse particulièrement les visiteurs en mal de soleil ou les jeunes mariés, pressés de se retrouver au bord de la mer. En planifiant votre trajet un peu à l'avance, Ko Samet offre les plus jolies côtes à proximité de l'aéroport et ses plages côté sud-est ont tout ce qu'il faut pour un voyage de noces. Depuis le terminal des bus de l'aéroport, vérifiez les horaires de bus à destination de Rayong, puis attrapez un *sŏrng·tăa·ou* qui vous déposera à l'embarcadère des ferrys pour Ko Samet.

Bus

La gare routière de Pattaya se trouve sur Th Pattaya Neua. Les bus desservent les destinations suivantes :

Terminal Est de Bangkok (Ekamai) (91 B, 1 heure 30, de 6h à 21h)

Terminal Nord de Bangkok (Mo Chit) (105 B, 2 heures, de 6h à 21h)

Aéroport de Bangkok (Suvarnabhumi) (124 B, 1 heure 30, toutes les heures de 7h à 15h)

De nombreux bus de 2e classe venant de province s'arrêtent le long de Th Sukhumvit (pas la gare routière). De là, vous pouvez attraper des bus à destination de Rayong (83 B, 1 heure 30) et de Si Racha (65 B, 30 min). Vous pouvez aussi prendre un *sŏrng·tăa·ou* blanc depuis le marché de Naklua à destination de Si Racha (25 B, 30 min).

Des minibus se rendent à Ko Chang et Ko Samet pour 250 B environ ; les agences de voyages vendent les tickets et organisent le ramassage.

Train

Un train par jour assure la liaison entre Pattaya et la gare Hualamphong de Bangkok (3e classe 31 B, 3 heures 45). Il part de Bangkok à 6h55 et revient à 14h20. Les horaires de cette liaison peuvent changer, et avant de partir, mieux vaut vérifier auprès de la **gare de Pattaya** (☎0 3842 9285), juste à côté de Th Sukhumvit, au nord de Th Hat Pattaya Neua.

Comment circuler

Les *sŏrng·tăa·ou*, surnommés "*baht bus*", arpentent les routes principales. Il vous suffit de monter à bord et de payer 10 B en descendant. Si vous faites le trajet depuis Jomtien jusqu'à Naklua, vous devrez peut-être changer de véhicule au rond-point du dauphin à Pattaya Neua. Vous pouvez également y prendre un *baht bus* pour la gare routière. Si vous allez plus loin, vous pouvez affréter un *baht bus*, mais négociez le prix avant.

Rayong et Ban Phe ระยอง/บ้านเพ

106 800 / 16 800 HABITANTS

Si vous descendez dans l'une de ces villes, il y a des chances que vous soyez en correspondance pour Ko Samet. Les bus partent régulièrement de Rayong pour toutes les destinations, et le petit port de Ban Phe assure un service de ferrys pour Ko Samet. Des *sŏrng·tăa·ou* bleus relient les deux villes (25 B, 45 min, départs fréquents).

Où se loger

Rayong President Hotel PENSION $

(☎0 3861 1307 ; Th Sukhumvit, Rayong ; ch à partir de 550 B ; ❄). En partant de la gare routière, traversez Th Sukhumvit. L'hôtel est dans une petite rue qui débouche tout près de la Siam Commercial Bank ; il est indiqué par un panneau.

Christie's Guesthouse PENSION $

(☎0 3865 1976 ; fax 0 3865 2103 ; 280/92 Soi 1, Ban Phe ; ch à partir de 500 B ; ❄). Endroit confortable à proximité des quais, proposant gîte, couvert et même des livres.

Depuis/vers Rayong

Les bus au départ de Rayong desservent les destinations suivantes :

Terminal Est de Bangkok (Ekamai) (127 à 146 B, 3 heures, toutes les heures de 6h à 21h30)

Terminal Nord de Bangkok (Mo Chit) (146 B, 4 heures, toutes les heures de 6h à 19h)

Terminal Sud de Bangkok (Sai Tai Mai) (150 B, 5 heures, 5 départs quotidiens)

Aéroport de Bangkok (Suvarnabhumi) (165 B, 2 heures 30, 8 départs quotidiens)

Chanthaburi (80 B, 2 heures 30, fréquent)

Les bus au départ de la gare routière de Ban Phe (à côté de Tha Thetsaban) partent vers/du terminal Est de Bangkok (157 B, 4 heures, toutes les heures de 6h à 18h). Des minibus sont également disponibles au départ de Ban Phe pour les destinations suivantes :

Pattaya (250 B, 2 heures, 3 départs quotidiens)

Monument de la Victoire de Bangkok (250 B, 4 heures, toutes les heures de 7h à 18h)

Laem Ngop (350 B, 4 à 5 heures, 2 départs quotidiens). Pour les bateaux vers Ko Chang.

Pour les bateaux vers/depuis Ko Samet, voir p. 114.

Ko Samet เกาะเสม็ด

Avec ses baies de sable blanc baignées par des eaux turquoise, Ko Samet a tout de l'île paradisiaque. Vous ne serez pas les seuls à en apprécier les charmes car c'est un lieu de villégiature prisé du tout-Bangkok qui vient y passer ses week-ends. C'est aussi une destination de choix recommandée par les agences de voyages.

Malgré sa proximité avec la capitale et sa popularité, Ko Samet est restée relativement sauvage, avec une jungle intérieure luxuriante s'étendant jusqu'aux hôtels en contrebas. La plupart des édifices du front de mer respectent la réglementation gouvernementale et se fondent dans les arbres. Pas de constructions hautes ni d'embouteillages (la route intérieure de l'île n'est toujours pas goudronnée) et l'on passe de crique en crique "à l'ancienne", en marchant le long des sentiers arborés qui s'étirent le long de la côte.

À voir et à faire

Sur certaines îles, on saute de plage en plage. À Ko Samet, on va de crique en crique. Le sentier littoral traverse des promontoires rocheux, des forêts bruissant de cigales et d'innombrables criques d'une beauté éblouissante ; plus on se rapproche du sud de l'île, plus l'ambiance est détendue.

Hat Sai Kaew PLAGE

Prenant son envol dans le coin nord-est de l'île, Hat Sai Kaew, "le sable de diamant",

DROIT D'ENTRÉE

Ko Samet fait partie d'un parc national et il est demandé à chaque visiteur un droit d'entrée (adulte/enfant 200/100 B) à son arrivée. On s'en acquitte au bureau des parcs nationaux (National Parks office) de Hat Sai Kaew. Prenez un *sŏrng·tăa·ou* depuis le débarcadère et faites-vous déposer à l'entrée pour régler. Conservez bien votre ticket en cas de contrôle.

Ko Samet

0
1 km
A
B
C
D
1
2
3
4
5
6
7
Laem Noi Na
Vers Ban Phe (7 km)
Ao Wiang Wan
Laem Phra
Ao Kham
Ao Noi Na
Ponton de Na Dan
Na Dan
Centre médical de Ko Samet
Ao Prao
Parc national de Khao Laem Ya/Ko Samet
Laem Yai
Hat Sai Kaew
Ao Hin Khok
Ao Phai
Ao Phutsa (Ao Tub Tim)
Laem Rua Taek
Ao Nuan
Ao Cho
GOLFE DE THAÏLANDE
Ao Wong Deuan
Ao Thian
Ao Wai
GOLFE DE THAÏLANDE
Ao Kiu Na Nai
Ao Kiu Na Nok
Laem Khut
Ao Karang
1
2
3
4
5
6
7
8
9
10
11
12
13
14
15
16
17
18
19
20
21
22
23
24
25
26
27
28

Ko Samet

À voir

1 Statues du Prince et de la Sirène C3

Où se loger

2 Ao Nuan B3
3 Ao Pai Hut B3
4 Baan Puu Paan C1
5 Blue Sky B4
6 Candlelight Beach B5
7 Jep's Bungalows C3
8 Laem Yai Hut Resort D2
9 Lung Dam Apache B5
10 Pudsa Bungalow C3
11 Saikaew Villa C2
12 Samed Villa C3
13 Samet Ville Resort B6
14 Silver Sand C3
15 Tok's C3
16 Tonhard Bungalow B5
17 Tubtim Resort B3
18 Viking Holiday Resort B5
19 Vongduern Villa B4

Où se restaurer

20 Ban Ploy Samed C2
21 Baywatch Bar B4
Jep's Restaurant .... (voir 7)
22 Rabeang Bar C2
Summer Restaurant .... (voir 4)

Où prendre un verre

23 Ao Prao Resort B2
24 Naga Bar C2
Silver Sand Bar .... (voir 14)

Renseignements

25 Bureau principal des parcs nationaux C2
26 Bureau des parcs nationaux B4

Transports

27 Terminal des ferrys C2
28 Arrêt des *sŏrng·tăa·ou* B4
Arrêt des *sŏrng·tăa·ou* .... (voir 27)

est la plage la plus large et la plus claire de Ko Samet. Mais c'est aussi la plus bruyante. Amateurs de bronzage, vendeurs de sarongs, bateaux à moteur déposant les excursionnistes, et restaurants à profusion : le spectacle local fait aussi partie de l'intérêt du site. Le soir, l'agitation ne diminue pas d'intensité, avec fêtes nocturnes et concours de karaoké au programme.

Au sud de Hat Sai Kaew sont édifiées les **statues du Prince et de la Sirène** qui immortalisent *Phra Aphaimani*, une célèbre épopée thaïlandaise du poète Sunthorn Phu (1786-1855). L'histoire raconte les tribulations d'un prince exilé dans un royaume sous-marin où règne une géante qui se languit d'amour (elle a sa propre statue à Hat Puak Tian, à Phetchaburi). Une sirène aide le prince à s'échapper sur Ko Samet, où il vient à bout de la géante en lui jouant de sa flute magique.

Ao Hin Khok et Ao Phai — PLAGES

Moins connues que leurs voisines du nord, Ao Hin Khok et Ao Phai sont deux magnifiques baies séparées par un cap rocheux. La population est plus jeune et plus chic que celle de Hat Sai Kaew, et on s'y amuse tard dans la nuit. C'est en effet sur ces plages que les routards aiment se retrouver pour faire la fête.

Ao Phutsa (Ao Tub Tim) — PLAGE

Un peu plus loin se trouve Ao Phutsa (Ao Tub Tim), une belle plage de sable qu'affectionnent les solitaires, les familles et les couples souhaitant être à portée de "civilisation", mais sans agitation excessive.

Ao Wong Deuan — PLAGE

Petite sœur de Hat Sai Kaew, **Ao Wong Deuan** est une grande baie en forme de croissant, la plupart du temps bondée de touristes voyageant en groupes.

Ao Thian — PLAGE

Ao Thian ("Candlelight beach") est ponctuée çà et là de gros rochers qui tiennent lieu d'abris sur le sable, et donnent au lieu une ambiance d'île de naufragés. Agréablement déserte en semaine, c'est l'une des plages de Samet les plus décontractées. Le week-end, les étudiants de l'université de Bangkok débarquent avec leur guitare pour y jouer sous les étoiles.

Ao Wai — PLAGE

Une jolie plage loin de tout (en fait à 1 km d'Ao Thian).

Ao Prao — PLAGE

Sur la côte ouest, Ao Prao vaut le détour pour un cocktail au crépuscule, même si la petite plage est dominée par les complexes de luxe qui promettent – en vain – la solitude.

DES VACANCES UTILES

Le Centre de protection des tortues de Rayong accueille des travailleurs bénévoles. Parmi les tâches dévolues aux volontaires, l'enregistrement des progrès des tortues, relâcher les jeunes dans l'océan et expliquer le projet aux touristes venus pour la journée depuis Ko Samet. Les bénévoles sont logés dans un village de pêcheurs, d'où ils rejoignent chaque jour Ko Man Mai en hors-bord. Le rythme n'est pas effréné – de 8h à 15h ou 16h, 4 jours par semaine – et permet de profiter des belles plages des environs.

Circuits

Ko Samet, avec neuf autres îles des alentours, constitue le parc national de Khao Laem Ya/Mu Ko Samet. Le développement des îles voisines incite la plupart des visiteurs à y venir pour la journée. **Ko Kudi** possède une jolie petite plage de sable, des eaux claires pour profiter du snorkeling et un charmant petit sentier de randonnée. Ko Man Nai abrite le **centre de protection des tortues de Rayong** (voir l'encadré ci-dessus), site de nidification pour cette espèce menacée, comptant un petit centre d'information.

Les compagnies de bateaux, présentes sur les plages fréquentées, offrent différents types d'excursions à partir de 1 500 B.

Où se loger

Bien que les complexes hôteliers remplacent peu à peu les bungalows, se loger à Ko Samet demeure étonnamment facile, avec ce petit côté rétro si particulier du site qui tranche avec les autres stations balnéaires de Thaïlande. Les tarifs en semaine sont a priori peu compétitifs (les chambres avec ventilateur démarrent à 800 B), mais ont leur charme quand on voit que les tarifs week-end et vacances sont deux fois supérieurs.

Un petit conseil aux lève-tôt : Hat Sai Kaew, Ao Hin Khok, Ao Phai et Ao Wong Deuan sont les plages les plus prisées, mais aussi celles qui accueillent d'énormes fêtes toute la nuit.

HAT SAI KAEW

Laem Yai Hut Resort PENSION $

(☎0 3864 4282 ; Hat Sai Kaew ; ch 800-1 000 B ; ❄). Un assortiment coloré de huttes usées par les éléments, posées dans un jardin ombragé au nord de la plage. L'atmosphère décontractée de ce lieu détonne avec celle de la plage, plutôt orientée tourisme de masse.

Saikaew Villa HÔTEL $$

(☎0 3864 4144 ; Hat Sai Kaew ; ch 800-2 000 B ; ❄). Au plus près du débarcadère, Saikaew Villa propose de grandes et de petites chambres, avec ventilateur ou air conditionné. Ambiance de camp de vacances. Qualité et intimité varient selon les chambres.

AO HIN KHOK ET AO PHAI

Tok's HÔTEL $$

(☎0 3864 4072 ; Ao Hin Khok ; ch 1 500 B ; ❄). De charmants petits chalets, accrochés au versant de la colline, à l'ombre des arbres et au milieu des fleurs. Rapport qualité/prix tout à fait correct.

Jep's Bungalows PENSION $$

(☎0 3864 4112 ; www.jepbungalow.com ; Ao Hin Khok ; ch 500-1 600 B ; ❄@). Une valeur sûre. Les cabanes avec ventilateur sont dispersées sur une colline boisée. Les chambres climatisées sont restées les mêmes depuis la création, il y a 5 ans, elles sont seulement un brin plus fraîches.

Ao Pai Hut PENSION $

(☎0 3864 4075 ; Ao Hin Khok ; ch 600-1 000 B ; ❄). Comme Jep's, cette adresse résiste au temps. Hébergement dans des petits bungalows en bois tout simples, perchés au milieu des arbres.

Silver Sand HÔTEL $$

(☎0 3864 4300 ; www.silversandsamed.com ; Ao Phai ; ch 1 500-2 200 B ; ❄@). Ces chalets modernes, meublés de lits voluptueux et de sdb étincelantes, apportent à la modeste Ko Samet une touche de distinction. Les soirées au bar peuvent être dissipées à l'occasion. Un lieu particulièrement apprécié des voyageurs gays.

Samed Villa HÔTEL $$

(☎0 3864 4094 ; www.samedvilla.com ; Ao Phai ; ch 1 800-2 500 B ; ❄). Jolis bungalows face à l'océan ou à un jardin bien entretenu. Grand confort sans trop de chichis.

AO PHUTSA ET AO NUAN

♥ **Tubtim Resort** HÔTEL $$

(☎0 3864 4025 ; www.tubtimresort.com ; Ao Phutsa ; ch 800-2 500 B ; ❄@). On trouve de tout chez Tubtim, de superbes mais coûteux bungalows, d'autres moins chers mais rudimentaires. Tous sont situés tout près d'une plage de rêve.

Pudsa Bungalow PENSION $$

(☎0 3864 4030 ; Ao Phutsa ; ch 700-1 500 B ; ❄). Si les plus jolis bungalows près de la plage sont agrémentés de bois flotté, ils sont aussi proches du sentier principal, et donc bien placés pour percevoir les discussions de fin de soirée. Pratique si vous en êtes vous-même adepte.

Ao Nuan PENSION **$$**
(ch 700-2 000 B). L'endroit le plus relax de Ko Samet. Un lieu original, avec ses petits bungalows en bois nichés dans la végétation. Ceux qui ont la chance d'y loger se retrouvent au très convivial restaurant. Pas de téléphone, donc pas de réservation possible, il faut s'y rendre à pied. Un havre de paix qui donne sur une plage isolée.

AO WONG DEUAN ET AO THIAN (CANDLELIGHT BEACH)

Des ferrys assurent la liaison entre Ao Wong Deuan et Ban Phe (50 B par trajet). Fréquence augmentée le week-end.

Pour vous rendre à Ao Thian, prenez un ferry pour Ao Wong Deuan et continuez à pied vers le sud au-delà du promontoire. On rejoint rapidement à pied l'ouest de l'île en suivant le sentier balisé près de Tonhard Bungalow.

Blue Sky PENSION **$**
(08 1509 0547 ; ch 600-1 200 B ;). L'une des dernières adresses petits budgets de l'île. Simples bungalows posés sur un promontoire rocheux. Pourtant, si vous aimez le rudimentaire bon marché, vous trouverez mieux sur d'autres plages.

Candlelight Beach PENSION **$**
(08 1762 9387 ; ch 700-1 200 B ;). Sur la plage, bungalows en bois avec ventilateur et air conditionné, et portes d'entrée donnant sur la mer. Ambiance très nature.

Lung Dam Apache PENSION **$**
(08 1452 9472 ; ch 800-1 200 B ;). Éclectiques bungalows climatisés, posés sur le sable, illustrant l'esthétique thaïlandaise et son goût pour les matériaux recyclés.

Tonhard Bungalow PENSION **$$**
(08 1435 8900 ; ch 700-1 500 B ;). Sur la partie boisée de la plage. Des bungalows de tous types, dans un décor accueillant et convivial.

Viking Holiday Resort HÔTEL **$$**
(0 3864 4353 ; www.sametvikingresort.com; ch 1 200-2 000 B ; @). Le haut de gamme d'Ao Thian. Un complexe de seulement 9 chambres, toutes spacieuses et confortables. Réserver à l'avance.

AO WAI

Ao Wai se trouve à environ 1 km d'Ao Thian et on peut y accéder en empruntant une vedette depuis Ban Phe.

Samet Ville Resort HÔTEL **$$$**
(0 3865 1682 ; www.sametvilleresort.com; ch avec petit-déj 2 000-5 300 B ;). Caché sous la canopée, cet établissement sans prétentions est le seul sur cette plage isolée. Il semblera un peu délabré aux habitués des palaces, mais les logements sont adaptés à tous les budgets. Très belle plage.

AO NOI NA

Baan Puu Paan PENSION **$$**
(0 3864 4095 ; ch 700-1 200 B ; @). Établissement tenu par des Anglais. Le site est aéré, installé entre la route principale et la mer, au nord-ouest du ponton de Na Dan. Un complexe qui n'aurait pas de mal à augmenter ses tarifs, tant l'ensemble est charmant et bien fini. Adorables cottages colorés avec quelques bungalows isolés dominant l'océan. Apportez un bon gros livre, c'est l'endroit pour l'apprécier. Prévoir son propre transport.

Où se restaurer et prendre un verre

Les restaurants de la plupart des hôtels et maisons d'hôtes se transforment en bar dès le coucher du soleil. Vous ne serez pas éblouis par la nourriture et le service, mais vous n'aurez pas vraiment le choix. Les barbecues de nuit sur la plage sont un grand classique local. Tâchez d'en choisir un qui soit de qualité, où les plats sont nombreux et où les convives semblent apprécier le repas et ne pas s'ennuyer.

Le week-end, l'agitation nocturne bat son plein à Ko Samet. Des touristes provinciaux en voyage organisé s'égosillent dans les spectacles de karaoké, et les plus jeunes s'abreuvent de bière au son des rythmes techno. L'ambiance dépend des participants mais se concentre généralement du côté de Hat Sai Khao, Ao Hin Khok, Ao Phai ou encore Ao Wong Deuan.

Jep's Restaurant INTERNATIONAL **$$**
(Ao Hin Khok ; plats 60-150 B ; petit-déj, déj et dîner). Bien à l'abri sous les branches d'un arbre incurvé et tout illuminé, ce charmant petit restaurant sur la plage offre une carte variée.

Summer Restaurant INTERNATIONAL **$$$**
(Baan Puu Paan, Ao Noi Na ; plats 250-400 B ; dîner). Dans un décor impeccable, en surplomb du port, le Summer vous ouvre

son album de spécialités internationales allant du poulet *tikka* au blanc de poulet façon Cajun.

Ban Ploy Samed THAÏLANDAIS $$$

(☎0 3864 4188 ; Ao Noi Na ; plats 300-600 B ; ⊙dîner). On viendra vous chercher pour vous amener à ce restaurant flottant au moyen d'un bateau à poulie. Fruits de mer fraîchement pêchés et large gamme de poissons cuits à la vapeur vous y attendent.

Rabeang Bar THAÏLANDAIS $

(Na Dan ; plats 50-100 B ; ⊙petit-déj, déj et dîner). Juste à côté du terminal des ferrys, les spécialités de ce restaurant sur l'eau vous feront oublier que vous devez quitter l'île.

Naga Bar BAR

(Ao Hin Khok ; boissons à partir de 60 B). Ce bar du front de mer s'est fait une spécialité des jeux où l'alcool coule à flot.

Silver Sand Bar BAR

(Ao Phai ; boissons à partir de 60 B). Au Silver Sands, passez du dîner aux cocktails, puis laissez-vous aller sur la piste de danse. Adresse prisée des gays.

Baywatch Bar BAR

(Ao Wong Deuan ; boissons à partir de 80 B). Petits espaces de détente idéals pour admirer la plage de nuit. Cocktails de qualité et soirées festives.

Ao Prao Resort BAR

(Ao Prao ; boissons à partir de 80 B). Cet établissement vous accueille dans un très joli restaurant donnant sur la mer, et où l'on peut admirer les couchers de soleil. Prévoir son propre moyen de transport.

Renseignements

Plusieurs DAB sont à votre disposition à Ko Samet, notamment près du ponton de Na Dan et à Ao Wong Deuan.

Accès Internet et Wi-Fi disponibles dans les hôtels sur la plupart des plages.

Centre médical de Ko Samet (☎0 3861 1123 ; ⊙8h30-21h lun-ven, 8h30-16h30 sam-dim). Sur la route principale entre Na Dan et Hat Sai Kaew. Des numéros de portables à appeler en cas d'urgence hors des heures d'ouverture y sont affichés.

Bureau principal des parcs nationaux (entre Na Dan et Hat Sai Kaew). Autre bureau à Ao Wong Doan.

Police (☎1155). Sur la route principale entre Na Dan et Hat Sai Kaew. On trouve une annexe à Ao Wong Deuan.

Depuis/vers Ko Samet

On se rend à Ko Samet depuis les embarcadères de Ban Phe sur le continent. Innombrables, ils sont tous utilisés par différentes compagnies de ferrys. Les tarifs pratiqués y sont identiques (aller simple/aller retour 50/100 B, 40 min, toutes les heures de 8h à 16h). Les bateaux sont amarrés à Na Dan, le principal embarcadère pour Ko Samet, où les bateaux repartent ensuite pour le continent à la même fréquence.

Si vous êtes logés à Ao Wong Deuan ou plus au sud, prenez un ferry au départ du continent, direct pour votre plage (aller simple 50 B, 1 heure, 2 départs par jour).

Si vous achetez votre ticket sur le continent, vous aurez droit au prix fort. Le trajet en vedette revient à 2 500 B par bateau. Le bateau peut accueillir jusqu'à 10 passagers (250 B/pers), bien qu'on ait du mal à savoir combien de temps il faudra attendre pour ce prix-là. Cette option reste intéressante si vous êtes pressé car les bateaux vous déposent à la plage de votre choix.

Sur le continent, les vendeurs de billets vous conseilleront aussi de réserver votre logement à l'avance, en prenant une belle commission au passage. Se loger sur l'île n'est pas un problème, vous pouvez y débarquer sans avoir réservé.

Comment circuler

D'une petite superficie, Ko Samet est une île propice à la marche. Un réseau de mauvaises routes relie le littoral ouest.

Les *sŏrng·tăa·ou* verts vous accueillent aux débarcadères et vous déposent aux différentes plages (20 à 80 B, selon l'emplacement). Si le véhicule n'est pas plein, le conducteur ne partira pas ou demandera aux passagers de louer le véhicule entier (200-500 B).

Des motos sont à louer un peu partout dans la moitié nord de l'île. Comptez environ 300 B/jour, ou 100 B/heure. Les chemins sont précaires et quelque peu aléatoires, et les gros véhicules provoquent des nuages de poussière aveuglants. Quoi qu'il en soit, faites en sorte de tester les freins avant de vous décider, et abordez les virages prudemment.

Chanthaburi จันทบุรี

99 900 HABITANTS

Chanthaburi est la preuve que tout ce qui brille n'est pas or. Ici, ce sont les pierres précieuses qui attirent les négociants du monde entier, y compris d'Asie du Sud-Est et d'Afrique, venus y marchander les saphirs, rubis, le jade et d'autres jolies pierres de couleur. L'histoire multiculturelle (Français, Vietnamiens et Chinois y ont participé) du commerce des gemmes a rendu la "Cité de la lune" étonnamment cosmopolite pour une ville thaïlandaise. À visiter absolument, ne serait-ce que pour se rendre compte de l'importance économique et religieuse que la Thaïlande accorde à cette région.

La vieille ville, aussi appelée la communauté Chantaboon Waterfront (du front de mer), est le meilleur endroit pour mesurer l'ampleur de l'immigration et la dimension internationale de la ville. La communauté vietnamienne de Chanthaburi commença à se constituer au XIXe siècle, lorsque des réfugiés chrétiens y affluèrent pour échapper aux persécutions religieuses et politiques de Cochinchine (Vietnam du Sud). Une deuxième vague de réfugiés vietnamiens fuyant l'administration française a déferlé dans les années 1920 et 1940, et une troisième après la mainmise communiste sur le sud du Vietnam. Les Français ont occupé Chanthaburi de 1893 à 1905, lorsqu'ils disputaient au Siam les frontières indochinoises.

À voir et à faire

Gem Market MARCHÉ AUX PIERRES PRÉCIEUSES (ตลาดพลอย ; entre Th Si Chan et Trok Kachang ; ven, sam et dim). Pendant les week-ends, l'animation est à son comble dans les rues et ruelles proches de Th Si Chan (ou "rue des pierres précieuses"), où vendeurs et acheteurs négocient ferme. Une atmosphère de marché thaïlandais traditionnel, d'une modestie surprenante quand on pense à la valeur de la marchandise concernée. Les badauds s'agglutinent autour des tables artisanales ou même simplement de la paume ouverte d'un négociant, pour observer des petits tas de pierres brutes. Dans les boutiques officielles, des inspecteurs intraitables scrutent les pierres précieuses à la loupe, en quête de la pièce la plus pure. C'est un véritable spectacle, auquel il est déconseillé de se mêler si l'on est un profane, mais qui offre un aperçu fascinant de cette activité méconnue.

Dans les collines environnantes, plusieurs mines de saphir et de rubis ont contribué à la décoration du palais un peu avant le milieu du XIXe siècle ; à l'époque, ce sont les négociants Shan (originaires de Birmanie) qui exploitaient les mines à des fins commerciales. De nos jours, les pierres tirées des mines locales sont de moindre qualité internationale mais les négociants de Chanthaburi, jamais à court d'idées, écument la planète en quête de pierres précieuses et semi-précieuses, pour les revendre ensuite ici à d'autres globe-trotters.

La dernière mine en activité est celle de **Khao Phloi Waen**, à 6 km de la ville, connue

INTERVIEW

L'HISTOIRE AU QUOTIDIEN

Pratapan Chatmalai est responsable de l'Association de la communauté de Chantaboon Waterfront. Elle a grandi ici et se souvient avec nostalgie des liens communautaires unissant les membres issus de cultures différentes. Elle œuvre aujourd'hui à la sauvegarde des légendes et de l'identité de la communauté.

QUE FAIT VOTRE ORGANISATION ?

Cette communauté est un peu l'"aïeule" de la ville. La vieille ville se meurt et les jeunes s'en vont. Je veux que notre culture perdure pour que les prochaines générations s'en inspirent, et j'essaie d'aider les gens d'ici à mieux vivre. Grâce à la Learning House, nous pouvons montrer à tous à quoi ressemblait la vie au quotidien auparavant.

QUE CONSEILLEZ-VOUS AUX TOURISTES QUI VIENNENT VISITER LA VIEILLE VILLE ?

Notre histoire et notre style de vie sont uniques. Que ce soit la cathédrale, les autels chinois ou les maisons anciennes, chaque construction a sa particularité, dans un mélange de styles thaïlandais, chinois et occidentaux. Si vous mangez au restaurant, vous y trouvez des nouilles aux fruits de mer, du dim sum et de la crème glacée à l'ancienne. Vous vous sentez fatigué ? Vous pouvez vous faire masser dans une maison traditionnelle thaïlandaise.

QUEL EST VOTRE QUARTIER PRÉFÉRÉ DANS LA VIEILLE VILLE ?

Je n'ai pas de préférence. La ville entière est un musée vivant. Je me promène et je parle du passé aux gens, c'est ce qui leur plaît.

Propos recueillis par China Williams

Chanthaburi

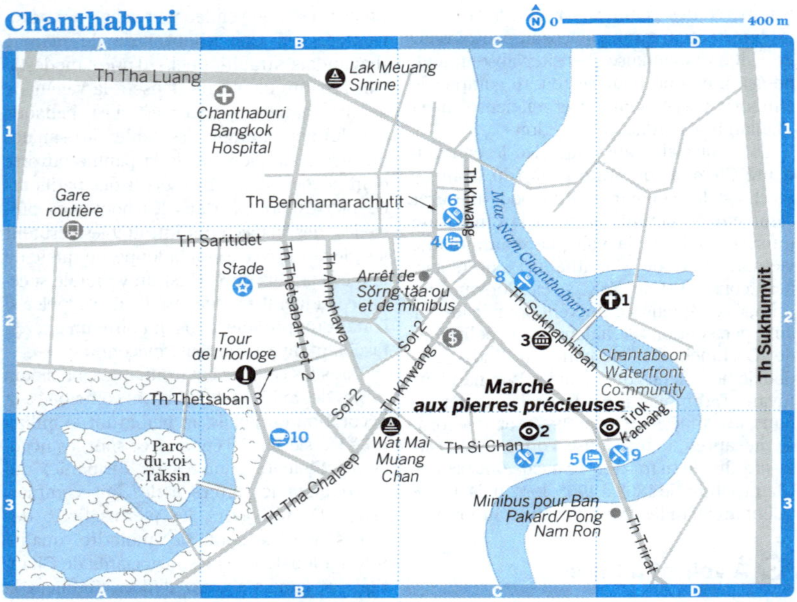

Chanthaburi

Les incontournables
Marché aux pierres précieuses D3

À voir
1 Cathédrale D2
2 Boutiques de pierres précieuses C3
3 Learning House C2

Où se loger
4 Kasemsarn Hotel C2
5 River Guest House C3

Où se restaurer
6 Chanthorn Phochana C1
7 Muslim Restaurant C3
8 Seafood Noodle Shop C2
9 Sony Yadaw D3

Où prendre un verre
10 Coffee Room B3

localement pour son "Whisky du Mékong", un saphir de couleur jaune.

Chantaboon Waterfront Community SITE HISTORIQUE
(Th Sukhaphiban). Une succession de vieilles échoppes en bois s'étire sur 1 km environ le long des berges de la rivière Mae Nam. Ce véritable musée vivant fait l'objet d'une promotion et d'une préservation farouches. Un voyage dans le temps qui met davantage en avant, comme toujours en Thaïlande, la gastronomie que les faits et les personnages historiques.

Faites une halte à la **Learning House** (☎08 1945 5761 ; ⌚9h-17h) pour vous familiariser avec la communauté. Au 2e étage, une exposition de vieilles photos sur la vie quotidienne et de croquis architecturaux de panneaux de ventilation domestiques finement sculptés. On comprend le passé d'immigration de la communauté en regardant ces panneaux où sont sculptés caractères chinois et fleurs de lys françaises.

Il y a près de 300 ans, agriculteurs et marchands se sont installés sur les rives fertiles de la rivière, faisant du site un lieu de commerce agricole. Les négociants chinois et les immigrants poussés par la pauvreté y ont trouvé refuge, se mêlant à la population locale. Des catholiques vietnamiens persécutés dans leur pays s'y sont installés. Des mariages se scellèrent entre les différentes communautés et, désormais, tout le monde ici à des origines mêlées.

Aujourd'hui, la plus ancienne génération habite les vieilles maisons délabrées. Et grâce aux efforts de Khun Pratapan, de nombreux touristes thaïlandais viennent le week-end y déguster des spécialités chinoises, thaïlandaises et vietnamiennes en écoutant des histoires anciennes.

La cathédrale ÉGLISE
(rive est de Mae Nam Chanthaburi ; ⌚du lever au coucher du soleil). Cet édifice d'inspiration française, auquel on accède par une passerelle depuis Th Sukhaphiban, est le bijou architectural de la ville. À l'origine, c'était une petite chapelle missionnaire construite en 1711 à l'arrivée des catholiques vietnamiens accompagnés d'un prêtre français. Reconstruite pas moins de quatre fois entre 1712 et 1906, elle est aujourd'hui le bâtiment le plus imposant de ce genre en Thaïlande.

King Taksin Park PARC
(สวนสาธารณะสมเด็จพระเจ้าตากสิน ; Th Tha Chalaep ; ⌚du lever au coucher du soleil). L'oasis principale de la ville, où les joggers viennent courir et les familles pique-niquer en nombre. Idéal pour une promenade en soirée.

Fêtes

Fruit Festival GASTRONOMIE
Chaque année pendant la première semaine de juin, la fête des fruits de Chanthaburi permet de déguster les délicieux fruits du cru comme le ramboutan, le mangoustan ou encore le durian au goût si particulier.

Où se loger

Trouver un logement peut s'avérer compliqué. Réservez votre séjour à l'avance, surtout entre le vendredi et le dimanche, quand les négociants en pierres précieuses sont en ville.

River Guest House HÔTEL $
(☎0 3932 821 ; 3/5-8 Th Si Chan ; ch 150-400 B ; ❄@). Les modestes chambres proposées n'ont rien d'exceptionnel, mais leur rapport qualité/prix est imbattable. Les plus : le salon confortable et le personnel accueillant. Demandez une chambre éloignée de l'autoroute.

Kasemsarn Hotel HÔTEL $$
(☎0 3931 1100 ; www.kasemsarnhotel.net ; Th Benchamarachutit 98/1 ; ch 1 200-1 500 B ; ❄@). Apprécié des visiteurs venus de Bangkok, cet hôtel offre de grandes chambres modernes à un tarif très correct en semaine.

Où se restaurer et prendre un verre

Seafood Noodle Shop THAÏLANDAIS $
(Th Sukhaphiban ; plats 25-50 B ; ⌚ déj et dîner). C'est dans la vieille ville, le long du Mae Nam Chanthaburi, que vous trouverez de nombreux touristes thaïlandais en train de manger cette variété locale du plat de nouilles de riz. Nombreux autres endroits où grignoter une spécialité maison aux alentours.

LES PARCS NATIONAUX DES ENVIRONS DE CHANTHABURI

Deux petits parcs nationaux sont facilement accessibles depuis Chanthaburi. Ce sont de belles excursions à faire en une journée. Attention, le paludisme est présent dans les deux parcs, prenez vos précautions.

Parc national de Khao Khitchakut (อุทยานแห่งชาติเขาคิชฌกูฏ ; ☎0 3945 2074 ; entrée 200 B ; ⌚8h30-16h30). À 28 km au nord-est de la ville. La cascade de **Nam Tok Krathing** en est la principale curiosité, mais s'y rendre n'a d'intérêt que seulement après la saison des pluies.

Pour rejoindre Khao Khitchakut, prenez un *sŏrng·tăa·ou* à côté du bureau de poste, côté nord du marché de Chanthaburi (35 B, 45 min). Il s'arrêtera à 1 km de l'accueil du parc, sur la Route 3249, puis il vous faudra marcher. Au retour, les transports sont rares, prévoyez d'attendre ou mettez-vous à l'auto-stop.

Parc national de Nam Tok Phlio (อุทยานแห่งชาติน้ำตกพลิ้ว ; ☎0 3943 4528 ; entrée 200 B ; ⌚8h30-16h30). En retrait de l'autoroute Hwy 3, à 14 km au sud-est de Chanthaburi, et beaucoup plus fréquenté. Un circuit naturel agréable long de 1 km fait le tour des chutes, où pullulent les carpes soro. Pour vous rendre au parc, prenez un *sŏrng·tăa·ou* à l'entrée nord du marché de Chanthaburi jusqu'à l'entrée du parc (40 B, 30 min). Vous serez déposé à environ 1 km de l'entrée.

Hébergement disponible dans les deux parcs. Réservation via le **système de réservation du parc** (☎0 2562 0760 ; www.dnp.go.th).

PASSAGE DE LA FRONTIÈRE : DE BAN PAKARD À PSAR PRUHM

Depuis ce coin de littoral thaïlandais, vous pouvez rapidement atteindre le site cambodgien d'Angkor Wat et ainsi éviter l'effervescence du passage par Aranya Prather au nord-est.

Vous pouvez prendre l'un des **minibus** (☎08 1949 0455) qui stationnent à l'arrêt situé de l'autre côté de la rivière, au River Guest House de Chanthaburi, en direction de Ban Pakard/Pong Nam Ron (150 B, 1 heure 30, 3 départs quotidiens). Arrivé sur place, une fois acquittées les formalités habituelles (photo d'identité et droit de visa de 20 $US), il ne vous reste qu'à traverser la frontière. Puis direction Pailin, où vous trouverez des services de transport pour le site de Battambang. Le lendemain, embarquez pour Siem Reap.

Sony Yadaw INDIEN $
(Th Si Chan ; plats 30-100 B ; ⏲petit-déj, déj et dîner ; ✎). Un petit restaurant végétarien discret où se retrouvent en nombre les vendeurs de pierres précieuses venus d'Asie du Sud pour se régaler d'un repas bien de chez eux.

Chanthorn Phochana THAÏLANDAIS, CHINOIS $
(☎0 3931 2339 ; 102/5-8 Th Benchamarachutit ; plats 30-120 B ; ⏲petit-déj, déj et dîner). Un choix incroyable de plats thaïlandais et chinois, dont des spécialités comme la papaye sautée et le vin de mangoustan local. N'hésitez pas à goûter les rouleaux de printemps vietnamiens, et prenez un sachet de chips au durian (plus goûteuses qu'on ne croit) pour votre prochain trajet en bus. Plein à craquer le week-end.

Également recommandés :

Muslim Restaurant MUSULMAN, THAÏLANDAIS $
(☎08 1353 5174 ; angle Soi 4 et Th Si Chan ; plats 25-50 B ; ⏲9h30-21h) Exigu, mais on y sert d'excellents *paratha*, *biryani*, et autres currys, avec du thé chai.

Coffee Room CAFÉ $
(Th Tha Chalaep ; boissons à partir de 50 B ; ⏲petit-déj et déj). De l'autre côté du parc King Taksin, ce café de style urbain accueille négociants huppés et Bangkokois venus oublier un peu l'ambiance provinciale.

Renseignements

Vous n'aurez aucun mal à trouver des banques équipées de services de change ou de DAB.

Bank of Ayudhya (Th Khwang)

Chanthaburi Bangkok Hospital (☎0 3935 1467 ; Th Tha Luang ; ⏲6h-21h). Fait partie du groupe Bangkok. Traite les urgences.

Comment s'y rendre et circuler

Les bus circulent depuis la gare routière de Chanthaburi et desservent les destinations suivantes :

Terminal Est de Bangkok (Ekamai) (187 B, 3 heures 30, toutes les heures de 6h à 23h30)

Terminal Nord de Bangkok (Mo Chit) (187 B, 4 heures, 2 départs par jour)

Trat (70 B, 1 heure 30, toutes les 1 heure 30 de 6h30 à 23h30)

Khorat (266 B, toutes les heures de 6h à 18h). Vers le nord-est.

Sa Kaew (106 à 137 B, toutes les heures de 6h à 22h). Point de correspondance des bus pour le passage de la frontière à Aranya Prathet.

Des minibus partent de l'arrêt près du marché en direction de Trat (80 B) et de Rayong (100 B). Pour Ko Samet, prenez le minibus qui va directement à Ban Phe (120 B)

Les motos-taxis coûtent de 20 à 30 B.

Trat

ตราด

21 600 HABITANTS

Considéré comme un lieu de transit majeur pour Ko Chang et la côte cambodgienne, Trat gagne pourtant à être connue pour ses charmes provinciaux. Le quartier des maisons d'hôtes englobe un secteur commerçant à l'ambiance chaleureuse, sillonné de *soi* tortueux fourmillant de vie dans le plus pur style thaïlandais : enfants à vélo, ménagères portant leurs courses, petits bazars et autres vendeurs d'articles divers. Vous êtes encore loin de votre destination ? Pourquoi ne pas rester un peu et profiter de tout ce qui manque sur les îles : fruits frais et bon marché, nouilles délicieuses, et spectacle permanent.

À voir

Le produit emblématique de Trat est une **huile de plante médicinale** (en thaï : *nám·man lĕu·ang*), présentée comme un remède universel pouvant soigner arthrite comme piqûres d'insectes, et disponible dans les pharmacies locales. Cette huile est fabriquée par Mae Ang-Ki (Somthawin

Province de Trat

Pasananon) d'après une très vieille formule pharmaceutique tenue secrète depuis des générations par sa famille sino-thaïlandaise. Selon les Thaïlandais, si vous quittez Trat sans quelques bouteilles de ce produit miracle, c'est que vous n'avez pas séjourné à Trat.

Autre activité en pleine expansion de la ville : l'**élevage d'hirondelles**. En descendant Th Lak Meuang, vous verrez les étages supérieurs d'un magasin transformés en aire de nidification pour ces oiseaux qui fabriquent des nids considérés comme un délice par la population chinoise. Autrefois, les nids d'hirondelles étaient plutôt rares (et chers) car ils ne pouvaient être récoltés dans les grottes des falaises surplombant la mer que par des grimpeurs chevronnés. Mais, dans les années 1990, certains entrepreneurs parvinrent à reproduire l'habitat naturel des grottes dans des magasins à plusieurs étages. Le procédé s'est révélé un filon juteux et s'est répandu dans toute l'Asie du Sud-est, et notamment à Trat. Aujourd'hui, de nombreuses municipalités doivent remédier à la pollution sonore de ces hirondelles, véritables poules aux œufs d'or. Vous vous en rendrez compte par vous-même.

Marché couvert MARCHÉ

Le marché couvert s'étend à l'est depuis Th Sukhumvit vers Th Tat Mai et vend un peu de tout. Sans y faire attention, vous risquez de vous retrouver au **marché de jour**, où l'on vend fruits, légumes et nourriture à emporter.

Où se loger

Trat possède de nombreuses maisonnettes traditionnelles en bois converties en hôtels bon marché, sur et près de Th Thana Charoen. Même si vous le souhaitez, vous aurez du mal à dépenser plus pour vous loger.

Ban Jaidee Guest House PENSION $

(0 3952 0678 ; 6 Th Chaimongkol ; ch 200 B ;). Une maison traditionnelle en bois accueillante, dans un quartier charmant. Chambres simples, avec salles d'eau (douches avec eau chaude) communes. Peintures et objets d'arts réalisés par les propriétaires agrémentent les espaces communs. Réserver impérativement à l'avance car cette adresse est très demandée.

Residang Guest House PENSION $

(0 3953 0103 ; www.trat-guesthouse.com ; 87/1-2 Th Thana Charoen ; ch 260-600 B ;). Matelas confortables, douches chaudes, Wi-Fi : que demander de plus ? L'air est bien aéré dans les chambres qui disposent de ventilateurs mais aussi de balcons. En matière de transports, les propriétaires disposent de tous les renseignements.

Garden Guest House PENSION $

(0 3952 1018 ; 87/1 Th Sukhumvit ; ch 120-200 B). Une adorable mamie dirige cette maison d'hôtes joliment décorée de fleurs et d'objets traditionnels. Sur les 8 chambres, une seule possède une sdb privative.

Rimklong HÔTEL $$

(08 1861 7181 ; 194 Th Lak Meuang ; ch 800 B ;). Cet hôtel de charme, le premier de Trat, était en construction lors de notre visite. Très prometteur d'après ce que l'on nous en a dit.

Sawadee PENSION $

(0 3951 2392 ; sawadee_trat@yahoo.com ; 90 Th Lak Meuang ; ch 100-300 B). Tenu par une famille, cet ancien magasin a été reconverti en maison d'hôtes. Ventilateurs dans les chambres et sdb commune.

Pop Guest House PENSION $

(0 3951 2392 ; 1/1 Th Thana Charoen ; ch 150-500 B ;). Les propriétaires étant très généreux avec les chauffeurs de taxi, vous risquez de vous retrouver ici sans même l'avoir voulu. Les chambres sont propres et bon marché. Mais rien ne vous empêche de faire jouer la concurrence.

Trat

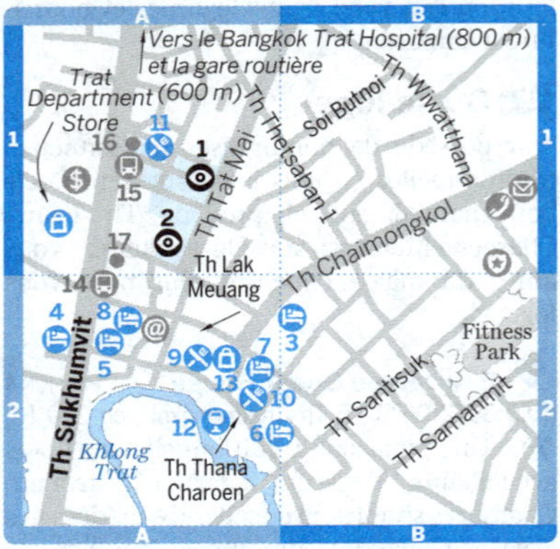

Trat

À voir

1 Marché de jour A1
2 Marché couvert A1

Où se loger

3 Ban Jaidee Guest House B2
4 Garden Guest House A2
5 Pop Guest House A2
6 Residang Guest House A2
7 Rimklong A2
8 Sawadee A2

Où se restaurer

9 Cool Corner A2
Marhé de jour .... (voir 1)
10 Kluarimklong Cafe A2
11 Marché de nuit A1

Où prendre un verre

12 Oscar Bar A2

Achats

13 Tratosphere Books A2

Transports

14 Family Tour (Minibus pour Bangkok) A2
15 Minibus pour Chanthaburi A1
16 *Sŏrng·tăa·ou* pour la gare routière, Laem Ngop A1
17 *Sŏrng·tăa·ou* pour Tha Centrepoint (Laem Ngop) A1

Où se restaurer et prendre un verre

À Trat, rien de mieux que les marchés pour se sustenter : le marché de jour sur Th Tat Mai pour un *gah·faa bohrahn* (café à l'ancienne), le marché couvert pour un déjeuner de nouilles, et le marché de nuit pour le plat sauté de votre choix.

Cool Corner CAFÉ $

(☎08 4159 2030 ; 49-51 Th Thana Charoen ; plats 50-150 B ; ⊙petit-déj, déj et dîner). Tenu par Khun Morn, femme moderne aux talents multiples (écrivain, artiste et voyageuse) originaire de Bangkok, le Cool Corner est un lieu de rendez-vous célèbre. Les créateurs branchés, provinciaux mais aussi internationaux, s'y retrouvent en vue de s'installer dans cette petite ville à l'ambiance décontractée, proche de Bangkok. On trouve dans ce lieu un raffinement généralement absent des autres villes de province. Bonne ambiance, musique *phat* (cool) et délicieux lassis à la mangue.

Kluarimklong Cafe THAÏLANDAIS $

(☎0 3952 4919 ; angle So Rimklong et Th Thana Charoen ; plats 70-90 B ; ⊙déj et dîner). Délices thaïlandaises servies dans une salle moderne et climatisée : c'est la formule gagnante ! Décor chic mais plats à des prix étonnamment abordables.

Oscar Bar BAR

(Th Thana Charoen). Un bar animé en fin de journée, avec une clientèle d'artistes et d'entrepreneurs établis à Trat.

Achats

Tratosphere Books LIBRAIRIE

(23 Soi Rimklongh ; ⊙8h-22h). Un bon endroit pour dénicher livres d'occasions et artisanat thaïlandais. Serge, le propriétaire, est un grand amoureux de Trat et saura vous aiguiller vers certains coins méconnus de la ville.

Renseignements

Th Sukhumvit, appelée souvent Th Ratanuson, est l'artère qui traverse la ville.

Bangkok Trat Hospital (☎0 3953 2735 ; Th Sukhumvit; ⊙24h/24). Le plus efficace des centres de soins de la région, à 400 m au nord du centre-ville.

Krung Thai Bank (Th Sukhumvit). Possède un DAB et change les devises.

Police (☎1155 ; angle Th Santisuk et Th Wiwatthana). À quelques minutes à pied du centre de Trat.

Poste (Th Tha Reua Jang). À l'est du centre commercial de Trat.

Sawadee@Cafe Net (☎0 3952 0075 ; Th Lak Meuang ; 1 B/min ; ⊙10h-22h). Internet et Skype.

Bureau des téléphones (Th Tha Reua Jang). Près de la poste.

VAUT LE DÉTOUR

L'APPEL DE LA PLAGE

Si la côte vous manque, sachez que la frange de la province de Trat s'étendant au sud-est vers le Cambodge est bordée de plages de sable. L'une des plus faciles d'accès est **Hat Mai Rut**, à peu près à mi-chemin entre Trat et le poste-frontière de Hat Lek. Tout près se trouve un village typique de pêcheurs avec ses barques en bois bariolées, où vos sens percevront vite la présence odorante de cette activité locale depuis des générations. Le **Mairood Resort** (☎08 414858 ; www.mairood-resort.com ; Km 53 ; ch 500-1 000 B ; ❄@≋) est un endroit formidable où faire étape, tenu par un Thaïlandais parlant parfaitement anglais pour avoir vécu longtemps aux États-Unis. De retour au pays, il est le mieux placé pour vous expliquer les particularités régionales. Le domaine est composé de simples cabanes installées sur la plage ou au cœur de la mangrove.

Pour vous rendre à Hat Mai Rut, partir de la gare des bus de Trat puis prendre un *sŏrng·tăa·ou* à destination de Hat Lek. Le complexe se trouve à 3 km à partir de la borne 53 sur la route principale.

Carte de Trat (www.Tratmap.com). Annuaire en ligne des établissements et des curiosités de Trat.

Comment s'y rendre et circuler

Avion

L'aéroport est situé à 40 km de la ville ; un taxi de Trat à l'aéroport vous coûtera la somme modique de 500 B.

Bangkok Airways (☎Aéroport de Trat 0 3955 1654-5, à Bangkok 0 2265 5555 ; www.bangkokair.com) dessert les destinations suivantes :

Bangkok (aller simple à partir de 2 090 B, 3 vols par jour)

Ko Samui (aller simple à partir de 3 390 B, 3 vols par semaine). Via Bangkok.

Phuket (aller simple à partir de 4 090 B, 3 vols par semaine). Via Bangkok.

Bus et minibus

La gare routière de Trat se trouve à l'extérieur de la ville et dessert les destinations suivantes :

Terminal Est de Bangkok (Ekamai) (248 B, 4 heures 30, toutes les heures de 6h à 11h30)

Terminal Nord de Bangkok (Mo Chit) (248 B, 5 heures 30, 2 départs par matinée)

Aéroport de Bangkok (Suvarnabhumi) (248 B, 4 à 4 heures 30, 5 départs par jour)

Chanthaburi (70 B, 1 heure 30, toutes les 1 heures 30 de 6h30 à 11h30)

Hat Lek (120 à 150 B, 1 heure). Les minibus partent une fois pleins ; les départs sont plus fréquents en matinée.

Les options de transport au départ de la ville ne manquent pas. Les minibus pour Chanthaburi (80 B) partent, une fois pleins, d'un arrêt sur Th Sukhumvit au nord du marché couvert.

Family Tour (☎08 1996 2216 ; Th Sukhumvit à l'angle de Th Lak Meuang) assure un service de minibus en direction du monument de la Victoire de Bangkok (Victory Monument) (300 B, 5 heures, toutes les heures de 8h à 17h) et continue en direction de Th Khao San (350 B).

Des *sŏrng·tăa·ou* partent de Th Sukhumvit près du marché pour la gare routière (20 à 60 B, selon le nombre de passagers).

Bateau

La circulation des bateaux depuis/vers Ko Chang se fait au départ des quais de Laem Ngop, à environ 30 km au sud-ouest de Trat.

Trois quais sont utilisés à Laem Ngop par les différentes compagnies de bateaux, mais les services les plus pratiques sont ceux de Koh Chang Ferry (au départ de Tha Thammachat) et de Centrepoint Ferry (au départ de Tha Centrepoint). Voir p. 133 pour les prix et les renseignements sur ces services de ferrys.

Au départ de Trat, des *sŏrng·tăa·ou* partagés partent d'un arrêt sur Th Sukhumvit vers Tha Centrepoint à Laem Ngop (50 B/pers pour 6 passagers, 45 min). Pour vous rendre à Tha Thammachat, renseignez-vous sur les correspondances à quai en achetant votre ticket ou louez un *sŏrng·tăa·ou* (60 B/pers pour 6 passagers ou 300 B pour le véhicule). Le prix de location devrait être le même si vous souhaitez aller directement de la gare routière de Trat au quai.

Depuis Bangkok, vous pouvez prendre un bus au départ du Terminal Est (Ekamai) qui vous mènera jusqu'à Tha Centrepoint (250 B, 5 heures, 3 départs par matinée). Ce trajet comporte un arrêt à la gare routière de Suvarnabhumi (aéroport) ainsi qu'à la gare routière de Trat. Dans la direction opposée, 2 départs chaque après-midi depuis Laem Ngop.

PASSAGE DE FRONTIÈRE : DE HAT LEK À KRONG KOH KONG

Si vous souhaitez franchir la frontière, le point de passage le plus proche vers ou depuis la ville cambodgienne de Krong Koh Kong est Hat Lek. De là, vous pouvez facilement gagner Sihanoukville (via Krong Koh Kong) ou Ko Chang (via Trat).

Pour quitter la Thaïlande, prenez un minibus à la gare routière de Trat pour Hat Lek (120 à 150 B) et dirigez-vous vers les douanes cambodgiennes.

Les visas touristiques pour le Cambodge coûtent ici 1 200 B (seulement 20 $US aux autres postes-frontières) ; le règlement ne se fait qu'en bahts. Si vous contestez, attendez-vous à un esclandre. Prévoyez une photo d'identité et ignorez les gamins qui voudront vous vendre un certificat de santé ou tout autre document "médical".

Une fois de l'autre côté, prenez un taxi (10 $US) ou une moto (3 $US) pour Koh Kong d'où vous continuerez avec un autre moyen de transport vers Sihanoukvi le (4 heures, 1 ou 2 départs quotidiens) et Phnom Penh (5 heures, 2 ou 3 départs jusqu'à 11h30). Vous pouvez aussi en profiter pour renouveler votre visa thaïlandais, mais sachez que les visas délivrés aux frontières terrestres sont désormais limités à 15 jours. Ce poste-frontière ferme à 20h.

Si vous souhaitez éviter Ko Chang et vous rendre directement dans les îles proches (Ko Wai, Ko Mak et Ko Kut), renseignez-vous sur place sur les possibilités de transport sur le continent.

Ko Chang

เกาะช้าง

7 000 HABITANTS

Avec ses sommets escarpés recouverts de jungle émergeant de la mer, la pittoresque Ko Chang (l'île Éléphant) conserve son caractère isolé et sauvage, même si les agences de voyages tentent d'en faire une nouvelle Phuket en l'incluant dans des séjours clefs en main. Ses étendues de sable sont jolies, mais sans plus. Son atout tient dans une alliance inattendue : une nature sauvage à portée de main et un site formidable où se divertir. En effet, les incursions dans la jungle verdoyante ou les plongées au cœur des jardins coralliens se conjuguent naturellement avec les fêtes arrosées de Lonely Beach.

Il y a à peine plus de 10 ans, Ko Chang n'avait pas de réseau électrique, n'était pas officiellement débarrassée du paludisme, ne comptait que quelques routes pavées et encore moins de véhicules à moteur. Même s'il reste toujours compliqué de s'y rendre, le flot de visiteurs reste continu : touristes russes en voyage organisé, voyageurs en route pour le Cambodge et couples cheminant de plage en plage vers les îles reculées du parc national maritime de Mu Ko Chang. En longeant la côte ouest, on tombe sur de petites villes artificielles dont le niveau de vie surpasse à l'évidence les infrastructures de l'île. Le problème est récurrent sur les îles de Thaïlande : il faut fournir à une population non résidente, mais toujours croissante, une structure sanitaire décente et des moyens de transport alternatifs.

À voir

Même si la deuxième île de Thaïlande par la taille fait son petit bonhomme de chemin vers la modernité, Ko Chang conserve cet aspect tropical idéal que lui confèrent la mer qui l'entoure et la jungle foisonnant d'animaux sauvages. Sans oublier ses innombrables activités nautiques.

CÔTE OUEST

Cette côte de l'île offre les plages les plus larges et les plus sableuses, et les mieux aménagées. Le réseau public de *sŏrng·tăa·ou* rend les déplacements d'une plage à l'autre relativement aisés et abordables. Un conseil : emportez avec vous une paire de chaussures pour aller dans l'eau, surtout pour les enfants, car beaucoup de plages sont rocailleuses. Ces eaux peu profondes et calmes sont parfaites pour les nageurs en herbe, mais prenez garde aux contre-courants qui se forment lors des tempêtes et pendant la saison des pluies (de mai à septembre).

Hat Sai Khao ("plage de sable blanc") PLAGE

(หาดทรายขาว). La plus longue et la plus belle bande de sable est couverte d'hôtels accueillant des groupes et de vacanciers avides de bronzage. Il est presque impossible de trouver une place pour sa serviette en haute saison, à moins d'attendre les heures les plus chaudes de la journée ou de marcher au-delà du KC Grande Resort, jusqu'à un site discret prisé des routards, tout au nord de la plage. Le long de la route principale, le village est animé et le bruit est à la limite du supportable, mais dès qu'on en sort, le calme revient.

Hat Kai Mook ("plage aux perles") PLAGE
(หาดไข่มุก). Ici, les fameuses perles sont de gros galets qui tapissent la côte et forment des monticules sous lesquelles s'ébattent les poissons. Pas idéal pour nager et bronzer. Par contre, le snorkeling vaut le détour. Le restaurant chic Saffron by the Sea offre de magnifiques paysages, à immortaliser si vous êtes un adepte du pinceau ou du crayon.

Ao Khlong Prao PLAGE
(อาวคลองพร้าว). Toute en décontraction et à l'opposé de l'énergique Hat Sai Khao, la tranquille Khlong Prao est une superbe bande de sable posée au pied d'imposantes falaises et délimitée par deux estuaires. À marée basse, les promeneurs y quadrillent le sable en quête de petites créatures piégées par le reflux. En surplomb, les complexes hôteliers de luxe gagnent du terrain. Bronzer autour des piscines en bord de mer y devient le passe-temps favori, la plage disparaissant en grande partie à marée haute.

Si vous avez envie de changer de décor, vous pouvez louer un véhicule et partir à la découverte de chutes d'eau. La plus belle de l'île est **Nam Tok Khlong Plu** (entrée du parc 200 B ; ⏲8h-17h), qui ruisselle sur 3 niveaux avant de se terminer en piscine naturelle. On y accède en cheminant environ 600 m dans la jungle. La cascade offre son plus beau spectacle juste après la saison des pluies ; pour en profiter à loisir, allez-y tôt le matin, avant l'arrivée des groupes.

Hat Kaibae PLAGE
(หาดไก่แบ้). Jumelle de Khlong Prao, Hat Kaibae est la plage préférée des familles et des couples de trentenaires. Une mince bande de sable se déploie autour d'une baie face à une île. Ici, vous vous sentirez loin du décor classique offert par les tour-opérateurs. Vous pouvez vous rendre sur l'île en kayak, et faire de longues promenades sur la plage à marée basse.

Ko Chang

N 0 5 km

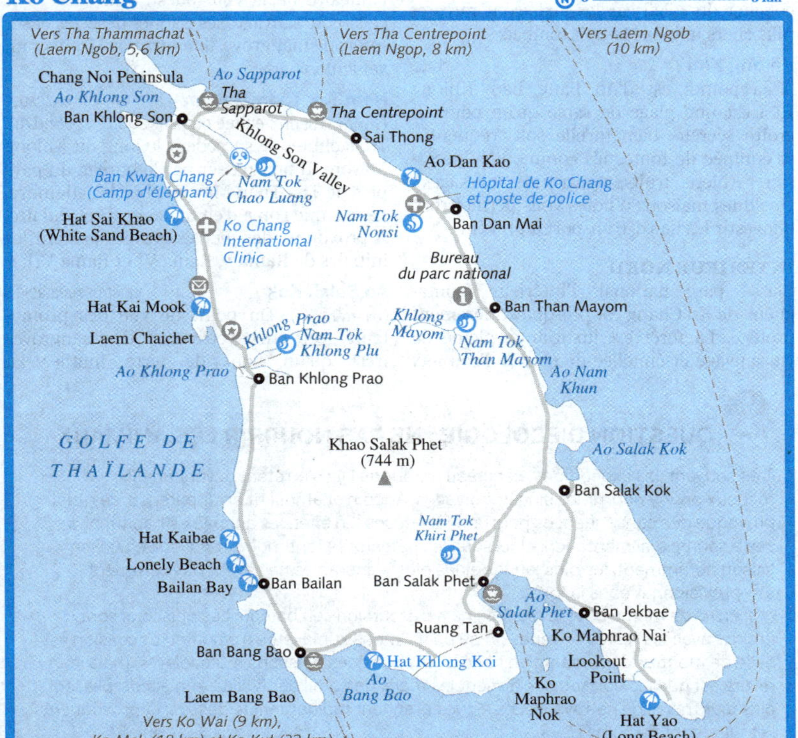

Lonely Beach PLAGE

Cette plage un peu négligée est le repaire des routards de l'île. La journée, ceux qui y prennent le soleil se remettent généralement des abus de la nuit, quand Lonely Beach se fait le lieu le plus fréquenté de l'île. La musique est forte, comme les alcools, et la foule jeune et insouciante.

Ban Bang Bao VILLAGE

(บ้านบางเบ้า). Presqu'au bout de la route longeant la côte ouest se trouve Bang Bao, ancien village de pêcheurs construit sur le mode traditionnel des jetées interconnectées. Les villageois ont abandonné leurs filets pour le tourisme en louant des parties de leurs maisons devenues des boutiques et des restaurants. Bien que ce ne soit pas une tradition thaïlandaise, le résultat est typiquement thaïlandais ; on dirait un marché dont le moindre espace est alloué à la vente. Suivez la jetée jusqu'au bout, là où des bateaux vous attendent pour vous emmener vers l'horizon. La plupart des visiteurs viennent ici déguster des fruits de mer, et certains décident d'y passer la nuit. Terminez votre visite avant le coucher du soleil car les taxis sont rares et plus chers une fois la nuit tombée.

Khlong Kloi PLAGE

À la pointe est d'Ao Bang Bao, Khlong Kloi est une plage de sable qu'on pourrait croire secrète, bien qu'elle soit fréquentée et équipée de toutes les commodités nécessaires (bière, fruits, nourriture, massages). Quelques maisons d'hôtes vous permettront d'investir les lieux. Transport à prévoir.

INTÉRIEUR NORD

Classé parc national, l'intérieur montagneux de Ko Chang est presque entièrement protégé. La forêt est luxuriante, pleine de vie sauvage et émaillée de chutes d'eau aux reflets d'argent. Pour le visiter à pied, voir ci-contre.

Ban Kwan Chang CAMP D'ÉLÉPHANTS

(บ้านควาญช้าง ; ☎08 1919 3995 ; changtone@yahoo.com ; ⊙8h30-17h). Vivez une expérience rare en plein cœur de la forêt. Pendant une heure, vous pourrez nourrir, baigner et monter les éléphants (900 B, transfert hôtel inclus). Pensez à vous munir de lotion antimoustique.

Pittaya Homkrailas, connu et respecté pour son engagement environnemental, est le propriétaire du camp. Son credo : préserver la relation étroite entre l'éléphant et le *mahout* (cornac). Il s'investit aussi beaucoup dans les rapports entre les communautés et l'environnement, ainsi que dans la protection des mangroves d'Ao Salak Kok sur la côte est de l'île.

CÔTE EST

La côte est conserve son caractère paisible et inexploité, avec ses collines couvertes de cocotiers et de palmiers et ses modestes villages de pêcheurs qui résistent à l'invasion balnéaire de la côte ouest. Pour découvrir cette côte sauvage, ses criques désertes et ses forêts de mangrove, il faudra vous trouver un véhicule.

Nam Tok Than Mayom CASCADES

(น้ำตกธารมะยม ; entrée du parc 200 B ; ⊙8h-17h). Trois chutes se succèdent le long du Khlong Mayom. Il faut passer par le bureau du parc près de Tha Than Mayom pour les atteindre. La vue que l'on a d'en haut est spectaculaire. À proximité, des pierres gravées portent les initiales de Rama V, Rama VI et Rama VII.

Ao Salak Kok BAIE DE MANGROVES

(อ่าวสลักคอก). Du point de vue des promoteurs, cet enchevêtrement de mangroves n'est qu'un bout de terre inutile. La

QUESTION D'ÉCOLOGIE : NE PAS NOURRIR LES ANIMAUX

Très souvent, les expéditions en bateau autour de l'île s'arrêtent devant un pic rocheux pour y nourrir les singes sauvages. Anodin et amusant en apparence, ce rituel provoque des conséquences pourtant fâcheuses. En effet, les animaux s'habituent à cette source d'alimentation, et lorsque les bateaux se font moins réguliers, en basse saison notamment, les plus jeunes et les plus vulnérables ne savent pas comment s'approvisionner dans la forêt.

Il en va de même pour la plongée ou les excursions en bateau. Les poissons sont nourris avec les restes de repas ou du pain vendus sur la jetée à cet effet. L'occasion est belle de montrer aux enfants un banc de magnifiques poissons multicolores, mais le revers est que les poissons délaissent les récifs de corail par facilité et n'accomplissent plus leur travail de nettoyage. Les algues prennent rapidement le dessus, et provoquent l'étouffement du corail.

KO CHANG EN...

4 jours

Allongez-vous sur la plage, tournez-vous et répétez l'opération. Dès que vous commencez à ressentir brûlure ou ennui, levez-vous et partez à la découverte de l'île. Commencez par une journée de randonnée à travers la jungle ou un petit tour en kayak le long de la côte. Prenez un *sǒrng·tǎa·ou* et allez déjeuner, voire dîner tôt à **Bang Bao** où vous agrémenterez la soirée de quelques achats de souvenirs. Le lendemain, explorez la côte est à moto.

Une semaine

N'hésitez pas à consacrer une partie de votre séjour à l'île qui vous accueille en participant bénévolement au **Koh Chang Animal Project** ou au **Koh Chang Pony Rehabilitation Project**. Puis embarquez pour les îles proches de **Ko Wai** et **Ko Kut** pour en admirer les charmes naturels.

population locale, qui vit de la pêche, estime de son côté que sa beauté et son utilité résident dans son environnement fertile. Les mangroves sont les pépinières de l'océan, qui pourvoient aux besoins des prochaines générations d'espèces marines, de crustacés et d'oiseaux qui y nichent.

De par sa nature même, la baie est le fer de lance de l'écotourisme à Ko Chang. Les villageois, en collaboration avec Khun Pittaya du parc à éléphants de Ban Kwan Chang, mènent un programme (primé) pour préserver l'environnement et le mode de vie traditionnel. Ils louent des kayaks via la Salak Kok Kayak et gèrent le restaurant qui y est affilié.

Ban Salak Phet VILLAGE

(บ้านสลักเพชร). Etablie au sud-est de l'île, cette communauté thaïlandaise organisée autour de la pêche et du commerce surprend par son effervescence. Avec ses grappes d'enfants zigzaguant à vélo et ses chiens à moitié assoupis, voici à quoi ressemblait Ko Chang il y a encore une génération. Passé le cœur du village, vous tombez sur **Ao Salak Phet**, une baie d'un bleu intense où se dessinent quelques îles bosselées. On vient y déguster des fruits de mer ou emprunter les chemins de traverse vers les plages désertes.

Nam Tok Khiri Phet CASCADE

(น้ำตกคีรีเพชร). Comptez 15 minutes de marche pour atteindre cette chute située à 2 km de Ban Salak Phet. Petite mais profonde, sa piscine naturelle sera la récompense de vos efforts. Bien moins fréquentée que la plupart de ses grandes sœurs des environs, elle est d'un accès facile depuis la localité d'Ao Salak Phet.

Activités

Kayak

Ko Chang révèle toute sa majesté et sa beauté naturelle depuis le large, à bord d'un kayak. Ses eaux sont généralement calmes et vous atteindrez les îles à proximité en quelques coups de pagaie. La plupart des hôtels louent des kayaks ouverts (à partir de 300 B/jour), très pratiques pour toucher les côtes les plus proches, et parfaitement adaptés aux apprentis-kayakistes.

KayakChang KAYAK

(☎08 7673 1923 ; www.kayakchang.com ; Amari Emerald Cove Resort, Khlong Prao). Pour les pagayeurs plus avancés, KayakChang met à disposition des kayaks fermés et à la proue relevée (à partir de 1 000 B/jour), plus maniables et rapides. Ils proposent également des excursions encadrées, d'un ou plusieurs jours, vers les autres îles de l'archipel.

Salak Kok Kayak Station KAYAK

(☎08 1919 3995 ; location de kayak 100 B/heure). Explorez en kayak les mangroves sur la côte est de l'île en soutenant un programme écotour primé. La station de kayak de Salak Kok est un projet de village destiné à promouvoir le tourisme tout en préservant le mode de vie traditionnel. Possibilité d'hébergement dans le village et de circuits de randonnée.

Randonnée

L'originalité de Ko Chang, par rapport au reste du pays, est de posséder un environnement adapté à la randonnée : forêts luxuriantes foisonnant d'oiseaux, de singes, de lézards, et flore extraordinaire. Qui plus est, des guides amoureux et fins connaisseurs de leurs forêts, attendent de partager leur passion (en anglais) avec les touristes.

MM. Tan d'**Evolution Tour** (☎0 3955 7078 ; www.evolutiontour.com) ou Lek de **Jungle Way** (☎08 9247 3161 ; www.jungleway.com) encadrent des treks d'une journée (800 à 1 400 B) à travers Khlong Son Valley. Suée garantie pour ce trajet et récompense au bout avec baignade sous la cascade et halte au camp d'éléphants de Ban Kwan Chang. Des expéditions sur plusieurs jours peuvent être organisées au départ des deux sites. M. Tan propose également des treks en famille et entre amis, ainsi qu'une randonnée vers l'ouest de Khlong Son à Hat Sai Khao.

Koh Chang Trekking RANDONNÉE, OBSERVATION D'OISEAUX
(☎08 1588 3324 ; www.kohchangtrekking.info). Si vous êtes passionné d'oiseaux, mettez-vous en contact avec Koh Chang Trekking qui organise des excursions de 1, voire 2 jours (1 000 à 2 000 B) dans le parc national, et l'ascension du Khao Chom Prasat, deux pics rocheux voisins.

Salak Phet Kayak Station RANDONNÉE
(☎08 7834 9489 ; à partir de 1 500 B). Treks avec bivouac sur Khao Salak Phet, le point le plus haut de Ko Chang, culminant à 744 m dans les cieux et offrant un panorama unique au coucher et au lever du soleil. Même si l'altitude demeure modeste, c'est l'un des très rares sites en Thaïlande où l'on peut conjuguer ascension et paysage côtier. Pour le bivouac, à vous de choisir : la tente ou la belle étoile.

KO CHANG EST EN PARTIE UN PARC NATIONAL

Une partie de Ko Chang a le statut de parc national et est donc protégée et entretenue en tant que tel. Même si ces tentatives de préservation peuvent sembler insuffisantes, il vous sera demandé un droit d'entrée au parc de 200 B pour visiter certaines chutes d'eau (les droits d'entrée sont spécifiés dans les brochures et payables sur le site). Le **bureau du parc national** (☎0 3955 5080 ; Ban Than Mayom ; ⌚8h-17h).se trouve sur la côte est de l'île près de Nam Tok Than Mayom.

Nous vous rappelons que la nudité et le monokini sont prohibés dans le parc national maritime de Mu Ko Chang, y compris sur les plages de Ko Chang, Ko Kut et Ko Mak.

Bénévolat

Koh Chang Animal Project ANIMAUX
(☎08 9042 2347 ; www.kohchanganimalproject.org ; Ban Khlong Son). Les animaux maltraités, blessés ou abandonnés reçoivent soins médicaux et abri dans ce complexe à but non lucratif, fondé en 2002 par l'Américaine Lisa McAlonie. Le centre fait participer les populations locales aux travaux de stérilisation, de castration et aux soins vétérinaires génériques. Lisa, quant à elle, est bien connue des propriétaires d'animaux et des chiens couverts de puces. Les bénévoles, en particulier les vétérinaires en voyage et le personnel assimilé, sont les bienvenus pour venir donner un coup de main. Appelez avant pour prendre rendez-vous. La plupart des conducteurs de *sŏrng·tăa·ou* savent comment s'y rendre. Dites-leur simplement que vous allez à "Ban Lisa" (la maison de Lisa) à Khlong Son.

Koh Chang Pony Rehabilitation Project BÉNÉVOLAT
(☎08 9723 4278 ; ponyproject.org ; Ban Khlong Son). Situé dans la même rue que Ban Lisa, ce centre est dédié au secours et à la remise sur pied des équidés maltraités et négligés. Les bénévoles peuvent nourrir, nettoyer et faire faire de l'exercice aux poneys et chevaux, en convalescence ici en attendant d'être placés dans un cadre où l'on prendra soin d'eux.

Cours

Stop au farniente : des cours pour stimuler corps et esprit vous attendent. Khlong Prao possède deux écoles de cuisine réputées. Les cours durent de 4 à 5 heures, et comprennent un tour au marché. Coût : 1 200 B/personne, à réserver à l'avance.

Koh Chang Thai Cookery School CUISINE
(☎0 3955 7243 ; Blue Lagoon Bungalows, Khlong Prao). Tranchez, découpez et faites frire des aliments dans une cuisine de plein air, ombragée et en bordure d'estuaire.

KaTi CUISINE
(☎0 3955 7252 ; route principale, Khlong Prao). En face du Tropicana Resort. La mère et la fille transmettent leurs recettes familiales.

Baan Zen YOGA, MÉDITATION
(☎08 6530 9354 ; www.baanzen.com ; Khlong Prao ; cours à partir de 5 500 B). Au bout d'un chemin entre Noren Resort et Coco Massage à Khlong Prao. Cours de yoga, *reiki* (méthode de soins japonaise) et méditation dans un environnement paisible et zen.

Sima Massage MASSAGES
(☎08 1489 5171 ; route principale, Khlong Prao ; massage 250 B/heure ; ⌚8h-22h). En face du

À NE PAS MANQUER

PLONGÉE ET SNORKELING

Riches en coraux et en poissons, les sites de Ko Chang, aux eaux peu profondes, comme souvent dans le golfe de Thaïlande, sont idéals pour s'initier à la plongée.

En 30 minutes par bateau, on accède aux monts sous-marins de la pointe sud de l'île, au cœur du parc maritime de Ko Chang. Parmi les sites les plus courus, **Hin Luk Bat** et **Hin Rap**, deux reliefs rocheux incrustés de corail, abritent des profondeurs de 18 à 20 m, où batifolent des bancs de poissons et quelques tortues.

De loin le site de plongée le plus préservé de la zone, **Ko Rang** est une île inhabitée dont le statut de parc maritime interdit la pêche. La visibilité y est bien meilleure que près de Ko Chang : 10 à 20 m en moyenne. Le site préféré de tous les amateurs est **Hin Gadeng**, dont les récifs, couverts d'un corail visible jusqu'à 28 m de profondeur environ, sont spectaculaires. Sur la côte est de Ko Rang, **Hin Kuak Maa** ("le récif aux trois doigts") est un autre site incontournable. Connu pour sa paroi de corail dont l'inclinaison passe de 2 à 14 m, il regorge de vie marine.

Ko Yak, **Ko Tong Lang** et **Ko Laun** offrent des plongées en eaux peu profondes, idéales pour les débutants comme pour les confirmés. Autour de ces îlots rocheux foisonnent corail, bancs de poissons, poissons-boules, murènes, barracudas, raies et parfois des tortues.

En bordure de récif, **Ko Wai** se caractérise par une grande variété de coraux durs et de coraux mous ; c'est aussi un endroit idéal pour le snorkeling. C'est une île appréciée pour y passer la journée, mais qui propose aussi des hébergements dans un cadre rudimentaire si vous souhaitez passer plus de temps sur les récifs. Les clubs de plongée estiment qu'environ 30% des récifs coralliens de la zone ont été détruits pendant le phénomène de blanchissement de 2010. Les responsables du parc ont dû fermer certaines zones de Ko Rang. Vérifiez quels sites restent accessibles.

Les plongées coûtent généralement entre 2 800 et 3 500 B. Une certification PADI Open Water revient à 14 500 B/personne. Depuis peu, les centres de plongée restent ouverts pendant la saison des pluies (juin à septembre), mais la visibilité et les conditions en mer peuvent être mauvaises. On recommande les clubs suivants :

» **BB Divers**
(☎0 3955 8040 ; www.bbdivers.com). Base à Bang Bao avec antennes sur Lonely Beach, Khlong Prao et Hat Sai Khao.

» **Scuba Zone**
(☎0 3961 9035 ; www.scuba-kohchang.com). Base à Hat Sai Khao. Moniteurs éminemment reconnus.

Tropicana Resort. Les meilleurs massages de l'île, d'après ses habitants. Ce qui n'est pas un mince compliment, car la concurrence ne manque pas.

Bailan Herbal Sauna SAUNA
(☎08 6252 4744 ; Ban Bailan, en face de Bailan Inn ; ⏲16h-21h). Au sud de Lonely Beach, Bailan entretient une coutume ancestrale du sud-est de l'Asie, le sauna de village. Installées au beau milieu de la végétation luxuriante, ses maisonnettes en terre sont chauffées par la vapeur émanant d'un bouillon d'herbes médicinales. Possibilités de massages, soins du visage, et de se rafraîchir au bar à jus de fruits.

Où se loger

À Ko Chang, le tourisme de masse a bouleversé le prix des hébergements. Les tarifs augmentent sans que suive forcément le niveau des prestations. Cela s'explique en partie par le fait que les hôtels accueillant les groupes sont assurés du remplissage et n'ont nul besoin de maintenir leur qualité pour garder leur clientèle. La gamme de prix n'est pas large, laissant peu de choix aux visiteurs.

Certains hôtels ferment durant la saison des pluies (d'avril à octobre), pendant laquelle les tarifs baissent considérablement. Pour un séjour en haute saison (de novembre à mars), les week-ends et les vacances, il vaut mieux réserver à l'avance et traquer les promos sur Internet.

CÔTE OUEST

Sur cette côte, Lonely Beach reste l'endroit le plus compétitif, Hat Kai Bae a le meilleur rapport qualité/prix, et Hat Sai Khao est le plus cher pour ce qui est offert.

HAT SAI KHAO

La plus jolie plage de l'île et la plus chère. Les pointes sud et nord offrent quelques options bon et moyen marché, à étudier si vous recherchez la proximité du sable fin. Vous trouverez une halte pour routards très accueillante, nichée au nord de KC Grande Resort. Accessible uniquement par la plage. Nous vous proposons deux hébergements, mais d'autres existent plus au nord.

Au sud, quelques options intéressantes, mais cette partie de la côte est rocheuse et manque de sable à marée basse.

Si vous voulez profiter de la mer, évitez Hat Sai Khao où vous risquez de dépenser beaucoup d'argent pour pas grand-chose.

Independent Bo's BUNGALOWS **$**
(☎08 5283 5581 ; ch 350-550 B). Un site immanquable sur les pentes de la jungle. Ambiance inspirée, voire hippie, qui a fait la gloire de Ko Chang autrefois. Chaque bungalow a son charme. Les moins chers sont les plus enfouis dans la jungle. Pas de réservation.

Rock Sand Beach Resort PENSION **$$**
(☎08 4781 0550 ; www.rocksand-resort.com ; ch 550-2 000 B ; ❄). Juste après Bo's, et un brin plus coûteux. Bungalows dépouillés avec ventilateur et sdb commune, d'autres avec clim et vue sur la mer, plus chers. Le restaurant, réputé, surplombe les eaux turquoise.

Koh Chang Hut Hotel HÔTEL **$$**
(☎08 1865 8123 ; ch 600-1 500 B ; ❄📶). À côté du Plaloma Cliff Resort tout au sud de la plage, cet hôtel en bordure de falaise a l'avantage d'être proche de la plage et peu coûteux. Les chambres les plus chères donnent sur le front de mer, les moins chères sont plutôt bruyantes.

Keereeelé HÔTEL **$$**
(☎0 3955 1285 ; www.keereeele.com ; ch 2 000 B ; ❄📶≋). Hôtel récent de plusieurs étages, sur la partie intérieure de la route. Les chambres sont modernes et confortables. Quelques-unes offrent une belle vue sur les montagnes verdoyantes à l'arrière. La plage est à 300 m à pied, par des sentiers. Aucun risque de rester bloqué dans un embouteillage.

Sai Khao Inn PENSION **$$**
(☎0 3955 1584 ; www.saikhaoinn.com ; ch 800-1 800 B ; ❄). Au cœur d'un jardin situé sur le côté intérieur de la route, vous avez le choix du logement : bungalows, cubes de béton, grandes chambres, et même des chambres pour chauffeurs de taxi d'après la brochure.

AO KHLONG PRAO

Ao Khlong Prao est envahie par des complexes luxueux, au milieu desquels on peut dénicher quelques bonnes adresses. Les moins chères, sur la route principale, sont proches de la plage à pied. Attention, la circulation est parfois très dense, sans parler du bruit.

Blue Lagoon Bungalows PENSION **$**
(☎08 6330 0094 ; ch 600-1 000 B ; ❄). Ensemble de modestes bungalows en bois avec terrasse privative donnant sur un paisible estuaire, au cœur d'un jardin accueillant. Empruntez la passerelle en bois pour vous rendre à la plage.

Tiger Huts PENSION **$**
(☎08 1762 3710 ; ch 600 B). La seule différence entre ces petites maisons en bois et les cabanes de chantier se trouve dans la plomberie intérieure. Piètre confort et accueil à revoir, mais le tout est situé sur la plus belle et la plus vaste portion de plage. Les complexes aux alentours en verdissent de jalousie.

Aana HÔTEL **$$$**
(☎0 3955 1539 ; www.aanaresort.com ; ch à partir de 7 000 B ; ❄@≋). Petits chalets perchés dans la forêt au-dessus de Khlong Prao. À quelques encablures de la plage en kayak. Chambres romantiques sans plus, mais avec véranda et belle vue.

Également recommandés :

Lin Bungalows PENSION **$$**
(☎08 4120 1483 ; ch 800-1 200 B ; ❄). Face au Blue Lagoon. Ensemble de bungalows en béton donnant sur la plage.

Baan Rim Nam PENSION **$$**
(☎08 7005 8575 ; www.iamkohchang.com ; ch à partir de 1 100 B ; ❄📶). Une maison de pêcheur transformée en maison d'hôtes, en bordure d'une petite rivière bordée de palétuviers. Kayaks et renseignements utiles sans supplément.

Sofia Resort PENSION **$$**
(☎0 3955 7314 ; www.jussinhotel.net; ch 900-1 200 B ; ❄📶≋). Excellent rapport qualité/prix. Le hic : située sur la route principale sans accès direct à la plage.

Boonya Resort PENSION **$**
(☎0 3955 7361 ; ch à partir de 800 B ; ❄📶≋). Autre emplacement sur la route principale. Une très bonne adresse le jour où seront remplacés les vieux matelas.

HAT KAIBAE

L'un des meilleurs hébergements de l'île, avec des bungalows pour tous les budgets.

Belle plage, idéale pour les familles et les routards raffinés.

KB Resort HÔTEL $$

(0 1862 8103 ; www.kbresort.com ; ch 2 000-3 500 B ;). Bungalows jaune citron posés à même la plage. Sdb accueillantes. Laissez-vous bercer par le son du ressac pendant que les enfants transforment la plage en cité médiévale. Vous pouvez ignorer les bungalows avec ventilateur, hors de prix.

Buzza's Bungalows PENSION $

(08 7823 6674 ; ch à partir de 400 B ;). Bungalows en béton dont les entrées se font face, créant une ambiance conviviale. Courte promenade pour rejoindre la plage.

Kaibae Hut Resort HÔTEL $$

(0 3955 7142 ; ch 700-2 500 B ;). Le Kaibae Hut Resort propose des prix corrects et différents hébergements sur un charmant coin de la plage : cases avec ventilateur un brin usagées, bungalows originaux en ciment et chambres modernes de type hôtel. Grand restaurant en plein air où le barbecue flambe tous les soirs, et de l'espace pour les enfants.

Garden Resort HÔTEL $$

(0 3955 7260 ; www.gardenresortkohchang.com ; ch à partir de 2 500 B ;). Sur le côté intérieur de la route principale, le Garden Resort, au cœur d'un jardin ombragé, dispose de bungalows dont les baies vitrées offrent des vues extraordinaires. Piscine d'eau de mer. Les propriétaires sont très accueillants et adorent les enfants.

GajaPuri Resort & Spa HÔTEL $$$

(0 2713 7689 ; www.gajapuri.com ; ch à partir de 6 900 B ;). Cottages en bois verni au style d'inspiration thaïlandaise, spacieux et douillet. Immenses lits aux draps frais, terrasses ensoleillées où il fait bon lire, et plage charmante. Le tout est encore plus appréciable en profitant d'une promo en ligne.

Porn's Bungalows PENSION $

(08 9251 9233 ; www.pornsbungalows-kohchang.com ; ch 800-900 B). Maison d'hôtes d'inspiration rasta. Bungalows en bois avec ventilateur et eau chaude, posés à l'ombre d'une cocoteraie en bordure de plage. Pas de réservation.

Siam Cottage PENSION $

(08 9153 6664 ; www.siamcottagekohchang.com ; ch 500-800 B ;). Bungalows délabrés en bois, alignés perpendiculairement à la plage. Manque d'intimité évident, mais vous aurez les pieds dans le sable.

LONELY BEACH

Un must pour les routards. Lonely Beach est l'un des meilleurs endroits de l'île où se loger notamment question budget, même si le front de mer a vu ses prix sensiblement augmenter. Les économes se sont donc rabattus sur le village à l'intérieur des terres. Si vous pouvez vous le permettre, plusieurs options intéressantes vous épargneront les hébergements classiques. Cette extrémité de l'île est moins développée et la jungle s'avance jusqu'au-dessus du petit quartier commerçant.

Paradise Cottages HÔTEL $$

(08 5831 4228 ; www.paradisecottagekohchang.com ; ch 700-1 200 B ;). La décontraction est de mise dans cet établissement pour routards raffinés. On peut y manger dans un hamac au-dessus de l'eau et déguster un repas en admirant la vue. Les huttes en dur sont fonctionnelles et décorées avec goût. Bien que sur le front de mer, ce n'est pas le site idéal pour la baignade, car la plage est rocheuse et vaseuse.

Oasis Bungalows PENSION $

(08 1721 2547 ; www.oasis-khochang.com ; ch à partir de 350 B ;). Au fond d'une ruelle, de simples bungalows en bois niché dans un jardin fruitier et fleuri. Le restaurant sur la colline surplombe l'océan par-dessus la cime des arbres. Pour vous rendre à la plage, traversez le village et descendez la route principale. Si l'Oasis est complet, on trouve dans la ruelle plusieurs établissements similaires.

Warapura Resort HÔTEL $$

(08 3987 4777 ; www.warapuraresort.com ; ch 2 000-3 500 B ;). Cet ensemble de petits cottages nichés entre le village et la mangrove est chic et relativement bon marché. La piscine en bord de mer est parfaite pour ceux qui préfèrent admirer l'océan plutôt que s'y ébattre.

Kachapura PENSION $

(08 60500754 ; www.kachapura.com ; ch 500-1 800 B ;). Petite sœur de Warapura, Kachapura combine budget et service. Le jardin ombragé est sillonné de passerelles en bois menant à des bungalows propres et rangés, modestes mais en bon état. En plein centre du village. Pas d'accès direct à la plage.

Mangrove HÔTEL $

(08 1949 7888 ; ch 1 000 B). Au sud de Lonely Beach, ce gîte écologique est un vrai bon plan. S'étalant entre une colline boisée et une plage privée, le Mangrove propose de jolis bungalows tout simples, avec des portes-accordéon laissant passer vues et vent (climatisation naturelle). Un excellent compromis de chic-rustique intimiste.

BAN BANG BAO

Malgré son vernis touristique, Ban Bang Bao est toujours aussi attachante, surtout si l'on préfère le spectacle à la baignade. L'hébergement consiste en des maisons sur pilotis au-dessus de la mer, donnant sur les embarcadères pour les ferrys. Transport quotidien vers les sites de baignade, alimenté par les nombreux adeptes d'excursions à la journée. Si vous êtes noctambule, préférez le deux-roues ou demeurez sur place, car les *sŏrng·tăa·ou* se font rares et chers après l'heure du dîner.

Bang Bao Sea Hut HÔTEL $$

(08 1285 0570 ; ch 2 500 B ;). Un des hébergements les plus originaux de Ko Chang : des bungalows individuels construits sur le bord de la jetée de Bang Bao. Chacun d'entre eux est entouré d'une terrasse privative où le petit-déjeuner est servi. En ouvrant vos volets en bois, vous laissez entrer la brise de mer.

Bang Bao Cliff Cottage PENSION $

(08 5904 6706 ; www.cliff-cottage.com ; ch 350-700 B). En partie caché dans la colline verdoyante à l'ouest de la jetée. Quelques dizaines de huttes en chaume surplombent une crique rocheuse. La mer est visible de la plupart, mais certaines offrent des vues spectaculaires. Site de snorkeling juste en contrebas.

Ocean Blue PENSION $

(08 1889 2348 ; www.oceanbluethailand.com ; ch 800 B). Cette maison traditionnelle sur pilotis loue des chambres simples avec ventilateur, auxquelles on accède le long d'un vestibule joliment boisé. Toilettes rudimentaires, douches froides, mais les chambres sont propres et l'océan vous sert de berceuse ou de réveil. Personnel excentrique et drôle.

Nirvana HÔTEL $$$

(0 3955 8061 ; www.nirvanakohchang.com ; ch 3 500-7 000 B ;). Le complexe hôtelier haut de gamme de Ko Chang est un petit monde en soi, niché au cœur de la jungle sur sa péninsule rocheuse. Venez y goûter la tranquillité, et surtout y apprécier la vue extraordinaire sur la mer depuis les bungalows confortables de style balinais. Belle plage à proximité mais pas idéale pour la baignade.

INTÉRIEUR NORD ET CÔTE EST

Les régions nord et est de l'île ne sont pas aussi développées que la côte ouest. On s'y sent plus à l'écart. Il vous faudra votre propre moyen de transport, voire y aller en petit groupe pour éviter de vous y sentir trop seul, mais tranquillité et sérénité seront assurées.

Jungle Way PENSION $

(08 9247 3161 ; www.jungleway.com ; Khlong Son Valley ; ch 200-400 B). L'atout méconnu de Ko Chang est sa jungle intérieure et ses guides locaux qui ont grandi ici mais parlent anglais. Lek est un de ceux-là. Sa famille tient cet établissement accueillant, au cœur de la forêt et en bordure d'un ruisseau qui chante. Bungalows modestes mais fonctionnels, et restaurant correct. Navette gratuite vers l'embarcadère.

Amber Sands HÔTEL $$

(0 3958 6177 ; www.ambersandsbeachresort.com ; Ao Dan Kao ; ch 2 000-2 700 B ;). Entre la mangrove et une tranquille plage de sable rouge, l'Amber Sands possède 8 confortables bungalows avec baies vitrées donnant sur la mer. Cheryl et Julian, originaires d'Afrique du Sud, gèrent le site de façon professionnelle et familiale à la fois. À seulement 15 minutes du débarcadère, et la sensation d'être à mille lieues de tout, une fois sur place.

The Souk PENSION $

(08 1553 3194 ; Ao Dan Kao ; ch 700 B ;). Voisin de l'Amber Sands, cet établissement branché regroupe 7 bungalows pop-art avec ventilateur et à un tarif agréable. Espaces détente en quantité et ambiance urbaine au restaurant et au bar à cocktail en terrasse extérieure. Les jeunes couples et les visiteurs longue durée ne tarissent pas d'éloges sur l'adresse. Accès facile à l'embarcadère des ferrys.

Salak Phet Homestay CHEZ L'HABITANT $

(08 1294 1650 ; Ban Salak Phet ; ch repas inclus 300 B). Dans ce village, vous serez hébergé dans une maison sur pilotis dans le cadre d'un programme villageois écotouristique. Attendez-vous à du sommaire : sac de couchage à même le sol dans une petite pièce, et salle d'eau commune. Comme vous partagerez les repas de la famille, quelques mots de thaï seront les bienvenus. Le **club de kayak de Salak Phet** (08 7834 9489) peut s'occuper d'organiser le séjour.

Treehouse Lodge PENSION $

(08 1847 8215 ; Hat Yao ; ch 300 B). À l'origine sur Lonely Beach, le Treehouse Lodge symbolisait la légendaire décontraction de Ko Chang, la paradisiaque. Mais avec l'arrivée de la civilisation, les propriétaires ont décidé de déménager à Ko Pha-Ngan en 2009. Reprenant et le nom et l'esprit, le nouveau Treehouse s'est installé à l'écart à Hat Yao (Long Beach), sur la distante

péninsule sud-est. De simples cabanes (avec sdb rudimentaires) s'étalent sur le versant, orientées vers une petite plage de sable fin. La route vers Hat Yao est entretenue jusqu'au point de vue, mais précaire ensuite, donc autant prévoir un séjour un peu long. Renseignez-vous à Trat pour trouver un taxi qui vous dépose à Long Beach.

The Spa Koh Chang Resort HÔTEL $$
(☎0 3955 3091 ; www.thespakohchang.com ; Ao Salak Kok ; ch 1 200-3 000 B ;). Installé au cœur d'un jardin verdoyant entouré des forêts de mangroves de la baie, ce complexe balnéaire offre toutes les activités de bien-être connues pour destresser : yoga, méditation, jeûne, etc. Noyés sous les fleurs de la colline où ils sont perchés, des bungalows joliment décorés vous attendent pour vous octroyer du temps pour vous, et rien que pour vous. Pas d'accès à la plage.

Où se restaurer et prendre un verre

À quelque chose près, tous les lieux d'hébergement de l'île dispose d'un restaurant proposant des prix corrects. Les fêtes sur la plage sont monnaie courante, et il y en a pour tous les goûts. Celles de Hat Sai Khao attirent un public plus âgé que celui, jeune et dissipé, qui s'amuse à Lonely Beach.

CÔTE OUEST

Oodie's Place INTERNATIONAL $$
(☎0 3955 1193 ; Hat Sai Khao ; plats 150-280 B ; déj et dîner). Tenu par Oodie, musicien local. D'une variété agréablement surprenante, on y mange aussi bien français que thaïlandais, et des groupes de musique animent les soirées à partir de 22h. Un endroit déjà ancien, mais toujours autant apprécié par les expatriés.

Norng Bua THAÏLANDAIS $$
(Hat Sai Khao ; plats 80-200 B ; petit-déj, déj et dîner). Une petite boutique réputée pour ses fameux sautés. Fraîcheur des aliments, rapidité de service, piments et sauce poisson à la demande.

Invito Al Cibo ITALIEN $$$
(☎0 3955 1326 ; Koh Chang Hut, Hat Sai Khao ; plats 250-550 B ; déj et dîner). Haut de gamme, l'Invito ne l'est plus. Mais son nouvel emplacement face à la mer gagne à être connu.

Saffron on the Sea THAÏLANDAIS $$
(☎0 3955 1253 ; Hat Kai Mook ; plats 150-350 B ; petit-déj, déj et dîner). Aux mains d'un artiste qui a fui Bangkok, cet hôtel de charme a installé son restaurant face à la mer. On y déguste, dans une ambiance romantique et détendue, des spécialités thaïlandaises accommodées à la façon locale, plus sucrée qu'épicée.

KaTi Culinary THAÏLANDAIS $
(☎08 1903 0408 ; Khlong Prao ; plats 80-150 B ; déj et dîner). Le restaurant de cette école de cuisine thaïlandaise réputée est aussi fameux. En dehors des plats thaïlandais, on peut y goûter des smoothies innovants, comme celui "lychee, citron et menthe poivrée".

Iyara Seafood FRUITS DE MER $$
(☎0 3955 1353 ; Khlong Prao ; plats 150-300 B ; déj et dîner). Iyara n'est pas qu'un joli pavillon de bambous servant des fruits de mer : après la dégustation, une promenade en kayak vous est offerte le long de l'estuaire voisin.

Nid's Kitchen THAÏLANDAIS $
(Hat Kaibae ; plats 30-80 B ; déj et dîner). Petit restaurant au nord du GajaPuri Resort. Mme Nid, véritable magicienne du wok, maîtrise toutes les spécialités thaïlandaises. Et ici, les bières sont fraîches.

Porn's Bungalows Restaurant THAÏLANDAIS $
(Hat Kaibae ; plats 40-150 B ; déj et dîner). Cet établissement en bois associé à la maison d'hôtes d'influence rasta, représente la quintessence du restaurant de bord de mer. N'ayez pas peur de demander plus à boire qu'à manger et ne vous inquiétez pas outre mesure pour la tenue vestimentaire.

♥ **Barrio Bonito** MEXICAIN $$
(☎08 0092 8208 ; Lonely Beach ; plats 150-250 B ; petit-déj, déj et dîner). Endroit branché, tenu par un couple franco-mexicain, dont toute l'île vante la qualité. Petite piscine sur place, utile si la sauce fait monter la température.

Magic Garden THAÏLANDAIS $
(☎0 3955 8027 ; Lonely Beach ; plats 60-120 B ; dîner). Cette pagode incarne bien la décontraction légendaire de Lonely Beach. Mangez-y un morceau, faites descendre avec une bière Chang ou plus, regardez-y un film puis laissez-vous guider vers la plage pour une soirée rythmée.

Bailan Bay Resort Restaurant THAÏLANDAIS $$
(Ao Bailan ; plats 150-250 B ; déj et dîner). Notre chauffeur de taxi nous a recommandé ce restaurant spécialiste du *sôm·đam* pimenté. Idéalement perché sur la colline, au sud de Lonely Beach, il offre une vue magnifique.

Ruan Thai FRUITS DE MER $$
(Ban Bang Bao ; plats 100-300 B ; déj et dîner). Difficile de faire plus frais (votre futur dîner

vous accueille depuis l'aquarium dans l'entrée) et plus copieux. Service chaleureux, au-delà de l'excellence : on vous aide même à ouvrir vos crabes.

Buddha View Restaurant INTERNATIONAL $$
(☎0 3955 8157 ; Ban Bang Bao ; plats 250-350 B ; ⊙petit-déj, déj et dîner). Ce nouveau restaurant installé sur la jetée est si proche de l'eau que les orteils des clients sont des proies tentantes pour les poissons. Vision quasi panoramique et menu constitué principalement de steaks, de pâtes, et de fruits de mer.

INTÉRIEUR NORD ET CÔTE EST

Blues Blues Restaurant THAÏLANDAIS $
(☎08 5839 3524 ; Ban Khlong Son ; plats 50-100 B ; ⊙déj et dîner). Une fois passé le rideau de plantes tropicales, vous entrez dans l'antre de la cuisine artistique, éminemment apprécié pour ses talents, son efficacité et ses tarifs. Aux murs, de jolies aquarelles peintes par le propriétaire. Le restaurant se trouve à environ 600 m de la bifurcation vers Ban Kwan Chang.

Jungle Way Restaurant THAÏLANDAIS $
(☎08 9247 3161 ; Ban Khlong Son ; plats 60-70 B ; ⊙petit-déj, déj et diner ; ✐). Venez apprécier le décor naturel et la cuisine familiale de cette maison d'hôtes qui fait aussi restaurant. Le temps de préparation étant assez long, profitez-en pour monter sur la plate-forme, vous aurez peut-être la chance d'apercevoir quelques animaux de la jungle environnante.

Paradise Behind the Sea Restaurant THAÏLANDAIS $$
(☎08 1900 2388 ; Ban Hat Sai Daeng ; plats 110-280 B ; ⊙petit-déj, déj et dîner). Vous parcourez la côte est pour en prendre plein la vue ? Alors, arrêtez-vous dans ce restaurant perché sur la falaise qui satisfera vos papilles comme vos yeux. Plats vietnamiens et thaïlandais à foison sur les tables et brise marine à volonté.

ℹ Renseignements

Accès Internet

Nombreux points d'accès le long de la côte ouest et Wi-Fi dans la plupart des maisons d'hôtes.

Argent

Banques avec DAB et bureaux de change tout au long de la côte ouest.

Dangers et désagréments

Il est déconseillé de conduire entre le sud de Ban Khlong Son et Hat Sai Khao, car la route est escarpée et certains virages en épingle à cheveux la rendent très dangereuse. C'est encore pire pendant les tempêtes, qui provoquent parfois des coulées de boue. Si vous louez un deux-roues, contentez-vous des plages de la côte ouest et soyez très vigilant entre Hat Kaibae et Lonely Beach. Portez une tenue protectrice.

La police mène des opérations antidrogue fréquentes dans les hébergements de l'île. Si vous êtes pris avec des stupéfiants, vous risquez une lourde amende, voire la prison.

Méfiez-vous des tickets de minibus vendus à un bon prix entre Siem Reap et Ko Chang. Ce sont en général des contrefaçons.

Ko Chang est considérée comme une zone à malaria de faible risque mais par précaution, utilisez des produits antimoustiques.

Office du tourisme

Le magazine gratuit *Koh Chang Guide* (www.whitesandsthailand.com) est disponible partout sur l'île et comprend des cartes très pratiques.

Le très complet site Internet I Am Koh Chang (www.iamkohchang.com) est une véritable preuve d'amour à l'île de la part d'un Britannique passionné. La rubrique "KC Essentials A-Z" est une mine d'informations.

Poste

Poste de Ko Chang (☎0 3955 1240 ; Hat Sai Khao). À l'extrémité sud de Hat Sai Khao.

Services médicaux

Bang Bao Health Centre (☎0 3955 8088 ; Ban Bang Bao ; ⊙8h30-18h). Pour les soins de base.

Hôpital de Ko Chang (☎0 3952 1657 ; Ban Dan Mai). Hôpital public de bonne réputation et soins à prix abordables ; au sud du terminal des ferrys.

Clinique internationale de Ko Chang (☎0 3955 1151 ; Hat Sai Khao ; ⊙24h/24). Affiliée au Bangkok Hospital Group. La plupart des assurances santé y sont acceptées. Tarifs élevés.

Urgences

Police (☎0 3958 6191 ; Ban Dan Mai)

Bureau de la police touristique (☎1155). Situé au nord de Ban Khlong Prao. Postes téléphoniques d'urgence à Hat Sai Khao et Hat Kaibae.

ℹ Depuis/vers Ko Chang

Que vous veniez de Bangkok ou du Cambodge, il vous faut une journée pour rallier l'île de Ko Chang.

DEPUIS/VERS LE CONTINENT : les bateaux à destination de Ko Chang partent des embarcadères du continent collectivement appelés Laem Ngop (voir p. 121 pour tout renseignement), au sud-ouest de Trat. Vous arrivez à Ko Chang soit par Tha Sapparot soit par Tha Centrepoint, selon l'embarcadère et la compagnie empruntée depuis le continent.

Tha Sapparot est la plus proche des plages de la côte ouest et accueille les ferrys transportant les véhicules depuis l'embarcadère de Tha Thammachat sur le continent. **Koh Chang Ferry** (☎0 3955 5188) assure ce service (aller simple 80 B, 30 min, toutes les heures de 6h30 à 19h).

Lors de la rédaction de ce guide, le ferry transportant les voitures associé à Tha Centrepoint était en pleine offensive commerciale. Il proposait des prix bas, sans commissions, et un service de bus entre Bangkok et Laem Ngop. Ce nouveau service évite plusieurs correspondances, mais Tha Centrepoint (sur Ko Chang) étant plus éloignée des plages de la côte ouest, le gain de temps est négligeable. **Centrepoint Ferry** (☎0 3953 8196) assure cette liaison (aller simple/aller retour 80/100 B, 45 min, toutes les heures de 6h à 19h30). Le week-end en haute saison, le service se termine à 21h.

Une nouvelle liaison en bus est assurée depuis le terminal de Suvarnabhumi (aéroport de Bangkok) vers Ko Chang (308 B, 6 heures) via le car-ferry, avec des arrêts sur le continent à Trat et Chanthaburi. Le bus quitte Suvarnabhumi à 7h30 et part de Ko Chang à 13h30. À Ko Chang, le bus arrive à et part de Khlong Son. Sinon le service de minibus au départ du monument de la Victoire de Bangkok qui va jusqu'à Tha Sapparot à Ko Chang (aller simple 300 B, 4 heures, départs toutes les heures).

DEPUIS/VERS LES ÎLES VOISINES : Tha Bang Bao, dans la partie sud de l'île, est l'embarcadère utilisé pour les trajets en bateau vers les îles voisines. **Bang Bao Boats** (www.bangbaoboat.com) assure la liaison quotidienne inter-îles en ferry (express ou lent) sur un circuit Ko Wai, Ko Mak, Ko Kut et retour. Des vedettes font le même circuit, plus vite et plus souvent. Le bateau lent est la meilleure option quand la mer est agitée, et permet de profiter de l'océan.

Reportez-vous aux îles respectives pour obtenir tous les renseignements.

Comment circuler

Les *sŏrng·tăa·ou* collectifs viennent à la rencontre des bateaux pour emmener les passagers aux différentes plages (Hat Sai Khao 50 B, Khlong Prao 60 B et Lonely Beach 100 B). Comparés aux autres îles, les conducteurs de *sŏrng·tăa·ou* sont presque invariablement honnêtes et fiables dans leurs tarifs, notamment en journée quand la demande est élevée. La plupart des déplacements entre les plages de la côte ouest devraient coûter de 40 à 50 B.

Les magasins sur la côte ouest font payer 150 à 200 B pour une location de moto à la journée. Les routes vallonnées et sinueuses de Ko Chang sont assez dangereuses (voir ci-contre pour les consignes de sécurité routière). Assurez-vous que la moto est en bon état de marche.

Ko Wai

เกาะหวาย

Cette île minuscule, sauvage et magnifique, est baignée d'eaux cristallines qui abritent de superbes récifs coralliens, parfaits pour le snorkeling. Elle offre en plus une très belle vue sur Ko Chang. Si dans l'après-midi, vous risquez de croiser des visiteurs, vous aurez une paix royale le reste du temps.

La plupart des bungalows sont fermés en basse saison, de mai à septembre, quand la mer est agitée et les inondations fréquentes.

Où se loger

Ko Wai Paradise PENSION $

(ch 300-500 B). Modestes bungalows en bois (certains avec sdb commune) sur une plage de carte postale. Vous devrez partager les récifs de corail avec les visiteurs en excursion.

Good Feeling PENSION $

(☎08 1850 3410 ; ch 300-500 B). Des huttes en bois (sdb commune pour certaines) étalées sur un promontoire rocheux entrecoupé de petites criques sablonneuses.

Grandma Hut PENSION $

(☎08 1841 3011 ; ch 250-500 B). Un lieu simple et isolé à l'extrémité nord-est de l'île ; les vedettes y accèdent par la baie d'Ao Yai Ma, toute proche.

Ko Wai Pakarang PENSION $$

(☎08 4113 8946 ; www.kohwaipakarang.com ; ch 600-2 500 B ; ❄@). Ce qu'il y a de plus moderne sur Ko Wai : des bungalows en béton climatisés.

Comment s'y rendre et circuler

Les bateaux vous déposent à l'embarcadère le plus proche de votre lieu d'hébergement ; sinon vous devrez marcher 15 à 30 min le long d'un sentier étroit dans la forêt.

Bang Bao Boat (www.bangbaoboat.com). Le ferry de cette compagnie fait le tour des différentes îles de l'archipel en réalisant un circuit depuis Ko Chang jusqu'à Ko Kut. Les bateaux partent de Ko Chang à 9h, arrivent à Ko Wai (aller simple 300 B, 1 heure) et continuent sur Ko Mak (aller simple 300 B, 1 heure) et Ko Kut (500 B, 3 heures).

Plusieurs compagnies de vedettes desservent les destinations suivantes depuis Ko Wai :

Ko Chang (aller simple 400 B, 15 min, 2/jour)
Ko Mak (aller simple 350 B, 30 min, 2/jour)
Ko Kut (aller simple 700 B, 1 heure, 2/jour)
Laem Ngop (450 B, 2 à 3 heures, 1/jour)

Ko Mak

เกาะหมาก

La petite Ko Mak ne mesure que 16 km² et ne connaît ni embouteillages, ni constructions en dur, ni bars à bières bruyants, ni plages bondées. Les vagues viennent délicatement lécher les baies ourlées de palmiers dans une atmosphère détendue. Il est vrai que Ko Mak n'est pas destinée à la célébrité, son paysage intérieur étant composé de plantations de cocotiers et de ficus ; la présence de mouches des sables refroidit aussi les visiteurs.

Visiter l'île en haute saison est plus facile ; en basse saison (mai à septembre), la plupart des services de navette ne sont plus opérationnels et les bungalows ferment leurs portes. Certains déchets indésirables, poussés par la tempête, gisent sur le sable des plages exposées au sud.

Activités

Pour profiter des plages, que ce soit pour nager ou se promener, le meilleur endroit est **Ao Suan Yai**, un grand croissant sablonneux baigné d'eaux cristallines auquel on accède facilement en deux-roues si on réside ailleurs sur l'île. Au large se trouve **Ko Kham**, une île privée. Autrefois prisée comme destination pour la journée, elle est actuellement en pleine transformation pour devenir un complexe touristique de luxe.

Koh Mak Divers (☎08 3297 7723 ; www.kohmakdivers.com ; plongées 2 200-3 000 B) organise des expéditions de plongée au parc maritime national de Mu Ko Chang, à environ 45 minutes de là.

Où se loger et se restaurer

La plupart des maisons d'hôtes à petit budget sont situées sur Ao Khao, une honorable bande de sable sur la côte sud-ouest de l'île. Les complexes continuent de s'établir dans la baie d'Ao Suan Yai, plus pittoresque.

Une poignée de paillotes familiales servent des plats sautés sur la route principale entre Monkey Island et Makathanee Resort. Et si vous avez envie d'une balade, prenez l'excuse d'un repas ou d'un coucher de soleil pour partir explorer les autres baies.

Monkey Island PENSION $$
(☎08 9501 6030 ; www.monkeyislandkohmak.com ; Ao Khao ; ch 350-3 000 B ; ❄@). Chef de file des maisons d'hôtes, Monkey Island loue 3 types de bungalows artisanaux. Diversement aménagés (sdb privée ou commune, terrasse privative), tous portent la patte d'un design innovant. Le très branché restaurant propose une cuisine thaïlandaise de qualité. Quant au bar attenant, ses soirées festives en bord de mer sont connues pour réveiller les morts.

Baan Koh Mak PENSION $$
(☎08 9895 7592 ; www.baan-koh-mak.com ; Ao Khao ; ch à partir de 1 200 B ; ❄). Lumineux et original, Baan Koh Mak est un autre lieu pour routards raffinés. Œuvres artistiques colorées aux murs et matelas moelleux dans les chambres.

Island Huts PENSION $
(☎08 7139 5537 ; Ao Khao ; ch 350-450 B). En bord de mer, quelques cabanes délabrées mais avec le nécessaire : plage, sdb et matelas.

Ao Kao Resort PENSION $$
(☎08 3152 6564 ; www.aokaoresort.com ; ch 1 200-2 500 B ; ❄). Un ensemble original de bungalows rudimentaires, nichés dans un repli de la baie. Préférez la maisonnette de style thaï, avec ses motifs sculptés et son joli balcon. Le lieu est prisé des familles pour sa zone de baignade devant la porte.

Lazy Day Resort PENSION $$
(☎08 1882 4002 ; www.kohmaklazyday.com ; ch 2 250- 2 700 B ; ❄). Juste à côté de l'Ao Kao Resort. Bungalows avec vue panoramique au cœur d'un jardin verdoyant. Petit-déjeuner inclus dans le prix de la location.

Koh Mak Resort HÔTEL $$
(☎0 3950 1013 ; www.kohmakresort.com ; Ao Suan Yai ; ch 1 700-5 400 B ; ❄≋). Pas le meilleur rapport qualité/prix de l'île, mais un accès direct à la plus jolie plage sans se ruiner.

Renseignements

Comme vous ne trouverez ni banque ni DAB sur l'île, prévoyez du liquide. Les vedettes arrivent à l'embarcadère de Koh Mak Resort à Ao Suan Yai. Le ponton principal se trouve à Ao Nid, sur la côte est de l'île.

Ball's Cafe (☎08 1925 6591 ; ponton d'Ao Nid ; ⌚9h-18h). Accès Internet, agence de voyages et café. Khun Ball fait la promotion active de l'île et gère www.kohmak.com, ainsi que d'autres projets environnementaux.

Ko Mak Health Centre (☎08 9403 5986 ; ⌚8h30-16h30). Centre de soins et poste d'urgence. Près du ponton d'Ao Nid, sur la route qui traverse l'île.

Police (☎0 3952 5741). À côté du centre de soins.

Comment s'y rendre et circuler

Différents pontons sont utilisés par les compagnies de l'île, mais les transferts sont en général assurés par les maisons d'hôtes et les hôtels sans supplément.

Un ferry lent part de Ko Mak pour Laem Ngop (embarcadère principal, aller simple 200 B, 3 heures, un départ le matin certains jours). Les autres jours, le départ se fait du continent. Faites-vous confirmer par un agent les horaires et jours de départ qui changent souvent.

Ao Thai Marine Express (☎08 1863 3525 ; www.kohkoodspeedboat.com). La compagnie assure la liaison par bateau rapide depuis le continent, à l'embarcadère de Tha Dan Kao, à 5 km à l'est de Trat, vers Ko Mak (450 B). Les horaires de départ varient en fonction de la demande.

Bang Bao Boat (www.bangbaoboat.com). Cette compagnie assure la liaison par ferry entre Ko Chang et Ko Kut. Les bateaux quittent Ko Chang à 9h, arrivent à Ko Mak (aller simple 400 B, 1 heure 30) et continuent sur Ko Kut (aller simple 300 B, 1 à 2 heures, départ 13h). Liaisons en sens inverse pour Ko Wai (aller simple 300 B, 45 min) et Ko Chang (400 B, 2 heures 30).

Plusieurs compagnies de vedettes desservent les destinations suivantes depuis Ko Mak :

Ko Chang (aller simple 550 B, 45 min, 3/jour)
Ko Kut (aller simple 400 B, 45 min, 2/jour)
Laem Ngop (embarcadère du continent ; aller simple 450 B, 1 heure, 4/jour)
Ko Wai (aller simple 350 B, 30 min, 2/jour)

Une fois sur l'île, libre à vous de pédaler (40 B/heure) ou de conduire une moto (200 B/jour) pour vous déplacer.

Ko Kut

เกาะกูด

Ko Kut a tout de l'île paradisiaque : de délicates anses sablonneuses, des eaux d'une extrême limpidité, des cocoteraies dissimulant les rares constructions, et une ambiance d'alcôve îlienne qui vous étreint à peine débarqué. Ni discothèque ni restaurant, et c'est ce qui plaît à ses visiteurs.

Deux fois plus petite que Ko Chang, et quatrième île de Thaïlande par la taille, Ko Kut a longtemps été une terre d'accueil pour les complexes hôteliers et pour une élite recherchant l'isolement. La rumeur dit que les Beckham y auraient acheté une maison de vacances. Autre nouveauté : le complexe Soneva Kiri, qui est accessible par avion privé et dont les premiers tarifs tournent autour de 2 000 US$ la nuit. Pourtant, l'île semble se démocratiser quelque peu et les voyageurs indépendants, notamment en famille et en couple, y sont les bienvenus.

À voir et à faire

Plages PLAGES

La côte ouest de l'île est truffée de plages de sable blond baignées par des eaux turquoise.

VOUS CHERCHEZ L'ÎLE DE VOS RÊVES ?

Encore aucun coup de cœur pour une île ? Tentez votre chance à Ko Rayang, une île privée abritant un seul et minuscule complexe. Le **Rayang Island Resort** (☎0 3950 1000 ; www.rayang-island.com ; ch 2 500-3 800 B) propose 15 bungalows de 1 ou 2 chambres (pas de clim ni d'eau chaude) à l'électricité limitée, mais où vous n'aurez qu'à pousser la porte pour pratiquer le snorkeling. Vous hésitez ? Prenez une vedette (170 B) depuis Tha Makathanee à Ko Mak et jugez par vous-même.

Hat Khlong Chao est l'une des plus belles et pourrait rivaliser avec Hat Chaweng (Ko Samui) dans un concours de beauté, avec ses eaux cristallines et chaudes. **Ao Noi** et ses roches éparpillées et ses belles vagues, attend les bons nageurs. **Ao Prao** est aussi de toute beauté. Sur Ko Kut, aucun transport public. Vous pouvez louer une moto pour explorer la côte ouest. La circulation est quasi inexistante et la route est bitumée depuis Khlong Hin dans le sud-ouest jusqu'à Ao Noi au nord-est.

Ses criques rocheuses désertes et ses estuaires bordés de mangroves en font un paradis pour le **snorkeling** et le **kayak**. La plupart des établissements ont des équipements à disposition.

Nam Tok Khlong Chao CASCADES

Sur l'île, deux chutes méritent une randonnée. La plus importante et la plus connue, Nam Tok Khlong Chao, se déverse dans une vaste piscine naturelle. Le site est très fréquenté le week-end. Vous parvenez à sa base en marchant ou en remontant le Khlong Chao en kayak. L'autre cascade, **Nam Tok Khlong Yai Ki**, au débit moindre mais avec un bassin plus grand, se situe plus au nord.

Où se loger

En basse saison (mai à septembre), la plupart des bateaux ne circulent plus et les bungalows sont fermés. En haute saison, le week-end et les périodes de vacances, les complexes hôteliers sont remplis de Thaïlandais. En réservant à l'avance pendant ces périodes chargées, vous serez déposé au débarcadère de votre choix.

On peut se loger à un bon prix dans les environs de Hat Khlong Chao dans l'une des maisons d'hôtes du village, à une quinzaine de minutes à pied tout au plus de la

VAUT LE DÉTOUR

LA CÔTE SUD DU CAMBODGE *MAHER SATTAR*

Les casinos étant interdits en Thaïlande, les villes situées de l'autre côté de la frontière cambodgienne, comme la sinistre Poipet, concentrent tripots, maisons closes et marchés clandestins de toutes sortes.

La côte sud du Cambodge, jusqu'à présent, échappe à ce fléau. La plus grande station balnéaire de la région, **Sihanoukville**, attire la convoitise des promoteurs, conscients de son potentiel, mais on est encore loin des constructions qui occupent en masse la plupart des côtes thaïlandaises. Facilement accessible depuis Trat en Thaïlande, par le poste-frontière de Hat Lek (p. 122), Sihanoukville s'efforce de satisfaire le plus grand nombre avec ses quatre plages aux ambiances distinctes.

Occheuteal Beach est la plus populaire et la plus cosmopolite. Elle attire des hippies, des routards, des escrocs, des touristes en séjour organisé, des habitants de la région et de Phnom Penh. Juste au sud d'Occheuteal, Otres Beach est l'une des rares plages désertes sur le continent, mais suite aux passages successifs des bulldozers pour des aménagements temporaires, elle est moins idyllique qu'elle pourrait l'être. Victory Beach, ancien repaire de voyageurs à petit budget, est désormais un quartier pauvre, triste et mal famé, rappelant Pattaya en Thaïlande. Sokha Beach est la plus jolie, mais il s'agit d'une plage presque entièrement privée appartenant au Sokha Beach Resort, qui en prend grand soin. Toutefois, une portion de Sokha reste ouverte au public et c'est là que les familles des environs se baignent. Si vous souhaitez profiter de l'une des plus belles plages du Cambodge dans son ensemble, le passe quotidien coûte 10 $US. Il paraîtrait qu'il est assez facile pour les Occidentaux de s'y introduire sans passe.

Le véritable attrait de Sihanoukville reste les îles au large de la côte. Le mot "paradis" revient souvent quand on décrit des îles tropicales, et les longues étendues de sable blanc sur **Koh Rong** s'en rapprochent énormément. Snorkeling, natation nocturne et plongée sont autant de possibilités sur Koh Rong et **Koh Rong Saloem**. D'importants projets de construction menacent ces deux îles mais pour l'instant, Ko Chang, à côté, passerait pour une île ultra-touristique.

Pour varier de la plage, en rejoignant Sihanoukville, empruntez la Hwy NH48 passant par le **corridor de conservation de Koh Kong**. Il recèle des forêts de mangroves et une partie des majestueuses Cardamomes, qui abritent au moins 62 espèces menacées. De nombreux bus s'arrêtent sur la Hwy NH48. Toutefois, comme ailleurs au Cambodge, les minibus ou les taxis partagés sont peut-être le meilleur moyen de transport pour se rendre à Sihanoukville.

La toute petite **Krong Koh Kong** était jusqu'à récemment une ville frontalière typique, envahie de joueurs, de proxénètes et de prostituées. Mais l'itinéraire de Trat à Sihanoukville gagnant en popularité parmi les voyageurs, l'endroit s'est quelque peu assagi. Les sites d'intérêt ne sont pas légion, mais Koh Kong est paisible et pittoresque. On y trouve de nombreux bars où prendre un verre, et les balades dans ce qui fut l'un des derniers bastions des Khmers rouges sont intéressantes.

Ceux qui gagnent le Cambodge à la recherche d'expériences uniques trouveront leur bonheur non loin de la frontière. La plus grande île du Cambodge se trouve à 2 heures de bateau (25 $US la journée par personne, avec déjeuner et matériel de snorkeling, ou 55 $US avec une nuit) de la ville de Koh Kong. L'**île de Koh Kong**, presque déserte, ne comporte aucun hébergement, si ce n'est un petit campement sur la côte sud-est. Visiteurs à la journée et campeurs aventuriers s'y sentent seuls au monde.

plage. Les familles apprécieront les petits et moyens budgets d'Ao Ngam Kho, qui offre une petite bande de sable à l'extrémité nord de la baie. L'autre partie est un ancien récif de corail et reste très rocailleux. Pensez à apporter des sandales en plastique.

Ao Bang Bao est un autre site bien connu des baroudeurs, encore que la plage soit de piètre qualité, comme l'hébergement.

Si vous avez envie de dépenser sans compter, à Ko Kut, vous êtes au bon endroit.

♥ **Bann Makok** HÔTEL **$$**

(☎08 1934 5713 ; Khlong Yai Ki ; ch 2 500-3 000 B ; ❄@). Vous ferez des jaloux sur la vedette qui vous déposera à cet hôtel de charme niché dans la mangrove. Construit avec du bois recyclé peint à l'ancienne pour ressembler à s'y méprendre à un village traditionnel de pêcheurs, cet entrelacs de pontons abrite 8 chambres. Terrasses communes et coins lecture fournissent l'espace idéal pour se laisser aller à écouter les oiseaux ou se plonger dans un bon livre.

Tinkerbell Resort HÔTEL **$$$**
(☎08 1813 0058 ; www.tinkerbellresort.com ; Hat Khlong Chao ; ch repas inclus à partir de 7 900 B ; ❄@≋). Tout en matériaux naturels, avec ses hautes clôtures en bambou et ses maisonnettes aux toits de chaume, cet hôtel se fond discrètement dans le paysage. Chambres, lumineuses et aérées, au beau milieu de la plus jolie plage jamais vue.

Mangrove Bungalows PENSION **$$**
(☎08 5279 0278 ; Ban Khlong Chao ; ch 600-1 200 B ; ❄). Ensemble de bungalows spacieux avec portes en bois poli et douches chaudes, installé en bordure de la mangrove de Khlong Chao. Restaurant au-dessus du canal. Plage à 10 minutes à pied.

Mark House Bungalows PENSION **$$**
(☎08 6133 0402 ; www.markhousebungalow.com ; Ban Khlong Chao ; ch 800-1 200 B ; ❄). Situé juste derrière les hôtels sur la plage, Mark House est l'établissement petits budgets le plus proche de la mer. Les bungalows sont en bordure du canal et il y règne une atmosphère sympathiquement indolente.

Koh Kood Ngamkho Resort PENSION **$**
(☎08 1825 7076 ; www.kohkood-ngamkho.com ; Ao Ngam Kho ; ch 650 B ; @). En termes de budget, l'une des meilleures adresses du coin, dirigée par Joe, aidé de sa nièce et de son neveu. Posés sur une colline boisée, les logements sont rudimentaires, mais bien équipés, avec leurs sdb design et leurs draps neufs. Au restaurant, les plats sont délicieux : currys au lait de noix de coco fraîches, plats sautés relevés... Au moment de la rédaction de ce guide, Joe envisageait de vendre, et nous espérons égoïstement qu'il aura changé d'avis.

Dusita HÔTEL **$$**
(☎08 1523 7369 ; Ao Ngam Kho ; ch 700-1 200 B ; ❄). Ces bungalows en dur occupent un jardin ombragé en bord de mer. Idéal pour les familles qui recherchent de l'espace pour que leurs chères têtes blondes s'y défoulent.

Ao Noi Resort PENSION **$$**
(☎0 3952 4979 ; www.kohkoodaonoi.com ; Ao Noi ; ch 1 200-2 000 B ; ❄). Ce campement de huttes au toit de chaume est quelconque, mais il a tout ce qu'il faut. Et il offre l'accès à une plage semi-privée. Évitez simplement les huttes avec ventilateur, hors de prix.

The Beach Natural Resort HÔTEL **$$**
(☎08 6009 9420 ; www.thebeachkohkood.com ; Ao Bang Bao ; ch petit-déj inclus 1 200-2 600 B ; ❄@). Bungalows au cœur d'un jardin ombragé sur une grève rocheuse. Le service dépasse largement la traditionnelle qualité thaïlandaise. Préférez les jours de semaine car l'endroit est en général bondé le week-end lors des concours de karaoké.

Siam Beach PENSION **$$**
(☎08 4332 0788 ; Ao Bang Bao ; ch petit-déj inclus 1 200-2 000 B ; ❄@). Fort de sa position sur la partie la plus sableuse de la plage, l'établissement n'a pas beaucoup investi dans ses bungalows.

Renseignements

L'île ne compte ni banque ni DAB, mais les principaux hôtels changent de l'argent. Un petit **hôpital** (☎0 3952 5748 ; ⏲8h30-16h30) prend en charge les "petites" urgences ; il est situé à Ban Khlong Hin Dam. Le **poste de police** (☎0 3952 5741) est tout proche. L'accès Internet reste aléatoire, bien que la plupart des complexes aient en commun un terminal.

Comment s'y rendre et circuler

On se rend à Ko Kut depuis l'embarcadère de Laem Sok, sur le continent, à 22 km au sud-est de Trat, le point de correspondance des bus le plus proche.

Ninmoungkorn Boat (☎08 6126 7860) offre les services d'un bateau climatisé (aller simple 350 B, 2 heures, un départ par jour) amarré à Ao Salad, dans la partie nord-est de l'île ; transfert gratuit (environ 45 min/trajet) disponible sur chaque rive.

Des vedettes effectuent aussi la traversée depuis/vers Laem Sok (aller simple 450 à 600 B, 1 heure 30, 3 départs par jour), et vous déposeront à l'embarcadère de l'hôtel.

Bang Bao Boat (www.bangbaoboat.com). Cette compagnie assure les liaisons par ferry depuis Ko Chang chaque jour à 9h pour Ko Kut (aller simple 700 B, 5 à 6 heures). En sens inverse, vous pouvez prendre le ferry pour Ko Mak (aller simple 300 B, 1 à 2 heures) et Ko Wai (aller simple 400 B, 2 heures 30).

Plusieurs compagnies de bateaux à moteur assurent la liaison entre Ko Kut et Ko Chang (aller simple 900 B, 45 min, 3 départs par jour) avec escales à Ko Mak et Ko Wai.

Pour vous déplacer, nous vous recommandons de louer une moto (300 B/jour) ou un VTT (100 à 150 B/jour).

Hua Hin et le nord-ouest du golfe de Thaïlande

Dans ce chapitre »

Le top des restaurants

- Rang Yen Garden, Cha-am (p. 146)
- Marché de nuit, Hua Hin (p. 155)
- Sang Thai Restaurant, Hua Hin (p. 155)
- Rim Lom, Prachuap Khiri Khan (p. 165)

Le top des hébergements

- Baan Bayan, Hua Hin (p. 154)
- Away Hua Hin, Pranburi (p. 159)
- Brassiere Beach, Pranburi (p. 159)
- Aow Noi Sea View, Prachuap Khiri Khan (p. 165)
- Proud Thai Beach Resort, Ban Krut (p. 166)

Pourquoi y aller

Lieu de villégiature apprécié de longue date par les souverains (tous les monarques depuis Rama IV y ont déniché un endroit agréable où bâtir une résidence) et les classes privilégiées de Bangkok, le nord-ouest du golfe de Thaïlande est connu sous le nom de "côte royale". Aujourd'hui, les touristes thaïlandais investissent à leur tour ce coin de littoral, pour satisfaire leur besoin de repos et de divertissement tout autant que pour rendre hommage à leurs rois vénérés, dont les "palais secondaires" sont désormais ouverts au public. Il existe peu d'endroits où culture et plage se rencontrent avec un tel bonheur.

Avec ses sites historiques, son agréable atmosphère de province, ses parcs couverts de jungle et ses longues plages de sable, le tout aisément accessible depuis Bangkok, le nord-ouest du golfe de Thaïlande est *la* destination terre et mer du pays. Et quiconque a arpenté les kilomètres de sable blanc fin de Hua Hin a bien du mal à comprendre ce qui pousse les voyageurs à s'imposer un périple exténuant pour rejoindre plus au sud les îles de Samui, si construites. Il y a certes un inconvénient ici : la rareté du récif – ce qui signifie peu, voire pas, de plongée ou de snorkeling, et des eaux dont la teinte rappelle davantage le gris de l'Atlantique que l'azur des tropiques.

Quand partir

La meilleure période est la saison chaude et sèche (février à juin). De juillet à octobre (mousson du sud-ouest) et d'octobre à janvier (mousson du nord-est), la région connaît des pluies intermittentes et des vents parfois violents. Une spécificité géographique lui permet toutefois d'être en général moins arrosée que le reste du pays pendant la mousson.

Les tempêtes ramènent souvent des méduses à proximité du rivage. Pour éviter d'être piqué, mieux vaut ne pas se baigner – ou bien, comme les Thaïlandais, entrer dans l'eau tout habillé !

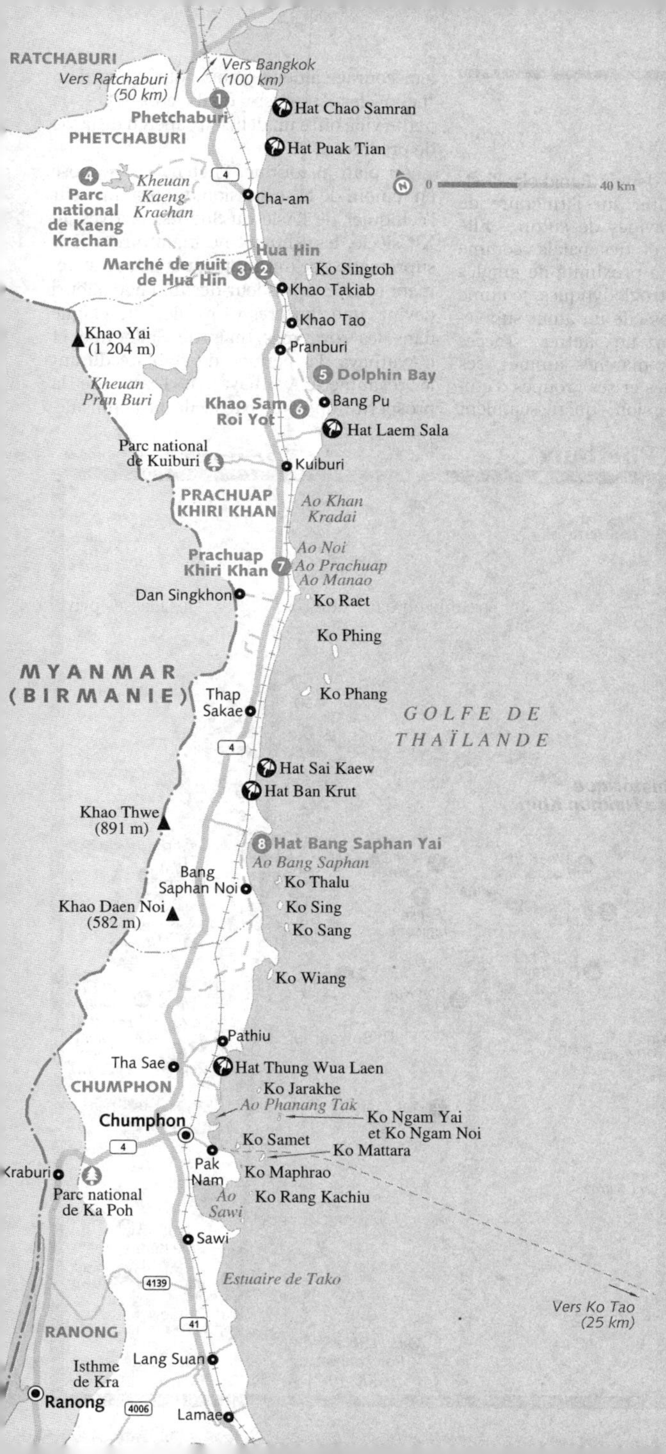

À ne pas manquer

1. Le palais haut perché et les grottes souterraines de **Phetchaburi** (p. 141)
2. Les longues étendues de sable blond de **Hua Hin** (p. 149), à arpenter en admirant les kitesurfers qui dansent sur les vagues
3. Le shopping et les plaisirs de la bouche au **marché de nuit de Hua Hin** (p. 155)
4. Les profondes forêts sauvages, peuplées de gibbons et d'éléphants, du **parc national de Kaeng Krachan** (p. 144)
5. La **Dolphin Bay** (p. 159), paradis des familles
6. Le pèlerinage populaire jusqu'au sanctuaire troglodytique de Tham Phraya Nakhon, dans le **parc national de Khao Sam Roi** (p. 160)
7. Une balade à moto à **Prachuap Khiri Khan** (p. 163), entre baies joliment dessinées et pics de calcaire
8. Le farniente, rien que le farniente, à **Hat Bang Saphan Yai** (p. 166)

Phetchaburi (Phetburi)

เพชรบุรี

46 600 HABITANTS

Aisément accessible depuis Bangkok, Phetchaburi devrait figurer sur l'itinéraire de tous les voyageurs avides de culture. Elle abrite des temples et des palais, comme Ayuthaya, se trouve à proximité de jungles et de sanctuaires troglodytiques, comme Kanchanaburi, et possède un atout supplémentaire par rapport aux autres : l'accès à la côte. Avec ses marchés animés, ses *shophouses* anciennes et ses groupes d'étudiants locaux en excursion – qui rassemblent leur courage à deux mains pour saluer d'un "hello" les étrangers qu'ils croisent –, la petite ville offre un délicieux aperçu de la vie de province.

Au plan historique, Phetchaburi se pose en témoin de la succession de royaumes sur l'échiquier de l'Asie du Sud-Est. Arrivés au XIe siècle, les Khmers ne maintinrent leur suprématie que durant une période relativement courte. Après leur déclin, Phetchaburi devint une forteresse royale stratégique dans les royaumes thaïs de Sukhothai et d'Ayuthaya. La période de stabilité durant le royaume d'Ayuthaya vit l'essor de la prospérité de cette partie de la péninsule.

Phetchaburi (Phetburi)

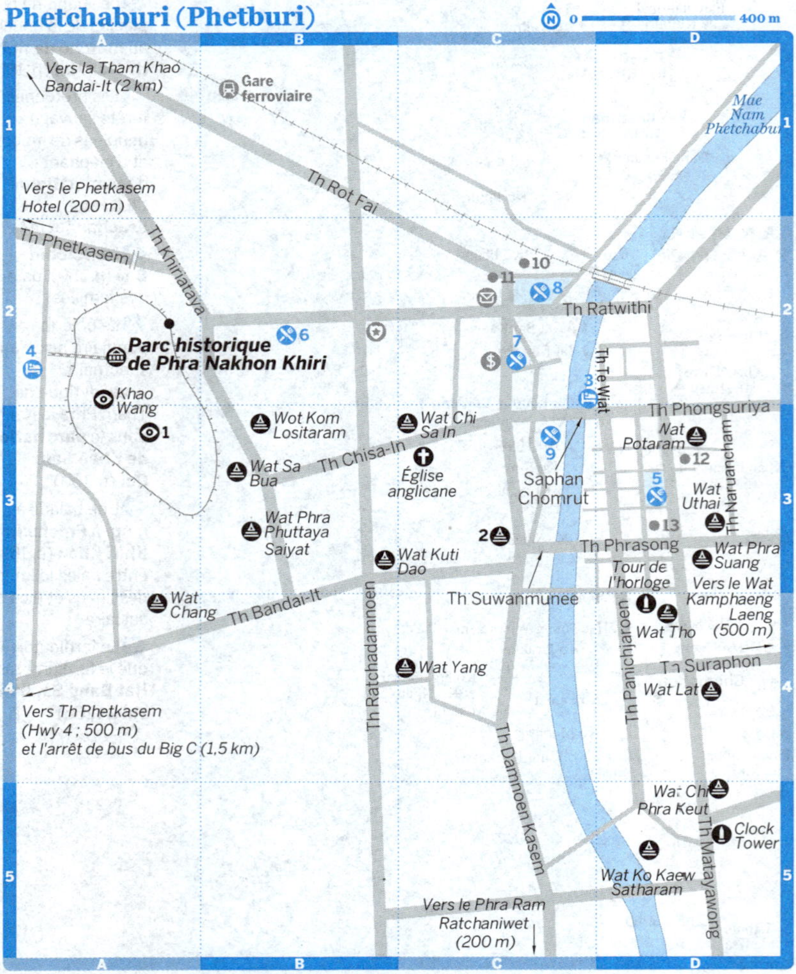

Au XVIIe siècle, Phetchaburi était un pivot des échanges commerciaux florissants entre la Birmanie et Ayuthaya. Contrairement à l'ancienne capitale, Phetchaburi a conservé intacts de nombreux vestiges de l'ancien royaume, ce qui lui vaut son surnom d'"Ayuthaya vivante".

À voir et à faire

Au regard de sa petite taille, Phetchaburi possède un nombre impressionnant de temples anciens. Nous ne répertorions que les plus remarquables.

Parc historique de Phra Nakhon Khiri SITE HISTORIQUE
(อุทยานประวัติศาสตร์พระนครคีรี ; ☎0 3240 1006 ; 150 B ; ⏲8h30-17h). Royalement installé au sommet du Khao Wang (la colline du Palais), ce parc national domine la ville de son opulence discrète. Le palais et les temples alentour ont été édifiés en 1859 par Rama IV (le roi Mongkut) pour ses séjours hors de Bangkok. Ce havre haut perché lui permettait d'assouvir sa passion pour l'astronomie.

Mêlant les styles européens et chinois, l'édifice se compose de vastes salles ornées de meubles royaux. Des chemins pavés mènent, au travers de la colline boisée, jusqu'à trois promontoires surmontés d'un *chédi*. Transperçant le ciel, la flèche blanche du **Phra That Chom Phet** est visible de la ville en contrebas.

Le site est accessible par deux côtés. Sur le devant, on monte à pied depuis Th Ratwithi par un chemin ardu fréquenté par des singes au comportement... imprévisible. De l'autre côté de la colline, un **funiculaire** (aller adulte/enfant 40 B/gratuit ; ⏲8h30-17h30) vous hissera jusqu'au sommet. Le parc étant un lieu d'excursion de groupes scolaires, vous risquez fort d'être autant photographié que les monuments historiques.

Le lundi, les étals habituels (nourriture et vêtements) s'installent pour un **marché de nuit** dans la rue au pied du Khao Wang.

Wat Mahathat Worawihan TEMPLE
(วัดมหาธาตุวรวิหาร ; Th Damnoen Krasem). Situé en plein centre, l'édifice d'un blanc éclatant offre un bel exemple d'un temple "de tous les jours", avec son effervescence qui fait écho au bouillonnement du quartier commerçant autour. On remarque en particulier le *prang* (stupa de style khmer) à cinq niveaux ornés de reliefs en stuc, une spécialité des artisans de Phetchaburi. Le *wí·hăhn* (grande salle ou sanctuaire principal) abrite des fresques contemporaines, autre exemple de l'habileté des artistes locaux. Les rythmes permanents des musiciens et danseurs traditionnels font monter d'un cran encore l'animation du lieu.

En sortant du temple, prenez Th Suwanmunee et plongez dans le quartier des maisons de teck anciennes, baigné des odeurs d'encens s'échappant des boutiques d'accessoires religieux.

Wat Kamphaeng Laeng TEMPLE
(วัดกำแพงแลง ; Th Phokarang). Avant que le Siam se soit constitué en entité indépendante, le royaume d'Angkor s'étendait de l'actuel Cambodge jusqu'à la péninsule malaise. Les Khmers avaient coutume d'édifier dans les lieux conquis des temples richement décorés, dont le style a été copié tout au long de l'histoire de la Thaïlande. On pense que ce vestige de l'époque khmère date du XIIe siècle et fut à l'origine un édifice hindou, avant la conversion de la région au bouddhisme. Il a conservé un sanctuaire intact, qui est flanqué de deux édifices plus petits et de murailles de pierre qui s'abîment. Sans

Phetchaburi (Phetburi)

Les incontournables
Parc historique de Phra Nakhon Khiri ..A2

À voir
1 Phra That Chom Phet A3
Rabieng Rim Nam .... (voir 9)
2 Wat Mahathat Worawihan C3

Où se loger
3 Jomklow Hotel C2
4 Sun Hotel A2

Où se restaurer
5 Marché de jour D3
6 Jek Meng B2
Khon Toy Restaurant .... (voir 4)
7 Na & Nan C2
8 Marché de nuit C2
9 Rabieng Rim Nam C3

Transports
10 Bus climatisés pour Bangkok C2
11 Minibus pour Bangkok C2
12 Bus ordinaires pour Cha-am et Hua Hin D3
13 *Sŏrng·tăa·ou* pour Ban Kaeng Krachan D3

TOUT VOIR

Une partie des sites les plus intéressants se trouvent à l'extérieur de la ville, mais ne vous arrêtez pas au problème de la distance. Vous pourrez tout voir en louant un *sŏrng·tăa·ou* (petit pick-up avec chauffeur) pour la journée (400 B environ). Le restaurant-pension **Rabieng Rim Nam** (☎0 3242 5707 ; 1 Th Chisa-In ; 950 B/pers pour 4 pers) organise par ailleurs des excursions à la journée avec un guide anglophone.

être le plus beau fleuron de l'architecture khmère, cet endroit tranquille est un joli cadre pour des photos réussies.

Tham Khao Luang GROTTE

(ถ้ำเขาหลวง ; ⏲8h-18h). Rama IV appréciait particulièrement cette caverne spectaculaire envahie de stalactites, qui figure parmi les sanctuaires troglodytiques les plus remarquables du pays. On accède à la grotte, à 4 km environ au nord de la ville, par des marches raides. La statue du Bouddha trônant au centre semble se parer de lueurs célestes lorsque l'orifice au plafond (en forme de cœur) laisse filtrer la lumière du soleil. À l'extrémité opposée de la caverne, une rangée de bouddhas assis projette une ribambelle de silhouettes en ombre sur la paroi ondulée.

Les guides vous expliqueront que Rama IV a construit la porte de pierre séparant la chambre principale de la deuxième salle pour assurer la sécurité d'un couple qui vivait là à l'époque. La troisième salle abrite une statue représentant un homme en prosternation, censé évoquer le cycle de la vie et de la mort. Elle n'a toutefois guère connu le repos, ayant été saccagée par des voleurs en quête de trésors cachés. En s'enfonçant plus profondément dans la grotte, on devrait observer un morceau de paroi rocheuse rappelant le Christ sur la croix… mais nos yeux sans imagination n'ont rien vu du tout.

À l'entrée de la grotte, des singes effrontés tentent de grappiller tout ce qu'ils peuvent. Des guides proposent leurs services près du parking – mais ne sont pas toujours très clairs quant à leur tarifs (en général 100 B/pers).

Comptez 150 B environ l'aller et retour en transport privé depuis le centre.

Tham Khao Bandai-It GROTTE

(ถ้ำเขาบันไดอิฐ ; contribution libre ; ⏲9h-16h). À 2 km à l'ouest de la ville, ce monastère s'étend à flanc de colline au travers de plusieurs grandes cavernes transformées en humbles sanctuaires et pièces de méditation pour les ermites. Des guides anglophones (n'oubliez pas le pourboire) font visiter les grottes – et ont essentiellement le mérite de vous protéger contre les singes. L'une des cavernes est occupée par une population non négligeable de chauves-souris.

Phra Ram Ratchaniwet SITE HISTORIQUE

(พระรามราชนิเวศน์ ; palais Ban Peun ; ☎0 3242 8083 ; 50 B ; ⏲8h-16h lun-ven). Cet incroyable édifice Art déco se trouve à 1 km au sud de la ville. Sa construction, décidée par Rama V (qui mourut peu après) commença en 1910. Les architectes allemands qui le réalisèrent profitèrent de l'occasion pour utiliser les dernières innovations en matière de construction et d'aménagement intérieur. L'édifice, typique du début du XXe siècle, témoigne de l'engouement des Thaïlandais, alors soucieux de rivaliser avec l'architecture "moderne" de leurs voisins colonisés, pour le style européen.

Si l'extérieur du palais n'a rien de vraiment exceptionnel, l'intérieur mérite le détour pour les vastes pièces baignées de lumière et arborant de superbes céramiques émaillées, des vitraux, de beaux parquets et une profusion d'ornements en fer forgé. Remarquez l'escalier à double révolution et la salle de bains personnelle du roi (à la pointe de l'innovation pour l'époque).

Hat Puak Tian PLAGE

(หาดปึกเตียน). Le week-end, les gens du coin viennent batifoler dans l'eau et manger des fruits de mer dans cette localité balnéaire située à 20 km au sud-est de Phetchaburi. Outre sa plage de sable sombre, elle est – modestement – connue pour la place qu'elle occupe dans *Phra Aphaimani*, le poème épique de Sunthorn Phu (1786-1855). Une statue partiellement immergée représente une géante à l'expression désespérée, debout la main tendue : dans le poème, cette femme s'est travestie en séductrice afin de gagner l'amour du héros et le séquestrer dans la ville. Celui-ci découvre toutefois la supercherie – ainsi que l'infâme laideur de la géante – et avec l'aide d'une sirène, parvient à s'enfuir pour Ko Samet.

Prévoyez un transport privé pour vous rendre à Hat Puak Tian.

Fêtes et festivals

Foire de Phra Nakhon Khiri FÊTE CULTURELLE

Cette fête bien provinciale se tient durant neuf jours début avril, essentiellement à Khao Wang. Le Phra Nakhon Khiri est décoré de guirlandes lumineuses et les festivités comportent des spectacles de danse traditionnelle, un concours de beauté ainsi que des démonstrations de techniques artisanales et culinaires.

Où se loger

Comme la plupart des gens viennent pour la journée depuis Hua Hin ou Cha-an, Phetchaburi manque cruellement d'hébergements, en particulier dans la catégorie petits budgets. Dommage car c'est la ville idéale pour des voyageurs en quête de culture et qui trouvent Bangkok trop grand.

Sun Hotel HÔTEL $$

(☎0 3240 0000 ; www.sunhotelthailand.com ; 43/33 Soi Phetkasem ; ch 800-1 500 B ; ❄@📶). Face à l'entrée arrière du Phra Nakhon Khiri, c'est la meilleure adresse parmi le terne choix de Phetchaburi. Les chambres sont spacieuses et confortables, les sdb fonctionnelles et les employés professionnels. Il y a un agréable café au rez-de-chaussée, un accès Internet et une connexion Wi-Fi (payants).

Jomklow Hotel HÔTEL $

(☎0 3242 5398 ; 1 Th Te Wiat ; ch 180 B). Des chambres minuscules très, très sommaires dans un bâtiment qui aurait grand besoin d'une rénovation totale.

Phetkasem Hotel HÔTEL $

(☎0 3242 5581 ; 86/1 Th Phetkasem ; ch 200-400 B ; ❄). Nécessitant lui aussi de sérieux travaux, le Phetkasem loue des chambres vétustes avec du mobilier cassé. Mais au moins a-t-on un toit sur la tête...

Où se restaurer

Entourée de plantations de palmiers sucriers, Phetchaburi concocte plusieurs spécialités sucrées, notamment le *kà·nŏm môr gaang* (crème aux œufs) et toute une variété de desserts "dorés", à base de jaunes d'œuf et censés porter chance. Des pommes rosées de Phetchaburi (ou jamboses rouges, *chom·pôo Phet*), très goûteuses, des ananas et une variété de bananes sont produits dans les environs.

Marché de jour ÉTALS DE RESTAURATION $

Parfait pour plonger dans la vie locale et manger comme les habitants, il se tient au nord de la tour de l'horloge. Les étals de restauration, situés en bordure, servent les plats de nouilles classiques ainsi que des spécialités comme le *kà·nŏm jin tôrt man* (nouilles fines et croquettes de poisson épicées) et le *kôw châa pét·bù·ri* (riz moelleux froid servi avec des friandises), très apprécié à la saison chaude.

Rabieng Rim Nam INTERNATIONAL $

(☎0 3242 5707 ; 1 Th Chisa-In ; plats 40-180 B ; ⏱petit-déj, déj et dîner). Ce restaurant en bord de rivière sert une cuisine épatante et, chose rare à Phetchaburi, propose quantité d'informations touristiques en anglais. La maison organise également des excursions. Côté hébergement, hélas ! nous ne saurions recommander la pension totalement décrépite.

Khon Toy Restaurant THAÏLANDAIS $

(Soi derrière le Sun Hotel ; plats à partir de 35 B ; ⏱déj et dîner). En retrait de la rue derrière un écran de verdure. On s'affaire sans discontinuer dans la cuisine de cet établissement de plein air servant des plats à emporter. Tout est simple, sauté au wok et savoureux.

Jek Meng THAÏLANDAIS $

(85 Th Ratwithi ; plats 50-80 B ; ⏱déj et dîner). Nappes à carreaux noirs et blancs, énormes bols de nouilles brûlantes et riz frit.

Na & Nan THAÏLANDAIS $

(Th Damnoen Kasem ; plats 40-60 B ; ⏱déj et dîner). Autre boutique de nouilles bien sympathique, dans une rue du centre où l'on trouve des restaurants sans prétention. Leur *gŏo·ay đĕe·o gài* (nouilles au poulet) est préparé à la mode du Sud, avec un pilon de poulet entier.

Renseignements

Il n'existe pas de bureau d'information officiel, mais le Rabieng Rim Nam est une excellente source de renseignements pour Phetchaburi et le parc national de Kaeng Krachan. Connexion Wi-Fi et ordinateur (un poste) au Sun Hotel (100 B/h).

Centre téléphonique (angle Th Ratwithi et Th Damnoen Kasem ; ⏱7h-22h). Au 1er étage de la poste.

Police (☎0 3242 5500 ; Th Ratwithi). Près du carrefour de Th Ratchadamnoen.

Poste principale (angle Th Ratwithi et Th Damnoen Kasem)

Siam Commercial Bank (2 Th Damnoen Kasem). Il y a aussi à proximité d'autres agences avec DAB et service de change.

VAUT LE DÉTOUR

PARC NATIONAL DE KAENG KRACHAN

อุทยานแห่งชาติแก่งกระจาน

Se réveiller à l'aube aux cris des gibbons, randonner dans la forêt pour apercevoir des éléphants s'abreuver aux points d'eau, attraper une bonne suée dans l'ascension du plus haut sommet du parc… Étonnamment proche de la civilisation, mais peu fréquenté par les touristes, le **parc national** (☎0 3245 9293 ; www.dnp.go.th ; 200 B ; ⊙centre d'information des visiteurs 8h30-16h30) le plus grand du pays (3 000 km²) abrite une nature sauvage, dense et enchevêtrée. Sous l'action conjuguée de pluies abondantes et de la présence de deux rivières et d'un lac, l'endroit reste vert toute l'année. On y trouve quantité d'espèces animales – éléphants sauvages, cervidés, gibbons, ours, semnopithèques obscurs, bovidés sauvages, etc. Côté oiseaux, le parc occupe une zone biologique intéressante : la plus méridionale pour les espèces du Nord et la plus septentrionale pour les espèces du Sud. Quelque 400 espèces cohabitent ici, parmi lesquelles des calaos, des faisans et d'autres volatiles vivant sur le sol.

Activités

La marche est le meilleur moyen d'explorer le parc. Les chemins sont généralement signalés à partir de la route principale, et balisés. Au départ du Km 36, le sentier de **Nam Tok Tho Thip** (4 km) mène à des chutes étagées en 18 niveaux. Point culminant du parc, le **Phanoen Thung** s'atteint après une marche de 6 km qui débute au Km 27. Attention, certains sentiers, notamment celui du Phanoen Thung, sont fermés à la saison des pluies (août à octobre). Dans la partie sud du parc, les chutes jumelles de **Pa La-U Yai** et **Pa La-U Noi** sont un but d'excursion classique depuis Hua Hin, d'où il est possible également d'organiser des sorties à VTT dans le parc.

Les infrastructures d'accueil sont assez restreintes et les routes parfois mauvaises. Les gardes peuvent vous orienter pour trouver transport, provisions et matériel de camping à louer. Il y a beaucoup de monde le week-end et les jours fériés, mais en principe pas en semaine. La meilleure époque pour explorer le parc s'étend de novembre à avril. Si vous ne voulez pas vous occuper de la logistique, le **Rabieng Rim Nam** (☎0 3242 5707 ; 1 Th Chisa-In, Phetchaburi ; à partir de 1 950 B/pers, pour 4 pers) organise des trekkings et des sorties d'observation des oiseaux (un jour ou plus).

Où se loger et se restaurer

Dans le parc, on trouve différents **bungalows** (☎0 2562 0760 ; www.dnp.go.th/parkreserve ; bungalows à partir de 1 200 B), essentiellement près du lac, très simples, avec ventilateur et réfrigérateur, pour 4 à 6 personnes. Il y a également des **campings** (60-90 B/pers), dont un, agréable et verdoyant, près du lac et du centre d'information des visiteurs, ainsi qu'un modeste restaurant. Le centre d'information loue des tentes.

Sur la route menant à l'entrée du parc s'alignent plusieurs complexes hôteliers et bungalows sans prétention. **A&B Bungalows** (☎08 9891 2328 ; ch à partir de 700 B), à 3,5 km avant d'atteindre le centre d'information des visiteurs, est apprécié des ornithologues. Le restaurant, bon, vous fournira de quoi pique-niquer.

Depuis/vers le Kaeng Krachan

Le Kaeng Krachan se trouve à 52 km au sud-ouest de Phetchaburi ; la lisière sud du parc se situe à 35 km de Hua Hin. Si vous avez votre propre véhicule, de Phetchaburi, suivez la Hwy 4 sur 20 km vers le sud jusqu'à la ville de Tha Yang. Tournez à droite (ouest) et parcourez 38 km jusqu'au centre d'information des visiteurs. Si vous venez du sud (Hua Hin), allez jusqu'à Tha Tang et suivez le même itinéraire.

Vous pouvez aussi rejoindre le parc en **minibus** (☎08 9231 5810 ; aller 100 B) depuis Phetchaburi (pas d'horaire fixe ; vous devez organiser les choses par téléphone) ou prendre un *sŏrng·tăa·ou* (80 B, 1 heure 30, 6h à 14h) de Phetchaburi (près de la tour de l'horloge) jusqu'à Ban Kaeng Krachan, à 4 km du parc, d'où vous trouverez un chauffeur pour faire le reste du trajet. Vous pouvez enfin louer un *sŏrng·tăa·ou* avec chauffeur pour vous conduire jusqu'au parc – mais il vous faudra marchander.

Des excursions en minibus existent au départ de Hua Hin.

Depuis/vers Phetchaburi

L'arrêt des bus à destination de la capitale se trouve à côté du marché de nuit. C'est le terminal Sud (Sai Tai Mai) de Bangkok (120 B, 2 heures ; ttes les heures le matin) qui est desservi. Il y a en face un arrêt de minibus également à destination de Bangkok (monument de la Victoire, 80 B, terminal Sud, 100 B).

Des bus ordinaires rallient Cha-am (40 B) et Hua Hin (50 B). Arrêt près de Th Matayawong.

La plupart des bus climatisés et des minibus à destination du sud prennent les voyageurs à l'extérieur de la ville, dans Th Phetkasem, devant le grand magasin Big C. Cha-am (50 B, 40 min, départ fréquents) et Hua Hin (50 B, 2 heures), entre autres, sont desservies. La course en moto-taxi depuis/vers le centre coûte 50 B environ.

De nombreux trains circulent depuis/vers Bangkok (gare de Hua Lamphong). Les tarifs sont fonction du type de train et de la classe (3e classe 84-144 B, 2e classe 188-358 B, 3 heures).

Comment circuler

La course en moto-taxi en ville revient entre 40 et 50 B. Tarif similaires en *sŏrng·tăa·ou*. La gare ferroviaire se trouve à 20 min à pied (1 km) du centre-ville.

Le Rabieng Rim Nam (p. 142) loue des vélos (120 B/jour) et des motos (250 B/jour).

Cha-am

ชะอำ

72 400 HABITANTS

Le week-end et les jours fériés, cette cité voit arriver des familles du coin et des étudiants de Bangkok débarquant de bus aux couleurs fluo (les "*chor ching cha*"), dopés à la musique techno et bien déterminés à faire la fête. Dans une ambiance 100% thaïlandaise, on mange et on boit à longueur de temps, installé à l'ombre de parasols en contemplant le spectacle des bateaux gonflables qui vont et viennent et finissent par se retourner, jetant tous leurs passagers à l'eau sous les éclats de rires et les applaudissements.

Les rares étrangers présents à Cha-am sont généralement des retraités européens qui passent l'hiver ici plutôt qu'à Hua Hin, plus chère. Cha-am n'est pas l'endroit rêvé pour rencontrer des jeunes en voyage, ni même pour venir avec de jeunes enfants (ils risquent d'être effrayés par les comportements de paparazzi des Thaïlandais en vacances). Mais pour le reste, la grande plage de sable est parfaite, l'eau gris-bleu propre et tranquille, l'immersion dans la société thaïlandaise amusante et les prix parmi les plus abordables de la côte.

Fêtes et festivals

Fête du crabe — GASTRONOMIE

En février, Cha-am célèbre l'un des délices de son rivage : le crabe bleu. Étals de nourriture, concerts et tourbillon de néons transforment le front de mer en une immense salle des fêtes.

Gin Hoy, Do Nok, Tuk Meuk — GASTRONOMIE

"Manger des crustacées, observer les oiseaux, pêcher des calamars" : le nom de cette fête organisée tous les ans en septembre est un programme en soi. Hommage aux traditions et produits locaux, elle est essentiellement culinaire, mais elle comprend effectivement des démonstrations de pêche et des excursions d'observation des oiseaux dans les réserves alentour.

Où se loger

Cha-am dispose de deux types d'hébergements : des hôtels de style appartements, le long de Th Ruamjit, et des "condotels" plus coûteux, qui louent des appartements avec cuisine. En semaine, vous bénéficierez sans doute de réductions sur les tarifs affichés.

La partie nord de la localité ("Long Beach"), où la plage est plus grande et le sable plus blond, est davantage fréquentée par les touristes que la partie sud, essentiellement thaïlandaise. Th Narathip marque la limite entre les deux parties et les *soi* qui partent de l'artère longeant la plage (Th Ruamjit) sont numérotés en ordre croissant dans les deux directions à partir de cette intersection.

Charlie House — PENSION $$

(☎0 3243 3799 ; 241/60-61, Soi 1 North, Th Ruamjit ; ch 650-800 B ; ❄📶). Un établissement rayonnant avec son hall vert citron et ses chambres pleines de couleurs. À ne pas confondre avec le Charlie Place et le Charlie TV, dans le même *soi*.

Cha-am Mathong Guesthouse — PENSION $$

(☎08 1550 2947 ; www.chaammathongcom ; angle Th Ruamjit et Soi 3 South ; ch 600-800 B ; ❄). Propre, commode et bien équipé, cet établissement, s'il n'obtient pas le premier prix de l'assistance aux voyageurs, est d'un bon rapport qualité/prix.

Dee Lek — PENSION $$

(☎0 3247 0396 ; www.deelek.com ; 225/30-33 Soi Long Beach, Th Ruamjit ; ch 1 200-1 500 B ; ❄📶). Favori des touristes scandinaves, le Dee Lek

LE REFUGE DES ANIMAUX

Les numéros de cirque et autres tours de foire ne respectant pas les animaux ne font plus guère recette aujourd'hui. Mais avec les meilleures intentions du monde, d'authentiques amis de la nature désireux de voir les créatures emblématiques de la Thaïlande contribuent bien malgré eux au maintien d'une industrie d'exploitation très peu réglementée. Dans bien des cas, éléphants, tigres ou singes sont capturés en toute illégalité, puis soumis à des mutilations visant à les rendre moins dangereux (il n'est pas rare qu'on arrache les dents et les mâchoires des tigres). Certains sont vendus comme animaux de compagnie à des particuliers qui ne s'en occupent pas ou les maintiennent captifs dans des conditions épouvantables ; d'autres sont abandonnés lorsqu'ils sont infirmes ou trop malades pour travailler.

La Wildlife Friends Foundation Thailand possède un **centre de soins pour les animaux** (☎0 3245 8135 ; www.wfft.org ; Wat Khao Luk Chang, 35 km au nord-ouest de Cha-am) qui recueille les bêtes abandonnées ou maltraitées. La plupart ne peuvent être réintroduites dans leur milieu parce qu'elles sont blessées ou ont perdu leur capacité de survie. Le centre s'occupe de 400 animaux – ours, tigres, gibbons, macaques, loris et autres oiseaux, notamment. Il gère aussi un programme de sauvetage d'éléphants, qui s'occupe de racheter des éléphants utilisés pour la mendicité.

Le centre propose un **circuit complet** (5 000 B pour 6 pers) présentant les animaux et leur parcours. La sortie (transfert depuis l'hôtel à Hua Hin ou Cha-am) comprend une visite au parc des éléphants (sans balade à dos d'animal).

Pour aller plus loin, on peut travailler comme bénévole au centre : cueillette des fruits et légumes pour nourrir les ours malais, nettoyage des enclos, repas des gibbons (à apporter en canot sur leur île), etc. L'engagement minimum est de 2 semaines à raison de 6 jours par semaine (de 6h30 à 18h30 en principe). Pour les tarifs et tout autre renseignement, prenez contact avec le centre ou rendez-vous sur le **site Internet** (www.wildlifevolunteer.org).

propose des chambres spacieuses meublées à l'européenne, avec de grandes sdb.

Casa Papaya HÔTEL $$$

(☎0 3247 0678 ; www.casapapayathai.com ; 810/4 Th Phetkasem ; ch 3 000-5 000 B ; ❄📶). Un hôtel original et accueillant, installé directement sur la plage entre Cha-am et Hua Hin. Certains bungalows disposent d'une terrasse sur le toit. Lits king-size et sdb aux couleurs éclatantes.

Où se restaurer

Vous pouvez héler depuis votre chaise longue l'un des marchands ambulants proposant poissons et fruits de mer grillés ou frits, ou bien commander à l'une des gargotes de plage. Il ya des restaurants de poisson à prix raisonnables tout au nord, au petit port de pêche.

♥ **Rang Yen Garden** THAÏLANDAIS $

(☎0 3247 1267 ; 259/40 Th Ruamjit ; plats 60-180 B ; 🕒déj et dîner nov-avr). Après avoir vécu comme un étranger à la plage toute la journée, on se sent comme chez soi lorsqu'on s'installe le soir dans le jardin luxuriant de ce charmant restaurant de spécialités thaïlandaises. Ouvert uniquement à la haute saison.

Bella Pizza ITALIEN $$

(Soi du terminal des bus, Th Ruamjit ; plats 150-200 B ; 🕒déj et dîner). Le nombre d'étrangers en ville justifie la présence de cette pizzeria, qui contente tout le monde. Pour la petite histoire : le propriétaire (un Thaïlandais) a travaillé dans une pizzeria en... Suède.

Poom Restaurant POISSON, FRUITS DE MER $$

(☎0 3247 1036 ; 274/1 Th Ruamjit ; plats 120-250 B ; 🕒déj et dîner). Un peu plus onéreux que les autres restaurants de plage à proximité, mais la fraîcheur des produits servis sous de grands palmiers le justifie amplement. Un signe qui ne trompe pas : les Thaïlandais en week-end s'y précipitent.

Pla Too Restaurant POISSON, FRUITS DE MER $$

(☎032 508175 ; plats 150-250 B ; 🕒déj et dîner). De délicieux fumets mettent le convive en appétit dès qu'il descend de voiture pour rejoindre ce vaste restaurant installé en front de mer entre Cha-am et Hua Hin, près du Courtyard Marriott. Clientèle thaïlandaise et étrangère.

Renseignements

La Phetkasem Hwy traverse le centre animé de Cha-am, à 1 km environ de la plage. Dans cette partie de la localité se trouvent le principal arrêt de bus, des banques, la poste principale, un marché en plein air et la gare ferroviaire.

Il y a de nombreuses banques avec DAB et service de change dans Th Ruamjit.

Communications Authority of Thailand (CAT ; Th Narathip). Appels internationaux.

Only Chaam (www.onlychaam.com) est un blog et un site web sur le tourisme à Cha-am.

Poste (Th Ruamjit). Au niveau de la plage principale.

Tourism Authority of Thailand (TAT ; ☎0 3247 1005 ; tatphet@tat.or.th ; 500/51 Th Phetkasem ; ⌚8h30-16h30). Sur Phetkasem Hwy, à 500 m au sud de la ville. Le personnel parle bien anglais.

Depuis/vers Cha-am

Les bus s'arrêtent sur Phetkasem Hwy au niveau du magasin 7-Eleven, au carrefour avec Th Narathip. Parmi les destinations desservies fréquemment :

Terminal Sud (Sai Tai Mai) de Bangkok (150 B, 3 heures)

Phetchaburi (50 B, 40 min)

Hua Hin (50 B, 30 min)

Des minibus au départ du terminal des bus Soi, entre Th Ruamjit et Th Chao Lay, rallient le monument de la Victoire à Bangkok (160 B, 2 heures 30, ttes les heures de 7h à 17h30). Hua Hin (120 B) et Phetchaburi (100 B) sont également desservies par des minibus. La course en taxi jusqu'à Hua Hin revient à 500 B.

La **gare ferroviaire** (Th Narathip) se trouve à l'ouest de Phetkasem Hwy. Il y a cinq trains par jour entre la gare Hua Lamphong de Bangkok et Cha-am (40-150 B, 4 heures). Ils continuent ensuite sur Hua Hin. Dans les horaires de trains, Cha-am est répertoriée, en thaï, sous le nom de "Ban Cha-am".

Comment circuler

Le court trajet entre le centre-ville et la plage revient à 30 B à moto et 40 B en *sŏrng·tăa ou*. Certains chauffeurs essaient d'emmener le touriste dans un hôtel où ils touchent une commission plutôt que dans celui demandé.

Il est possible de louer une moto (300 B/jour) dans Th Ruamjit, et l'on trouve partout en ville des vélos (20 B/heure ou 100 B/jour).

Hua Hin

หัวหิน

99 000 HABITANTS

La plus ancienne station balnéaire du pays n'a rien d'une île bordée de palmiers perdue au milieu de l'océan... et c'est tant mieux. Elle offre au contraire un délicieux cocktail de ville et de mer, avec son ambiance cosmopolite, ses marchés animés, ses savoureux en-cas à grignoter dans la rue, ses grandes plages et les services et équipements d'une grande cité – ici, pas d'écoulement d'eaux usées au beau milieu de la plage.

Les origines aristocratiques de Hua Hin remontent aux années 1920, lorsque Rama VI (le roi Vajiravudh) et Rama VII (Prajadhipok) y firent construire leur résidence d'été afin d'échapper au climat étouffant de Bangkok. Le plus connu des deux palais, le **Phra Ratchawang Klai Kangwon** ("palais Sans-Souci", une appellation devenue un slogan pour la ville elle-même), se tient à 3 km au nord de la

Au sud de Hua Hin

Hua Hin

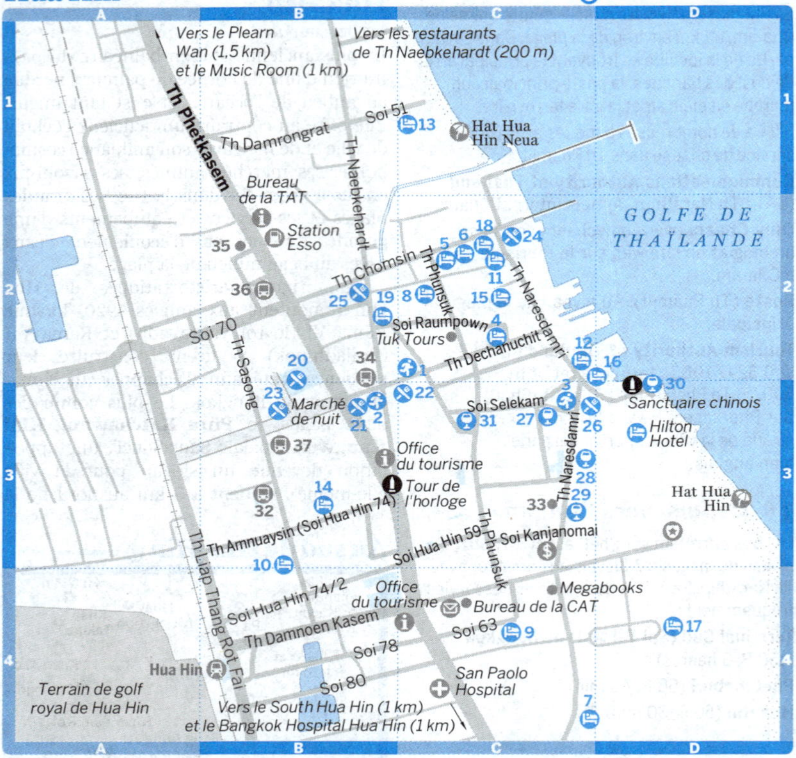

ville. Il appartient toujours à la famille régnante. Forte de sa notoriété royale et grâce à la construction du chemin de fer du sud, Hua Hin devint la station balnéaire de référence pour la haute société thaïlandaise, qui y aménagea à son tour des résidences secondaires.

Dans les années 1980, la rénovation par le groupe Sofitel du grand hôtel de la ville donna le coup d'envoi au tourisme étranger. Toutes les grandes chaînes hôtelières internationales sont aujourd'hui présentes à Hua Hin, et un nombre croissant d'étrangers fortunés choisissent de se retirer dans les résidences des environs. Le week-end, la bourgeoisie de Bangkok investit les lieux et transforme certains quartiers en petits Sukhumvit.

Les voyageurs au budget serré ne doivent pas s'effaroucher pour autant : dans cette ville thaïlandaise bouillonnante d'activité, les transports publics sont bon marché et l'on trouve partout des fruits de mer abordables. Enfin, il est bien moins long, bien moins compliqué, et donc bien moins cher, de venir ici depuis Bangkok que gagner les îles plus au sud. Ne perdez plus une minute !

À voir

Hua Hin possède des plages immenses où l'on se baigne en toute sécurité. C'est par ailleurs l'un des endroits de la péninsule où il pleut le moins durant l'année. En période de tempête, méfiez-vous des méduses.

HUA HIN-VILLE เมืองหัวหิน

Ancien village de pêcheurs, la ville de Hua Hin a conservé son vieux quartier de *shophouses* en teck, quadrillé de *soi* étroits, ses maisons anciennes sur les pontons, transformées en restaurants et pensions, et un port de pêche encore très vivant. Au sud du port se trouve le promontoire rocheux qui a donné son nom à la ville (Hua Hin signifie "tête de pierre"). Le centre renferme

Hua Hin

Activitiés

1 Buchabun Art & Crafts Collection ... C2
2 Hua Hin Adventure Tour ... B3
3 Hua Hin Golf Centre ... C3

Où se loger

4 All Nations Guest House ... C2
5 Araya Residence ... C2
6 Baan Chalelarn Hotel ... C2
7 Baan Laksasubha ... C4
Baan Oum-or Hotel ... (voir 9)
8 Baan Tawee Suk ... C2
9 Ban Somboon ... C4
10 Euro-Hua Hin City Hotel (YHA) ... B3
11 Fat Cat Guesthouse ... C2
12 Fulay Guesthouse ... C2
13 Green Gallery Bed and Breakfast ... C1
14 My Place Hua Hin ... B3
15 Pattana Guest House ... C2
16 Sirima ... D2
17 Sofitel Centara Grand Resort and Villas ... D4
18 Supasuda Guest House ... C2
19 Tong-Mee House ... B2

Où se restaurer

20 Marché de Chatchai ... B2
21 Hua Hin Koti ... B3
22 Jek Pia Coffeeshop ... C3
23 Marché de nuit ... B3
24 Sang Thai Restaurant ... C2
Sofitel Cafe & Tea Corner ... (voir 17)
25 Stands de Th Chomsin ... B2
26 World News Coffee ... C3

Où prendre un verre

27 el Murphy's Mexican Grill & Steakhouse ... C3
28 Hua Hin Brewing Company ... C3
29 Mai Tai Cocktail & Beer Garden ... C3
30 No Name Bar ... D3
31 O'Neill's Irish Pub ... C3

Transports

32 Bus climatisés pour Bangkok ... B3
33 Bureau de Lomphraya ... C3
34 Minibus pour Bangkok ... B2
35 Minibus pour le monument de la Victoire de Bangkok ... B2
36 Bus ordinaires pour Phetchaburi et Cha-am ... B2
37 *Sŏrng·tăa·ou* pour Khao Takiab et bus pour Pranburi ... B3

des marchés bruissant d'activité et tous les commerces où vous procurer le moindre article moderne manquant dans votre valise.

Hat Hua Hin — PLAGE

(หาดหัวหิน ; accès public par l'extrémité est de Th Damnoen Kasem). Lorsqu'on la regarde depuis l'entrée principale, la plage de Hua Hin peut sembler très surfaite : on voit une étendue de sable, agréable certes mais pas non plus extraordinaire, parsemée de gros rochers ronds et lisses et dominée par le Sofitel (le complexe hôtelier s'avance pratiquement jusqu'à la limite des vagues à marée haute). Surmontez votre déception et profitez des scènes de la vie locale : c'est ici que les Thaïlandais viennent se photographier en train de marcher dans l'eau et où l'on fait faire aux enfants sages des balades à dos de poney.

Pour les choses sérieuses (se baigner et prendre le soleil), continuez vers le sud. Déroulant un long ruban de sable blanc et fin devant des eaux gris-vert bien calmes, la plage se poursuit sur 5 kilomètres, jusqu'à Khao Takiab, un promontoire orné d'un bouddha. Certes des hôtels bétonnés se dressent là où l'on aimerait voir des cocotiers, mais cela suffira-t-il à vous distraire de votre longue balade ? Plusieurs routes d'accès ramènent dans Th Phetkasem, où vous pourrez héler un *sŏrng·tăa·ou* pour rentrer en ville.

Gare ferroviaire de Hua Hin — SITE HISTORIQUE

(สถานีรถไฟหัวหิน ; Th Liab Tang Rot Fai). Fleuron de l'architecture locale, le bâtiment rouge et blanc qui trône aux côtés de la gare ferroviaire était la salle d'attente de la famille royale sous le règne de Rama VI. En offrant une liaison en quatre heures entre la capitale et Hua Hin (une véritable révolution au début du XXe siècle), le chemin de fer a permis l'émergence de Hua Hin en tant que destination touristique pour l'aristocratie et la haute société de Bangkok.

NORD DE HUA HIN

La portion de côte qui part au nord du port de pêche de Hua Hin en direction de Cha-am abrite plusieurs résidences d'été de la famille royale et de l'aristocratie.

Hat Hua Hin Neua PLAGE

(หาดหัวหินเหนือ ; plage du nord de Hua Hin ; accès public par les sentiers partant de Th Naebkehardt). Cette partie de côte est bordée de petites propriétés thaïlandaises d'inspiration victorienne, dotées de noms évoquant l'océan ("la maison qui écoute la mer", par exemple). Le palais de l'actuelle famille royale, à 3 km au nord de la ville, ouvre son **parc** (⏲5h30-7h30 et 16h-19h ; passeport demandé) aux visiteurs. Th Naebkehardt est le quartier de prédilection des habitants de Bangkok en week-end. Certains ont élu domicile dans ces demeures à l'ancienne, d'autres viennent simplement dîner dans celles transformées en restaurants.

GRATUIT **Plearn Wan** ÉDIFICES REMARQUABLES

(เพลินวาน ; ☎0 3252 0311 ; www.plearnwan.com ; Th Phetkasem entre Soi 38 et 40). Davantage exposition artistique qu'entreprise commerciale, ce village rétro rassemble des versions stylisées de *shophouses* des anciens quartiers sino-thaïlandais de Bangkok et de Hua Hin. On y voit notamment une pharmacie présentant des racines, poudres et préparations diverses utilisées jadis par les grand-mères thaïlandaises, une boutique spécialisée dans la musique de crooner des années 1950 et 1960, et d'autres magasins et attractions de l'époque d'avant l'implantation des commerces de proximité 7-Eleven. Cela pourrait être un piège à touristes, mais l'entrée est gratuite et la plupart des visiteurs se contentent de déambuler en prenant des photos, sans ouvrir leur porte-monnaie à la première occasion. Si vous voulez apporter votre soutien à ce petit coin de nostalgie, il y a tout de même de quoi acheter des souvenirs rétro et des en-cas.

Phra Ratchaniwet Mrigadayavan SITE HISTORIQUE

(พระราชนิเวศน์มฤคทายวัน ; ☎0 3250 8443 ; 30 B ; ⏲9h-16h30). Le palais d'été construit en 1923 pour Rama VI, qui souffrait de polyarthrite, fut installé à 10 km au nord de Hua Hin dans un lieu baigné par de bénéfiques brises marines. L'architecte italien dessina les plans de façon à favoriser la circulation de l'air dans le complexe et offrir chaque fois que possible une vue sur la mer. Le résultat est un ensemble de bâtiments en teck interconnectés, arborant de hautes fenêtres à persiennes et des éléments ajourés. Construits sur pilotis, ils surmontent une promenade de bois bien ombragée. L'ensemble est fonctionnel et discrètement élégant, sans apparat excessif. Le beau **parc** abrite des arbres monumentaux, vieux pour certains de presque un siècle. Dans ce cadre et avec l'orchestre traditionnel thaïlandais, le visiteur se retrouve aisément transporté dans une époque révolue.

Le palais se tenant dans une enceinte militaire, le camp Rama VI, vous devrez présenter vos papiers à l'entrée. Le plus commode est de venir en transport privé, mais vous pouvez aussi prendre le bus reliant Hua Hin à Cha-am et demander au chauffeur de vous laisser à la bifurcation pour le palais. Là, vous trouverez un moto-taxi pour faire les 2 km restants.

INTÉRIEUR DES TERRES

Baan Silapin GALERIE D'ART

(บ้านศิลปิน ; ☎032534830 ; www.huahinartistvillage.com ; Th Hua Hin-Pa Lu-U ; ⏲10h-17h mar-dim). Tawee Kase-ngam, un artiste-peintre de Hua Hin, a créé ce village d'artistes dans un lieu boisé à 4 km à l'ouest de Th Phetkasem. On peut découvrir dans les galeries et ateliers les travaux de 21 artistes ayant préféré au rythme effréné de la scène de Bangkok l'atmosphère plus tranquille de Hua Hin, et son bel environnement de mer et de montagnes. Un peu à l'écart, des cases d'argile abritent les sculptures amusantes de Nai Dee. Professeur patient et charismatique, Mae A-Ngoon donne des **cours d'arts plastiques** (9h30-11h30 ; 300/200 B adultes/enfants) pour adultes (mardi et jeudi) et enfants (samedi).

Hua Hin Hills Vineyard VIGNOBLE

(ไร่องุ่นหัวหินฮิลล์ วินยาร์ด ; ☎08 1701 8874 ; www.huahinhillsvineyard.com ; Th Hua Hin-Pa Lu-U ; ⏲10h-18h). Cette propriété viticole nichée dans une superbe vallée montagneuse à 45 km à l'ouest de Hua Hin appartient au mouvement des "Nouvelles Latitudes" (voir l'encadré ci-contre). Le sol de sable et de schiste permet la production de plusieurs cépages originaires de la vallée du Rhône, commercialisés sous le label Monsoon Valley.

Pour découvrir la viticulture telle qu'on la pratique sous un climat tropical, vous pouvez effectuer la **visite guidée du domaine** (gratuit ; ⏲13h et 16h), participer à une **dégustation** (290 B pour 3 vins) et déjeuner au joli **Sala Wine Bar & Bistro** (plats 200-500 B). Pour compléter la journée, il y a aussi un cours de pétanque, des chemins de VTT et des balades à dos d'éléphant.

Une navette part du magasin **Hua Hin Hills Wine Cellar** (☎0 3252 6 351, Market Village, Th Phetkasem, South Hua Hin) à 10h30 et 15h (retour à 15h et 18h). L'aller-retour coûte 200 B.

KHAO TAKIAB เขาตะเกียบ

Dressée comme une sentinelle à l'extrémité sud de la plage de Hua Hin, à 7 km au sud de la ville, la "montagne des baguettes" est ornée d'un immense bouddha debout. Un temple sino-thaïlandais (**Wat Khao Lat**) ainsi qu'une colonie de singes effrontés (méfiance !) occupent le sommet de la colline (272 mètres), d'où la vue est splendide. Au sud du Khao Takiab s'étire **Suan Son Pradipath** (le "jardin des pins maritimes"), une plage boueuse entretenue par l'armée et fréquentée par les Thaïlandais en week-end. Un *sŏrng·tăa·ou* vert vous emmènera de Hua Hin au village de Khao Takiab, où quantité de gargotes permettent de se restaurer.

Le tout nouveau **marché de Cicada** (Th Phetkasem ; ⏲16h-23h ven-sam, 16h-22h dim) est un marché de plein air chic (alimentation et autres articles) où des musiciens jouent le vendredi soir dans une ambiance d'une joyeuse insouciance. Pour vous y rendre, prenez un *sŏrng·tăa·ou* vert (20 B ; de 6h à 21h) au marché de nuit de Hua Hin, ou bien un *túk-túk* (150 B).

Activités

Un grand nombre d'agences en ville proposent des excursions à la journée dans les parcs nationaux des environs. Vous devrez parfois attendre qu'un nombre suffisant de personnes soient inscrites pour la sortie de votre choix.

Hua Hin Adventure Tour (☎0 3253 0314 ; www.huahinadventuretour.com ; Th Naebkehardt) propose un catalogue un peu plus sportif que les autres, avec notamment du kayak dans le parc national de Khao Sam Roi Yot et du VTT dans le parc national de Kaeng Krachan.

Kitesurf

Les ailes de kite qui virevoltent joliment entre les nuages font désormais partie du paysage de Hua Hin, spot idéal grâce à ses vents réguliers durant une longue période de l'année (soufflant du nord-est d'octobre à décembre, du sud-est de juin à mars). Elle a accueilli les épreuves de la Coupe du monde en 2010.

Kiteboarding Asia KITESURF
(☎08 8230 0016 ; www.kiteboardingasia.com ; South Hua Hin ; stage débutants 11 000 B). Cette

VIN : NOUVELLES LATITUDES, NOUVELLES ATTITUDES

Le sens commun veut que la vigne dont on fait du bon vin ne pousse pas au pied des cocotiers. Toutefois, les progrès de la phytologie et l'émergence d'une demande véritablement mondiale en matière de vin ont radicalement changé la donne et ouvert la voie à l'initiative baptisée New Latitudes Wines ("Vins des Nouvelles Latitudes"), des vins élaborés avec des raisins cultivés en dehors de la zone traditionnelle comprise entre le 30e et le 50e parallèle.

La principale difficulté consiste à reproduire au plus près les conditions climatiques idéales pour la viticulture. Il faut ainsi créer artificiellement une période de repos (un "hiver") grâce à la taille, installer un système d'irrigation et planter des graminées en association, pour éviter l'érosion des sols à la saison des pluies. Ceux qui connaissent la viticulture telle qu'on la pratique en Europe seront stupéfaits de voir la façon dont les Thaïlandais parviennent à s'affranchir des techniques traditionnelles.

Les vins New Latitudes ne sont certes pas élevés par les experts au rang de leurs glorieux aînés, mais leur succès est réel au plan local. L'objectif de Siam Winery, la société-mère de Hua Hin Hills Vineyard (voir ci-contre), est de produire des vins qui se marient avec les saveurs élaborées de la cuisine thaïlandaise. Le domaine produit toute une variété de cépages – colombard, chenin blanc, muscat, syrah et sangiovese, notamment – et ses blancs aux fraîches notes d'agrumes accompagnent à merveille les spécialités locales très épicées.

L'œnophile en voyage doit s'adapter au climat. Dans la moiteur ambiante, les vins légers produits sur place se révèlent généralement plus agréables que les rouges puissants et mâchus qui s'associent parfaitement à une fraîche journée de printemps. Il n'est pas facile de boire du vin rouge en Thaïlande, car sous l'effet de la chaleur, les notes de cuir tournent immédiatement au vinaigre. Pour contrer les effets du climat tropical, n'hésitez pas à prendre le contrepied d'une autre règle bien établie : mettez votre bouteille au réfrigérateur de manière à retrouver, autant que possible, les conditions d'une cave.

société créée il y a 10 ans possède quatre boutiques sur la plage qui louent du matériel et proposent des cours, dont un enseignement des techniques de base et principes mécaniques fondamentaux. L'instructeur conseille aux débutants de privilégier la période janvier-mars (vents du sud-est et mer moins agitée).

Golf

Hua Hin, qui a vu se construire le premier parcours du pays, reste une destination privilégiée pour les golfeurs thaïlandais et étrangers.

Hua Hin Golf Centre GOLF

(☎0 3253 0476 ; www.huahingolf.com ; Th Selakam ; ⏲12h-22h). Le personnel très aimable de cette boutique spécialisée saura vous orienter vers les terrains les plus abordables, les mieux entretenus et les plus à l'abri des facéties des singes. Location de matériel et excursions golf.

Black Mountain Golf Course GOLF

(☎0 3261 8666 ; www.bmghuahin.com ; green fee 2 500 B). Le tout nouveau parcours fait l'unanimité chez les golfeurs. À une dizaine de kilomètres à l'ouest de Hua Hin, c'est un 18-trous aménagé au cœur de la jungle et d'une ancienne plantation d'ananas, incorporant des bras d'eau naturels. Il a accueilli les compétitions du championnat asiatique en 2009 et 2010.

Cyclotourisme

Le vélo est un moyen agréable et bon marché d'explorer les sites des environs de Hua Hin – en particulier au regard des prix de la course en taxi. Il existe quantité de chemins secondaires permettant de circuler à l'écart des artères très fréquentées et de profiter tranquillement du paysage.

Hua Hin Bike Tours CIRCUITS À VÉLO

(☎08 1173 4469 ; www.huahinbiketours.com ; 4/34 Soi Hua Hin 96/1, Th Phetkasem, South Hua Hin ; sorties 1 500-2 500 B). Le tandem mari et femme qui tient cette boutique (voir l'encadré ci-contre) propose des circuits (une demi-journée, une journée, plusieurs jours) à la découverte des attractions de Hua Hin et des environs. Partez en échappée jusqu'aux **Hua Hin Hills Vineyard** (p. 150), où un reconstituant bien mérité vous attend, ou bien suivez la côte au détour des criques du sud de Hua Hin, à moins que vous ne préfériez pédaler dans le massif calcaire du parc national de **Khao Sam Roi Yot** (p. 160). Si vous aimez mieux rouler en solo, vous pouvez louer ici un vélo d'excellente qualité (500 B/jour) et obtenir des conseils pour un itinéraire. Les gérants organisent également un tour de Thaïlande dont l'objectif est de récolter des fonds pour des organismes caritatifs, ainsi que des voyages d'entreprises. Rendez-vous sur le site de la société mère, **Tour de Asia** (www.tourdeasia.org) pour en savoir plus.

Cours

Buchabun Art & Crafts Collection CUISINE

(☎08 1572 3805 ; www.thai-cookingcourse.com ; 22 Th Dechanuchit ; cours 1 500 B). Les cordons-bleus amateurs peuvent s'initier en une demi-journée aux secrets de la cuisine thaïlandaise. Le cours, qui comprend la visite d'un marché et la remise d'un livre de recettes, ne se tient qu'avec un nombre minimum de participants.

Fêtes et festivals

King's Cup Elephant Polo Tournament COURSE D'ÉLÉPHANTS

Ce tournoi de polo bien spécial (les montures sont des éléphants et non des chevaux) se tient tous les ans en septembre dans le magnifique complexe de l'Anantara Hua Hin. Sans doute pas aussi enlevé que son cousin britannique, mais on vient ici pour une bonne cause : les fonds recueillis sont versés à des projets de sauvegarde des éléphants.

Hua Hin Jazz Fest JAZZ

Hua Hin, villégiature d'un roi qui porte un intérêt spécifique à ce genre musical, organise tous les ans (généralement en juin) un festival de jazz où se produisent des musiciens thaïlandais et étrangers. Tous les concerts sont gratuits.

Fringe Festival THÉÂTRE

Ce festival des arts de la scène organisé par le Patravadi Theatre, lieu de spectacles d'avant-garde renommé de Bangkok, se tient tous les ans de janvier à mars au **Vic Hua Hin** (☎0 3282 7814 ; www.vichuahin.com ; 62/70 Soi Hua Na Nong Khae, South Hua Hin). Danse, concerts, théâtre et spectacles humoristiques, de production locale ou internationale, sont à l'affiche.

Où se loger

La plupart des hébergements petits budgets et de catégorie moyenne se trouvent en ville, dans les maisons à étages de l'ancien quartier des *shophouses*. L'endroit ne manque pas de caractère et il y a quantité d'échoppes de restauration bon marché à proximité, mais l'inconvénient est la distance de la plage. Il vous faudra soit marcher jusqu'au nord de Hua Hin (plus agréable à marée basse) soit prendre un *sŏrng·tăa·ou* pour rejoindre la plage sud.

Les adresses de catégorie supérieure sont des complexes hôteliers qui se succèdent sur toute la portion de plage au sud du Sofitel. Toutes les enseignes internationales sont présentes à Hua Hin. Nous ne recensons ici que les établissements locaux, ou sortant vraiment de l'ordinaire.

HUA HIN-VILLE

Pattana Guest House PENSION $
(☎0 3251 3393 ; 52 Th Naresdamri ; ch 350-550 B ; ❄). Nichée au fond d'une ruelle, cette maison de teck toute simple possède un joli jardin abritant des coins tranquilles où il fait bon lire. Les chambres, petites et de confort sommaire, sont suffisantes, et l'on apprécie la gentillesse de la famille d'artistes qui tient l'établissement.

Tong-Mee House PENSION $
(☎0 3253 0725 ; 1 Soi Raumpown, Th Naebkehardt ; ch 450-550 B ; ❄@). Cette élégante pension dissimulée dans une petite rue résidentielle offre le meilleur rapport qualité/prix de la ville. Chambres petites, mais bien tenues et dotées d'un balcon.

Supasuda Guest House PENSION $
(☎0 3251 3618 ; www.spghouse.com ; 1/8 Th Chomsin ; ch 800-1 000 B ; ❄📶). Des motifs de sirènes ornent les murs des vastes chambres de cette pension, avec douche chaude. Les plus chères bénéficient d'une

INTERVIEW

SIRANEE (GAE) MEESITH, COPROPRIÉTAIRE DE HUA HIN BIKE TOURS

Je viens d'un tout petit village entouré de rizières dans lesquelles travaillent des buffles… le genre de cadre un peu ennuyeux parfois, à l'extrême opposé de Bangkok, où j'ai fait mes études universitaires. Hua Hin offre un juste milieu. C'est une petite ville agréable où il y a de quoi faire : des plages tranquilles, la montagne, des grottes et des activités sportives (vélo, kitesurf, baignades…). Et la ville possède de belles boutiques, des boulangeries, des cafés et quantité de bons restaurants de fruits de mer.

LA PLUS BELLE PLAGE

Toute la plage de Hua Hin est magnifique. Le sable est bien blanc de l'hôtel Hilton jusqu'à Khao Takiab, au sud.

MA BALADE À VÉLO FAVORITE

J'adore me balader à vélo sur les petites routes et les chemins des environs de Hua Hin, pour faire le plein d'air pur et de soleil en découvrant des plages et des panoramas de montagne. On ne voit pas tout cela en voiture. Sans compter que le vélo est un bon exercice physique et une activité respectueuse de l'environnement, qui nous permet de garder notre ville propre et belle.

MON EXCURSION PRÉFÉRÉE AVEC DES TOURISTES

La grotte de Tham Phraya Nakhon, dans le parc national de Khao Sam Roi Yot, est un lieu étonnant. Elle abrite un pavillon de style thaï où se dresse une statue de Rama V. Elle a reçu la visite de trois souverains thaïlandais, dont deux ont apposé leur signature sur la paroi. L'expédition jusqu'à la grotte, nichée au cœur d'une montagne, est en soi mémorable. Il faut gravir à travers la jungle un sentier de 430 m, qui part d'une plage accessible en bateau ou passer par un autre chemin escarpé. Enfin, il y a là d'excellents restaurants de poisson bon marché.

MON ADRESSE SECRÈTE

Eighteen Below Ice Cream (Th Naebkehardt, North Hua Hin) appartient à un jeune couple ; elle, est une ancienne actrice thaïlandaise, lui, est un chef pâtissier belge qui concocte de délicieuses glaces et pâtisseries. Au début, ils vendaient uniquement aux bons hôtels de Hua Hin, puis ils ont décidé de transformer leur maison en café. Les habitants de Bangkok qui viennent passer le week-end à Hua Hin s'y précipitent, mais l'adresse reste inconnue de la plupart des touristes étrangers.

véranda… et du bruit de la rue. Terrasse commune.

Ban Somboon PENSION $

(☎0 3251 1538 ; 13/4 Soi Hua Hin 63, Th Phetkasem ; ch 950-1 200 B ; ❄). Photos de famille au mur et petit jardin : on se croirait en visite chez une vieille tante thaïlandaise. La maison est située dans un *soi* tranquille du centre, qui compte plusieurs autres bonnes pensions.

Baan Tawee Suk PENSION $

(☎0 89459 2618 ; 43/8 Th Poonsuk ; ch 800 B ; ❄📶). Dans un bâtiment de plusieurs étages, une nouvelle adresse pimpante et bien équipée. Chambres un peu exiguës.

Sirima PENSION $

(☎0 3251 1060 ; Th Naresdamri ; ch 550 B ; ❄). La meilleure adresse parmi les *guesthouses* (pensions) aménagées dans les vieilles maisons des pontons. Derrière la jolie façade de bois verni ornée de vitraux, un long couloir mène à une terrasse commune surplombant la mer. Chambres dans différentes gammes de confort ; celles au sol pavé sont les plus agréables.

My Place Hua Hin HÔTEL $$

(☎0 32514 1112 ; www.myplacehuahin.com ; 17 Th Amnuaysin, Th Phetkasem ; ch 1 850-2 200 B ; ❄📶). Pas si simple de trouver à Hua Hin un petit hôtel central et bien tenu. Le My Place en est un.

Euro-Hua Hin City Hotel YHA AUBERGE DE JEUNESSE $

(☎0 3251 3130 ; 5/15 Th Sasong ; ch 250-800 B, petit-déj inclus ; ❄). Une bonne vieille auberge de jeunesse confortable comme celle de votre pays. Toutes les chambres (simples et doubles) et tous les dortoirs (un peu exigus) ont la clim. Ajoutez 50 B aux prix mentionnés si vous n'avez pas la carte HI.

Baan Chalelarn Hotel HÔTEL $$

(☎0 3253 1288 ; www.chalelarnhuahin.com ; 11 Th Chomsin ; ch 1 200-1 300 B ; ❄@). Beau hall avec parquet, chambres spacieuses équipées d'un lit king-size, vérandas et petit-déj font le charme de cet établissement.

Araya Residence HÔTEL $$

(☎0 3253 1130 ; www.araya-residence.com ; 15/1 Th Chomsin ; ch 1 500-2 000 B ; ❄@). L'alliance de bois et de béton crée une ambiance rustico-moderne dans cet hôtel faussement sophistiqué. Bien que l'établissement montre quelques signes de fatigue, les chambres, spacieuses, restent bien confortables.

Égalemment recommandés :

Fat Cat Guesthouse PENSION $

(☎08 6206 2455 ; 8/3 Th Naresdamri ; ch 300-900 B ; ❄). Les chambres avec ventilateur occupent un bâtiment séparé, dans un *soi* résidentiel. Certaines offrent une vue superbe sur la ville.

Fulay Guesthouse PENSION $

(☎0 3251 3145 ; www.fulayhuahin.net ; 110/1 Th Naresdamri ; ch 430-980 B ; ❄📶). Dans une maison à l'ancienne sur un ponton. Bon lits, sdb toutes neuves et plantes fleuries dans les espaces communs.

Baan Oum-or Hotel HÔTEL $$

(☎0 3251 5151 ; 77/18-19 Soi 63, Th Phetkasem ; ch 1 000-1 500 B ; ❄). Réservation impérative dans cet hôtel qui ne compte que 7 chambres, spacieuses et lumineuses.

All Nations Guest House PENSION $

(☎0 3251 2747 ; 10-10/1 Th Dechanuchit ; ch 500-800 B ; ❄). Des chambres un petit peu défraîchies, mais des prix corrects et une – relative – isolation sonore.

HUA HIN-PLAGE

♥ **Baan Bayan** HÔTEL $$$

(☎0 3253 3540 ; www.baanbayan.com ; 119 Th Phetkasem, South Hua Hin ; ch 4 000-11 000 B ; ❄🏊). Cette villa coloniale du début du XXe siècle est idéale pour les voyageurs désirant goûter au luxe sans les inconvénients d'un grand complexe. Les chambres, spacieuses et hautes de plafond, arborent un reposant jaune pâle, le personnel se met en quatre et l'on ne saurait être plus près de la plage.

Green Gallery Bed & Breakfast HÔTEL $$

(☎0 3253 0487 ; www.greenhuahin.com ; 3/1 Soi Hua Hin 51, Th Naebkehardt, North Hua Hin ; ch 1 200 B ; ❄📶). Aménagé dans une maison de style colonial en bord de mer, ce petit hôtel raffiné propose des chambres à la décoration personnalisée, dans un style que l'on peut définir comme un mélange thaï, urbain et branché. À une courte distance à pied de la plage nord.

Rahmahyah Hotel PENSION $$

(☎0 3253 2106 ; 113/10 Soi Hua Hin 67, Th Phetkasem, South Hua Hin ; ch à partir de 1 000 B ; ❄🏊📶). En face du Market Village, à 1 km environ au sud de la ville, on trouve au milieu des grands hôtels de luxe une poignée de pensions avec accès direct à la mer. La Rahmahyah est la meilleure d'entre elles, offrant un service professionnel et des chambres propres et fonctionnelles. Attention toutefois, celles sur l'avant pâtissent du bruit de la route.

Baan Laksasubha HÔTEL **$$$**
(☎032514525 ; www.baanlaksasubha.com ; Th 53/7 Naresdamri ; ch 4 200-7 900 B ;). Propriété d'un aristocrate de Bangkok, ce petit *resort* jouxtant le Sofitel loue des bungalows très commodes pour les familles, à la déco si sobre qu'on la remarque à peine. Des allées serpentent dans le jardin pour vous conduire à la piscine et à la plage. Une salle équipée de jeux et de livres est réservée aux enfants. Pour indiquer votre destination au chauffeur de taxi, dites "baan lak-su-pah".

Veranda Lodge HÔTEL **$$$**
(☎032533678 ; 113 Soi Hua Hin 67, Th Phetkasem, South Hua Hin ; www.verandalodge.com ; ch 3 000-5 000 B ;). Un hôtel de luxe en bord de mer qui ne pratique pas des prix astronomiques. Il offre plusieurs types d'hébergements, de la chambre moderne au bungalow haut de gamme.

Sofitel Centara Grand Resort and Villas HÔTEL **$$$**
(☎0 3251 2021 ; www.sofitel.com ; 1 Th Damnoen Kasem ; ch à partir de 5 500 B ;). L'ancien Railway Hotel, qui fut le premier grand hôtel en bord de mer de Hua Hin, a été rénové pour satisfaire les exigences des touristes d'aujourd'hui. C'est un très vaste complexe qui propose des chambres ultramodernes ou de style colonial. À cela s'ajoutent un spa et divers équipements sportifs,.

Anantara Resort & Spa HÔTEL **$$$**
(☎0 3252 0205 ; www.huahin.anantara.com ; ch à partir de 7 500 B ; Th Phetkasem ;). À 4,5 km au nord de Hua Hin, ce complexe a été dessiné sur le modèle d'un village traditionnel. Une atmosphère de luxe discret règne dans ce *resort* qui se veut différent et propose des activités culturelles. Il y a aussi un spa et des sports nautiques.

Chiva-Som International Health Resort HÔTEL **$$$**
(☎0 3253 6536 ; www.chivasom.com ; 74/4 Th Phetkasem, South Hua Hin ; forfait 3 nuits à partir de 68 310 B ;). Le Chiva-Som est la retraite ultime des hommes d'affaires et célébrités stressés et surbookés. Programme de nutrition, cours de yoga et de fitness, massages en tous genres et séances de "détoxification", entre autres services de remise en forme, sont proposés.

Où se restaurer

Marché de nuit POISSON, FRUITS DE MER **$**
(Th Dechanuchit entre Th Phetkasem et Th Sasong ; plats à partir de 60 B ; 17h-minuit). Attrait majeur de Hua Hin, au même titre que la plage, le marché nocturne de la ville est le lieu de rendez-vous des habitants pour dîner. Les plus fortunés feront honneur aux étals de langoustes et de grosses crevettes, mais les petits stands de plats sautés au wok sont tout aussi appétissants et savoureux. Essayez donc le *pàt pŏng gà·rèe Ɓoo* (curry de crabe), les *gûng tôrt* (crevettes frites) et la *hŏy tôrt* (omelette aux moules frites). Le ventre bien rempli, faites comme les Thaïlandais et sacrifiez aux plaisirs digestifs du shopping dans les autres échoppes.

Sang Thai Restaurant THAÏLANDAIS **$**
(Th Naresdamri ; plats 120-350 B ; déj et dîner). Le Sang Thai est l'un des nombreux bons restaurants des quais. La vue est imprenable et le poisson entier cuit à la vapeur arrive sur votre table encore tout frémissant.

Jek Pia Coffeeshop POISSON, FRUITS DE MER **$**
(51/6 Th Dechanuchit ; plats 80-160 B ; déj et dîner). Cette institution cinquantenaire s'est fait, comme d'autres, une spécialité des fruits de mer sautés au wok. Si vous ne trouvez pas de table, vous pouvez vous rabattre sur le restaurant de *sukiyaki* un peu plus bas (sud) dans Th Naebkehardt – les ingrédients sont les mêmes.

Hua Hin Koti POISSON, FRUITS DE MER **$$**
(☎0 3251 1252 ; 16/1 Th Dechanuchit ; plats 80-250 B ; déj et dîner). Ce restaurant sino-thaïlandais installé en face du marché de nuit est un haut lieu de la cuisine nationale. Les Thaïlandais se délectent des bouchées de porc frites, tandis que les étrangers se jettent sur la *đôm yam gûng* (soupe de crevettes à la citronnelle). Et tout le monde adore la salade de fruits de mer épicée (*yam tá-lair*) et le poisson frit au gingembre.

Stands de Th Chomsin THAÏLANDAIS **$**
(angle Th Chomsin et Th Naebkhardt ; plats à partir de 30 B ; déj et dîner). Amateurs d'authenticité, ne manquez pas les étals regroupés à ce carrefour. Le cadre a beau être des plus modestes, les Thaïlandais, très nombreux le midi, ne mordent pas directement dans les morceaux de poulet frit (*gài tôrt*). Ils les décortiquent méticuleusement à l'aide d'une fourchette – ou de leurs doigts, après avoir pris un peu de *kôw něe·o* (riz gluant).

LES RESTAURANTS TENDANCE

Le week-end, Hua Hin est soumise à un phénomène de marée bien spécifique. Les cadres de Bangkok arrivent par vagues, emplissent les hôtels et les restaurants de Th Naebkehardt, déferlent sur le marché de nuit et envahissent les discothèques. Le dimanche, les mêmes cèdent à l'appel de la semaine de travail qui s'annonce et refluent en direction du nord, bouchant les axes routiers qui mènent à la capitale.

La foule attirant la foule, leur présence si peu discrète déclenche un effet de mode. Et sous l'influence prescriptrice des magazines et des émissions culinaires télévisées, tout le monde finit par fréquenter les mêmes endroits. Alors mettez vos lunettes noires et frayez-vous un chemin jusqu'à la table de ces établissements très prisés du nord de Hua Hin :

Échoppe de sôm·đam CUISINE DE RUE

(Th Naebkehardt ; plats 50-80 B ; ⏲déj). L'étal de *sôm·đam* (salade de papaye verte) en face du lammeuang Hotel épuise probablement en un week-end la production de papaye verte du pays. Nous ne sommes même pas parvenus jusqu'à un siège avant qu'ils ne ferment boutique.

Eighteen Below Ice Cream GLACES

(Th Naebkehardt ; plats 160 B ; fermé le mer). Ce glacier haut de gamme se situe à l'extrémité de la route qui passe derrière le Baan Talay Chine Hotel. Un chef expérimenté y concocte des spécialités goûteuses et bien crémeuses.

Baan Itsara POISSON ET FRUITS DE MER

(Th Naebkehardt ; plats à partir de 160 B ; ⏲déj et dîner). C'est l'endroit où il faut se montrer, mais la réputation est surfaite, selon nous. L'établissement sert des versions "internationales" des spécialités thaïlandaises de la mer. Les calamars au basilic sont préparés avec des pignons, une version "al pesto" qui n'a rien à voir avec la recette traditionnelle thaïlandaise, très épicée.

Jae Siam NOUILLES

(Th Naebkehardt ; plats 30-50 B ; ⏲déj et dîner). Si vous avez perdu le fil du temps, passez donc devant cette échoppe de nouilles en plein air jouxtant l'Evergreen Hotel. Les fonctionnaires de Hua Hin s'y pressent la semaine et laissent place aux foules venues de Bangkok le week-end. Goûtez donc les *gŏo·ay đĕe·o mŏo đŭn* (nouilles aux boulettes de porc cuites à la vapeur) et les *gŏo·ay đĕe·o gài đŭn* (nouilles au poulet cuit à la vapeur).

Sofitel Cafe & Tea Corner CAFÉ $$

(1 Th Damnoen Kasem ; plats 80-150 B ; ⏲petit-déj et déj). L'ancien Railway Hotel ne faillit pas à la tradition des salons de thé raffinés des grands hôtels et abrite cet élégant café où, dans la brise marine et sur fond de musique classique, on se donne des airs aristocratiques en feuilletant la presse une tasse à la main. Les quelques photos anciennes et objets d'époque lui valent – un peu bizarrement – l'appellation de "musée". Mais la vraie curiosité est le jardin et ses arbustes taillés en forme d'éléphants, de girafes et d'oies.

Marché de Chatchai THAÏLANDAIS $

(Th Phetkasem ; ⏲journée ; plats à partir de 30 B). Le marché de jour de la ville se tient dans un bâtiment édifié en 1926, remarquable par son toit à sept arches dédié à Rama VII. Vous y trouverez les classiques vendeurs ambulants du matin pour les *Ƀah·tôrng·gŏh* (beignets à la chinoise) et le *gah·faa boh·rahn* (café à l'ancienne avec un trait de lait concentré sucré), ainsi que les stands servant toute la journée les nouilles accompagnées de toutes sortes de bouchées à la vapeur ; sans oublier un éventail complet de fruits tropicaux.

World News Coffee CAFÉ $

(130/2 Th Naresdamri ; plats 70-150 B ; ⏲petit-déj, déj et dîner ; @). Ce café de type Starbucks sert toutes sortes de cafés et de viennoiseries, à déguster en consultant votre messagerie électronique (50 B/h) ou en feuilletant journaux et magazines.

Où prendre un verre et sortir

Bars des sports et bars à entraîneuses (les uns ressemblant beaucoup aux autres dans certains cas), tel est, pour l'essentiel, le choix à Hua Hin – mais la déferlante des habitants de Bangkok le week-end commence à mettre une touche de raffinement dans tout cela. Pensez aussi au marché de Cicada à Khao Takiab (voir p. 151).

No Name Bar BAR

(Th Naresdamri). Un bar-restaurant accroché à la falaise, au-delà du sanctuaire chinois du promontoire rocheux.

Hua Hin Brewing Company BAR

(33 Th Naresdamri). Une ancienne brasserie dotée d'une vaste terrasse agréable pour observer le ballet des passants sur Th Naresdamri.

Mai Tai Cocktail & Beer Garden BAR

(33/12 Th Naresdamri). Une autre terrasse extérieure conviviale où il fait bon boire une bière en regardant la vie qui va. Le tout à des prix défiant toute concurrence.

O'Neill's Irish Pub BAR IRLANDAIS

(5 Th Phunsuk). Pressions bon marché et sport en direct sur les écrans de télé, dans une ambiance plutôt authentique compte tenu de la distance qui sépare ce pub de l'Irlande.

El Murphy's Mexican Grill & Steakhouse BAR

(25 Soi Selakam, Th Phunsuk). Ce "sports bar" se réclamant à la fois de l'Irlande et du Mexique est un lieu confortable où il fait bon prendre une pinte au son de la musique live parmi les groupes de Thaïlandais et d'expatriés.

Music Room MUSIQUE LIVE

(Soi Hua Hin 32, Th Phetkasem, North Hua Hin). Lieu de rendez-vous des célébrités locales et des habitants de Bangkok arrivés pour le week-end, le Music Room programme toutes sortes de groupes et organise des soirées à thème.

Renseignements

Accès Internet

Partout en ville, dans les pensions (*guesthouses*) et les cafés.

Agences de voyages

Tuk Tours (☎0 3251 4281 ; www.tuktours.com ; 33/5 Th Phunsuk). Un prestataire compétent et disponible, pour organiser transports et activités dans tout le pays.

Argent

Bureaux de change et DAB sur Th Naresdamri ; banques dans Th Phetkasem.

Offices du tourisme

Bureau de la TAT (☎0 3251 3885 ; 39/4 Th Phetkasem ; ⌚8h30-16h30). Personnel compétent et anglophone. Dans la partie nord de la ville, près de Soi Hua Hin 70.

Office du tourisme municipal (☎0 3251 1047 ; angle Th Phetkasem et Th Damnoen Kasem ; ⌚8h30-16h30 lun-ven). Cartes et informations sur Hua Hin. Dispose d'un autre bureau (☎0 3252 2797 ; Th Naebkehardt ; 9h-19h30 lun-ven, 9h30-17h sam-dim) près de la tour de l'horloge.

Poste et téléphone

Poste principale (Th Damnoen Kasem). Héberge le centre téléphonique de la CAT, pour les appels internationaux.

Services médicaux

San Paolo Hospital (☎0 3253 2576 ; 222 Th Phetkasem). Juste au sud de la ville. Dispose d'un service des urgences.

Bangkok Hospital Hua Hin (☎0 3261 6800 ; www.bangkokhospital.com/huahin ; Th Phetkasem entre Soi Hua Hin 94 et 106). Le tout nouvel établissement de la chaîne hospitalière de luxe. À South Hua Hin.

Sites Internet

Tourism Hua Hin (www.tourismhuahin.com). Informations sommaires sur Hua Hin et bon récapitulatif sur les environs.

Hua Hin Observer (www.observergroup.net). Magazine (en anglais) d'expatriés.

Urgences

Police touristique (☎0 3251 5995 ; Th Damnoen Kasem)

Depuis/vers Hua Hin

Avion

L'**aéroport** (www.huahinairport.com) se trouve à 6 km au nord de la ville, mais il n'est desservi que par des vols charters de la compagnie **Nok Mini** (☎0 2641 4190 ; www.nokmini.com).

Bus

Au départ de la **gare routière** (Th Phetkasem entre Soi Hua Hin 94 et 98), au sud de la ville, des bus longue distance desservent les destinations suivantes :

Chiang Mai (785 B, 12 heures, 3/jour)

Prachuap Khiri Khan (65 B, 1 heure 30)

Phuket (856 B, 9 heures, 1 bus de nuit)

Surat Thani (480 B, 7 heures, 2/jour)

Ubon Ratchathani (1 200 B, 13 heures, 1/jour)

D'autres bus à destination de Bangkok (160 B, 3 heures, ttes les 2 heures de 8h à 21h) partent d'un **bureau** (Th Sasong) de la compagnie en ville à proximité du marché de nuit.

Les bus ordinaires démarrent d'un **terminal** (angle Th Phetkasem et Th Chomsin) situé au nord du marché. **Cha-am** (50 B, 30 min) et **Phetchaburi** (50 B, 1 heure 30) sont notamment desservies.

Lomprayah (☎0 3253 3739 ; Th Narasdamri) propose une liaison bus-bateau de Hua Hin à Ko Tao (1 000 B, 8 heures 30 ; 1 départ le matin, 1 le soir).

Minibus

Des minibus au départ d'un bureau de Th Naebkehardt desservent le terminal Sud (Sai Tai Mai) et le monument de la Victoire de Bangkok (180 B, 3 heures, ttes les 30 min de 4h à 20h). Il existe aussi une liaison directe pour le monument de la Victoire au départ d'un bureau situé à l'angle de Th Phetkasem et de Th Chomsin.

Train

De nombreux trains circulent depuis/vers la gare Hualamphong de Bangkok (2e classe 212-302 B, 3e classe 94-154 B, 4 heures) et desservent les autres gares de la ligne sud.

Comment circuler

Des *sŏrng·tăa·ou* verts partent de l'angle de Th Sasong et Th Dechanuchit, près du marché de nuit, et prennent Th Phetkasem en direction du sud pour rejoindre Khao Takiab (20 B). Les bus à destination de Pranburi partent du même endroit.

Les tarifs des *túk-túk* sont honteusement élevés. On vous demandera au moins 100 B, et vous aurez bien du mal à faire baisser le prix. Les motos-taxis sont une option bien plus raisonnable (40 à 50 B) pour les petites courses.

Plusieurs boutiques sur Th Damnoen Kasem louent des motos (250 à 500 B/jour). L'agence de location de voitures **Thai Rent A Car** (☎0 2737 8888 ; www.thairentacar.com) offre un service professionnel, des prix compétitifs et des véhicules bien entretenus. Possibilité de livraison et dépose à votre hôtel.

De Hua Hin à Pranburi

Au sud de Hua Hin, plusieurs plages encadrées de caps et de pointes spectaculaires offrent, le temps d'une excursion, un break par rapport à l'atmosphère urbaine de leur grande sœur.

HAT KHAO TAO หาดเขาเต่า

S'étirant sur plusieurs kilomètres de Khao Takiab à Khao Tao (la "montagne de la tortue"), cette bande de sable reste délicieusement à l'écart de la civilisation : ici, il n'y a ni grands immeubles, ni chaises longues, ni vendeurs de sarongs, ni cavaliers. Hat Khao Tao se trouve à 13 km au sud de Hua Hin.

Le grand temple de la montagne honore une multitude de divinités : le Bouddha, Khun Yin (déesse chinoise de la miséricorde), Vishnou... et même les souverains thaïlandais. Suivez le sentier en direction du front de mer pour grimper jusqu'au bouddha.

Pour venir ici depuis Hua Hin, prenez un bus à destination de Pranburi et demandez au chauffeur de vous déposer à la bifurcation pour Khao Tao (20 B) ; un moto-taxi vous emmènera jusqu'au temple (20 B). Vous aurez peut-être un peu plus de mal à trouver un taxi pour le retour, mais vous pouvez toujours rejoindre la route à pied ou bien héler un véhicule particulier.

HAT SAI NOI หาดทรายน้อย

À une vingtaine de kilomètres au sud de Hua Hin, Hat Sai Noi est une jolie crique où – chose rare par ici – on peut se baigner dans des eaux profondes. Il y a des gargotes de poisson et des petites pensions à proximité. Pour vous sentir vraiment loin de tout, venez plutôt en semaine. La plage, au sud de Khao Tao, est accessible par une jolie route bordée de bougainvillées et de falaises de calcaire, qui passe près d'un réservoir. Pour vous y rendre, faites comme pour aller à Khao Tao et demandez au moto-taxi de vous emmener à Hat Sai Noi (60 B) ; pour regagner la route principale, adressez-vous à l'un des restaurants pour trouver un chauffeur.

Pranburi et ses environs

75 600 HABITANTS

Au sud de Hua Hin, le district de Pranburi est en train de devenir "l'autre" destination balnéaire des habitants de Bangkok le week-end. Certains qualifient même de "Riviera thaïlandaise" cette partie de côte regroupant un village de pêcheurs et plusieurs plages, que les habitants du coin désignent sous l'appellation plus modeste (et exclusivement géographique) de **Pak Nam Pran** ("embouchure du fleuve Pranburi").

Une route côtière sépare de la plage une série de petits complexes hôteliers de style villas. L'océan gagne du terrain sur le sable au fil des saisons des pluies et l'on a dû installer une digue en certains endroits du littoral. La disparition progressive de la plage n'affecte guère les touristes thaïlandais (l'essentiel des visiteurs), qui viennent surtout ici pour se repaître de la vue et de la spécialité du village, les calamars séchés. Les bateaux de pêche accostent le matin et déchargent leur cargaison sur les pontons du fleuve. Commence alors le séchage au soleil dans des casiers étalés un peu partout en ville – spectaculaire, mais odorant.

Le fleuve est bordé d'une vaste mangrove, un espace protégé par le **parc forestier de Pranburi** (0 3262 1608 ; gratuit). Celui-ci renferme un sentier aménagé en bois permettant de découvrir la mangrove, une plage bordée de pins et se loger pour la nuit. On peut aussi faire une balade en bateau sur le fleuve et ses différents bras.

La jolie route côtière rejoint **Khao Kalok** ("la montagne du crâne"), un promontoire massif derrière lequel s'abrite, au sud, une magnifique baie ourlée d'une grande plage de sable. On se sent loin, très loin du tohu-bohu de Hua Hin – et de Pak Nam Pran d'ailleurs ! –, mais attention l'endroit est tout de même fréquenté le week-end. Plusieurs hôtels de charme bien abrités sont installés là et feront le bonheur de tous ceux qui cherchent à s'isoler du monde sans aller trop loin.

Un peu plus au sud, la **Dolphin Bay** ("baie des dauphins") reçoit de février à mai la visite de grands dauphins et de marsouins aptères. De jolies îles couvertes de jungle s'étendent au large de cette vaste plage dépourvue de toute construction. La circulation minimum, l'absence de bars et de night-clubs et le bon rapport qualité/prix des hôtels ont fait de l'endroit une destination appréciée des familles. La Dolphin Bay se trouve à quelques kilomètres de l'entrée nord du parc national de Khao Sam Roi Yot (voir p. 160).

Où se loger et se restaurer

L'essentiel de l'offre est très, très haut de gamme, mais attention : les prestations de certains établissements ne sont pas à la hauteur des tarifs demandés. Faites preuve de discernement si vous trouvez en ligne des hôtels non recensés dans ce guide. Cela étant, sachez que le coin compte certains des plus beaux hôtels de charme de tout le pays, de vrais paradis en bord de mer qui méritent bien une folie.

Away Hua Hin HÔTEL $$$

(0891446833 ; www.away-huahin.com ; sud de Khao Kalok ; ch à partir de 5 000 B ;). Un luxe sans arrogance règne dans ces sept maisons de teck, des demeures anciennes pour beaucoup originaire du nord de la Thaïlande qui ont été reconstruites dans ce petit coin de paradis en bord de mer, et équipées de grands lits confortables et d'élégantes sdb. Les propriétaires, un sympathique couple thaïlando-australien, ont instauré une ambiance conviviale que l'on goûte notamment lors des petits-déjeuners servis à la table commune de la "grande" maison. Certaines villas peuvent accueillir des familles.

La a natu Bed & Bakery HÔTEL $$$

(0 3268 9941 ; www.laanatu.com ; sud de Khao Kalok ; ch à partir de 5 000 B ;). Le concept à la mode dans le petit monde des hôtels de charme est celui du village de riziculteurs... décliné en version luxe naturellement. Le La a natu réussit dans cette voie avec un peu plus d'éclat que les autres. Ses villas au toit de chaume perchées sur des pilotis au-dessus de rizières arborent des lignes souples et un design à la fois moderne et gai. Elles offrent une grande intimité tout en évoquant le mode de vie traditionnel dans la campagne, avec une pièce à vivre au niveau du sol et une échelle de meunier pour accéder à la chambre à coucher, à l'étage. Cerise sur le gâteau : une plage semi-privée à vos pied.

Dolphin Bay Resort HÔTEL $$

(0 3255 9333 ; www.dolphinbayresort.com ; Dolphin Bay ; ch à partir de 1 500 B ;). Le *resort* qui a placé Dolphin Bay dans la catégorie des destinations familiales a des allures de camp de vacances sobre. Les différents types de bungalows et d'appartements, d'un bon rapport qualité/prix, sont répartis dans un vaste espace où les enfants peuvent circuler en toute sécurité. Il y a deux piscines, et une jolie plage de sable juste de l'autre côté de la route. Succès assuré auprès de votre progéniture.

Brassiere Beach HÔTEL $$$

(0 3263 0555 ; www.brassierebeach.com ; Dolphin Bay ; ch à partir de 5 000 B ;). Intimité et personnalité se conjuguent à merveille dans ces 9 villas recouvertes de stuc posées au pied des montagnes du parc national de Khao Sam Roi Yot, face à une plage isolée, à 100 m de la route goudronnée. Les chambres, équipées généralement d'une douche en plein air et disposant pour certaines d'une terrasse sur le toit, évoquent un peu une villa mexicaine, dans un style épuré. Une excellente adresse.

Khao Kalok Restaurant THAÏLANDAIS $

(plats 60-150 B ; déj et dîner). Ce restaurant de plein air installé au pied de la montagne, côté sud, offre une vue imprenable sur les bateaux de pêche au mouillage. *Gaang kĕe·o wăhn* (curry vert), *Ƀlah mèuk gà·prow* (calamars sautés au basilic), *pàt pàk roo·am* (légumes sautés) et autres plats savoureux arrivent très, très tranquillement.

Autres adresses recommandées :

Parc forestier de Pranburi CAMPING $
(☎0 32621608, Pak Nam Pran ; empl tente et matériel 300 B). Destination classique pour les fêtes et autres événements d'intégration des nouveaux étudiants dans les universités, le parc forestier renferme un terrain de camping ombragé en bordure d'océan, des bungalows sommaires (1 000/2 000 B pour 6/12 pers) et un restaurant. Feux de bois interdits.

Pineapple Resort PENSION $
(☎0 81933 9930 ; Pak Nam Pran ; ch 500-600 B ; ❄). Quoique un peu fatigués, ces bungalows de béton sommaires à 50 m de la plage restent un îlot bon marché dans un océan de luxe.

Palm Beach Pranburi HÔTEL $$
(☎0 3263 1966 ; www.palmbeachpranburi.com ; Pak Nam Pran ; ch à partir de 1 500 B ; ❄≋). Une option de catégorie moyenne fiable entourée de pseudo-hôtels de charme.

The Beach House PENSION $
(☎08 7164 6307 ; Pak Nam Pran ; ch 500-800 B ; ❄📶). L'une des adresses les moins chères du secteur. Elle accueille les jeunes kitesurfers qui préfèrent dépenser leur argent dans leur sport plutôt que dans l'hébergement.

Comment s'y rendre et circuler

Pranburi, à 35 km au sud de Hua Hin, est desservie par des bus ordinaires au départ du marché de nuit de Hua Hin (20 B). Ils vous déposeront au bord de la route, où vous trouverez un *sŏrng·tăa·ou* pour gagner Pak Nam Pran. Il existe aussi une liaison en minibus entre le monument de la Victoire de Bangkok et Pranburi (180 B) ; si vous allez à la Dolphin Bay (parfois désignée sous le nom de Khao Sam Roi Yot Beach), vous devrez négocier le supplément avec le chauffeur (comptez environ 100 B).

Pour explorer plus avant la région, vous devrez louer une moto car il n'y a pas de transports publics.

Parc national de Khao Sam Roi Yot อุทยานแห่งชาติเขาสามร้อยยอด

Tels les éléments d'un gigantesque puzzle, de hauts éperons de calcaire composent le paysage rocheux de ce **parc** (☎0 3282 1568 ; adulte/enfant 200/100 B) dont le nom signifie "la montagne aux 300 pics". Les ornithologues et tous les amateurs de nature pourront s'en donner à cœur joie dans les grottes, sur les plages et dans les marais côtiers de cet espace protégé de 98 km², mais il ne faut pas s'attendre toutefois à un territoire vierge inexploré : d'une part sa proximité avec Hua Hin en fait une destination d'excursions à la journée, d'autre part il renferme aussi des entreprises d'élevage de crevettes.

Le 18 août 1868, Rama IV s'est rendu ici pour assister, en compagnie de nombreux invités thaïlandais et européens, à une éclipse totale du soleil, un événement qu'il avait lui-même annoncé et qui fut couronné par un banquet préparé par un chef français. Piqué par des moustiques, le souverain succomba deux mois plus tard à une crise de paludisme. Si le risque de maladie est aujourd'hui très faible, les insectes n'en restent pas moins agressifs.

Le **centre d'information des visiteurs de Khao Daeng**, à l'entrée sud du parc, est le mieux fourni en documentation. Les gardes y parlent anglais. Une carte du parc est remise aux visiteurs aux points d'entrée.

Les agences de Hua Hin organisent des excursions à la journée. **Hua Hin Bike Tours** (☎08 1173 4469 ; www.huahinbiketours.com ; excursions 1 500-2 500 B) propose des circuits à pied ou à vélo.

À voir et à faire

Les cartes fournies aux points d'accès du parc étant généralement en thaï, nous avons, pour plus de commodité, répertorié les sites du nord au sud.

Tham Kaew GROTTE
(ถ้ำแก้ว). Une rude mondée de 128 mètres permet d'accéder à cet ensemble de cavernes reliées par d'étroits boyaux, rarement visité par les touristes. Stalactites et autres formations calcaires piquetées de cristaux de calcite abondent, d'où le nom de "grotte aux bijoux". On peut louer des lampes torches à l'entrée du sentier, parfois glissant. Prudence !

UN CARREFOUR MIGRATOIRE

À la croisée de deux routes migratoires (la voie australienne et la voie d'Asie de l'Est), le parc national de Khao Sam Roi Yot accueille à certains moments quelque 300 espèces d'oiseaux (certaines migratoires, d'autres résidentes). On peut y observer notamment le blongios à cou jaune, le blongios cannelle, la poule sultane, le râle d'eau, la marouette à poitrine rouge, le jakana à ailes bronze, le héron cendré, le tantale indien, le canard siffleur, l'aigle criard et l'ibis à tête noire. Thung Sam Roi Yot est l'un des deux seuls sites du pays où se reproduit le héron pourpré.

La saison fraîche (novembre-mars) est la plus propice à l'observation des oiseaux d'eau. Des espèces viennent de Sibérie, de Chine ou du nord de l'Europe pour passer l'hiver ici. Le Mangrove Centre, Khlong Khao Daeng et même certaines plages sont des lieux d'observation privilégiés.

Pour en savoir davantage sur les espèces présentes dans le parc et sur les endroits où on peut les observer, rendez-vous sur le site de **Thai Birding** (www.thaibirding.com, en anglais).

Tham Phraya Nakhon et Hat Laem Sala — GROTTE

(ถ้ำพระยานคร/หาดแหลมศาลา). Site le plus populaire du parc, cette grotte abrite une *săh·lah* (ou *sala ;* salle de réunion) royale aménagée pour Rama V en 1890. Le lieu est souvent baigné par les rayons du soleil.

Pour accéder à la grotte, il faut emprunter un sentier qui part de la jolie **Hat Laem Sala**, une plage de sable encadrée sur trois côtés par des promontoires de calcaire et des casuarinas. Il y a un petit centre d'information des visiteurs, un restaurant, des bungalows et un camping. Mettez de bonnes chaussures car le sentier menant à la grotte (450 m) est pentu, caillouteux et parfois glissant. La grotte en elle-même se compose de deux chambres avec des dolines. La seconde est la *săh·lah*.

On ne peut pas se rendre à Laem Sala par la route. Il faut prendre un bateau à Bang Pu (300 B aller-retour), en bord de mer à proximité de la bifurcation de Tham Kaew, ou bien passer à pied par un sentier raide (20 min entre Bang Pu et la plage).

Tham Sai — GROTTE

(ถ้ำไทร). Un chemin grimpe sur 280 m à flanc de colline vers cette grotte constituée d'une unique – mais vaste – caverne emplie de stalactites et de stalagmites. Seuls les plus audacieux se lancent généralement car il faut prendre garde au terrain glissant et aux brusques dénivellations à l'intérieur. Des habitants louent des lampes torches à l'entrée de la grotte. Juste au nord de Hat Sam Phraya.

Hat Sam Phraya — PLAGE

(หาดสามพระยา). Pour un plongeon rafraîchissant après une longue marche, cette plage ombragée par les casuarinas s'étire sur 1 km environ. Il y a un restaurant et des toilettes.

Khao Daeng — MARCHE

(เขาแดง). Un sentier sportif permet d'accéder en 30 minutes au sommet du Khao Deng, d'où l'on embrasse un magnifique panorama sur les falaises de calcaire se découpant sur le littoral accidenté.

Khlong Khao Daeng — OBSERVATION DES OISEAUX

(คลองเขาแดง). Vous pouvez louer un bateau à Wat Khao Daeng pour faire une balade (400 B, 45 min) dans la mangrove. Discutez un peu avec ceux qui proposent leurs services, pour vous assurer qu'ils ont un niveau d'anglais suffisant et pourront vous citer les noms des principales espèces d'oiseaux.

Sentier dans la mangrove — SENTIER NATURE

Derrière le centre d'information des visiteurs situé au sud du parc, un sentier sur pilotis dans la mangrove permet d'observer différentes espèces d'oiseaux et de crabes. Des guides – dont certains sont anglophones – proposent leurs services au centre.

Thung Sam Roi Yot — OBSERVATION DES OISEAUX

(ทุ่งสามร้อยยอด). Protégé au niveau national, le plus grand marais d'eau douce du pays offre un habitat essentiel à de nombreux oiseaux chanteurs, oiseaux aquatiques, amphibiens et autres espèces vivant dans les marécages. Il s'étend dans le secteur occidental du parc, accessible par la Hwy 4 (Th Phetkasem) au niveau du Km 275,6 ; gardez votre ticket d'entrée pour éviter d'avoir à payer une 2e fois.

VAUT LE DÉTOUR

AVEC LES ÉLÉPHANTS

Dans la Thaïlande ultra-urbanisée d'aujourd'hui, on a du mal à imaginer que l'on puisse se retrouver en pleine nature, entouré de tous les bruits de la jungle, à observer des troupeaux d'éléphants prenant un bain nocturne. Le **parc national de Kuiburi** (☎0 3264 6292 ; Hwy 3217 ; adulte/enfant 200/100 B), au sud-ouest du parc national de Khao Sam Roi Yot, abrite l'un des plus importants troupeaux d'éléphants sauvages du pays – plus de 140 animaux, estime-t-on. Cette étendue de forêt intacte compte parmi les plus vastes de ce type en Asie du Sud-Est et constitue, en termes d'habitat, une jonction essentielle entre le terrain accidenté de la zone frontalière du Myanmar (Birmanie) et le parc national de Kaeng Krachan. Il n'est pas rare de pouvoir contempler des groupes d'éléphants en train d'effectuer leurs ablutions dans les points d'eau proches de la station de Pa Yang, équipée de plateformes d'observation.

Le bureau du parc peut organiser des randonnées à pied et des circuits d'observation, avec guide anglophone et transport.

Il est possible, sur réservation, de passer la nuit sur place en **bungalow** (www.dnp.th.go/parkreserve ; bungalow 1 800 B).

Où se loger et se restaurer

Le **département des parcs nationaux** (☎0 2562 0760 ; www.dnp.go.th/parkreserve ; empl tente 60-90 B, bungalows 1 200-1 400 B) loue des bungalows (jusqu'à 6 pers) à Hat Laem Sala et au centre d'information des visiteurs. Mieux vaut réserver au risque de ne pas trouver d'hébergement disponible. Une autre solution consiste à planter une tente dans les terrains situés près du panorama de Khao Daeng, à Hat Laem Sala et Hat Sam Phraya. Il y a de quoi manger simplement dans tous ces endroits.

Vous trouverez par ailleurs des *resorts* à la Dolphin Bay, à 4 km du parc ; voir Pranburi et ses environs (p. 158).

Depuis/vers le parc national de Khao Sam Roi Yot

Le plus commode pour visiter le parc, situé à 40 km de Hua Hin, est de disposer d'un transport privé. La bifurcation pour l'entrée nord du parc se trouve au Km 256 de la Hwy 4 (Th Phetkasem). L'entrée sud se situe au Km 286,5.

Si vous n'êtes pas motorisé et que vous ne voulez pas venir ici dans le cadre d'une excursion organisée, vous pouvez prendre un minibus reliant le monument de la Victoire de Bangkok à Pranburi (180 B), puis louer une moto pour visiter le parc en solo. Vous pouvez aussi négocier avec le chauffeur du minibus pour qu'il vous dépose à l'entrée du parc (mais cela ne vous donnera pas de transport à l'intérieur de celui-ci).

Prachuap Khiri Khan

ประจวบคีรีขันธ์

86 900 HABITANTS

Le voyageur découvrant cette ville côtière assoupie peut se dire qu'il est arrivé dans le sud de la Thaïlande. Le rythme de vie est on ne peut plus tranquille, on croise beaucoup de musulmanes portant le foulard et la vaste baie arbore un bleu des tropiques parsemé des couleurs des petits bateaux de pêche dansant sur les vagues. Les jolies anses de Prachuap sont séparées par ces falaises de calcaire alvéolé caractéristiques du sud de la mer d'Andaman. Un cadre idyllique et la vie paisible d'une petite ville de province, que demander de plus ?

Depuis quelques années, un certain nombre d'expatriés délaissent l'archipel de Samui, saturé de constructions, pour Prachuap, qui s'est donc peu à peu dotée d'infrastructures d'accueil. Aujourd'hui plus fréquentée, la station n'en reste pas moins agréable. Que fait-on à Prachuap ? On grimpe au sommet d'une colline où un temple s'est juché, on se balade à moto jusqu'aux magnifiques plages situées au nord et au sud de la ville, et on se délecte (pour une bouchée de pain) de poissons et fruits de mer fraîchement pêchés.

Prachuap Khiri Khan – Ao Manao précisément – fut l'un des sept points de la côte du golfe de Thaïlande où l'armée japonaise a débarqué le 8 décembre 1941. Plusieurs noms de rue rappellent les combats qui s'ensuivirent : Phithak Chat ("défense du pays"), Salachip ("sacrifice de soi") et Suseuk ("combat").

Prachuap Khiri Khan

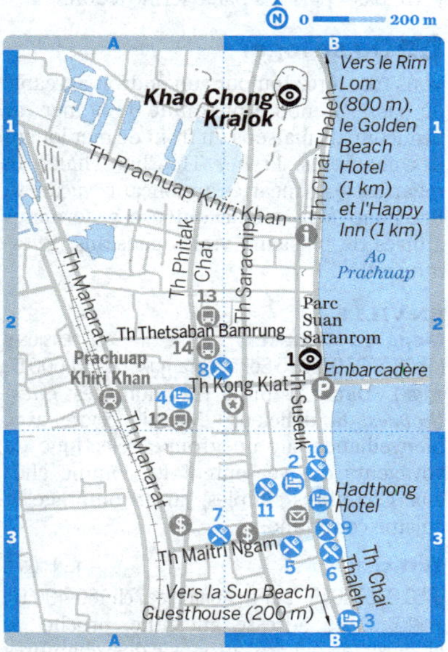

Prachuap Khiri Khan

Les incontournables
Khao Chong Krajok B1

À voir
1 Weekend Walking Street/Marché B2

Où se loger
2 Maggie's Homestay B3
3 Prachuap Beach Hotel B3
4 Yuttichai Hotel A2

Où se restaurer
5 Marché de jour B3
6 Ma Prow B3
7 Échoppe musulmane A3
8 Marché de nuit A2
9 Ning's Guesthouse Restaurant B3
10 Phloen Samut B3
11 Suan Krua B3

Transports
12 Bus climatisés pour Hua Hin, Cha-am, Phetchaburi et Bangkok A2
13 Minibus pour Ban Krut, Bang Saphan Yai et Chumphon A2
14 Minibus pour Hua Hin et Bangkok A2

À voir et à faire

Khao Chong Krajok POINT DE VUE

(เขาช่องกระจก). À l'extrémité nord de la ville, le Khao Chong Krajok ("mont du tunnel miroir", en raison de l'orifice dans le flanc de la montagne qui semble refléter le ciel) est le but de balade traditionnel ici : on monte au sommet, on s'efforce d'esquiver les singes mal élevés et on contemple la vue plongeante sur la côte découpée. Un long escalier (abîmé par les singes déchaînés) mène au **temple** que Rama VI fit édifier au sommet de la montagne. La vue s'étend sur toute la ville et la baie, et même jusqu'à la frontière du Myanmar, distante de 11 km seulement. Pour ne pas tenter les singes, n'emportez ni nourriture, ni boisson, ni sac en plastique.

Ao Prachuap BAIE

(อ่าวประจวบ). Le plus bel endroit de la ville est Ao Prachuap, une baie aux courbes gracieuses ourlée d'une promenade en front de mer. Le matin et le soir, on y croise les habitants en train de faire leur jogging ou de se promener simplement en profitant de l'air frais et du bruit des vagues. Les vendredis et samedis soirs, un **marché** (Th Chai Thaleh ; à partir de 17h) s'installe ici (alimentation, souvenirs, vêtements).

Au nord du Khao Chong Krajok, juste après le pont, la baie s'étire paisiblement vers un secteur où les commerçants sont moins nombreux qu'au niveau du centre-ville. Il y a là une jolie plage de sable, mais qui manque un peu de tranquillité en raison de la proximité de la route. Les Thaïlandais en week-end apprécient néanmoins ce coin dépourvu de digue et très agréable pour la promenade. À l'extrémité nord, on parvient à un village de pêcheurs traditionnel, orné des couleurs vives des chalutiers, où domine la sensation d'une vie simple et rude.

Wat Ao Noi TEMPLE

(วัดอ่าวน้อย). D'Ao Prachuap, suivez en direction du nord pendant 8 km la route côtière qui passe dans le village de pêcheurs et serpente parmi les sentiers fleuris pour atteindre ce joli **temple** en teck unissant les baies d'Ao Noi et d'Ao Khan Kradai. Des falaises de calcaire forment un arrière-plan photogénique à l'édifice, protégé par un naga à neuf têtes. À l'intérieur, des fresques uniques représentent des épisodes des *jataka* (récits des vies antérieures du Bouddha).

Les alentours du temple sont plantés de jacquiers, grenadiers, manguiers et jambosiers ; dans un bassin à lotus, de voraces poissons se jettent sur la moindre chose jetée par les pèlerins en quête de mérites. Une odeur désagréable règne à proximité : on élève ici des salanganes pour la production de nids d'oiseau comestibles, une activité très lucrative ; le vol de nids et d'œufs est passible d'une amende de 500 000 B et de cinq ans d'emprisonnement. Ne vous y risquez pas.

Protégeant le *wát* de la côte, une colline de calcaire escarpée, le Khao Khan Kradai, renferme un temple troglodytique bien connu localement, le **Tham Phra Nawn** ("grotte du Bouddha endormi"). Pour s'y rendre, il faut emprunter le chemin bétonné grimpant à flanc de coteau. Dans un cadre merveilleusement serein, entre forêts et cactus en fleurs accrochés à la roche, le parcours révèle une vue superbe sur Ao Khan Kradai et le pied de la montagne. À l'intérieur, une petite caverne donne dans une salle plus grande renfermant le bouddha couché. Équipé d'une torche, vous pouvez pénétrer dans une autre salle, qui contient également des statues du Bouddha.

Ao Manao BAIGNADE

(อ่าวมะนาว). Les habitants se rendent le week-end à Ao Manao (4 km de la ville), une baie parsemée de petites îles et ourlée d'une plage de sable bien propre. Dans le périmètre d'une base de l'armée de l'air, elle est nettoyée par les militaires chaque semaine. Il y a un restaurant et l'on peut louer transats, parasols et bouées. Sur le chemin de la plage, vous verrez certainement les gradés thaïlandais se détendre sur le parcours de golf. L'entrée de la base se trouve sur Th Suseuk. On vous demandera peut-être votre passeport. La plage ferme à 20h.

Où se loger

Vous trouverez toujours un endroit agréable où passer la nuit à proximité de la mer car beaucoup de maisons du front de mer louent des chambres. Prenez Th Chai Thaleh et regardez les pancartes annonçant "vacancy". Prachuap s'est même dotée ces dernières années de plusieurs vraies pensions (*guesthouses*).

EN VILLE

Maggie's Homestay PENSION $

(☎08 7597 9720 ; 5 Soi Tampramuk ; ch 150-600 B ; ❄@). Dans la pure tradition des *guesthouses*, la délicieuse Maggie règne avec bienveillance sur un groupe éclectique de voyageurs qui se sentent ici comme chez eux. Chambres simples, jardin ombragé et cuisine commune.

Yuttichai Hotel PENSION $

(☎0 3261 1055 ; 115 Th Kong Kiat ; ch 160-400 B ; ❄@). Cette adresse ancienne, proche de la gare ferroviaire, propose des chambres simples et bon marché (avec douche froide). Sdb commune pour les moins chères. Même si vous ne séjournez pas ici, cela vaut la peine de s'arrêter au café sino-thaïlandais à l'ancienne, fréquenté notamment par les "hommes en brun" (les policiers).

Sun Beach Guesthouse PENSION $$

(☎0 3260 4770 ; www.sunbeach-guesthouse.com ; 160 Th Chai Thaleh ; ch 700-1 000 B ; ❄🏊📶). Cette excellente adresse de catégorie moyenne combine les installations d'un hôtel et l'hospitalité d'une pension. Le style

UN PETIT CROCHET : LE MARCHÉ FRONTALIER DE DAN SINGKHON

La ville de Dan Singkhon, frontalière du Myanmar, se trouve à seulement 12 km au sud-ouest de Prachuap Khiri Khan. Cet ancien poste militaire stratégique accueille aujourd'hui un marché frontalier bouillonnant où les habitants viennent faire de bonnes affaires.

Le samedi matin dès l'aube, on voit arriver les Birmans au détour d'un virage de la route, juste derrière le poste-frontière, poussant des voitures à bras sur lesquelles sont empilées toutes sortes de plantes et d'articles à vendre. Les Thaïlandais et les expatriés font souvent le voyage pour acheter des orchidées, la spécialité du marché, et des meubles en bois. Pour le simple touriste, cela vaut vraiment la peine de venir se plonger dans la joyeuse animation régnant ici, de déambuler entre les "guichets de vente" au toit de chaume caché sous les palmiers, parmi les ombrelles colorées et au son de la musique omniprésente. Arrivez suffisamment tôt car les vendeurs remballent à midi.

Si vous êtes motorisé, prenez la Hwy 4 en direction du sud depuis Prachuap Khiri Khan. Vous verrez quelques kilomètres plus loin un panneau indiquant Dan Singkhon ; poursuivez en direction de l'ouest pendant près de 15 km, jusqu'à la frontière.

néoclassique et la déco jaune vif égayent l'ensemble. Chambres impeccables avec grandes vérandas.

Prachuap Beach Hotel HÔTEL $$
(☎0 3260 1288 ; 123 Th Suseuk ; ch 650-1 100 B ; ❄📶). Un édifice sur plusieurs étages doté de chambres relativement élégantes, avec leurs lits aux draps d'un blanc éclatant et leurs murs aux petites touches de couleur. Panorama magnifique sur la mer d'un côté, vue correcte (sans plus) sur la montagne de l'autre.

À L'EXTÉRIEUR

♥ **Aow Noi Sea View** HÔTEL $$
(☎0 3260 4440 ; www.aownoiseaview.com ; Ao Noi ; ch 600-800 B ; ❄). La meilleure adresse face à la mer. Vous aurez la plage à vos pieds, le souffle de la brise marine et une chambre avec une grande sdb, le tout dans une atmosphère familiale – ici, le linge sèche sur une corde sous vos fenêtres. Au nord de la ville.

Happy Inn PENSION $
(☎0 3260 2082 ; 149-151 Th Suanson ; ch 250-500 B). À 1 km au nord de la ville, ces bungalows tout simples (douche froide uniquement) se font face le long d'une allée de brique débouchant sur un joli bras d'eau bordé d'arbres. Personnel calme et agréable. Il suffit de traverser la route pour se retrouver sur la plage d'Ao Prachuap.

Golden Beach Hotel HÔTEL $$
(☎0 3260 1626 ; www.goldenbeachprachuap.com ; 113-115 Th Suanson ; ch 500-1 200 B ; ❄📶). Une adresse de catégorie moyenne confortable, juste en face de la plage d'Ao Prachuap, près du Happy Inn. Certaines chambres sont dotées de grandes baies vitrées ouvrant sur la mer.

Où se restaurer

Les restaurants de Prachuap proposent une cuisine savoureuse et bon marché ; certains petits établissements de Th Chai Thaleh préparent maintenant des plats occidentaux. Vous trouverez au **marché de jour** (Th Maitri Ngam ; ⌚journée) des ananas tout frais cueillis (demandez au marchand de vous les découper). En face du marché, une **échoppe musulmane** (Th Maitri Ngam ; plats 40-60 B ; ⌚dîner) vend du poulet frit délicieusement croustillant. Le petit **marché de nuit** (Th Kong Kiat ; ⌚17h-21h) renferme les stands classiques proposant des plats sautés au wok.

♥ **Rim Lom** POISSON, FRUITS DE MER $$
(5 Th Suanson ; plats 120-220 B ; ⌚déj et dîner). Nous gardons un souvenir ému du repas pris ici par une journée lumineuse, à côté des employés du coin en train de déjeuner. Le *pàt pǒng gà·rèe Ƀoo* (curry de crabe) contient de gros morceaux de chair délicieuse et la *yam ta-lair* (salade de la mer) est tout aussi abondante, merveilleusement épicée et acide.

Phloen Samut POISSON, FRUITS DE MER $$
(44 Th Chai Thaleh ; plats 80-200 B ; ⌚déj et dîner). L'un des rares restaurants de poisson et fruits de mer de la promenade, le Phloen Samut bénéficie d'un bon emplacement. Mais selon les habitants, la cuisine gagnerait à s'améliorer.

Ma Prow INTERNATIONAL $$
(48 Th Chai Thaleh ; plats 80-200 B ; ⌚déj et dîner). Ce spacieux pavillon de bois face à la plage prépare un excellent *Ƀlah săm·lee dàat dee·o* (une spécialité locale : un poisson-castor entier séché au soleil, puis frit et servi avec une salade de mangue). Le poisson au tamarin est également très apprécié des convives, thaïlandais ou étrangers.

Ning's Guesthouse Restaurant INTERNATIONAL $
(Th Chai Thaleh ; plats 40-120 B ; ⌚petit-déj, déj et dîner). Ning se lève à l'aube et sert des petits-déjeuners à l'occidentale dans une salle amusante au décor d'inspiration rasta. Et elle continue à cuisiner pendant le reste de la journée.

Suan Krua VÉGÉTARIEN $
(Soi Tampramuk ; plats 30-60 B ; ⌚déj). Le restaurant végétarien voisin du Maggie's Homestay cuisine vite, bien et dans un créneau très court le midi. Ne le ratez pas.

Renseignements

Bangkok Bank (angle Th Maitri Ngam et Th Sarachip)

Office du tourisme (☎0 3261 1491 ; Th Chai Thaleh ; ⌚8h30-16h30). À l'extrémité nord de la ville. Le personnel, très serviable, parle anglais.

Police (Th Kong Kiat). Juste à l'ouest de Th Sarachip.

Poste (angle Th Maitri Ngam et Th Suseuk)

Thai Farmers Bank (Th Phitak Chat). Juste au nord de Th Maitri Ngam.

Depuis/vers Prachuap Khiri Khan

Des bus avec clim partent toutes les heures de Th Phitak à destination de :

Bangkok (170 B, 5 heures)
Cha-am (100 B, 2 heures)
Hua Hin (100 B, 1 heure 30)
Phetchaburi (140 B, 3 heures)

Des minibus au départ de l'angle de Th Thetsaban Bamrung et Th Phitak Chat desservent :

Bangkok (250 B)
Ban Krut (70 B, 1 heure)
Bang Saphan Yai (80 B, 1 heure 30)
Chumphon (180 B, 3 heures 30)
Hua Hin (80 B)

Les bus longue distance à destination du Sud (Phuket et Krabi notamment) font halte à la nouvelle gare routière, sur la route principale à 2 km au nord-ouest de la ville. Comptez entre 40 et 50 B en moto-taxi.

La gare ferroviaire se trouve dans Th Maharat ; Bangkok (1re classe 768 B, 2e classe 210-425 B, 3e classe 168 B ; 6 heures) est desservie très fréquemment.

Comment circuler

Prachuap est suffisamment petite pour qu'on s'y déplace à pied. Une course en ville en moto-taxi revient à 20-30 B. Pour Ao Noi et Ao Manao, comptez 100-150 B.

Vous pouvez louer une moto pour 250 B/jour. Les routes des environs sont en très bon état, et c'est un excellent moyen de découvrir les plages alentour.

Ban Krut et Bang Saphan Yai

บ้านกรูด/บางสะพานใหญ่

4 300/ 68 400 HABITANTS

Quelle merveilleuse surprise que ces deux localités (respectivement à 80 et 100 km au sud de Prachuap Khiri Khan) tranquilles, si proches de la civilisation et restées néanmoins idylliques ! À la tombée du soir, la lumière filtre agréablement à travers les cocotiers et la mer d'un bleu cristallin vient lécher le sable de la longue plage. Ici il n'y pas de hauts bâtiments bétonnés, pas de discothèques ouvertes toute la nuit... Rien, en un mot, qui puisse vous distraire de vos occupations : lire, nager, manger et se promener à vélo.

Toutefois, les deux plages si paisibles ne sont pas inconnues des Thaïlandais. Ban Krut, en particulier, voit arriver en fin de semaine des bus de tourisme et des familles en week-end. Mais en semaine, il n'y aura guère que quelques *long-tail boats* pour vous tenir compagnie sur la plage.

Vous trouverez des informations sur la région sur les sites **Ban Krut Info** (www.bankrutinfo.com) et **Bang Saphan Guide** (www.bangsaphanguide.com).

Ban Krut compte deux plages réparties de part et d'autre d'un promontoire coiffé d'un temple. Celle du nord, **Hat Sai Kaew,** est une étendue isolée et d'accès privé, où quelques *resorts* sont installés au milieu de la jungle. Au sud, **Hat Ban Krut** est bordée d'une route avec des restaurants et plusieurs complexes hôteliers de type bungalows. Ces deux plages de sable doré bénéficient l'une et l'autre d'eaux calmes et claires, mais Hat Ban Krut est à la fois plus conviviale et plus facile d'accès pour qui ne dispose pas de moyen de transport.

Bang Saphan Yai, à 20 km au sud de Ban Krut, correspond parfaitement à l'image de carte postale de la plage de rêve. C'est la Thaïlande d'il y a 15 ans, avant que les grands hôtels avec piscine et les flots de touristes ne fassent déguerpir les simples amateurs de sable et de soleil. Installez-vous dans une paillote toute simple, ôtez vos chaussures et laissez simplement le temps s'écouler. Plusieurs îles au large, notamment **Ko Thalu** et **Ko Sing**, offrent de bonnes de conditions de plongée et de snorkeling de la fin janvier à la mi-mai.

Où se loger et se restaurer

BAN KRUT

Il n'existe guère d'adresses petits budgets ici, mais si vous venez en semaine vous devriez réussir à faire baisser les prix. À Hat Ban Krut, on peut louer un vélo (100 B/jour) ou une moto (300 B/jour), et la plupart des hôtels proposent des sorties de snorkeling dans les îles. À Hat Sai Kaew, vous devrez prendre des transports privés.

♥ **Proud Thai Beach Resort** PENSION $$
(☎08 9682 4484 ; www.proudthairesort.com ; Hat Ban Krut ; ch 700-1 200 B ; ❄). Un jardin fleuri, des bungalows avec véranda en parfait état, et le café servi le matin par l'aimable propriétaire.

NaNa Chart Baan Kruit HÔTEL $$
(☎0 3269 5525 ; www.thailandbeach.com ; Hat Sai Kaew ; dort 490 0B, ch 800-2 600 B ; ❄🏊). Officiellement auberge de jeunesse, le NaNa Chart entre en fait dans la catégorie des *resorts*, avec ses différents types de

bungalows posés au bord d'une plage quasiment déserte. Les moins onéreux sont des cabanes de bois avec sdb commune, tandis que les plus luxueux, directement sur la plage, disposent de toutes les commodités. N'espérez pas être tout seul car l'hôtel accueille des groupes. Réduction pour les titulaires d'une carte d'auberges de jeunesse (200 B pour trois ans).

Bayview Beach Resort HÔTEL $$$
(☎0 3269 5566 ; www.bayviewbeachresort.com ; Hat Sai Kaew ; ch 1 700-4 800 B ; ❄≋). De beaux bungalows dotés d'une grande véranda et installés sur un terrain ombragé. La piscine sur la plage, la pataugeoire et le petit terrain de jeux en font un choix idéal pour les familles. L'établissement dispose aussi d'installations pour les groupes et les réunions.

Kasama's Pizza PIZZERIA $$
(Hat Ban Krut ; plats à partir de 150 B ; ⊙déj et dîner). Les expatriés se pressent dans ce restaurant de plein air proche de la route desservant la ville, qui prépare avec talent des pizzas de style new-yorkais.

BANG SAPHAN YAI

La plage s'étend à 6 km au sud de la ville de Bang Saphan Yai. Au sud du Why Not Bar, on trouve plutôt des villas chics avec piscine, au nord des cabanes de plage toutes simples.

Roytawan PENSION $
(ch à partir de 300 B, ☏). Des bungalows on ne peut plus simples tenus par une charmante famille du coin. On est directement sur la plage, le coq de la maison dort gentiment jusqu'à midi et la cuisine est fabuleuse. Vous trouverez d'autres hébergements de ce genre en continuant vers le nord.

Patty Hut PENSION $
(☎08 6171 1907 ; ch 300-700 B ; ❄). Cette adresse sympathique se trouve juste derrière le Coral Hotel, à 300 m de la plage. Les bungalows de bois vont du tout simple au... encore plus simple.

Suan Luang Resort PENSION $
(☎0 3281 7031 ; www.suanluang.com ; bungalows 480-680 B ; ❄). La plus professionnelles des *guesthouses* du secteur est tenue par une famille sympathique. Les bungalows de bois entourent un jardin à 700 m de la plage. L'excellent restaurant sert des plats thaïlandais et français. Possibilités d'excursions vers les chutes d'eau et les parcs des environs.

Coral Hotel HÔTEL $$
(☎0 3281 7121 ; www.coral-hotel.com ; ch 1 525-5 580 B ; ❄@≋). Cet hôtel haut de gamme donne directement sur la plage et possède toutes les installations habituelles d'un établissement de luxe, en particulier des sorties de plongée et de snorkeling. Les chambres ne valent sans doute pas pareil prix, mais la concurrence est faible dans cette catégorie...

ℹ Comment s'y rendre et circuler

Il n'y a pas, ou très peu, de transports publics dans ce secteur : surtout prenez un bus qui s'arrête en ville et non sur la grand-route (sinon vous devrez trouver un moyen de rejoindre les plages, ce qui est malcommode et onéreux). Attention en achetant votre billet : ne confondez pas Bang Saphan Yai et Bang Saphan Noi, un village de pêcheurs à 15 km au sud.

Ban Krut (275 B, départ 12h30, 6 heures) et Bang Saphan Yai (275 B, ttes les heures, 6 heures) sont desservies au départ du terminal Sud (Sai Tai Mai) de Bangkok ; adressez-vous à **Bangsaphan Tour** (☎08 7829 7752).

De nombreux minibus relient Prachuap Khiri Khan, Ban Krut (70 B) et Bang Saphan Yai (80 B).

Les voyageurs avertis choisissent souvent le train, qui circule tout près des plages. Il en existe plusieurs par jour, l'un des plus rapides étant le spécial express n°43, qui part de la gare Hua Lamphong de Bangkok à 8h pour rejoindre Ban Krut (445 B) à 12h45 et Bang Saphan Yai (450 B) à 13h. Vous pouvez également monter dans un train pour Chumphon.

Comptez entre 40 et 70 B pour une course en moto-taxi entre la ville et les plages. Prévoyez avec votre hôtel un moyen pour rentrer.

Chumphon

ชุมพร

55 900 HABITANTS

Chumphon est une ville de transit pour les voyageurs à destination/en provenance de Ko Tao, au large, et Ranong et Phuket, à l'ouest.

S'il n'y a pas grand-chose à faire pour tuer quelques heures d'attente, les plages des environs se révèlent des lieux agréables pour poser son sac deux ou trois jours. La jolie **Hat Thung Wua Laen** (15 km au nord de la ville) est facilement accessible en transports publics et dispose de tous les services utiles.

Pour acheter un billet de transport, connaître un horaire ou dénicher le bon arrêt de bus, vous devrez vous adresser à

Chumphon

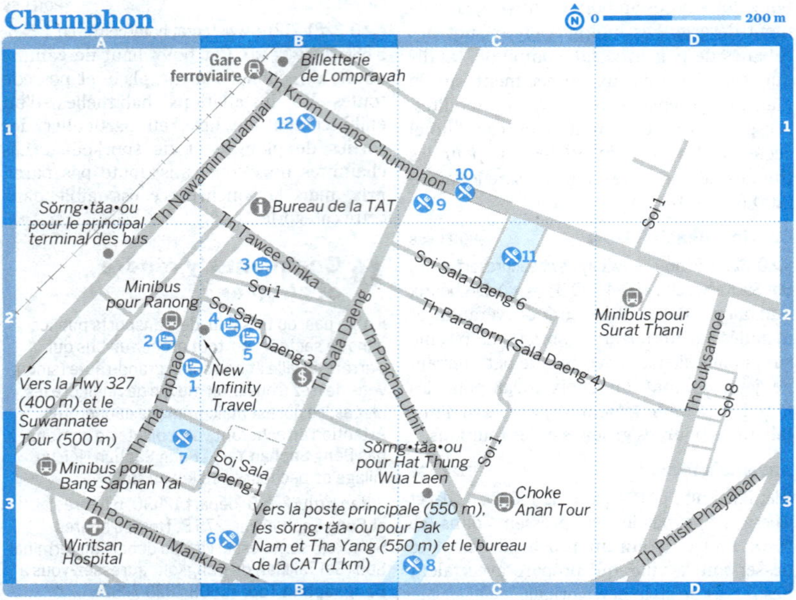

Chumphon

Où se loger

1 Chumphon Gardens Hotel A2
2 Farang Bar A2
3 Morakot Hotel B2
4 San Tavee New Rest House B2
5 Suda Guest House B2

Où se restaurer

6 Ban Yang Na B3
7 Marché de jour A3
8 Marché de jour C3
9 Fame Restaurant C1
Khanom Jeen Restaurant ..... (voir 9)
10 Marché de nuit C1
11 Centre commercial Ocean C2
12 Papa Seafood B1

l'une des agences de voyages (p. 170) de la ville. Toutes sont efficaces.

Fêtes et festivals

Fête maritime de Chumphon CULTURE

De la mi-mars à la fin avril, Hat Thung Wua Laen accueille toute une diversité de manifestations, de l'exposition d'art populaire au spectacle de marionnettes, en passant par les animations autour de la cuisine.

Course de bateaux traditionnels de Chumphon CULTURE

En octobre, à l'occasion de la fin du Carême bouddhique (Ork Phansaa), une course de *long-tail boats* est organisée sur le Mae Nam Lang Suan, à 60 km au sud de Chumphon. D'autres manifestations liées à l'acquisition de mérites ont lieu durant la même période.

Où se loger

Le prix des hébergements est en phase avec la clientèle, pour l'essentiel des voyageurs qui posent leur sac à dos pour la nuit

EN VILLE

Suda Guest House PENSION $

(☎0 7750 4366 ; 8 Soi Bangkok Bank ; ch 230-500 B ; ❄). La sympathique propriétaire maintient une qualité irréprochable dans ses 6 chambres au parquet de bois, dotées de quelques touches de confort inattendues pour le prix. L'adresse est courue, téléphonez au préalable (Suda parle anglais).

San Tavee New Rest House PENSION $

(☎0 7750 2147 ; 4 Soi Bangkok Bank ; ch 200-300 B). Si Suda affiche complet, essayez ici, deux portes plus loin. Les 4 chambres sont petites, mais propres et dotées d'un ventilateur Sdb commune.

Farang Bar PENSION $

(☎0 7750 1003 ; 69/36 Th Tha Taphao ; ch 150-300 B ; @). Un bar et une série de grandes chambres accueillant essentiellement des routards arrivant en bus de Th Khao San, à Bangkok. Les douches accessibles à tous (20 B) sont décorées de galets qui leur donnent un curieux petit air de spa (mais rien de plus). Inutile de faire le détour pour le restaurant.

Morakot Hotel HÔTEL $$

(☎0 7750 2999 ; 102-112 Th Tawee Sinka ; ch 800-950 B ; ❄). Récemment rénové, le grand bâtiment vert citron est une adresse de catégorie moyenne très fiable.

Chumphon Gardens Hotel HÔTEL $

(☎0 7750 6888 ; 66/1 Th Tha Taphao ; ch 500 B ; ❄). Pour tuer l'attente à Chumphom, certains seront heureux de pouvoir regarder la TV câblée dans l'une des chambres spacieuses du Gardens.

À L'EXTÉRIEUR DE LA VILLE

Chumphon Cabana Resort & Diving Centre HÔTEL $$$

(☎0 7756 0245 ; www.cabana.co.th ; Hat Thung Wua Laen ; ch 1 800-2 700 B ; ❄≋). Les chambres ont certes besoin d'un coup de neuf, mais le propriétaire, à la suite d'un discours du roi sur le développement durable, a réaménagé le *resort* en puisant dans la tradition des méthodes écologiques. Les terres sont utilisées pour la production alimentaire du complexe (riz, légumes cultivés hors sol, élevage de poulets) et les eaux usées sont recyclées grâce à des bassins plantés de jacinthes aquatiques.

Même si vous ne séjournez pas ici, vous pouvez goûter les produits au restaurant, le **Rabieng Talay**.

View Resort BUNGALOWS

(Hat Thung Wua Laen, ch 650-1 000 B ; ❄). Le plus agréable des ensembles de bungalows sommaires de Hat Thung Wua Laen.

MT Resort HÔTEL $$

(☎0 7755 8153 ; www.mtresort-chumphon.com ; Hat Tummakam Noi ; ch 950-1 500 B ; ❄). Établissement sympathique sur une plage calme, près de l'embarcadère de Lomprayah. Idéal pour une halte sur le chemin de Ko Tao. Des kayaks sont mis gratuitement à disposition pour explorer îles et mangroves du parc national de Mu Ko Chumphon. Téléphonez pour organiser votre transport depuis Chumphon.

Où se restaurer et prendre un verre

Outre sa belle palette gastronomique, le **marché de nuit** (Th Krom Luang Chumphon) offre un merveilleux bain de foule. Il existe aussi deux **marchés de jour** (Th Tha Taphao et Th Pracha Uthit).

Khanom Jeen Restaurant THAÏLANDAIS $

(Th Sala Daeng ; plats 60 B ; ⏲petit-déj et déj). Une minuscule cantine juste à côté du Fame Restaurant, connue localement pour ses *kà·nŏm jeen* (nouilles de riz servies avec une sauce au poisson épicée), à assaisonner à votre goût avec basilic sacré, rondelles de concombre et légumes au vinaigre.

Ban Yang Na CAFÉ $

(Th Sala Daeng ; plats à partir de 40 B ; ⏲petit-déj et déj ; ❄). Outre la caféine et les pâtisseries habituelles, on trouve dans ce café climatisé un refuge agréable.

Papa Seafood POISSON, FRUITS DE MER $$

(2-2/1 Th Krom Luang Chumphon ; plats 80-200 B ; ⏲déj et dîner). Sans atteindre des sommets, la cuisine (produits de la mer essentiellement) est bonne et l'endroit très apprécié des habitants. Après le dîner, prenez possession de la piste au Papa 2000, la discothèque voisine.

Fame Restaurant INTERNATIONAL $

(188/20 Th Sala Daeng ; plats 80-220 B ; ⏲petit-déj, déj et dîner). Ce repaire de *fàràng* (étrangers) propose de tout un peu : petits-déjeuners occidentaux, plats sautés thaïlandais, réservation de billets de ferry, bains-douches... Ouvre avant l'aube et ferme tard dans la nuit.

Centre commercial Ocean INTERNATIONAL $$

(près de Th Sala Daeng ; plats 150-250 B ; ⏲déj et dîner). L'endroit n'a rien de gastronomique, mais sachez que le centre commercial est climatisé et possède plusieurs chaînes de restauration : commode et agréablement frais pour les voyageurs de passage.

Renseignements

Vous trouverez dans Th Sala Daeng des banques avec DAB et service de change.

Bangkok Bank (Th Sala Daeng). Avec DAB.

Bureau de la CAT (Th Poramin Mankha). À 1 km à l'est de la poste.

Hôpital Wiratsin (☎0 7750 3238 ; Th Poramin Mankha). Hôpital privé avec service des urgences.

New Infinity Travel (☎0 7757 0176 ; 68/2 Th Tha Taphao ; ⏲8h-22h ; @). Excellente agence de voyages. Le personnel est très compétent et aimable. Il y a aussi 4 chambres à louer, et des livres à vendre.

Poste principale (Th Poramin Mankha). Dans la partie sud-est de la ville.

TAT (☎0 7750 1831 ; 111/11-12 Th Tawee Sinkha ; ⏲9h-16h30). Donne cartes et brochures, mais les informations sur les transports ne sont pas toujours à jour.

Depuis/vers Chumphon

Avion

Solar Air (☎0 7755 8212 ; www.solarair.co.th) assure une liaison quotidienne avec Bangkok (1 heure, 2 900 B).

Bateau

Il existe quantité de possibilités pour rallier Ko Tao (p. 206) – encore que les bateaux circulent essentiellement le matin et le soir. Le prix du billet comprend généralement le transfert jusqu'à l'embarcadère. Si vous choisissez un voyage combiné, vérifiez que l'on vous délivre bien un billet comprenant le trajet en bus et celui en bateau.

Bateau lent (250 B, 6 heures, minuit) – l'option la moins chère, la plus lente et la plus spectaculaire : tout le monde s'installe sur le pont ouvert du bateau de pêche, avec les étoiles pour compagnes. La liaison est suspendue par mer forte ou lorsque le temps est mauvais.

Car ferry (350 B, 6 heures, 23h lun-dim) – plus confortable que l'option précédente, avec possibilité de couchette ou de matelas.

Bateau express Songserm (450 B, 3 heures, 7h) – une liaison plus rapide, au départ de Tha Talaysub, à une dizaine de kilomètres de la ville.

Catamaran Lomprayah (600 B, 1 heure 45, 7h et 13h) – une offre bus-bateau très prisée, au départ de Tha Tummakam, à 25 km de la ville ; la billetterie se trouve derrière la gare routière de Chumphon.

Bus

Le principal terminal de bus se situe sur la grand-route, à 16 km de Chumphon. Pour vous y rendre, prenez un *sŏrng·tăa·ou* (50 B) sur Th Nawamin Ruamjai. La nuit, il vous faudra marchander avec les chauffeurs de taxi qui se présentent. N'acceptez pas de payer davantage que 200 B.

Il y a plusieurs arrêts de bus en ville, qui vous éviteront peut-être le trajet jusqu'au terminal principal. **Choke Anan Tour** (☎0 7751 1757 ; *soi* prenant dans Th Pracha Uthit), dans le centre, assure des liaisons quotidiennes vers :

Hat Yai (370 B ; 7 heures ; 4 bus/jour)

Phuket (320 B ; 3 heures 30 ; 4 bus/jour)

Ranong (320 B ; 2 heures ; 4 bus/jour)

Terminal Sud (Sai Tai Mai) de Bangkok (375 à 550 B, 8 heures, 5 bus/jour)

À 700 m au sud-est de la gare ferroviaire, **Suwannatee Tour** (☎0 7750 4901) dessert les destinations suivantes :

Cha-am (175 B)

Hua Hin (170 B)

Phetchaburi (205 B)

Prachuap Khiri Khan (120 B)

Terminal Sud (Sai Tai Mai) de Bangkok (270-405 B bus 2e classe-VIP, 3 bus/jour)

Il existe de nombreuses compagnies de minibus. Les départs ont lieu depuis leurs locaux (voir la carte de Chumphon) :

Bang Saphan Yai (120 B, 2 heures, 2 bus l'après-midi). Départ de Th Poramin Mankha, près de l'hôpital.

Ranong (120 B, 2 heures 30, ttes les heures de 7h à 15h). Départ de Th Tha Taphao ; arrivée à la gare routière de Ranong (à l'extérieur de la ville).

Surat Thani (170 B, 3 heures, ttes les heures). Départ d'un *soi* sans nom donnant dans Th Krom Luang Chumphon, au niveau d'un opticien.

Train

Des trains circulent fréquemment entre Chumphon et Bangkok (2e classe 292-382 B, 3e classe 235 B, 7 heures 30). Comptez 440-770 B en train-couchette.

Les trains rapides et express en direction du sud, les seuls comportant des 1re et 2e classes, sont moins fréquents, et réserver une place à partir de Chumphon peut être difficile en novembre-février.

Comment circuler

Une course en ville revient à 40 B en *sŏrng·tăa·ou* et à 20 B en moto-taxi. Jusqu'à Hat Thung Wua Laen, comptez 30 B en *sŏrng·tăa·ou*.

Nombre d'agences de voyages et de pensions louent des motos (200-250 B/jour). Louer une voiture revient à quelque 1 500 B/jour auprès des agences de voyages.

Ko Samui et le sud-ouest du golfe de Thaïlande

Dans ce chapitre »

Le top des restaurants

- Dining On The Rocks (p.186)
- Five Islands (p.187)
- The Whitening (p.216)

Le top des hébergements

- Six Senses Samui (p.181)
- Anantara Bo Phut (p.183)
- L'Hacienda (p.183)
- Sarikantang (p.196)
- The Sanctuary (p.201)

Pourquoi y aller

Les trois plus belles îles de Thaïlande se trouvent dans le golfe de Thaïlande : Ko Samui, Ko Pha-Ngan et Ko Tao. Des millions de touristes s'y rendent chaque année, attirés par les plages de sable doux et les eaux couleur émeraude. Ces îles forment comme une famille dont Ko Samui serait la sœur aînée, avec un sens des affaires aiguisé sous ses allures décontractées. Ses établissements cossus sont réglés comme des coucous suisses et les maîtres d'hôtel se plient en quatre pour répondre aux moindres caprices des clients. Ko Pha-Ngan serait la cadette insoumise, portant dreadlocks et avec un net penchant pour les siestes dans les hamacs et les fêtes jusqu'au bout de la nuit. Ko Tao serait la benjamine, amatrice d'activités pourvoyeuses de sensations fortes, comme la plongée et le snorkeling.

Les voyageurs désireux de plus de calme trouveront leur bonheur dans un petit archipel d'îlots miniatures non loin de là. Dans ce royaume de dégradés de verts et de bleus nommé le parc national maritime d'Ang Thong, la vie est un enchantement.

Quand partir

Le soleil brille continuellement de février à avril lorsque la saison des pluies est passée. La période de juin à août, qui par chance coïncide avec les vacances d'été de l'hémisphère nord, est une des plus accueillantes, avec de courts épisodes de bruine.

D'octobre à décembre, les pluies torrentielles de la mousson martèlent les toits de tôle brûlante. Les tarifs des chambres baissent de manière significative et attirent les optimistes aux grandes envies de plage.

À ne pas manquer

1. Partir à la recherche de Némo dans son royaume en Technicolor sur la côte de **Ko Tao** (p. 206)
2. Les plages immaculées de sable blond du **parc national maritime d'Ang Thong** (p. 220)
3. Une sieste dans un hamac, les pieds dans l'eau, sur une plage isolée de **Ko Pha-Ngan** (p. 192)
4. Ronronner de plaisir lors d'un exquis massage à **Ko Samui** (p. 178)
5. Les transes de la **fête de la pleine lune** (voir l'encadré p. 194) d'Hat Rin, à Ko Pha-Ngan
6. Se régaler des fruits de mer en vente sur les étals des plages de **Songkhla** (p. 228)

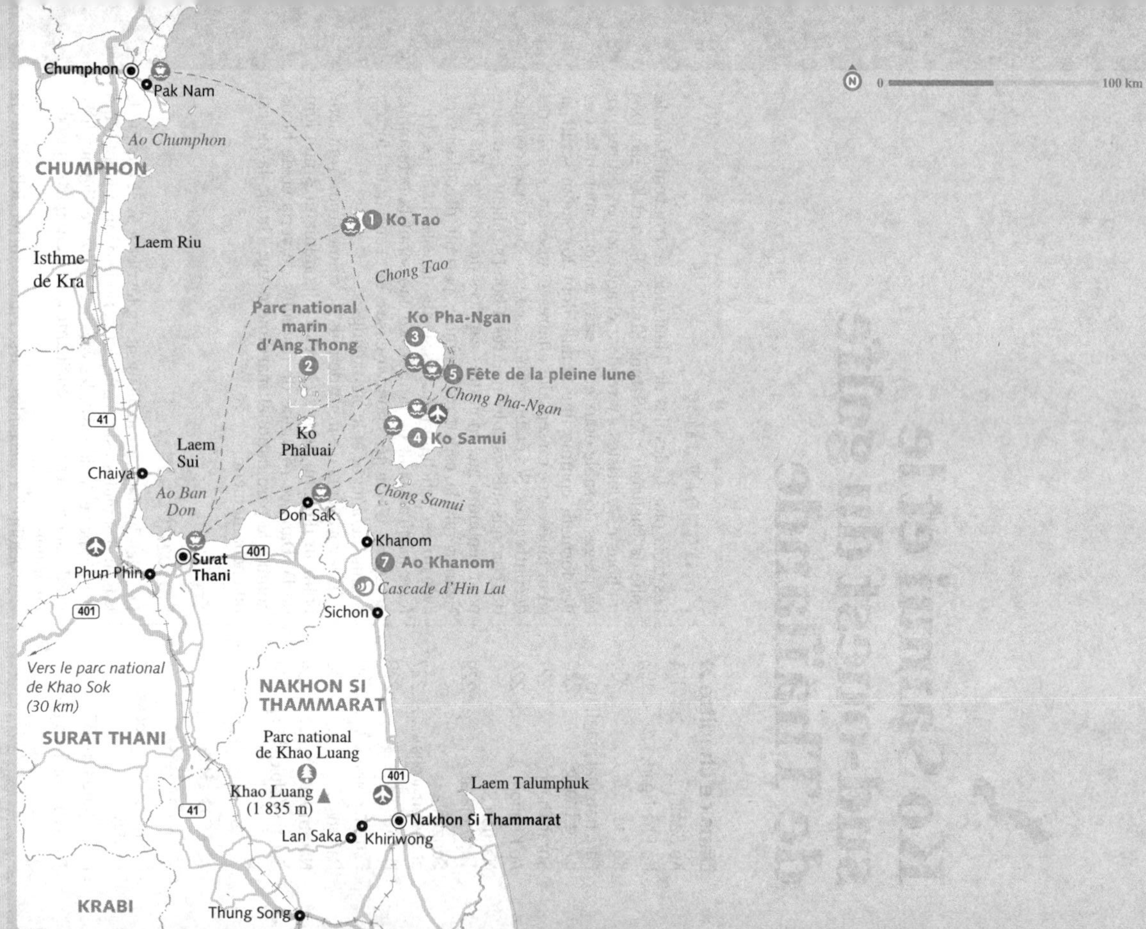

7 Le spectacle des dauphins roses le long des côtes d'**Ao Khanom** (p. 224)

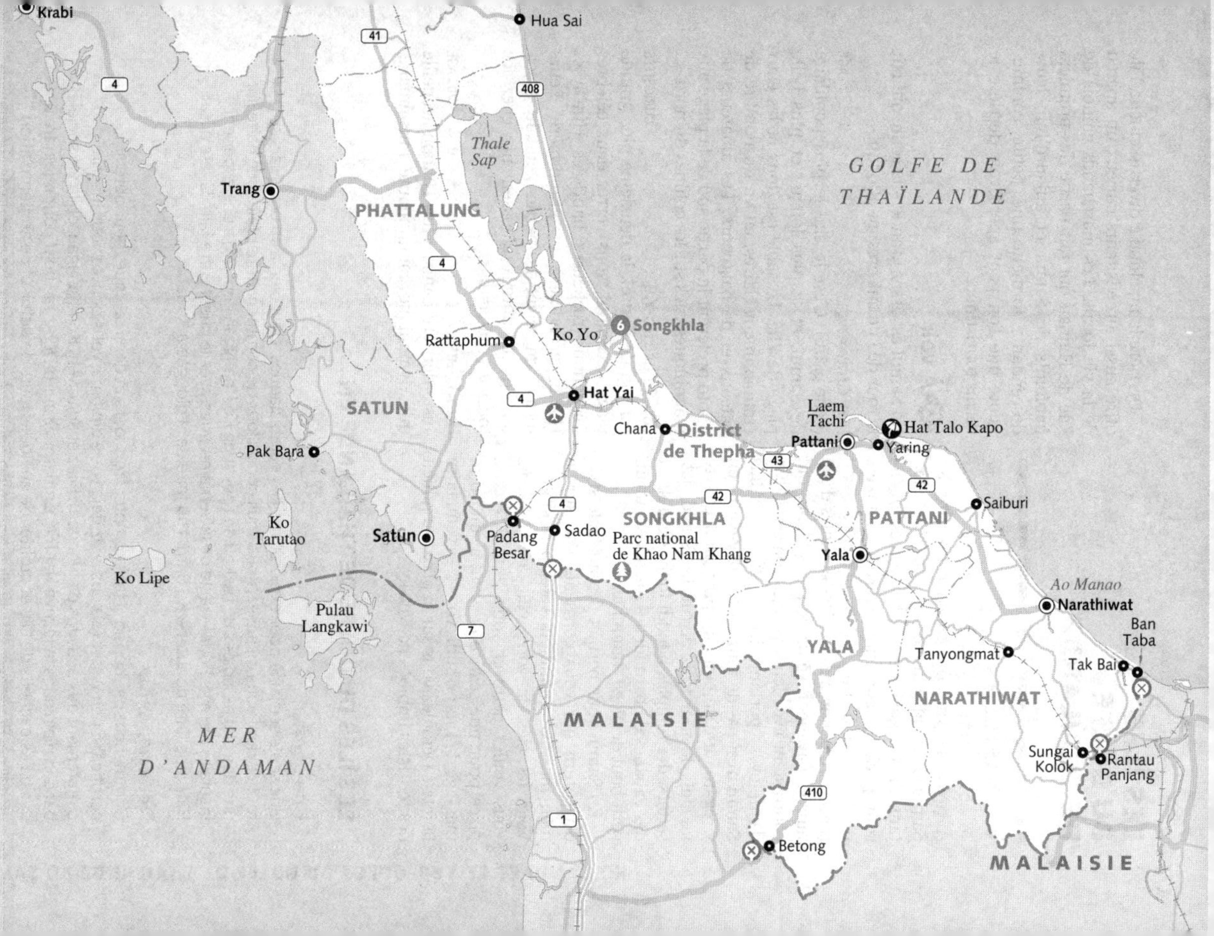

LES ÎLES DU GOLFE DE THAÏLANDE

Ko Samui

เกาะสมุย

40 300 HABITANTS

À première vue, on pourrait prendre Ko Samui pour un parcours de golf géant flottant dans le golfe de Thaïlande. Les *greens* sont parfaitement entretenus, les bunkers nombreux, plus un ou deux obstacles d'eau pour faire bonne mesure. Des hommes d'âge mûr se pavanent, vêtus de polos blancs qui contrastent avec leurs visages rouges, suivis d'employés portant leurs affaires. Mais Samui n'est pas du tout un country-club – en y regardant d'un peu plus près, on découvre les étals de nourriture de rue, les fêtes de jet-setters, des temples bouddhiques discrets et des cabanes de baroudeurs installées sur un petit bout de plage tranquille.

Ko Samui vous permet de choisir le style d'aventure qui vous convient. Vue sur la mer, massage quotidien, valet personnel ? Voici les clés de votre villa avec piscine. Vous voulez nettoyer votre aura ? Prenez place pour une séance de yoga avant votre massage de l'après-midi. Vous êtes venu faire la fête ? Défoulez-vous sur la plage au milieu des touristes imbibés de whisky.

Derrière la machine à divertissement, l'île offre aussi aux visiteurs curieux un aperçu de la vie locale. Les marchands chinois de l'île de Hainan ont fait partie des premiers habitants de Samui et aujourd'hui, leurs descendants forment une petite communauté que l'on peut apercevoir derrière le vernis touristique.

À voir

Ko Samui est assez grande – la route qui fait le tour de l'île fait presque 100 km.

Hat Chaweng PLAGE

(Carte p. 176). C'est le site le plus populaire de Samui, et la plus longue et plus belle plage de l'île. Le sable est doux et les eaux étonnamment claires, au vu du nombre de bateaux et de baigneurs. Les amateurs de photo préfèrent la partie sud de la plage aux magnifiques vues sur les collines du nord.

Hin-Ta et Hin-Yai CURIOSITÉS

Au sud de **Lamai**, la deuxième plus grande plage de Samui, vous verrez deux célèbres formations rocheuses baptisées Hin-Ta et Hi-Yai, "grand-père" et "grand-mère". Leurs formes rappelant des parties génitales suscitent de nombreux gloussements chez les touristes thaïlandais.

Hua Thanon VILLAGE

Juste derrière Lamai, Hua Thanon accueille une dynamique communauté musulmane,

LES ÎLES DU GOLFE DE THAÏLANDE EN...

Une semaine

Une seule semaine pour explorer ces îles paradisiaques, c'est bien trop peu. Mais si c'est tout ce dont vous disposez, nous vous conseillons de commencer par faire une halte sur une des plages isolées de l'est ou de l'ouest de Ko Pha-Ngan pour vivre une expérience insulaire de rêve. Pour le reste de la semaine, vous avez le choix entre faire la fête à Hat Rin, vous faire dorloter à Ko Samui ou faire de la plongée à Ko Tao.

Deux semaines

Commencez par Ko Tao. Il faut compter trois jours et demi de cours pour obtenir le certificat Open Water (si vous avez déjà votre diplôme, vous pouvez vous inscrire directement aux activités de plongée). Filez ensuite vers Ko Pha-Ngan, où la vie sociale bat son plein dans la festive Hat Rin. Embarquez sur un *long-tail boat* pour rejoindre une des baies cachées de l'île et profiter de quelques jours de détox et de contemplation, au calme. Prenez ensuite la direction de Ko Samui. Vous pouvez essayer un des hôtels de charme de Bo Phut, à moins que vous ne préfériez goûter à la vie de rock star sur les plages de Chaweng et Choeng Mon. S'il vous reste un peu de temps, nous vous conseillons de visiter le parc national maritime d'Ang Thong.

Un mois

Suivez l'itinéraire sur deux semaines à un rythme plus tranquille, avec des séances supplémentaires de farniente sur les plages des trois îles. Arrangez-vous pour faire coïncider votre séjour avec la fête de la pleine lune sur Ko Pha-Ngan.

Ko Samui

dont les bateaux de pêche forment une véritable galerie de motifs sophistiqués.

Bo Phut VILLAGE

(Carte p. 178). Bien que les **plages du nord** aient un sable moins fin et ne soient pas aussi marquantes que celles de l'est, elles sont agréables et offrent une vue magnifique sur Ko Pha-Ngan. **Bo Phut** se distingue grâce à son charmant village de pêcheurs : un ensemble d'étroites *shophouses* chinoises transformées en *resorts* tendance et en hôtels de charme.

Nam Tok Na Muang CASCADES

(Carte p. 175). C'est la plus haute cascade de Samui (30 m), au centre de l'île, à environ 12 km de Na Thon. L'eau dévale de sublimes roches violettes, et le bassin se prête parfaitement à la baignade. C'est la cascade la plus pittoresque mais la moins fréquentée de Samui. Il y a deux autres cascades dans les environs. La plus petite s'appelle **Na Muang 2**. La deuxième, **Nam Tok Wang Saotong**, est impressionnante et accessible par la route récemment rénovée (carte p. 175). Ces chutes sont juste au nord de la rocade près de Hua Thanon.

Wat Hin Lat TEMPLE

(Carte p. 175 ; ☎0 7742 3146). Situé dans la partie ouest de Samui près des cascades du même nom, ce temple de méditation dispense quotidiennement des cours de *vipassana*.

Nam Tok Hin Lat CASCADES

(Carte p. 175). Près de Na Thon, le site vaut une visite si vous avez un après-midi à tuer avant de reprendre un bateau pour le continent. Après une randonnée assez vigoureuse, vous aurez bien mérité une baignade dans le bassin en bas des chutes. Ne manquez pas le temple bouddhique parsemé de panneaux où sont inscrites des formules édifiantes. Prévoyez de bonnes chaussures.

Wat Laem Sor TEMPLE

(Carte p. 175). Pour les amateurs de temples, le **Wat Laem Sor**, à l'extrémité sud de

Hat Chaweng

Samui près de Ban Phang Ka, possède un vieux stupa intéressant, très vénéré, de style Srivijaya.

Wat Phra Yai TEMPLE

(Temple du Grand Bouddha ; carte p. 175). À la limite nord de Samui, le Wat Phra Yai repose sur une petite île rocheuse reliée au continent par une chaussée. Érigé en 1972, le Bouddha moderne (dans la posture de méditation) culmine à 15 m de hauteur face au ciel et à la mer. Non loin, un nouveau temple, le **Wat Plai Laem** (carte p. 175), sert de demeure à un énorme bouddha à 18 bras.

Wat Khunaram TEMPLE

(Carte p. 175). Plusieurs temples conservent les restes momifiés de moines pieux, notamment le Wat Khunaram, au sud de la Route 4169 entre Th Ban Thurian et Th Ban Hua. Le moine Luang Phaw Daeng est mort depuis plus de 20 ans, mais son cadavre est préservé dans une position méditative et porte des lunettes de soleil.

Wat Samret TEMPLE

(Carte p. 175). À Wat Samret, près de Th Ban Hua, vous verrez un bouddha assis typique de Mandalay sculpté dans le marbre – spectacle commun en Inde et dans le nord de la Thaïlande, moins dans le sud.

Hat Chaweng

Activités

Plongée

Si la plongée est pour vous une affaire sérieuse, allez à Ko Tao et restez-y le temps de vivre votre aventure sous-marine. Si vous ne disposez que de peu de temps et ne voulez pas quitter Samui, de nombreux opérateurs vous emmèneront jusqu'aux sites de plongée (pour plus cher, bien sûr). Essayez de réserver auprès d'une compagnie disposant de son propre bateau (ou qui en loue), même si c'est un peu plus onéreux. Les compagnies sans bateau emmènent souvent les plongeurs sur le catamaran de passagers pour Ko Tao, où ils prennent un deuxième bateau jusqu'au site de plongée. Ces trajets sont éprouvants, et aucun repas n'est servi.

Les cours de certification sont généralement deux fois plus chers sur Ko Samui que sur Ko Tao, ce qui est en grande partie dû à l'utilisation de plus d'essence, car la minuscule Tao est bien plus proche des sites de plongée les plus prisés. Comptez entre 16 000 et 22 000 B pour un certificat Open Water, et entre 3 200 et 6 200 B pour une journée de plongée, selon l'endroit.

La chambre de recompression hyperbare de Ko Samui se trouve sur la plage du Grand Bouddha (Hat Bang Rak).

100 Degrees East PLONGÉE
(☎0 7742 5936 ; www.100degreeseast.com ; Bang Rak). Fortement recommandé.

Diveversity PLONGÉE
(Carte p. 176 ; ☎0 7741 3196 ; www.diveversity.nl ; Hat Chaweng). Basé à l'hôtel Amari.

Samui Planet Scuba PLONGÉE
(SIDS ; carte p. 176 ; ☎0 7723 1606 ; samuiplanetscuba@planetscuba.net ; Hat Chaweng).

Autres activités

Blue Stars KAYAK, SNORKELING
(Carte p. 176 ; ☎0 7741 3231 ; www.bluestars.info ; excursion 2 600 B). Les amateurs de snorkeling et de kayak réserveront une excursion d'une journée dans l'étonnant parc national maritime d'Ang Thong. Blue Stars, basé à Hat Chaweng, sur Ko Samui, propose des excursions guidées en kayak de mer.

Bo Phut

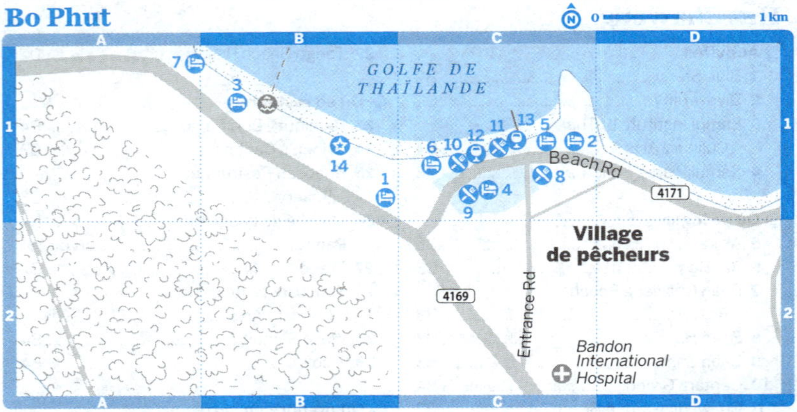

Bo Phut

Où se loger
1 Anantara B1
2 B1 Villa Spa C1
3 Ibis Bo Phut B1
4 Khuntai C1
5 L'Hacienda C1
6 Lodge C1
7 Zazen A1

Où se restaurer
8 Karma Sutra C1
9 Shack Bar & Grill C1
10 Starfish & Coffee C1
11 Villa Bianca C1
Zazen .... (voir 7)

Où prendre un verre
12 Billabong Surf Club C1
13 Pier C1

Où sortir
14 Gecko Village B1

Football Golf SPORT
(☎08 9771 7498 ; 🕘9h-18h30). À Choeng Mon, il existe un jeu étrange appelé "football golf". Le but du jeu est de "putter" un ballon de football avec un golf dans un trou de la taille d'une poubelle. Les enfants adorent. Une boisson non alcoolisée est offerte pour chaque partie jouée (300 B).

Namuang Safari Park PARC À THÈME
(Carte p. 175 ; ☎0 7742 4098). Près des chutes Na Muang. L'offre de circuits d'aventures (à partir de 900 B) est variée. Parmi les activités proposées : balades à dos d'éléphants, spectacles de singes, balades en 4x4 et même extraction de caoutchouc lors d'une visite de plantation. Déplacement depuis l'hôtel inclus dans le prix.

Samui Aquarium & Tiger Zoo PARC À THÈME
(Carte p. 175 ; ☎0 7742 4017 ; adulte/enfant 750/450 B ; 🕘9h-18h). En plus des aquariums et des tigres, l'ensemble abrite aussi une grande volière. Les enfants s'y plaisent beaucoup même si quelques cages et aquariums sont de toute évidence négligés. Le spectacle des otaries est à 13h30, celui des tigres à 14h30. Accès à la piscine inclus dans le ticket d'entrée.

Spas et yoga

La compétition est féroce dans le domaine des 5-étoiles à Samui, ce qui signifie que leurs spas sont de très bonne qualité. Pour des soins de premier ordre, essayez le spa Anantana Bo Phut, ou le Hideaway Spa au Six Senses de Samui. Le Spa Resort de Lama a été le premier établissement du genre sur l'île, et il est toujours réputé pour son efficace programme de détox.

Yoga Thailand YOGA ET SPA
(☎0 7792 0090 ; www.yoga-thailand.com ; Phang Ka ; retraite à partir de 680 € ; ❄@📶). Bien caché le long de la côte sud, cet établissement entre dans la nouvelle ère des "vacances thérapeutiques" avec équipement dernier cri et équipe d'entraîneurs dévoués. Les chambres sont situées un peu plus haut dans la même rue dans un logement confortable ; les salles de yoga, les centres de bien-être et le café animé sont au bord de l'eau.

Tamarind Retreat MASSAGE THAÏLANDAIS
(☎0 7723 0571 ; www.tamarindretreat.com). À l'abri de la plage au cœur d'une silencieuse plantation de cocotiers, ces quelques pavillons et salons de massage se fondent dans le paysage : murs et sols en granite pour certains, bassins privés ou sdb extérieures pour les autres.

Health Oasis Resort YOGA ET SPA
(☎0 7742 0124 ; www.healthoasisresort.com). L'endroit idéal pour "purifier" son aura ou son côlon. Ici, le New Age fait fureur. Vous avez le choix entre plusieurs forfaits santé allant de la méditation au jeûne. Les bungalows sont modernes et ensoleillés. Vous y trouverez évidemment un restaurant végétarien.

Absolute Sanctuary YOGA ET SPA
(☎0 7760 1190 ; www.absoluteyogasamui.com). Ce qui fut un sympathique salon de massage est devenu un gigantesque centre avec pléthore d'hébergements et un programme complet de détox et de bien-être.

Cours

Samui Institute of Thai Culinary Arts CUISINE
(SITCA, institut des arts culinaires ; plan p. 176 ; ☎0 7741 3434 ; www.sitca.net ; Hat Chaweng). L'endroit idéal pour prendre des cours de cuisine thaïlandaise. On y dispense des cours de cuisine quotidiens, et des cours de sculpture sur fruits et légumes. Les cours du déjeuner débutent à 11h, ceux du dîner à 16h (1 850 B les 3 heures/repas, avec au moins 3 plats). On vous y donnera également des conseils pour trouver les ingrédients nécessaires dans votre pays. Naturellement, vous mangez le fruit de votre travail, et vous pouvez même inviter un ami à le partager. Des DVD sont en vente pour vous permettre de vous entraîner chez vous.

Où se loger

"Superior", "standard", "deluxe", "standard deluxe", "deluxe superior", "superior standard" – que signifie tout cela ? La terminologie hôtelière de Samui est absconse. Les offres d'hébergement sur l'île étant pléthoriques, nous citons nos préférées, sans prétention à l'exhaustivité.

Si vous avez envie de faire des folies, vous trouverez pour cela de nombreux complexes de luxe dotés de bungalows extravagants, de charmants spas, de piscines privées et de restaurants haut de gamme. Bo Phut, sur la côte nord de l'île, possède une séduisante collection d'établissements de charme – idéale pour les budgets de catégorie moyenne. Les moins argentés devront effectuer des recherches plus poussées, mais on peut encore dénicher des établissements bon marché de temps à autre près des plages.

Les villas privées ont gagné en popularité ces dernières années. Des publicités pour des compagnies de location paraissent dans les brochures qui circulent sur l'île.

Cette longue section est organisée de la façon suivante : la populaire côte est, avec Chaweng et Lamai, est d'abord traitée, puis les plus petites plages sont abordées dans le sens inverse des aiguilles d'une montre.

HAT CHAWENG

♥ **Jungle Club** BUNGALOWS $$
(Carte p. 176 ; ☎08 1894 2327 ; www.jungleclub-samui.com ; bungalows 800-4 500 B ; ❄@📶🏊). La route périlleuse et glissante vaut la peine d'être gravie, car la vue d'en haut est magnifique. Ce refuge isolé dans la montagne se taille un franc succès parmi les étrangers et les Thaïlandais. L'ambiance est détendue – les clients flânent autour de la belle piscine ou se reposent sous les toits des *săh·lah* (ou *sala*, salle de réunion/repos). Appelez avant pour qu'on vienne vous chercher ; inutile de risquer de finir vos vacances dans le plâtre. Comptez 50 B pour un taxi depuis la route principale et 100 B depuis le centre de Hat Chaweng.

♥ **Library** RESORT $$$
(Carte p. 176 ; ☎0 7742 2767 ; www.thelibrary.name ; ch à partir de 13 300 B ; ❄@📶🏊). Ce complexe est un mirage blanc étincelant, rehaussé de parements noirs et de rideaux à lattes. Outre l'iMac futuriste dans chaque "page" (les chambres sont appelées "pages", ici), ce que l'on préfère c'est le grand mur monochrome – il luit le soir et vous pouvez en ajuster la couleur selon votre humeur. Des statues grandeur nature s'adonnent à la lecture, et, si vous voulez les imiter, la bibliothèque vous propose un assortiment impressionnant de livres d'art et de design. La grande piscine, carrelée de rouge, est incontournable.

Tango Beach Resort RESORT $$
(Carte p. 176 ; ☎0 7742 2470 ; www.tangobeach-samui.com ; ch 1 600-4 600 B ; ❄@📶🏊). Un sans-faute dans sa catégorie, ce complexe refait à neuf propose un chapelet de bungalows le long d'une passerelle en teck qui part de la plage.

Centara Grand RESORT $$$
(Carte p. 176 ; ☎0 7723 0500 ; www.centralhotelsresorts.com ; ch 8 900-19 500 B ; ❄@📶🏊). Complexe massif et impeccable au cœur de

Chaweng. La propriété remplie de palmiers est si vaste qu'on échappe facilement à l'agitation de la rue. Les chambres sont aménagées dans un bâtiment très occidental. Les adultes peuvent tester le spa ou l'un des 4 restaurants, tandis que les enfants jouent dans le labyrinthe de piscines sous l'œil d'une baby-sitter de l'établissement.

Baan Chaweng Beach Resort RESORT **$$$**
(Carte p. 176 ; ☎0 7742 2403 ; www.baanchawengbeachresort.com ; bungalows 3 500-7 000 B ; ❄@📶≋). Ce nouvel hôtel, agréable et luxueux sans se ruiner, pratique des prix relativement abordables. Les chambres immaculées déclinent toutes les teintes de pêche et de poire, et sont ornées de meubles en teck à la fois modernes et traditionnels.

Muang Kulay Pan Hotel RESORT **$$$**
(Carte p. 176 ; ☎0 7723 0849-51 ; www.kulaypan.com ; ch 4 200-15 000 B ; ❄@📶≋). Non, le papier peint n'est pas abîmé – c'est un concept décoratif. L'architecture évoque une fusion entre zen et thaï mais, pour nous, la déco paraît trop aléatoire. Les jardins au bord de l'eau sont savamment négligés pour compléter l'aspect chaotique du complexe.

Baan Haad Ngam RESORT **$$$**
(Carte p. 176 ; ☎0 7723 1500 ; www.baanhaadngam.com ; bungalows 6 400-14 000 B ; ❄@📶≋). Ici, on a préféré à l'ordinaire assortiment de teck une peinture extérieure verte, genre céleri radioactif. Insolent, chic, une excellente adresse pour qui a les moyens.

Pandora Boutique Hotel RESORT **$$**
(Carte p. 176 ; ☎0 7741 3801 ; www.pandora-samui.com ; ch 2 700-4 900 B ; ❄📶≋). Aussi charmant que mémorable, l'hôtel Pandora semble sorti d'une bande dessinée intitulée "Tintin et le mystère de l'hôtel incroyablement bon marché de Chaweng". Les chambres sont décorées dans des tons pastel avec moulures en bois et quelques pierres ici et là.

Kirikayan Boutique Resort RESORT **$$$**
(☎0 7733 2299 ; www.kirikayan.com ; ch à partir de 5 295 B ; ❄@📶≋). Du blanc, du teck laqué et du rouge ardent : voici le style de cet établissement branché à deux pas des plages du sud de Chaweng. La piscine sur terrasse se trouve derrière la forêt de palmiers et les feuillages touffus.

Ark Bar RESORT **$$**
(Carte p. 176 ; ☎0 7742 2047 ; www.ark-bar.com ; bungalows 1 500 B ; ❄📶≋) La fréquentation est très hétéroclite, des hippies aux fêtards, des ados aux quadras... Cet hôtel populaire a récemment décidé de changer de style. Il propose désormais des hébergements haut de gamme.

Chaweng Garden Beach RESORT **$$**
(Carte p. 176 ; ☎0 7796 0394 ; www.chawenggarden.com ; ch à partir de 1 850-8 500 B ; ❄@📶≋). Choix prisé par les routards nantis, on y trouve une grande variété de chambres entretenues par un personnel très souriant.

Nora Chaweng RESORT **$$**
(Carte p. 176 ; ☎0 7791 3666 ; www.norachawenghotel.com ; ch à partir de 2 100 B ; ❄@📶≋). Ce nouvel hôtel n'est pas sur la plage, mais il dispose de chambres design un peu bling-bling, d'une piscine attrayante et d'un spa.

Loft Samui AUBERGE DE JEUNESSE **$**
(Carte p. 176 ; ☎0 7741 3420 ; www.theloftsamui.com ; ch à partir de 590 B ; ❄@📶). Nouvelle auberge bon marché de Chaweng. Les chambres sont décorées avec quelques détails originaux comme des parois en brique et des rangements encastrés.

Akwa PENSION **$**
(Carte p. 176 ; ☎08 4660 0551 ; www.akwaguesthouse.com ; ch à partir de 700 B ; ❄@📶). Charmant établissement de style B&B, Akwa loue quelques chouettes chambres décorées de couleurs vives. Ours en peluche sur les lits, étagères remplies de DVD, et personnages de dessins animés un peu partout.

Queen Boutique Resort RESORT **$**
(Carte p. 176 ; ☎0 7741 3148 ; queensamui@yahoo.com ; ch à partir de 800-1 200 B ; ❄@📶). Le personnel n'est pas des plus sympathiques, mais cet hôtel de charme a l'avantage de proposer des chambres accessibles aux voyageurs à petit budget. Assurez-vous d'avoir une chambre carrelée car celles avec linoléum rayé ne sont pas très attrayantes.

Baan Samui RESORT **$$**
(Carte p. 176 ; ☎0 7723 0965 ; www.see2sea.com ; ch à partir de 8 240 B ; ❄@📶≋). Ces maisonnettes colorées forment un contraste saisissant avec l'austère Library voisin. Si les Pierrafeu avaient une résidence secondaire, elle ressemblerait probablement à ça.

Samui Hostel AUBERGE DE JEUNESSE **$**
(Carte p. 176 ; ☎08 9874 3737 ; dort 180 B ; ❄@). L'extérieur ne paie pas de mine mais les dortoirs sont impeccables. Idéal pour voyageurs solitaires avec petit budget, mais pas pour les couples, qui peuvent trouver une chambre double à louer ailleurs à Chaweng pour environ 400 B.

P Chaweng HÔTEL **$**
(Carte p. 176 ; ☎0 7723 0684 ; ch 400-600B, ste 1 000 B ; ❄@). Cette modeste auberge couleur

rouge vin, éloignée de la plage, dispose de chambres aux toits de tuiles roses spacieuses et impeccables (sauf pour les quelques bosses et imperfections sur les meubles en bois). Choisissez une chambre ne donnant pas sur la rue – une personne pourrait facilement entrer par la fenêtre et se servir.

LAMAI

Rocky Resort RESORT $$$

(☎0 7741 8367 ; www.rockyresort.com ; Hua Thanon ; ch 4 890-17 000 B ;). Notre adresse préférée à Lamai (enfin, au sud de Lamai), où l'ambiance est à la fois haut de gamme et sans prétention. Pendant les mois les plus calmes, les prix sont très intéressants. Vue sur la mer et chambres meublées d'objets d'inspiration thaïlandaise mâtinée d'une touche de modernité. La piscine est creusée au milieu de rochers imitant la plage rocailleuse voisine.

Banyan Tree Koh Samui RESORT $$$

(☎0 7791 5333 ; www.banyantree.com/en/samui/overview ; villa à partir de 23 000 B ; @). La plus prestigieuse adresse de Phuket possède également un autre établissement près des plages isolées du nord de Lamai. Il occupe toute la baie avec ses luxueuses villas sur pilotis émergeant des feuillages. Les jet-setters circulent en voiture de golf parmi les nombreux restaurants et le gigantesque spa qui abrite un simulateur de forêt tropicale. Rien que ça.

Samui Jasmine Resort RESORT $$$

(☎0 7723 2446 ; 131/8 Moo 3 ; ch et bungalows 3 800-5 000 B ;). Ce petit hôtel au milieu de la plage de Lamai a un très bon rapport qualité/prix. Choisissez les chambres les moins chères – la plupart ont une vue magnifique sur la mer et la piscine cristalline. Teck verni à profusion et accessoires coquets comme des coussins lavande.

Spa Resort BUNGALOWS $$

(☎0 7723 0855 ; www.spasamui.com ; Lamai North ; bungalows 800-2 800 B ;). Ce centre de bien-être propose une multitude de forfaits dans un cadre étrangement quelconque comparé aux autres bâtiments de Lamai. Il y a le choix entre massages, dépollution "aqua detox", hypnothérapie et yoga, entre autres. Le centre est très fréquenté, il vaut mieux réserver (par e-mail). On peut s'inscrire à un des programmes sans résider dans l'établissement.

iBed AUBERGE $

(☎0 7745 8760 ; www.ibedsamui.com ; dort/s 550/1 100 B). L'auberge la plus clinquante de l'île (voire de toute la Thaïlande) ressemble à une station spatiale sponsorisée par Apple : TV pour chaque lit dans les dortoirs, draps immaculés, béton poli partout. Les immenses vérandas, les espaces communs spacieux et la cuisine bien équipée favorisent la socialisation, surtout pendant les mois d'affluence.

Lamai Wanta RESORT $$

(☎0 7742 4550, 0 7742 4218 ; www.lamaiwanta.com ; ch et bungalows 1 954-4 800 B ; @). L'espace piscine est un peu rétro, avec ses carreaux beiges et bleus, mais, à l'arrière du bâtiment, des chambres de motel modernes et des bungalows repeints de blanc vous attendent. À l'intérieur, la déco hésite entre minimalisme et dépouillement. Au sud de Lamai, au bout d'un *soi* menant à la plage. Cherchez bien sa petite enseigne.

Amarina Residence PENSION $

(www.amarinaresidence.com ; ch 900-1 200 B). Le hall d'entrée est particulièrement sombre comparé aux autres hôtels tropicaux, mais les chambres à l'étage sont très lumineuses et décorées d'élégants meubles en bois clair.

Beer's House BUNGALOWS $

(☎0 7723 0467 ; 161/4 Moo 4 Lamai North ; bungalows 200-550 B). De petits bungalows ombragés alignés sur la plage. Certains partagent des toilettes, mais tous ont la place de suspendre un hamac pour paresser.

New Hut BUNGALOWS $

(☎0 7723 0437 ; newhut@hotmail.com ; Lamai North ; huttes 200-500 B). Une adresse bon marché rare, en bord de mer, aux huttes en forme de A minuscules mais charmantes.

PLAGES DU NORD

Les plages du nord de Ko Samui offrent le plus large éventail d'hôtels. Choeng Mon abrite certains des complexes les plus somptueux du monde, tandis que Mae Nam et Bang Po, malgré de récentes constructions, restent fidèles à leurs racines baroudeuses. Bo Phut, entre les deux, est l'étoile qui brille le plus fort dans la constellation des plages de Samui.

CHOENG MON

Six Senses Samui RESORT $$$

(☎0 7724 5678 ; http://www.sixsenses.com/SixSensesSamui ; bungalows à partir de 18 000 B ; @). Cela vaut la peine de dépenser une somme folle une fois dans sa vie pour découvrir ce paradis secret tout en bambou. Posé sur un promontoire rocheux, le Six Senses est un mélange parfait d'opulence et de charme rustique, et l'élégance même. La plupart des villas sont équipées de piscines, de splendides sdb semi-extérieures, et offrent une vue magnifique sur la baie silencieuse en contrebas. Les clients peuvent se déplacer en voiturettes de golf depuis leurs cottages retirés jusqu'aux éblouissants équipements – dont un spa haut de gamme et deux excellents restaurants.

Tongsai Bay RESORT **$$$**
(☎0 7724 5480-5500 ; www.tongsaibay.co.th ; ste 11 000-30 000 B ; ❄📶🏊). Il n'y a pas de meilleur endroit pour se faire dorloter que ce luxueux hôtel retiré. Au milieu de ce vaste domaine vallonné parfaitement entretenu, l'ensemble des bungalows ressemble à un petit village. Des voiturettes de golf sillonnent le paysage pour transporter les clients d'une activité à l'autre, des massages au dîner. Toutes les suites très chics à plusieurs niveaux ont des espaces de détente avec lits de repos, une magnifique décoration romantique, une vue époustouflante, de grandes terrasses et des baignoires originalement situées (on vous laisse la surprise). Piscines d'eau douce et d'eau salée, court de tennis, spa, et plusieurs restaurants.

Sala Samui RESORT **$$$**
(☎0 7724 5888 ; www.salaresorts.com/samui ; bungalows 360-1 100 US$; ❄@📶🏊). Les propriétaires sont de véritables hommes d'affaires et facturent en dollars américains et non en bahts. Les prix élevés sont justifiés. La décoration est indéniablement exquise : blancs royaux et tecks laqués, avec des accents turquoise subtils (la piscine privée qui agrémente chaque villa).

Imperial Boat House Hotel RESORT **$$$**
(☎0 7742 5041-52 ; www.imperialhotels.com ; Hat Choeng Mon ; ch 4 000-5 500 B, ste bateau 6 000-6 700 B ; ❄📶🏊). Retraite sophistiquée comprenant un hôtel de 3 étages et de nombreux bungalows indépendants faits à partir de barges de rizière en teck, dont les proues ont été transformées en d'étonnants patios. Des canons en cuivre lancent des jets d'eau dans la piscine en forme de bateau.

Ô Soleil BUNGALOWS **$**
(☎0 7742 5232 ; ch et bungalows à partir de 400 B ; ❄). Un des endroits les moins chers du bord de mer. Propose une variété de bungalows et de chambres mitoyennes qui s'étendent jusqu'à l'intérieur des terres. L'ambiance est très décontractée. Nous vous conseillons de mettre vos objets de valeur en sécurité.

BIG BUDDHA BEACH (BANG RAK)

Cette zone doit son surnom à l'énorme bouddha doré qui la surveille depuis la presqu'île proche de Ko Fan. Sa proximité avec l'aéroport garantit des prix moins élevés dans les complexes hôteliers.

Samui Mermaid RESORT **$**
(☎0 7742 7547 ; www.samui-mermaid.info ; ch 400-2 500 B ; ❄@📶🏊). Une bonne adresse dans la catégorie petits budgets, car on se croirait dans un véritable hôtel de luxe. Deux grandes piscines, abondance de transats, deux restaurants animés et la TV câblée dans toutes les chambres. La piste d'atterrissage de l'aéroport de Samui n'est qu'à quelques kilomètres, ce qui s'entend parfois, mais les navettes gratuites pour l'aéroport font passer la pilule.

Shambala BUNGALOWS **$**
(☎0 7742 5330 ; www.samui-shambala.com ; bungalows 600-1000 B ; ❄📶). Si les établissements des environs sont haut de gamme, celui-ci, tenu par des Anglais, est un rendez-vous de baroudeurs un peu hippies. Plein de coussins pour s'asseoir, une fantastique terrasse en bois et des bungalows clairs et vastes. Le personnel dispense des tuyaux utiles et des sourires à volonté.

Ocean 11 PENSION **$$**
(☎0 7741 7118 ; www.o11s.com ; bungalows 1 900-3 200 B ; ❄📶). Le luxe à un prix très raisonnable : les "résidences" d'Ocean 11 sont une aubaine. Cet établissement zen est une bonne option moyenne gamme pour se ressourcer près d'une bande de sable relativement calme.

BO PHUT

La plage n'est pas époustouflante, mais c'est à Bo Phut que l'on trouve l'hébergement le plus dynamique de tout Samui. Un chapelet de cottages de charme débute à l'intérieur de Fisherman's Village et s'étire le long de la plage.

♥ **Anantara** RESORT **$$$**
(Carte p. 178 ; ☎0 7742 8300 ; www.anantara.com ; ch 4 000-18 000 B ; ❄@📶🏊). L'impressionnante entrée en palanquin évoque les merveilles d'un lointain royaume oriental. Des torches lancent des jets de flammes dont la fumée crée une légère brume autour des palmiers. Des statues de terre et de cuivre figurant des créatures grimaçantes abondent dans cette immense propriété, où les clients prennent le thé dans des pagodes en plein air, nagent dans la piscine aux allures de lagon ou s'offrent des traitements relaxants au spa. La nouvelle aile de pavillons immaculés a encore élevé l'hôtel d'un cran sur l'échelle du luxe.

L'Hacienda PENSION $$
(Carte p. 178 ; ☎0 7724 5943 ; www.samui-hacienda.com ; ch 1 400-3 500 B ; ❄📶🏊). L'arche et la couleur ocre donnent à l'entrée un petit air de mission espagnole. Le même genre de décor orne les 8 adorables chambres, avec des petites touches d'originalités comme des murs de sdb en galet et des lampes en bambou translucides. Une charmante surprise vous attend sur le toit.

Zazen RESORT $$$
(Carte p. 178 ; ☎0 7742 5085 ; www.samuizazen.com ; ch 6 010-17 200 B ; ❄@📶🏊). Cet établissement jadis simple est devenu le summum des hôtels de charme de Samui. Chaque recoin a été soigneusement pensé et créativement décoré. Le minimalisme asiatique y rencontre le rococo moderne dans un mélange de murs écarlates, de déesses en terre cuite, une touche de feng shui et une mesure de bon goût. Les clients se détendent au bord de la piscine sur des fauteuils ombragés par des parasols. Mieux vaut réserver bien en avance, les tarifs sans réservation étant épouvantablement chers.

Lodge HÔTEL $$
(Carte p. 178 ; ☎0 7742 5337 ; www.apartmentsamui.com ; ch 1 400-2 500 B ; ❄📶🏊). Autre très bon choix à Bo Phut, le Lodge ressemble à un pavillon de chasse colonial aux murs pâles et aux poutres sombres au plafond. Chaque chambre est ornée de tapisseries et dispose d'un balcon privé donnant sur la plage. Les "pent-huts" de l'étage supérieur sont très spacieuses. Réservez absolument, l'endroit semble toujours complet.

Ibis Bo Phut HÔTEL $$
(Carte p. 178 ; ☎0 7791 4800 ; www.ibishotel.com/thailand ; ch à partir de 1 600 B ; ❄@📶🏊). C'est le plus grand hôtel de l'île. Toutes récentes, les chambres ont comme une odeur de voiture neuve. Les familles apprécieront les lits superposés et le grand jardin, parfait pour les jeux d'enfants. À déconseiller si vous cherchez un hébergement typiquement thaïlandais.

B1 Villa Spa APPARTEMENTS $$$
(Carte p. 178 ; ☎0 7742 7268 ; www.b1villa.com ; ste 2 800-7 000 B ; ❄📶🏊). Cet établissement aux allures d'auberge sur la plage de Fisherman's Village ne manque pas de caractère. Chaque chambre a des œuvres d'art sur ses murs et porte un nom. Au 2e étage, elles ont celui des étoiles de la ceinture d'Orion.

Khuntai PENSION $
(Carte p. 178 ; ☎0 7724 5118 ; ch 400-850 B ; ❄). Cet établissement est aussi basique et correct que possible. Il est situé à quelques mètres de la plage, à la lisière du village de pêcheurs. Les chambres du 2e étage sont très lumineuses l'après-midi et disposent d'un petit espace de détente sur le balcon.

MAE NAM ET BANG PO

W Retreat Koh Samui RESORT $$$
(☎0 7791 5999 ; www.starwoodhotels.com/whotels ; ch à partir de 23 000 B ; ❄@📶🏊). Une route sinueuse mène au hall d'entrée où les visiteurs sont accueillis par un W orné de pierreries. Les piscines à débordement qui scintillent et la vue sur l'horizon infini sont impressionnantes. L'élégance de cet hôtel est sa marque de fabrique et se ressent dans chaque recoin. L'atmosphère est à la fois urbaine et empreinte de sérénité tropicale. En attendant que cet hôtel récent trouve son rythme, nous vous conseillons d'y passer pour le brunch du dimanche (2 500 B) et les cocktails au coucher du soleil au Woo Bar.

Napasai By Orient Express RESORT $$$
(☎0 7742 9200 ; www.napasai.com ; ch à partir de 9 200 B ; ❄@📶🏊). Passés les buffles domestiques des pâturages et les gardiens coiffés de casques couleur crème, les voyageurs épuisés sont accueillis sur ce site magnifiquement soigné. Le paysage impressionnant est parsemé de nombreux pavillons de style traditionnel thaïlandais avec ornements en bois sculpté et banderoles de soie fine tissée localement.

Maenam Resort BUNGALOWS $$
(☎0 7742 5116 ; www.maenamresort.com ; bungalows 1 400-3 000 B ; ❄@📶). Des cottages en écorce de palmier, disposés en rangées dans un jardin privé aux allures de jungle. Meublés de bois et d'osier, leurs tarifs se déclinent en fonction de leur proximité avec la plage. Les suites sont une aubaine pour les familles.

Harry's BUNGALOWS $$
(☎0 7742 5447 ; www.harrys-samui.com ; bungalows 1 200-3 000 B ; ❄🏊). On se croirait sur le domaine d'un temple sacré. Le teck poli est très présent dans le lobby et le toit en pente classique s'élance vers le ciel. Les bungalows en béton, nichés dans un jardin verdoyant, ne reprennent pas le thème flamboyant de l'entrée, mais sont quand même charmants et confortables.

Coco Palm Resort BUNGALOWS $$
(☎0 7742 5095 ; bungalows 1 200 B ; ❄🏊). Les bungalows de Coco Palm ont été fabriqués avec des tonnes de rotin. La piscine rectangulaire joue la vedette le long de la plage – et les tarifs sont corrects.

Shangrilah BUNGALOWS $
(☎0 7742 5189 ; bungalows 300-2 000 B ; ❄). Paradis des baroudeurs, ces huttes, dans un état correct, sont parmi les moins chères de la région.

CÔTE OUEST

Prisée par les touristes thaïlandais, la côte ouest de Samui ne dispose pas des plages les plus pittoresques, mais c'est un refuge agréable à l'abri de l'agitation de la côte est.

InterContinental Samui Baan Taling Ngam Resort RESORT $$$
(☎0 7742 9100 ; www.ichotelsgroup.com/inter-continental ; ch à partir de 6 300 B ; ❄@). Contrairement à la plupart des autres 5 étoiles de Samui, celui-ci est décoré dans un style thaïlandais classique. Les chambres luxueuses sont équipées d'un mobilier fait sur mesure. Le service est impeccable. Des navettes transportent les clients depuis et vers la plage. Des transports vers l'aéroport et le ferry sont également disponibles.

Am Samui BUNGALOWS $$
(☎0 7723 5165 ; www.amsamuiresort.com ; bungalows à partir de 1 100 B ; ❄). Oubliez votre pudeur et ouvrez grand les rideaux : vue sur la mer et grand soleil inondent votre chambre. Atmosphère décontractée et agréable au restaurant et près de la piscine à ciel ouvert.

CÔTE SUD

L'extrémité sud de Ko Samui est ponctuée de promontoires rocheux et de plus petites baies de sable. Les hébergements suivants valent le détour. Ils font partie de nos préférés sur l'île.

Easy Time BUNGALOWS $$
(☎0 7792 0110 ; www.easytimesamui.com ; Phang Ka ; ch à partir de 1 950 B ; ❄@). Loin des foules de touristes, ce petit paradis, niché à l'intérieur des terres autour d'une piscine, est un endroit idéal où se détendre. Pavillons en duplex et restaurant distingué, le tout dans une ambiance élégante mais sans prétention.

Elements RESORT $$$
(☎0 7791 4678 ; www.elements-koh-samui.com ; Phang Ka ; ch 5 540-21 500 B ; ❄@). Cet établissement de charme est situé sur une bande de sable isolée parsemée de palmiers. Les chambres, de style mi-thaïlandais mi-occidental, ressemblent à des appartements. De discrets pavillons longent le chemin qui mène au restaurant aux couleurs chaudes et à la zone de détente près de l'océan.

Où se restaurer

S'il n'est pas facile de faire un choix parmi les hôtels de l'île, il est encore plus ardu de sélectionner un restaurant. Des grillons rôtis au caviar béluga, Samui a tout à offrir.

Sous l'influence du continent, Samui est parsemée de boutiques *kôw gaang* (riz et curry), en général un étal en bois arborant de grandes marmites de currys du sud du pays. Les clients arrêtent leur moto, soulèvent les couvercles et font leur choix parmi les mets aux couleurs vives. Les boutiques *kôw gaang* sont nombreuses sur la rocade (Route 4169) et sont à sec dès 13h. Toute concentration de motos locales est généralement un signe de bon repas en cours.

Les adresses haut de gamme sont encore plus nombreuses et, si les restaurants italiens sont légion, les visiteurs n'ont aucun mal à trouver des saveurs venues du monde entier. Attirés par les salaires élevés et le climat spectaculaire, des chefs de classe mondiale font régulièrement leur apparition sur l'île.

HAT CHAWENG

Des dizaines de restaurants du secteur servent une cuisine locale et internationale et de la restauration rapide bien grasse. Pour la meilleure ambiance, quittez la route et allez vers la plage, où de nombreux bungalows ont dressé des tables sur le sable et diffusent une lumière féerique le soir venu.

♥ **Samui Institute of Thai Culinary Arts** THAÏLANDAIS $$$
(SITCA, institut des arts culinaires ; carte p. 176 ; ☎0 7741 3434 ; cours 1 950 B ; déj et dîner lun-sam). Mieux que simplement savourer un plat thaïlandais : vous le cuisinez vous-même !

Marché de Laem Din MARCHÉ $
(Carte p. 176 ; plats à partir de 30 B ; 4h-18h, marché de nuit 18h-2h). Marché de jour animé, Laem Din regorge d'étals proposant des fruits, des légumes frais et de la viande. Achetez un kilo d'oranges vertes sucrées ou flânez au milieu des étals pour tenter de reconnaître les ingrédients du curry de la veille. Pour dîner, allez au marché de nuit d'à côté et goûtez les poulets frits du sud et les currys.

Gringo's Cantina MEXICAIN $$
(Carte p. 176 ; plats 140-280 B ; dîner). Arrosez un classique plat tex-mex d'un pichet de sangria ou d'une margarita bien glacée. Nous avons aimé les *chimichangas*. On y trouve burgers, pizzas et plats végétariens.

Page CUISINE FUSION ASIATIQUE $$$
(Carte p. 176 ; plats 180-850 B ; ⏲petit-déj, déj et dîner). Si vous ne pouvez vous permettre le luxe de Library, prenez un repas dans son restaurant près de la plage. Les tarifs sont élevés, mais vous aurez en prime les regards des baigneurs qui vous dévisageront pour reconnaître en vous une vedette ou un jet-setter. Le déjeuner est un peu plus informel et abordable, mais vous manquerez les effets de lumière du soir.

Prego ITALIEN $$$
(Carte p. 176 ; www.prego-samui.com ; plats principaux 200-700 B ; ⏲dîner). Établissement huppé, proposant des plats italiens raffinés dans une salle à manger où règnent marbre et géométrie. Réservations acceptées pour des repas à 19h et 21h.

Dr Frogs GRILL $$$
(Carte p. 176 ; plats principaux 380-790 B ; ⏲déj et dîner). Situé dans les hauteurs rocheuses, ce grill a une vue incroyable sur l'océan et sert de délicieux mets internationaux (classiques italiens et thaïlandais). Les steaks et les croquettes au crabe sont exquis. Les propriétaires sont sympathiques. Un de nos restaurants préférés.

Betelnut@Buri Rasa CUISINE FUSION ASIATIQUE $$$
(Carte p. 176 ; plats principaux 600-800 B ; ⏲dîner). Si la fusion peut être troublante, souvent décevante, Betelnut vous réconciliera avec elle. Le chef Jeffrey Lords est un Américain formé en Europe. Son menu mélange habilement currys et soupe de poisson, papaye et pancetta.

Zico's BRÉSILIEN $$$
(Carte p. 176 ; menu 790 B ; ⏲dîner). C'est une splendide *churrascaria*, un restaurant où la viande est à l'honneur. Les végétariens n'y sont pas à la noce. Des danseurs grivois arborent des costumes de paon.

Khaosan Restaurant & Bakery INTERNATIONAL $
(Carte p. 176 ; plats à partir de 60 B ; ⏲petit-déj, déj et dîner). Du filet mignon aux crêpes, et bien d'autres choses, on trouve ici des repas bon marché. Si vous vous attardez après avoir mangé, vous aurez une chance de voir un film récent sur le grand téléviseur.

Wave Samui INTERNATIONAL $
(Carte p. 176 ; plats à partir de 60 B ; ⏲petit-déj, déj et dîner). Tout le monde dit que Samui monte en gamme, mais les restaurants les plus peuplés à l'heure du dîner restent les établissements bon marché à l'ancienne comme celui-ci. Cette adresse polyvalente (pension-bar-restaurant) prépare de la cuisine honnête à des prix corrects, et entretient une ambiance de voyage avec sa bibliothèque et une happy hour prisée (15h-19h).

LAMAI

Deuxième plage la plus fréquentée de Samui, Lamai propose un assortiment étonnamment limité de restaurants corrects comparé à Chaweng. Le Tesco Lotus est l'endroit idéal pour acheter des en-cas pour un pique-nique sur la plage. La plupart des clients dînent à l'hôtel.

Rocky's INTERNATIONAL $$$
(Plats 300-800 B ; ⏲déj et dîner). Sans doute le meilleur restaurant de Lamai, Rocky's propose des plats de gourmets à des prix très abordables pour les touristes. Essayez son filet de bœuf au bleu – on se croirait à Paris. Le mardi, la Thaïlande est à l'honneur, avec un menu composé de spécialités locales. Rocky's est situé dans l'hôtel du même nom, au sud de Lamai.

Marché de jour de Lamai MARCHÉ $
(Plats à partir de 30 B ; ⏲6h-20h). Le marché de Lamai bourdonne d'activité ; on y vend des ingrédients aussi bien que des plats à emporter. Visitez l'espace couvert pour choisir vos fruits frais ou voir les vendeurs qui cassent les noix de coco pour en recueillir le lait. Ou offrez-vous une glace coco maison chez le marchand de glaces, à côté de la station-service.

Marché de Hua Thanon MARCHÉ $
(Plats à partir de 30 B ; ⏲6h-18h). Faites un tour dans ce marché de village un peu au sud de Lamai : vous y découvrirez la cuisine du sud de la Thaïlande. Les vendeurs chassent les mouches de la viande fraîche et les bottes de légumes côtoient les bébés dans les paniers de moto des ménagères. Suivez la route du marché jusqu'à la rangée de boutiques d'alimentation proposant un échantillon de la culture alimentaire musulmane : poulet biryani, currys épicés ou riz grillé assorti de noix de coco, de germes de soja, citronnelle et crevettes séchées.

PLAGES DU NORD

Certains des établissements les plus élégants de Samui sont situés sur la côte nord. Bo Phut compte plusieurs restaurants branchés pour accompagner les nombreux hôtels de charme.

CHOENG MON ET BIG BUDDHA BEACH (BANG RAK)

Dining On The Rocks
CUISINE FUSION ASIATIQUE $$$

(☎0 7724 5678 ; reservations-samui@sixsenses.com ; Choeng Mon ; menus à partir de 2 200 B ; ⏲dîner). Le nec plus ultra des expériences culinaires se trouve ici dans ces 9 vérandas en teck buriné et bambou qui donnent sur le golfe. Après le coucher du soleil (et un verre de vin), les clients ont l'impression d'être embarqués sur un bateau de bois dérivant sur la mer étoilée. Chacun des 6 plats du menu complet à prix fixe sort tout droit de l'imagination de cuisiniers inventifs qui ne cessent d'essayer de nouvelles saveurs, textures et températures de cuisson. Pour une occasion spéciale, réservez longtemps à l'avance si vous voulez vous asseoir à la "table 99", celle des jeunes mariés, sur une terrasse privée. Situé dans l'hôtel Six Senses Samui.

BBC
INTERNATIONAL $$

(Big Buddha Beach ; plats 60-200 B ; ⏲petit-déj, déj et dîner). Les initiales signifient Big Buddha Café. Les expatriés apprécient son menu international et ses vues exquises sur l'océan depuis le patio.

Antica Locanda
ITALIEN $$

(www.anticasamui.com ; plats 170-280 B ; ⏲dîner). Cette sympathique trattoria est décorée de nappes blanches et de paniers de bouteilles de vin rouge. Essayez les *vongole alla marinara* (palourdes au vin blanc) et les succulents plats du jour.

En attendant le ferry, nous vous conseillons les restaurants suivants :

Catcantoo
BARBECUE $$

(http://catcantoo.net ; plats principaux 90-350 B ; ⏲petit-déj, déj et dîner). Petit-déjeuner bon marché le matin au sous-sol (99 B), délicieuses côtelettes le midi et un billard plus tard.

Pae Chuan Chim
THAÏLANDAIS $

(Plats principaux 30-40 B ; ⏲petit-déj et déj). Ce repaire à ciel ouvert, quelconque, sert des nouilles à la pelle. Populaire parmi les locaux qui viennent y déjeuner et reprendre des forces. Juste à côté de la chambre hyperbare.

BO PHUT

Shack Bar & Grill
GRILL $$$

(Carte p. 178 ; www.theshackgrillsamui.com ; plats principaux 480-780 B ; ⏲dîner). Ce grill sert incontestablement les meilleurs steaks de l'île, importés des plus grands fournisseurs d'Australie. Les sauces, allant du vin rouge au fromage bleu, sont un véritable tourbillon de saveurs. Installez-vous dans une des alcôves et profitez de la musique jazz. Une ambiance très occidentale où toutes sortes de clients viennent dépenser leurs bahts.

Zazen
CUISINE FUSION ASIATIQUE $$$

(Carte p. 178 ; plats 550-850 B , menu à partir de 1 300 B; ⏲déj et dîner). Le chef définit sa cuisine de "biologique et orgasmique", et la satisfaction ambiante à l'heure du dîner confirme ses dires. Ce lieu romantique offre une vue sur la mer, une lumière tamisée et de la musique douce. Réservation recommandée.

Starfish & Coffee
THAÏLANDAIS $$

(Carte p. 178 ; plats principaux 130-180 B ; ⏲petit-déj, déj et dîner). Ce restaurant orné de banderoles tient sans doute son nom de la chanson de Prince, car nulle étoile de mer (*starfish*) au menu (beaucoup de café en revanche). Le soir, les plats thaïlandais sont à l'honneur, et on peut contempler Ko Pha-Ngan au soleil couchant.

Villa Bianca
ITALIEN $$

(Carte p. 178 ; plats à partir de 200 B ; ⏲déj et dîner). Autre fantastique adresse italienne de Samui, Villa Bianca est une mer de nappes blanches et de chaises longues. Le charme de l'osier...

Karma Sutra
INTERNATIONAL $$

(Carte p. 178 ; plats principaux 130-260 B ; ⏲petit-déj, déj et dîner). Nuage de coussins et de nuances violettes, ce charmant établissement au cœur du village de pêcheurs de Bo Phut sert des plats internationaux et thaïlandais. C'est aussi une boutique de vêtements.

MAE NAM ET BANG PO

Angela's Bakery
BOULANGERIE INTERNATIONALE $$

(Mae Nam ; plats 80-200 B ; ⏲petit-déj et déj). Traversez le rideau de plantes suspendues pour entrer dans cette boulangerie prisée, qui sent bon le pain frais et l'hospitalité. Les sandwichs et les gâteaux remontent le moral de nombreux expatriés.

Bang Po Seafood
FRUITS DE MER $$

(Bang Po ; plats à partir de 100 B ; ⏲dîner). Un repas à Bang Po Seafood est un test pour les papilles. L'un des seuls restaurants qui servent des mets traditionnels de Ko Samui : les recettes comprennent des ingrédients comme des oursins crus, des bébés poulpes, de l'eau de mer, des noix de coco et du curcuma local.

CÔTE OUEST

La tranquille côte ouest offre une cuisine parmi les meilleures de Samui. Un marché géant se tient à Nathon, sur Th Thawi Ratchaphakdi – il vaut la peine de s'y arrêter pour un en-cas avant de prendre votre ferry.

Five Islands FRUITS DE MER $$$
(www.thefiveislands.com ; Taling Ngam ; plats 150-500 B, excursions 3 000-6 500 B ; déj et dîner). Five Islands propose une expérience gastronomique unique. Avant le repas, un *long-tail boat* vous emmène sur les eaux turquoise pour visiter les Five Sister Islands, où vous découvrirez l'art ancien et peu connu de la récolte des nids pour fabriquer de la soupe, une spécialité chinoise. Cette tâche périlleuse est récompensée grassement, puisqu'un kilo de nids d'oiseaux se vend en général 100 000 B aux restaurants de Hong Kong. Le circuit déjeuner part vers 10h, celui du dîner vers 15h. Les clients peuvent dîner sans participer à la visite.

About Art & Craft Café VÉGÉTARIEN $$
(Na Thon ; plats 80-180 B ; petit-déj et déj). Oasis artistique au milieu de l'agitation de Na Thon, ce café sert un assortiment éclectique de nourriture saine et solide, un délicieux café et expose de l'art et de l'artisanat fabriqués par la propriétaire et ses amis. Détendu et accueillant, c'est aussi le lieu de rendez-vous de la population artiste et bohème de Samui, en voie de disparition.

Où prendre un verre et sortir

Chaweng la bruyante est sans conteste le haut lieu festif de Samui. Lamai puis Bo Phut viennent ensuite, tandis que le reste de l'île est généralement calme, les vacanciers préférant boire un verre dans les bars des hôtels.

HAT CHAWENG ET LAMAI

Rien de plus simple que de faire la fête à Chaweng. La plupart des établissements ouvrent jusqu'à 2h du matin et quelques-uns ne ferment pas. Soi Green Mango compte d'innombrables bars à hôtesses. Soi Colibri et Soi Reggae Pub sont aussi tapageurs

Beach Republic BAR LOUNGE
(www.beachrepublic.com ; 176/34 Moo 4 Hat Lamai). Identifiable grâce à ses auvents en chaume, ce bar lounge est idéal pour les grandes fêtes, avec sa piscine, ses banquettes accueillantes et une liste de cocktails longue comme le bras.

Q-Bar BAR LOUNGE
(Carte p. 176 ; www.qbarsamui.com ; Hat Chaweng). Le Q-Bar, sur le lac Chaweng, est un petit îlot de la vie nocturne dans le style de Bangkok au milieu des cocotiers. L'étage supérieur ouvre ses portes juste avant le coucher du soleil et offre une vue incomparable sur les montagnes, la mer et le ciel du sud de Chaweng. À partir de 22h, les noctambules se dirigent vers la boîte de nuit au sous-sol et dansent au son techno des DJ. Comptez entre 200 et 300 B pour vous y rendre en taxi.

Ark Bar BAR
(Carte p. 176 ; www.ark-bar.com ; Hat Chaweng). C'est ici que la fête bat son plein le mercredi soir. Les boissons sont distribuées au bar multicolore orné de lanternes en papier, et les clients se relaxent sur des pyramides de coussins éparpillés sur la plage. La fête commence en général vers 16h.

Christy's Cabaret CABARET
(Carte p. 176 ; Hat Chaweng). Ce cabaret clinquant propose des spectacles gratuits de *gà·teu·i* (ou *kàthoey,* des *ladyboys*) tous les soirs à 23h. La clientèle est composée de femmes et d'hommes. À l'extérieur, d'autres *ladyboys* attirent les clients à l'intérieur.

Good Karma BAR
(Carte p. 176 ; Hat Chaweng). Ouvert toute la journée, ce bar lounge clinquant attire la haute société branchée sur ses sofas à baldaquin.

Bar Solo BAR
(Carte p. 176 ; Hat Chaweng). Le bar à bières en extérieur de Chaweng est installé dans un cadre urbain au décor cubiste, et propose une carte de cocktails digne de ce nom. Les offres du soir attirent les clients qui se préparent pour une longue nuit dans les clubs de *soi* Solo et de *soi* Green Mango.

Tropical Murphy's BAR IRLANDAIS
(Carte p. 176 ; Hat Chaweng). Bar *faràng* (occidental) populaire qui sert des tourtes au bœuf et aux rognons, du *fish and chips*, des côtelettes d'agneau et du ragoût irlandais (plats principaux entre 50 et 300 B). Musique live le soir. C'est le pub irlandais le plus prisé de Samui.

Green Mango BAR
(Carte p. 176 ; Hat Chaweng). L'endroit est si populaire qu'il a donné son nom à tout un *soi*. Le lieu de divertissement préféré de Samui est très grand, très bruyant et très *faràng*. Green Mango conjugue lumières crues, boissons chères et des masses de corps transpirant qui se bougent au son de la dance.

LA VIE POP D'UN LADYBOY

Pop a 45 ans. C'est un *gà·teu·i* (ou *ladyboy*). La population transgenre du pays suscite de nombreux débats et conversations, surtout auprès des touristes. Même si la tolérance est de mise dans ce pays bouddhiste, l'homophobie latente est prédominante. Les *gà·teu·i* mènent donc une vie difficile et l'industrie du sexe et du spectacle est la seule voie lucrative possible. Nous avons passé une journée avec Pop. Il nous a raconté comment se passe la vie d'un membre du dénommé "troisième sexe" en Thaïlande.

COMMENÇONS PAR UNE QUESTION QUE SE POSENT DE NOMBREUX TOURISTES : COMMENT SE FAIT-IL QU'IL Y AIT TANT DE *LADYBOYS* EN THAÏLANDE ?

Cela revient à me demander pourquoi je suis un *ladyboy* ! Je ne sais pas. Je n'ai pas demandé à être comme ça. Je pense que la chose la plus importante c'est de se demander pourquoi il y a tant de *ladyboys* qui travaillent dans l'industrie du sexe ou dans les cabarets. *Gà·teu·i* signifie, en argot, "personne qui a deux sexes". *Pôo yĭng kâhm pêt* est plus poli. *Gà·teu·i* désigne les personnes qui ont encore des organes masculins mais s'habillent en femme. Biologiquement parlant, je ne suis plus un *gà·teu·i*.

La plupart des touristes pensent qu'il y a énormément de *ladyboys* en Thaïlande car ils sont souvent là où se trouvent les touristes. Certains veulent être danseurs de cabaret, tout comme certaines femmes, mais la plupart ne le veulent pas. Ce sont les seuls emplois disponibles et ils sont mal rémunérés. Notre vie n'a rien à voir avec la vie rêvée de la scène. La plupart des *ladyboys* ne peuvent pas obtenir un travail respectable. Nous n'avons pas le droit d'être médecins ou psychiatres. La majorité des entreprises ne veulent pas nous embaucher, car elles ne veulent pas que nous soyons associés à leur image. Beaucoup de *ladyboys* laissent donc tomber leurs études très tôt. Ils travaillent dans l'industrie du sexe parce que c'est le seul endroit où ils peuvent gagner de l'argent. J'ai l'impression d'être un citoyen de seconde zone. Nous n'avons le droit d'utiliser ni les toilettes pour hommes ni celles pour femmes ! Là où je travaillais avant, je devais monter 14 étages à pied pour aller dans des toilettes spéciales *ladyboys* ! La législation thaïe m'oblige à porter la lettre "H", comme "homme" sur mes papiers d'identité parce qu'elle considère qu'une femme est une personne qui peut avoir des enfants. C'est compliqué pour moi de quitter le pays car mon passeport dit que je suis un homme mais je ressemble à une femme. On ne me laisserait jamais passer car on penserait qu'il est faux.

QUAND VOUS ÊTES-VOUS RENDU COMPTE QUE VOUS ÉTIEZ TRANSGENRE ?

J'ai compris que j'étais différent vers mes 6 ans. J'ai toujours voulu m'habiller comme ma sœur et je ne supportais pas que mes parents me mettent des vêtements de garçons. Je ne me sentais pas à l'aise comme ça. Mais dans ceux de ma sœur, tout allait bien.

COMMENT FAIT-ON LA DIFFÉRENCE ENTRE UN LADYBOY ET UNE FEMME QUI MARCHENT DANS LA RUE ?

C'est difficile à dire... les *ladyboys* sont parfois plus beaux que les femmes ! La seule façon de le savoir, c'est de leur demander leurs papiers. Les médecins pratiquent des opérations de plus en plus sophistiquées. Mais c'est encore cher. J'ai payé 150 000 B pour la mienne ! On m'a d'abord "fait une coupe", puis posé des implants mammaires et enfin raboté la pomme d'Adam. Je me suis aussi fait refaire le nez (je ne l'aimais pas, de toute façon). On peut aussi poser des implants en silicone dans les hanches, réduire la mâchoire, aplanir les pommettes et arrondir le menton. Mais avant toute opération, il faut voir un psychologue pour une évaluation. Ce genre d'opération est très douloureux. J'ai passé 7 jours à l'hôpital et il m'a fallu 2 mois pour récupérer totalement. Les plus jeunes se remettent plus vite. J'avais environ 40 ans.

Reggae Pub BAR

(Carte p. 176 ; Hat Chaweng). Cette forteresse du divertissement possède une piste de danse extérieure animée par des DJ étrangers. C'est un édifice de 2 étages pourvu de longs bars, de tables de billard et d'une scène. Le tout fait aussi office de sanctuaire dédié à Bob Marley.

POURQUOI N'AVEZ-VOUS PAS FAIT CETTE OPÉRATION PLUS TÔT ? ET COMMENT AVEZ-VOUS GÉRÉ LA TRANSITION ?

Je n'ai pas "changé" avant parce que je ne voulais pas quitter mon travail. Et je savais que j'allais devoir démissionner après mon opération. J'aurais été forcé. Je travaillais comme professeur d'informatique à l'université. Les professeurs universitaires n'ont pas le droit d'être transgenres. J'ai aussi attendu que mon père décède pour que la transition soit plus facile à gérer pour ma famille.

Eh oui, contrairement à ce que pensent beaucoup de touristes, les Thaïlandais n'ont pas particulièrement envie d'avoir un enfant transgenre. Même dans les familles de garçons. Certains de mes amis proches n'ont plus de contact avec leur famille. Ma mère a toujours été un soutien. Un mois avant mon opération, elle m'a dit : "Tu seras toujours mon enfant. Ne mens jamais sur qui tu es. Accepte-toi tel que tu es." J'ai deux fils adoptifs qui sont grands maintenant. Après mon changement, ils m'ont offert des cadeaux le jour de la fête des Mères à la place de la fête des Pères. J'ai trouvé cela très touchant. Mon père, lui, n'a jamais été d'un grand soutien. Quand il a découvert que je couchais avec des garçons, il s'est... comment dire... offert un entraînement de boxe thaïlandaise sur moi.

COMMENT VOUS ÊTES-VOUS SENTI QUAND VOUS VOUS ÊTES RÉVEILLÉ APRÈS L'OPÉRATION ? COMMENT EST VOTRE VIE DEPUIS ?

Je me suis réveillé avec le sourire. La vie est belle. Je suis heureux d'être le même, à l'intérieur comme à l'extérieur. Je ne suis plus triste quand je regarde en bas ! Cela a été dur de trouver un travail après mon opération. J'ai inscrit sur mon CV : "transgenre postopération" pour que personne ne soit surpris lors d'un entretien. Mais personne ne m'a contacté. Ah si, une entreprise m'a convoqué, mais le recruteur a passé son temps à me poser des questions déplacées sur ma vie privée. C'était déprimant. J'ai finalement trouvé une société tolérante où je travaille maintenant comme développeur. Je vais d'hôtel en hôtel pour expliquer au personnel comment utiliser leur système informatique. J'adore mon travail.

Mon opération fait partie de mon passé. Je devrai prendre régulièrement des hormones féminines toute ma vie. Je prends une pilule deux fois par semaine. Mais d'autres font des injections une fois par mois (je déteste les aiguilles). Il arrive que certaines personnes réagissent mal aux médicaments au début. J'ai des amis qui ont eu des poussées de boutons et ont pris beaucoup de poids. Cela prend parfois du temps pour trouver le bon dosage. Sinon, il faut... s'entretenir pour veiller au bon fonctionnement des nouveaux attributs. C'est comme lorsqu'on se fait percer les oreilles. Si on ne porte pas de boucles d'oreille assez souvent... Vous voyez ce que je veux dire ? Ma tante qui est partie aux États-Unis m'a demandé d'aller la rejoindre mais je suis heureux ici. Les personnes transgenres n'ont pas beaucoup de droits, certes, mais je ne suis pas convaincu que ce soit mieux ailleurs.

QUELLE EST, SELON VOUS, LA PLUS GRANDE DES IDÉES FAUSSES VÉHICULÉES SUR LES "GÀ-TEU-I" EN THAILANDE?

C'est une question facile. On pense que nous sommes tous des prostituées frivoles et menteuses. Pourtant, nous cherchons l'amour, comme tout le monde. C'est vrai que beaucoup de *ladyboys* manipulent les gens autour d'eux. C'est simplement qu'ils ont peur d'être rejetés pour ce qu'ils sont. De plus, beaucoup mentent parce qu'ils ont vraiment envie d'être une vraie femme, mais ils ne le seront jamais. Moi, je le sais, et je m'assume totalement. C'est pourquoi je montre toujours mon vrai visage. Je souhaite qu'il en soit de même pour tout le monde.

Propos recueillis par Brandon Presser.

Mint BAR

(Carte p. 176 ; Hat Chaweng). Ce qui se passe dans la rue est trop intéressant pour contenir la clientèle à l'intérieur de ce club chic les soirs ordinaires. Mais le Mint est capable d'attirer quelques DJ poids lourds pour certaines soirées exceptionnelles. Guettez les programmes.

PLAGES DU NORD ET DE LA CÔTE OUEST

Woo Bar BAR LOUNGE

(Mae Nam). Le bar de l'hôtel W donne un nouveau sens au mot "élégance" avec ses banquettes installées au milieu de la grandiose piscine à débordement qui s'étend jusqu'à l'horizon. C'est sans aucun doute le meilleur endroit où déguster un cocktail au coucher du soleil.

Nikki Beach BAR LOUNGE

(www.nikkibeach.com/kohsamui ; Lipa Noi). Cette célèbre chaîne de luxe a apporté son savoir-faire sur la côte ouest de Ko Samui. Vous y trouverez tout ce que l'on trouve dans une adresse chic de Saint Bart' ou de Saint-Tropez : grande cuisine, décor raffiné et foule de jet-setters. Les brunchs et dîners thématiques attirent continuellement les clients pendant la semaine. Elle propose également des hébergements cossus en bungalow.

Pier BAR LOUNGE

(Carte p. 178 ; Bo Phut). Cette boîte noire aux lignes pures se distingue au milieu des étroits immeubles chinois de Bo Phut. L'adresse la plus branchée du village de pêcheurs, avec des terrasses sur plusieurs niveaux, un bar animé et de quoi se relaxer en contemplant l'arrivée des bateaux de pêche dans le port.

Gecko Village BOÎTE DE NUIT

(Carte p. 178 ; Bo Phut). Pour les fans d'électronique, Gecko Village est un must. Cet hôtel et bar de front de mer a utilisé ses connexions londoniennes pour attirer des DJ internationaux dans son paradis de Samui. Les fêtes du Nouvel An et les sessions du dimanche sont légendaires grâce aux grands noms qui viennent y mixer.

Billabong Surf Club BAR

(Carte p. 178 ; Bo Phut). Le royaume du football australien – à la TV comme sur les murs. Une très belle vue sur Ko Pha-Ngan, et des portions copieuses de côtelettes pour accompagner votre pression.

Renseignements

Accès Internet

Les accès Internet abondent dans l'île, même sur les plages les moins populaires. Les prix varient de 1 à 2 B/min. Ouvrez l'œil, certains restaurants offrent le Wi-Fi gratuit. De nombreux hébergements ont une connexion Wi-Fi ; ce sont souvent dans les hôtels où l'on paye le plus cher que des suppléments sont exigés pour en profiter.

Argent

Changer de l'argent n'est pas un problème sur les côtes est et nord, ni à Na Thon. De nombreuses banques et des kiosques de change sont ouverts tous les jours, et on croise un DAB tous les 100 m. Vous ne devriez pas avoir à payer de frais comme c'est le cas à Ko Tao.

Bureau de l'immigration et des visas

Le **bureau de l'immigration** de Ko Samui (carte p. 175 ; ☎0 7742 1069 ; ⌚8h30-midi et 13h-16h30 lun-ven) est situé à environ 2 km au sud de Na Thon. Le personnel délivre généralement de courtes extensions de visa. Pendant notre visite, nous avons vu des dizaines de touristes dans d'interminables files d'attente se voir refuser une extension pour aucune raison particulière. Les mauvais jours, l'attente peut durer tout l'après-midi. Voir p. 403 pour plus d'informations.

Désagréments et dangers

Comme à Phuket, le taux d'accidents routiers mortels à Samui est assez élevé, car un grand nombre de touristes loue des motos avant de se rendre compte que les routes sinueuses, les averses tropicales et la circulation frénétique peuvent être fatales. Si vous louez une moto, portez un casque et exigez qu'il ait une visière en plastique. Il semblerait que certains loueurs prétendent constater des dégâts sur les motos qui leur sont rendues pour essayer d'extorquer de fortes sommes à leurs clients.

Les vendeurs de plage sont immatriculés et doivent porter une veste affichant leur numéro. Aucun vendeur ne doit devenir une gêne – demandez de l'aide si c'est le cas.

Médias et cartes

La Siam Map Company publie des brochures trimestrielles, notamment le *Spa Guide*, le *Dining Guide* et un annuaire annuel citant des milliers de compagnies et d'hôtels sur l'île. Son *Siam Map Company Samui Guide Map* est fantastique, gratuit, et disponible dans toute l'île. *Samui Navigator* vaut le coup d'œil. **Essential** (www.essential-samui) est une brochure de poche qui décrit les différentes activités de Samui. Le *Samui Guide* ressemble davantage à un magazine et présente principalement des restaurants et des attractions.

Office du tourisme

Essential (www.essential-samui). Une brochure succincte décrit les diverses activités de Samui.

Samui Guide (www.samuiguide.com). Ce guide ressemble plus à un magazine et comprend surtout des restaurants et des activités.

Samui Navigator (www.samuinavigaot.com). Cette brochure vaut également le détour.

Siam Map Company (www.siammap.com). Publie des brochures trimestrielles dont des guides sur les spas et les restaurants, un annuaire des nombreux hôtels et entreprises de l'île une fois par an. Le *Siam Map Company Samui Guide Map* est fantastique, gratuit et très facile à trouver.

Bureau de la TAT (carte p. 175 ; ☎0 7742 0504 ; Na Thon ; ⌚8h30-16h30). Situé à la lisière nord de Na Thon. Le personnel est sympathique et serviable. Vous y trouverez des brochures et des plans pratiques. Les agences de voyages peuvent également vous fournir ces informations.

Poste

Dans de nombreuses parties de l'île sont installées des postes privées facturant une petite commission. On peut presque toujours laisser son courrier timbré à son hôtel.

Poste centrale (carte p. 175 ; Na Thon). Près du bureau de la TAT ; pas toujours fiable.

Services médicaux

Ko Samui compte 4 hôpitaux privés, tous près du supermarché Tesco-Lotus de Chaweng sur la côte est, fréquentés par la plupart des touristes. L'hôpital public de Na Thon s'est beaucoup amélioré ces dernières années, mais le service est un peu sinistre, car le financement est fondé sur le nombre d'habitants légaux de Samui (qui ne prend pas en compte le grand nombre de travailleurs birmans illégaux).

Bandon International Hospital (carte p. 178 ; ☎0 7742 5840, urgences 0 7742 5748)

Bangkok Samui Hospital (carte p. 176 ; ☎0 7742 9500, urgences 0 7742 9555). Les meilleurs conseils médicaux quel que soit votre problème.

Chambre hyperbare (carte p. 175 ; ☎0 7742 7427 ; Big Buddha Beach). Médecins spécialisés en plongée.

Samui International Hospital (carte p. 176 ; ☎0 7742 2272 ; www.sih.co.th ; Hat Chaweng). Service d'ambulances d'urgences, 24h/24, cartes de crédit acceptées. Près de l'Amari Resort à Chaweng.

Urgences

Police touristique (carte p. 175 ; ☎0 7742 1281, urgences 1155). Au sud de Na Thon.

ℹ Depuis/vers Samui

Avion

L'aéroport de Samui est situé au nord-est de l'île près de Big Buddha Beach. **Bangkok Airways** (www.bangkokair.com) propose des vols (50 min) entre Samui et l'aéroport Suvarnabhumi de Bangkok toutes les 30 minutes. Bangkok Air propose des vols directs de Samui vers Phuket, Pattaya, Chiang Mai, Singapour et Hong Kong. **Firefly** (www.fireflyz.com.my) assure la liaison directe entre Samui et l'aéroport Subang de Kuala Lumpur.

Une **agence Bangkok Airways** (carte p. 176 ; ☎0 7742 0512-9) est ouverte à Chaweng et une autre à l'**aéroport** (☎0 7742 5011). Le premier vol (6h) et le dernier (22h) sont toujours les moins chers.

En pleine saison, réservez votre vol longtemps à l'avance, car les sièges partent vite. Si les vols pour Samui sont complets, essayez d'aller en avion jusqu'à Surat Thani depuis Bangkok, puis en ferry jusqu'à Samui. Les vols vers Surat Thani sont généralement moins chers que les vols directs vers l'île, mais ce trajet est beaucoup plus compliqué.

Bateau

Les 4 principales jetées du continent pour rejoindre Samui sont Ao Ban Don, Tha Thong, Don Sak et Khanom. Tha Thong (au centre de SuratThani) et Don Sak sont les plus utilisées. Sur Samui, les ports les plus fréquentés sont Na Thon, Mae Nam et Big Buddha. Attendez-vous à des transferts en taxi pour rejoindre les ferrys rapides.

Des bateaux relient fréquemment Samui et Surat Thani. Le ferry Seatran, toutes les heures, est une option souvent choisie. Les ferrys mettent entre 1 et 5 heures selon le bateau. Certains de ces départs font des correspondances avec la gare de Phun Phin (pour quelques baths de plus). Le lent bateau de nuit pour Samui (150 B) part du centre de Surat Thani tous les soirs à 23h, arrivant à Na Thon vers 5h. Il repart de Na Thon à 21h, pour arriver vers 3h. Attention à vos bagages sur ce bateau.

Une dizaine de bateaux relient tous les jours Samui et Ko Pha-Ngan. Ils partent de la jetée de Na Thon, de Mae Nam ou de Big Buddha (de 20 min à 1 heure ; 130-250 B). Ko Pha-Ngan compte 2 jetées (Hat Rin et Thong Sala). Les bateaux partant de Big Buddha desservent Hat Rin, et les autres bateaux abordent à Thong Sala. Les ferrys de Mae Nam desservent la côte est isolée de Ko Pha-Ngan. Des mêmes jetées, 6 bateaux circulent chaque jour entre Samui et Ko Tao. Ils mettent entre 1 heure 15 et 2 heures 30.

Bus et train

Une association bus-ferry est plus pratique qu'une formule train-ferry car vous n'avez pas besoin de changer de moyen de transport à Phun Phin (petite ville près de Surat Thani). Cependant, les trains sont bien plus spacieux et confortables – surtout de nuit. Si vous préférez le train, vous pouvez descendre à Chumphon et prendre le service de catamaran de Lomprayah pour le reste du voyage.

ℹ Comment circuler

Motos Vous pouvez louer des motos (et des vélos) dans presque tous les complexes hôteliers. Comptez 200 B/j, mais, pour des périodes plus longues, essayez de négocier un meilleur tarif.

Sŏrng·tăa·ou Les conducteurs de *sŏrng·tăa·ou* adorent vous surfacturer, mieux vaut toujours se renseigner ailleurs sur les tarifs en vigueur, qui peuvent varier selon la saison. Ces véhicules circulent régulièrement uniquement la journée. Comptez environ 50 B pour vous déplacer de plage en plage et pas plus de 100 B pour la moitié de la longueur de l'île. Un moto-taxi coûte environ 20 B pour un trajet de 5 minutes.

Taxis Le trafic est un peu chaotique à cause de leur nombre. Il fut un temps où les tarifs étaient élevés. Aujourd'hui, ils sont plus normalisés sur toutes les îles (même s'ils sont ridiculement élevés comparés à ceux de Bangkok). En général, la course vers l'aéroport coûte environ 500 B. Certaines agences de Chaweng organisent des trajets en minibus pour un moindre prix.

Ko Pha-Ngan เกาะพงัน

11 000 HABITANTS

Dans la famille des îles du sud du golfe de Thaïlande, Ko Pha-Ngan s'étend dans les eaux cristallines entre Ko Samui, sa grande sœur commerciale, et la petite Ko Tao, la benjamine pleine de cran, véritable aimant à plongeurs. Ko Pha-Ngan est plus tranquille et mêle plage, décontraction, sérénité et un penchant pour les nuits blanches et les bikini-parties au bord de la piscine.

Le promontoire panoramique de Hat Rin est depuis longtemps la destination la plus prisée de ce paradis. Sunrise Beach a commencé à accueillir les fêtes de la pleine lune de renommée mondiale bien avant que *La plage* d'Alex Garland ne fasse flamber les ventes de sacs à dos. Aujourd'hui, des milliers de personnes continuent de venir vivre cette expérience musicale unique en carburant à l'adrénaline et quelques autres substances.

En bonne adolescente, cette île ne sait pas ce qu'elle fera quand elle sera grande. La fête doit-elle continuer sans jamais cesser, ou bien les incroyables plages du nord, encore isolées, vont-elles sortir de l'ombre de Hat Rin ?

Si la réputation et l'ambiance décontractées de Ko Pha-Ngan resteront ses traits dominants pendant encore quelques années, l'île est discrètement en train de monter en gamme. Chaque année, de vieilles cabanes fatiguées sont remplacées par des demeures modernes. À Hat Rin, vous aurez du mal à trouver une chambre sur Sunrise Beach à moins de 1 000 B. Bientôt, les piscines privées et les valets personnels deviendront incontournables dans le vocabulaire de l'île. Mais ne vous alarmez pas, la vaste jungle intérieure a toujours l'air vierge et il reste une foule de baies isolées où accrocher son hamac pour contempler les vagues.

À voir

À ceux qui en ont assez de lézarder au bord de l'eau, cette grande île couverte de jungle a beaucoup à offrir : montagnes, cascades et surtout, quelques-unes des plages les plus spectaculaires de Thaïlande.

Plages et cascades

De nombreuses cascades parsèment l'île, dont 4 coulent toute l'année.

Nam Tok Than Sadet CASCADES

Des rochers sont gravés des insignes royaux de Rama V, Rama VII et Rama IX. Le roi Rama V aimait tant ce site caché qu'il y revint une douzaine de fois entre 1888 et 1909. Les eaux de la rivière Khlong Than Sadet sont maintenant considérées comme sacrées et utilisées lors des cérémonies royales. Également près de la côte est, **Than Prawet** est une série de chutes qui serpentent à l'intérieur des terres sur environ 2 km.

Nam Tok Phaeng CHUTES

Au centre de l'île, **Nam Tok Phaeng** est protégée par un parc national et constitue une agréable récompense après une marche courte mais ardue. Poursuivez l'aventure et gravissez **Khao Ra**, la plus haute montagne de l'île culminant à 625 m. Les yeux de lynx pourront apercevoir crocodiles, singes, serpents, cerfs et sangliers ; le **point de vue** du sommet est spectaculaire – par temps clair, on voit Ko Tao. Si la randonnée n'est pas difficile, il est très facile de se perdre, et nous recommandons vivement de louer les services d'un accompagnateur à Ban Madeua Wan (près des chutes). Les guides locaux ont des panneaux grossiers apposés à leurs maisons et, s'ils sont là, ils vous emmèneront au sommet pour 500 B. La plupart ne parlent que le thaï.

Hat Khuat PLAGE

Hat Khuat, aussi appelée Bottle Beach, est une plage prisée. Les visiteurs y viennent pour une journée de baignade et de snorkeling – certains séjournent dans l'un des nombreux complexes de bungalows sur la plage. Pour plus de solitude, essayez les plages isolées de la côte est : **Than Sadet**, **Hat Yuan**, **Hat Thian** et la minuscule **Ao Thong Reng**. D'autres charmantes plages vous attendent au **parc national maritime d'Ang Thong** (p. 220).

Ko Pha-Ngan

Wát

N'oubliez pas de vous changer en rentrant de la plage avant de visiter l'un des 20 *wát* de Ko Pha-Ngan. La plupart des temples sont ouverts pendant la journée.

Le plus ancien temple de l'île est le **Wat Phu Khao Noi**, près de l'hôpital de Thong Sala. Si le site est ouvert aux visiteurs toute la journée, les moines n'y sont que le matin. Le **Wat Pho**, près de Ban Tai, a un **sauna aux plantes** (entrée 50 B ; ⏲15h-18h) parfumé à la citronnelle. Le bain de vapeur est ouvert de 15h à 18h. Le **temple chinois** a la réputation de porter chance à ses visiteurs. Il a été érigé il y a une vingtaine d'années après la vision d'une touriste : le bouddha chinois lui aurait dit de construire un phare pour l'île. Le **Wat Khao Tham**, près de Ban Tai également, est juché sur une colline et abrite des nonnes. Au temple, un panneau détaille la retraite méditative dirigée par un couple américano-australien. Pour plus de renseignements, écrivez au Wat Khao Tham à l'adresse suivante : PO Box 8, Ko Pha-Ngan, Surat Thani 84280.

Activités

Plongée et snorkeling

Ko Tao, à seulement quelques kilomètres, étant la plate-forme de la plongée, cette activité à Ko Pha-Ngan est plus tranquille et plus concentrée sur le plaisir que sur la certification. Avec la baisse récente de ses tarifs, le certificat Open Water est assez compétitif comparé à Ko Tao. Le nombre de participants par groupe est réduit à Ko Pha-Ngan car il y a généralement moins de plongeurs sur cette île.

Comme les autres îles de l'archipel de Samui, Ko Pha-Ngan compte de nombreux petits récifs dispersés autour de l'île. Le site de snorkeling favori est **Ko Ma**, petite île au nord-ouest reliée à Ko Pha-Ngan par un charmant banc de sable. Quelques récifs rocheux intéressants sont à noter à l'est de l'île.

LES DIX COMMANDEMENTS DE LA FÊTE DE LA PLEINE LUNE

Personne ne sait exactement quand ou comment ces fêtes folles ont commencé – beaucoup pensent que la première a eu lieu en 1987 ou 1988, sous la forme d'une fête d'adieu. Aujourd'hui, des milliers de fêtards se rejoignent tous les mois sur les plages imbibées de kérosène de Sunrise Beach pour un marathon de *trance* épique. En pleine saison, on peut compter jusqu'à 40 000 fêtards, et hors saison on atteint le chiffre respectable de 5 000 âmes. Si vos dates de vacances ne coïncident pas avec la pleine lune mais que vous tenez à vous badigeonner de peinture fluo, pas de souci – les Thaïlandais ont le sens des affaires et organisent plein d'autres occasions de se peindre. Il y a des fêtes de la lune noire (à Ban Khai), de la demi-lune (à Ban Tai), du coucher de lune (à Hat Chaophao), pour ne citer que celles-là.

Les critiques déplorent la perte du caractère spontané de la fête, surtout depuis que le gouvernement de l'île tente de demander un droit d'entrée de 100 B à chaque participant. Malgré les manigances de certains habitants âpres au gain, la fête de la pleine lune reste une expérience unique tant que l'on respecte ses dix commandements officieux :

» Au moins 3 jours à l'avance à Hat Rin tu arriveras, pour dégoter un hôtel au milieu de la ruée des baroudeurs qui précède la fête (voir ci-contre).

» La date de la fête par deux fois tu vérifieras, car elle peut coïncider avec les fêtes bouddhistes et être reportée.

» Tous tes objets de valeur à l'abri tu mettras, surtout si tu loges dans des bungalows modestes.

» De délicieuses fritures au Chicken Corner tu dégusteras avant le début des festivités.

» Des chaussures protectrices tu porteras si tu veux éviter le tétanos.

» De motifs fluo le corps tu te couvriras.

» La Magic Mountain ou The Rock tu graviras pour contempler la foule qui se démène en bas.

» De consommer des drogues tu t'abstiendras ; sous l'influence de l'alcool dans l'océan tu ne nageras pas.

» En groupe de deux ou plus tu resteras, surtout si tu es une femme, et particulièrement en rentrant à l'hôtel à la fin de la fête.

» Jusqu'à l'aube tu t'éclateras et cette fête jamais tu n'oublieras.

Avantage de taille à plonger à Ko Pha-Ngan, la proximité avec **Sail Rock** (Hin Bai), peut-être le meilleur site de plongée du golfe de Thaïlande et un véritable lieu de rendez-vous pour les requins-baleines. Ce grand pic s'étend à environ 14 km au nord de l'île. On y voit une abondance de coraux et de gros poissons tropicaux à des profondeurs de 10 m à 30 m, et un passage vertical surnommé "la cheminée".

Les centres de plongée de Ko Tao vont parfois à Sail Rock, bien que la majorité aille dans des récifs peu profonds (pour les débutants) et les eaux envahies de requins de Chumphon Pinnacle. Les expéditions les plus populaires partant de Ko Pha-Ngan parcourent 3 sites en une journée : **Chumphon Pinnacle**, Sail Rock et l'un des meilleurs sites de la région (voir l'encadré p. 208). Ces 3 excursions coûtent entre 3 650 et 3 800 B, déjeuner compris. Comptez entre 2 350 et 2 500 B pour aller à Sail Rock.

La liste suivante comprend les principales entreprises de l'île qui jouissent d'une bonne réputation.

Reefers PLONGÉE

(☎08 6471 4045 ; www.reefersdiving.com). Basée à Shiralea (p. 199), c'est une des nouvelles entreprises de l'île. Le propriétaire, Vic, et son équipe de moniteurs, sont zen et professionnels. À recommander.

Lotus Diving PLONGÉE

(☎0 7737 4142 ; www.lotusdiving.net). Ce centre de plongée très réputé emploie d'excellents instructeurs et possède 2 magnifiques bateaux (soit 2 de plus que la plupart de ses homologues de Ko Pha-Ngan). Il est possible de réserver sa place à l'agence de Chalok

Lam ou au Backpackers Information Centre (p. 204). Recommandé.

Haad Yao Divers PLONGÉE
(☎08 6279 3085 ; www.haadyaodivers.com). Établie en 1997, cette agence de plongée a acquis une solide réputation grâce à un niveau de sécurité de standard européen et une qualité de services.

Autres activités

Les expéditions de randonnée et de snorkeling d'une journée au **parc national maritime d'Ang Thong** (p. 220) partent généralement de Ko Samui, mais les tour-opérateurs commencent à prendre les touristes aussi à Ko Pha-Ngan. Demandez à votre hôtel des renseignements sur les expéditions en bateau, car les compagnies vont et viennent en fonction du cours du pétrole.

De nombreux hôtels fournissent une panoplie d'équipements de plongée tels que jet-ski et kayaks. Le personnel du Backpackers Information Centre (p. 204) peut vous procurer le reste.

Wake Up WAKEBOARD
(☎08 7283 6755 ; www.wakeupwakeboarding.com ; ⊗jan-oct). Jamie partage ses connaissances approfondies sur le wakeboard avec les débutants enthousiastes dans cette école de sports nautiques de Chalok Lam. Une leçon de 15 minutes vous coûtera 1 500 B (2 500 B pour 30 min), ce qui est une affaire pour un cours particulier. Des séances de kitesurf, de wake-skate et de ski nautique sont proposées, ainsi que des excursions d'une journée autour de l'île (2 000 B/pers ; 6 pers minimum).

Eco Nature Tour CIRCUITS ORGANISÉS
(☎08 4850 6273). Très populaire, il propose une expédition "best of" de l'île, qui comprend de la randonnée à dos d'éléphant, du snorkeling et des visites au temple chinois, à un admirable point de vue et à la cascade de Phang. L'expédition pour la journée, qui coûte 1 500 B, part à 9h et revient vers 15h. On peut réserver à son agence de Thong Sala ou au Backpackers Information Centre. **Pha-Ngan Safari** (☎0 7737 4159, 08 1895 3783) organise le même genre d'expédition pour 1 900 B.

Où se loger

La légende attachée aux festivités qui se déroulent à Ko Pha-Ngan a conforté sa réputation d'étape incontournable pour les baroudeurs. Ces dernières années, l'île a commencé à s'adresser à une clientèle plus haut de gamme. Nombre d'établissements locaux ont abandonné les huttes en bambou et construit des locaux destinés aux légions de touristes plus fortunés mais recherchant la simplicité.

Dans d'autres parties de l'île, de nouvelles portions de terrain ont été défrichées pour faire place à des complexes 5 étoiles du style de ceux de Samui. Que les vrais baroudeurs ne s'alarment pas, il faudra des années avant que leur style de vie ne s'y éteigne. Pour l'instant, Ko Pha-Ngan propose 3 types d'hébergement : des huttes pour les fauchés, des hébergements branchés pour les personnes au budget moyen et du luxe hors de prix.

Hat Rin reçoit un nombre démesuré de visiteurs comparé au reste de l'île. Les fêtards se rendent dans cette péninsule pittoresque pour ses légendaires festivités, et si la plupart d'entre eux dorment la journée, le cadre reste assez charmant malgré les bouteilles de bière échouées sur le sable. La partie sud de Sunrise Beach commence à empester le kérosène à cause du chahut nocturne et incendiaire du Drop-In Bar – évidemment, mieux vaut prendre le soleil côté nord, plus tranquille.

Ko Pha-Ngan accueille aussi des amateurs de solitude à la recherche d'un bout de sable déserté. C'est justement ce qu'offrent les côtes nord et est – un refuge.

Nous avons classé les hébergement en 5 sections : nous commençons à Hat Rin, longeons la côte sud, remontons par l'ouest, traversons les plages du nord et redescendons le long de la plus tranquille côte est.

HAT RIN

La mince péninsule de Hat Rin compte 3 plages distinctes. Hat Rin Nok (Sunrise Beach) est l'épicentre de la fête de la pleine lune, Hat Rin Nai (Sunset Beach) est la bande de sable moins impressionnante au bout du petit promontoire, et Hat Seekantang (aussi appelée Hat Leela), juste au sud de Hat Rin Nai, est une plage plus petite et intime. Les 3 plages sont reliées par Ban Hat Rin (ville de Hat Rin), série de restaurants et de bars en retrait de la plage.

Les prix cités ici ne sont plus applicables pendant les périodes de pleine lune. À cette époque, les établissements imposent une durée minimale de séjour (environ 4 ou 5 jours). Si vous envisagez d'arriver le jour de la fête (ou la veille), réservez bien à l'avance, ou vous devrez dormir sur la plage (ce qui finira peut-être par arriver quoi qu'il en soit). Les fêtards peuvent également rester à Samui et prendre une des vedettes qui

Hat Rin

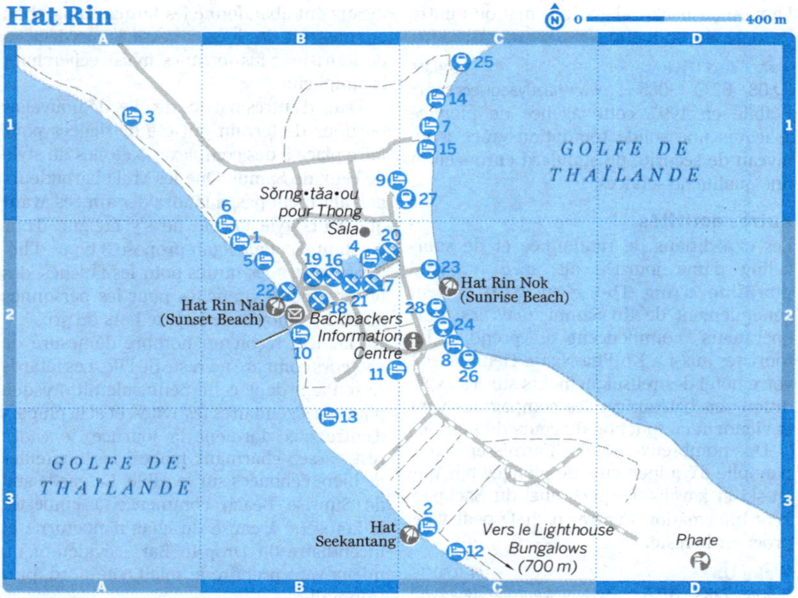

Hat Rin

Où se loger

1 Blue Marine B2
2 Cocohut Village C3
3 Coral Bungalows A1
4 Delight B2
5 Friendly Resort B2
6 Neptune's Villa B2
7 Palita Lodge C1
8 Paradise Bungalows C2
9 Pha-Ngan Bayshore Resort B1
10 Rin Beach Resort B2
11 Same Same B2
12 Sarikantang C3
13 Sea Breeze Bungalow B3
14 Seaview Sunrise C1
15 Tommy Resort C1

Où se restaurer

16 Lazy House B2
17 Little Home B2
18 Lucky Crab B2
Mama Schnitzel .... (voir 20)
19 Monna Lisa B2
20 Mr K B2
21 Nic's B2
22 Om Ganesh B2
Same Same Burger .... (voir 11)

Où prendre un verre

23 Cactus Bar C2
24 Drop-In Bar C2
25 Mellow Mountain C1
26 Rock C2
27 Sunrise C1
28 Zoom/Vinyl C2

Où sortir

Club Paradise .... (voir 8)
Tommy .... (voir 15)

partent toutes les heures (à partir de 550 B) pour rejoindre les festivités.

Sarikantang RESORT $$$
(Carte p. 196 ; ☎0 7737 5055 ; www.sarikantang.com ; Hat Seekantang ; bungalows 1 400-6 200 B ;). Cet endroit est un véritable paradis. Des cabanes couleur crème, encadrées par des poteaux et des linteaux en teck, disposées au milieu des palmiers et d'anciennes statuettes ailées. Les chambres ressemblent à un décor de magazine de décoration.

Pha-Ngan Bayshore Resort RESORT $$
(Carte p. 196 ; ☎0 7737 5227 ; www.phanganbayshore.com ; Hat Rin Nok ; ch 1 700-3 200 B ;

❄@📶🏊). Après une remise en état nécessaire en 2009, cet établissement est prêt à recevoir le flot de voyageurs qui ne fait que croître à Hat Rin. La vue dégagée sur la plage et une immense piscine en font l'une des meilleures adresses de Sunrise Beach.

Seaview Sunrise BUNGALOWS **$**
(Carte p. 196 ; www.seaviewsunrise.com ; Hat Rin Nok ; ch 500-800 B ; ❄📶). Du côté du budget, c'est le seul hébergement fiable pour les amateurs de la fête de la pleine lune qui souhaitent avoir une chambre proche de la plage. Les huttes sont robustes et parfaitement fonctionnelles. L'intérieur en bois poli a parfois quelques taches de peinture fluo rescapée des soirées précédentes. Optez pour un bungalow loin du petit canal afin d'éviter les moustiques.

Palita Lodge BUNGALOWS **$$**
(Carte p. 196 ; ☎0 7737 5172 ; www.palitalodge.com ; Hat Rin Nok ; bungalows 1 800-5 900 B ; ❄📶🏊). En plein cœur de l'action, Palita est un hommage à l'éternelle fête de Sunrise Beach. De vastes bungalows en béton, ornés de boiseries et de décoration moderne, sont habilement agencés sur ce bout de sable et de broussailles. Réservations d'une semaine pendant les fêtes de la pleine lune.

Delight PENSION **$**
(Carte p. 196 ; ☎0 7737 5527 ; www.delightresort.com ; Ban Hat Rin ; ch 700-2 200 B ; ❄📶🏊). Niché derrière le panneau Kodak jaune au centre de Hat Rin, le Delight propose certaines des meilleures chambres des environs. Des chambres d'hôtel impeccables, ornées de détails subtils (comme des fresques de paons), entre une piscine attrayante et un lagon ponctué de nénuphars.

Cocohut Village RESORT **$$$**
(Carte p. 196 ; ☎0 7737 5368 ; www.cocohut.com ; Hat Seekantang ; bungalows 2 800-12 000 B ; ❄@📶🏊). Le Cocohut est si animé qu'on en oublierait presque la folie qui règne à quelques pas de là, sur la plage. Les hébergements les plus onéreux, comme les pavillons sur la falaise et les bungalows face à la mer, figurent parmi les meilleurs de Hat Rin.

Tommy Resort RESORT **$$**
(Carte p. 196 ; ☎0 7737 5215 ; www.phangantommyresort.com ; Hat Rin Nok ; ch 1 490-8 000 B ; ❄@🏊). Tommy est une adresse tendance au cœur de Hat Rin, juste milieu entre boutique chic et repaire de baroudeurs. La piscine rectangulaire change un peu des piscines en forme de haricot de l'île.

Sea Breeze Bungalow BUNGALOWS **$$**
(Carte p. 196 ; ☎0 7737 5162 ; Ban Hat Rin ; bungalows 500-8 000 B ; ❄🏊). Le Sea Breeze est apprécié par nos lecteurs, et par nous aussi ; ce labyrinthe de cottages isolés à flanc de coteau est une retraite idéale pour tous les types de voyageurs. De nombreux bungalows, perchés sur pilotis, offrent une vue merveilleuse sur Hat Rin et la mer.

Lighthouse Bungalows BUNGALOWS **$**
(Carte p. 196 ; ☎0 7737 5075 ; www.lighthousebungalows.com ; Hat Seekantang ; bungalows 300-1 200 B). Caché tout au bout de Hat Rin, ce discret ensemble de huttes modestes est installé sur un terrain en pente, ponctué par de hauts palmiers. Pour accéder à ce complexe isolé, traversez à pied le Leela Beach Bungalows (sans vous arrêter) et suivez la passerelle en bois qui tourne vers la gauche (sud-est) près des rochers léchés par la mer.

Coral Bungalows RESORT **$**
(Carte p. 196 ; ☎0 7737 5023 ; www.coralhaadrin.com ; Hat Rin Nai ; bungalows 500-1 000 B ; ❄@🏊). Ce paradis de la fête a planté son drapeau sur "la terre des voyageurs à petit budget" et s'est autoproclamé centre névralgique des soirées arrosées. La journée, les adeptes du soleil se prélassent à la plage sur des chaises longues. Le soir, Coral est tel un vampire et se transforme : il devient le terrain d'une fête impressionnante et très arrosée au bord de la piscine.

Same Same PENSION **$**
(Carte p. 196 ; ☎0 7737 5200 ; www.same-same.com ; Ban Hat Rin ; ch 500-800 B ; ❄📶). Même s'il reste un lieu très prisé des Scandinaves pendant la folle fête de la pleine lune, le Same Same n'est plus que l'ombre de lui-même, surtout pendant les périodes calmes du mois.

Paradise Bungalows BUNGALOWS **$**
(Carte p. 196 ; ☎0 7737 5244 ; Hat Rin Nok ; bungalows 300-1 200 B ; ❄). C'est ici qu'est née la fête de la pleine lune. Les routards continuent à affluer par nostalgie. Le site ressemble à une décharge municipale depuis que la famille de propriétaires a décidé de diviser le terrain en plusieurs petits "hôtels". Un paradis perdu.

Les hôtels suivants sont situés du côté de Sunset Rd :

Neptune's Villa RESORT **$$**
(Carte p. 196 ; ☎0 7737 5251 ; http://neptunesvilla.net ; Hat Rin Nai ; ch à partir de 2 000 B ; ❄).
Un classique chez les voyageurs. En continuelle expansion, cet hôtel propose toutes sortes de chambres dispersées dans différents motels.

Rin Beach Resort RESORT $$

(Carte p. 197 ; ☎0 7737 5112 ; www.rinbeachresort.com ; Hat Rin Nai ; bungalows 1 200-10 000 B ; ❄📶🏊). Les voyageurs, las après un voyage sur un ferry en bois, sont accueillis par des fontaines en forme d'amphores géantes. Les maisonnettes aux accents de bois de merisier sont lumineuses et spacieuses.

Friendly Resort RESORT $$

(Carte p. 197 ; ☎0 7737 5167 ; friendly_resort@hotmail.com ; Hat Rin Nai ; ch à partir de 1 000 B ; ❄📶🏊). Vue sur la jetée. Ensemble d'hébergements installés autour d'une petite piscine.

Blue Marine BUNGALOWS $

(Carte p. 197 ; ☎0 7737 5079 ; www.bluemarinephangan.com ; Hat Rin Nai ; bungalows 600-1 200 B ; ❄📶). Impeccables bungalows en dur aux toits de tuiles bleues.

PLAGES DU SUD

Les offres d'hébergement de la côte sud sont les plus intéressantes financièrement parlant de Ko Pha-Ngan. On aperçoit les îles du parc national maritime d'Ang Thong. Bémol : elles n'ont pas les eaux cristallines que vous recherchez peut-être. Cette section débute au port de Thong Sala et longe la côte est en direction de Hat Rin.

BAN TAI

Les eaux de Ban Tai sont opaques et peu profondes, surtout hors saison, mais les hébergements sont bon marché comparé à d'autres zones de l'île, et vous n'êtes pas très loin de Hat Rin.

♥ **Coco Garden** BUNGALOWS $

(☎0 7737 7721, 08 6073 1147 ; www.cocogardens.com ; bungalows 450-1 250 B; ❄📶) Meilleure adresse petits budgets de la côte sud, Coco Garden fait mieux que ses voisins grâce à sa propriété très bien tenue et à des bungalows d'une propreté étonnante. Wi-Fi gratuit.

B52 BUNGALOWS $$

(www.b52-beach-resort-phangan.info ; bungalows 1 650-4 000 B ; ❄📶🏊). Vous trouverez votre nid d'amour parmi les bungalows de style thaïlandais. Décoration en chaume, sols en béton poli et poutres en troncs d'arbres tropicaux.

Milky Bay Resort RESORT $$$

(☎0 7723 8566 ; http://milkybaythailand.com ; bungalows 2 300-13 200 B ; ❄@📶🏊). Des murs blancs incrustés de pierres noires qui font penser à une peau de vache sillonnent le complexe et relient des bungalows spacieux, aux toits de chaume, à la mer.

BAN KHAI

Comme à Ban Tai, les plages ne sont pas les plus ravissantes, mais l'hébergement est bon marché et la vue du parc national maritime d'Ang Thong, au loin, est superbe.

Boom's Cafe Bungalows BUNGALOWS $

(☎0 7723 8318 ; www.boomscafe.com ; bungalows 400-1 000 B ; ❄). Séjourner au Boom's est comme visiter votre famille thaïlandaise cachée. Les chaleureux propriétaires prennent tendrement soin de leur propriété et raffolent de leur clientèle ravie. Personne ne semble se soucier de l'absence de piscine, puisque les vagues viennent jusqu'à votre seuil. Le Boom's est situé tout à l'est de Ban Khai, près de Hat Rin.

Mac Bay BUNGALOWS $

(☎0 7723 8443 ; bungalows 500-1 500 B ; ❄🏊). Foyer de la fête Black Moon Party (autre prétexte lunaire pour se déchaîner à Ko Pha-Ngan) ; ici, même les bungalows les moins chers sont impeccables. À l'heure de la bière, repérez un coin ombragé sur la plage et regardez le soleil jeter des ombres dansantes sur les îles lointaines du parc national.

Morning Star BUNGALOWS $$

(☎0 7737 7756 ; www.morningstar-resort.info ; bungalows 1 600-5 390 B; ❄📶🏊). Cette collection de maisons en bois et en béton propose des intérieurs impeccables : certaines chambres ont des meubles très sophistiqués, d'autres exploitent plus subtilement le bois sombre. Une dizaine de sièges de plage en bois entourent l'adorable piscine en forme de haricot.

PLAGES DE LA CÔTE OUEST

Depuis l'aménagement de deux bonnes routes entre Thong Sala et Chalok Lam, la côte ouest s'est beaucoup développée. L'ambiance est un plaisant mélange entre l'isolement tranquille de la côte est et le côté social de Hat Rin, bien que les plages le long des rives ouest (et notamment vers le sud) manquent du charme des autres secteurs de l'île.

DE AO NAI WOK À SI THANU

Près de Thong Sala, les complexes ponctuant cette zone se mêlent à des palétuviers noueux. Si les plages manquent d'attrait, les prix sont bas et les couchers du soleil mémorables.

♥ **Chills Resort** RESORT $$

(☎08 9875 2100 ; www.chillsresort.com ; Ao Srithanu ; ch à partir de 1 200 B ; ❄📶🏊). Situé le long d'un époustouflant affleurement rocheux isolé, le Chills propose un ensemble agréable de chambres simples, modernes et lumineuses avec vue sur l'océan. Soleil et brise marine garantis. Les piscines naturelles entourées de rochers près des brisants sont le décor idéal pour siroter un cocktail en admirant le coucher de soleil.

Shambhala Bungalow Village BUNGALOWS $
(08 9875 2100 ; www.shambhala-phangan.com ; Ao Nai Wok ; bungalows 600-1 200 B ;). Plutôt que de raser les vieux bungalows du bord de plage, les propriétaires ont choisi de les restaurer en y ajoutant beaucoup de touches personnelles. On y passe un séjour mémorable et confortable. Draps propres, bois sculpté, éclairage artistique et sdb bien conçue.

Loy Fa BUNGALOWS $
(0 7737 7319 ; loyfabungalow@yahoo.com ; Ao Srithanu ; bungalows 300-800 B ;). Le personnel très amical, thaïlandais et francophone, vaut le détour à lui seul. Les charmants jardins et les huttes robustes ont une vue imprenable sur l'océan. Les bungalows modernes sur le promontoire mènent à un coin de sable couleur cendre très privé.

Grand Sea Resort RESORT $$
(0 7737 7777 ; www.grandsearesort.com ; Ao Nai Wok ; bungalows 1 200-3 000 B ;). Adresse idéale pour ceux qui cherchent un coin de sable près de Thong Sala, Grand Sea ressemble à un ensemble de "maisons des esprits" thaïlandaises.

HAT CHAOPHAO

Comme Hat Ya, cette plage incurvée est bordée de divers ensembles de bungalows. Un lac s'étend à l'intérieur des terres au sud, et un 7-Eleven permet de satisfaire les fringales nocturnes.

Sunset Cove BUNGALOWS $$
(0 7734 9211 ; www.thaisunsetcove.com ; bungalows 1 200-3 580 B ;). Il règne comme une sensation de symétrie zen parmi l'assortiment de bungalows de charme ; de hauts bambous sont placés à intervalles réguliers le long des sentiers de galets qui serpentent au milieu des buissons. Ceux du front de mer, aux fenêtres rectangulaires, sont particulièrement élégants.

Pha-Ngan Paragon BUNGALOWS $$$
(08 4728 6064 ; www.phanganparagon.com ; bungalows 2 250-13 100B ;). Ce minuscule refuge louant 7 chambres, propose une déco qui intègre des éléments anciens de styles khmer, indien et thaïlandais, sans oublier le confort moderne. Mention spéciale pour la "chambre royale" – apparemment, le lit à baldaquin vient du Cachemire.

HAT YAO ET HAT SON

L'une des plages les plus animées de la côte ouest, Hat Yao se prête à la baignade, et dispose de nombreux complexes hôteliers et de quelques aménagements bien commodes comme des DAB et des épiceries.

Shiralea BUNGALOWS $
(08 0719 9256 ; www.shiralea.com ; Hat Yao ; bungalows 500 B ;). Probablement le meilleur rapport qualité/prix de l'île, ces bungalows récemment rénovés sont à quelques pas de la plage (environ 100 m). Pour les adeptes, vous pourrez faire de la plongée haut de gamme et vous procurer un équipement sur place.

Haad Yao Bay View Resort RESORT $$$
(0 7734 9193 ; www.haadyao-bayviewresort.com ; Hat Yao ; ch et bungalows 1 500-7 000 B ;). Toujours aussi étincelant depuis sa rénovation en 2008, cet ensemble de bungalows et d'hébergements de type hôtel ressemble à un mirage tropical sur les hauteurs au nord d'Hat Yao. Les vacanciers flânent autour de la grande piscine. D'autres profitent de leurs suites privées, dotées de parquets et de lits de repos en osier.

Haad Son Resort RESORT $$
(0 7734 9104 ; www.haadson.info ; Hat Son ; bungalows 1 000-8 000 B ;). Envisagez sérieusement d'imiter le petit Poucet si vous voulez retrouver le chemin de votre chambre. Les plus chics ne valent pas leur prix, choisissez les moins chères ; elles sont simples mais permettent d'accéder à tous les équipements.

Tantawan Bungalows BUNGALOWS $
(0 7734 9108 ; www.tantawanbungalow.com ; Hat Son ; bungalows 450-550 B ;). Ce charmant nid en teck caché dans la jungle est orné de lustres de coraux couleur pêche et de coquillages kaki. Les clients peuvent se baigner dans la piscine trapézoïdale ou profiter des levers du soleil depuis leurs porches en bambou. N'oubliez pas de tester le restaurant sur place. Les convives sont installés au milieu de coussins géométriques pour déguster quelques-uns des plus succulents plats d'inspiration française et thaïlandaise de l'île.

High Life BUNGALOWS $
(0 7734 9114 ; www.highlifebungalow.net ; Hat Yao ; bungalows 500-2 000 B ;). La vue sur l'océan depuis la piscine est absolument spectaculaire. Sur un affleurement de granit planté de palmiers, se dressent 25 bungalows de tailles et de formes variées au-dessus de la mer bleue. La réservation coûte 200 B supplémentaires.

Haad Yao See Through Boutique Resort HÔTEL $$

(☎0 7734 9315 ; www.haadyao.net ; Hat Yao ; ch à partir de 1 750 B ; ❄📶). Cet hôtel a été construit sur une fine bande de terre après l'affrontement d'une fratrie se disputant la plage de Hat Yao. Les chambres sont décorées dans des tons jaunes, verts et rouges. L'extérieur, un imposant bloc de béton poli, ressemble plus à un chantier de construction qu'à un hôtel de charme.

HAT SALAD

L'une des nos plages favorites de la côte ouest, Hat Salad propose un chapelet d'établissements de qualité au bord de l'eau.

Cookies Salad RESORT $$

(☎0 7734 9125, 08 3181 7125 ; www.cookies-phangan.com ; bungalows 1 500-3 000 B ; 🏊). Ce complexe hôtelier au nom délicieux propose des bungalows de style balinais autour d'une grande piscine sur 2 niveaux, déclinant plusieurs nuances de bleu. Le chaume hirsute et le feuillage tropical dense lui donnent un caractère rustique, sans négliger pour autant le confort.

Green Papaya BUNGALOWS $$$

(☎0 7737 4182 ; www.greenpapayaresort.com ; bungalows 3 600-8 500 B ; ❄@📶🏊). Les bungalows de bois poli de Green Papaya se distinguent nettement sur l'adorable plage de Hat Salad, mais la note est salée.

Salad Hut BUNGALOWS $$

(☎0 7734 9246 ; www.saladhut.com ; bungalows 1 400-4 000 B ; ❄@📶🏊). Établissement très modeste qui partage une plage avec des hébergements résolument haut de gamme. Ce petit ensemble de bungalows de style thaïlandais est installé à quelques mètres seulement de l'eau. D'ici, on peut observer le coucher du soleil sur la mer du porche en teck laqué.

Salad Beach Resort BUNGALOWS $$

(☎0 7734 9149 ; www.phangan-saladbeachresort.com ; bungalows 1 900-4 900 B ; ❄@📶🏊). Refuge tranquille, avec tout ce qu'il faut, sur la plage. Les couleurs des chambres sont surprenantes, mais le reste est de bon ton et tout en subtilité, surtout autour de la piscine.

AO MAE HAT

L'extrémité nord-ouest de l'île offre une vue superbe sur l'océan, et la petite Ko Ma est reliée à Ko Pha-Ngan par un étonnant banc de sable.

Royal Orchid BUNGALOWS $

(☎0 7737 4182 ; royal_orchid_maehaad@hotmail.com ; bungalows 300-800 B ; ❄@). De beaux bungalows pour routards sont alignés le long d'un mince bassin – la plupart ont vue sur la plage sereine et l'idyllique banc de sable qui s'étend vers la pittoresque Ko Ma.

PLAGES DU NORD

De Chalok Lam à Thong Nai Pan, la spectaculaire côte nord est une jungle sauvage dotée de plusieurs belles plages isolées – c'est la façade la plus pittoresque de l'île.

CHALOK LAM (CHALOKLUM) ET HAT KHOM

Chalok Lam est un petit village de pêcheurs unique à Ko Pha-Ngan. Cet ensemble de cabanes et de huttes en teck rappelle qu'il reste des lieux encore intouchés par la mondialisation. Des *sŏrng·tăa·ou* parcourent la route jusqu'à Thong Sala pour environ 100 B/personne. Un chemin de terre relie Chalok Lam et Hat Khom, et des bateaux-taxis sont aussi disponibles (50-100 B).

Malibu BUNGALOWS $

(☎0 7737 4013 ; Chalok Lam ; bungalows 300-1 300 B ; ❄). L'ambiance décontractée de cette grande plage reculée (au-dessus du pont du lagon) apporte une touche originale à cet établissement différent des autres options petit budget de Chalok Lam. Le bar sur le banc de sable privé attire toutes sortes de voyageurs. Les huttes les moins chères sont un peu sommaires. Les nouveaux "bungalows" ronds sont, quant à eux, trop chers pour ce qu'ils sont.

Mandalai HÔTEL $$$

(☎0 7737 4316 ; www.mymandalai.com ; Chalok Lam ; ch 2 750-5 600 B ; ❄@🏊). Semblable à un riad blanc d'une lointaine terre arabe, ce petit hôtel de charme surplombe tranquillement le bidonville de cabanes de pêcheurs alentour. Des portes-fenêtres donnent sur les bateaux couleur mandarine de la baie, et une petite piscine permet de barboter dans l'intimité du cloître.

BOTTLE BEACH (HAT KHUAT)

Cette dune isolée, à la réputation de discret refuge, est devenue assez populaire. En pleine saison, les hôtels font vite le plein, mieux vaut essayez d'arriver tôt. Prenez un bateau-taxi à Chalok Lam pour 50-120 B (selon le nombre de passagers).

Bottle Beach II BUNGALOWS $

(☎0 7744 5156 ; bungalows 350-500 B). À l'angle est de la plage, c'est là que les routards réalisent leurs rêves de naufragés.

Smile BUNGALOWS $

(☎08 1956 3133 ; smilebeach@hotmail.com ; bungalows 400-700 B). À l'extrémité ouest de la plage, un assortiment de huttes en bois escalade une colline boisée. Les bungalows sur 2 niveaux (700 B) sont nos préférés.

THONG NAI PAN

Les baies de Thong Nai Pan sont tout incurvées ; Ao Thong Nai Pan Yai (*yai* signifie "grand") forme la moitié nord, et Ao Thong Nai Pan Noi (*noi* signifie "petit") une courbe juste au-dessous. Ces plages sont de plus en plus populaires car les bungalows en bambou sont rasés pour faire place à de beaux hôtels.

Anantara Rasananda RESORT **$$$**
(☎0 7723 9555 ; www.rasananda.com ; pavillons à partir de 5 000 B ; ❄@📶🏊). Rasananda représente le futur de Ko Pha-Ngan. Cet établissement qui ressemble à un 5 étoiles, aligne ces villas sur le sable, la plupart étant équipées de bassins privés. La décoration mélange intelligemment styles traditionnel et contemporain. La direction a changé, et cet établissement haut de gamme semble parti pour durer.

Dolphin BUNGALOWS **$**
(bungalows 500-1 400 B ; ❄📶). La meilleure adresse de l'île. Cette retraite cachée permet aux yuppies de vivre à la dure en restant branchés. On passe des après-midi tranquilles au fond des confortables coussins installés dans les petites pagodes disséminées dans la jungle. Pas de réservation.

Longtail Beach Resort BUNGALOWS **$**
(☎0 7744 5018 ; www.longtailbeachresort.com ; bungalows 390-1 150 B ; ❄📶). Simplement charmant. C'est un des derniers groupes de bungalows de plage du coin. Ici, on peut imaginer le passé de Pha-Ngan, grâce aux charmantes demeures en chaume et bambou.

PLAGES DE LA CÔTE EST

Cette côte est un paradis pour les Robinson Crusoé en herbe. La plupart du temps, il faut louer un bateau pour accéder à ces plages, mais des bateaux-taxis sont disponibles à Thong Sala et à Hat Rin.

THAN SADET ET THONG RENG

Mai Pen Rai BUNGALOWS **$**
(☎0 7744 5090 ; www.thansadet.com ; bungalows 600 B ; @). *Mai pen rai* veut dire "pas de problème", et ici, tout le monde semble incroyablement détendu. Les bungalows aux toits à pignon ornés de paille tissée se mêlent sur la colline à ceux de l'établissement voisin.

Treehouse BUNGALOWS **$**
(treehouse.kp@googlemail.com ; bungalows à partir de 200 B). Ce lieu légendaire des routards de Ko Chang (surnommé "le grand Ko Chang") a récemment ouvert un établissement le long des eaux isolées de Thong Reng.

HAT THIAN

♥ **The Sanctuary** BUNGALOWS **$$**
(☎08 1271 3614 ; www.thesanctuarythailand.com ; dort 200 B, bungalows 450-5 450 B). Situé sur la plage la plus mythique d'Hat Thian, cette enclave sympathique prône la relaxation. C'est un havre de paix attrayant qui propose des bungalows magnifiques. Fait également office de retraite holistique (cours de yoga et séances detox). Les chambres, éparpillées dans le complexe, épousent le cadre naturel.

Beam Bungalows BUNGALOWS **$**
(☎0 7927 2854 ; bungalows 300-700 B). Beam est en retrait de la plage, niché derrière une cocoteraie. Des hamacs pendent devant de charmantes huttes de bois, et les grandes baies laissent apercevoir l'océan derrière les palmes des arbres.

HAT YUAN

Hat Yuan n'est pas riche en bungalows et reste assez isolée, car aucune route ne relie cette petite plage à Hat Rin.

Barcelona BUNGALOWS **$**
(☎0 7737 5113 ; bungalows 300-700 B). De solides huttes de bois en bois naturel ou blanc crème. Juchées sur la colline et sur pilotis, derrière un jardin de palmiers, elles offrent une jolie vue et le personnel est enjoué.

Où se restaurer

Ko Pha-Ngan n'est pas une capitale gastronomique, d'autant que la plupart des touristes choisissent de se restaurer à leur hôtel. Les aventuriers peuvent essayer Thong Sala et la côte sud de l'île.

HAT RIN

On y trouve la plus grande concentration de bars et de restaurants de l'île, assez peu reluisants pour la plupart. Le Chicken Corner est un carrefour très fréquenté où se trouve des établissements prisés comme **Mr K Thai Food** (carte p. 196 ; Ban Hat Rin ; plats 30-80 B) et **Mama Schnitzel** (carte p. 196 ; Ban Hat Rin ; plats 40-100 B). Toutes les petites faims seront satisfaites à toute heure du jour et de la nuit.

Lazy House INTERNATIONAL **$$**
(Carte p. 196 ; Hat Rin Nai ; plats 90-270 B ; ⏰déj et dîner). La cuisine du propriétaire était si appréciée qu'il a décidé de transformer son appartement en restaurant et lieu de détente. Aujourd'hui, le Lazy House est sans doute l'une des meilleures adresses de Hat Rin pour s'avachir devant un film en dégustant un hachis parmentier.

Little Home THAÏLANDAIS $

(Carte p. 196 ; Ban Hat Rin ; plats principaux à partir de 40 B ; ⏲petit-déj, déj et dîner). Ce n'est pas le décor, sans intérêt, mais la cuisine thaïlandaise bon marché et savoureuse qui attire les foules. Tables en bois et chaises en plastique fragiles.

Monna Lisa ITALIEN $$

(Carte p. 196 ; Hat Rin Nai ; pizza et pasta à partir de 200 B ; ⏲petit-déj, déj et dîner). Monna Lisa sert la meilleure pizza de Hat Rin. Ce restaurant, géré par une sympathique équipe italienne, a ouvert assez récemment. La pizza aux champignons et au jambon et les pâtes aux truffes maison sont renversantes.

Nic's INTERNATIONAL $$

(Carte p. 196 ; Ban Hat Rin ; plats principaux 80-280 B ; ⏲dîner). Royaume impressionnant de béton poli et de coussins colorés, ce restaurant est situé derrière le lac de Hat Rin. Il sert des pizzas et des tapas savoureuses tous les soirs. Testez le Singha pendant l'happy hour de 18h à 20h.

Lucky Crab FRUITS DE MER $$

(Carte p. 196 ; Hat Rin Nai ; plats 100-400 B ; ⏲déj et dîner). La meilleure adresse de fruits de mer de Hat Rin. Des rangées de bestioles fraîchement pêchées sont présentées tous les soirs sur des bateaux chargés de glace. Une fois votre proie choisie, prenez place au milieu des plantes et des jolis meubles de pierre.

Om Ganesh INDIEN $$

(Carte p. 196 ; Hat Rin Nai ; plats 70-190 B ; ⏲petit-déj, déj et dîner). Ici, on médite autour du curry, du riz biryani, du rôti et des lassis. Les expatriés aiment dire que tous les plats ont le même goût. Comptez 350 B minimum.

Same Same Burger HAMBURGERS $$

(Carte p. 196 ; www.same-same.com ; Hat Rin Nai ; hamburgers 180-230 B ; ⏲déj et dîner). Les propriétaires sont les mêmes que ceux de l'hôtel du même nom. L'établissement, rouge vif, ressemble étrangement au McDonald's (sauf que c'est plus cher).

PLAGES DU SUD

Le samedi soir de 16h à 22h, une petite rue de l'est de Thong Sala se transforme en **Walking Street**, une zone piétonne animée où des marchands viennent vendre leurs produits à des clients majoritairement locaux. Vous y trouverez beaucoup de choses, allant des vêtements à la nourriture. Nous vous conseillons le délicieux porc rouge accompagné de sa sauce (40 B) à Lang Tang. Il est stocké dans des caisses en verre juste à côté de l'enseigne en anglais "Numpanich".

Marché de nuit ACHATS $

(Thong Sala ; plats 25-180 B ; ⏲dîner). Mélange grisant de vapeur et d'habitants s'adonnant au grignotage, le marché de nuit de Thong Sala est un must pour les amateurs de culture locale et d'en-cas bon marché. L'étal le plus intéressant est dans l'angle complètement à droite, orné d'une grande bannière blanche. Adressez-vous au vendeur d'à côté qui vous proposera de savoureux produits de la mer, comme du vivaneau campèche sur un épais lit de nouilles. Crêpes à la banane et *smoothies* à profusion en dessert.

Kaito JAPONAIS $$

(Thong Sala ; plats à partir de 130 B ; ⏲dîner jeu-lun). Spécialisé en importations japonaises. Dégustez une Asahi pour accompagner votre salade d'algues piquantes et votre *tonkatsu* (côte de porc). À l'étage, des coussins moelleux vous attendent, et le principal espace de détente est pourvu de mangas et de romans de poche japonais.

Mason's Arms BRITANNIQUE $$

(Thong Sala ; plats principaux 160-350 B ; ⏲déj et dîner). Quelle vision étonnante que ce presbytère de style Tudor jaillissant soudainement de la jungle brumeuse ! Cet établissement, à deux doigts de devenir officiellement une colonie britannique, sert du *fish and chips* très apprécié.

Pizza Chiara ITALIEN $$

(Thong Sala ; pizzas 180-320 B ; ⏲déj et dîner) Nappes à carreaux à l'appui, Pizza Chiara ne propose que de la cuisine italienne. Choisissez la Pizza Cecco recouverte de prosciutto, salami, champignon et *cotto* (fromage).

Ando Loco MEXICAIN $

(Ban Tai ; plats principaux à partir de 59 B ; ⏲dîner). Ce restaurant mexicain en plein air a des airs de dessin animé avec ses accessoires de décoration kitch comme ces cactus en papier mâché. Il sert des margaritas géantes et dispose d'un filet de volley-ball sur la plage attenante. Fermé pendant la basse saison (de septembre à décembre).

AUTRES PLAGES

♥ **Sanctuary** CUISINE SANTÉ $$

(Hat Thian ; plats principaux à partir de 130 B). Oubliez tout ce que vous savez sur la cuisine "santé" : ce restaurant prouve que des plats peuvent être sains et délicieux à la fois. Il propose une valse de mets savoureux allant des *pakoras* indiens aux rouleaux de printemps croustillants. L'ambiance musicale est sans aucun doute la meilleure de l'île. Essayez le shot au blé tendre vert fluorescent. Miam !

Cucina Italiana ITALIEN $$

(Jenny's ; Chalok Lam ; pizza 180 B ; dîner). Ce restaurant est vénéré à Ko Pha-Ngan. L'amical chef italien est un passionné. Il crée tous ses plats à partir de zéro. Le jeudi et le dimanche, vous pouvez commander des garnitures à volonté sur votre pizza cuite au four pour seulement 180 B.

Peppercorn GRILL $$

(www.peppercornphangan.com ; Sri Thanu ; plats principaux 160-400 B; 14-22h lun-sam). Escargots et steaks succulents sont au menu de cette cabane délabrée au milieu de la jungle. Certes, Peppercorn se trouve loin de la mer mais les fines bouches devraient apprécier cette tentative réussie de cuisine internationale intelligente.

Cookies Salad THAÏLANDAIS $$

(Hat Salad ; plats principaux à partir de 100 B ; petit-déj, déj et dîner). Ce restaurant décontracté vaut le détour si vous séjournez sur la côte ouest. Perché sur une falaise au sud de Hat Salad, il propose une cuisine thaïlandaise époustouflante (essayez le curry Penang) et des smoothies originaux (dont un au Nutella). Il n'y a malheureusement aucune salade de cookies.

Où prendre un verre

Chaque mois, lorsque la lune est pleine, les pèlerins rendent hommage aux dieux de la fête en entrant en transe, en hurlant sauvagement, en dansant badigeonnés de peinture phosphorescente. Les boissons se boivent par seaux, les jongleurs de feu illuminent la plage, et des foules de fêtards se réunissent sur la célèbre Sunrise Beach (Hat Rin Nok) pour s'éclater jusqu'à ce que le soleil chasse la lune.

D'autres lieux intéressants sont ouverts dans l'île pour les amateurs de fêtes plus tranquilles.

HAT RIN

Hat Rin est au cœur de la légendaire fête de la pleine lune, et l'ambiance dans le coin peut devenir assez déchaînée même sans l'influence de la lune. Les fêtards se pressent dans d'autres endroits du sud de l'île lorsque la lune n'est pas de sortie. Voir l'encadré p. 194 pour plus de détails. Les sites suivants encadrent la célèbre Sunrise Beach de Hat Rin du sud au nord.

Rock BAR, BOÎTE DE NUIT

(Carte p. 196). La terrasse surélevée offre une belle vue sur la fête à l'extrême sud de la plage.

Club Paradise BAR, BOÎTE DE NUIT

(Carte p. 196). Paradise savoure son statut de créateur de la folie lunaire.

Drop-In Bar BAR, BOÎTE DE NUIT

(Carte p. 196). Cette hutte joue les tubes que nous adorons tous secrètement. Toutes les soirées y sont tumultueuses.

Zoom/Vinyl BAR, BOÎTE DE NUIT

(Carte p. 196). La musique trance résonne à fond dans ce bar.

Cactus Bar BAR, BOÎTE DE NUIT

(Carte p. 196). En plein centre de Hat Rin Nok, le Cactus diffuse un sain mélange de vieux tubes, de hip-hop et de R&B.

Sunrise BAR, BOÎTE DE NUIT

(Carte p. 196). La musique trance est à l'honneur entre les murs recouverts de graffitis de ce nouveau bar sur la plage.

Tommy BAR, BOÎTE DE NUIT

(Carte p. 196). L'un des plus grands clubs de Hat Rin attire les foules grâce à ses lumières noires et à sa musique trance à fond. L'immense bar est en forme d'arche.

Mellow Mountain BAR, BOÎTE DE NUIT

(Carte p. 196). Ce lieu psychédélique se situe à l'extrémité nord de Hat Rin Nok et offre une excellente vue sur le chahut d'en bas.

AUTRES PLAGES

Eagle Pub BAR

(Hat Yao). À l'extrémité sud de Hat Yao, cette cabane aménagée dans la roche est marquée par l'empreinte fluo de presque tous ceux qui sont tombés dans les pommes sur les fauteuils verts du patio après trop de caipirinhas.

Jam BAR

(Hin Wong ; www.thejamphangan.com). Bar nocturne de la côte avec groupes indépendants en live. Scène ouverte le samedi soir et groupes locaux la semaine.

Pirates Bar BAR

(Hat Chaophao). Ce bar loufoque bâti dans la falaise est une copie d'un bateau de pirates. Sur le pont, à marée haute (et après quelques verres), on se croirait presque en mer. Ce lieu accueille les fêtes bien organisées du Moon Set, 3 jours avant celles de la pleine lune.

Sheesha Bar BAR

(Chalok Lam). À l'opposé de ce qui se fait généralement à Hat Rin, on boit au Sheesha Bar non pas des seaux d'alcool bas de gamme mais des cocktails créatifs. Le séduisant patchwork de grès beige et de lames d'acajou horizontales va parfaitement bien avec le Mandalai Hotel en face (propriété de la même famille).

Flip Flop Pharmacy BAR
(Thong Nai Pan). Ce bar en plein air sur la plage de Thong Nai Pan est le lieu préféré des habitués du coin.

Amsterdam BAR
(Ao Plaay Laem). Près de Hat Chaophao sur la côte ouest, l'Amsterdam attire touristes et habitants de toute l'île qui viennent se détendre et regarder le coucher du soleil.

Renseignements

Accès Internet

Hat Rin et Thong Sala sont des centres d'activité Internet, mais toutes les plages un peu exploitées offrent un accès. Les tarifs tournent autour de 2 B/min, avec un minimum de 10 à 20 B et des réductions si vous restez plus de 1 heure. Les établissements proposant 1 B/min ont généralement des connexions d'escargot.

Argent

Thong Sala, "capitale" financière de Ko Pha-Ngan, compte de nombreuses banques, bureaux de change et plusieurs agences Western Union. Hat Rin possède de nombreux DAB et quelques banques au niveau de la jetée. Des DAB sont aussi installés à Hat Yao, Chaloklum et Thong Nai Pan.

Désagréments et dangers

Ko Pha-Ngan vous offrira certains de vos meilleurs souvenirs de vacances. Soyez sur vos gardes lors des situations suivantes pour qu'il n'y ait aucune ombre au tableau.

DROGUES Vous paressez sur la plage, quand soudain un Thaïlandais vous propose une herbe locale à un prix ridiculement bas. "Non merci", répondez-vous, conscient que les sanctions pour usage de drogue sont très sévères ici. Mais le vendeur baisse encore le prix et vous offre presque son herbe gratuitement. Trop beau pour être vrai ? Évidemment. À la première bouffée, le vendeur vous dénonce à la police et vous vous retrouverez à la prison du coin où il vous faudra payer une amende ruineuse. Ce type de scénario se produit tout le temps à Ko Pha-Ngan, mieux vaut donc résister.

Autre élément dont il convient de se souvenir : votre assurance ne couvre pas les blessures ou traitements liés à l'usage de drogue. Les accidents arrivent ; on nous a raconté des épisodes de délire prolongé, occasionnés par l'usage de drogue. L'hôpital psychiatrique Suan Saranrom (Garden of Joys) de Surat Thani doit renforcer ses effectifs lors des festivités de la pleine lune pour gérer le nombre de *faràng* qui partent en vrille après avoir consommé des champignons, de l'acide ou d'autres hallucinogènes facilement accessibles.

FEMMES SEULES Les voyageuses doivent être particulièrement prudentes lors des fêtes sur l'île. Les viols liés à la consommation d'alcool et de drogue sont fréquents (et ces situations ne se limitent pas aux fêtes de la pleine lune). Autre problème, le comportement peu scrupuleux de certains chauffeurs de moto-taxi. Beaucoup en profitent pour tripoter leurs passagères ; des agressions sexuelles plus graves ont même été reportées.

MOTO Ko Pha-Ngan compte plus d'accidents de moto que de blessures dues aux bêtises de la fête de la pleine lune. Aujourd'hui, il existe un système de rues goudronnées mais la plupart forment un labyrinthe de terre et de boue. L'île est aussi très vallonnée, et même si les routes sont revêtues, la plupart d'entre elles restent quasi impraticables. La route *très* raide de Hat Rin en est une parfaite illustration. L'île est pourvue d'une ambulance spéciale qui vient en aide aux motards blessés.

Laverie

Si pendant la fête de la pleine lune vos vêtements sont tachés de peinture fluo, ne vous embêtez pas à les envoyer au nettoyage, ça ne partira pas. Nous l'avons testé pour vous. Pour le reste, une foule de laveries seront heureuses de vous servir. Les tarifs tournent autour de 40 B/kg, et le nettoyage express ne devrait pas dépasser 60 B/kg.

Office du tourisme

Pas de bureau de la TAT géré par le gouvernement à Ko Pha-Ngan ; la plupart des voyageurs prennent leurs renseignements auprès des agences de voyages locales et dans les brochures. La plupart des agences se trouvent à Hat Rin et Thong Sala. Les agents prennent une petite commission sur chaque vente. Il y a un consensus et les prix sont stables et normalisés. Optez pour une agence à laquelle vous faites confiance si vous dépensez beaucoup d'argent. Vous risquez de tomber sur une escroquerie, d'autant plus qu'il n'y a pas de police touristique sur l'île.

De nombreux mini-magazines proposent des renseignements complets sur l'hébergement de l'île, les activités et les festivités de la pleine lune. Notre préféré est **Phangan Info** (www.phangan.info)

Backpackers Information Centre
(carte p. 196 ; ☎0 7737 5535 ; www.backpackersthailand.com ; Hat Rin). Un must pour les voyageurs recherchant des transports et des circuits de grande qualité (plongée, croisière, safaris, etc.). Adaptée à tous les types de voyageur, cette agence est gérée par des expatriés qui feront en sorte que vous n'ayez à vous soucier de rien. Vous pouvez contacter les responsables sur leur téléphone portable si vous avez le moindre souci. Ils sont également propriétaires du magasin Crystal Dive, situé juste à côté.

Poste

Poste centrale (carte p. 196 ; 8h30-16h30 lun-ven, 9h-12h sam). À Thong Sala ; une plus petite poste est installée juste à côté de la jetée à Hat Rin.

Services médicaux

Les services médicaux sont parfois un peu véreux à Ko Pha-Ngan – attendez-vous à des tarifs instables et à des médecins sous-qualifiés. De nombreuses cliniques demandent un droit d'entrée de 3 000 B avant tout traitement. Mieux vaut aller à Ko Samui pour les problèmes médicaux graves, ainsi que pour tous les problèmes dentaires.

Ko Pha-Ngan Hospital (carte p. 193 ; 0 7737 7034 ; Thong Sala ; 24/24 h). À environ 2,5 km au nord de Thong Sala ; service d'urgence 24h/24.

Sites Internet

Backpackers Thailand (www.backpackersthailand.com). Tout ce qu'il faut savoir sur Ko Pha-Ngan, de la réservation d'hôtel au calendrier de la pleine lune. C'est aussi une grande source d'informations sur tout le pays.

Urgences

Commissariat général (carte p. 193 ; 0 7737 7114, 191). Situé à environ 2 km au nord de Thong Sala. Le commissariat de police d'Hat Rin (près de l'école de Hat Rin) n'enregistre pas les plaintes. Pour cela, il faut se rendre à Thong Sala. On vous demandera 200 B pour déposer plainte. Surtout, ne payez pas car c'est censé être gratuit. Si vous êtes arrêté, vous avez le droit à un appel téléphonique à l'ambassade. Vous n'êtes pas obligé d'accepter leur "interprète".

Depuis/vers Ko Pha Ngan

Comme toujours, les tarifs et les horaires peuvent changer. Une mer agitée cause parfois l'annulation des ferrys entre octobre et décembre.

Bangkok, Hua Hin et Chumphon

Le service Lomprayah and Seatran Discovery propose des forfaits bus-bateau qui partent de Bangkok et passent par Hua Hin et Chumphon. Il est aussi assez simple de prendre le train de Bangkok à Chumphon et de prendre ensuite un ferry (pour le même tarif, au final) et le train est plus confortable si vous prenez une couchette. Vers Bangkok, les voyageurs peuvent aussi prendre le bus, affrété par le gouvernement. Il est un peu moins cher. Pour plus d'informations sur le trajet passant par Chumphon, voir p. 170.

Ko Samui

On compte une dizaine de départs quotidiens entre Ko Pha-Ngan et Ko Samui. Ces bateaux partent toute la journée de 7h à 18h et mettent entre 20 min et 1 heure. Tous partent soit de Thong Sala, soit de Hat Rin sur Ko Pha-Ngan. Le *Haad Rin Queen* fait la navette entre Hat Rin et Big Buddha Beach à Samui.

Ko Tao

Les ferrys Lomprayah de Ko Tao partent de Thong Sala à Ko Pha-Ngan à 8h30 et 13h. Ils arrivent à destination à 9h45 et 14h15. Le Seatran quitte Thong Sala chaque jour à 8h30 et 14h. Les taxis partent de Hat Rin vers Thong Sala une heure avant le départ du bateau. Le Songserm, moins onéreux mais plus lent, part de Ko Pha-Ngan à 12h30 et arrive à 14h30.

Surat Thani et la côte d'Andaman

Des billets combinant bateau et bus sont disponibles dans toutes les agences de voyages ; indiquez simplement votre destination et elles vous vendront les maillons manquants de la chaîne de vos transports. La plupart des voyageurs passent par Surat Thani en allant d'une côte à l'autre. On compte environ 6 départs quotidiens entre Ko Pha-Ngan et Krabi (220-350 B, 2 heures 30) avec Raja Car Ferry, Songserm ou Seatran. Ces bateaux partent de Thong Sala toute la journée de 7h à 20h. Tous les soirs, en fonction du temps, un bateau de nuit part de Surat à 23h. Les bateaux dans l'autre sens partent de Ko Pha-Ngan à 22h. Consultez **Backpackers Thailand** (www.backpackersthailand.com) pour plus d'informations sur les horaires de départ vers les autres destinations d'Andaman.

Comment circuler

Moto Vous pouvez louer une moto sur l'île pour 150 à 250 B par jour. La législation de Ko Pha-Ngan requiert le port du casque et les forces de l'ordre locales commencent à l'appliquer. Si vous souhaitez pratiquer les routes boueuses, nous vous conseillons de louer un modèle de type Honda MTX125, car les scooters ne suffisent pas. Il est préférable d'éviter le vélo. À moins d'être aussi doué que Lance Armstrong.

Sŏrng·tăa·ou Les pick-up et les *sŏrng·tăa·ou* sillonnent les routes principales de l'île. Le tarif double la nuit. Votre hébergement peut vous proposer une course gratuite ou à prix réduit lors de votre départ. Comptez 100 B pour aller de Thong Sala à Hat Rin et environ 150 B pour les plus longues distances.

Bateau-taxi Des *long-tail boats* partent de Thong Sala, Chalok Lam et Hat Rin vers une multitude de destinations lointaines comme Hat Khuat (Bottle Beach) et Ao Thong Nai Pan. Comptez au moins 50 B pour un court trajet et jusqu'à 300 B pour aller plus loin. Vous pouvez louer un bateau privé pour voyager d'île en île pour environ 150 B par tranche de 15 min.

Ko Tao

เกาะเต่า

1 400 HABITANTS

D'abord, il y eut Ko Samui, puis Ko Pha-Ngan. Aujourd'hui, l'ère est au culte de Ko Tao. Des milliers de visiteurs viennent rendre hommage à ses eaux turquoise, et souvent beaucoup choisissent de rester. Le secret de l'attrait de Ko Tao ? C'est très simple : malgré sa petite taille (21 km²), Ko Tao propose de tout, pour tout le monde, sans jamais pratiquer la modération. Les fous de plongée s'ébattent avec les requins et les raies au milieu des enchevêtrements de coraux luisants. Les randonneurs et les ermites peuvent rejouer un épisode de *Lost* au cœur des jungles de la côte. Et quand la solitude commence à peser, direction l'animation bruyante des bars qui restent ouverts jusqu'à l'aube.

Bien des années ont passé depuis que le tout premier routard est venu planter son drapeau sur cette île broussailleuse, au nom de tous les voyageurs fuyant les pizzerias et les cabarets de *ladyboys*. Ne vous inquiétez pas, il est encore temps de rejoindre cette tribu. Il faudra quelques années avant que les quelques bungalows sommaires se fassent déloger par les grands hôtels. Et les conversations des touristes tournent encore autour des créatures marines et non de leurs actions en Bourse.

Ko Tao

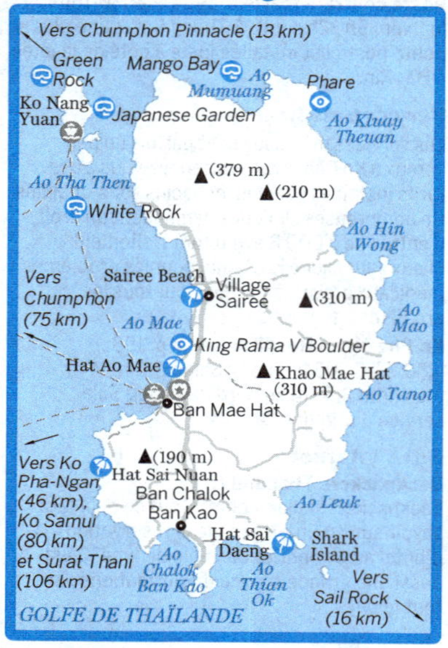

Activités

Plongée

C'est votre première fois ? Ko Tao est le meilleur endroit pour cela. L'île émet plus de brevets que tout autre endroit au monde. Les baies peu profondes de l'île sont le lieu idéal pour les débutants qui démarrent la plongée avec scaphandre. À terre, plus de 40 centres de plongée attendent de vous équiper et de vous enseigner les ficelles de ce sport dans le cadre d'un certificat Open Water de 3,5 jours. Certes, les devoirs de vacances, ce n'est pas très exaltant, mais la compétition farouche entre écoles de plongée signifie que les prix de la certification sont imbattables, tout comme la qualité. Pas étonnant que ce terrain de jeux aquatique soit devenu exceptionnellement populaire auprès des débutants : les eaux sont transparentes, les récifs chatoyants et la température proche de celle de l'eau du bain. Les meilleurs sites de plongée sont autour des pics du large dans un rayon de 20 km autour de l'île (voir l'encadré p. 208), mais les plongeurs endurcis préfèrent presque toujours les magnifiques sites le long de la côte d'Andaman. La faune marine locale comprend mérous, murènes, cochers, barracudas, balistes, scalaires, poissons-clowns, raies manta, requins et les puissants requins-baleines font des visites fréquentes.

Les armées de rabatteurs qui attendent au débarcadère sur la jetée de Mae Hat tentent de vous amener à séjourner dans le centre qui les commissionne en vous promettant un tarif spécial. Comme il y a des dizaines de centres de plongée sur l'île, mieux vaut arriver avec les adresses de quelques bonnes écoles en tête. Si vous avez le temps, passez un ou deux jours à vous détendre sur l'île avant de vous décider – vous rencontrerez sûrement des foules d'instructeurs et de plongeurs qui vous conseilleront. Souvenez-vous que le succès de votre expérience (surtout si c'est la première fois) dépendra en grande partie de la confiance que vous accorderez à votre instructeur. Considérez aussi la taille du groupe, l'état de l'équipement et celui des sites où vous irez, etc.

En général, les tarifs de plongée sont standardisés dans toute l'île, il est donc inutile de passer son temps à la chasse aux meilleurs prix. Le brevet Open Water **PADI** (www.padi.com) coûte 9 800 B ; celui de **SSI** (www.ssithailand.com) un peu moins, à 9 000 B, car vous ne payez pas l'équipement pédagogique. Un brevet Advanced vous coûtera 8 500 B, un brevet de sauvetage 9 500 B et le programme Divemaster la coquette somme de 25 000 B. Les plongées de loisir sont à 1 000 B la descente, ou 7 000 B les 10. Ces tarifs incluent le matériel, le bateau, les instructeurs et des en-cas. Apporter son propre équipement assure souvent une réduction. Attention aux centres de plongée proposant trop de rabais – la sécurité passe avant tout, et des centres offrant des tarifs trop alléchants font souvent des économies indues. La grande majorité des centres sont équipées de salles climatisées pour les cours pour débutants.

Il y a beaucoup de monde et les hébergements sont souvent complets en décembre, janvier, juin, juillet et août. On constate un pic de fréquentation d'aspirants plongeurs tous les mois après chaque fête de la pleine lune à Ko Pha-Ngan, toute proche. Si vous souhaitez faire une pause plongée après cette grande fête, nous vous conseillons de réserver votre billet de ferry au moins deux jours avant. Les places partent très vite.

Les écoles ci-dessous figurent parmi les meilleures de l'île et œuvrent à préserver la pureté de Ko Tao.

Ban's Diving School PLONGÉE

(Carte p. 210 ; ☎0 7745 6466 ; www.amazingkohtao.com ; Sairee Beach). Véritable empire en continuelle expansion et à l'organisation maîtrisée, Ban délivre plus de certificats de plongée par an que toute autre école. Elle a été rénovée en 2009 et s'apparente aujourd'hui à une école cinq étoiles. Les cours sont dispensés en grands groupes, mais dans l'eau l'attention donnée à titre individuel est suffisante. Les instructeurs internationaux permettent à chacun d'apprendre dans sa langue. Le complexe hôtelier qui y est rattaché (p. 212) est assez prisé des fêtards.

Big Blue Diving PLONGÉE

(Carte p. 210 ; ☎0 7745 6415, 0 7745 6772 ; www.bigbluediving.com ; Sairee Beach). Ce centre de taille moyenne, ni trop petit ni trop grand, s'attire des louanges grâce à son ambiance sympathique et à sa qualité élevée. Les plongeurs de tout acabit peuvent se loger dans son complexe bon marché (p. 212)

Buddha View PLONGÉE

(☎0 7745 6074 ; www.buddhaview-diving.com ; Chalok Ban Kao). Autre grand centre de plongée de Ko Tao, le Buddha View propose le programme habituel de certification, et des programmes spéciaux de plongée technique (au-delà de l'exploration de loisir). Hébergement à tarif réduit dans leur agréable complexe (p. 214).

Crystal Dive PLONGÉE

(Carte p. 210 ; ☎0 7745 6107 ; www.crystaldive.com ; Mae Hat). Le Crystal est, année après année, l'école qui rafle toutes les louanges. C'est l'un des plus grands clubs de l'île (et du monde), mais ses excellents instructeurs et ses cours à l'ambiance intime lui donnent une vraie personnalité. Personnel polyglotte, classes climatisées et deux piscines sur site en cerises sur le gâteau. Fortement recommandé.

New Heaven PLONGÉE

(☎0 7745 6587 ; www.newheavendiveschool.com ; Chalok Ban Kao). Les propriétaires de ce petit centre de plongée consacrent beaucoup de temps à la protection des beautés naturelles des sites sous-marins de Ko Tao en contrôlant régulièrement les récifs et en contribuant aux efforts de restauration. Ils dirigent les initiatives écologiques Save Koh Tao Group. Cette école propose son propre certificat de chercheur-plongeur CPAD en sus des cours classiques et des excursions ludiques.

Scuba Junction PLONGÉE

(Scuba J ; carte p. 210 ; ☎0 7745 6164 ; www.scuba-junction.com ; Sairee Beach). La nouvelle devanture sympathique et l'équipe de moniteurs dynamiques attirent les voyageurs en quête d'une expérience plus personnelle. Quatre participants par groupe maximum.

DEVENEZ UN PRO

Vous l'entendrez à tous les coins de rue : "Je venais juste passer mes vacances à Ko Tao. Et 6 mois plus tard, je suis toujours là !" Il semble que cette île ait un pouvoir magnétique qui s'exerce sur tout le monde. Ne soyez pas surpris s'il vous vient l'envie de repousser votre départ.

Ceux qui prévoient déjà de mener une vie insulaire deviendront certainement des pros de la plongée. En effet, les clubs ont élaboré des forfaits permettant de faire de vous un véritable professionnel en quelques mois. L'enseignement compte 4 niveaux, un "stage" au sein de l'école, puis un programme de moniteur. Le tarif est d'environ 80 000 B et comprend l'achat des équipements. Après ça, vous serez vraiment comme un poisson dans l'eau. L'hébergement n'est pas inclus.

Snorkeling

Le snorkeling est une alternative populaire à la plongée, même s'il est dédaigné par les puristes. Vous trouverez aisément le moyen d'organiser votre propre aventure, car les baies de la côte comptent toutes des bungalows louant du matériel entre 100 et 200 B par jour.

La plupart des adeptes choisissent de plonger seuls et se dirigent vers les baies au large de Ko Tao à la nage ou en *long-tail boat* pour atteindre les plus éloignées. Vous pouvez aussi participer à une excursion guidée en réservant dans une agence de voyage locale. Les prix varient entre 500 et 700 B (ce qui comprend en général le matériel, le repas et un guide/capitaine de bateau) avec des arrêts dans plusieurs bons sites autour de l'île. **Laem Thian** est prisé pour ses petits requins, à **Shark Island** les poissons grouillent (mais pas les requins, curieusement), **Hin Wong** est réputé pour la transparence de ses eaux et **Light House Point**, au nord, abrite une multitude d'anémones aux couleurs vives. Les écoles de plongée acceptent d'embarquer des pratiquants de snorkeling pour un tarif similaire, mais cela ne vaut le coup que si le site est propice à cette activité, comme Japanese Gardens. Les bateaux se rendent dans les sites les moins profonds l'après-midi.

Plongée en apnée libre

Depuis quelques années, la plongée en apnée libre (technique d'exploration sous-marine sans scaphandrier) est devenue rapidement populaire. Plusieurs écoles ont ouvert sur l'île. Nous vous conseillons **Apnea Total** (carte p. 210 ; ☎08 7183 2321 ; www.apnea-total.com ; Sairee Beach) et son personnel compétent qui a remporté plusieurs titres mondiaux et sait très bien mettre à l'aise les débutants de ce sport palpitant. La sécurité est assurée, à raison de 3 élèves instructeurs par participant. **Blue Immersion** (carte p. 210 ; ☎08 7682

TOUR D'HORIZON DES SITES DE PLONGÉE

En général, les plongeurs ne choisissent pas eux-mêmes les sites à explorer. Chaque école opte pour une poignée de sites pour la journée selon les conditions météorologiques et marines. L'exploration des sites les plus profonds, tels Chumphon Pinnacle, se fait généralement le matin. Les bateaux de l'après-midi partent vers les moins profonds, comme Japanese Gardens. Deux grands navires se sont échoués sur la côte récemment, offrant aux plongeurs en scaphandrier de nouvelles épaves à explorer. Pour admirer les requins-baleines de Sail Rock, nous vous conseillons d'embarquer sur un des bateaux qui partent de Ko Pha-Ngan tous les jours.

» **Chumphon Pinnacle** (profondeur maximale 36 m), à 13 km à l'ouest de Ko Tao, offre une variété d'anémones colorées le long de ses 4 pics. Des bancs de carangues géantes, de thons et de gros requins des récifs fréquentent les parages. On note parfois l'apparition d'un requin-baleine.

» **Green Rock** (profondeur maximale 25 m) est une jungle sous-marine pourvue de cavernes, de grottes et de petits passages, fréquentée par des raies, des mérous et des balistes. Fabuleux pour la plongée nocturne.

» **Japanese Gardens** (profondeur maximale 12 m), entre Ko Tao et Ko Nang Yuan, est un spot tranquille, idéal pour les débutants. Les coraux colorés abondent, et tortues, pastenagues et poissons-globes passent souvent par là.

» **Mango Bay** (profondeur maximale 16 m) pourrait être votre premier site si c'est votre première fois. Des poissons de récifs nagent paresseusement pendant que les débutants s'entraînent sur le sol sablonneux.

» **Sail Rock** (profondeur maximale 34 m), près de Ko Pha-Ngan, se caractérise par une imposante cheminée de pierre dotée d'un passage vertical. On y croise barracudas et thazards. C'est l'un des meilleurs endroits d'Asie du Sud-Est pour apercevoir des requins-baleines.

» **Southwest Pinnacle** (profondeur maximale 33 m) offre aux plongeurs une petite collection de pics servant d'habitat à des mérous géants et à des barracudas. Requins-baleines et requins-léopards apparaissent parfois.

» **White Rock** (profondeur maximale 29 m) arbore des coraux bariolés, des scalaires, des poissons-clowns et des balistes. Encore un spot apprécié pour la plongée de nuit.

1886 ; www.blue-immersion.com ; Sairee Beach), géré par l'amical Akim, vaut aussi le détour. Ce professionnel, expert en arts martiaux, est l'un des premiers au monde à être descendu sous les 100 mètres. Les tarifs sont standardisés sur toute l'île. Un cours de 2 jours pour débutants coûte 5 500 B.

Plongée technique et Cave Diving

Les plongeurs endurcis peuvent contacter **Tech Thailand** (www.techthailand.com) s'ils veulent mener leurs explorations sous-marines au niveau supérieur et tenter une plongée technique. Selon la PADI, il s'agit de "plongée autre que la plongée commerciale ou de loisir conventionnelle, qui emmène le plongeur au-delà des limites de la plongée de divertissement". La plongée technique dépasse souvent les 40 m de profondeur, demande des paliers de décompression, et un mélange de gaz est souvent utilisé pour une seule plongée.

Au cours des dernières années, le bateau appartenant à tech Thailand, le *Trident*, s'est fait un nom dans la communauté des plongeurs après avoir localisé des dizaines d'épaves perdues dans le golfe de Thaïlande. Sa découverte la plus célèbre est celle du *Lagarto,* vaisseau américain qui sombra pendant la Seconde guerre mondiale. Les eaux du golfe ont longtemps été une route maritime commerciale et des épaves ne cessent d'être découvertes, des vieux vestiges de poteries chinoises aux *marus* (bateaux marchands) japonais.

En 2011, le *Trident* fut délibérément échoué sur la côte de Ko Tao afin de créer un récif artificiel. Mais, à cause d'une erreur de calcul lors de l'explosion, son épave est aujourd'hui trop immergée pour les débutants.

Récemment, la plongée en grotte est devenue très tendance. Les passionnés se pressent à Ko Tao pour passer une demi-journée au parc national de Khao Sok (p. 279). Les fonds du lac principal abritent un monde sous-marin époustouflant : grottes secrètes, rochers calcaires et poissons-chats furtifs. Les plongeurs peuvent explorer des zones où reposent des villages submergés lors de l'inondation provoquée pour créer un réservoir et un barrage. La plupart des excursions commencent l'après-midi par un trajet en bateau depuis Ko Tao et se terminent le lendemain après-midi. L'hébergement pour la nuit se fait dans le parc ou tout près.

Le Buddha View (p. 214) propose une initiation gratuite aux techniques de plongée le samedi. L'équipe de Tech Thailand vous emmènera explorer les mers lors du "mercredi des épaves". Buddah View, Master Divers et les autres écoles peuvent également vous aider à vous préparer facilement.

Photo et vidéo sous-marines

Si vous avez déjà obtenu vos certificats PADI (Association professionnelle des moniteurs de plongée), vous pouvez louer un appareil photo sous-marin ou vous inscrire à un cours de vidéographie. De nombreuses écoles de plongée emploient des spécialistes pour filmer des certifications Open Water. Si vous êtes intéressé, vous pouvez apprendre des choses en faisant un stage. Les moniteurs de plongée peuvent vous mettre en contact avec l'une des équipes de l'île. Nous vous conseillons **ACE Marine Images** (carte p. 210 ; ☎0 7745 7054 ; www.acemarineimages.com ; Sairee Beach), un des plus grands studios de vidéo du pays. Vous obtiendrez votre certificat de plongeur indépendant après 8 séances interactives et un cours particulier de montage (30 000 B). **Deep Down Productions** (☎08 7133 4102 ; www.deepdown-productions.com) et **Oceans Below** (☎08 6060 1863 ; www.oceans-below.net) proposent des cours de vidéo et des stages légèrement moins onéreux.

Autres activités

♥ **Flying Trapeze Adventures** ACROBATIES

(FTA ; carte p. 210 ; ☎08 0696 9269 ; www.flyingtrapezeadventures.com ; Sairee Beach ; ⏲16h-20h, cours à 16h, 17h et 18h). Envie de savoir si vous êtes un bon trapéziste ? Enfilez un collant rose pour un cours collectif de 1 heure (950 B) assuré par Gemma, professeure très sympathique, et ses coéquipiers plein de souplesse. Ils feront de vous des experts en 4 sauts ou moins. Il vaut mieux réserver par téléphone mais vous pouvez également venir assister aux démonstrations nocturnes, qui commencent à 19h30. À partir de 6 ans.

Goodtime Adventures VISITES

(Carte p. 210 ; ☎08 7275 3604 ; www.gtadventures.com ; Sairee Beach ; ⏲midi-jusqu'à tard). Si la plupart des activités de Ko Tao tournent autour de la mer, l'équipe amicale de Goodtime Adventures propose de nombreuses activités à pratiquer à terre pour faire grimper l'adrénaline. Découvrez à pied la jungle intérieure, balancez-vous de pierre en pierre lors d'une séance d'escalade et de rappel (à partir de 2 000 B), ou déchaînez-vous en sautant de la falaise. Vous pouvez également obtenir votre permis bateau agréé. À l'heure où nous écrivons, l'établissement se préparait à installer un sympathique circuit

Mae Hat et Sairee Beach

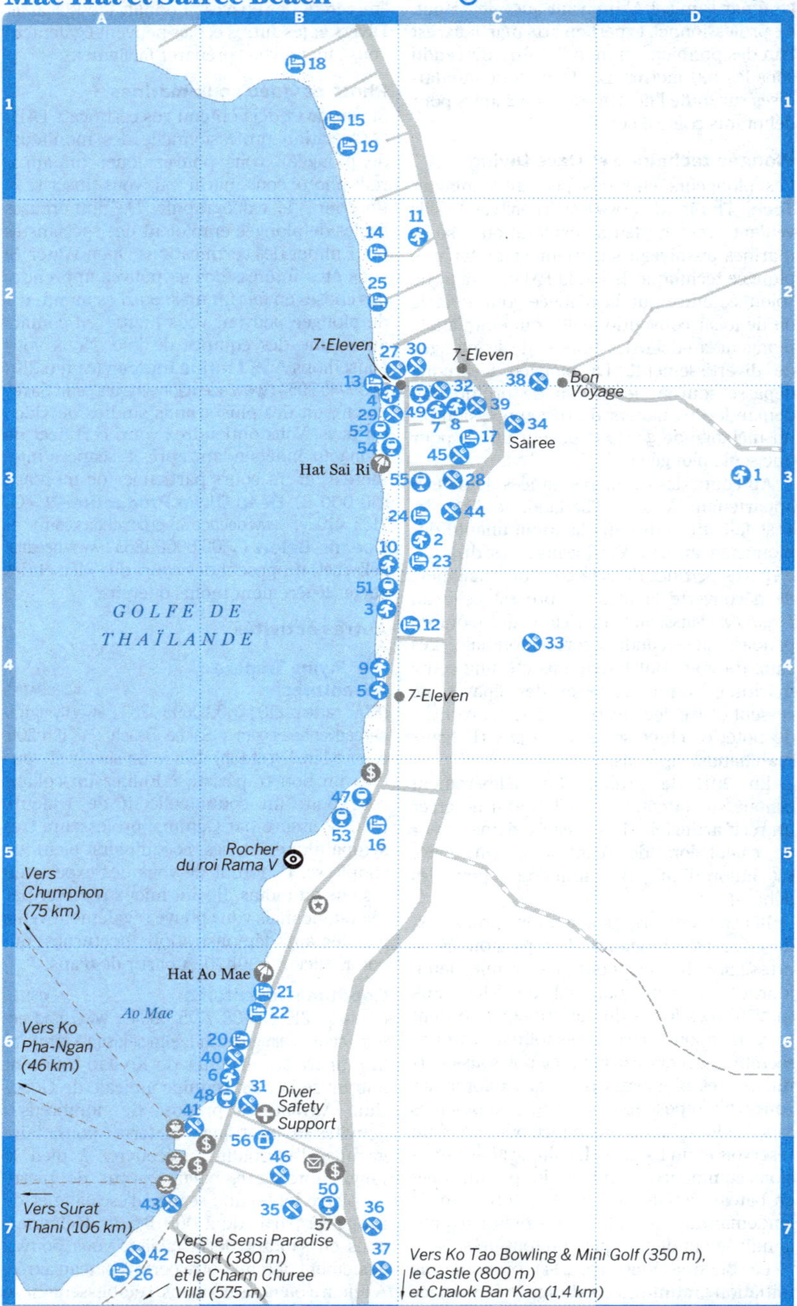

Mae Hat et Sairee Beach

Activités	
1 ACE Marine Images	D3
2 Apnea Total	C3
3 Ban's Diving School	B4
4 Big Blue Diving	B3
5 Blue Immersion	B4
6 Crystal Dive	B6
7 Davy Jones' Locker	C3
8 Flying Trapeze Adventures	C3
9 Goodtime Adventures	B4
10 Scuba Junction	B3
11 Shambhala	C2
Où se loger	
12 Ban's Diving Resort	C4
13 Big Blue Resort	B2
14 Blue Wind	B2
15 Bow Thong	B1
Crystal Dive Resort	(voir 6)
16 In Touch	B5
17 Koh Tao Backpackers	C3
18 Koh Tao Cabana	B1
19 Koh Tao Coral Grand Resort	B1
20 Montra Resort & Spa	B6
21 Mr J Bungalow	B6
22 Regal Resort	B6
23 Sairee Cottage	C3
24 Seashell Resort	C3
25 Sunset Buri Resort	B2
26 Utopia Suites	A7
Où se restaurer	
27 Ally The Pancake Man	B2
28 Barracuda Restaurant & Bar	C3
29 Big Blue East	B3
Blue Wind Bakery	(voir 14)
30 Café Corner	C2
31 Café del Sol	B6
32 Chopper's Bar & Grill	C3
33 Darawan	C4
34 El Gringo	C3
35 Farango's	B7
36 Food Centre	B7
37 Greasy Spoon	B7
38 Kanya	C2
39 Krua Thai	C3
40 Pranee's Kitchen	B6
41 Safety Stop Pub	A6
42 Tattoo Bar & Restaurant	A7
43 Whitening	A7
44 ZanziBar	C3
45 Zest Coffee Lounge	C3
46 Zest Coffee Lounge	B7
Où prendre un verre	
47 AC Party Pub	B5
48 Crystal Bar	B6
49 Diza	C3
50 Dragon Bar	B7
51 Fish Bowl	B4
52 Fizz	B3
53 In Touch	B5
54 Lotus Bar	B3
Maya Bar	(voir 47)
55 Office Bar	C3
Achats	
56 Avalon	B7
Transports	
57 Lederhosenbikes	B7

en tyrolienne dans les environs de Ko Nang Yuan. Le bureau de Goodtime, le long de la plage, fait aussi office de café fort convivial et sert une sélection de snacks internationaux.

Shambhala YOGA
(Carte p. 210 ; ☎08 4440 6755 ; Sairee Beach). C'est le seul centre de yoga à temps plein des environs. Installé dans un magnifique *săh·lah* en bois au cœur du site boisé de Blue Win (voir p. 212) sur la plage de Sairee. Le cours de 2 heures est dispensé par Kester, yogi énergique, et coûte 300 B.

Ko Tao Bowling & Mini Golf BOWLING, MINIGOLF
(Carte p. 210 ; ☎0 7745 6316 ; ⏲midi-minuit). Situé sur la route principale entre Mae Hat et Chalok Ban Kao. Pistes de bowling artisanales où le personnel remet les quilles en place après chaque tir (300 B de l'heure). Le minigolf de 18 trous décline le thème des grands monuments, et vous fait passer par Stonehenge ou le Golden Gate.

Où se loger

Si vous souhaitez faire de la plongée durant votre séjour, les instructeurs vous proposeront probablement un hébergement gratuit ou à prix réduit. Certaines écoles permettent de se loger sur place, d'autres ont passé des accords avec les bungalows voisins. Sachez que vous ne bénéficierez de cette réduction que les jours où vous plongerez. Si vous payez une formule de 10 descentes et que vous faites une pause au milieu, la réduction ne sera pas valable le soir. Examinez de près ces "supers affaires" avant de signer, certaines ne tiennent pas debout. Une bonne nuit de sommeil est primordiale avant d'aller plonger.

Les hôtels n'ayant aucun rapport avec la plongée abondent aussi sur l'île. Les baies isolées de l'est de Ko Tao sont ponctuées de retraites remarquables qui offrent encore une vraie tranquillité, mais parfois difficilement accessibles vu l'état lamentable du réseau routier de l'île. Il est souvent possible d'appeler avant pour qu'on vienne vous chercher à la jetée de Mae Hat.

À savoir : Ko Tao ne ressemble pas à Ko Samui, ce n'est pas ici que vous trouverez un service impeccable ou de parfaits hôtels 5 étoiles. Pour l'instant.

SAIREE BEACH

L'immense Sairee Beach, la plus longue plage de l'île et la plus développée, compte moult centres de plongée, bungalows, agences de voyages, supérettes et cybercafés. L'étroite route pavée de jaune s'étire tout le long de la plage (attention aux motos).

Blue Wind BUNGALOWS **$**

(Carte p. 210 ; ☎0 7745 6116 ; bluewind_wa@yahoo.com ; bungalows 300-1 000 B ; ❄📶). Caché au milieu d'une grappe de fabuleux hôtels, le Blue Wind offre une bouffée d'air frais après les complexes de plongée à l'activité intense qui se succèdent le long de Sairee Beach. De solides huttes en bambou ponctuent un chemin de terre derrière la boulangerie de la plage. De vastes cabanes carrelées et climatisées sont aussi proposées, avec douches chaudes et TV.

Ban's Diving Resort RESORT **$$**

(Carte p. 210 ; ☎0 7745 6466 ; www.amazingkohtao.com ; ch 500-2 500 B ; ❄@📶🏊). Ce palais des plongeurs propose une gamme étendue de chambres de qualité, depuis les hébergements de routard de base jusqu'aux villas de luxe à flanc de colline. Les fêtes post-plongée se déroulent sur sa superbe plage, ou au bord de l'une des 2 piscines aménagées dans la jungle entre les 2 bâtiments à l'allure de motel. Les soirées se passent au bar, à goûter la cuisine internationale et à boire en quantité rarement modérée.

Place VILLAS **$$$**

(www.theplacekohtao.com ; villas 4 000-7 000 B). Les jeunes mariés seront séduits par ce lieu original : deux pavillons luxueux privés au cœur de la colline boisée avec vue sur l'océan en contrebas. Piscine naturelle privée et chef personnel disponible pour les clients qui désirent profiter de leur nid d'amour plutôt que d'aller dans les restaurants de Sairee.

Ko Tao Cabana BUNGALOWS **$$$**

(Carte p. 210 ; ☎0 7745 6250 ; www.kohtaocabana.com ; bungalows 2 600-11 800 B ; ❄@📶🏊). Cette propriété de premier ordre en bord de plage propose ses villas en bois et des huttes d'adobe blanc. Un bric-à-brac original égaie les bungalows colorés – des gnomes de pierre vous toisent avec un sourire narquois pendant que vous prenez votre douche dans la sdb à ciel ouvert. Ces pavillons privés récemment construits sont un des hébergements les plus haut de gamme de l'île bien qu'ils soient un peu moins classieux que les gigantesques hôtels 5 étoiles de Ko Samui.

Big Blue Resort BUNGALOWS **$**

(Carte p. 210 ; ☎0 7745 6050 ; www.bigbluediving.com ; ch 400-1 000 B ; ❄@). Ce complexe centré sur la plongée a une ambiance de camp de vacances – les cours de plongée dominent la journée, et les soirées sont passées en groupe autour d'une table ou à regarder les jongleurs de feu. Les bungalows de base, avec ventilateur, et les chambres de style motel avec air climatisé ont peu à offrir en matière de vue, mais qu'importe puisque l'océan n'attend que vous.

Sairee Cottage BUNGALOWS **$$**

(Carte p. 210 ; ☎0 7745 6126 ; saireecottage@hotmail.com ; bungalows 400-1 500 B ; ❄). Difficile de manquer les bungalows climatisés déclinant un camaïeu de fuchsia. Les prix sont bas et les chambres libres assez rares – venez tôt pour obtenir l'une des huttes de brique devant la pelouse.

Bow Thong BUNGALOWS **$**

(Carte p. 210 ; ☎0 7745 6266 ; bungalows à partir de 600 B ; ❄📶🏊). Le Bow Thong se situe dans la partie calme du nord de Sairee Beach. Ensemble de confortables bungalows idéal pour les voyageurs qui veulent être près des vagues et ne fréquentent aucune école de plongée.

Sunset Buri Resort BUNGALOWS **$$**

(Carte p. 210 ; ☎0 7745 6266 ; bungalows 700-2 500 B ; ❄@📶🏊). Le long sentier vers la plage est parsemé de magnifiques bungalows blancs aux immenses fenêtres et aux toits flamboyants dignes de temples. La piscine a beaucoup de succès, ainsi que les transats disséminés dans tout le complexe.

Koh Tao Coral Grand Resort BUNGALOWS **$$$**

(Carte p. 210 ; ☎0 7745 6431 ; www.kohtaocoral.com ; bungalows 3 350-6 950 B ; ❄📶🏊). Les murs roses de cette adresse qui accueille les familles dans une ambiance chaleureuse évoquent la maison de Barbie. Les couleurs gaies rehaussées de poutres blanches dominent l'intérieur, et les chambres les plus chères sont plus distinctement thaïlandaises, avec leurs moulures sombres laquées et leurs objets d'art dorés.

Seashell Resort BUNGALOWS **$$**
(Carte p. 210 ; ☎0 7745 6299 ; www.seashell-resort.com ; bungalows 450-3 800 B ; ❄📶). Plusieurs bungalows ont des porches donnant sur la mer (rares à Sairee), d'autres sont aménagés dans un jardin bien entretenu à la végétation colorée et aux palmiers élancés. Plongeurs et non-plongeurs également bienvenus.

In Touch Resort BUNGALOWS **$$**
(Carte p. 210 ; ☎0 7745 6514 ; bungalows 500-1 200 B ; ❄📶). Les vieux bungalows sont un capharnaüm de bambou et de bois foncé. Certaines chambres bien agencées sont climatisées et décorées sur le thème des grottes. On se croirait dans *Les Pierrafeu*, sauf qu'il n'y a pas de trompe d'éléphant en guise de pommeau de douche.

Koh Tao Backpackers AUBERGE DE JEUNESSE **$**
(Carte p. 210 ; ☎08 8447 7921 ; www.kohtaobackpackers.com ; dort 300 B ; ❄📶). Lits superposés basiques pour très petits budgets.

MAE HAT

Les ferrys arrivent à la jetée de ce village animé. Les hébergements ne manquent pas mais les plus agréables se trouvent tout au long de la plage.

AU NORD DE LA JETÉE

Regal Resort RESORT **$$**
(Carte p. 210 ; ☎0 7745 6007 ; www.kohtaoregal.com ; ch 1 500-4 900 B ; ❄@📶🏊). Cet hôtel immaculé qui possède la plus tentante piscine de l'île, se dresse fièrement le long de la plage de Mae Hat. Un peu à l'écart de la jetée, c'est l'endroit idéal pour les voyageurs à la recherche d'air conditionné et de vues sur la mer depuis leur balcon.

Crystal Dive Resort BUNGALOWS **$$**
(Carte p. 210 ; ☎0 7745 6107 ; www.crystaldive.com ; bungalows 800-1 500 B ; ❄🏊). Les bungalows et l'hébergement de style motel sont réservés aux plongeurs du club, et les prix baissent de façon significative si vous suivez leurs cours. Les résidents peuvent se rafraîchir dans la piscine lorsqu'elle ne déborde pas de plongeurs amateurs. Lors de notre passage, des chambres plus chics étaient en cours de construction.

Montra Resort & Spa RESORT **$$$**
(Carte p. 210 ; ☎0 7745 7057 ; www.kohtaomontra.com ; ch 4 000-12 800 B ; ❄@📶🏊). Une nouvelle adresse toute proche de la jetée de Mae Hat. Établissement haut de gamme avec toutes sortes d'équipements modernes. Le bâtiment est assez imposant comparé aux modestes bungalows à côté.

Mr J Bungalow BUNGALOWS **$**
(Carte p. 210 ; ☎0 7745 6066 ; bungalows 250-1 000 B). Même si Mr J a essayé de nous facturer 50 B sa carte de visite, nous pensons qu'il vaut quand même la peine de séjourner chez lui. Le propriétaire excentrique noie le client dans un imbroglio philosophique tout en s'occupant de ses bungalows corrects. Parlez-lui de réincarnation si vous voulez entendre de bien curieuses conjectures.

AU SUD DE LA JETÉE

Charm Churee Villa RESORT **$$$**
(Carte p. 210 ; ☎0 7745 6393 ; www.charmchureevilla.com ; bungalows 3 700-18 700 B ; ❄@🏊). Tranquillement nichées sous de hauts palmiers, les luxuriantes villas de Charm Churee cultivent le thème de l'Extrême-Orient. Des demi-dieux dorés prennent la pose, leurs yeux incrustés de pierreries figés dans une transe zen. Des escaliers sculptés dans la façade rocheuse dévalent une pente semée de palmiers révélant des huttes en teck au milieu des rochers. Des villas, on peut admirer l'indigo de la mer.

Sensi Paradise Resort RESORT **$$$**
(Carte p. 210 ; ☎0 7745 6244 ; www.sensiparadise.com ; bungalows 2 100-700 B ; ❄📶🏊). Il y a un peu trop de geckos dans les sdb pour qualifier cet établissement de "chic" mais les amoureux de la nature apprécieront son aspect rustique et haut de gamme à la fois. Les concierges et quelques *săh·lah* en teck aérés ajoutent du charme.

Utopia Suites APPARTEMENTS **$$**
(Carte p. 210 ; ☎0 7745 6729 ; ch/ste à partir de 600/2 000 B, à partir de 20 000 B par mois). Des appartements près du charmant village de pêche, à quelques pas de la jetée. À proximité de la plage, ils sont parfaits pour les familles et les petits groupes. Renseignez-vous sur les réductions long séjour.

Les adresses qui suivent sont situées plus au sud et sont rapidement accessibles en bateau-taxi.

Sai Thong Resort BUNGALOWS **$$**
(☎0 7745 6868 ; Hat Sai Nuan ; bungalows 400-900 B ; ❄). Alors que l'agitation de Mae Hat décroît le long de la rive sud-ouest de l'île, Sai Thong émerge sur le sable de Hat Sai Nuan. Des bungalows déclinant tissage et bois arborent des hamacs bariolés à

leurs porches, avec vue sur les palmiers. Les clients fréquentent la terrasse décontractée du restaurant, qu'apprécient aussi beaucoup les habitants.

Tao Thong Villa BUNGALOWS $
(☎0 7745 6078 ; Ao Sai Nuan ; bungalows à partir de 500 B). Très appréciés par les vacanciers longue durée recherchant paix et tranquillité, ces agréables bungalows sans prétention offrent une vue magnifique. Le Tao Thong chevauche 2 minuscules plages sur un cap escarpé à mi-chemin de Mae Hat et de Chalok Ban Kao.

CHALOK BAN KAO

Ao Chalok Ban Kao, à 1,7 km au sud de Mae Hat par la route, est la troisième plus grande concentration d'hôtels sur Ko Tao. Sa plage, bien plus petite que Sairee Beach et Mae Hat, peut paraître plus bondée et s'avère boueuse à marée basse.

Ko Tao Resort RESORT $$$
(☎0 7745 6133 ; www.kotaoresort.com ; ch et bungalows à partir de 2500 B ; ❄@📶🏊). L'entrée est comme un vestige de l'époque où bon goût et architecture n'allaient pas toujours de pair (peut-être les années 1970) mais l'intérieur est totalement moderne et les équipements adéquats. Les chambres sont réparties en deux catégories, celles près de la piscine et celles au "paradis" (la palmeraie sur la colline). Elles sont bien meublées. L'hôtel dispose d'équipement pour les sports d'eaux. Vous pouvez dîner à "Chalok Harbour", récemment ouvert, ou profiter d'une de ses chaises le long de la jetée.

Chintakiri Resort RESORT $$$
(☎0 7745 6133 ; www.chintakiri.com ; ch et bungalows 2 900-4 000 B ; ❄@🏊). Haut perché au-dessus des eaux du golfe et dominant Chalok Ban Kao, Chintakiri est la dernière adresse de luxe de Ko Tao. Les chambres, disséminées dans la jungle, arborent des murs blancs aux ornements de laque.

Buddha View Dive Resort BUNGALOWS $$
(☎0 7745 6074 ; www.buddhaview-diving.com ; ch 300-1 500 B ; ❄). À l'image des autres grands centres de plongée de l'île, Buddha View loue à ses plongeurs des chambres à prix réduit dans une ambiance très sympathique. Si vous comptez rester un peu, renseignez-vous sur le "Village de plongeurs" en face, qui propose un hébergement rudimentaire pour environ 4 000 B/mois.

New Heaven Resort BUNGALOWS $$
(☎0 7745 6422 ; newheavenresort@yahoo.co.th ; ch et bungalows 1 200-3 900 B). Juste après le fouillis d'Ao Chalok Ban Kao, New Heaven loue des huttes colorées perchées au-dessus d'une eau incroyablement transparente. Un sentier abrupt de pierres ciselées dévale la façade rocheuse, révélant une vue splendide.

Freedom Beach BUNGALOWS $
(☎0 7745 6596 ; bungalows 400-1 500 B ; ❄). Sur sa petite plage isolée à l'extrémité est d'Ao Chalok Ban Kao, le Freedom est un repaire classique de baroudeurs, proposant des chambres petits budgets à prix variés. Le chapelet de bungalows (des cabanes en bois aux huttes plus solides avec clim) relie le bar au bord de l'eau au restaurant juché sur la falaise.

Viewpoint Resort BUNGALOWS $$
(☎0 7745 6666 ; www.kohtaoviewpoint.com ; bungalows 800-1 300 B). Il semblerait qu'un architecte réputé de Bangkok ait conçu cette retraite familiale sympathique au bout des "zones civilisées". Les maisons sont spartiates mais aérées et bien entretenues. Certaines donnent sur la mer. Les autres sont situées dans un jardin tranquille à flanc de coteau au milieu des cigales.

Les hébergements suivants valent aussi le détour :

Tropicana PENSION $
(☎0 7745 6167 ; www.koh-tao-tropicana-resort.com ; ch à partir de 400 B). Des chambres petit budget de qualité, disséminées dans un jardin où l'océan apparaît parfois entre les palmiers.

JP Resort PENSION $
(☎0 7745 6099 ; ch à partir de 400 B). Cette adresse bon marché dispose d'un assortiment coloré de chambres très correctes posées sur un petit morceau de jungle en face de la mer.

PLAGES DE LA CÔTE EST

Sereine, la côte est constitue sans aucun doute le meilleur endroit de la région pour vivre vos fantasmes d'île paradisiaque. La vue est époustouflante, les plages silencieuses, et tous les équipements modernes ne sont qu'à 10 minutes de là. Nous détaillons les hébergements du nord au sud.

HIN WONG

Pas de plage de sable mais une côte parsemée de rochers, à l'eau parfaitement transparente. La route de Hin Wong est en partie goudronnée, mais nids-de-poules et côtes raides peuvent vous faire tomber de votre moto.

Hin Wong Bungalows BUNGALOWS $
(☎0 7745 6006 ; bungalows à partir de 300 B). D'agréables huttes en bois sont disséminées dans de grandes étendues de terrain tropical sauvage. Le dock branlant qui fait saillie derrière le restaurant aéré est l'endroit idéal pour s'asseoir et regarder les bancs de sardines glisser dans les eaux bleues.

View Rock BUNGALOWS $
(☎0 7745 6548/9 ; viewrock@hotmail.com ; bungalows 300-400 B). En descendant la route de terre jusqu'à Hin Wong, suivez les panneaux qui vous mènent au nord du Hin Wong Bungalows. Le fatras de huttes en bois, qui ressemble à un village de pêcheurs isolé, est bâti sur des rochers escarpés et offre une vue époustouflante sur la baie.

TANOTE BAY (AO TANOT)

Bien que plus peuplée que certaines autres criques de l'est, Tanote Bay est tranquille et pittoresque. C'est la seule baie de la côte accessible par une route goudronnée. Des taxis à prix réduits (80-100 B) font l'aller-retour entre Tanote Bay et Mae Hat ; renseignez-vous à votre hôtel pour connaître les horaires.

Poseidon BUNGALOWS $
(☎0 7745 6735 ; poseidonkohtao@hotmail.com ; bungalows à partir de 300 B). Poseidon perpétue la tradition du bungalow de bambou pas cher, avec sa dizaine de huttes rudimentaires mais correctes, éparpillées sur le sable.

Family Tanote BUNGALOWS $$
(☎0 7745 6757 ; bungalows 700-3 500 B). Comme son nom l'indique, cet hôtel aux bungalows disséminés à flanc de colline est géré par une famille locale fière de ses chambres confortables, parfaites pour les amateurs de solitude. Prenez votre masque et votre tuba, la mer est à quelques pas de là. Au restaurant, sur les hauteurs, vous pourrez savourer un succulent repas et profiter de la jolie vue sur la baie.

AO LEUK ET AO THIAN OK

Jamahkiri Resort & Spa RESORT $$$
(☎0 7745 6400 ; www.jamahkiri.com ; bungalows 6 900-13 900 B). Le décor flamboyant de ce domaine blanchi à la chaux repose sur une imagerie ethnique. Des masques de bois et des déesses de la fertilité abondent au milieu des jolies mosaïques et des statues à plusieurs bras. Les cris sauvages de singes dans le lointain renforcent le thème de la jungle, tout comme les toits de chaume et les soirées à la torche. Le nombre apparemment infini d'escaliers de pierre peut être douloureux, mais, heureusement, le plus luxueux spa de Ko Tao se trouve sur place.

KO NANG YUAN

Très photogénique, Ko Nang Yuan, au large de la côte de Ko Tao, est facilement accessible avec le catamaran de Lomprayah, et en bateau-taxi au départ de Mae Hat et de Sairee.

Ko Nangyuan Dive Resort BUNGALOWS $$$
(☎0 7745 6088 ; www.nangyuan.com ; bungalows 1 200-9 000 B ; ❄📶). Bien que la taxe obligatoire de 1 000 B pour accéder à l'île fasse un peu reculer (tout comme les 100 B de bateau-taxi dans chaque sens), le Ko Nangyuan Dive Resort est un lieu charmant. Les bungalows de bois et d'aluminium sont disposés sur 3 îles coniques reliées par un banc de sable idyllique. Le complexe possède aussi le meilleur restaurant de l'île, rien d'étonnant puisque c'est le seul…

Où se restaurer

Avec l'immense Samui à l'horizon, difficile de croire que la pittoresque et petite Ko Tao tire son épingle du jeu en matière de gastronomie. La plupart des complexes et clubs de plongée disposent d'un restaurant, et les établissements indépendants se multiplient à grande vitesse à Sairee Beach et à Mae Hat. La population variée de plongeurs a suscité l'émergence d'une grande diversité de cuisine internationale, notamment mexicaine, française, italienne et japonaise. En recherchant la meilleure cuisine thaïlandaise de l'île, nous avons constaté que nos plats préférés étaient concoctés dans de petits restaurants sans nom sur le bord de la route.

SAIREE BEACH

Darawan INTERNATIONAL $$
(Carte p. 210 ; plats principaux 160-400 B ; ⏲déj et dîner). Semblant tout droit venu des rives chics de Samui, ce restaurant haut de gamme est le dernier endroit à la mode. Niché au-dessus des arbres derrière l'hôtel tentaculaire Ban, son agréable terrasse offre une vue magnifique du coucher de soleil (venez vers 18h). Les avantages : les lumières design, les serveurs efficaces et le délicieux hamburger "wagyu".

Barracuda Restaurant & Bar CUISINE FUSION ASIATIQUE $$
(Carte p. 210 ; plats principaux 180-380 B ; ⏲dîner). Le Barracuda complète parfaitement les possibilités dînatoires toujours florissantes de Ko Tao. On y sert une sélection raffinée de fruits de mer et de plats gourmets. Le propriétaire, un chef brillant qui œuvre

depuis des années, s'emploie fermement à n'utiliser que des produits de base locaux pour rehausser sa cuisine fusion. L'assiette de fruits de mer est à seulement 395 B. Nous vous conseillons d'agrémenter votre repas avec un mojito. Vous pouvez jeter un œil au cabaret de *ladyboys* voisin où joue le petit ami du chef.

ZanziBar SANDWICHS **$**
(Carte p. 210 ; sandwichs 90-140 B ; ⏲petit-déj, déj et dîner). L'avant-poste des sandwichs branchés de l'île : un mélange de condiments aux noms imprononçables entre 2 tranches de pain complet.

Blue Wind Bakery INTERNATIONAL **$**
(Carte p. 210 ; plats principaux 50-120 B ; ⏲petit-déj, déj et dîner). Cette cabane près de la plage prépare des spécialités thaïlandaises, des plats occidentaux et des jus de fruits frais. Dégustez votre *smoothie* et une pâtisserie, installé sur des coussins triangulaires.

Chopper's Bar & Grill INTERNATIONAL **$$**
(Carte p. 210 ; plats 60-200 B ; ⏲petit-déj, déj et dîner). Le Chopper est si prisé qu'il est devenu un point de repère de l'île. Les plongeurs et les voyageurs se retrouvent sur les deux étages de l'établissement pour y écluser des bières. Musique live, sport diffusé sur grand écran, billard et salle de cinéma. Le vendredi soir est particulièrement populaire : 2 boissons pour le prix d'une, et les plats à moitié prix. Les cris de joie lors des buts se mêlent aux conversations sur les poissons aperçus lors des plongées de la journée.

Kanya THAÏLANDAIS **$**
(Carte p. 210 ; plats principaux 60-130 B ; ⏲petit-déj, déj et dîner). Niché au bout du village Sairee sur la route vers Hin Wong, Kanya propose une sélection de plats internationaux, mais vous ratez quelque chose si vous ne goûter pas les savoureux classiques thaïlandais faits maison. Le *đôm yam Ƀlah* est divin.

Café Corner CAFÉ **$$**
(Carte p. 210 ; collations et plats principaux 30-120 B ; ⏲petit-déj et déj). Avec son mobilier moderne et ses délicieux cafés glacés, le Café Corner est devenu incontournable ces dernières années. Venez à 17h pour faire le plein pour le petit-déjeuner du lendemain : deux délicieux pains pour le prix d'un avant le coucher du soleil.

Big Blue East THAÏLANDAIS, INTERNATIONAL **$$**
(Carte p. 210 ; plats 70-250 B ; ⏲petit-déj, déj et dîner). Situé à environ 2 m de la mer, le très fréquenté Big Blue Resort sert un assortiment de cuisine thaïe et internationale comme ses délicieuses pizzas individuelles. Une foule de plongeurs arrive au coucher du soleil et se gausse devant les bêtisiers de plongée de la journée diffusés sur grand écran.

Ally the Pancake Man CRÊPES **$**
(Carte p. 210 ; pancakes à partir de 20-40 B ; ⏲déj et dîner). À côté du 7-Eleven et du Big Blue Resort, Ally, l'homme-pancake, virevolte tel un pizzaiolo italien tout en cuisinant des mets délicieux. Notre préféré : le pancake banane-Nutella.

Krua Thai THAÏLANDAIS **$**
(Carte p. 210 ; plats 50-120 B ; ⏲déj et dîner). Apprécié des touristes qui veulent leurs plats "épicés *faràng*" plutôt qu'épicés à la thaïlandaise, Krua Thai mitonne un vaste assortiment de classiques servis dans un local bien tenu.

El Gringo MEXICAIN **$$**
(Carte p. 210 ; plats 80-150 B ; ⏲petit-déj, déj et dîner). Ce "bar funky mexicain" autoproclamé sert des *burritos* à l'authenticité douteuse à Sairee Beach et Mae Hat. Possibilité de livraison.

MAE HAT

♥ **Whitening** INTERNATIONAL **$$**
(Carte p. 210 ; plats 160-300 B ; ⏲dîner). Dans la journée, on croirait voir un tas de bois flotté échoué sur la plage, mais le soir, ce lieu est à mi-chemin entre un restaurant et un bar chic de bord de mer. Les fines bouches apprécient l'originalité des plats locaux et internationaux. Les amateurs de bière seront séduits par l'atmosphère de plage immaculée sur fond de musique lounge. On y dîne les pieds dans le sable, entouré d'illuminations de Noël. Idéal pour les dîners de fête. La cerise sur le gâteau : les prix sont plutôt raisonnables.

Café del Sol INTERNATIONAL **$$**
(Carte p. 210 ; plats 70-320 B ; ⏲petit-déj, déj et dîner ; @📶). Dans cet établissement situé à quelques mètres de la jetée, même les plus fins gourmets trouveront leur bonheur sur la carte qui affiche une large sélection de cuisines du monde. Le meilleur petit-déjeuner de l'île y est servi. Essayez le "del Sol breakfast" (une délicieuse salade de fruits avec yaourt et café), accompagné de l'excellente omelette aux épinards. Pour le déjeuner et le dîner, vous avez le choix, du copieux hamburger au poivre aux pâtes maison. Les prix ont tendance à grimper.

Zest Coffee Lounge CAFÉ **$**
(Carte p. 210 ; plats 70-190 B ; ⏲petit-déj et déj ; 📶). Cette buvette sert le meilleur café de l'île.

On y déguste des sandwichs *ciabatta* et des pâtisseries collantes tout en sirotant son café crème. Il y a une autre adresse à Sairee mais celle-ci reste notre préférée.

Safety Stop Pub INTERNATIONAL $
(Carte p. 210 ; plats principaux 60-250 B ; ⏲petit-déj, déj et dîner ; 📶). Paradis des Britanniques qui ont le mal du pays, ce restaurant-bar au bord de la jetée ressemble à un jardin tropical de la bière. Le dimanche, le barbecue tourne à plein régime. Les plats thaïlandais sont étonnamment bons.

Pranee's Kitchen THAÏLANDAIS $
(Carte p. 210 ; plats 50-120 B ; ⏲petit-déj, déj et dîner ; 📶). Vieille adresse de Mae Hat, Pranee propose des currys succulents et autres mets thaïlandais dans un pavillon à ciel ouvert avec sièges-coussins, tables en bois et télévisions. Diffusion de films anglais (aux sous-titres erronés très divertissants) le soir à 18h.

Food Centre THAÏLANDAIS $
(Carte p. 210 ; plats principaux à partir de 30 B ; ⏲petit-déj, déj et dîner). Un rassemblement informel d'étals sur le parking de la station-service de Mae Hat ; ses signaux de fumée attirent les habitants de l'île à l'heure du déjeuner. C'est ici que l'on trouve la meilleure salade de papaye de l'île.

Greasy Spoon PETIT-DÉJEUNER $
(Carte p. 210 ; petit-déj anglais 120 B ; ⏲petit-déj et déj). Bien que sans caractère, la "cuillère grasse" rend hommage à son nom grâce à une variété de mets copieux : œufs, saucisses, légumes cuits à l'étouffée et frites (sa spécialité).

Tattoo Bar & Restaurant HAMBURGERS $$
(Carte p. 210 ; plats principaux 150 B). À seulement 30 m au sud de Whitening (à la limite du village de pêcheurs), le Tattoo est un lieu décontracté avec un confortable coin TV. Si vous avez une grosse faim, nous vous conseillons l'énorme hamburger Aussie, les tourtes à la viande maison et les petits pains à la saucisse.

Farango's PIZZA $$
(Carte p. 210 ; plats 80-230 B ; ⏲déj et dîner). Le premier restaurant *faràng* de Ko Tao sert des pizzas délicieuses et d'autres mets italiens. Livraison gratuite. Un deuxième restaurant se trouve à la périphérie du village de Sairee.

CHALOK BAN KAO

Long Pae GRILL $$$
(Plats principaux 100-430 B ; ⏲dîner). Loin des endroits fréquentés par les touristes, "Oncle Pae" est installé dans un coin de jungle d'où l'on peut apercevoir la mer en contrebas. La spécialité est le steak, qui se marie délicieusement avec un généreux assortiment d'amuse-gueules pan-asiatiques.

New Heaven Restaurant INTERNATIONAL $$
(Plats principaux 60-350 B ; ⏲déj et dîner). Le meilleur atout du New Heaven Restaurant est l'incroyable vue sur Shark Bay (Ao Thian Ok) sous la lune paresseuse. Les eaux turquoise sont si translucides que la courbe du récif est visible de votre siège. Le menu est très international et des coussins moelleux attendent sous chaque table basse.

Koppee CAFÉ $$
(Plats 60-180 B ; ⏲petit-déj, déj et dîner). Clone des élégants cafés que l'on peut voir à Mae Hat et Sairee, Koppe sert de succulents plats internationaux, comprenant des desserts faits maison.

🍷 Où prendre un verre et sortir

Après la plongée, le passe-temps favori à Ko Tao est la boisson, et les lieux où s'y adonner ne manquent pas. Les trois plus grands centres de plongée de l'île ont tous un bar animé : **Fish Bowl** (carte p. 210), **Crystal Bar** (carte p. 210) et **Buddha On The Beach** à Chalok Bak Kao. Ils attirent les foules, touristes et expatriés confondus, et valent le détour, même si vous ne faites pas de plongée. Des prospectus détaillant les fêtes à venir sont affichés sur divers arbres et murs de la côte ouest (voyez les deux 7-Eleven de Sairee). Guettez les affiches annonçant des "*jungle parties*" qui se tiennent dans des zones de jungle au centre de l'île.

En sus des lieux ci-dessous, rendez-vous dans d'autres bars sympathiques déjà mentionnés comme Choppers et Safety Stop Pub (voir ci dessus) où vous pourrez profiter d'un moment de détente post-plongée bien mérité.

N'oubliez pas : boire ou plonger, il faut choisir.

Castle BOÎTE DE NUIT
(Carte p. 210 ; www.thecastlekohtao.com ; Mae Hat). Situé sur la route principale entre Mae Hat et Chalok Ban Kao, le Castle s'est vite positionné comme le haut lieu de la fête. Il attire des foules de DJ locaux et internationaux lors de grandes fêtes mensuelles.

Fizz BAR
(Carte p. 210 ; Sairee Beach). Allongez-vous sur des coussins de la taille d'un lit et profitez des cocktails design tout en écoutant Moby et Enya mêlés au son hypnotisant des vagues.

JARGON AQUATIQUE

Vu le nombre constant de visiteurs de tous les pays, l'anglais est parlé à peu près partout. Cependant, les habitants de cette île de plongeurs incorporent régulièrement des signes de plongée dans leur conversation – surtout dans les bars.

Voici quelques gestes de base :

» **Je suis OK** Serrez le poing et tapez-vous deux fois sur la tête.

» **Cool** Formez un O avec l'index et le pouce.

» **J'ai fini/je suis prêt à partir** Raidissez votre main comme pour faire du karaté et faites-la bouger rapidement d'avant en arrière à la perpendiculaire de votre cou.

Lotus Bar BAR
(Carte p. 210 ; Sairee Beach). *De facto*, le bar le plus prisé dans la partie nord de Sairee. Des jongleurs de feu y pratiquent leur art, et les boissons sont démesurément grandes.

Dragon Bar LOUNGE
(Carte p. 210 ; Mae Hat). Ce bar satisfait ceux qui cherchent un cadre qui en jette. Le style est "communiste-chic" et tout est tamisé, tranquille et détendu. On dit que le Dragon Bar propose les meilleurs cocktails de l'île.

Office Bar BAR
(Carte p. 210 ; Sairee Beach). Cette paillote hexagonale attire des habitués avec musique grunge et sièges en bois branlants.

Diza BAR
(Carte p. 210 ; Sairee Beach). Autrefois délabré, bruyant et haut lieu de vente pirate de DVD, cette paillote est devenue un bar décontracté au carrefour du village de Sairee. Les habitants aiment y siroter des bières et admirer la foule, installés dans des chaises en plastique.

Regroupés à la lisière sud de Sairee Beach, l'**AC Party Pub** (carte p. 210), l'**In Touch** (carte p. 210) et le **Maya Bar** (carte p. 210) accueillent à tour de rôle les fêtards de la semaine.

Achats

La plupart des achats vous reviendront moins cher qu'en France. Cependant, les équipements de plongée dérogent nettement à la règle. À Ko Tao, vous paierez le prix occidental plus des frais de livraison et de commission sur chaque article (même ceux "en réduction"). Il vaut mieux les acquérir avant de partir ou commander en ligne.

Les produits corporels et capillaires fabriqués localement (et respectueux de l'environnement) vous aideront à vous débarrasser du sel de l'eau de mer. Essayez le magasin **Avalon** (carte p. 210 ; Mae Hat ; ⏲10h-19h lun-sam).

Renseignements

L'omniprésente brochure *Koh Tao Info* décline la liste des entreprises et détaille l'histoire, la culture et la société de l'île.

Accès Internet

Les prix tournent autour de 2 B/min, avec un minimum de 20 B, et des réductions pour les internautes connectés 1 heure ou plus. Vous constaterez que certains sites Internet touristiques utiles sont bloqués dans des cybercafés affiliés à des agences de voyages. Les grandes écoles de plongée de l'île disposent généralement d'une connexion Wi-Fi pour les voyageurs munis d'ordinateurs portables.

Argent

Les épiceries 7-Eleven de l'île disposent de DAB accessibles 24/24 h. Vous en trouverez également quelques-uns autour des quais de Mae Hat, un bureau de change à la jetée et un autre près de Choppers à Sairee. Plusieurs banques ont des bureaux près de la poste de Mae Hat, à la lisière de la ville sur la route intérieure principale. Ils sont généralement ouverts la semaine de 9h à 16h. La majorité des écoles de plongée acceptent les cartes de crédit mais comptez de 3 à 4% de frais bancaires.

Désagréments et dangers

Rien de plus ennuyeux que de renoncer à une expédition de plongée à cause d'une blessure au genou à la suite d'un accident de moto. Les routes de Ko Tao sont abominables, excepté l'artère principale reliant Sairee Beach à Chalok Ban Kao. S'il est fort pratique de louer une mobylette, ce n'est pas le bon endroit pour apprendre à conduire. L'île regorge de collines abruptes et de trous sur des chemins de gravier. Même si vous rentrez indemne d'une expérience à deux-roues, certaines boutiques de location de moto prétendront que vous avez abîmé le matériel pour tenter de vous extorquer une somme rondelette.

Les voyageurs ne doivent pas oublier que la dengue transmise par les moustiques (ainsi qu'une autre fièvre moins grave) est une menace réelle et sérieuse. Le virus peut se répandre rapidement au vu du nombre de touristes dans les environs et de la petite taille de l'île.

Office du tourisme

Il n'y a pas de bureau de la TAT à Ko Tao. La plupart des magasins de plongée et les nombreuses agences de voyages proposent un service de réservation pour le transport et l'hébergement avec une légère commission.

Bon Voyage (Sairee Beach). Géré par Mme Jai, sympathique native de Ko Tao, et climatisé. Ici, vous pouvez organiser vos modalités de transport et mettre à jour votre blog de voyage. Cette agence se trouve sur la rue qui relie Sairee Beach et Hin Wong.

Poste

Poste (carte p. 210 ; ☎0 7745 6170 ; ⌚9h-17h lun-ven, 9h-midi sam). À 10-15 min à pied de la jetée, à l'angle de la route principale intérieure vers la plage de Ko Tao et de la rue descendante de Mae Hat.

Services médicaux

Tous les plongeurs doivent signer une décharge avant d'explorer la grande bleue. Si une quelconque maladie est susceptible de gêner votre capacité à plonger (y compris un asthme léger), on vous demandera une autorisation médicale d'un médecin de Ko Tao. Si vous ne savez pas si vous êtes habilité à faire de la plongée, nous vous conseillons de consulter un médecin avant votre voyage. L'île ne dispose pas d'hôpital officiel et les professionnels qualifiés sont rares. Assurez-vous également que votre assurance couvre les risques dus à la plongée. Comptez 300 B pour une "consultation" (très sommaire) sur place. Mae Hat et Sairee comptent plusieurs centres médicaux qui reçoivent sans rendez-vous et quelques mini-hôpitaux. Pour tout problème médical sérieux, mieux vaut se rendre à Ko Samui. Si vous faites de la plongée, demandez au personnel de vous orienter vers un spécialiste médical.

Diver Safety Support (carte p. 210 ; ☎08 1083 0533 ; kohtao@sssnetwork.com ; Mae Hat ; ⌚service 24/24h). Service d'urgence. Dispose d'une chambre hyperbare temporaire et de services d'évacuation d'urgence.

Sites Internet

Koh Tao Online (www.kohtaoonline.com). Version numérique de la brochure *Koh Tao Info*, très pratique.

Urgences

Police (carte p. 210 ; ☎0 7745 6631). Situé entre Mae Hat et Sairee Beach sur la partie vétuste de la route vers la plage.

ℹ Depuis/vers Ko Tao

Comme toujours, les tarifs et les horaires sont susceptibles de changer. Régulièrement, les vagues violentes contraignent les ferrys à annuler les départs entre octobre et décembre. Si vous avez le mal de mer, il vaut mieux prendre le Seatran plutôt que le catamaran Lomprayah lorsque la mer est agitée. Les catamarans passent par la houle et le Seatran traverse les courants. Nous conseillons fortement de réserver vos billets plusieurs jours à l'avance si vous souhaitez vous rendre à Ko Tao depuis Ko Pha-Ngan après la fête de la pleine lune.

Bangkok, Hua Hin et Chumphon

La nouvelle compagnie aérienne **Solar Air** (www.lomprayah.com) dessert Chumpon via l'aéroport Don Muang de Bangkok une fois par jour, aller-retour, du lundi au samedi. À Chumphon, les voyageurs peuvent facilement prendre un catamaran vers Ko Tao.

Des agences de voyages à Bangkok et dans le Sud proposent des billets couplés bus-bateau depuis Bangkok. On quitte le bus pour le bateau à Chumphon, et les voyageurs à destination de Bangkok peuvent descendre à Hua Hin (même prix que le billet Ko Tao-Bangkok).

Les couchettes de train sont plus confortables que le bus pour un voyage de nuit. Vous pouvez également prévoir votre propre itinéraire et prendre le bateau pour Chumphon puis rejoindre le centre-ville afin de prendre le train pour Bangkok (ou toute autre ville dans la partie haute du golfe de Thaïlande). Idem dans la direction opposée.

Depuis Ko Tao, le catamaran rapide part à destination de Chumphon à 10h15 et 14h45 (1 heure 30), le Seatran quitte l'île à 16h (2 heures), et un rapide de Songserm effectue le même trajet à 14h30 (3 heures). Les départs peuvent être moins fréquents en cas de mer agitée.

Un bateau part à minuit de Chumphon et arrive tôt le matin. Il revient de Ko Tao à 23h.

Ko Pha-Ngan

Le catamaran de Lomprayah assure 2 services/jour, départ de Ko Tao à 9h30 et 15h, arrivée à Ko Pha-Ngan vers 10h50 et 16h10. Le ferry Seatran Discovery propose un service similaire. Le Songserm Express Boat part tous les jours à 10h et arrive à Ko Pha-Ngan à 11h30. Le ramassage aux hôtels est inclus dans le prix.

Ko Samui

Le catamaran Lomprayah propose 2 services/jour, au départ de Ko Tao à 9h30 et 15h, arrivée à Samui autour de 11h30 et 16h40. Le ferry Seatran Discovery offre le même genre de service. Le Songserm Express Boat part tous les jours à 10h et arrive à Samui à 12h45. Les ramassages à l'hôtel sont compris dans les tarifs.

Surat Thani et la côte d'Andaman
Si vous vous rendez sur la côte d'Andaman et ne voulez pas vous arrêter à Ko Pha-Ngan ou Ko Samui, vous avez deux possibilités. La première, la plus commode, est de passer par Surat Thani. Tout d'abord, prenez un bateau pour Surat (le Songserm ou le ferry de nuit, sauf si vous voulez changer de bateau) puis prenez un bus. Le bateau de nuit quitte Ko Tao à 20h30. Les bus quotidiens pour le Songserm Express Boat partent de Surat Thani à 8h et arrivent à 14h30. Les passagers au retour quittent Ko Tao à 10h et arrivent à Surat Thani à 16h30.

La seconde option est de prendre un ferry pour Chumphon sur le continent et ensuite pendre un bus ou un train pour rejoindre les provinces plus au sud.

Comment circuler

Sŏrng·tăa·ou Des *sŏrng·tăa·ou* se rassemblent autour de la jetée de Mae Hat à mesure que les passagers descendent. Si vous voyagez seul, vous paierez 100 B pour aller à Sai Ri et à Chalok Ban Kao. Les groupes à partir de 2 personnes paient 50 B par personne. Les trajets de Sai Ri à Chalok Ban Kao coûtent 80 B/personne, ou 150 B pour les touristes en solo. Les tarifs sont rarement négociables. Il faut attendre que leur taxi soit plein pour éviter de payer entre 200 et 300 B en sus. Comptez deux fois plus pour aller à l'est. Le prix augmente si la route est difficile en cas de précipitations. Il est fortement conseillé de réserver un taxi qui viendra vous chercher si vous avez déjà réservé votre hébergement. De nombreuses écoles de plongée organisent un service gratuit de taxi pour vos transferts.

Motos Il est risqué de louer une moto (voir la rubrique *Désagréments et dangers*) si vous ne vous contentez pas de circuler sur les routes principales pavées praticables. Comptez au moins 150 B la journée pour la location d'un scooter et 350 B pour les plus gros modèles. Réductions possibles pour les locations à la semaine ou au mois. Essayez **Lederhosenbikes** (carte p. 210 ; ☎08 1752 8994 ; www.lederhosenbikes.com ; Mae Hat ; ⌚8h30-18h lun-sam). Les 4x4 et les jet-ski ne sont pas sûrs.

Bateaux-taxis Ils partent de Mae Hat, Chalok Ban Kao et du nord de Sairee Beach (près du bar Vibe). Comptez 100 B minimum pour aller à Ko Nang Yuan. Vous pouvez louer un *long-tail boat* pour environ 1 500 B par jour, cela varie selon le nombre de passagers.

Parc national maritime d'Ang Thong

อุทยานแห่งชาติหมู่เกาะอ่างทอง

La quarantaine d'îles aux rives irrégulières et couvertes de jungle du parc national maritime d'Ang Thong s'étendent sur la mer bleue, tel un collier d'émeraudes cassé – chaque joyau arborant de pures falaises calcaires, des lagons cachés et des sables couleur pêche. Ces îlots de rêve ont inspiré le film *La plage*, de Danny Boyle, inspiré du roman d'Alex Garland.

Février, mars et avril sont les meilleurs mois pour visiter cette réserve éthérée déclinant le bleu et le vert ; les énormes vagues de la mousson obligent le parc à rester presque toujours fermé en novembre et décembre.

À voir

Tous les circuits s'arrêtent au bureau du parc à **Ko Wua Talap**, la plus grande île de l'archipel. Le **point de vue** de l'île doit être le plus étonnant de toute la Thaïlande. Le sommet offre une vue dégagée sur les îles proches qui jaillissent des eaux turquoise, formant des motifs anthropomorphes. La promenade jusqu'au point de vue s'effectue sur un sentier abrupt de 450 m, qui prend environ 1 heure. Prévoyez de solides chaussures et marchez lentement sur les affleurements anguleux de calcaire. Un deuxième sentier mène à **Tham Bua Bok**, une grotte aux stalagmites et aux stalactites en forme de lotus.

La **mer d'émeraude** (également appelée mer intérieure) de **Ko Mae Ko** est aussi une destination populaire. Ce grand lac au milieu de l'île s'étend sur 250 m par 350 m et arbore des teintes vertes éthérées. On peut regarder mais pas toucher, car le lagon est interdit aux corps humains impurs. Un autre **point de vue** impressionnant culmine au sommet d'une série d'escaliers non loin.

Les marches de pierre naturelles de **Ko Samsao** et de **Ko Tai Plao** sont visibles selon les marées et les conditions météo. Étant donné que la mer est assez peu profonde autour de cet archipel, à 10 m au maximum, les récifs de corail ne sont pas très développés, excepté dans quelques poches protégées au sud-ouest et au nord-est. Un récif corallien peu profond près de Ko Tai Plao et de Ko Samsao permet de pratiquer un snorkeling correct mais pas extraordinaire. Les plongeurs novices peuvent explorer des grottes peu profondes et des jardins de coraux colorés, et admirer des serpents de mer et des tortues. Des plages de sable doux bordent **Ko Tai Plao**, **Ko Wuakantang** et **Ko Hintap**.

Circuits organisés

La meilleure manière d'expérimenter Ang Thong consiste à participer à l'un des nombreux circuits organisés au départ de Ko Samui et de Ko Pha-Ngan. Ils comprennent généralement le déjeuner, le matériel de snorkeling, les transferts d'hôtel et (croisez les doigts) un guide qui s'y connaît. Si vous séjournez dans un hôtel de luxe, il y a de fortes chances pour qu'il possède un bateau privé pour les circuits en groupe. Certains complexes de catégorie moyenne et petits budgets ont aussi leurs propres bateaux et, dans le cas contraire, ils vous orienteront vers un tour-opérateur. Les centres de plongée de Ko Samui et de Ko Pha-Ngan proposent des expéditions de plongée au parc, mais Ang Thong n'offre pas l'expérience de plongée de classe mondiale que l'on peut trouver aux environs de Ko Tao.

Vu les cours inégaux du pétrole, les agences de circuits organisés apparaissent et disparaissent comme un rien. Renseignez-vous à votre hôtel pour obtenir une liste à jour des agences.

Où se loger

Ang Thong ne possède pas de complexe hôtelier, mais sur Ko Wua Talap, le parc national a mis en place 5 bungalows accueillant chacun entre 2 et 8 personnes. Les campeurs peuvent aussi planter leur tente dans des zones définies. Réservations auprès du **National Parks Services** (service des parcs nationaux ; (☎0 7728 6025 ; www.dnp.go.th ; bungalows 500 B). On peut réserver en ligne, mais on doit verser une caution bancaire dans les deux jours suivant la réservation.

Comment s'y rendre et circuler

La meilleure manière d'atteindre le parc consiste à participer à un circuit privé d'une journée à partir de Ko Samui ou de Ko Pha-Ngan (à 28 km et 32 km, respectivement). Les îles s'étendent entre Samui et la principale jetée de Don Sak, mais aucun ferry ne s'arrête au passage.

Le parc demande officiellement un droit d'entrée (adulte/enfant 400/200 B), qui devrait cependant être inclus dans le prix de chaque circuit (demandez à votre opérateur si vous n'êtes pas sûr). Il est aussi possible de louer un bateau privé, mais le prix élevé de l'essence en fait une option assez onéreuse.

PROVINCE DE SURAT THANI

Surat Thani

อำเภอเมืองสุราษฎร์ธานี

129 000 HABITANTS

Cette ville célèbre en Thaïlande est surnommée "la ville des bonnes gens". À une époque, Surat Thani était le siège de l'empire antique Srivijaya. Aujourd'hui, ce carrefour animé est devenu une plate-forme de transit aussi bien pour les bateaux de marchandises que pour les touristes. Les voyageurs en chemin vers les populaires îles de Ko Samui, de Ko Pha-Ngan et de Ko Tao, s'y attardent rarement.

Où se loger

Pour une nuit confortable à Surat, échappez-vous de la saleté du centre-ville et grimpez à bord d'un *sŏrng·tăa·ou* à destination du quartier de Phang-Nga. Dites au conducteur "Tesco-Lotus", pour qu'il vous emmène à 2 ou 3 km de la ville à un grand centre commercial en forme de boîte. Au moins 4 hôtels sont installés alentour, proposant des tarifs abordables et des équipements d'une modernité rafraîchissante. Les établissements du centre-ville sont moins chers, mais ont tendance à proposer un service "à l'heure", ce qui peut provoquer une réelle animation avec le va-et-vient des clients. Si votre budget est très serré, traversez la ville et prenez le ferry de nuit pour votre destination insulaire.

100 Islands Resort & Spa RESORT **$**
(☎0 7720 1150 ; www.roikoh.com ; 19/6 Moo 3, Bypass Rd ; ch 590-1 200 B ; ❄@📶🏊). En face du Tesco-Lotus, vous avez pour 600 B un confort maximum selon les critères thaïlandais. Ce palais du teck paraît déplacé le long de l'autoroute, mais ses chambres immaculées entourent un jardin luxuriant et une piscine aux allures de lagon.

Wangtai Hotel HÔTEL **$$**
(☎0 7728 3020 ; www.wangtaisurat.com ; 1 Th Talad Mai ; ch 790-2 000 B ; ❄@📶🏊). En face de la TAT de l'autre côté de la rivière, le Wangtai s'efforce de créer une ambiance d'hôtel d'affaires. Des réceptionnistes polis et des chasseurs en smoking ornent le grand lobby et à l'étage, les chambres, dotées de meubles quelconques, offrent une jolie vue sur la ville.

Où se restaurer

Pour des produits alimentaires, rendez-vous au **marché de nuit** (Sarn Chao Ma ; Th Ton Pho) pour y savourer des gourmandises frites,

Surat Thani

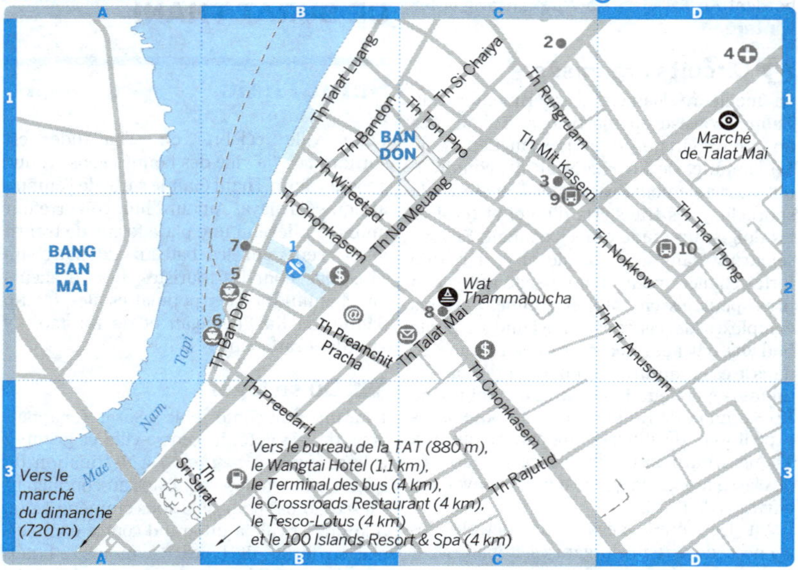

Surat Thani

Où se restaurer
1 Marché de nuit B2

Renseignements
2 Holiday Travel C1
3 Pranthip Company C1
4 Taksin Hospital D1

Transports
5 Quai des ferrys de nuit pour Ko Tao B2
Lomprayah .... (voir 7)
6 Bateau de nuit pour Ko Pha-Ngan B2
7 Seatran Discovery B2
8 Bureau de Seatran C2
Songserm .... (voir 7)
9 Terminal des bus de Talat Kaset 1 .... C2
10 Terminal des bus de Talat Kaset 2 .... D2

grillées ou sautées. Le soir, vous trouverez des étals près des quais pour les bateaux quotidiens en partance pour les îles et un marché de fruits de mer à Pak Nam Tapi. Un **marché du dimanche** se tient l'après-midi (⌚16h-21h) près du bureau de la TAT. De nombreux étals sont installés près de la gare routière du centre et vendent des *kôw gài òp* (riz au poulet cuit mariné).

Crossroads Restaurant INTERNATIONAL **$$**
(Bypass Rd ; plats 50-200 B ; ⌚déj et dîner). Au sud-ouest de Surat en face du centre commercial Tesco-Lotus, le Crossroads a une ambiance vieillotte et *bluesy* rehaussée par un éclairage tamisé et de la musique live. Essayez les huîtres – Surat Thani est célèbre pour ses mollusques géants, et les prix sont imbattables.

Renseignements

Il y a une banque à presque tous les coins de rues du centre-ville près de Th Na Meuang. Si vous séjournez dans la "banlieue", sachez que le Tesco-Lotus dispose également de DAB.

Boss Computer (20 B par heure ; ⌚9h-minuit). C'est la connexion Internet la moins chère des environs. À côté de la poste.

Bureau de la TAT (☎0 7728 8817 ; tatsurat@samart.co.th ; 5 Th Talat Mai ; ⌚8h30-16h30). Sympathique bureau au sud-ouest de la ville. Propose des brochures et des cartes utiles. Le personnel parle très bien l'anglais.

Poste (☎0 7727 2013, 0 7728 1966 ; Th Talat Mai ; ⏰8h30-16h30 lun-ven, 8h30-12h30 sam). En face du Wat Thammabucha. La maison de l'artisanat locale OTOP (*One Tambon One Product*, "Une commune, un produit") est située à l'intérieur.

Siam City Bank (Th Chonkasem). Dispose d'un bureau Western Union.

Taksin Hospital (☎0 7727 3239 ; Th Talat Mai). Le plus professionnel des trois hôpitaux de Surat. Situé juste au-delà du marché Talat Mai dans la partie nord-est du centre-ville.

ℹ Depuis/vers Surat Thani

En général, si vous quittez Bangkok ou Hua Hin à destination de Ko Samui, de Ko Pha-Ngan ou de Ko Tao, optez pour un bus ou une formule bateau-bus traversant Chumphon plutôt que Surat. Vous gagnerez du temps et le trajet sera plus confortable. Les voyageurs depuis et vers Ko Samui traversent généralement sans problème. Pour toute assistance, contacter **Holiday Travel** (Th Na Meuang) ou **Pranthip Co** (Th Talat Mai), deux agences fiables et anglophones.

Avion

Bien que les vols de Bangkok vers Surat Thani soient moins chers que les vols vers Samui, le trajet des îles du golfe vers l'aéroport est long. En effet, vous devrez probablement quitter votre bungalow près de la plage la nuit précédant votre vol, puis passer une nuit à Surat si vous désirez prendre un vol pour Bangkok, ce qui est loin d'être idéal. Des navettes quotidiennes traversent Surat en direction de Bangkok avec **Thai Airways International** (THAI ; ☎0 7727 2610 ; 3/27-28 Th Karunarat).

Bateau

En pleine saison, des services bus-bateau pour Ko Samui et Ko Pha-Ngan partent directement de la gare ferroviaire de Phun Phin (à 14 km à l'ouest de Surat). Ces services ne coûtent pas plus cher que ceux qui sont réservés à Surat Thani et peuvent vous éviter de longues attentes. De nombreux ferrys et vedettes relient Surat Thani et Ko Tao, Ko Pha-Ngan et Ko Samui. La plupart des bateaux, tels ceux de Raja et Seatran, partent de Don Sak (à 1 heure de Surat ; transfert en bus inclus dans le prix du ferry) ; le *Songser*, quant à lui, part du centre-ville. Attention, prendre le *Raja* peut s'avérer très frustrant surtout si vous êtes pressé. Le trajet vers Ko Samui dure environ 90 min et 2 heures 30 vers Ko Pha-Ngan. Le capitaine réduit souvent la vitesse de moitié, le trajet peut alors durer jusqu'à 5 heures.

Des ferrys de nuit partent du centre de Surat en direction de Ko Tao (8 heures, départ à 22h), Ko Pha-Ngan (7 heures, départ à 22h) et Ko Samui (6 heures, départ à 23h). Ce sont des bateaux de marchandises, et non de luxe. Pensez à prendre nourriture et eau avec vous et à surveiller vos bagages.

Bus et minibus

Le moyen de transport le plus pratique dans le Sud. Les bus et minibus partent fréquemment de deux points principaux : Talat Kaset 1 et Talat Kaset 2. Talat Kaset 1, au nord de Th Talat Mai (rue principale) propose un service rapide vers Nakhon. Vous y trouverez aussi Pranthip Co, une des agences les plus fiables de la ville. Des bus vers Phun Phin quittent également Talat Kaset 1. Talat Kaset 2, au sud de Th Talat Mai, dispose de transports fréquents vers Hat Yai et des minibus vers Nakhon, Trang, Khanom et Krabi. Les bus pour la côte d'Andaman (généralement vers Phuket) partent toutes les heures de 7h à 15h30 et s'arrêtent à Takua Pa pour les voyageurs désirant aller au parc national de Khao Sok. La "nouvelle" gare routière (désignée ainsi par les habitants alors qu'elle existe en réalité depuis des années) est située à 7 km au sud de la ville en direction de Phun Phin. Les bus y circulent depuis et vers Bangkok.

Train

En train, vous arrivez à Phun Phin, ville peu attrayante à environ 14 km à l'ouest de Surat. De Phun Phin, des bus partent pour Phuket, Phang-Nga et Krabi – certains via Takua Pa, ville-carrefour plus à l'ouest. Les transports de Surat sont plus fréquents, mais il vaut la peine de vérifier d'abord les horaires à Phun Phin – avec de la chance, vous vous épargnerez un long trajet entre les villes.

Nous vous conseillons l'autorail express pour circuler la journée et les couchettes climatisées pour les voyages de nuit. Des trains numérotés – impairs – partent de Bangkok vers le sud. Ils passent à Chumphon et Hua Hin en direction de Surat. Les numéros pairs desservent le nord en passant par Trang, Hat Yai and Sungai Kolok avant de traverser la frontière. La gare ferroviaire de Phun Phin dispose d'une salle de consigne 24h/24 facturant 20 B/jour. Le guichet de prévente est ouvert tous les jours de 6h à 18h (avec une pause-déjeuner fluctuante entre 11h et 13h30).

ℹ Comment circuler

Des bus climatisés desservant l'aéroport de Surat Thani demandent environ 70 B/personne et vous déposent à votre hôtel.

Les *sŏrng·tăa·ou* parcourent la ville et coûtent de 10 à 30 B (comptez 15 B pour rejoindre Tesco-Lotus à partir du centre). Les *săhm·lór* (ou *săamláw* ; véhicule à trois roues) coûtent entre 20 et 40 B.

Des bus orange climatisés circulent entre la gare de Phun Phin et Surat Thani toutes les 10 minutes (15 B, 25 min). Prévoyez la coquette somme de 200 B pour un trajet en taxi à 4 personnes maximum, et 100 B par personne pour un taxi collectif. D'autres compagnies de taxis sont installées au nord de la gare ferroviaire (au pont pour piétons en métal).

PROVINCE DE NAKHON SI THAMMARAT

Ao Khanom อ่าวขนอม

Little Khanom est située entre Surat Thani et Nakhon Si Thammara, le long des eaux bleues du golfe de Thaïlande. Dédaignée par les touristes qui affluent sur les îles couvertes de jungle non loin, cette région virginale, tout simplement appelée Khanom, est un choix intéressant pour ceux qui recherchent un cadre de plage serein, intouché par les grosses entreprises.

À voir

La particularité de Khanom : les **dauphins roses** – une espèce rare de dauphins albinos à la remarquable teinte rosée. On les aperçoit régulièrement depuis la vieille jetée des ferrys et de la jetée de la centrale électrique, à l'aube et au crépuscule.

La zone renferme aussi toute une variété de sites géologiques, notamment des **cascades** et des **grottes**. Les plus grandes chutes, appelées **Samet Chun**, ont des bassins tièdes pour se détendre et une vue magnifique sur la côte. Pour y accéder, partez au sud de Ban Khanom et tournez à gauche au panneau bleu de Samet Chun. Suivez la route sur environ 2 km et, après avoir traversé un petit cours d'eau, prenez la suivante à droite et gravissez la montagne en suivant le sentier de terre. Au bout de 15 minutes de marche, écoutez le bruit de la cascade et cherchez le petit sentier à droite. La pittoresque **Nam Tok Hin Lat** est la plus petite cascade, mais c'est aussi la plus facile à atteindre. On y trouve des bassins de baignade et plusieurs huttes donnant de l'ombre. Au sud de Nai Phlao.

Le long de la grande route (Hwy 4014), entre Khanom et Don Sak, on trouve deux belles grottes. **Khao Wang Thong** dispose d'un chapelet de lumières qui guident les visiteurs dans le réseau de cavernes et d'étroits passages. Une porte en métal ferme l'entrée ; arrêtez-vous à la maison au pied de la colline pour en prendre la clé (et laissez une petite donation). Bifurquez à droite de la grande route à la Route 4142 pour trouver la **grotte Khao Krot**, constituée de deux grandes cavernes ; apportez une torche.

Admirez les magnifiques ondulations de la côte à la **montagne Dat Fa**, à environ 5 km à l'ouest de la côte sur la Hwy 4014. Le coteau est généralement désert, ce qui permet de prendre de jolies photos.

Où se loger et se restaurer

Ces dernières années, il a été question de transformer les plages de Khanom afin qu'elles deviennent une meilleure alternative aux îles voisines. L'urbanisation est loin d'être impressionnante, mais un développement de grande ampleur est définitivement prévisible. L'intensification de la production pétrolière du golfe signifie que les développeurs envisagent de faire de Khanom une destination de vacances potentielle pour les employés de ces exploitations.

Il y a assez d'hébergements pour que vous n'ayez pas nécessairement besoin de réserver. Nous vous conseillons donc de visiter plusieurs établissements avant de faire votre choix. Beaucoup d'hôtels accueillent très peu

VAUT LE DÉTOUR

UNE RETRAITE AU WAT SUAN MOKHAPHALARAM

Entouré de forêt luxuriante, le **Wat Suan Mokkhaphalaram** (Wat Suanmokkh ; www.suanmokkh.org), dont le nom signifie le "jardin de la libération", demande 1 500 B pour un programme de 10 jours comprenant nourriture, logement et enseignement (quoique légalement ce dernier soit gratuit). Ces retraites en anglais, gérées par l'International Dhamma Hermitage, commencent le premier jour du mois. L'inscription se fait la veille dans l'après-midi. Fondés par Ajan Buddhadasa Bhikkhu, sans doute le moine le plus célèbre de Thaïlande, les enseignements philosophiques du temple sont œcuméniques par nature et comprennent des éléments zen, taoïstes et chrétiens, ainsi que la conception theravada traditionnelle.

Pour plus d'informations sur le trajet vers le temple, à 7 km de Chaiya, rendez-vous sur www.suanmokkh-idh.org/idh-travel.html (en anglais).

de touristes. Ainsi, les équipements inutilisés (comme les toilettes) augmentent l'humidité des chambres et la jungle s'y installe. Il vaut mieux séjourner dans les bungalows près de la plage et rester loin des grands hôtels.

Kho Khao Beach, au bout de la Route 4232, vous réserve des repas bon marché. Diverses installations de barbecues proposent de savoureuses spécialités comme le *mŏo nám đòk* (salade de porc épicée) et le *sôm·đam* (salade de papaye épicée). Le mercredi et le dimanche, des marchés se tiennent vers l'intérieur des terres près du commissariat.

Racha Kiri RESORT $$$
(0 7530 0245 ; www.rachakiri.com ; bungalows 3 500-12 500 B ;). Cette retraite haut de gamme est composée de magnifiques pavillons. Les prix élevés tiennent les foules éloignées, ce qui assure la tranquillité des résidents.

Talkoo Beach Resort BUNGALOWS $$
(0 7552 8397 ; bungalows 1 470 B ;). Ce charmant établissement dispose de dizaines de cottages blancs ornés d'équipements originaux, comme des vasques fabriquées à partir de troncs évidés. C'est le meilleur hébergement des environs.

Suchada Villa BUNGALOWS $
(0 7552 8459 ; bungalows 800 B ;). Situé sur la route principale, Suchada est reconnaissable à sa rangée de bungalows aux couleurs vives. Les chambres sont charmantes, propres et parsemées de détails décalés comme ces banderoles de coquillages suspendues aux portes de sdb.

Renseignements

Le commissariat et l'hôpital sont situés juste au sud de Ban Khanom, au carrefour qui mène à Kho Khao Beach. On trouve un 7-Eleven (pourvu d'un DAB) au cœur de Ban Khanom.

Depuis/vers Ao Khanom

De Surat Thani, vous pouvez prendre n'importe quel bus en direction de Nakhon et demander qu'on vous dépose à l'embranchement pour Khanom. Prenez un moto-taxi (70 B) pour parcourir le reste du chemin. Vous pouvez opter pour un taxi partagé de leur terminal de Nakhon Si Thammarat pour 85 B.

De la ville de Khanom, il est possible de prendre un moto-taxi pour les plages pour environ 60 B. Trois arrêts de bus distincts sont installés dans les parages. Demandez à votre chauffeur de s'arrêter près du marché aux fruits ou de l'hôpital, qui sont plus près de la plage.

Nakhon Si Thammarat

อำเภอเมืองนครศรีธรรมราช

117 100 HABITANTS

La ville animée de Nakhon Si Thammarat (plus brièvement appelée "Nakhon") ne remportera jamais de concours de beauté. Pourtant, les voyageurs s'arrêtant dans cette cité historique seront récompensés par sa richesse culturelle, car elle abrite certains des plus importants *wát* du royaume. Il y a des siècles, la voie de communication qui reliait le port de Trang sur la côte est et celui de Nakhon Si Thammarat sur la côte ouest constituait un axe commercial majeur entre la Thaïlande et le reste du monde. Cette influence cosmopolite continue de s'exercer, tant dans la cuisine locale que dans les temples et les musées de la ville.

À voir

L'essentiel de l'activité commerciale de Nakhon (hôtels, banques et restaurants) est concentré dans la partie nord du centre-ville. Au sud du clocher s'étend le quartier historique de la ville et le célèbre Wat Mahatat. L'artère principale, Th Ratchadamnoen, est sillonnée par de nombreux *sŏrng·tăa·ou* dans les deux sens.

Wat Phra Mahathat Woramahawihaan TEMPLE
(Th Si Thamasok). Appelé simplement Mahathat, il rassemble 77 *chédi* (stupa) dont un imposant *chédi* haut de 77 m couronné par une flèche en or. La légende raconte qu'il y a plus de 1 000 ans la reine Hem Chala et le prince Thanakuman apportèrent des reliques à Nakhon et érigèrent une petite pagode pour les abriter. Le temple s'est étendu depuis en un complexe impressionnant, et aujourd'hui les visiteurs se pressent gaiement pour acheter les populaires amulettes Jatukham (voir l'encadré p. 226). À ne pas manquer : le modeste musée de la céramique à l'intérieur.

Ombres chinoises MUSÉE
(Th Si Thamasok Soi 3). Il existe deux types de spectacles locaux d'ombres chinoises : *năng đà·lung* et *năng yài*. Dans le premier cas, les marionnettes mesurent un peu moins de 1 m de haut, avec appendices et parties amovibles (dont les parties génitales). Dans le *năng yài*, elles sont presque de taille humaine et n'ont pas de parties amovibles. Les unes et les autres sont taillées dans de la peau de vache. La maison des marionnettes Suchart Subsin comporte un petit musée où le personnel propose des démonstrations de

découpe. Vous pouvez assister à un court spectacle pour une somme modique.

Musée national MUSÉE

(Th Ratchadamnoen ; entrée 30 B ; ⊙9h-16h mer-dim). À l'époque où le royaume Tampaling (aussi appelé Tambralinga) commerçait avec les marchands des États indiens, arabes, dvaravati et champa, la région entourant Nakhon est devenue un centre éclectique d'art et d'artisanat. Aujourd'hui, nombre de ces reliques sont exposées derrière la façade délabrée du Musée national.

Où se loger et se restaurer

Nakhon est l'endroit idéal pour goûter une cuisine distinctement influencée par les saveurs du Sud. Le soir, des stands de cuisine musulmane vendent de délicieux *kôw mòk gài* (poulet biryani), *má·đà·bà* (*murdabag* ; crêpe indienne farcie au poulet ou aux légumes) et des *roti*. Plusieurs bonnes adresses sont regroupées autour de Bovorn Bazaar sur Th Ratchadamnoen.

Nakorn Garden Inn PENSION $

(☎0 7532 3777 ; 1/4 Th Pak Nakhon ; ch 445 B ; ❄). Sorte de motel, le Nakorn Garden Inn offre une agréable alternative au cube de ciment habituel. Les chambres sont aménagées dans des bâtiments de briques écarlates autour d'un jardin couvert de sable. Les chambres sont toutes pareilles, équipées d'une TV et d'un réfrigérateur ; essayez d'en obtenir une ensoleillée.

Twin Lotus Hotel HÔTEL $$

(☎0 7532 3777 ; www.twinlotushotel.net ; 97/8 Th Phattanakan Khukhwang ; ch 1 400-1 600 B ; ❄📶🏊). Il commence à faire son âge, mais le Twin Lotus reste un endroit agréable pour se faire dorloter tout en visitant Nakhon. Ce géant de 16 étages se dresse à quelques kilomètres du centre-ville.

Khrua Nakhon THAÏLANDAIS $$

(Bovorn Bazaar ; plats 60-200 B ; ⊙petit-déj et déj). Cet établissement propose un large choix de cuisine traditionnelle locale. Commandez un plat à partager composé de 5 types de currys (dont une sauce au poisson épicée difficile à avaler), ou essayez le *kôw yam* (salade de riz du sud). Une annexe est ouverte au Robinson Ocean Mall.

Rock 99 INTERNATIONAL $

(1180/807 Bavorn Bazaar ; plats 40-130 B ; ⊙dîner). Adresse *faràng* de Nakhon, le Rock 99 propose une bonne sélection de plats internationaux – de la salade de tacos aux pizzas (évitez les plats thaïlandais). Musique live les mercredi, vendredi et samedi soirs, mais de sympathiques expatriés le fréquentent tous les jours.

Renseignements

Il y a plusieurs banques et DAB sur Th Ratchadamnoen à la lisière nord du centre-ville. Vous trouverez une librairie anglophone au 3e étage du centre commercial Robinson Ocean.

JATUKHAM RAMMATHEP

Quiconque a passé plus de 24 heures en Thaïlande a vu une amulette à l'effigie de Jatukham Rammathep portée en pendentif. Ces objets sont partout.

Ces porte-bonheur sont supposés protéger de tous les malheurs. L'origine du nom de cette amulette est inconnue, mais, selon une théorie courante, Jatukham et Rammathep sont les représentations de deux princes de Srivajaya qui enterrèrent des reliques sous le Wat Phra Mahathat Woramahawihaan de Nakhon il y a quelque 1 000 ans.

Un célèbre policier thaïlandais fut le premier à la porter. Il croyait fermement que ses esprits protecteurs l'avaient aidé à résoudre un crime particulièrement complexe. Il essaya de populariser l'amulette, entreprise qui ne fut couronnée de succès qu'à sa mort en 2006. Des milliers de personnes assistèrent à ses funérailles, notamment le prince héritier, et ce fut le début de la gloire pour le Jatukham Rammathep.

Ces talismans sont vendus au temple Mahathat, et au cours des dernières années, le sud de la Thaïlande a connu un boom économique sans précédent. La première amulette fut vendue en 1987 pour 39 B, et aujourd'hui, plus de 100 millions de bahts sont consacrés à l'achat de ces amulettes chaque... semaine. L'attrait exercé par ces symboles est si fort qu'une femme est morte écrasée par la foule un jour de promotion très médiatisée (elle ne portait pas son talisman).

Chaque jour, des camions chargés de talismans sillonnent en musique les routes de Nakhon. La puissance des basses fait trembler le sol du temple, et, ironie du sort, ce martèlement répété a fait s'incliner la principale flèche du Mahathat.

À NE PAS MANQUER

PARC NATIONAL DE KHAO LUANG

Connu pour ses magnifiques montagnes et ses promenades en forêt, ses cours d'eau fraîche, ses cascades et ses vergers, le **parc national de Khao Luang** (อุทยานแห่งชาติเขาหลวง ; ☎0 7530 9644-7 ; adulte/enfant 400/200 B) entoure les 1 835 m du pic de Khao Luang. Cette haute chaîne de montagnes atteint jusqu'à 1 800 m et est recouverte de forêt vierge. Sources idéales pour les cours d'eau et les rivières, les montagnes arborent d'impressionnantes cascades et fournissent un habitat à une pléthore d'oiseaux. Les fans de la flore ne seront pas déçus non plus ; plus de 300 espèces d'orchidées poussent dans le parc, certaines inconnues partout ailleurs dans le monde.

Les **bungalows du parc** coûtent entre 600 et 1 000 B la nuit, et accueillent entre 6 et 12 personnes. Le **camping** est autorisé le long du sentier qui mène au sommet. Pour accéder au parc, prenez un *sŏrng·tăa·ou* (environ 25 B) de Nakhon Si Thammarat jusqu'au village de Khiriwong, à la base de Khao Luang. L'entrée du parc et les bureaux du Royal Forest Department sont situés à 33 km du centre de Nakhon sur la Route 4015, une route asphaltée qui gravit presque 400 m en 2,5 km jusqu'au bureau et 450 m de plus jusqu'au parking.

Bovorn Bazaar (Th Ratchadamnoen). Centre commercial avec quelques cafés.

Bureau de la TAT (☎0 7534 6515). Dans un immeuble de 1926 au nord de Sanam Na Meuang (parc municipal). Il propose des brochures utiles en anglais. La maison des arts OTOP locale est à un pâté de maisons à l'ouest du parc Sanam Na Meuang.

Police (☎1155 ; Th Ratchadamnoen). En face de la poste.

Poste (Th Ratchadamnoen ; ⏲8h30-16h30)

Depuis/vers Nakhon Si Thammarat

Avion Plusieurs petits transporteurs tels que Nok Air, Air Asia et Orient Thai Airlines (ainsi que Thai Airways) proposent des vols quotidiens de Bangkok à Nakhon. Il y a environ 6 vols quotidiens de 1 heure.

Bus Les bus de Bangkok partent soit entre 6h et 8h, soit entre 17h30 et 22h, avec environ 7 départs/jour. Les bus ordinaires pour Bangkok partent de la gare routière, mais quelques bus privés partent des agences de réservation de Th Jamroenwithi, où vous pouvez aussi acheter vos billets. Le voyage prend 12 heures.

Si vous cherchez les arrêts de minibus pour quitter Nakhon, guettez les petits bureaux sur les côtés des routes du centre-ville (il se peut qu'il y ait des minibus et des passagers en attente – ou pas). Mieux vaut se renseigner, car chaque destination a son propre point de départ. Les minibus pour Krabi et Don Sak sont regroupés – attention à monter dans le bon. Les arrêts sont disséminés autour de Th Jamroenwithi, Th Wakhit et Th Yommarat.

Trains Deux trains partent chaque jour de Bangkok pour Nakhon (arrêts à Hua Hin, Chumphon et Surat Thani). Ce sont des trains de nuit de 12 heures partant à 17h35 et 19h15. Ces trains continuent vers Hat Yai et Sungai Kolok.

Comment circuler

Des *sŏrng·tăa·ou* sillonnent Th Ratchadamnoen et Th Si Thammasok du sud au nord pour 10 B (un peu plus la nuit). Pour une course en moto-taxi, comptez au minimum 20 B et jusqu'à 50 B pour de plus longues distances.

PROVINCE DE SONGKHLA

Les deux grands centres commerçants de la province, Hat Yai et Songkhla, sont habituellement épargnés par les turbulences politiques que subissent les villes situées plus au sud. Les voyageurs qui osent s'y aventurer se sentiront bien seuls sur les marchés locaux, mais pourront se régaler d'une cuisine fusion thaïlando-musulmane et se détendre dans la douce brise des plages.

Songkhla et ses environs

สงขลา

90 800 HABITANTS

En dépit de son cadre exceptionnel, la “belle cité entre deux mers” connaît une faible fréquentation touristique étrangère. Bien qu'épargnée par les violences des séparatistes musulmans qui touchent les provinces situées plus au sud, cette ville au rythme paisible en subit néanmoins la mauvaise presse. C'est bien dommage, car il s'agit de la dernière ville sûre où l'on peut découvrir la culture particulière de cette région musulmane. La population se compose de Thaïlandais, de Chinois et de Malais, une diversité que reflètent l'architecture et la cuisine.

À voir

Musée national MUSÉE

(พิพิธภัณฑสถานแห่งชาติสงขลา ; Th Wichianchom ; entrée 150 B ; 9h-16h mer-dim, fermé les jours fériés). Cet immeuble, qui accueille aujourd'hui le **Musée national**, fut construit dans un style chinois afin d'être la résidence d'une sommité. Le musée est sans doute le plus pittoresque de Thaïlande. Il comporte des expositions d'œuvres de toutes les périodes artistiques thaïes, notamment Srivijaya. Vous y verrez aussi des céramiques chinoises et thaïes et de magnifiques meubles chinois qui ont appartenu à l'aristocratie locale.

Hat Samila PLAGE

(หาดสมิหลา). Si vous n'êtes pas très porté sur les musées, allez à la plage. Depuis quelque temps, la ville entretient plus attentivement l'étendue de sable blanc qui longe Hat Samila et constitue désormais un endroit agréable pour flâner ou lancer un cerf-volant (une activité très prisée). À l'extrémité nord de la plage, sur un rocher, une **statue de sirène** tord sa longue chevelure pour en récupérer l'eau et l'offrir à Mae Thorani, la déesse hindoue et bouddhique de la Terre. Les habitants lui vouent un culte, ceignent sa taille de tissus colorés et lui frottent la poitrine pour obtenir sa bienveillance. Près de la sirène, les **statues d'un chat et d'un rat** représentent deux îles situées au large (Ko Yo et Ko Losin). Des fragments d'une statue de dragon ont été disposés à travers la ville. Les habitants aiment se retrouver autour de la **tête du Nag** (tête du dragon) qui crache de l'eau dans l'océan, un gage de prospérité et d'eau douce pour leur cité.

Ko Yo ÎLE

(เกาะยอ). Destination prisée pour une journée d'excursion depuis Songkhla, cette île située au milieu du Thale Sap est reliée au continent par des ponts. Elle est réputée pour son industrie de tissage du coton. Un marché installé au bord de la route vend des étoffes et des vêtements à des prix très intéressants.

À ne surtout pas manquer lors de la visite de Ko Yo, le **Wat Phrahorn Laemphor** et son Bouddha allongé. Jetez un œil au **musée du folklore Thaksin** (0 7459 1618 ; entrée 100 B ; 8h30-16h30) qui œuvre activement à la promotion et la préservation de la culture régionale. Ses pavillons, érigés dans le style des habitations du sud de la Thaïlande, présentent des objets d'art et d'artisanat locaux, ainsi que des ustensiles traditionnels.

Nous vous conseillons les activités suivantes si vous avez des enfants :

Songkhla Zoo ZOO

(สวนสัตว์สงขลา ; Khao Rup Chang ; adulte/enfant 30/5 B ; 9h-18h). Craquer devant les bébés tigres.

Songkhla Aquarium AQUARIUM

(สงขลาอะควาเรียม ; www.songkhlaaquarium.com ; adulte/enfant 150/80 B ; 9h-17h mer-lun). Admirez un poisson-clown dans ce nouvel aquarium clinquant.

Où se loger et se restaurer

Les hôtels de Songkhla sont généralement moins chers que dans le reste du golfe, ce qui permet aux voyageurs à petit budget de s'offrir un meilleur confort sans se ruiner.

Pour des fruits de mer de qualité, rejoignez la route qui passe devant le BP Samila Beach Hotel, où le meilleur restaurant occupe le rond-point. Si vous aimez la cuisine des marchés, vous trouverez un endroit pour vous régaler chaque jour de la semaine. Le dimanche, essayez les étals animés dressés tout autour du Pavilion Hotel. Le lundi, le mardi et le mercredi, un marché de nuit (ouvert jusqu'à 21h environ) s'installe près de l'usine de poisson et de la gare routière. Le marché du vendredi matin se tient en diagonale de l'hôtel de ville.

BP Samila Beach Hotel HÔTEL $$

(0 7444 0222 ; www.bphotelsgroup.com ; 8 Th Ratchadamnoen ; ch 1 680-2 500 B ;). Véritable point de repère dans cette ville désuète, l'établissement le plus sélect de Songkhla est une excellente affaire, avec des prestations qui seraient facturées près du double sur les îles. Le bâtiment du front de mer abrite de vastes chambres avec réfrigérateur, TV par satellite et une vue somptueuse sur la mer ou la montagne.

Green World Palace Hotel HÔTEL $$

(0 7443 7900-8 ; 99 Th Samakisukson ; ch 1 000-1 200 B ;). Voici la preuve que l'hôtellerie à Songkhla affiche des prix imbattables. Cet établissement chic est pourvu de lustres, d'un escalier en spirale dans le hall et d'une piscine au 5e étage avec vue imprenable. Les chambres sont impeccables et dotées de tout le confort moderne d'un hôtel deux fois plus cher.

Khao Noy SPÉCIALITÉS DE CURRYS $
(☎0 7431 1805 ; 14/22 Th Wichianchom ; plats 30-50 B ; ⏲petit-déj et déj jeu-mar). Le restaurant de currys le plus réputé de Songkhla propose une incroyable variété d'authentiques currys méridionaux, soupes, plats sautés et salades. Repérez la vitrine contenant plusieurs plats en inox remplis de nourriture, juste au sud du bâtiment bleu ciel de la Chokdee Inn.

Renseignements

On trouve des banques partout en ville.

Consulat d'Indonésie (☎0 7431 1544 ; Th Sadao)

Consulat de Malaisie (☎0 7431 1062 ; 4 Th Sukhum)

Police (☎0 7432 1868 ; Th Laeng Phra Ram). Nord du centre-ville.

Poste (Th Wichianchom). En face du marché ; vous pouvez passer des appels internationaux à l'étage.

Comment s'y rendre et circuler

Trains Songkhla dépend de Hat Yai, d'où sont desservies la majorité des destinations longue distance du Sud (les trains ne passent plus par la ville).

Bus La gare routière publique se situe à quelques centaines de mètres au sud du Viva Hotel. Trois bus de 2e classe partent tous les jours pour Bangkok, via Chumphon, Nakhon Si Thammarat, Surat Thani, et d'autres localités. De Th Ramwithi, des bus et des minibus rejoignent Hat Yai en 40 min environ. Des *sŏrng·tăa·ou* pour Ko Yo démarrent du même endroit.

Hat Yai

หาดใหญ่

157 400 HABITANTS

Grande agglomération nichée en plein cœur de la campagne, la ville la plus vivante de la province de Songkhla a longtemps été l'étape favorite des Malais en quête de femmes pour le week-end. Aujourd'hui, Hat Yai accueille à bras ouverts la mondialisation, avec une multitude de centres commerciaux à la mode occidentale où se croisent les jeunes désœuvrés et des femmes d'âge moyen qui vont s'entraîner dans des salles de gym.

En général, les touristes n'ont qu'une vision fugitive de cette activité bourdonnante depuis le train qui les emmène d'un bout à l'autre de la péninsule. Mais ceux qui décident d'explorer Hat Yai découvriront son excellente cuisine (avec plusieurs centaines de restaurants), ses boutiques et son agréable scène nocturne, entre bars paisibles et discothèques animées.

Où se loger et se restaurer

Hat Yai compte des dizaines d'hôtels accessibles à pied depuis la gare ferroviaire. Capitale gastronomique du sud du pays, Hat Yai est réputée pour ses *roti* et ses currys musulmans, ses nouilles chinoises et ses dim sum, ainsi que ses fruits de mer frais pêchés dans le golfe de Thaïlande et la mer d'Andaman et cuisinés à la mode thaïlandaise.

Plusieurs restaurants musulmans sans prétention et bon marché jalonnent Th Niyomrat, entre Niphat Uthit 1 et 2, à partir du Tamrab Muslim. Ils sont ouverts tous les jours de 7h à 21h et servent des repas pour 20 à 60 B.

Le **marché de nuit** (Th Montri 1) propose une multitude de mets locaux. Plusieurs étals vendent le fameux poulet frit à la Hat Yai et les *kà·nŏm jeen* (nouilles fraîches au riz et curry), sans oublier les fruits de mer grillés.

Regency Hotel HÔTEL $$
(☎0 7435 3333-47 ; www.theregencyhatyai.com ; 23 Th Prachathipat ; ch 798-5 680 B ; ❄@≋). Voici le genre d'hôtel majestueux au charme d'antan qui se fait rare aujourd'hui. Les chambres de l'ancienne aile, un peu plus petites (et moins chères), possèdent un bel ameublement en bois, tandis que la nouvelle aile offre de superbes vues.

Sor Hueng 3 THAÏLANDAIS $
(☎08 1896 3455 ; 79/16 Th Thamnoonvithi ; plats 30-120 B ; ⏲dîner). Cette table légendaire possède des succursales dans toute la ville et prépare de délicieuses spécialités sino-thaïlandaises et du sud de la Thaïlande. Il vous suffira de montrer du doigt le plat qui vous plaît ou de choisir une préparation sautée sur sa longue carte.

Renseignements

Bureau de la TAT (tatsgkhla@tat.or.th ; 1/1 Soi 2, Th Niphat Uthit 3). Ses employés très serviables parlent parfaitement anglais et fournissent des tonnes d'informations sur la région.

Bureau de l'immigration (Th Phetkasem). Près du pont ferroviaire, il s'occupe des prorogations de visas.

Police touristique (Th Niphat Uthit 3 ; ⏲24h/24). Près du bureau de la TAT.

Depuis/vers Hat Yai

Avion

Thai Airways International (THAI ; 182 Th Niphat Uthit 1) propose 8 vols par jour entre Hat Yai et Bangkok.

Aujoud'hui, la quasi-totalité des compagnies low cost gèrent des vols vers et depuis Bangkok :
Air Asia (www.airasia.com). Vols quotidiens depuis Hat Yai vers Bangkok et Kuala Lumpur.
Nok Air (www.nokair.com). Vols quotidiens entre Hat Yai et l'aéroport Don Muang de Bangkok.

Bus

La plupart des bus interprovince et des minibus vers le Sud partent de la gare routière qui se situe à 2 km au sud-est du centre-ville. Le départ des minibus pour le nord s'effectue de la gare routière de Talat Kaset, à 5 km à l'ouest de la ville. Vous pouvez la rejoindre en *túk-túk* pour 60 B depuis le centre-ville. Les bus relient Hat Yai et presque toutes les villes du sud du pays.

Prasert Tour (Th Niphat Uthit 1) assure des liaisons par minibus vers Surat Thani (4 heures 30, de 8h à 17h). **Cathay Tour** (93/1 Th Niphat Uthit 2) peut également faire circuler des minibus vers beaucoup de destinations du Sud.

Train

Il y a 4 trains de nuit par jour depuis et vers Bangkok. Le trajet dure au moins 16 heures. Sept trains quotidiens longent la côte est vers Sungai Kolok. Deux autres remontent la côte ouest jusqu'en Malaisie à Butterworth et Padang Besar.

La gare abrite un guichet de réservation et une consigne ouverts tous les jours de 7h à 17h.

Comment circuler

Un **Airport Taxi Service** (☎0 7423 8452 ; 182 Th Niphat Uthit 1) assure le trajet depuis l'aéroport quatre fois par jour (80 B par personne, 6h45, 9h30, 13h45 et 18h). Comptez 280 B pour prendre un taxi privatif.

Des *sŏrng·tăa·ou* roulent sur Th Phetkasem (10 B/pers). Vous pouvez prendre un *túk-túk* ou un moto-taxi pour 20 à 40 B par personne.

EXTRÊME SUD

Yala

ยะลา

65 000 HABITANTS

Isolée dans les terres, Yala ne ressemble pas aux villes voisines. Ses larges boulevards et son quadrillage de rues bien délimité lui confèrent un air distinctement occidental, surtout depuis qu'elle est devenue une ville essentiellement universitaire.

La principale curiosité de Yala est le **Wat Kuha Pi Muk** (aussi appelé Wat Na Tham ou Temple devant la grotte), à 8 km à l'ouest de la ville sur la route de Hat Yai (Route 409). Ce temple troglodytique de la période de Srivijaya abrite un bouddha couché datant de l'an 757. La statue d'un géant en garde l'entrée. À l'intérieur, de petites ouvertures naturelles dans le plafond laissent filtrer les rayons du soleil, qui éclairent les peintures rupestres anciennes sur les parois de la grotte. Wat Kuha Pi Muk est l'un des lieux de pèlerinage bouddhistes les plus importants du sud du pays.

Pour changer de décor, allez admirer la plus grande boîte aux lettres de Thaïlande, élevée dans la commune de Betong en 1924. Betong est un point de passage légal mais peu pratique vers la Malaisie. Contactez le **bureau de l'immigration** de Yala (☎0 7323 1292) ou référez-vous à l'encadré p. 235 pour plus d'informations.

Où se loger et se restaurer

La faible présence des touristes permet d'obtenir une chambre confortable pour un prix modique.

Chang Lee Hotel HÔTEL $
(☎0 7324 4600 ; www.yalasirichot.4t.com ; 318 Th Sirirot ; s et d 400-460 B ; ❄). À 15 minutes à pied de la gare ferroviaire, le Chang Lee loue des chambres somptueuses conçues pour une clientèle d'affaires. Il propose un club de karaoké et un café.

Bien qu'elle soit éloignée de la mer, la ville de Yala compte d'excellents restaurants de fruits de mer, dont plusieurs sont regroupés autour de Th Pitipakdee et de Th Sribumrung. Les étals servant des plats de riz et de nouilles sont nombreux près de la gare ferroviaire.

Comment s'y rendre et circuler

Des bus pour Hat Yai (100 B, 2 heures 30) s'arrêtent plusieurs fois par jour dans Th Siriros, devant le bureau de Prudential TS Life.
De l'autre côté de la rue se trouve l'arrêt des bus courte et moyenne distance à destination du nord. La gare ferroviaire de Yala propose 4 départs par jour pour Bangkok (de 193 à 1 675 B, 18 à 22 heures de trajet) et 7 départs pour Sungai Kolok (de 41 à 917 B, de 2 à 3 heures)

Pattani

ปัตตานี

118 000 HABITANTS

À l'image d'un enfant rebelle qui refuse d'être commandé, Pattani ne s'est jamais vraiment soumise au pouvoir thaïlandais. Elle était autrefois le centre d'une vaste principauté musulmane qui comprenait les provinces de Yala et de Narathiwat. Si la situation politique actuelle freine le développement de la région, Pattani a commercé pendant 500 ans avec les plus grandes puissances impériales. Les Portugais y ont créé un comptoir marchand en 1516, les Japonais sont arrivés en 1605, les Hollandais en 1609, et les Britanniques ont essayé d'imposer leur pouvoir colonial en 1612.

Malgré son passé intéressant, Pattani n'a pas grand-chose à offrir si ce n'est un accès aux plages convenables des environs. Malheureusement, à cause de l'insurrection qui y sévit (voir l'encadré p. 232), la plupart de ces destinations ne sont pas sûres pour les voyageurs isolés.

À voir

Le Mae Nam Pattani (fleuve Pattani) sépare la ville ancienne, à l'est, du secteur moderne, à l'ouest. Th Ruedi compte quelques vestiges architecturaux du vieux Pattani, dans le style sino-portugais jadis très répandu dans cette région du sud de la Thaïlande. Th Arnoaru regroupe plusieurs demeures de style chinois très anciennes, mais presque intactes.

Deuxième plus grande mosquée du pays, **Matsayit Klang** (Th Naklua Yarang) est un édifice traditionnel vert et reste probablement la plus importante mosquée du Sud. Elle a été construite dans les années 1960.

Si le climat politique s'adoucissait, Pattani pourrait devenir l'une des meilleures destinations du Sud pour les plages. Malheureusement, il est pour le moment impossible de découvrir une grande partie de la région sans prendre des risques, alors que l'on trouve de nombreuses plages parfaitement sûres au nord.

Les habitants fréquentent **Laem Tachi**, un cap sablonneux qui s'avance dans la mer à la lisière nord d'Ao Pattani. Un bateau-taxi vous y conduira depuis l'embarcadère de Pattani. **Hat Talo Kapo**, à 14 km à l'est de Pattani, près de Yaring Amphoe, est un autre lieu réputé. Bien qu'il se trouve dans la province de Songkhla, le **district de Thepha**, à 35 km au nord-ouest de Pattani, est la destination plage la plus développée accessible dans les environs. Vous y trouverez quelques complexes assez vieillots qui accueillent surtout des Thaïlandais de la classe moyenne. À **Hat Soi Sawan**, près de la frontière Songkhla-Pattani, plusieurs familles ont installé des restaurants le long de la plage pour les visiteurs du week-end. Pour rejoindre Thepha, prenez n'importe quel bus en direction de Songkhla à Pattani (ou l'inverse) et donnez le nom de votre hôtel ; le chauffeur vous déposera sur le côté de la route, d'où vous rejoindrez rapidement la plage à pied.

Où se loger et se restaurer

PATTANI

CS Pattani Hotel HÔTEL $$
(☎0 7333 5093 ; www.cspattanihotel.com ; 299 Moo 4, Th Nong Jik ; ch/ste petit-déj compris 1 000-1 500/2 500-3 500 B ; ❄@🛜🏊). Magnifique hall colonial, deux piscines, excellent restaurant, sauna... Voilà qui devrait vous plaire. À 2 km à l'ouest du centre-ville.

Palace Hotel HÔTEL $
(☎0 7334 9171 ; 10-12 Pipit Soi Talattewiwat 2 ; ch 200-700 B ; ❄). Malgré son emplacement dans un *soi* crasseux près du marché, il propose des chambres – en particulier celles des premiers étages, climatisées – propres et confortables.

Satay Jao Kao MUSULMAN-THAÏLANDAIS $
(37/20 Th Udomwithi ; plats 20-30 B ; ⏲10h-18h) Son bon restaurant en plein air sert un *satay* de bœuf à la mode locale, avec des cubes de riz et une sauce sucrée. D'autres restaurants de Th Udomwithi sont très appréciés pour leur cuisine musulmane.

DISTRICT DE THEPHA

Sakom Cabana RESORT $$
(☎0 7431 8065 ; 136 Moo 4, Tambon Sakom ; ch 600-800 B ; ❄). À 40 km de Pattani, ce complexe rudimentaire regroupe plusieurs jolis bungalows de bois en duplex dans un espace bien tenu, à deux pas de la plage.

Renseignements

Plusieurs banques officient à l'extrémité sud-est de Th Pipit, près de l'intersection avec Th Naklua Yaran.

Cybercafé (angle Th Pipit Talattewiwat 2 et Th Pipit ; 20 B/h). Près du Palace Hotel.

Pattani Hospital (☎0 7332 3411-14 ; Th Nong Jik)

Police (☎0 7334 9018 ; Th Pattani Phirom)

Comment s'y rendre et circuler

Les minibus sont le mode de transport le plus commun de la région. Départs fréquents vers Hat Yai (100 B, 1 heure 30), Narathiwat (100 B, 2 heures), Songkhla (90 B, 1 heure 30) et Sungai Kolok (130 B, 2 heure 30) à partir de différents terminaux dans Pattani. Votre hôtel pourra vous donner la liste des points de départ. Les bus vers Bangkok (de 594 à 1 187 B, 15 à 16 heures) partent de la gare derrière l'hôtel CS Pattani.
Des taxis locaux peuvent vous emmener en ville pour 10 B par personne.

LES TROUBLES DANS L'EXTRÊME SUD

La frontière de l'extrême Sud du pays se situe dans un paysage luxuriant… et violent. Les trois provinces de cette zone ont été conquises par le royaume du Siam il y a plus d'un siècle. Elles sont aujourd'hui le terrain d'une violence insurrectionnelle qui vise à obtenir l'indépendance.

Les séparatistes armés veulent ressusciter l'ancien sultanat musulman de "Patani". Les croyances islamiques ont été importées dans la région, et dans la plus grande partie de l'archipel malaiso-indonésien, au XIIIe siècle par des marchands arabes. Le royaume a perduré pendant 500 ans, jusqu'en 1902, alors conquis par le Siam bouddhiste et partagé en trois provinces : Yala, Narathiwat et Pattani, ainsi qu'une partie de Satun.

L'extrême Sud ne s'est jamais réellement intégré au pays. Après quelques années de paix, dans les années 1980 et 1990, le mouvement d'indépendance est aujourd'hui plus vif que jamais.

On compte 4 600 morts depuis 2004. Cette année a vu la recrudescence des violences. Malgré les tentatives semi-secrètes de paix entre les séparatistes et l'armée royale thaïlandaise, il y a peu d'espoir que le conflit cesse prochainement.

Les assassinats sont quotidiens. Sur place, les opérations-chocs sont comparables à celles perpétrées par les insurgés en Irak ou au Pakistan. Des moines et des enfants sont souvent décapités. Les professeurs, considérés comme les agents de l'assimilation culturelle, sont abattus sur le chemin de l'école. Des fermiers sont fusillés au AK-47, simplement parce qu'ils ont de bonnes relations avec leurs voisins bouddhistes.

Les attaques sont de plus en plus sophistiquées. Avant, les bombes placées au bord de la route étaient fabriquées à partir de boîtes en plastique, d'explosif C-4 et de clous rouillés. Aujourd'hui, les séparatistes sont capables de concevoir des détonateurs télécommandés et fomentent des attaques complexes : les civils malchanceux en sont les premières victimes, puis les équipes de démineurs sont piégées par une deuxième série d'explosions.

Qu'est-ce qui pousse les insurgés à agir ainsi ? Selon les séparatistes, ils se doivent de résister aux "infidèles siamois" qui les forcent à embrasser la culture bouddhiste. En 1939, l'État thaïlandais a décidé de fermer toutes les écoles islamiques et les tribunaux de la charia coranique. Le dialecte local, le yawi, est interdit dans les organes officiels. Les habitants déplorent que le personnel "importé" de certains bureaux gouvernementaux ne parle pas leur langue.

L'armée a également mis en place un "état d'urgence", une loi martiale en somme : les droits des personnes interpellées sont limités. Des groupes musulmans affirment que certains de leurs hommes sont injustement accusés et ne reviennent jamais chez eux. Les positions de pouvoir, de l'armée à la police en passant par le maire, sont généralement occupées par des bouddhistes thaïlandais et non des musulmans du Sud.

Deux scandales au sein de l'armée ont renforcé le sentiment de mépris envers l'État thaïlandais : les événements de Tak Bai et de Krue Sae en 2004. À Tak Bai (Narathiwat), quelque 80 protestataires musulmans de la ville ont été regroupés et enfermés dans un camion jusqu'à l'asphyxie. Dans le deuxième cas, des troupes ont pris d'assaut une mosquée de Pattani, Krue Sae, et abattu plus de 30 insurgés présumés. Ces derniers n'avaient que des couteaux et un seul revolver. L'armée soutient qu'il s'agit d'accidents.

Les séparatistes sont uniquement liés par un strict code de silence. Les soldats thaïlandais affirment que l'insurrection s'apparente à un combat contre des fantômes. Les "Moudjahidins de Pattani", autoproclamés, ne gèrent pas un réseau centralisé, mais un ensemble de cellules, basées dans les villages, qui opèrent de manière indépendante.

Ces différents groupes de résistance partagent des idéaux communs mais n'ont pas de leader unique. Les chiffres varient, mais l'on estime que ces réseaux contrôlent près de 8 000 séparatistes. Revendiquant rarement leurs attaques, ils préfèrent rester silencieux et optent plutôt pour des tracts laissés autour des corps des victimes. Un de leurs mots d'ordre : "Soyez violent. Attaquez les bouddhistes thaïlandais. Nous savons qu'ils n'aiment pas la violence et vénèrent la paix. Quand ils ne pourront plus tenir debout, ils finiront par se rendre."

Ces assassinats ont poussé nombre de bouddhistes à s'enfuir. La "zone rouge" de l'armée est jonchée des ruines de bâtiments gouvernementaux, et même de routes postales. Les moines n'osent plus circuler sans être accompagnés de soldats armés. Selon certains experts, 25% des villages de la région seraient aux mains des insurgés.

L'insurrection reste confinée à l'extrême Sud, ce qui permet d'expliquer pourquoi le conflit est assez méconnu. Les séparatistes ne visent pas les plages bon marché de Krabi, les hôtels de Phuket ni même Bangkok, le cœur de l'autorité thaïlandaise, ce qui aurait des répercussions désastreuses sur les Thaïlandais et les touristes. Ils ne semblent pas non plus vouloir se lier à al-Qaïda ou aux formations islamiques terroristes du Pakistan ou d'Indonésie.

L'un des membres fondateurs du plus ancien groupe d'insurgés, le Patani United Liberation Organization, a insisté sur l'indépendance de l'insurrection et affirme – bien que parlant au nom d'une seule faction – que les insurgés, une fois l'insurrection terminée, accueilleront les voyageurs occidentaux sur les plages immaculées de Patani.

Pour l'instant, la violence ambiante a mis un frein au tourisme dans la région. Même si les séparatistes disent s'en prendre uniquement aux bouddhistes thaïlandais et à leurs sympathisants musulmans, les bombes placées sur les marchés tuent indistinctement. Les hôtels qui pourraient accueillir des touristes sont eux aussi la cible d'attentats visant les officiers de haut rang qui y séjournent.

Les seuls touristes sont des Malaisiens du Nord en quête d'alcool et de rencontres tarifées, qui viennent dans le Sud, malgré les explosions qui se sont produites devant des boîtes de nuit douteuses.

Peu importe le nombre de victimes, les "Moudjahidins de Pattani" ont un objectif : créer un État islamique indépendant.

Bien que la plupart des Thaïlandais considère que l'extrême Sud est sur une autre planète, un fort sens du nationalisme est enseigné dans les écoles du pays. Cela a créé des générations de personnes qui n'envisagent pas de perdre une partie de leur territoire. Un personnage public qui se déclarerait prêt à céder cette région risquerait un suicide politique. La presse de Bangkok publie chaque jour le compte des victimes. Pourtant, les citoyens ne font guère cas des séparatistes, convaincus que l'insurrection ne dépassera jamais l'extrême Sud.

Les insurgés et leurs sympathisants gardent l'espoir – raisonnable mais lointain – qu'ils obtiendront une forme d'autonomie car il est peu probable que les Thaïlandais cèdent. Le bruit court que des rendez-vous secrets entre des militaires thaïlandais et des séparatistes ont eu lieu à la fin des années 2000. Toutefois, l'armée perd toute confiance chaque fois que les chefs insurgés tentent de prendre le dessus en déclarant des cessez-le-feu qui ne sont pas respectés par leurs membres sur place.

Et puis l'armée doit résoudre une question épineuse : comment négocier avec un réseau qui n'a pas de chef ?

Patrick Winn, correspondant en Asie du Sud-Est de l'agence de presse Global Post.

Faut-il s'y rendre ?

Il est possible de visiter la région. Cependant, l'insurrection a gravement nui au tourisme, si bien que les infrastructures, hôtels, restaurants, transports et activités, sont rares. Cela ajouté à la menace de la violence, il n'est donc pas recommandé d'aller visiter ces plages désertes et immaculées qui pourraient tenter les voyageurs.

À ce jour, les touristes n'ont pas été pris pour cible mais les frappes peuvent avoir lieu n'importe où. Il est donc difficile de prédire la suite des événements. Les autorités conseillent de contacter la police touristique locale (TAT) si vous souhaitez visiter la région afin d'en savoir plus sur la situation. La TAT sera probablement pessimiste. En général, il est déconseillé de se déplacer à Pattani et Narathiwat tôt le matin ou le soir, et de voyager seul en moto de location. Il est préférable de ne pas s'attarder en ville autour des motos stationnées. Elles ont déjà été utilisées pour transporter des bombes contrôlées à distance.

Austin Bush, auteur de la section "Extrême Sud " de ce chapitre

Narathiwat นราธิวาส

109 000 HABITANTS

Sur les rives de la rivière Bang Nara, Narathiwat est probablement la plus grande ville musulmane de Thaïlande. Certains édifices sino-portugais près de la rivière ont plus d'un siècle. Il y a aussi plusieurs plages à la lisière de la ville. Malheureusement, l'insécurité qui règne dans cette région (voir encadré p. 232) a fortement nui au tourisme local déjà faible. Renseignez-vous bien sur l'actualité locale avant de vous y rendre.

À voir

En bois et de style de Sumatra, la mosquée **Matsayit Klang** est située au sud de Th Pichitbamrung. On dit qu'elle a été construite par un prince de l'ancien royaume Pattani il y a plus de 100 ans.

Juste au nord de la ville, **Hat Narathat** est une étendue de sable longue de 5 km et bordée de pins qui fait office de parc public pour les habitants. La plage ne se trouve qu'à 2 km du centre-ville et vous la rejoindrez aisément à pied ou prendrez un *săhm·lór*. À 5 km au sud de Narathiwat, **Ao Manao** était autrefois une destination populaire auprès des baigneurs, mais est aujourd'hui devenu le repaire favori des pêcheurs.

La plus grande représentation du Bouddha assis du sud de la Thaïlande se trouve au **Wat Khao Kong**, à 6 km au sud-ouest en direction de la gare ferroviaire de Tanyongmat. Longue de 17 m et haute de 24 m, l'effigie en béton armé est recouverte de minuscules mosaïques dorées qui étincellent au soleil.

Où se loger et se restaurer

L'essentiel de l'hébergement se trouve dans Th Puphapugdee et les rues alentour, le long du Bang Nara.

Tanyong Hotel HÔTEL $$
(☎0 7351 1477 ; 16/1 Th Sophaphisai ; ch petit-déj compris 900-1 700 B ; ❄📶). Il y a quelques années, le Tanyong était l'hôtel le plus cossu de la ville. Avec le temps, il est devenu pratique et satisfaisant mais un peu cher.

Ocean Blue Mansion HÔTEL $
(☎0 7351 1109 ; 297 Th Puphapugdee ; ch 350-1 500 B ; ❄). Cet hôtel/appartement est le seul de la ville qui profite réellement de la vue sur la rivière. Les chambres sont équipées d'un grand réfrigérateur et du câble.

Jay Sani THAÏLANDO-MUSULMAN $
(50/1 Th Sophaphisai ; plats 30-60 B). Les habitants apprécient son excellente cuisine thaïlando-musulmane. Indiquez du doigt le curry ou le plat sauté de votre choix, mais ne manquez pas de goûter à la succulente soupe au bœuf.

Ang Mo THAÏLANDAIS, CHINOIS $
(Angle de Th Puphapugdee et Th Chamroonnara ; plats 30-80 B ; ⊙déj et dîner). Ce restaurant chinois extrêmement populaire est à la fois bon marché et succulent. Des membres de la famille royale thaïlandaise y ont dégusté un repas.

Renseignements

Le **bureau de la Tourism Authority of Thailand** (TAT ; ☎centre d'appels national 1672, Narathiwat 0 7352 2411) est situé à quelques kilomètres au sud de la ville, de l'autre côté du pont sur la route vers Tak Bai.

S'y rendre et circuler

Air Asia (☎centre d'appels national 02 515 9999 ; www.airasia.com ; aéroport de Narathiwat) et **Nok Air** (☎centre d'appels national 1318 ; www.nokair.co.th ; aéroport de Narathiwat) proposent un vol quotidien depuis et vers Bangkok (à partir de 1 790 B, 90 min).

Les bus climatisés pour Bangkok et Phuket et la plupart des minibus partent désormais du terminal des bus (☎0 7351 1552) situé à 2 km au sud de la ville, dans Th Rangae Munka. Les bus pour Phuket (530 B, 12 heures), qui arrivent de Sungai Kolok, passent par Narathiwat trois fois par jour (7h, 9h et 18h30) et continuent leur route via Pattani, Hat Yai, Songkhla, Trang, Krabi et Phang-Nga. Les bus pour Bangkok (669-1 296 B, 15 heures) comptent plusieurs départs par jour.

Les minibus à destination de Hat Yai (150 B, 3 heures), Pattani (100 B, 2 heures), Songkhla (150 B, 2 heures), Sungai Kolok (70 B, 1 heure) et Yala (100 B, 1 heure 30) partent habituellement toutes les heures, de 5h à 17h.

Narathiwat est suffisamment petite pour être parcourue à pied, même si les motos-taxis ne facturent que 20 B par course.

Sungai Kolok สุไหงโกลก

70 000 HABITANTS

Narathiwat est la capitale officielle de la province. Elle fait pourtant pâle figure face à Sungai Kolok, bien plus grande et clinquante. Cette ville frontalière sans âme est le principal point de passage côtier du sud entre la Malaisie et la Thaïlande. L'économie repose avant tout sur le commerce à la frontière et les Malaisiens en week-end souvent à la recherche de sexe. Chaque soir, les bars florissants de *soi* Phuthon et du petit boulevard derrière l'hôtel Marina s'animent. En comparaison, Pattaya et Patong ont l'air bien tranquilles.

Où se loger et se restaurer

En matière d'hébergement, le choix est vaste, mais la plupart des hôtels louent leurs chambres "à l'heure".

Malheureusement, Sungai Kolok n'est pas une destination rêvée pour la cuisine. Et ce, malgré le mélange des cultures et l'aspect touristique de la région. Un petit **marché de nuit** se tient près du bureau de l'immigration. Vous trouverez des mets délicieux et bon marché sur les étals du centre dont les enseignes sont en chinois seulement.

Genting Hotel HÔTEL **$$**
(☎0 7361 3231 ; 250 Th Asia 18 ; ch 620-720B, ste 1 520 B ; ❄📶🏊). Destiné à une clientèle de conférenciers, cet hôtel possède un pub et un bar à karaoké. Il compte quelques bonnes chambres de catégorie moyenne, à l'écart des quartiers peu engageants.

Merlin Hotel HÔTEL **$**
(☎0 7361 8111 ; 68 Th Charoenkhet ; ch 480-700 B ; ❄). Le hall d'entrée est trompeur : les chambres sont très sobres. Très bon hôtel si vous cherchez une chambre bon marché avec vue.

Renseignements

En plus de celui situé à la frontière, un second **bureau de l'immigration** (☎0 7361 1231 ; Th Charoenkhet ; ⌚8h30-16h30 lun-ven) est installé en face de l'hôtel Merlin. Vous trouverez également un poste de la police touristique à la frontière. La ville possède un grand nombre de banques dotées de DAB, ainsi que des guichets de change, ouverts aux mêmes horaires que la frontière.

CS Internet (Th Asia 18 ; 20 B l'heure ; ⌚10h-21h). En face du Genting Hotel.

Depuis/vers Sungai Kolok

Bus et minibus

De la gare routière longue distance (☎0 7361 2045), à l'est du centre-ville, 3 bus climatisés partent chaque jour entre 21h et 22h pour rejoindre Bangkok en 18 heures (720-1 400 B). Il existe 2 services matinaux à destination de Phuket (580 B), avec un arrêt à Krabi (460 B). Les minibus pour Narathiwat (80 B, 1 heure) démarrent à la demie de chaque heure en face de la gare ferroviaire. Les minibus pour Pattani (130 B, 2 heures 30), Yala (90 B) et Hat Yai (180 B, 4 heures) partent toutes les heures, en journée, d'un arrêt en face du Genting Hotel.

Train

Deux trains quotidiens font le trajet entre Sungai Kolok et Bangkok (de 200 à 1 753 B, environ 20 heures, départs à 11h30 et 14h20). Des trains locaux s'arrêtent également à Surat Thani, Nakhon Si Thammarat et Hat Yai. Contacter la compagnie des chemins de fer publics, **State Railway of Thaïlande** (☎centre d'appels national 1690 ; www.railway.co.th), pour connaître les horaires et les tarifs des autres destinations, ou se référer au site Internet.

Comment circuler

Des motos-taxis arpentent la ville. Comptez environ 30 B pour le trajet du centre-ville à la frontière.

TRAVERSER LA FRONTIÈRE : DE SUNGAI KOLOK À RANTAU PANJANG

La **frontière** thaïlandaise (⌚5h-21h) se situe à 1 km du centre de Sungai Kolok ou de la gare ferrovière. Une fois les formalités effectuées, vous pourrez traverser le pont vers le poste frontalier malaisien puis vous rendre dans un centre de transport informel. De là, vous pourrez soit partager un taxi pour environ 8 MYR par personne (environ 80 B) ou en prendre en solo (autour de 40 MYR). Le trajet dure 40 minutes. Des bus mènent également à Bharu en 1 heure pour 4,50 MYR.

Vous pouvez continuer vers le sud et emprunter le "train de la jungle". La gare la plus proche reste Pasir Mas sur la route de Kota Bharu. Des taxis et des bus vous y déposeront.

Tak Bai, situé également dans la province de Narathiwat, et Betong, plus au sud de Yala, sont aussi des points de passage légaux pour les touristes étrangers. Cela dit, Sungai Kolok-Rantau Panjang est le point de passage le plus pratique de la région car il possède de nombreux transports et infrastructures.

Phuket et le nord de la côte d'Andaman

Dans ce chapitre »

Le top des restaurants

- Rum Jungle (p. 253)
- Ka Jok See (p. 248)
- Tatonka (p. 266)
- Mama's Restaurant (p. 284)
- Cook (p. 248)

Le top des hébergements

- Six Senses Hideaway (p. 289)
- Mom Tri's Villa Royale (p. 253)
- Twin Palms (p. 263)
- Phuket 346 (p. 247)
- Nangthong Beach Resort (p. 283)

Pourquoi y aller

Que vous rêviez d'une villa d'architecte ou d'une cabane en bambou, le nord de la côte d'Andaman, baigné de somptueuses eaux turquoise, comblera vos désirs. À l'extrémité sud, la province de Phuket montre ses chatoyants atours. Dans ses hôtels cinq étoiles, posés comme des bijoux sur des plages de sable blanc, on s'adonne le jour aux sports nautiques ou aux plaisirs du spa, et la nuit à la fête. À l'extrême nord, Ranong, ville frontière aux rues poussiéreuses, rassemble Thaïs et Birmans. Si vous parcourez les 300 km qui séparent Ranong et Phuket, vous découvrirez le charme de la région : villages musulmans et moken sur pilotis, falaises de karst, luxuriantes forêts de mangroves, belles envolées d'hirondelles… et, bien sûr, des complexes hôteliers luxueux et des baies enchanteresses troublées seulement par le vrombissement des Jet-Skis.

Quand y aller

Durant la saison des pluies, de mai à octobre, la houle est idéale pour le surf, et les hôtels qui ne sont pas fermés proposent d'importantes remises sur leurs tarifs. La fête végétarienne, à la fin septembre ou en octobre, est l'occasion d'impressionnants défilés de fidèles au visage percé, de pétarades incessantes et d'excellents mets végétariens.

La haute saison touristique court de décembre à janvier. Les prix sont élevés et mieux vaut réserver son hébergement et ses transports.

PROVINCE DE PHUKET

L'île de Phuket, la plus grande du pays, est si étendue que l'on a rarement l'impression d'être entouré d'eau. C'est peut-être pour cela que le préfixe "*ko*" ("île" en thaï) a été abandonné. Surnommée la "Perle d'Andaman" par les tour-opérateurs, Phuket est *la* destination thaïlandaise pour des vacances au soleil.

Patong, "ville du péché", est la principale agglomération de Phuket, et sa plage est la plus fréquentée. Les go-go bars font partie du paysage nocturne et, après une soirée bien arrosée, les vacanciers se dorent la pilule toute la journée sur la plage.

Mais Phuket est plus que tout une destination de luxe très à la mode : la jet-set, plus présente que jamais, y vient pour des sessions de massages thaïlandais haut de gamme avant de boire des cocktails à grands traits lors de soirées huppées. Toutefois, nul besoin d'être né avec une cuillère d'argent dans la bouche pour venir à Phuket : la plongée en haute mer, les restaurants de qualité et les plages de sable fin sont de nature à satisfaire tout un chacun.

Activités

Plongée et snorkeling

Phuket jouit d'une position idéale pour accéder aux meilleurs sites de plongée de la côte d'Andaman. Les îles Similan, très prisées, sont situées au nord, tandis que des dizaines de spots vous attendent au sud, autour de Ko Phi Phi (p. 299) et Ko Lanta (p. 323). Naturellement, vous paierez un peu plus cher le trajet jusqu'à ces sites impressionnants, mais un peu éloignés, car un extra est maintenant demandé pour le gasoil du bateau. La plupart des centres de plongée de Phuket emmènent les plongeurs vers neuf spots corrects mais moins saisissants situés autour de l'île, comme Ko Raya Noi (ou Ko Racha Noi) et Ko Raya Yai (ou Ko Racha Yai). Le récif au large de la pointe sud de Raya Noi est le meilleur site. Profond, il est particulièrement adapté aux plongeurs expérimentés. Les coraux s'accrochent aux rochers tandis qu'évolue une myriade de poissons pélagiques. Les raies manta et marbrées sont également fréquentes dans cette zone. Avec un peu de chance, on peut même apercevoir un requin-baleine.

Une journée revient à environ 3 500 B pour 2 plongées près de l'île et la location de l'équipement. On peut se joindre à une expédition à un moindre prix si l'on ne plonge pas ou pour faire du snorkeling. Les cours pour le brevet PADI Open Water coûtent environ 15 000 B les 3 jours avec l'équipement.

La côte ouest de Phuket, et plus particulièrement les promontoires rocheux entre les plages, conviennent le mieux au snorkeling. On peut louer masque, tuba et palmes pour quelque 250 B par jour. Comme pour la plongée avec bouteille, les abords des petites îles telles que Ko Raya Yai et Ko Raya No offrent une meilleure visibilité et une faune plus variée.

De décembre à mai, il fait beau et la mer d'Andaman est calme et claire, c'est donc le meilleur moment pour vous jeter à l'eau.

Parmi les centres de plongée sur l'île, nous recommandons :

Sea Fun Divers PLONGÉE
(Hors carte p. 258 ; ☎0 7634 0480 ; www.seafundivers.com ; 29 Soi Karon Nui, Patong). Centre de plongée très pro, aux normes de sécurité et de qualité remarquables, installé au Méridien de Patong et au Katathani Resort (p. 254) à Kata Noi.

Offspray Leisure PLONGÉE, SNORKELING
(☎08 1894 1274 ; www.offsprayleisure.com ; 43/87 Chalong Plaza, Chalong ; excursions à partir de 2 950 B). Ce centre est spécialisé dans des excursions de plongée et de snorkeling en petit groupe, vers les récifs autour de Ko Phi Phi.

Oi's Longtail SNORKELING
(☎08 1978 5728 ; 66 Moo 3, Hat Nai Yang ; circuits 1 600 B). Dans le Bank Restaurant, face au port des *long-tail boats*, un spécialiste des circuits de snorkeling de 2 heures sur les récifs autour de Ko Waeo.

Dive Asia PLONGÉE
(Carte p. 254 ; ☎0 7633 0598 ; www.diveasia.com ; 24 Th Karon, Kata). Dispose d'une autre adresse au 623 Th Karon, près de Hat Karon.

Sports extrêmes

Cable Jungle Adventures TYROLIENNES
(Carte p. 240 ; ☎08 1977 4904 ; 232/17 Moo 8, Th Bansuanneramit ; 1 600 B/pers ; ⌚9h-18h). Dans les collines, surplombant une mosaïque de plantations d'ananas, d'hévéas et de manguiers, ce dédale de tyroliennes relie les falaises à des ficus centenaires. Les lignes sont tendues entre 6 et 23 m au-dessus du sol, la plus longue courant sur 100 m. Chaussures fermées obligatoires.

À ne pas manquer

1 Un séjour dans un complexe-spa de grand luxe à **Phuket** (p. 241)

2 Les nuits débridées de **Patong** (p. 261)

3 Les singes dans la jungle de **Khao Sok** (p. 279)

4 Le kayak sur les eaux d'un vert irréel de la baie d'**Ao Phang-Nga** (p. 287), entre des criques secrètes

5 Le farniente sur la paisible plage de **Ko Phayam** (p. 272)

6 La séduisante architecture sino-portugaise des boutiques, des galeries d'art et des cafés récemment restaurés dans **Phuket-ville** (p. 245)

7 Le snorkeling, la plongée ou simplement l'extase devant les bleus et les verts psychédéliques des **îles Surin** (p. 277) et **Similan** (p. 284)

8 Un séjour dans un village de pêcheurs pour connaître leur culture dans le cadre de programmes de développement communautaires, tel **Andaman Discoveries** (p. 276)

9 Les plaisirs de la plage, du vélo et de la relaxation suprême sans la foule des touristes à **Ko Yao Noi** (p. 288)

PHUKET AVEC DES ENFANTS

Il existe un grand nombre d'activités pour enfants à Phuket. Si l'industrie du sexe a pignon sur rue à Patong (on hésitera à y amener ses enfants), le reste de l'île convient parfaitement aux familles.

Les promenades à dos d'éléphant remportent toujours un grand succès. Les meilleures prestataires se trouvent sur la route de Kata-Hat Nai Han. Pour d'autres rencontres avec les animaux, visitez l'**aquarium de Phuket** (p. 251) et le **Phuket Gibbon Rehabilitation Centre** (p. 268).

Le principal spectacle familial de l'île, le **Phuket Fantasea** (p. 262), compte des animaux, des chansons, des feux d'artifice... et un repas vraiment mauvais. Le tout pour un prix très exagéré.

Pour une sortie vraiment ludique, rendez-vous à l'une des adresses suivantes :

Splash Jungle (carte p. 240 ; ☎0 7637 2111 ; www.splashjunglewaterpark.com ; Mai Khao ; adulte/5-12 ans/moins de 5 ans 1 500/750 B/gratuit). Le plus grand parc aquatique de Thaïlande possède une piscine à vagues, une piscine de jeux (avec godets basculeurs et canons à eau), 12 toboggans pour tous les âges et un sauna avec bar pour les parents. Sans supplément, on viendra vous chercher et on vous raccompagnera à votre hôtel.

Dino Park (carte p. 254 ; ☎0 7633 0625 ; www.dinopark.com ; Th Patak West, Karon ; adulte/enfant 240/180 B ; ⏲10h-24h). Quand le minigolf se donne des airs de Jurassic Park ! Au sud de Hat Kaon, un insolite dédale de grottes, de lagunes, de jardins luxuriants, de statues de dinosaures et, bien sûr, de greens.

Jungle Bungy Jump SAUT À L'ÉLASTIQUE
(Carte p. 242 ; ☎0 7632 1351 ; www.phuketbungy.com ; 61/3 Moo 6, Kathu ; saut 1 600 B). Ouvert depuis 1992 et géré par des Néo-Zélandais, ce centre équipé d'une tour métallique de la hauteur d'un immeuble de 20 étages permet de sauter à l'élastique dans l'eau, en couple, ou même de jouer à l'homme-fusée (vous serez alors propulsé à 50 m dans les airs avant la grande culbute). Près de Patong, dans les terres.

Équitation

Phuket Riding Club (carte p. 240 ; ☎0 7628 8213 ; www.phuketridingclub.com ; 95 Th Viset, Rawai) organise des promenades de 1 heure (800 B/pers) et de 2 heures (1 500 B) dans la jungle autour de Rawai et le long des plages environnantes.

Kayak de mer

Plusieurs prestataires installés à Phuket organisent des circuits en kayak vers la magnifique Ao Phang-Nga (voir p. 286). Vous pénétrerez dans des grottes en partie immergées, inaccessibles en *long-tail boat*. Les prix pour une excursion d'une journée débutent à 3 950 B/pers (repas, équipement et transfert inclus). De nombreux opérateurs proposent aussi des circuits de kayak/camping de 3 jours (à partir de 13 700 B tout compris) ou de 6 jours (à partir de 27 100 B).

♥ **John Gray's Seacanoe** KAYAK
(Hors carte p. 246 ; ☎0 7625 4505-7 ; www.john-gray-seacanoe.com ; 124 Soi 1, Th Yaowarat). La plus ancienne agence de l'île, toujours la plus réputée, est de loin celle qui a la plus grande sensibilité écologique. Comme tout prestataire de qualité en Thaïlande, John Gray's Seacanoe a souvent été copiée (son nom comme ses itinéraires). Au nord de Phuket-ville.

Paddle Asia KAYAK
(☎0 7621 6145 ; www.paddleasia.com ; 9/71 Moo 3, Th Rasdanusorn, Ban Kuku). Paddle Asia jouit aussi d'une bonne réputation. Spécialisée dans les petits groupes, l'agence propose des excursions d'un ou plusieurs jours à Ao Phang-Nga et dans le parc national de Khao Sok, à bord de kayaks classiques.

Surf

Phuket est un paradis méconnu pour le surf. Avec la houle de la mousson, la mer forme d'impressionnants rouleaux, notamment entre juin et septembre, période à laquelle des compétitions annuelles se tiennent à Kata et à Kalim. **Phuket Surf** (www.phuket-surf.com) est basé à Kata, à l'extrémité sud de la baie, près du meilleur break qui atteint souvent les 2 m. À Hat Nai Han, les vagues, plus hautes, peuvent mesurer jusqu'à 3 m près du club de plaisance. Attention toutefois, les courants sous-marins peuvent

Phuket

PHUKET ET LE NORD DE LA CÔTE D'ANDAMAN PROVINCE DE PHUKET

LE TOP 5 DES SPAS À PHUKET

Les salons de massage sont omniprésents à Phuket. La plupart sont de petites entreprises familiales sans prétention. Un massage thaïlandais coûte à peine 250 B de l'heure et un soin de manucure et de pédicure revient à environ 150 B. La qualité du service varie selon les adresses et change constamment avec la rotation du personnel. Suivez votre instinct, ou demandez conseil à d'autres vacanciers ou à la réception de votre hôtel. Quel que soit l'établissement choisi, le massage sera certainement très agréable et relaxant – surtout s'il y a un sauna au feu de bois et aux herbes.

Si vous souhaitez des soins qui répondent aux critères occidentaux, rendez-vous dans l'un des nombreux centres de thalassothérapie. Ils sont généralement liés à un hôtel de luxe, mais presque tous sont ouverts aux non-résidents. Il s'agit pour la plupart d'établissements haut de gamme, au splendide design zen, qui offrent une vaste gamme de soins. Les tarifs varient en fonction de l'emplacement, mais comptez à partir de 1 000 B le soin.

Voici nos adresses préférées :

Bua Luang Spa Situé à l'hôtel Anantara Phuket (p. 267), ce spa combine traditions thaïlandaises et ayurvédiques. Pourquoi ne pas succomber au "Turmeric Body Scrub" (gommage au curcuma) suivi d'un "Thai Herbal Compress Massage" (massage thaïlandais aux herbes) ?

Six Senses Spa Le spa de l'Evason Phuket Resort (p. 251) propose des soins à la pointe du progrès dans un sublime décor naturel. L'Energising Journey (3 heures, 7 600 B) comprend un raffermissement corporel, un massage énergisant et une acupression plantaire.

Sala Resort et Spa Laissez-vous envelopper dans de l'argile blanche d'Asie (2 000 B) ou des algues détoxifiantes (2 500 B), et finissez allongé sur des pierres chaudes (2 900 B).

Hideaway Day Spa L'un des plus anciens spas de Phuket, le Hideaway (p. 265), à Ao Bang Thao, jouit encore d'une excellente réputation. Il propose des soins dans un cadre boisé paisible, sur la rive d'une lagune, à des tarifs plus raisonnables que dans la plupart des autres hôtels.

Raintree Spa Spa correct et plaisant situé dans le Sino House (p. 247), à Phuket-ville. C'est le lieu de prédilection des habitants de la région (massages de 500 à 1 000 B).

être très forts (et parfois mortels) sur ces deux spots.

Hat Kalim, un peu au nord de Patong, est abritée et son break constant (une vague creuse, considérée comme la meilleure de l'île) peut aussi atteindre les 3 m. Le **Phuket Boardriders Club** y organise une compétition en août. La plage la plus au nord de Kamala possède un bon beach break où les rouleaux atteignent 3 m. À Laem Singh, un peu plus haut sur la côte, face à l'Amanpuri Resort, les vagues sont très fortes et rapides – la plage est quant à elle protégée du vent par un grand promontoire.

Hat Nai Yang est dotée d'une vague douce mais régulière. Elle se brise à plus de 200 m du bord et monte jusqu'à 3 m ; il n'y a pas de lame de fond.

Quelques boutiques de surf louent des planches :

Phuket Surf SURF
(Carte p. 254 ; ☎08 7889 7308, 08 1684 8902 ; www.phuketsurf.com). Dans la crique sud de Hat Kata Yai, leçons de surf à partir de 1 500 B pour une demi-journée et location de planches (100/300 B par heure/jour). Consultez le site Internet pour en savoir plus sur les breaks locaux.

Phuket Surfing SURF
(Carte p. 254 ; ☎0 7628 4183 ; www.phuketsurfing.com). Location de planches à l'heure (100-150 B). Juste face à Phuket Surf.

Kitesurf

Ce sport en plein essor suscite aussi un grand engouement à Phuket. Les trois meilleurs spots sont Hat Nai Yang, Karon (en saison basse) et Rawai (conditions idéales pour les débutants en haute saison). Les deux écoles de kitesurf de Phuket sont affiliées à l'Organisation internationale de kitesurf.

Kiteboarding Asia SPORTS AQUATIQUES
(Carte p. 254 ; ☎08 1591 4594 ; www.kiteboardingasia.com ; cours à partir de 4 000 B).

LE BOOM DU *MOO·AY TAI* SUR PHUKET *ADAM SKOLNICK*

Ces dernières années, en grande partie grâce à la notoriété et à la popularité grandissante des arts martiaux mixtes, plusieurs salles de *moo·ay tai* (ou *muay thai* ; boxe thaïlandaise) pour athlètes internationaux des deux sexes ont ouvert leurs portes sur Phuket. Conformément à la tradition, les boxeurs vivent et s'entraînent sur place avec des athlètes chevronnés.

C'est Pricha "Tuk" Chokkuea qui a donné le ton avec sa salle, **Rawai Muay Thai** (☎08 1476 9377 ; www.rawaimuaythai.com ; 43/42 Moo 7, Th Sai Yuan). Avec son ancien associé, Danny Avison, un triathlonien basé sur Phuket, il a décidé d'offrir ses services aux touristes pour financer l'entraînement des jeunes boxeurs thaïlandais sans avoir à puiser dans ses récompenses de combats victorieux (financement traditionnel du *moo·ay tai*, auquel Tuk était réfractaire). Durant des années, cette salle était la seule des environs, mais on compte aujourd'hui une demi-douzaine de salles à Rawai.

Parmi elles, le **Promthep Muay Thai Camp** (☎08 5786 2414 ; 91 Moo 6, Soi Yanui) était la meilleure à l'heure où nous écrivions ces lignes. En plus d'entraîner des boxeurs, Danny Avison y propose un impressionnant programme multisport de perte de poids. Si vous montez sur le ring, soyez prévenu : il ne s'agit pas d'une version édulcorée de boxe thaïlandaise pour touristes. Soyez prêt à suer et à souffrir, et qui sait, peut-être qu'une nouvelle carrière s'ouvrira à vous.

Son bureau principal est situé sur Hat Nai Yang, mais il y a un kiosque à l'extrémité sud de Hat Karon, ouvert en basse saison. Propose aussi des cours près de Friendship Beach, à Rawai.

Kite Zone SPORTS AQUATIQUES
(Carte p. 252 ; ☎08 3395 2005 ; www.kitesurfingphuket.com ; cours débutants à partir de 1 100 B). Implantée à Nai Yang et à Rawai, c'est la plus jeune et la plus branchée des deux écoles, avec un superbe local sur Friendship Beach. Les cours vont de 1 heure à 5 jours.

Navigation de plaisance

Phuket est l'une des principales destinations des plaisanciers en Asie du Sud-Est. Toutes sortes d'embarcations sont ancrées le long du littoral, depuis les sloops en bois vieux de 80 ans jusqu'aux yachts les plus modernes. L'île compte quelques installations de style marina, avec amarrage à l'année.

Phuket Boat Lagoon NAVIGATION DE PLAISANCE
(Carte p. 240 ; ☎0 7623 9055, fax 0 7623 9056). Sur la côte est d'Ao Sapam, à 10 km au nord de Phuket-ville. Il offre une marina abritée avec darses, postes de mouillage flottants, monte-charge de 60 à 120 tonnes, aire en dur, ensemble hôtelier, laverie, café, pompe à essence, eau, et services de réparation et d'entretien.

Royal Phuket Marina NAVIGATION DE PLAISANCE
(Carte p. 240 ; ☎0 7637 9397 ; www.royalphuketmarina.com). La Royal Phuket Marina est située au sud du Phuket Boat Lagoon. C'est la plus luxueuse des marinas, avec des résidences flambant neuves, des restaurants haut de gamme et un palais des congrès surplombant 190 points d'amarrage.

Yacht Haven Phuket Marina NAVIGATION DE PLAISANCE
(Carte p. 240 ; ☎0 7620 6704 ; www.yacht-haven-phuket.com). Cette marina se trouve à Laem Phrao, à la pointe nord-est de l'île. Elle dispose de 130 points d'amarrage avec accès en eaux profondes, d'un restaurant panoramique et d'un service d'entretien.

Les démarches pour l'obtention d'un ancrage sont assez compliquées ; les marinas s'en chargeront si vous les prévenez (service payant). Comptez à partir de 17 000 B/jour la location d'un bateau sans équipage (*bareboat charter*) en haute saison. Pour des informations sur la location (avec ou sans équipage) de yachts, contactez :

Asia Marine (www.asia-marine.net ; Yacht Haven Phuket Marina)

Tawan Cruises (☎08 8194 3234 ; www.tawancruises.com)

Si vous souhaitez effectuer une sortie à la voile plus abordable, adressez-vous à **Phuket Sail Tours** (☎08 7897 0492 ; www.phuketsailtours.com ; Ao Por), qui propose des circuits d'une journée à Ao Phang-Nga (3 000 B tout compris).

Golf

Blue Canyon Country Club GOLF
(Carte p. 240 ; ☎0 7632 8088 ; www.bluecanyonclub.com ; 165 Moo 1, Th Thepkasatri ; 18 trous 5 300 B). Country-club de luxe avec 2 parcours qui ont accueilli Tiger Woods lors de 2 tournois spectaculaires. Un spa, deux restaurants et des appartements de luxe complètent le domaine. Si les bâtiments sont un peu défraîchis, les greens sont parfaits.

Mission Hills Golf Club GOLF
(Carte p. 240 ; ☎0 7631 0888 ; www.missionhillsphuket.com ; 195 Moo 4, Pla Khlok ; 18 trous 3 800 B). Les 27 trous de ce golf aménagé pour la compétition ont été imaginés par Jack Nicklaus. Sur la côte est. On y trouve en outre un spa, un hôtel et deux piscines.

Bénévolat

Soi Dog Foundation (☎08 7050 8688 ; www.soidog.org). Une structure bien organisée dont le but est de stériliser, soigner et nourrir les chiens errants. Programme sur le site Internet. Pour plus d'informations sur le bénévolat, reportez-vous p. 401.

Cours

Mom Tri's Boathouse CUISINE
(☎0 7633 0015 ; www.boathousephuket.com ; 2/2 Th Kata (Patak West), Hat Kata). Propose chaque week-end de passionnants cours de cuisine thaïlandaise (1 jour/week-end complet 2 200/3 500 B par pers) avec le célèbre chef Rattana. Voir aussi p. 254.

Blue Elephant Cookery School CUISINE
(Carte p. 246 ; ☎0 7635 4355 ; www.blueelephant.com ; 96 Th Krabi, Phuket-ville ; cours demi-journée 2 800 B). La toute nouvelle école de cuisine de Phuket est située dans la superbe Phra Phitak Chyn Pracha Mansion (voir p. 245) de style sino-portugais, construite en 1903 et récemment rénovée. On peut y suivre un cours en groupe ou encore un enseignement particulier sur 5 jours (78 000 B). Les cours du matin incluent une visite du marché.

Phuket Thai Cookery School CUISINE
(☎0 7625 2354 ; http://phuketthaicookery.com ; Ko Sireh ; ⏲8h30-17h). Initiez-vous aux épices thaïlandaises dans cette école de cuisine réputée installée sur une partie calme du front de mer sur la côte est de Ko Sireh. Les cours (2 500-2 900 B/jour) peuvent durer jusqu'à 6 heures. Transfert depuis les hôtels, visite du marché et livre de recettes inclus.

Pum Thai Cooking School CUISINE
(Carte p. 258 ; ☎0 7634 6269 ; www.pumtfc.com/home.html ; 204/32 Tha Rat Uthit, Hat Patong). Cette chaîne de restaurants (trois adresses en Thaïlande et deux en France) propose plusieurs cours par jour, de 1 à 6 heures (4 650 B/pers). Les cours les plus longs commencent par une visite du marché et s'achèvent par une dégustation.

Circuits organisés

Les promenades à dos d'éléphant et les visites de l'intérieur de l'île en 4x4 sont légion, mais peu respectueuses des animaux et de l'environnement. Pourquoi ne pas opter alors pour une balade à vélo ? **Amazing Bike Tours** (☎0 7628 3436 ; www.amazingbiketoursthailand.asia ; 32/4 Moo 9, Th Chaofa, Chalong ; circuits d'une journée à partir de 1 600 B) organise des circuits à vélo d'une demi-journée, en petits groupes, dans la réserve royale de Khao Phra Taew (voir p. 268). Les circuits d'une journée aux environs de Ko Yao Noi et jusqu'aux sublimes plages et cascades de Thai Muang, dans la province voisine de Phang-Nga, sont fabuleux.

Renseignements

Désagréments et dangers

De mai à octobre, durant la mousson, de grandes vagues et des courants de fond rendent la baignade parfois dangereuse. Des noyades se produisent chaque année au large des plages de Phuket, surtout à Laem Singh, à Kamala et à Karon. Des drapeaux rouges sont là pour avertir les baigneurs du danger. S'il y en a un qui flotte sur la plage, ne vous aventurez pas dans l'eau.

Méfiez-vous des Jet-Skis quand vous êtes dans l'eau. Bien que le gouverneur de Phuket ait proclamé leur utilisation illégale en 1997, l'interdiction n'est pas toujours appliquée.

Réfléchissez avant de louer une moto. Chaque année, des milliers de personnes sont blessées ou tuées sur les routes de Phuket. Des voyageurs inexpérimentés font partie des victimes. Si vous choisissez ce mode de transport, vous devez savoir conduire une moto, être habitué à la circulation et porter un casque.

Récemment, des motocyclistes se sont fait agresser en pleine nuit, notamment à coups de couteau, sur la route qui va de Patong à Hat Karon, et sur la route entre Kata et la zone Rawai-Hat Nai Han. Des agressions sexuelles contre des femmes ont aussi été signalées. Les femmes excluront le topless sur la plage (cela ne se fait pas en Thaïlande), et encore moins sur une plage isolée. Il peut aussi s'avérer dangereux de circuler seule le soir ou tôt le matin.

Informations touristiques

L'hebdomadaire en anglais *Phuket Gazette* donne de nombreux renseignements sur les activités, les événements, les restaurants et les distractions sur l'île, ainsi que les derniers potins en date. Vous pouvez le consulter en ligne à l'adresse www.phuketgazette.net.

Services médicaux

Les hôpitaux locaux disposent d'équipements modernes, de services d'urgences et d'un service de consultation externe. Les deux hôpitaux cités ci-après possèdent des caissons de recompression :

Bangkok Phuket Hospital (carte p. 240 ; ☎0 7625 4425 ; www.phukethospital.com ; Th Yongyok Uthit). Le plus apprécié pas la population locale.

Phuket International Hospital (carte p. 240 ; ☎0 7624 9400 ; www.phuketinternationalhospital.com ; Th Chalermprakiat). Considéré comme le meilleur hôpital de l'île par les médecins étrangers.

Sites Internet

Jamie's Phuket (www.jamie-monk.com). Un blog amusant écrit (en anglais) par un expatrié résidant depuis longtemps à Phuket, avec d'excellents conseils de voyage et des photos.

Phuket Guide (www.thailande.phuket.com). Guide de voyage en français facile à utiliser et service de réservation en ligne.

Phuket Dot Com (www.phuket-thailande.com). Toutes sortes de renseignements, y compris sur les hébergements de l'île, en français.

ℹ Depuis/vers Phuket

Avion

L'**aéroport international de Phuket** (☎0 7632 7230) est à 30 km au nord-ouest de Phuket-ville. Comptez de 45 min à 1 heure pour rejoindre les plages du sud.

Parmi les compagnies aériennes régionales :

Air Asia (www.airasia.com). Dessert très bien Phuket. Outre plusieurs liaisons quotidiennes avec Bangkok (environ 1 480 B), assure un vol direct vers Hong Kong (5 000 B), Chiang Mai (1 600 B), Singapour (1 400 B), Bali (2 730 B), etc.

Bangkok Airways (hors carte p. 246 ; ☎0 7622 5033 ; www.bangkokair.com ; 58/2-3 Th Yaowarat). Vole quotidiennement vers Ko Samui (2 380 B), Bangkok (1 725 B), etc.

Nok Air (www.nokair.com). Relie Phuket et Bangkok.

Thai Airways International (THAI ; carte p. 246 ; ☎0 7621 1195 ; www.thaiairways.com ; 78/1 Th Ranong, Phuket-ville). Assure environ 7 vols par jour pour Bangkok (à partir d'environ 3 000 B) avec correspondance (dans les deux sens) pour plusieurs villes en Thaïlande et à l'étranger.

> **ℹ TAXIMÈTRE**
>
> Pour échapper à la "mafia des taxis" (un réseau de véhicules privés hors de prix qui sont souvent le seul moyen de transport vers les plages), il faut se procurer le numéro d'un chauffeur de taxi avec compteur et faire appel à lui durant tout son séjour. Le plus simple est de prendre un taxi avec compteur à l'aéroport (un des rares endroits où vous en trouverez) à votre arrivée et de demander son numéro au chauffeur. Ces taxis se trouvent à 50 m à droite de la sortie du hall des arrivées.

Des compagnies internationales desservant Phuket sont représentées en ville, dont :

Dragonair (carte p. 246 ; ☎0 7621 5734 ; Th Phang-Nga, Phuket Town).

Malaysia Airlines (carte p. 246 ; ☎0 7621 6675 ; 1/8-9 Th Thungkha, Phuket Town).

Silk Air (carte p. 246 ; ☎0 7621 3891 ; www.silkair.com ; 183/103 Th Phang-Nga, Phuket Town).

Bateau

Tha Rasada, au nord de Phuket-ville, est l'embarcadère principal pour Ko Phi Phi (pour plus d'informations, voir p. 323), avec correspondance ensuite pour Krabi, Ko Lanta, les îles Trang, Ko Lipe, et même les îles Langkawi en Malaisie (d'où d'autres ferrys rallient Penang). Des bateaux assurent un service plus rapide vers Krabi et Ao Nang via les îles Ko Yao, au départ de Tha Bang Bong, au nord de Tha Rasada ; voir p. 309 pour plus de détails.

Minibus

Certaines agences de voyages de Phuket vendent des billets pour un voyage en minibus climatisé (trajet en ferry compris) jusqu'à Ko Samui et Ko Pha-Ngan. Des minibus climatisés rallient aussi Krabi, Ranong, Trang, Surat Thani et d'autres destinations. Le lieu de départ varie. Les minibus sont un peu plus chers que les bus, qui, eux, s'arrêtent tous dans Phuket-ville (voir p. 250).

ℹ Comment circuler

Les transports publics de Phuket laissent à désirer. Les vacanciers ont donc le choix entre rester sur leur plage ou bien louer une voiture, une moto (ce qui peut être dangereux), ou prendre un onéreux "taxi" officieux (voir p. 250) ou un *túk-túk*. Des *sŏrng·tăa·ou* (pick-up avec banquettes) rejoignent les plages depuis Phuket-ville, mais aller d'une plage à l'autre (de Hat Surin à Hat Patong par exemple) implique de passer par Phuket-ville, ce qui prend beaucoup de temps. Référez-vous aux différentes sections *Comment circuler* des plages pour plus de détails sur les taxis et les *sŏrng·tăa·ou*.

Phuket-ville

เมืองภูเก็ต

94 325 HABITANTS

Bien avant l'arrivée des touristes, Phuket était une île d'hévéas et de mines d'étain, peuplée de marchands. Des entrepreneurs venus de la péninsule arabique, de Chine, d'Inde et du Portugal cohabitaient et coopéraient harmonieusement à Phuket-ville. Aujourd'hui encore, cette ville témoigne du passé multiculturel de l'île. En arpentant les rues bordées de bâtiments de style sino-portugais, vous apercevrez des cafés branchés et des galeries d'art, des restaurants à petit prix et des petits hôtels design. En vous aventurant dans les ruelles, vous découvrirez des sanctuaires taoïstes chinois embaumant l'encens.

Mais par-delà ses attraits historiques, la vieille ville attire aujourd'hui une foule d'étrangers et de Thaïlandais branchés, séduits par sa scène artistique, sa vie culturelle et sa gastronomie. Les investisseurs, déjà omniprésents sur les plages et dans la vie nocturne, ont fini par flairer le filon. Ils ont racheté et restauré les magasins et les maisons longtemps restés à l'abandon, accélérant l'embourgeoisement de Phuket.

Si votre budget est serré, vous pourrez vous loger à Phuket-ville au meilleur prix. De là, prenez un des *sŏrng·tăa·ou* qui rallie régulièrement les plages (30 min à 1 heure 30). Voir p. 250 pour plus de détails.

À voir

Architecture sino-portugaise BALADE

Les plus beaux vestiges de cette architecture sont à découvrir en flânant le long des rues (Th) Thalang, Dibuk, Yaowarat, Ranong, Phang-Nga, Rasada et Krabi. Soi Romanee dans Th Thalang est le quartier le plus pittoresque de la ville. Au fil de vos balades ne manquez pas la **Standard Chartered Bank** (Th Phang-Nga), banque étrangère la plus ancienne de Thaïlande, l'**agence de la THAI** (Th Ranong) et l'**ancienne poste**, qui abrite aujourd'hui le **musée de la Philatélie de Phuket** (Th Montri ; entrée libre ; ⏲9h30-17h30), qui intéressera les amateurs. Quant aux simples résidences, les mieux restaurées bordent Th Dibuk et Th Thalang. La **Phra Phitak Chyn Pracha** (9 Th Krabi), une magnifique demeure restaurée posée dans un jardin, accueille une succursale de la chaîne de restaurants Blue Elephant et une école de cuisine (voir p. 243).

Sanctuaire de la Lumière sereine TEMPLE

(ศาลเจ้าแสงธรรม ; carte p. 246 ; Saan Jao Sang Tham ; ⏲8h30-12h et 13h30-17h30). Une poignée de temples chinois égayent le quartier de quelques notes de couleurs, mais celui-ci, niché au fond d'une étroite ruelle de 50 m, en retrait de Th Phang-Nga, près de la Bangkok Bank of Commerce, se distingue des autres. Ne manquez pas ses gravures murales taoïstes, son plafond voûté nimbé de volutes d'encens et son autel décoré de fleurs fraîches et de bougies allumées. Aujourd'hui restauré, il aurait été érigé par une famille locale dans les années 1880.

Khao Rang POINT DE VUE

(เขารัง ; Phuket Hill). Pour profiter d'une vue sur la ville, grimpez en haut du mont Khao Rang, au nord-ouest du centre-ville. La promenade est plus agréable en semaine : il y a alors moins de monde au sommet (gardez un œil sur les meutes de chiens errants). Si, comme on le dit, Phuket est une déformation du mot malais *bukit* (colline), c'est probablement de ce mont que la ville tire son nom.

Phuket Thaihua Museum MUSÉE

(พิพิธภัณฑ์ภูเก็ตไทยหัว ; 28 Th Krabi ; 200 B ; ⏲9h-17h). Ce nouveau musée clinquant, installé dans une ancienne demeure sino-portugaise, est rempli de photos et d'objets sur l'histoire de Phuket. Pour les gourmands, la dernière salle est couverte de photos de plats locaux. Si cela vous a ouvert l'appétit, des informations vous indiquent comment trouver les étals servant ces spécialités.

Fêtes et festivals

La **Fête végétarienne** (voir p. 249), événement le plus important de Phuket, se déroule habituellement fin septembre ou début octobre. Si vous prévoyez d'assister aux processions, pensez à emporter des bouchons d'oreille afin de ne pas être trop assourdi par les pétards.

Phuket-ville

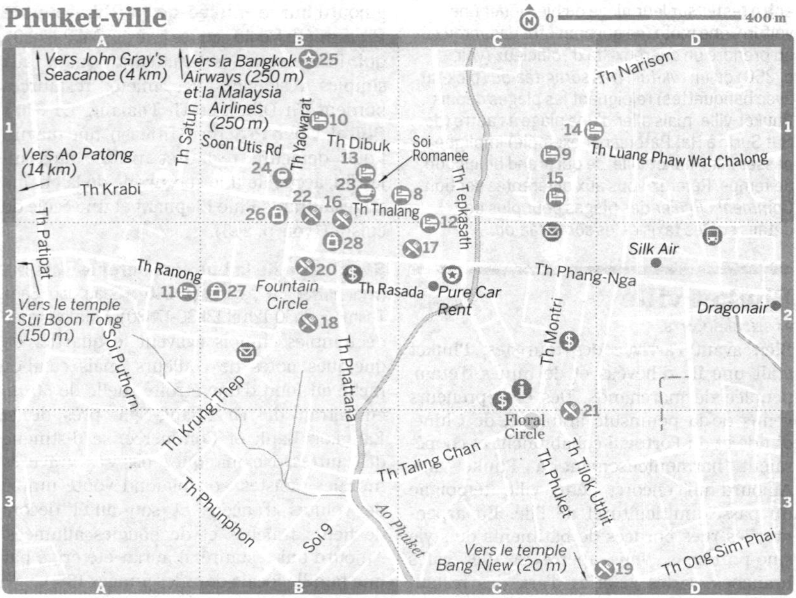

Phuket-ville

À voir

- Temple de Jui Tui A2
- Ancienne poste C2
- Phra Phitak Chyn Pracha Mansion A1
- Musée philatélique .... (voir 2)
- Musée Thaihua B1
- Sanctuaire de la Lumière sereine B2
- Standard Chartered Bank C2
- Agence de la THAI A2

Activités

- Blue Elephant Restaurant & Cookery School .... (voir 3)
- Raintree Spa .... (voir 14)

Où se loger

- 8 99 Old Town Boutique Guesthouse C1
- 9 Baan Suwantawe C1
- 10 Casa 104 .... B1
- 11 Chinotel A2
- 12 D's Corner & Guesthouse C2
- 13 Phuket 346 .... B1
- 14 Sino House C1
- 15 Sleep Sheep Phuket Hostel C1

Où se restaurer

- 16 China Inn B1
- 17 Cook C2
- 18 Ka Jok See B2
- 19 La Gaetana D3
- 20 Siam Indigo B2
- 21 Uptown Restaurant C3
- 22 Wilai B1

Où prendre un verre

- 23 Bo(ok)hemian B1
- 24 Saneha B1

Où sortir

- 25 Timber Hut B1

Achats

- 26 Ban Boran Textiles B1
- 27 Marché de jour B2
- 28 Southwind Books B2

VAUT LE DÉTOUR

LE GRAND BOUDDHA

Installé au sommet d'une colline, juste au nord-ouest de Chalong Circle, le Grand Bouddha (carte p. 240), visible depuis une bonne moitié de l'île, offre le meilleur point de vue sur Phuket. Pour vous y rendre, suivez la signalisation en rouge depuis la route principale (Hwy 402) et prenez le chemin qui longe des bananeraies en terrasses et la jungle. Une fois parvenu au sommet, admirez le sanctuaire doré et montez sur le plateau du Grand Bouddha, d'où vous pourrez contempler la magnifique baie de Kata, la côte de Karon et, de l'autre côté, le paisible port de Chalong qui fait face aux petites îles du chenal.

Si vous parvenez à détourner votre regard de l'une des plus belles vues sur Phuket, observez le monument haut de 45 m et entièrement recouvert de marbre de Birmanie (et dont le coût s'élève à 60 millions de bahts). Lorsque vous lirez ces lignes, il sera à peu près achevé, sauf l'intérieur dont l'aménagement était encore en cours lors de notre visite.

Où se loger

Phuket-ville est l'endroit le moins cher de l'île où passer la nuit, avec quantité d'hébergements bon marché. Les hôtels des catégories moyenne et supérieure se trouvent en revanche sur les plages.

Sino House HÔTEL $$

(☎0 7623 2494 ; www.sinohousephuket.com ; 1 Th Montri ; ch 2 000-2 500 B ; ❄@). Shanghai et le vieux Phuket se rencontrent pour composer le décor de ce bel établissement de la vieille ville. Chambres spacieuses et bien aménagées, avec de splendides sdb (vasque en céramique et baignoire en croissant de lune). Abrite le Raintree Spa. Réductions pour les séjours de longue durée (18 000 B/mois).

♥ **Phuket 346** PENSION $$

(☎08 7281 1898 ; www.phuket346.com ; 15 Soi Romanee ; ch 1 200 B ; ❄). Dans le charmant Soi Romanee, cette *shophouse* (maison de marchand traditionnelle) a conservé tout son cachet grâce à une restauration soignée C'est désormais un confortable hôtel-galerie d'art, aux chambres tapissées de blanc illuminées par un mur coloré parfois orné d'une œuvre d'art. Au rdc, des poissons nagent dans des bassins et des airs de jazz sensuels montent du café-terrasse sur la rue.

Casa 104 PENSION $$

(☎0 7622 1268 ; 104 Th Yaowarat ; ch à partir de 1 000 B ; ❄📶). Une *shophouse* centenaire merveilleusement restaurée : murs couleur bordeaux, lustres, bouquets de bambou et de plumes de paon, sur fond de swing pour le bar de la réception. Les chambres sont plus sobres et sans fenêtre, mais élégantes, avec plancher blanc en béton, douche à effet de pluie et quelques éléments de mobilier Art nouveau.

Baan Suwantawe HÔTEL $$

(☎0 7621 2879 ; www.baansuwantawe.com ; 1/10 Th Dibuk ; ch à partir de 1 200 B ; ❄@≋). Excellente option que ces chambres de type studio au décor zen, avec parquet, coin salon et sdb carrelée. Les plus chères disposent d'une terrasse surplombant la piscine et un bassin de nénuphars.

99 Old Town Boutique Guesthouse PENSION $

(☎08 4059 0010, 0 7622 3800 ; 99oldtown@hotmail.co.th ; 99 Th Thalang ; ch 790-990 B ; ❄). Autre *shophouse* transformée en B&B qui, sous des airs sans prétention, renferme des chambres étonnamment luxueuses avec lit à baldaquin et vaste sdb en ciment poli. Tenu par une charmante famille, il s'égaye d'une fontaine dans la cour arrière.

Chinotel HÔTEL $$

(☎0 7621 4455 ; www.chinotelphuket.com ; 133-135 Th Ranong ; ch 1 380-1 780 B ; ❄@📶). Des chambres ultra-confortables, propres, compactes et récentes, non dénuées de style (touches de brique, bambou, quelques murs éclatant de couleurs). Ajoutez à cela TV, réfrigérateur, sdb avec eau chaude et situation centrale et vous avez un petit bijou.

Sleep Sheep Phuket Hostel AUBERGE $

(☎0 7621 6464 ; 243-245 Soi Dtac Shop ; ch 650 B ; ❄@📶). Située dans un *soi* de Th Thalang, cette auberge relativement moderne offre de vastes chambres propres, aux couleurs vives, équipées de sdb avec eau chaude. Le personnel est particulièrement chaleureux.

D's Corner & Guesthouse PENSION $
(☎08 3590 4828 ; www.phukettalangroad.com ; 132 Th Thalang ; ch 400-950 B ; ❄@). Les chambres sont spacieuses et propres, en retrait de la route, au fond d'un passage. L'accueil est médiocre, mais le rapport qualité/prix est imbattable. Oubliez le petit-déjeuner de l'hôtel (même s'il est compris dans le prix de la chambre) et optez pour celui du café malais d'à côté.

Où se restaurer

La scène culinaire de Phuket-ville est de qualité et coûte moitié moins cher que sur les plages.

♥ **Ka Jok See** THAÏLANDAIS, INTERNATIONAL $$$
(☎0 7621 7903 ; kajoksee@hotmail.com ; 26 Th Takua Pa ; plats 180-480 B ; ⏲dîner mar-dim). Retrouvez le charme du Phuket d'antan dans ce petit restaurant plein de caractère, rempli de fabuleuses babioles collectionnées par le propriétaire. Profitez d'une cuisine exquise, d'une bonne musique et, avec un peu de chance, d'un spectacle de cabaret.

♥ **Cook** INTERNATIONAL, THAÏLANDAIS $
(☎0 7625 8375 ; 101 Th Phang-Nga ; plats 60-120 B ; ⏲déj et dîner). Avant d'ouvrir ce petit café dans la vieille ville, le propriétaire, un Thaïlandais, cuisinait italien pour un hôtel, d'où l'idée de fusionner les 2 cultures. Le résultat : une pizza au poulet et au curry vert ou au porc et au lait de coco.

Wilai THAÏLANDAIS $
(☎0 7622 2875 ; 14 Th Thalang ; plats à partir de 65 B ; ⏲petit-déj et déj). Wilai sert des plats locaux avec un supplément d'âme. Vous pourrez y déguster un *pàt tai* épicé ou un succulent *mèe sua* (nouilles sautées aux œufs, aux légumes et aux crevettes, avec des morceaux de bar et des calamars). À découvrir : le jus de chrysanthème frais.

La Gaetana INTERNATIONAL $$$
(☎0 7625 0523 ; 352 Th Phuket ; plats 200-450 B ; ⏲déj lun, mar et ven, dîner mar-dim). Un restaurant des plus intimes, de 5 tables seulement – posées sur un sol en béton noir et entourées de murs colorés –, avec une cuisine ouverte dans la cour. Superbe menu italien (carpaccio de magret de canard, *osso-bucco*...).

China Inn INTERNATIONAL, THAÏLANDAIS $$
(☎0 7635 6239 ; Th Thalang ; plats 80-250 B ; ⏲petit-déj et déj tlj, dîner jeu-sam ; 🖉). Une *shophouse* où le bio rencontre la cuisine de Phuket. On y sert du curry rouge au crabe, des mets végétariens, des yaourts maison et des *smoothies* de fruits parfumés au miel bio.

Uptown Restaurant THAÏLANDAIS $
(☎0 7621 5359 ; Th Tilok Uthit ; plats 30-60 B ; ⏲10h-21h). Ce café chinois classique, à l'ambiance plutôt joviale, n'est pas tape-à-l'œil, même s'il attire les célébrités thaïlandaises venues y déguster ses nouilles délicieuses.

Siam Indigo INTERNATIONAL, THAÏLANDAIS $$
(☎0 7625 6697 ; www.siamindigo.com ; 8 Th Phang-Nga ; plats 130-290 B ; ⏲déj et dîner mer-lun). Installé dans un édifice sino-portugais vieux de 80 ans, une table parmi les plus chics de Phuket, spécialisée dans la cuisine thaïlandaise aux accents internationaux et français.

Où prendre un verre et sortir

Ici, vous vous divertirez comme les gens du cru, les bars, animés jusqu'à des heures tardives, étant presque exclusivement fréquentés par des Thaïlandais et des expatriés. Si vous en avez assez des soirées des *resorts*, l'ambiance vous semblera rafraîchissante – même par une nuit étouffante.

♥ **Saneha** BAR
(☎08 1892 1001 ; Th Yaowarat ; ⏲18h-tard). Adresse bohème chic éclairée par des lustres en coquillages. Nombreux recoins tamisés où l'on peut prendre un verre, se blottir et grignoter un en-cas, tout en profitant du crooner mélancolique occupant la scène.

Bo(ok)hemian CAFÉ
(☎0 7625 2854 ; 61 Th Thalang ; ⏲9h-22h ; 📶). Un *coffee house* sans pareil, sur 2 niveaux, à la fois chaleureux et tendance. Accès Wi-Fi, vente de DVD et de livres d'occasion, café et thé raffinés, et gâteau au chocolat fameux.

Timber Hut NIGHT-CLUB
(☎0 7621 1839 ; 118/1 Th Yaowarat ; pas de droit d'entrée ; ⏲18h-2h). Depuis près de 20 ans, les Thaïlandais et les expatriés se retrouvent autour les grandes tables en bois de cet établissement ancien sur 2 étages. Whisky à gogo et toutes sortes de divertissements, dont des concerts allant du hard-rock à la funk et au hip-hop.

Achats

Des boutiques bobos vendant bijoux, vêtements, étoffes et souvenirs, sont dispersées un peu partout dans la vieille ville. Quelques insolites galeries d'art se cachent derrière de charmantes boutiques chinoises, principalement dans Th Yaowarat.

Ban Boran Textiles TEXTILES
(☎0 7621 1563 ; 51 Th Yaowarat ; ⏲10h-19h). Minuscule boutique spécialisée dans la soie, la soie sauvage, les étoffes de coton et les sarongs.

Marché de jour MARCHÉ
(Th Ranong). Près du centre-ville, ce marché date de l'époque où les pirates et les

FÊTE VÉGÉTARIENNE

Des bruits d'explosion, comme des tirs de mitrailleuses, résonnent dans les rues. L'air est enfumé, d'un gris brunâtre, et des hommes et des femmes déambulent dans les rues fermées à la circulation, les joues percées par des objets pointus, le sang leur ruissellant dans le dos ou le torse. Non, ce n'est pas une scène de guerre ! C'est la **Fête végétarienne**, l'une des plus importantes fêtes traditionnelles de l'île, qui bat son plein à Phuket-ville.

Pendant les neuf premiers jours du neuvième mois lunaire du calendrier chinois – généralement entre septembre et octobre –, les habitants célèbrent ainsi le début du jeûne taoïste, que respectent les plus croyants en s'abstenant alors de manger de la viande ou d'autres produits d'origine animale. Mais, ce qui est le plus visible pour les étrangers, ce sont les processions quotidiennes, qui parcourent la ville avec une foule d'enfants et de *gà·teu·i* (travestis ou transsexuels) aux vêtements élaborés, des armées de jeunes portant des drapeaux, et, surtout, des hommes et des femmes pratiquant d'horribles actes d'automutilation. Les commerçants du centre de Phuket élèvent des autels devant leurs boutiques, où sont offerts aux neuf dieux-empereurs neuf petites tasses de thé, de l'encens, des fruits, des bougies et des fleurs.

Parmi les participants à la procession, ceux qui jouent le rôle de médium appellent les neuf dieux à descendre sur terre. Entrés en transe, ils se percent les joues avec toutes sortes d'objets inimaginables, se tailladent lentement la langue ou se flagellent avec des boules d'acier hérissées de pointes. Au fil de la procession, ces médiums s'arrêtent aux autels dressés devant les boutiques et ramassent les fruits offerts. Ils boivent aussi le thé de l'une des neuf tasses et prennent des fleurs qu'ils accrochent à leur ceinture. Les marchands et leurs familles s'inclinent alors en joignant les deux mains, dans un geste de respect (le *wâi*) envers ces médiums, temporairement possédés par les divinités. Irréel et déroutant ne sont pas des mots assez forts pour décrire ce spectacle.

Dans la ville de Phuket, les festivités se concentrent dans cinq temples chinois. Le plus important d'entre eux est le **Jui Tui**, dans Th Ranong, suivi du **Bang Niaw** et du **Sui Boon Tong**. Des célébrations ont également lieu dans les temples des villes alentour, comme Kathu (où la fête est née) et Ban Tha Reua. Au point de départ de la procession assez tôt le matin, vous verrez peut-être quelqu'un d'étonnamment professionnel, portant des gants de latex, en train de percer les joues des fidèles – âmes sensibles, s'abstenir. D'autres cérémonies ont lieu pendant toute la fête dans les temples : marcher sur des charbons ardents, grimper une échelle de couteaux… Au-delà de ce spectacle, des stands vendant de délicieux mets végétariens dans les petites rues offrent l'occasion de goûter aux spécialités locales et d'entamer des conversations avec les habitants.

Le bureau de la TAT de Phuket publie chaque année un calendrier des festivités. Cette fête a également lieu à Trang, à Krabi et dans d'autres villes du sud de la Thaïlande.

Aussi étrange que cela puisse paraître, on ne connaît aucune région en Chine qui fête de la sorte le carême taoïste. Les Chinois de la région expliquent que c'est une troupe de théâtre ayant débarqué de Chine dans la petite localité de Kathu, il y a 150 ans, qui aurait initié de telles pratiques. L'histoire raconte que la troupe tomba gravement malade parce que les membres avaient manqué d'honorer les neuf dieux-empereurs du taoïsme. Les neuf jours de pénitence qu'ils s'étaient alors imposés comprenaient des actes de mortification, une période de méditation et un régime strictement végétarien.

Pour plus d'informations, visitez le site www.phuketvegetarian.com.

marchands indiens, chinois, malais et européens commerçaient à Phuket. Si on trouve encore des tissus en provenance d'Asie du Sud-Est, la majorité des stands vendent des produits alimentaires.

Southwind Books LIBRAIRIE
(☎08 9724 2136 ; 1/2/5 Th Phang-Nga ; ⌚9h-19h lun-sam, 10h-15h dim). Des piles de livres d'occasion, avec des titres dans 18 langues.

Renseignements

Vous trouverez de nombreux cybercafés et des DAB dans Th Phuket, Th Ranong, Th Montri et Th Phang-Nga.

Bureau de la TAT (☎0 7621 2213 ; www.tat.or.th ; 73-75 Th Phuket ; ⌚8h30-16h30). Il distribue des plans, des brochures, une liste des tarifs des *sŏrng·tăa·ou* pour les différentes plages, et affiche les prix recommandés pour louer un véhicule.

Police (☎191, 0 7622 3555 ; angle Th Phang-Nga et Th Phuket)

Poste principale (Th Montri ; ⌚8h30-16h lun-ven, 9h-12h sam)

Comment s'y rendre et circuler

Depuis/vers l'aéroport

Malgré ce que les rabatteurs des taxis voudraient vous faire croire, une **navette publique** (www.airportbusphuket.com ; 85 B), orange vif, relie l'aéroport au centre-ville via le monument aux Héroïnes, toutes les heures entre 6h et 19h. Un service de minibus assure également la liaison entre l'aéroport et Phuket-ville pour 150 B/personnes. S'il y a assez de passagers, la liaison vers les plages de Patong, Kata et Karon revient à 180 B.
On peut louer une voiture à l'aéroport pour environ 500 B jusqu'à Phuket-ville et de 700 à 1 000 B jusqu'aux plages. Une course en taxi avec compteur ne devrait pas coûter plus de 550 B (taxe d'aéroport comprise) pour toute destination sur l'île.

Bus

Le **terminal des bus** (☎0 7621 1977) est situé à l'est du centre-ville, à une courte distance de marche des hôtels. Il dessert les destinations suivantes :

DESTINATION	TYPE DE BUS	TARIF (B)	DURÉE (H)
Bangkok	2e classe	487	15
	clim	626	13-14
	VIP	974	13
Hat Yai	clim	556	6-7
Ko Samui	clim	430	8 (bus/bateau)
Krabi	ordinaire	95	4
	clim	145	3½
Phang-Nga	ordinaire	120	2½
Ranong	ordinaire	209	6
	clim	270	5
Surat Thani	ordinaire	195	6
	clim	240	5
Trang	clim	240	5

Voiture

Vous trouverez des agences de location à bas prix dans Th Rasada, près de **Pure Car Rent** (☎0 7621 1002 ; www.purecarrent.com ; 75 Th Rasada), bonne adresse du centre-ville. Une jeep Suzuki coûte environ 1 200 B/jour (assurance comprise) et à partir de 750 B en basse saison. Vous pouvez obtenir une réduction en louant une semaine ou davantage.

Les tarifs sont toujours plus intéressants dans les agences locales qu'auprès des loueurs internationaux, mais ces derniers baissent leurs tarifs si l'on réserve longtemps à l'avance.

Moto

Vous pouvez louer des motos sur Th Rasada, près de Pure Car Rent, ou depuis différents endroits sur les plages. Le coût varie de 200 à 300 B/jour selon la saison. Des motos plus puissantes (au-delà de 125 cc) peuvent être louées à Patong, Kata, Rawai et Karon.

Sŏrng·tăa·ou et túk-túk

De grands *sŏrng·tăa·ou* de la taille d'un bus font régulièrement la navette entre Th Ranong, près du marché, et les différentes plages de Phuket (25 à 40 B/pers) ; voir les différentes destinations pour les détails. Ces navettes fonctionnent de 7h à 17h. En dehors de ces heures, vous devez faire appel à un *túk-túk* pour les plages. Après avoir marchandé, il vous en coûtera 500 B pour Patong, 500 B pour Karon et Kata, de 340 à 400 B pour Rawai et 600 B pour Kamala. Méfiez-vous si l'on vous dit que l'office du tourisme est à 5 km de là, ou s'il faut absolument prendre un taxi pour aller du terminal des bus jusqu'au centre-ville (le terminal est déjà plus ou moins dans le centre). Pour un tour de ville, comptez de 100 à 200 B.

Une course en moto-taxi coûte environ 30 B.

Ko Sireh

เกาะสิเหร่

Cette petite île, à 4 km à l'est de Phuket-ville et reliée à l'île principale par un pont, est connue pour son village de *chow lair* (ou *chao leh*, "gitans de la mer") et son bouddha couché, au **Wat Sireh**, sur une colline.

Le village, qui compte la plus grande population de *chow lair* de l'ethnie Urak Lawoi en Thaïlande, ne se compose que de quelques misérables cabanes en tôle sur pilotis et d'un restaurant de fruits de mer. Les Urak Lawoi, qui sont les plus sédentaires des trois groupes de *chow lair*, ne se rencontrent qu'entre l'archipel des Mergui et celui de Tarutao-Langkawi. Leur langue est un mélange de malais et de mon-khmer.

Une seule route fait le tour de l'île, passant devant des résidences, des élevages de crevettes, quantité de plantations d'hévéas et une portion de forêt tropicale intacte. Sur la côte est, il y a une plage publique appelée **Hat Teum Suk**, et une excellente école de cuisine, la **Phuket Thai Cookery School** (p. 243), implantée face à la mer.

Laem Phanwa

แหลมพันวา

Laem Phanwa est un magnifique cap étiré et boisé, qui s'avance dans la mer au sud de Phuket. À sa pointe, l'**aquarium de Phuket** (carte p. 240 ; ☎0 7639 1126 ; www.phuketaquarium.org ; adulte/enfant 100/50 B ; ⏲8h30-16h30) abrite une riche collection de poissons tropicaux et d'autres espèces aquatiques, que l'on découvre à partir d'un tunnel-promenade.

Les plages et les criques sont protégées par des promontoires rocheux et des mangroves. La route du littoral, sinueuse, est magnifique. Si vous voulez séjourner là, le **Cape Panwa Hotel** (☎0 7639 1123 ; www.capepanwa.com ; 27 Moo 8, Th Sakdidej ; ch à partir de 6 100 B ; ❄📶🏊👪), un superbe quatre-étoiles rénové, est perché sur le cap, à 400 m d'une plage de sable blanc isolée.

Les restaurants de fruits de mer installés sur le front de mer offrent une vue sur les embarcations de plaisance et les bateaux de pêche colorés qui naviguent dans la baie.

Pour atteindre le cap, prenez la Route 4021 en direction du sud, puis bifurquez sur la 4023 juste à la sortie de Phuket-ville.

Rawai

ราไวย์

Il fait bon vivre sur cette côte à l'extrémité sud de Phuket, qui s'est développée rapidement, attirant des retraités, des entrepreneurs thaïlandais et des expatriés, et a vu fleurir un important secteur de services.

Outre de magnifiques plages, Rawai compte de luxuriantes collines côtières qui montent en pente raide, puis dévalent vers la mer d'Andaman. C'est ici que se trouve **Laem Promthep**, le point le plus méridional de Phuket. Même si les collines abritent quelques petits hameaux, reliés entre eux par une poignée de routes, et en dépit de leur extension, la nature est ici omniprésente, en particulier sur les plages.

Avec son temple en bord de mer (le Wat Nai Ha), son croissant de sable blanc ombragé de casuarinas, ses yachts amarrés et ses incroyables breaks de surf pendant la mousson, **Hat Nai Han** remporte tous les suffrages. Mais il y a nombre de petites plages isolées tout aussi belles. **Hat Rawai**, un port rocheux où mouillent des *long-tail boats* et des bateaux rapides, est une halte idéale pour un barbecue de la mer. Ses restaurants de fruits de mer, tenus par des habitants, proposent tous une nourriture délicieuse.

🛏 Où se loger

Tous les hébergements sur Hat Nai Han sont joignables par une étroite route défoncée au départ du parking du Phuket Yacht Club (oui, vous pouvez passer devant le gardien) et en *long-tail boat* depuis Rawai pour 500 B.

Evason Phuket Resort HÔTEL-SPA **$$$**
(☎0 7638 1010 ; www.sixsenses.com ; 100 Th Viset, Hat Rawai ; ch 4 992-12 935 B ; ❄@📶🏊👪). Un hôtel magnifique et luxueux, qui se double d'un spa réputé. Si les soins du Six Senses Spa (voir p. 241) sont onéreux, les prix des chambres sont raisonnables. Le *resort* comprend l'île privée de Bon Island.

Vijitt HÔTEL **$$$**
(☎0 7636 3600 ; www.vijittresort.com ; 16 Moo 2, Th Viset, Hat Rawai ; villas à partir de 7 800 B ; ❄). Certainement la plus élégante propriété de l'île, où chaque villa *deluxe* (sol en pierre, grandes baignoires, douches extérieures) jouit d'une vue sur la mer depuis sa terrasse privative. Superbe piscine à débordement surplombant Friendship Beach.

Hat Nai Han, Hat Rawai et Hat Laem Ka

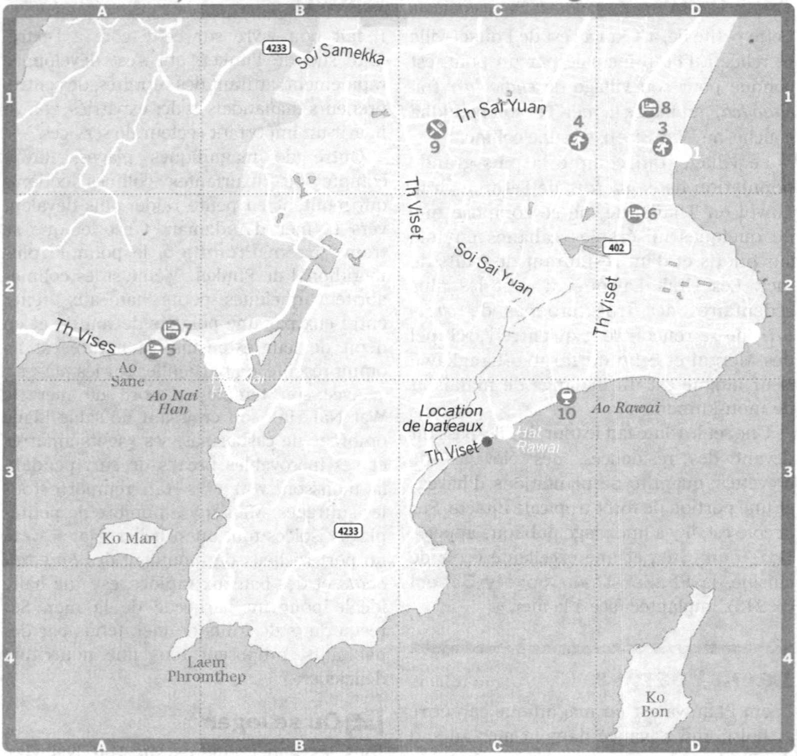

Hat Nai Han, Hat Rawai et Hat Laem Ka

À voir
Friendship Beach D1
Wat Nai Han B2

Activités
3 Kite Zone D1
4 Rawai Muay Thai C1

Où se loger
5 Ao Sane Bungalows A2
6 Evason Phuket Resort D2
7 Royal Phuket Yacht Club A2
8 Vijitt D1

Où se restaurer
9 Rum Jungle C1

Où prendre un verre
10 Nikita's C3

Royal Phuket Yacht Club HÔTEL $$$
(☎0 7638 0200 ; www.theroyalphuketyachtclub.com ; 23/3 Moo 1, Th Vises, Hat Nai Han ; ch à partir de 6 800 B ; ❄@≋). Ce lieu à la décoration très classique est une destination phare pour nombre de plaisanciers transcontinentaux. Fabuleux bar avec ventilateurs au plafond, chambres dotées de grandes terrasses avec vue plongeante sur la baie, et tout le confort qui sied à un établissement de ce type.

Ao Sane Bungalows HÔTEL $
(☎0 7628 8306, 08 1326 1687 ; 11/2 Moo 1, Th Vises, Hat Nai Han ; bungalows 600-850 B ; ❄). Des bungalows en bois sommaires (eau froide et ventilateur) sur une plage isolée, avec une vue imprenable sur Ao Sane et Ao Nai Han,

pour un hôtel à l'ambiance hippie. Restaurant sur la plage et centre de plongée.

Où se restaurer et prendre un verre

En plus des restaurants listés ci-dessous, une dizaine d'autres, délicieux, proposent des grillades de fruits de mer le long de la route au nord de Hat Rawai.

Rum Jungle INTERNATIONAL $$$
(☎0 7638 8153 ; 69/8 Th Sai Yuan ; plats 300-500 B ; ⏲dîner, fermé dim). C'est le meilleur restaurant du coin et parmi les meilleurs de l'île. Cet établissement familial est dirigé par un formidable chef australien. Son jarret d'agneau de Nouvelle-Zélande est un délice, tout comme ses palourdes, et toutes les sauces pour les pâtes sont faites maison. Ambiance musiques du monde et cocktails sous un toit de chaume.

Nikita's BAR
(☎0 7628 8703 ; Hat Rawai ; ⏲11h-tard). Situé dans le sud de l'île, cet agréable bar ouvert donne sur la mer. Il propose une sélection de cafés et de thés verts, ainsi que des jus de fruit et des cocktails. Vous pouvez commander un plat au restaurant attenant, le Baan Rimlay (pizzas au feu de bois à partir de 200 B).

Comment s'y rendre et circuler

Rawai est à 18 km de Phuket-ville. Comptez 30 B pour vous y rendre depuis Fountain Circle, sur Th Ranong (à Phuket), en *sŏrng·tăa·ou*. Renseignez-vous avant de partir, certains continuent jusqu'à Hat Nai Han, pas tous. De Rawai à Nai Han, le trajet en *túk-túk* coûte 200 B.

Vous pouvez prendre un taxi (en réalité juste des voitures privées) depuis Rawai et Hat Nai Han jusqu'à l'aéroport (700 B), Patong (500 B) et Phuket-ville (500 B).

Des *long-tail boats* et des vedettes peuvent être affrétés à Hat Rawai. Les destinations comprennent Ko Bon (*long-tail boat*/vedette 800/2 000 B), Coral Island (*long-tail boat*/vedette 1 200/3 000 B) et Ko Kai (*long-tail boat*/vedette 4 000/8 000 B) ; 6 passagers au maximum.

Hat Kata หาดกะตะ

Kata attire des visiteurs de tous âges, amateurs de boutiques, de surf et de plage. L'ambiance est bon enfant, loin de la sulfureuse Patong, plus haut sur la côte. Faute d'un coin de sable paisible, nombre d'activités s'offrent à vous et vous vous ferez plein d'amis avec qui partager une bière.

On peut surfer durant la saison intermédiaire et en basse saison. Les spas sont parfaits et la cuisine excellente. Un promontoire rocheux divise la plage en deux parties : Hat Kata Yai au nord, et Hat Kata Noi, moins fréquentée, au sud. Ces 2 plages de sable blond attirent une foule bohème. La route entre les deux dessert de luxueuses résidences.

La principale artère commerciale, Th Thai Na, est perpendiculaire au rivage et regroupe la plupart des restaurants et des commerces, ainsi que les hôtels bon marché.

À voir et à faire

On peut gagner la petite île de **Ko Pu** à la nage (si vous êtes bon nageur) et apercevoir quelques récifs coralliens. Méfiez-vous des courants sous-marins. Soyez attentif aux drapeaux rouges et ne dépassez pas les brise-vagues. Hat Kata Yai et Hat Kata Noi sont propices au surf d'avril à décembre. La location d'une planche coûte 100-150 B/heure et 300-600 B/jour.

Envie de suer un grand coup ? Tentez le **Kata Hot Yoga** (☎0 7660 5950 ; www.katahotyoga.com ; 217 Th Khoktanod ; cours 420 B). Vous pourrez prendre part à l'un des 3 cours proposés chaque jour dans une pièce chauffée à 40°C.

Où se loger

Les prix indiqués ci-dessous correspondent aux tarifs moyens en haute saison (octobre-mai). Comme à Patong, il est difficile de se loger pour moins de 1 000 B en saison, mais les prix chutent fortement hors saison.

Mom Tri's Villa Royale HÔTEL $$$
(Carte p. 254 ; ☎0 7633 3568 ; www.villaroyalephuket.com ; ste petit-déj compris à partir de 12 500 B ; ❄@📶🏊). Nichée dans un recoin isolé de Kata Noi et jouissant d'une vue spectaculaire, le Villa Royale offre un cadre romantique et sert une cuisine divine. Les chambres semblent tirées d'un magazine de décoration. Vous pourrez vous détendre en toute quiétude au spa et vous prélasser dans une piscine d'eau de mer, même si la plage n'est qu'à quelques mètres de là.

Caffe@Caffe PENSION $$
(Carte p. 254 ; ☎0 7628 4005 ; 100/60-61 Th Kata ; ch 1 800 B ; ❄📶). Logement confortable et tendance, situé dans un petit immeuble de 3 étages. Les chambres au papier peint doré comprennent un petit balcon, un frigo et une TV. Un café moderne se trouve en bas.

Sawasdee Village HÔTEL $$$
(Carte p. 254 ; ☎0 7633 0979 ; www.phuket-sawasdee.com ; 38 Th Ked Kwan ; bungalows 6 500-8 500 B ; ❄@📶🏊). Il s'agit d'un ensemble luxueux, bâti dans le style thaïlandais traditionnel. Les bungalows arborent parquet et poutres au plafond, et s'ouvrent sur une épaisse forêt tropicale striée de canaux à *koi* (carpes) et de cascades. Vous apercevrez également des installations d'art bouddhique. Enfin, le spa de qualité en fait un endroit unique et séduisant, mais cher en haute saison.

Mom Tri's Boathouse HÔTEL $$$
(Carte p. 254 ; ☎0 7633 0015 ; www.boathousephuket.com ; 2/2 Th Kata (Partak West) ; ch 9 600-25 000 B ; ❄📶🏊). C'est l'adresse de Phuket où descendent les élites et les stars thaïlandaises. Les chambres sont belles et spacieuses, certaines dotées d'une grande véranda. Ses détracteurs lui reprochent d'être un peu guindé et désuet, mais personne ne trouve à redire sur la nourriture. Le restaurant de l'hôtel, le Boathouse Wine & Grill (ci-contre), est en effet considéré comme l'un des meilleurs de l'île. Il dispense des cours de cuisine, voir p. 243.

Fantasy Hill Bungalow HÔTEL $
(Carte p. 254 ; ☎0 7633 0106 ; fantasyhill@hotmail.com ; 8/1 Th Patak ; ch avec ventil/clim 450/800 B ; ❄). Situés dans un jardin luxuriant sur une colline, ces bungalows anciens, mais bien entretenus, offrent un bon rapport qualité/prix. L'endroit est à la fois calme et central. Le personnel est adorable. Les chambres d'angle avec clim offrent une belle vue.

Katathani Resort HÔTEL SPA $$$
(Carte p. 254 ; ☎0 7633 0124 ; www.katathani.com ; 14 Th Kata Noi ; ch à partir de 7 800 B ; ❄📶🏊). Étalé sur une vaste étendue luxuriante et relativement calme de Hat Kata Noi, cet ensemble hôtelier chic offre tous les services habituels dans un décor design. Il comprend un spa et plusieurs piscines. Les prix sont cassés en basse saison.

Hat Karon et Hat Kata

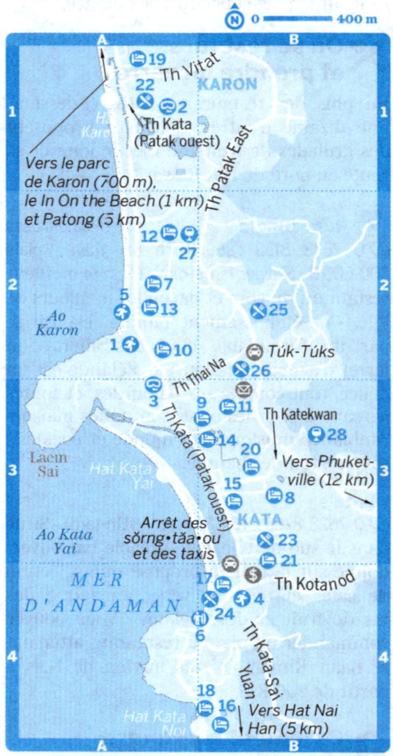

Sugar Palm Resort HÔTEL $$$
(Carte p. 254 ; ☎0 7628 4404 ; www.sugarpalmphuket.com ; 20/10 Th Kata ; ch petit-déj compris 3 700-5 200 B ; ❄@📶🏊). Cet hôtel haut de gamme moderne, qui évoque plus Miami que la Thaïlande, propose des chambres décorées avec goût en blanc, noir et mauve. Elles sont confortables et offrent un excellent rapport qualité/prix. Dehors, vous trouverez une piscine à déversement en forme de U, qu'il est difficile d'approcher sans être au centre de toutes les regards. Mais la plage n'est pas loin et vous êtes au cœur de la zone de commerces et de restaurants de Kata.

Kata Palm Resort HÔTEL $$$
(Carte p. 254 ; ☎0 7628 4334 ; www.katapalmresort.com ; 60 Th Kata ; ch à partir de 5 500 B ; ❄📶🏊). Tout le faste d'un vieil établissement au riche décor thaïlandais classique. Soieries sur les lits, beau mobilier en bois, art du royaume de Siam aux murs et colonnes peintes à la main dans le hall. Promotions fréquentes sur le site Internet.

Hat Karon et Hat Kata

Activités

1 Dino Park A2
2 Dive Asia A1
3 Dive Asia A3
4 Kata Hot Yoga B4
5 Kiteboarding Asia A2
Mom Tri's Boathouse .... (voir 17)
6 Phuket Surf B4
Phuket Surfing .... (voir 6)
Sea Fun Divers .... (voir 16)

Où se loger

7 Andaman Seaview Hotel A2
8 Baan Thai Homestay B3
9 Caffe@Caffe B3
10 Fantasy Hill Bungalow A2
11 Honey Resort B3
12 Kangaroo Guesthouse A2
13 Karon Beach Resort A2
14 Kata Country Resort B3
15 Kata Palm Resort B3
16 Katathani Resort & Spa B4
17 Mom Tri's Boathouse B4
18 Mom Tri's Villa Royale B4
19 Mövenpick A1
20 Sawasdee Village B3
21 Sugar Palm Resort B3

Où se restaurer

22 Bai Toey A1
Boathouse Wine & Grill .... (voir 17)
23 Capannina B3
24 Oasis B4
25 Pad Thai Shop B2
26 Thai Kitchen B2

Où prendre un verre

27 Nakannoi A2
28 Ratri Jazztaurant B3
Ska Bar .... (voir 6)

Honey Resort HÔTEL $$
(Carte p. 254 ; ☎0 7633 0938 ; www.honeyresort.com ; 100/69 Th Kata ; ch 3 400-3 900 B ; ❄📶). Cet hôtel possède de grandes chambres neuves lambrissées. Elles sont équipées d'un divan, d'une commode et d'un écran plat, de sdb avec baignoire et lavabo en marbre. Accès Wi-Fi gratuit. Tarifs promotionnels (699 B) étonnamment bas lors de notre passage, mais le Honey pratique de bons prix toute l'année.

Baan Thai Homestay PENSION $
(Carte p. 254 ; ☎0 7633 0655 ; www.baanthaihomestay.com ; 23 Th Ketkwan ; ch à partir de 1 000 B ; ❄📶). Décor kitsch et antique, avec force arches en bois sculpté, statues en pierre, chariots à bœufs et plantes grimpantes dans les parties communes. Chambres sombres, quoique propres et douillettes avec de bons lits, la clim et l'eau chaude.

Kata Country Resort HÔTEL $$
(Carte p. 254 ; ☎0 7633 3210 ; www.katacountryhouse.com ; 82 Th Kata ; ch 1 600-2 600 B ; ❄🏊). Le style country kitsch des années 1960-1970 est-il intentionnel ou le joli fruit du hasard ? Attendez-vous à des balustrades en roue de chariot sur les terrasses, des bassins de nymphéas et un *lounge* dans le style tiki (polynésien). Rien de luxueux, mais une adresse vraiment à part.

Où se restaurer

Il y a plusieurs restaurants haut de gamme à Kata, mais ils sont chers. Pour un repas bon marché, allez dans Th Thai Na ou sur Th Kata (Patak ouest), sur la côte, où vous attendent quelques restaurants de fruits de mer sans prétention.

♥ Boathouse Wine & Grill MÉDITERRANÉEN $$$
(Carte p. 254 ; ☎0 7633 0015 ; www.boathousephuket.com ; Th Kotanod ; plats 450-950 B ; ⏲petit-déj, midi et soir). C'est l'endroit idéal pour un rendez-vous romantique et le restaurant préféré des gourmets du coin. L'atmosphère est un peu guindée, mais la cuisine fusion méditerranéenne est épatante et la carte des vins très complète. Magnifique vue sur la mer.

♥ Capannina ITALIEN $$
(Carte p. 254 ; ☎0 7628 4318 ; capannina@fastmail.fm ; 30/9 Moo 2, Th Kata ; plats 200-700 B). Ici, les pâtes et les sauces sont faites maison, et ça se voit. Les raviolis et les gnocchis sont mémorables, le risotto succulent, tout comme les pizzas et le veau milanais. Réservation recommandée en haute saison.

Oasis FUSION $$$
(Carte p. 254 ; ☎0 7633 3423 ; Th Kotanod ; plats 350-600 B). Deux restaurants en un. En haut, bar à tapas fusion-asiatique et ambiance

jazz. En bas, restaurant gastronomique avec terrasse où vous pourrez déguster un filet de barracuda enveloppé d'une croûte aromatique tout en regardant les lanternes de papier se balancer au bout des branches.

Thai Kitchen THAÏLANDAIS $
(Carte p. 254 ; Th Thai Na ; plats 80 B ; ⌚petit-déj, déj et dîner). En règle générale, si un café sans prétention en bord de route est rempli de Thaïlandais, vous pouvez être certain que la nourriture y est excellente. Ici les plats au curry vert (très épicé) et aux nouilles transparentes sont tout simplement exquis. Au bas de la rue, face au "Pussy Bar".

Où prendre un verre

La vie nocturne de Kata est plutôt tranquille.

Ska Bar BAR
(Carte p. 254 ; ⌚jusqu'à tard). Blotti dans les rochers, sur la crique la plus au sud de l'île, ce bar s'appuie contre le tronc d'un vieux banian. C'est notre lieu préféré pour admirer le soleil couchant. Les barmen thaïlandais contribuent à l'ambiance très relax. Sous l'auvent pendent des bouées, des lanternes et des drapeaux.

Ratri Jazztaurant BAR
(Carte p. 254 ; ☎0 7633 3538 ; Kata Hill ; ⌚18h-24h). Terrasse à flanc de colline, musique jazz et mets thaïlandais savoureux (145 à 345 B).

Renseignements

De nombreux DAB jalonnent l'artère principale de Kata.

Poste (carte p. 254 ; ⌚9h-16h30 lun-ven, 9h-12h sam). Sur la Route 4028, à l'extrémité de Th Thai Na.

Comment s'y rendre et circuler

Des *sŏrng·tăa·ou* pour Kata et Karon (25 B/pers) partent fréquemment du marché de jour sur Th Ranong à Phuket-ville entre 7h et 17h. À Kata, l'arrêt principal est situé en face du Kata Beach Resort.

Les taxis vont de Kata à Phuket-ville (600 B), Patong (600 B) et Karon (200 B).

Vous trouverez sans peine à louer une moto (300 B/jour).

Hat Karon หาดกะรน

Karon est un mélange de Patong et de Kata : à la fois décontracté, glamour et un peu kitsch, avec quelques coins mal famés. Deux grands hôtels attirent les touristes en voyage organisé, mais malgré tout, la plage qui court tout du long est moins bondée qu'à Patong ou à Kata. Plus vous allez vers le nord, plus elle devient belle et chic. À l'extrême nord, accessible par une piste cabossée au-delà des marchands et des stands de nourriture, l'eau est turquoise. Dans les rues et sur les places de la ville, vous trouverez un mélange de bonne cuisine locale, de go-go bars discrets, de vendeurs de T-shirts et une multitude de panneaux en scandinave. Enfin, le joli parc Karon abrite un lac artificiel avec une montagne en toile de fond.

Où se loger

Mövenpick HÔTEL $$$
(Carte p. 254 ; ☎0 7639 6139 ; www.moevenpick-hotels.com ; 509 Th Kata (Patak West) ; ch/villas à partir de 5 900/7 000 B ; ❄📶🏊). Si vous choisissez une villa isolée, vous pourrez profiter d'une piscine privée ou d'une douche extérieure dans la forêt. Sinon, le Mövenpick dispose de chambre ultra-modernes avec baie vitrée du sol au plafond. Emplacement exceptionnel, en face d'une jolie plage, décoration superbe, linge raffiné, immense piscine avec bar flottant, spa, et bar-restaurant en plein air servant de délicieuses pizzas au feu de bois.

Karon Beach Resort HÔTEL SPA $$$
(Carte p. 254 ; ☎0 7633 0006 ; www.katagroup.com ; 51 Th Kata (Patak West) ; ch à partir de 7 500 B ; ❄📶🏊). Perché au sud de Hat Karon, ce vaste hôtel multiplie les détails élégants. Les couloirs, parfumés au jasmin, sont ornés de sculptures bouddhiques. Dans les chambres, les moulures, le mobilier en bois, ou les couvre-lits sont raffinés, et la vue sur la mer depuis le balcon est imprenable.

Andaman Seaview Hotel HÔTEL $$$
(Carte p. 254 ; ☎0 7639 8111 ; www.andamanphuket.com ; 1 Soi Karon, Th Kata (Patak West) ; ch à partir de 4 800 B ; ❄@📶🏊👪). L'extérieur bleu ciel et blanc et le hall en marbre de cet hôtel idéal pour les familles évoquent une demeure coloniale. Les chambres ont une déco "Amérique au début du XXe siècle", avec tables en marbre, ventilateur rétro au plafond et sdb Art déco. Piscine à remous pour les enfants, une autre pour les adultes.

On the Beach HÔTEL $$
(Hors-carte p. 254 ; ☎0 7639 8220 ; www.karoninthebeach.com ; 695-697 Moo 1, Th Patak ; ch à partir de 3 500 B ; ❄@📶🏊). Auberge de

bon goût dans le parc Karon. Le cadre est sublime, et les chambres, avec sol en marbre, Wi-Fi, clim et ventilateur au plafond, donnent sur la mer. Avec sa piscine et ses tarifs fortement réduits en basse saison, c'est une bonne adresse pour les surfeurs.

Kangaroo Guesthouse PENSION $
(Carte p. 254 ; ☎0 7639 6517 ; www.kangaroo-guesthouse.com ; 269/6-9 Karon Plaza ; ch 800 B ; ❄📶). Chambres basiques, mais très propres et ensoleillées, avec eau chaude, clim et coin petit-déjeuner. Les balcons donnent sur un *soi* étroit.

Où se restaurer et prendre un verre

Quelques restaurants de fruits de mer et de spécialités thaïlandaises bon marché sont installés après le rond-point (dont plusieurs étals sous un même toit, en bord de mer, à 100 m de là) et d'autres sur la rue principale vers l'extrémité sud de Hat Karon.

Bai Toey THAÏLANDAIS $$
(Carte p. 254 ; ☎08 1691 6202 ; Soi Old Phuket ; plats 200-250 B). Ce charmant bistrot thaïlandais avec patio ombragé et tables en intérieur propose des currys et des plats à base de nouilles. Le filet de bœuf grillé à la sauce d'huître, servi avec du riz gluant, vaut le détour (200 B).

Pad Thai Shop THAÏLANDAIS $
(Carte p. 254 ; Th Patak East ; plats 40 B ; ⏰petit-déj, déj et dîner). Situé sur la route principale derrière Karon, au nord du Ping Pong Bar, ce restaurant est en fait un stand amélioré. Vous y dégusterez un délicieux ragoût de poulet et le meilleur *pàt tai* au monde : épicé et doux, avec quantité de crevettes, du tofu, des œufs et des cacahuètes, enveloppé dans une feuille de banane. Tout simplement irrésistible. Il ferme vers 19h.

Nakannoi BAR
(Carte p. 254 ; ☎08 7898 5450 ; Karon Plaza ; ⏰17h-1h). Ce refuge bobo et artistique arbore une collection hétéroclite de peintures et d'objets (dont des motos et des vélos anciens), un bar central et une scène où évoluent le patron et ses amis presque tous les soirs après 20h.

Depuis/vers Hat Karon

Pour plus de détails sur les transports vers Hat Karon, voir ci-contre.

Hat Patong หาดป่าตอง

Ici, les touristes rougis par le soleil arborent fièrement des T-shirts de contrefaçon de piètre qualité. Le vrombissement incessant des Jet-Skis se fait entendre sur toute la plage. L'urbanisme est sauvage. L'industrie du sexe a pignon sur rue. Dans cet environnement de béton et de silicone, de mœurs légères et de sexe indéterminé, tout a un prix, qu'il s'agisse d'un café Starbuck ou d'une nuit dans les bras d'une inconnue. Ce n'est pas la seule ville dans son genre, mais contrairement à d'autres, elle le fait sans fausse pudeur, ce qui n'est pas déplaisant.

Vous pouvez ne pas aimer Hat Patong pour autant, mais en voyant cette longue plage de sable blanc sur cette magnifique baie en demi-lune, vous comprendrez d'où vient son succès. De nos jours, elle est, plus que Phuket-ville, la véritable capitale de Phuket. Tout se passe ici.

Les centres de plongée et les spas sont légion, de même que les restaurants gastronomiques et de grillades. On y trouve des cabarets, des rings de boxe, et l'un des meilleurs centres commerciaux d'Asie.

Où se loger

Vous aurez du mal à trouver une chambre à moins de 1 000 B à Patong entre novembre et avril (les prix mentionnés ici correspondent à cette période), mais les tarifs chutent de 40 à 60% le reste de l'année.

BYD Lofts HÔTEL $$$
(☎0 7634 3024 ; www.bydlofts.com ; 5/28 Th Rat Uthit ; appt 4 900-11 500 B ; ❄@📶🏊). Si l'élégance et le confort importent plus pour vous que la vue sur la mer (qui n'est qu'à deux pas de là), vous serez ravi. Ces appartements très clairs (sols, murs et rideaux blancs) aux lignes épurées semblent baignés d'une lumière paradisiaque à côté de l'enfer des rues de Patong. Il y a un spa, une piscine sur le toit et un très bon restaurant sur place.

♥ **Burasari** HÔTEL $$$
(☎0 7629 2929 ; www.burasari.com ; 18/110 Th Ruamchai ; ch 2 700-9 300 B ; ❄📶🏊). C'est un véritable labyrinthe de piscines et de cascades bordées de colonnes et de chaises longues. Les chambres sont plus simples, mais chics (écran plat, grand lit et déco en bambou). Le café **Naughty Radish** propose des salades que vous pourrez

Patong

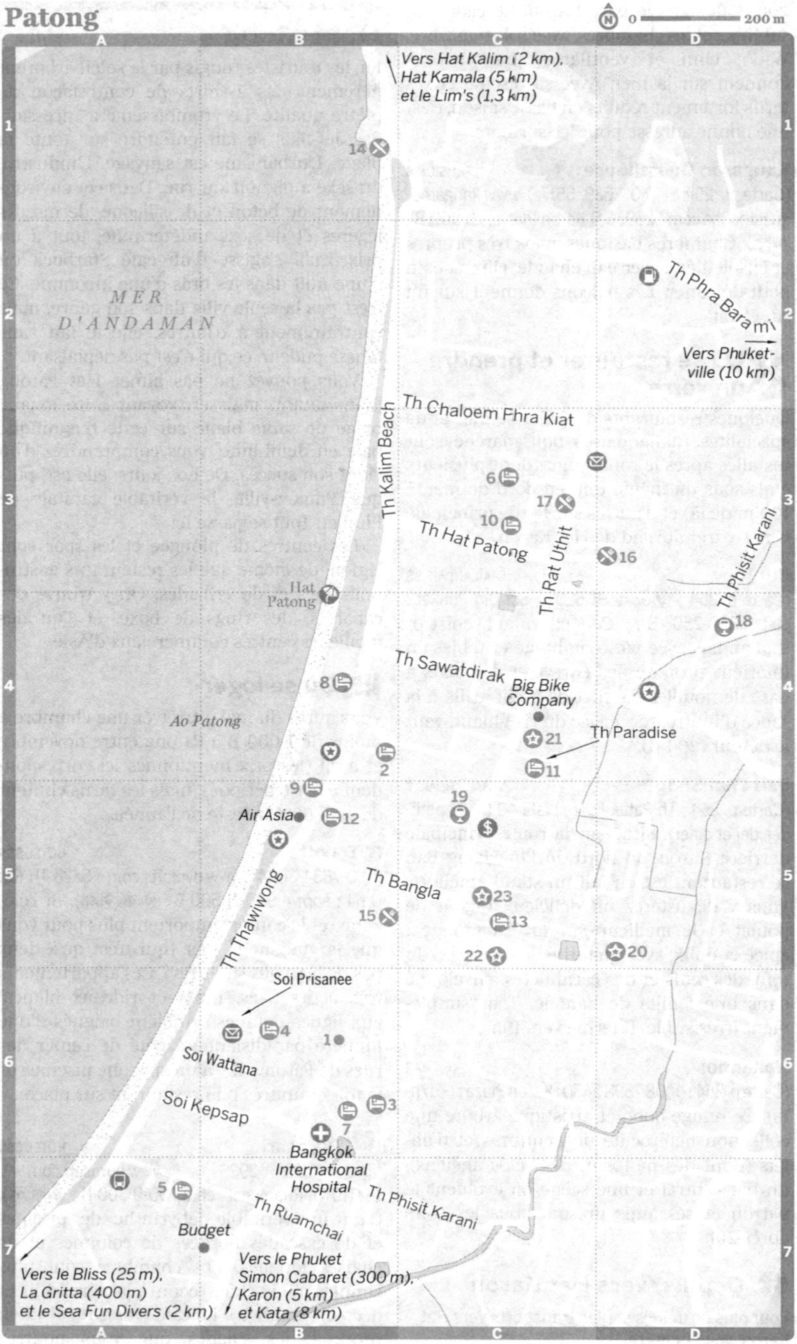
0 200 m
A
B
C
D
1
2
3
4
5
6
7
Vers Hat Kalim (2 km), Hat Kamala (5 km) et le Lim's (1,3 km)
14
MER D'ANDAMAN
Th Phra Bara mi
Vers Phuket-ville (10 km)
Th Chaloem Phra Kiat
Th Kalim Beach
6
17
10
Th Hat Patong
Th Rat Uthit
16
Th Phisit Karani
Hat Patong
18
Th Sawatdirak
Big Bike Company
8
Ao Patong
21
Th Paradise
2
11
9
19
Air Asia
12
Th Bangla
23
15
13
Th Thawiwong
22
20
Soi Prisanee
4
1
Soi Wattana
Soi Kepsap
3
7
Bangkok International Hospital
5
Th Phisit Karani
Th Ruamchai
Budget
Vers le Bliss (25 m), La Gritta (400 m) et le Sea Fun Divers (2 km)
Vers le Phuket Simon Cabaret (300 m), Karon (5 km) et Kata (8 km)

Patong

composer selon vos goûts (à partir de 180 B) et les meilleurs *smoothies* (120 B) de Phuket.

La Flora HÔTEL $$$
(☎0 7634 4241 ; www.laflorapatong.com ; 39 Th Thawiwong ; ch à partir de 9 500 B ;). Hôtel aux lignes claires et à la déco minimaliste sur la plage de Patong. Les chambres sont grandes, avec meubles en bois, écran plat et lecteur DVD. Sdb avec douche et baignoire. Le minibar contient des sodas gratuits. La piscine est immense.

Baipho, Baithong et Sala Dee PENSIONS $$
(☎0 7629 2074, 0 7629 2738 ; www.baipho.com, www.baithong.com, www.saladee.com ; 205/12-13 et 205/14-15 Th Rat Uthit 200 Pee ; ch 1 800-3 300 B ;). Ces pensions arty sont toutes les trois dans le même *soi* et partagent un même personnel sympathique et organisé. Dans les chambres et les parties communes, la déco zen flirte avec des éléments modernes. Les chambres douillettes, à la lumière tamisée, sont toutes différentes, alors demandez à en voir plusieurs si possible. **The Lounge**, installé au rdc du Baithong, sert des cocktails et de la bonne cuisine italienne et thaïlandaise. Les hôtes peuvent profiter de la piscine du Montana Grand Phuket, juste à côté.

Newspaper HÔTEL $$
(☎0 7634 6276 ; www.newspaperphuket.com ; 125/4-5 Th Paradise ; ch 2 500-5 000 B ;). L'une des adresses trois étoiles les plus chics de cette rue bordée de bars et de cafés gay-friendly. Les chambres sont décorées avec goût : lanternes sur les tables de chevet, mobilier de bois sombre et tableaux sur les murs. Souvent complet, pensez à réserver.

The Belle Resort HÔTEL $$
(☎0 7629 2782 ; www.thebelleresort.com ; 104/31-33 Soi Prisanee ; ch à partir de 1 800 B ;). Lumières tamisées, déco simple, zen et chic, avec parquets en bois, grandes baies vitrées et lits douillets. L'hôtel est sur une rue calme bordée de restaurants italiens, proche de la plage et des quartiers animés.

Baan Pronphateep HÔTEL $$
(☎0 7634 3037 ; baanpronphateep.com ; 168/1 Th Thawiwong ; ch 1 600-2 100 B ;). Tapi dans un petit *soi* en retrait, à l'ombre d'un banian, cet hôtel trois étoiles est calme et sobre. Les chambres sont vastes, dotées d'un grand frigo et d'un balcon privatif.

Yorkshire Inn HÔTEL $$
(☎0 7634 0904 ; www.theyorkshirehotel.com ; 169/16 Soi Saen Sabai ; ch 1 800-2 300 B ;). Hôtel à l'ambiance britannique, qui a le charme des B&B, apprécié des voyageurs aimant se sentir comme chez eux. Les

chambres soignées sont équipées de la TV câblée. Excellent petit-déjeuner anglais.

Merrison Inn HÔTEL **$$**
(☎0 7634 0383 ; www.merrisoninn.com ; 5/35 Th Hat Patong ; ch 1 300 B ; ❄📶). Avec ses sols en béton ciré, ses écrans plats aux murs, ses grands lits et sa déco asiatique kitsch, cet établissement est une véritable aubaine.

Casa Jip PENSION **$**
(☎0 7634 3019 ; www.casajip.com ; 207/10 Th Rat Uthit ; ch à partir de 700 B ; ❄). Tenu par des Italiens, cet établissement propose de grandes chambres (pour le prix) avec lits douillets et déco thaïlandaise. TV câblée et possibilité de se faire servir le petit-déjeuner dans la chambre.

Patong Backpacker Hostel AUBERGE DE JEUNESSE **$**
(☎0 7625 6680 ; www.phuketbackpacker.com ; 167 Th Ranong ; dort 300-450 B, ch 1 200 B ; ❄📶). Cette auberge de jeunesse est très bien située, près de la plage. Le propriétaire vous conseillera d'excellents restaurants bon marché. Le prix dépend du nombre de lits dans le dortoir (de 3 à 10). L'étage supérieur est plus ensoleillé, mais les dortoirs des étages inférieurs ont chacun une sdb attenante. Aux chambres onéreuses, préférez les dortoirs d'un meilleur rapport qualité/prix.

Bliss HÔTEL **$$$**
(☎0 7629 2098 ; www.theblissphuket.com ; 40 Th Thawiwong ; ste à partir de 15 000 B ; ❄📶🏊). Ce nouvel ensemble chic ne propose que des suites de 90 m² avec salle à manger, parquet dans la chambre, écran plat, piscine, Jacuzzi et jardin fleuri sur la terrasse. Intéressantes réductions en basse saison.

Impiana Phuket Cabana HÔTEL **$$$**
(☎0 7634 0138 ; www.impiana.com ; 41 Th Thawiwong ; ch à partir de 7 000 B ; ❄📶🏊). La palme du meilleur emplacement sur la plage revient à cet hôtel tropical aux chambres chics et confortables. La zone est très animée.

Où se restaurer

Parmi les nombreux restaurants de Patong, mieux vaut éviter ceux qui envahissent les artères principales avec leurs menus thaïlandais ou pseudo occidentaux destinés aux touristes. Les restaurants les plus sélects sont regroupés au-dessus des falaises, au nord de la ville.

Des stands de nourriture à petit prix s'installent un peu partout en ville le soir, comme dans les ruelles autour de Th Bangla, et au **Patong Food Park** (Th Rat Uthit ; ⏲16h-24h).

Baan Rim Pa THAÏLANDAIS **$$$**
(☎0 7634 0789 ; Th Kalim Beach ; plats 215-475 B). Ambiance romantique et douces mélodies de piano dans ce restaurant haut de gamme spécialisé dans la cuisine thaïlandaise. Les tables jouissent d'une magnifique vue sur la mer. Réservation et tenue correcte recommandées.

Lim's THAÏLANDAIS **$$$**
(☎0 7634 4834 ; www.lim-thailand.com ; 28 Th Phrabaramee, Soi 7 ; plats 300-600 B ; ⏲18h-24h). Lim est à 500 m au nord (en haut d'une côte) de la route côtière pour Kamala. Restaurant-lounge moderne servant de la cuisine thaïlandaise gastronomique, il est incontournable pour les célébrités de passage dans la région.

Mengrai Seafood FRUITS DE MER **$$**
(☎08 7263 7070 ; Soi Tun ; plats 120-300 B). Situé au bout d'un *soi* au coin de Th Bangla, cet espace de restauration sert des spécialités locales, notamment du poisson, des crevettes et des moules (fraîcheur garantie). Les stands du fond servent des currys dont les expatriés du coin raffolent.

Chicken Rice Briley THAÏLANDAIS **$**
(☎0 7634 4079 ; Patong Food Park, Th Rat Uthit ; plats 35-45 B ; ⏲petit-déj et déj). Le seul resto du Patong Food Park ouvert durant la journée. Vous pourrez y déguster du poulet à la vapeur servi sur du riz, avec un bouillon de poulet, des morceaux de viande et du porc rôti. La sauce chili est délicieuse. Très fréquenté par les habitants.

Ninth Floor INTERNATIONAL **$$$**
(☎0 7634 4311 ; www.the9thfloor.com ; 47 Th Rat Uthit ; plats 290-1 990 B ; ⏲dîner). Si vous grimpez au 9e étage du Sky Inn Condotel, vous admirerez la mer de lumière à travers de grandes baies vitrées coulissantes. C'est le restaurant le plus élevé de l'île, mais sa renommée est due avant tout à ses steaks et côtelettes parfaitement préparés.

Où prendre un verre

Certains considèrent que la vie nocturne de Patong est plutôt de mauvais goût, mais si vous avez envie de bière, de néons et de minijupes, plongez dans le bain.

Th Bangla concentre un grand nombre de bars de strip-tease. La techno est forte, les vêtements minimalistes et le décor

LA GAY PRIDE À PHUKET

Bien qu'il existe de grandes fêtes homosexuelles à Bangkok et à Pattaya, le Phuket Gay Pride Festival est considéré par beaucoup comme la meilleure de Thaïlande, et peut-être même de toute l'Asie du Sud-Est. La date a changé plusieurs fois, mais la fête tombe généralement entre février et avril. Quelle que soit la période, elle ne manque pas d'attirer sur l'île entière, et à Patong en particulier, des noceurs du monde entier (principalement des hommes).

La fête dure quatre jours centrés sur un week-end. Elle est rythmée par diverses manifestations, notamment un tournoi de beach-volley et, bien sûr, la grande parade de Patong avec ses chars, ses magnifiques costumes et sa foule enjouée. Ces dernières années, elle a été l'occasion de campagnes de sensibilisation sur les thèmes du sida, de la lutte contre la prostitution des enfants et contre l'abus de substances illicites.

Le reste de l'année, c'est dans le réseau de rues qui relient le Royal Paradise Hotel à Th Rat Uthit, à Patong, que fleurit l'ambiance gay de Phuket. Le **Boat Bar** (☎0 7634 2206 ; www.boatbar.com ; 125/20 Th Rat Uthit), le plus ancien lieu de sortie gay et toujours la seule boîte de nuit de ce type, est généralement animé, avec une clientèle principalement homosexuelle. Ne manquez pas le cabaret de minuit ! Pour des informations sur la prochaine Gay Pride ou sur la scène gay, consultez www.gaypatong.com.

grotesque et phallique. Cela dit, l'atmosphère est plus carnavalesque que glauque, et la clientèle féminine occidentale est considérable dans ces bars.

Two Black Sheep PUB
(☎08 9592 1735 ; 172 Th Rat Uthit ; ⏲11h-2h). Tenu par un charmant couple d'Australiens, ce pub à l'ancienne est fabuleux. Bons plats et concerts acoustiques de 20h à 22h avant l'arrivée du groupe local, Chilli Jam, qui joue jusqu'au bout de la nuit. Les hôtesses de bar sont interdites, les lieux sont donc accessibles à tous.

JP's Restaurant & Bar BAR
(☎0 7634 3024 ; 5/28 Th Hat Patong ; ⏲10h30-23h30). Un *lounge* branché avec espaces extérieur et intérieur qui apporte une touche d'élégance à Patong. Le JP's propose un bar, des alcôves avec sofa en extérieur, un *happy hour* (avec tapas gratuites) à partir de 22h et des soirées avec DJ.

La Gritta BAR
(☎0 7634 0106 ; 2 Th Meun-ngern ; ⏲10h30-23h30). Un étonnant restaurant moderne, qui contraste avec l'aspect vieillissant de la bâtisse. Avec ses alcôves à différents niveaux, ses éclairages tamisés et son ponton à fleur d'eau, c'est l'endroit idéal pour admirer le couchant en sirotant un cocktail.

Monte's BAR
(Th Phisit Karani ; ⏲11h-24h). Le bar tropical par excellence. Un toit en chaume, un bar en bois naturel, des orchidées par dizaines et un écran plat diffusant des matchs. Les moules à la belge font le bonheur de la clientèle le vendredi, de même que les grillades du week-end.

☆ Où sortir

Patong compte d'autres lieux de sortie que les go-go bars. Les cabarets et les matchs de boxe thaïlandaise sont un peu sa spécialité.

Phuket Simon Cabaret CABARET
(☎0 7634 2011 ; www.phuket-simoncabaret.com ; Th Sirirach ; 700-800 B ; ⏲spectacles à 19h30 et 21h30 tous les soirs). À environ 300 m au sud de la ville, ce cabaret propose de divertissants spectacles de travestis dans une superbe salle de 600 places. Les costumes sont magnifiques et l'illusion est parfaite. Les spectacles affichent souvent complet.

Sound Phuket DISCOTHÈQUE
(☎0 7636 6163 ; www.soundphuket.com ; Jung Ceylon Complex, Unit 2 303, 193 Th Rat Uthit ; ⏲22h-4h). C'est généralement ici que les DJ internationaux s'arrêtent quand ils viennent à Phuket. Salle ronde futuriste et ambiance torride. Entrée jusqu'à 300 B si le DJ est connu.

Rock City DISCOTHÈQUE
(Th Rat Uthit ; ⏲21h-tard). Lieu sombre où des groupes rendent hommage à AC/DC, Metallica et aux Guns N' Roses. La soirée International Rock City (1 000 B) a lieu les mardi, vendredi et dimanche. Vous pourrez y entendre les tubes des Red Hot Chili Peppers, des Rolling Stones, de U2 et de Bon

Jovi. Si vous arrivez avant 23h, vous aurez droit à des bières et des cocktails gratuits.

Bangla Boxing Stadium BOXE THAÏLANDAISE
(☎0 7282 2348 ; Th Phisit Karani ; 1 000-1 500 B ; ⏲21h-23h30 mar, mer, ven et dim). Le nom est ancien, mais le stade est neuf. Une série de boxeurs s'affrontent dans des combats de *mou·ay tai*.

SF Cinema City Jung Ceylon CINÉMA $
(Th Rat Uthit). Dans ces salles situées dans le centre commercial Jung Ceylon (www.jungceylon.com) sont projetées essentiellement des productions hollywoodiennes.

Renseignements

Vous trouverez des cybercafés, des banques avec DAB et des bureaux de change un peu partout en ville.

Police touristique (☎1699 ; angle Th Thawiwong)

Poste (Th Thawiwong ; ⏲9h-16h30 lun-ven, 9h-12h sam)

Comment s'y rendre et circuler

Air Asia (☎0 7634 1792 ; www.airasia.com ; 39 Th Thawiwong ; ⏲9h-21h) a un bureau en ville.

Une course en *túk-túk* en ville coûte de 50 à 100 B. Il existe de nombreux loueurs de motos 125cc et de jeeps. La **Big Bike Company** (☎0 7634 5100 ; 106 Th Rat Uthit) loue des grosses cylindrées (500 à 1 000 B/jour). Le port du casque est obligatoire à Patong (contrôles fréquents). **Budget** (☎0 7629 2389 ; 44 Th Thawiwong ; ⏲9h-16h) a un bureau dans le Patong Merlin Hotel.

Des *sŏrng·tăa·ou* (25 B) relient Phuket-ville à Patong. Le départ a lieu sur Th Ranong, près du marché de jour et de la fontaine. En dehors des heures de service, comptez 500 B pour affréter un véhicule. Le *sŏrng·tăa·ou* vous déposera au sud de la plage de Patong. De là, vous prendrez une moto-taxi (20-30 B la course), un *túk-túk* (prix variable) ou marcherez jusqu'à destination.

Hat Kamala

หาดกมลา

Lieu décontracté, mélange de Hat Karon et Hat Surin, à la fois calme mais distrayant, Kamala attire des visiteurs de longue durée, peu enclins à faire la fête, des familles scandinaves et des jeunes couples. La baie est magnifique, turquoise et sereine. Ses vagues vous berceront durant votre sommeil. Au nord, des palmiers et des pins poussent parmi les rochers. L'eau est couleur émeraude et le snorkeling y est agréable. Au sud, de nouveaux hôtels voient le jour sur les promontoires, au-dessus des *long-tail boats*. La plage est adossée tout du long par des collines verdoyantes et, pour l'instant, intactes. C'est la seule de Phuket où les nombreux restaurants, hôtels et magasins s'alignent le long d'une allée piétonnière. Oubliez votre moto : à Kamala, on marche.

À voir et à faire

Tous les connaisseurs vous diront que **Laem Singh**, au nord de Kamala, est le plus beau cap de Phuket. Entouré de falaises, il n'offre aucun accès par la route. Vous devrez vous garer sur le promontoire et suivre un sentier étroit, ou bien louer un *long-tail boat* (1 000 B) depuis Hat Kamala. Très fréquenté.

Phuket Fantasea SPECTACLE À THÈME $$
(Carte p. 264 ; ☎0 7638 5000 ; www.phuket-fantasea.com ; entrée avec/sans repas 1900/1500 B ; ⏲18h-23h30 ven-mer). Ce théâtre, dont la construction a coûté 60 millions de dollars, se trouve juste à l'est de Hat Kamala. Il s'agit d'un spectacle son et lumière alliant les couleurs et les apparats de la danse thaïlandaise à une technologie de pointe. Le résultat rivalise avec Las Vegas (oui, il y a 30 éléphants sur scène). En toile de fond, une réplique grandeur nature d'un temple khmer. Les enfants seront particulièrement captivés par ce spectacle kitschissime. Les appareils photo sont interdits dans la salle.

Où se loger et se restaurer

Layalina Hotel HÔTEL $$$
(Carte p. 264 ; ☎0 7638 5942 ; www.layalina-hotel.com ; ch petit-déj compris 5 500-7 700 B ; ❄@📶≋). Les suites, sur 2 niveaux, jouissent d'une terrasse privative sur le toit de ce petit hôtel de charme, offrant une vue du soleil couchant sur la plage de sable blanc. La déco est simple et chic, de style thaïlandais. Fines couettes blanches et moelleuses et mobilier en bois clair. Le tarif comprend 1 heure de massage en couple à l'un des spas de l'hôtel. Piscine minuscule, mais la mer est à deux pas.

Cape Sienna Hotel HÔTEL $$$
(Carte p. 264 ; ☎0 7633 7300 ; www.capesienna.com ; ch 8 500-10 130 B, bungalows 4 350-5 600 B ; ❄@📶≋). Hôtel romantique et spectaculaire juché sur le promontoire sud. La vue de la baie depuis le hall, la piscine et les chambres est superbe. Les chambres sont

modernes, épurées et bien équipées. Les enfants ne sont pas admis.

Clear House HÔTEL $$
(Carte p. 264 ; ☎0 7638 5401 ; www.clearhousephuket.com ; ch 1 300 B ; ❄📶). Hôtel agréable, au style faussement vieillot. Fine couette, écran plat, Wi-Fi et immense sdb avec carrelage de galets.

Restaurants de plage THAÏLANDAIS, INTERNATIONAL $
(Carte p. 264 ; Hat Kamala ; plats 50-250 B ; ⏲déj et dîner). L'un des principaux attraits de Hat Kamala est sa longue rangée de restaurants où l'on peut savourer en maillot de bain, pieds dans le sable, des plats thaïlandais, des pizzas, de la bière fraîche... **Ma Ma Fati Ma**, à l'extrémité nord de la plage, est notre favori.

Rockfish FUSION $$
(Carte p. 264 ; ☎0 7627 9732 ; 33/6 Th Kamala Beach ; plats 150-1 000 B ; ⏲petit-déj, déj et dîner). Perché à l'embouchure de la rivière, le meilleur restaurant de Kamala offre une vue sur la plage, la baie et la montagne. Vous pourrez y déguster un filet de canard braisé au chou et des coquilles Saint-Jacques enrobées de jambon cru.

ℹ Depuis/vers Hat Kamala

Le trajet en *sŏrng·tăa·ou* de Kamala à Patong coûte 50 B/pers pendant la journée. La location d'un *sŏrng·tăa·ou* le soir coûte 250 B.

Hat Surin หาดสุรินทร์

Hat Surin est une véritable invitation au voyage. Avec ses larges étendues de sable blond bordées d'eau turquoise offrant un dégradé bleu marine à l'horizon et ses deux promontoires rocheux, Surin est la perfection incarnée. Non contente d'être belle, elle vous envoûtera avec ses galeries d'art, ses spas cinq étoiles et ses délicieux restaurants de plage. Une fois que vous aurez nagé, bronzé, savouré des grillades de poisson et siroté un cocktail au beach-club, Surin aura ravi à tout jamais votre cœur de voyageur.

Où se loger

À Hat Surin, les hébergements les plus haut de gamme de Phuket côtoient des adresses pour voyageurs à petit budget.

♥ **Surin Phuket** HÔTEL $$$
(Carte p. 264 ; ☎0 7662 1579 ; www.thesurinphuket.com ; ch 17 000-58 000 B ; ❄📶🏊). Cet hôtel est situé sur une plage privée tranquille et d'une grande beauté. Ses bungalows (auparavant The Chedi) se fondent dans la jungle, sur le flanc d'une colline. Extérieurs en bois naturel et intérieurs luxueux et sobres. Le restaurant, jolie cabane de Robinson, donne sur la mer et une piscine hexagonale étonnamment moderne. Mieux vaut être en forme pour arpenter le Surin dans son ensemble et emprunter les passerelles en bois qui mènent aux bungalows. L'hôtel a bénéficié d'importantes rénovations en 2011.

♥ **Twin Palms** HÔTEL $$$
(Carte p. 264 ; ☎0 7631 6500 ; http://twinpalms-phuket.com ; ch 6 100-38 800 B ; ❄@📶🏊). Hôtel classique et très contemporain à la fois. Il laisse une impression d'espace avec ses piscines au design recherché bordées de frangipaniers à fleurs blanches délicates. Même les chambres les plus simples sont vastes et dotées d'une immense sdb. Les lits sont moelleux et le calme est impressionnant. L'hôtel est situé à quelques minutes de la plage. Vous croiserez des expatriés venant de tout Phuket pour le **brunch** du dimanche, le plus couru de l'île (12h-14h ; buffet 1 300 B).

The Chava HÔTEL $$$
(Carte p. 264 ; ☎0 7637 2600 ; www.thechavaresort.com ; appt 14 000-18 000 B ; ❄@🏊). Orné de vigne vierge tombant en cascades et agrémenté de fontaines et de piscines, ce lieu raffiné, appartenant à des particuliers, est à la fois un hôtel et une copropriété. Les grands appartements (2, 3 ou 4 chambres) sont élégamment équipés, avec réfrigérateur dans la cuisine, système audio-vidéo complet dans le salon et une autre TV à écran plat dans la chambre principale. Location à la nuit, à la semaine ou au mois ; à plusieurs, le rapport qualité/prix peut être exceptionnel.

Benyada Lodge HÔTEL $$
(Carte p. 264 ; ☎0 7627 1261 ; www.benyadalodge-phuket.com ; ch 2 800-3 500 B ; ❄@📶🏊). Avec ses chambres chics et modernes aux placards noirs à persiennes et coussins épandus dans le coin salon, cet hôtel est une bonne affaire (pour Hat Surin). Le service est impeccable. Vous admirerez le soleil couchant depuis la piscine sur le toit ou de la plage située à quelques minutes de marche.

Capri Hotel HÔTEL $$
(Carte p. 264 ; ☎0 7627 0597 ; ch 900-1 500 B ; ❄📶). Ce concentré d'Italie, avec ses

colonnes omniprésentes et ses arcades de style méditerranéen dans la sdb, offre de belles chambres lumineuses. Les meilleures ont un balcon avec balustrade en fer forgé donnant sur une rue tranquille. Avec le café italien en bas, cet hôtel constitue une très bonne affaire.

Autre adresse recommandée :

Amanpuri Resort HÔTEL **$$$**
(Carte p. 264 ; ☎0 7632 4333 ; www.amanresorts.com ; villas 29 317-255 144 B ; ❄@≋). Summum du luxe, l'Amanpuri est l'un des hôtels les plus sélects de Phuket (et un véritable vivier de célébrités).

Où se restaurer et prendre un verre

Vous n'aurez pas de mal à trouver d'excellents restaurants à Surin et dans les environs. Pour de délicieux fruits de mer bon marché, il existe un grand nombre de restaurants sur le front de mer.

♥ **Taste** FUSION **$$**
(Carte p. 264 ; ☎08 7886 6401 ; tapas 160-225 B). Le meilleur restaurant de plage, recherché mais décontracté. Tables à l'intérieur ou sur la terrasse. Le Taste sert de grosses salades, un filet mignon parfaitement cuisiné et une

Hat Kamala, Hat Surin et Ao Bang Thao

variété de plats méditerranéo-thaïlandais. Le service est irréprochable. La galerie attenante propose des bijoux et de l'art tibétain, népalais et thaïlandais.

Catch FUSION $$$
(Carte p. 264 ; ☎0 7631 6500 ; plats 250-450 B). Ce restaurant tropical à l'ambiance et à la cuisine raffinée est situé directement sur la plage. Il fait partie du très chic Twin Palms, même s'il n'est pas contigu.

Stereo Lab BAR, DISCOTHÈQUE
(Carte p. 264 ; ☎08 9218 0162 ; www.stereolabphuket.com ; Hat Surin ; 11h-2h). Ce bar-discothèque offre une superbe vue sur la mer. Soirées spéciales avec DJ internationaux invités.

Renseignements

Il y a un DAB à Surin Plaza, à l'est de la plage sur la Route 4025. La plupart des hôtels proposent un accès à Internet pour 1 B/min.

Depuis/vers Hat Surin

Le trajet en *sŏrng·tăa·ou* de Phuket-ville (Th Ranong) à Hat Surin coûte 35 B/pers. Une course en *túk-túk* ou la location d'un *sŏrng·tăa·ou* revient à 450 B.

Vous pouvez louer une voiture auprès d'**Andaman Car Rental** (☎0 7662 1600 ; www.andamancarrent.com ; 9h-21h), face à l'entrée du Twin Palms. Location à partir de 1 400 B/jour.

Ao Bang Thao

อ่าวบางเทา

Presque aussi grande et encore plus belle que la baie de Patong, Ao Bang Thao, avec ses 8 km d'étendues de sable blanc, est loin d'être homogène. La partie sud de la baie est parsemée de bungalows trois étoiles. Dans les terres, vous trouverez un vieux village de pêcheurs parcouru de canaux et plusieurs lotissements en construction. Ne soyez pas étonné de voir un troupeau de buffles paître à proximité d'un immense chantier.

En plein centre de la baie se trouve un mastodonte : le Laguna Phuket. Cet ensemble de 5 hôtels de 4 et 5 étoiles et d'un centre commercial vieillissant est relié par un lac artificiel où les bateaux font la navette et par un sentier asphalté. Plus au nord, une bande de sable blanc bordée d'eau turquoise offre au regard une nature encore intacte. C'est cette étendue sablonneuse et paisible que vous aviez imaginée en réservant votre séjour.

Le **Hideaway Day Spa** (☎08 1750 0026 ; www.phuket-hideaway.com ; 382/33 Th Srisoontorn, Chergtalay) jouit d'une excellente réputation. Il propose des massages thaïlandais et des enveloppements de boue (soins à partir de 1 500 B) dans un cadre boisé au bord d'une lagune. Le spa possède sa propre ligne de produits.

Où se loger

Le Laguna Phuket réunit 5 hôtels très haut de gamme, un parcours de golf de 18 trous et 30 restaurants (l'immense Sheraton Grande en compte à lui seul huit). Des bus et des bateaux relient fréquemment les différents établissements.

Hat Kamala, Hat Surin et Ao Bang Thao

À voir
1 Phuket Fantasea B5

Activités
2 Hideaway Day Spa D1

Où se loger
3 Amanpuri Resort A1
4 Andaman Bangtao Bay Resort B2
Benyada Lodge .... (voir 6)
5 Cape Sienna Hotel A5
6 Capri Hotel B3
Chava .... (voir 10)
7 Clear House A5
8 Layalina Hotel B5
9 Surin Phuket A2
10 Twin Palms B2

Où se restaurer
11 Babylon Beach Club C1
12 Beach Restaurants B4
13 Catch A3
Chaba .... (voir 18)
14 Rockfish A5
15 Siam Supper Club D1
16 Taste A3
17 Tatonka D1
18 Tawai Restaurant D1

Où prendre un verre
19 Stereo Lab A3

Banyan Tree Phuket HÔTEL $$$
(Carte p. 264 ; 0 7632 4374 ; www.banyantree.com ; villas à partir 25 000 B ;). L'un des hôtels les plus chics de Phuket, et le premier à proposer des villas avec piscine particulière. Situé dans le Laguna Phuket, le Banyan Tree Phuket est une oasis de luxe discret. Ne manquez le spa sous aucun prétexte.

Angsana Laguna Phuket HÔTEL $$$
(Carte p. 264 ; www.angsana.com ; d à partir de 8 310 B ;). À l'écart dans le Laguna Phuket, l'Angsana est une version actualisée de l'ancien Sheraton Grande Laguna. Ce gigantesque établissement, rouvert depuis fin 2011, séduit une foule active aimant l'animation. Piscine démesurée de 323 m, myriade d'équipements pour les sports nautiques et plus de 400 chambres !

Andaman Bangtao Bay Resort HÔTEL $$$
(Carte p. 264 ; 0 7627 0246 ; www.andamanbangtaobayresort.com ; bungalows 3 900-5 900 B ;). Tous les bungalows de ce petit hôtel ont vue sur la mer et offrent une ambiance de camp d'été. Décor thaïlandais typique de bois gravé et de noix de coco qui pendent au plafond. Pour le prix, nous nous attendions à plus luxueux.

Où se restaurer

Quelques-unes des meilleures adresses de Phuket se trouvent près de l'entrée principale du Laguna et d'autres parmi les restaurants de fruits de mer, sur la plage, au sud du Banyan Tree Phuket.

Tatonka INTERNATIONAL $$$
(Carte p. 264 ; 0 7632 4349 ; Th Srisoonthorn ; plats 250-300 B ; dîner jeu-mar). Ce restaurant propose une cuisine "globe-trotteur", inventée par le chef et propriétaire Harold Schwarz. Ce dernier combine des produits frais locaux à un savoir-faire culinaire appris en Europe, au Colorado et à Hawaï. Très éclectique, l'assortiment de style tapas comprend des préparations végétariennes et des plats de poisson originaux. Il y a aussi une pizza au canard à la pékinoise (230 B). Le menu dégustation (750 B/pers, 2 pers min) permet de goûter un peu de tout. Réservation recommandée en haute saison.

Siam Supper Club INTERNATIONAL $$$
(Carte p. 264 ; 0 7627 0936 ; Hat Bang Thao ; plats 180-450 B). L'une des adresses les plus courues de Phuket, où l'ont vient siroter un cocktail, écouter du jazz et déguster un très bon repas. Le menu est principalement occidental : pizzas gastronomiques, ragoût de fruits de mer et filet de veau aux champignons sauvages sur lit de truffes. Le cheese-cake est à se damner.

Babylon Beach Club ITALIEN, THAÏLANDAIS $$$
(Carte p. 264 ; 08 1970 5302 ; Hat Bang Thao ; plats 120-850 B ;). Situé en bord de mer, au bout d'une piste, le Babylon Beach Club a un nouveau propriétaire italien. À midi, le menu est sans prétention (hamburgers et salades), mais le soir les plats sont plus sophistiqués, comme le risotto de crevettes aux asperges.

Tawai Restaurant THAÏLANDAIS $$$
(Carte p. 264 ; 0 7632 5381 ; Moo 1, entrée du Laguna Resort ; plats 180-300 B). Cet excellent restaurant thaïlandais, situé dans une belle maison décorée d'art traditionnel, concocte de grands classiques comme le canard rôti au curry et les *lâhp* de porc. Il y a une navette gratuite depuis les hôtels du Laguna.

Chaba THAÏLANDAIS $$$
(Carte p. 264 ; 0 7627 1580 ; Moo 1, entrée du Laguna Resort ; menus 400-800 B). Thaïlandais haut de gamme offrant un service hors pair au bord de la lagune située aux portes du Laguna.

Depuis/vers Ao Bang Thao

Le trajet en *sŏrng·tăa·ou* entre Ao Bang Thao et Phuket-ville (sur Th Ranong) revient à 25 B/pers. La course en *túk-túk* coûte 700 B.

Parc national de Sirinat

อุทยานแห่งชาติสิรินาถ

Le **parc national de Sirinat** (0 7632 8226 ; www.dnp.go.th ; 200 B ; 8h-17h), qui couvre 22 km² de côte et 68 km² de mer, regroupe les plages de Nai Thon, Nai Yang et Mai Khao, ainsi que l'ancien parc national de Nai Yang et la réserve naturelle de Mai Khao.

Le parc est à moins de 15 minutes de route de l'aéroport international de Phuket, ce qui en fait une première étape très pratique.

Où se loger

HAT NAI THON หาดในทอน

Si vous êtes à la recherche d'une belle baie de sable blond, loin de l'agitation qui règne ailleurs sur Phuket, **Hat Nai Thon** est la plage qu'il vous faut. La baignade est sans danger, sauf durant la mousson. Des coraux bordent les promontoires de chaque côté de la baie.

Naithonburi HÔTEL $$$
(☎0 7620 5500 ; www.naithonburi.com ; Moo 4, Th Hat Nai Thon ; ch 3 500-4 500 B). Le plus tranquille des grands complexes hôteliers. Malgré ses 222 chambres, on a rarement une impression de foule. Les chambres, avec carreaux en terre cuite et linge de lit en soie thaïlandaise, sont vastes et dotées d'un balcon. L'immense piscine est bordée de transats. Le **Chao Lay Bistro** (plats à partir de 180 B) est le restaurant le plus chic de Nai Thon.

Naithon Beach Resort HÔTEL $$$
(☎0 7620 5379 ; www.phuket-naithon.com ; 23/31 Moo 4, Th Hat Nai Thon ; bungalows 3 300 B ; ⊙nov-mai ; ❄). Le Naithon Beach loue de petits bungalows en bois avec sdb, nichés au sud de Hat Nai Thon, littéralement à deux pas de la plage.

HAT NAI YANG ET HAT MAI KHAO หาดในยาง/หาดไม้ขาว

La baie de **Hat Nai Yang** est abritée par un récif sous-marin haut de 20 m, ce qui est parfait pour le snorkeling en saison sèche et le surf durant la saison des pluies. Le long de la piste au sud de la baie, vous trouverez des restaurants de fruits de mer, des bars de plage et, plus surprenant, des ateliers d'habillement. Le tout est encore assez rustique.

À environ 5 km au nord de Hat Nai Yang se trouve **Hat Mai Khao**, la plus longue plage de Phuket. Des tortues de mer y pondent de novembre à février. Faites attention aux forts courants sous-marins. Cette plage est pratiquement déserte, sauf le week-end et les jours fériés.

Anantara Phuket HÔTEL $$$
(☎0 7633 6100 ; www.phuket.anantara.com ; 888 Moo 3, Tumbon Mai Khao ; villas à partir de 35 000 B ; ❄@🛜🏊). Ces luxueuses villas flambant neuves, de style traditionnel, avec piscine, donnent sur une lagune paisible s'étendant jusqu'à la plage. Elles sont reliées aux différents bars et restaurants, ainsi qu'à la plage, par une promenade en bois qui serpente parmi les palmiers. Le **Bua Luang Spa** (voir p. 241) et le **Sea Fire Salt Restaurant** valent le détour, même si vous ne logez pas dans cet hôtel.

♥ **Indigo Pearl** HÔTEL $$$
(☎0 7632 7006 ; www.indigo-pearl.com ; ch 6 800-26 250 B ; ❄@🛜🏊). Le plus original des établissements de catégorie supérieure de Phuket s'inspire de l'histoire minière de l'île. Ce contraste entre le thème industriel et le luxe tropical en fait un lieu particulièrement relaxant. Du matériel provenant de la mine a été subtilement intégré au décor ; même le papier toilette rappelle un énorme boulon. Une lumière indigo tamisée éclaire les parties communes. La piscine, telle une oasis bordée d'une impressionnante cascade, est entourée de jardins luxuriants.

Sala Resort et Spa HÔTEL $$$
(☎0 7633 8888 ; www.salaphuket.com ; 333 Moo 3, Tambon Maikhao ; ch à partir de 11 550 B, villas à partir de 15 750 B ; ❄@🏊🛜). Ce magnifique hôtel design et moderne, d'influence sino-portugaise et Art déco, offre des sdb extérieures pour les chambres au 2e étage. La piscine à débordement en front de mer est superbe. Avec ses sofas circulaires autour du bar, c'est le genre d'endroit qui vous donne l'impression d'être une star. L'hôtel dispose d'un spa.

Nai Yang Beach Resort HÔTEL $$
(☎0 7632 8300 ; www.naiyangbeachresort.com ; 65/23-24 Th Hat Nai Yang ; ch à partir de 3 600 B ; ❄@🛜🏊👪). Un hôtel de milieu de gamme, propre et fréquenté, dans un cadre arboré proche des plages. Les chambres bon marché sont ventilées, les plus chères arborent une belle déco thaïlandaise.

JW Marriott Phuket Resort et Spa HÔTEL $$$
(☎0 7633 8000 ; www.marriott.com ; ch à partir de 6 800 B ; ❄@🛜🏊👪). Cet hôtel est tellement vaste qu'une navette en fait le tour gratuitement. Il est ponctué de piscines et bordé d'une plage de sable blond qui, le soir venu, est éclairée à la torche. Les chambres avec parquet sont dotées d'une grande sdb et offrent une vue sur la mer.

Parc national de Sirinat CAMPING $$
(☎0 7632 7152 ; empl camping 30 B, bungalows 1 000-2 000 B). Près du bureau du parc se tiennent un terrain de camping (apportez votre tente) et de grands bungalows sur une magnifique étendue de sable blanc ombragée. Adressez-vous au bureau du parc ou réservez en ligne.

Rimlay Bungalows PENSION $
(☎08 9646 0239 ; andaman-car@hotmail.com ; 90 Moo 5 Nai Yang ; bungalows 500 B, ch 800-1 800 B). Les bungalows, minuscules et basiques, sont répartis sur 2 propriétés. Les chambres ventilées ou climatisées et dotées

d'une sdb avec eau chaude offrent un très bon rapport qualité/prix.

Depuis/vers Hat Nai Yang et Hat Mai Khao

Une course en taxi depuis l'aéroport coûte environ 200 B. Il n'y a pas de service régulier en *sŏrng·tăa·ou*, mais le trajet en *túk-túk* depuis Phuket-ville revient à environ 800 B.

Réserve naturelle royale de Khao Phra Taew et réserve forestière

อุทยานสัตว์ป่าเขาพระแทว

Il n'y a pas que le sable et la mer à Phuket. Au nord de l'île s'étend sur 23 km² une réserve naturelle de forêt tropicale primaire. De jolies randonnées vous mèneront à travers la jungle jusqu'aux magnifiques cascades de **Nam Tok Ton Sai** et **Nam Tok Bang Pae**. C'est à la saison des pluies (juin-novembre) que les cascades sont les plus belles. Le point culminant du parc, **Khao Phara**, s'élève à 442 m. Le statut royal de la réserve lui confère une meilleure protection que la plupart des autres parcs nationaux du pays.

Un botaniste allemand a découvert à Khao Phra Taew, au milieu du XXe siècle, une espère rare et unique de palmier. Cet arbre en éventail de 3 à 5 m de hauteur, appelé palmier *langkow*, ne se trouve qu'ici et dans le parc national de Khao Sok (p. 279).

Autrefois peuplée de tigres, d'ours, de rhinocéros et d'éléphants, la forêt abrite aujourd'hui des singes (dont des langurs), des paresseux, des civettes, des roussettes, des écureuils, des chevrotains et d'autres petits mammifères. Attention aux cobras et aux sangliers.

Près de Nam Tok Bang Pae (cascade Bang Pae), le **Centre de réadaptation pour les gibbons** (Phuket Gibbon Rehabilitation Centre ; carte p. 240 ; ☎0 7626 0492 ; www.gibbonproject.org ; dons bienvenus ; ⏲9h-16h) prend soin des gibbons, qui sont élevés en captivité avant d'être réintroduits dans la jungle. Financé par des dons, le centre propose aux visiteurs d'"adopter" un animal pour 1 500 B, somme correspondant à un an de soins.

Les gardes forestiers peuvent vous guider lors de vos randonnées. Leur tarif est négociable.

Pour aller à la réserve de Khao Phra Taew depuis Phuket-ville, empruntez la Th Thepkasatri en direction du nord sur 20 km jusqu'au district de Thalang. À l'intersection, prenez à droite en direction de Nam Tok Ton Sai (3 km plus loin sur la route).

District de Thalang

อำเภอถลาง

À quelques centaines de mètres au nord-est du **monument aux Héroïnes**, dans le district de Thaland, sur la Route 4027, et à environ 11 km au nord-ouest de Phuket-ville, se trouve le **Musée national de Thalang** (carte p. 240 ; ☎0 7631 1426 ; 30 B ; ⏲8h30-16h). Les 5 salles d'exposition abordent différents thèmes relatifs au sud de la Thaïlande tels que l'histoire de Thalang-Phuket ou la colonisation de la côte d'Andaman et décrit les différentes peuplades de la région. La légende des deux héroïnes (immortalisées par le monument voisin), qui auraient repoussé, en 1785, les forces birmanes en persuadant les femmes de l'île de se déguiser en hommes, est narrée en détail.

Également dans le district de Thalang, à environ 5 km au nord de l'intersection près de la ville de Thalang, est situé le **Wat Phra Thong** (carte p. 240 ; dons bienvenus ; ⏲aube-crépuscule), le "temple du Bouddha doré" de Phuket. La représentation du maître est à demi enterrée, seules la tête et les épaules restant visibles. La légende veut que ceux qui ont tenté de l'exhumer soient tombés malades ou aient eu de graves accidents. Le temple est très apprécié des Sino-Thaïlandais qui croient que le Bouddha les salue depuis la Chine. Au Nouvel An chinois, de nombreux pèlerins viennent de Phang-Nga, Takua Pa et Krabi.

PROVINCE DE RANONG

Ranong

ระนอง

27 772 HABITANTS

Sur la rive orientale de l'estuaire boueux de la Sompaen, la ville de Ranong n'est qu'à une encablure de bateau du Myanmar. Capitale de la province du même nom, elle a tout de la ville frontalière typique, à la fois un peu délabrée et pleine de frénésie. Elle compte une population birmane importante – on y voit des hommes portant le *longyi* traditionnel (sarong birman). Plusieurs sources thermales invitent à la détente.

De nos jours, l'économie de la ville repose sur le tourisme de transit vers

RENOUVELER SON VISA À VICTORIA POINT

Le nom de Victoria Point peut sembler royal, mais il s'agit en fait d'un petit port poussiéreux situé à la pointe sud du Myanmar. En birman, le nom est Kawthoung, sans doute une déformation du nom thaï, Ko Song, qui signifie "seconde île". La plupart des voyageurs viennent ici pour renouveler leur visa, mais cette île constitue aussi une escapade intéressante.

Le plus simple pour renouveler votre visa consiste à choisir l'un des "circuits visa" (à partir de 1 000 B/pers, frais de visa compris) proposés par les agences de voyages de Ranong comme Pon's (voir p. 270), mais vous pouvez aisément vous débrouiller tout seul.

Lorsque la frontière entre la Thaïlande et le Myanmar est ouverte, des bateaux pour Kawthoung partent de l'embarcadère principal à **Saphan Plaa** (hors carte p. 270 ; Pla Bridge), à environ 5 km du centre de Ranong. Prenez le *sŏrng·tăa·ou* n°2 de Ranong (20 B) pour vous y rendre. Les capitaines de *long-tail boats* vous dirigeront vers le comptoir de l'immigration, puis vers leur bateau (100/200 B aller simple/aller-retour par pers). Quand vous négociez le prix, faites-vous confirmer s'il s'agit du tarif par personne ou par bateau, et aller simple ou aller-retour. À la frontière, vous devez préciser aux autorités que vous êtes un visiteur d'un jour et régler des frais de 10 $US (billet neuf uniquement, que vous pouvez vous procurer pour environ 500 B auprès de l'un des rabatteurs sur le port). Le seul inconvénient majeur que vous rencontrerez provient, côté Myanmar, de tous ceux qui s'offrent comme "aide". On insistera pour porter votre sac à dos, vous procurer les formulaires, etc., avant de vous extorquer un pourboire conséquent.

Il est aussi possible de passer la nuit dans l'un des hôtels sommaires aux prix exagérés de Victoria Point, mais sachez que cette ville est peu sûre, surtout pour les femmes. Si vous avez un visa valide pour le Myanmar, vous pourrez y rester jusqu'à 28 jours.

Si vous souhaitez uniquement renouveler votre visa pour la Thaïlande, comptez au minimum 2 heures. À votre retour, n'oubliez pas que le Myanmar a 30 minutes de retard sur la Thaïlande. Il est possible de passer l'immigration birmane avant la fermeture, mais vous risquez de trouver porte close au **bureau de l'immigration thaïlandais** (⏲8h30-16h30). Pensez à vérifier les heures de fermeture du bureau de l'immigration avant de sortir du pays. Si vous n'obtenez pas de tampon sur votre passeport, vous devrez retourner au Myanmar le lendemain.

Ko Phayam plus que sur la délivrance de visas comme par le passé (les visas accordés à la frontière ne sont plus valides que pour 2 semaines). De nombreux centres de plongée spécialisés dans les croisières vers les îles Surin ou Similan et les Burma Banks y ont ouvert.

Activités

Sources de Rakswarin SOURCES CHAUDES
(Th Petchkasem ; gratuit ; ⏲8h-17h). Ranong n'a pas la sophistication des stations thermales habituelles mais essayez cependant ses eaux dans les piscines extérieures près des sources chaudes. La température est suffisante pour cuire des œufs (65°C) et l'eau, considérée comme sacrée, aurait des pouvoirs curatifs miraculeux.

Siam Hot Spa SOURCES CHAUDES
(☎0 7781 3551 ; www.siamhotsparanong.com ; 73/3 Th Petchkasem). En face des bains publics, ce spa offre des bains minéraux dans un cadre plus aseptisé. Plongez dans un Jacuzzi (600 B) ou une baignoire (300 B) et offrez-vous une exfoliation (550 B) ou un massage (200 B).

Plongée

Les croisières plongée vers des destinations mondialement réputées, dont les Burma Banks et les îles Surin et Similan sont en vogue à Ranong. Essayez **A-One-Diving** (☎0 7783 2984 ; www.a-one-diving.com ; 256 Th Ruangrat ; forfait 4 nuits à partir de 15 900 B) et **Andaman International Dive Center** (☎0 7783 4824 ; www.aidcdive.com ; Th Petchkasem), situés dans le terminal des bus.

Où se loger

Les hôteliers de Ranong peuvent vous aider à aller faire renouveler votre visa en Birmanie ou à réserver un bateau vers les îles.

Les hôtels des environs de Th Petchkasem (Hwy 4) sont desservis par le *sŏrng·tăa·ou* n°2.

Ranong

Ranong

À voir

Siam Hot Spa.................................(voir 3)

Activités

1 Andaman International Dive Center..........C4
2 A-One Diving..........B2
3 Sources chaudes de Rakswarin..........D3

Où se loger

4 Dhala House..........B2
5 Luang Poj..........B3
6 Springs Guest House..........D3
7 Suta House Bungalows..........B2

Où se restaurer

8 Appreski Resort..........D4
9 Marché de jour..........B3
10 Jammy Bar..........B2
11 Marché de nuit..........D3
12 Sophon's Hideaway..........B1

Luang Poj PENSION $

(☎0 7783 3377, 08 7266 6333 ; luangpoj@gmail.com ; 225 Th Ruangrat ; ch 500 B ; ❄📶). Ce nouvel établissement qui s'agrandit encore est une belle copie du premier hôtel de Ranong datant des années 1920. Les chambres sans fenêtre (sdb communes avec eau chaude) sont impeccables et très confortables, chacune sur un thème de couleur et décorée dans l'air du temps : art indien, cages à oiseaux, lampes originales et photos anciennes.

Dhala House PENSION $

(☎0 7781 2959 ; http://dahla.siam2web.com ; 323/5 Th Ruangrat ; ch 400-500 B ; ❄📶).

Charmants bungalows en ciment aux sols carrelés et sdb en pierre, bordant un jardin, en retrait de la grande rue. L'ambiance est la plus chaleureuse de la ville et la direction sera ravie de vous organiser un départ tardif si vous êtes là pour renouveler votre visa.

Suta House Bungalows PENSION $
(☎0 7783 2707 ; Th Ruangrat ; ch 250-500 B ; ❄). Adresse très prisée en plein centre, en retrait de la route, consistant en un ensemble de bungalows simples et défraîchis, entourés de fleurs. Lits durs ; douches chaudes.

Springs Guest House PENSION $
(☎0 7781 2818 ; Th Kamlangsap ; ch avec sdb commune 250 B). Chambres de style rétro (sdb communes), à l'embouchure des gorges de Ranong.

Où se restaurer et prendre un verre

Ranong possède des bars animés à l'ambiance provinciale, où le karaoké est très prisé des plus jeunes. Dans Th Kamlangsap, le marché de nuit à proximité de la Hwy 4 offre de bons mets thaïlandais à petit prix. Le marché de jour dans Th Ruangrat propose des plats thaïlandais et birmans bon marché.

Appreski Resort SCANDINAVE $
(☎08 7817 7033 ; 129/6 Moo 1, Th Petchkasem ; sandwichs 45 B ; ⏲petit-déj, déj et dîner). Installé dans les gorges de Ranong et séparé des sources chaudes par la rivière, ce restaurant a bâti sa réputation sur ses tartines à la danoise, garnies de fromage importé, de pâté de foie ou de gravlax (saumon mariné).

Jammy Bar THAÏLANDAIS, INTERNATIONAL $$
(Th Ruangrat ; plats à partir de 69 B ; 📶). Avec ses colonnes en ciment poli et ses dalles en terre cuite, le jardin intérieur/extérieur a un petit air balinais. Meilleure table de la ville, le Jammy sert une cuisine thaïlandaise succulente et des plats moins communs comme des grillades d'autruche (229 B), de crocodile (177 B) ou de bœuf local (129 B). Concerts en soirée le week-end.

Sophon's Hideaway THAÏLANDAIS, INTERNATIONAL $$
(☎0 7783 2730 ; Th Ruangrat ; plat principal 80-250 B ; ⏲10h-24h ; 📶). Vous pourrez lire vos e-mails et jouer au billard dans ce repaire d'expatriés où trônent un four à pizza et un grand nombre de meubles en rotin.

Renseignements

Accès à Internet sur Th Ruangrat pour 20 B l'heure et de nombreux DAB à l'intersection de Th Tha Meuang et Th Ruangrat.

Bureaux de l'immigration

Le bureau de l'immigration thaïlandais le plus important est situé sur la route de Saphan Plaa, à peu près à mi-chemin de la ville et des embarcadères principaux, en face d'une agence de la Thai Farmer's Bank. Si vous entrez en Thaïlande depuis Kawthoung (Myanmar) sans visa, vous devrez y passer dès votre arrivée pour faire valider votre passeport, mais vous n'obtiendrez un visa que pour 15 jours.

Un autre bureau de l'immigration, plus petit, se trouve à proximité de l'embarcadère de Tha Saphan Plaa. Si vous prévoyez un simple aller-retour à Kawthoung dans la journée, vous pourrez vous contenter de vous rendre dans ce bureau.

Poste

Poste principale (Th Chonrau ; ⏲9h-16h lun-ven, 9h-12h sam)

Téléphone

Agence CAT (Communications Authority of Thailand ; Th Tha Meuang ; ⏲24h/24)

Depuis/vers Ranong

Avion

Ranong Air (☎0 7783 2222 ; www.ranongair.com) opère 4 vols par semaine entre Ranong et Bangkok (2 800 B l'aller), Phuket (2 300 B l'aller) et Hat Yai (2 800 B l'aller). Billets en vente chez Pon's Place (voir ci-dessous).

Bus

Le terminal des bus est dans Th Petchkasem à 1 km de la ville, mais certains cars pour Bangkok

PON'S PLACE, AU BONHEUR DES TOURISTES

Pon's Place (☎08 1597 4549 ; www.ponplace-ranong.com ; Th Ruangrat ; ⏲7h30-24h) est devenu une adresse incontournable à Ranong, pour un petit-déj occidental (à partir de 40 B), une réservation sur Ranong Air, les horaires de bus, etc. Pon, son sympathique gérant, portable toujours collé à l'oreille, administre avec énergie son petit empire touristique, premier endroit à visiter en arrivant.

s'arrêtent au marché principal. Le *Sŏrng·tăa·ou* n°2 (bleu) passe par le terminal des bus.

DESTINATION	TARIF (B)	DURÉE (H)
Bangkok	240-680	10
Chumphon	100	3
Hat Yai	410	5
Khao Lak	150	3½
Krabi	200-300	6
Phang-Nga	150	5
Phuket	240	5-6
Surat Thani	100-180	4-5

Des minibus (carte p. 270) se rendent à Surat Thani (250 B, 3 heures 30, 4/jour) et à Chumphon (120 B, 3 heures, toutes les heures de 6h à 17h).

Comment circuler

Des motos-taxis vous amèneront en ville (20 B), à un hôtel dans Th Petchkasem (25 B) et à l'embarcadère (50 B) pour les bateaux à destination de Ko Chang, de Ko Phayam et du Myanmar. Pon's Place peut arranger la location d'une moto ou d'une voiture et vous transporter de l'agence jusqu'aux ferrys pour 50 B.

Ko Phayam

เกาะพยาม

Intégrée dans le parc national de Laem Son (p. 275), Ko Phayam est une jolie petite île bordée de plages, qui a réussi – jusqu'à présent – à garder son âme tout en accueillant les touristes. Avec de spectaculaires plages sur les côtes nord-ouest et sud-ouest, bordées de bungalows, de restaurants et de bars, ainsi qu'un intérieur boisé parcouru de routes en dur, on comprend son succès. Elle abrite une riche faune, dont des cochons sauvages, des singes et des serpents, ainsi qu'une avifaune remarquable, notamment des aigles de mer, des toucans et des calaos. Elle ne compte qu'un "village", où est installé l'embarcadère principal et un majestueux bouddha doré au **Wat Phayam**. On y rencontre surtout des touristes mais venez durant une fête (telle la fête des Noix de cajou en avril) et vous verrez que les habitants sont toujours très attachés à leur île. Une voie pour les motos traverse Ko Phayam, venant enrichir le réseau de routes en béton et de pistes, dont certaines sont défoncées au point de devenir dangereuses : conduisez lentement.

On regette que Ko Phayam ne soit pas un bon site pour le snorkeling. En revanche, c'est le point d'accès le plus proche aux îles Surin, soit lors de croisières de plongée, soit avec des bateaux rapides réguliers. Pour des sorties de plongée et des formations PADI, contactez **Phayam Divers** (☎08 6995 2598 ; www.phayamlodge.com ; Ao Yai).

Où se loger

L'électricité n'est souvent disponible que du coucher du soleil jusqu'à 22h ou 23h. La plupart des hôtels sont ouverts toute l'année et possèdent leur propre restaurant thaïlandais ouvert à tous.

AO KHAO KWAI ET AO HIN-KHOW

La seule connexion Internet (très lente) d'Ao Khao Kwai est chez Mr Gao (2 B/min).

♥ **PP Land** HÔTEL $

(☎08 1678 4310 ; www.payampplandbeach.com ; Ao Hin-Khow ; bungalows 650 B ;). Superbe écolodge, au nord de l'embarcadère, sur

PLAGES DE KO PHAYAM

Ko Phayam est émaillée de petites plages, mais presque tout le monde est attiré par deux longs rubans de sable paradisiaques :

Ao Khao Kwai (baie du Buffle) Cette superbe baie au sable doré, dominée de promontoires couverts de jungle et barrée au large de récifs coralliens escarpés, est l'endroit le plus éblouissant de l'île. Les amateurs de calme, quelques hippies et d'occasionnels groupes de touristes viennent jusqu'à la plage, parfaite pour la baignade, sauf à marée basse car la mer découvre des vasières, à l'extrémité sud.

Ao Yai Large, interminable et calme, cette plage est appréciée de tous : s'y retrouvent employés profitant d'une année sabbatique, couples branchés, retraités, jeunes parents et enfants... On peut pratiquer le surf aux extrémités, surtout à la basse saison ; les pensions sur le bord louent planches de surf et de Bodyboard. Pendant la saison, il fait bon se baigner ou plonger avec un tuba au large de Leam Rung, la pointe à l'extrême nord d'Ao Yai, meilleur site de snorkeling de l'île (mais pas exceptionnel).

la côte venteuse et peu fréquentée de l'île. Élégants bungalows en béton fonctionnant aux énergies solaire et éolienne, dotés de terrasses surplombant la mer. Les propriétaires thaïlando-belges ont préservé une vaste étendue de jungle au sud de leur hôtel – si bien que l'on peut observer les oiseaux depuis le dernière étage du restaurant. Ils possèdent un jardin bio, produisent leur propre lessive naturelle et traitent leurs eaux usées grâce à un système de pointe. Certains parlent d'écologie ; eux la font.

Chomjan Resort HÔTEL $
(☎08 5678 4166 ; www.chomjanresort.com ; Ao Khao Kwai ; bungalows 500-800 B). L'un des hôtels les plus confortables de la plage. Ses bungalows en ciment proprets, perchés sur une colline, ont vue sur la mer à travers de grands arbres. Tous ont une terrasse avec des coussins et une sdb à ciel ouvert, sinon le décor est banal. Le restaurant sert une excellente cuisine thaïlandaise.

♥ **Buffalo Bay Vacation Club** HÔTEL $$
(☎08 5107 9473 ; www.buffalobayclub.com ; Ao Khao Kwai ; bungalows 600-1 500 B ; ❄@📶👪). Tenu par Dimitri, sympathique grand voyageur russe, cet hôtel consiste en bungalows de béton impeccables. Complètement hermétiques, dotés de portes coulissantes en verre, de l'eau chaude et d'une TV, ils sont plutôt luxueux selon les standards de Ko Phayam et représentent une excellente option. Le restaurant étonne encore plus, proposant la meilleure cuisine internationale au nord de Phuket. La carte phénoménale décline aussi bien *fajitas* (excellentes) qu'authentiques currys thaïlandais.

Starlight Bungalows PENSION $
(☎08 1978 5301 ; http://sites.google.com/site/starlightbungalows ; Ao Khao Kwai ; bungalows 500-650 B). Les propriétaires thaïlando-américains vous proposent de spacieuses huttes en bois à haut plafond ou des plus petites en bambou un peu plus loin entre les arbres. L'ambiance est fabuleuse, ainsi que la cuisine ; Pom, le cuisinier, remporte souvent des concours régionaux.

Jansom Bungalows HÔTEL $
(☎08 9587 8252 ; Ao Khao Kwai ; bungalows 400-500 B). Bungalows en bois ordinaires, mais terrasses avec vue enchanteresse sur le sable blanc, les rochers gris et la mer turquoise. Les jardins paysagers et les allées dallées ajoutent aussi une touche raffinée. À deux pas de la plage. Bon restaurant.

Mr Gao HÔTEL $
(☎0 7787 0222 ; www.mr-gao-phayam.com ; Ao Khao Kwai ; bungalows à partir de 250 B ; 👪). Ces bungalows en bois ou en bambou attirent une clientèle de couples sportifs et de familles. Électricité 24h/24. L'hôtel loue des kayaks et organise des sorties de plusieurs jours sur les îles Surin (voir p. 277).

AO YAI

Un nouvel ensemble hôtelier haut de gamme était en construction à Ao Yai lors de notre passage, et d'autres vont certainement suivre. La plupart des hôtels disposent du Wi-Fi ou d'Internet (2 B/min).

Bamboo Bungalows PENSION $$
(☎0 7782 0012 ; www.bamboo-bungalows.com ; bungalows 550-1 500 B ; ❄📶). Sur la plage, une adresse très prisée à l'ambiance conviviale, agrémentée d'un jardin luxuriant et d'un restaurant-*lounge* (hamacs et balançoires en rondins devant). Les bungalows vont des plus anciens en bambou aux chalets au toit pentu assez luxueux, avec sol carrelé, ventilateur au plafond et douches extérieures à effet de pluie. Électricité 24h/24. Kayaks gratuits.

Frog Beach House HÔTEL $$
(☎08 3542 7559 ; frogbeach@gmail.com ; bungalows 800-1 000 B). Dans un cadre superbe, s'alignent, juste en retrait de la plage et au bord d'un ruisseau, des bungalows traditionnels en bois tropical, dotés de sdb extérieures, de vasques en verre et de moustiquaires. La plage magnifique est solitaire, mais pas question de mal s'y tenir.

Aow Yai Bungalows PENSION $
(☎0 7787 0216, 08 9819 8782 ; bungalows 300-600 B). Le pionnier du bungalow en bambou et chaume, par qui tout a commencé il y a près de 25 ans, est une affaire franco-thaïlandaise. Aujourd'hui, il reste l'un des meilleurs établissements du genre sur l'île. Choisissez un petit bungalow dans la palmeraie, ou un modèle plus spacieux sur la plage, à l'extrémité sud d'Ao Yai. Location de matériel de snorkeling, de kayaks et de Bodyboards.

🍷 Où prendre un verre

Hippy Bar BAR
(Ao Khao Kwai ; 🕒11h-2h nov-avr). Superbe bar de plage bricolé avec du bois flotté, des

bouteilles, des coquillages et d'autres épaves. La salle ressemble à la proue d'un bateau de pirates. Orchidées et fontaines à cascades, le tout sur fond de *dub*.

River Bar BAR
(Ao Yai ; ⏲11h-2h). Bar très fréquentable près de l'embouchure de la rivière sur Ao Yai. S'il y a une fête, allez-y.

Depuis/vers Ko Phayam

Depuis le centre-ville de Ranong, prenez un *sŏrng·tăa·ou* (25 B) ou la navette offerte par la plupart des pensions (50 B) pour l'embarcadère vers Ko Phayam près de Saphan Plaa. Si votre groupe compte 3 personnes ou plus, il est plus sensé de prendre un chauffeur (100 B).

Des ferrys effectuent quotidiennement la traversée jusqu'à l'embarcadère principal de Ko Phayam (150 B, 1 heure 30-2 heures), à 9h et 14h. Des bateaux rapides (350 B, 45 min) partent à 10h et 14h30. Pour le retour vers Ranong, les bateaux partent de Ko Phayam à 9h et 13h. La location d'un *long-tail boat* jusqu'à Ko Chang coûte 1 200 B. Sinon, vous pouvez aussi prendre le bateau-taxi (150 B, 1 heure) qui quitte l'embarcadère principal du lundi au vendredi, uniquement à 16h.

Comment circuler

Il n'y a pas de voitures sur Ko Phayam. Le transport est assuré par des motos-taxis. Comptez de 50 à 80 B (aller par personne) de l'embarcadère aux plages principales, selon la distance. Vous pouvez aussi vous déplacer à pied, bien que les distances soient assez grandes : prévoyez 45 min entre l'embarcadère et Ao Khao Kwai, la baie la plus proche. Vous trouverez des motos et des vélos à louer dans le village, de même que dans la plupart des grands hôtels.

Ko Chang

เกาะช้าง

Cette petite île peu développée et peu visitée est à des lieues – au sens littéral et figuré – de son homonyme de la province de Trat. La capitale de l'île, un minuscule village où accostent les bateaux à la saison sèche, est agréable à explorer. Sinon, des sentiers sillonnent l'île. Des aigles de mer, des milans d'Andaman et des calaos nichent ici ; avec un peu de chance, vous les verrez voler au-dessus des mangroves et de la jungle de la côte est. Sur la côte ouest, la vaste plage d'**Ao Yai** possède au sud un magnifique sable marbré noir et blanc, qui assombrit l'eau claire. Un court sentier mène à **Ao Tadeng**, une autre plage marbrée de l'autre côté du promontoire, parsemée de rochers – le meilleur endroit de l'île pour admirer le coucher du soleil. Les inconditionnels du sable blanc seront aux anges à l'extrémité nord d'Ao Yai.

Il n'y a ni banques ni voitures sur Ko Chang, mais l'Internet est arrivé au **Cashew Resort** (Ao Yai ; 2 B/min).

Les propriétaires de bungalows organisent des **circuits en bateau** vers Ko Phayam et les îles voisines moyennant environ 200 B/pers (déjeuner compris, 6 pers au minimum). Des excursions de plongée sont aussi proposées. **Aladdin Dive Safari** (☎0 7782 0472 ; www.aladdindivecruise.de) propose des cours de préparation au brevet PADI et différentes croisières de plongée de plusieurs jours. Comptez 28 500 B pour une croisière de 5 jours au Myanmar, et 20 400 B pour un circuit de 4 jours aux îles Surin et Similan.

Des sentiers partent au sud du village à l'intérieur de l'île pour rejoindre le bureau du parc national, sur la côte est. Il s'agit de la portion de jungle intacte la plus intéressante de l'île ; ailleurs, la jungle a cédé la place à des plantations d'anacardiers et d'hévéas.

Où se loger et se restaurer

La majorité des établissements disposent de bungalows en bambou rudimentaires et n'ouvrent que de novembre à avril. Certains ont un accès limité à l'électricité, d'autres (peu) ont recours aux énergies solaire et éolienne.

Ao Yai, la plage principale, concentre presque tous les hébergements. Ao Tadaeng, au sud, reliée par un court sentier à Ao Yai, en compte quelques autres. On peut s'isoler davantage en optant pour les plages du nord et de l'extrémité sud de l'île.

Crocodile Rock PENSION $
(☎08 0533 4138 ; tonn1970@yahoo.com ; Ao Yai ; bungalows 250-450 B). Magnifiques bungalows en bambou perchés sur le tranquille promontoire sud d'Ao Yai. Ils ne sont pas sur la plage mais offrent une vue superbe sur la baie à travers une belle végétation. Côté restauration, le Crocodile propose, entre autres, des yaourts maison, des pains, des cookies, du bon expresso et une sélection de plats végétariens et de fruits de mer. Demandez à un *long-tail boat* de vous déposer sur le quai privé.

Sawasdee PENSION $
(☎08 6906 0900, 08 1803 0946 ; www.sawasdeekohchang.com ; Ao Yai ; bungalows 350-600 B).

Les nouveaux bungalows sont très aérés, avec des sdb creusées dans le sol éclatantes de couleurs. Hamacs sur les terrasses et un restaurant de plein air (bois flotté sous un énorme arbre agrémenté de lampions) aussi chic que délicieux.

Sunset Bungalows PENSION $

(☎08 4339 5224, 08 0693 8577 ; Ao Yai ; bungalows 250-400 B). Sur la meilleure portion de la plage d'Aoi Yai, de charmants bungalows en bois avec terrasses en bambou et sdb de style thaïlandais donnant sur les arbres à l'arrière. L'agréable restaurant affiche une carte de plats savoureux et le personnel est souriant.

Mama's PENSION $

(☎0 7782 0180, 08 0530 7066 ; mamasbungalows@yahoo.com ; Ao Tadaeng ; huttes 250-300 B). L'une des trois meilleures adresses d'Ao Tadaeng. Nichées dans un très joli cadre – une colline rocheuse couverte d'hibiscus –, ces huttes en bois de taille correcte ont toutes leur propre sdb. La cuisine thaïlandaise est l'une des meilleures du coin.

Depuis/vers Ko Chang

À Ranong, prenez un *sŏrng·tăa·ou* (25 B) au marché de Th Ruangrat jusqu'à Tha Ko Phayam, près de Saphan Plaa. Sinon, la plupart des pensions de Ranong pourront vous réserver un taxi qui vous conduira à l'embarcadère (100 B).

De fin octobre à avril, 2 bateaux rapides rallient chaque jour Ao Yai (350 B/pers, 45 min, 10h et 14h30). Ils repartent pour Ranong à 9h et 13h. Les trois *long-tail boats* taxis quotidiens (150 B, 2 heures, 9h30, 12h, 14h), aussi pratiques, coûtent moins cher. Ils desservent toutes les plages de la côte ouest et font le trajet inverse à 7h30 et 13h30. Pendant la mousson, les bateaux effectuent la traversée 3 fois/semaine et accostent à l'embarcadère principal, sur la côte nord-est.

Un service de bateau-taxi reliant Ko Chang à Ko Phayam est assuré, uniquement en semaine, par le Koh Chang Resort. Les bateaux-taxis (150 B/pers aller, 1 heure) partent de Ko Chang à 10h en semaine ; retour à 16h. Vous pouvez aussi louer un *long-tail boat* pour Ko Phayam par l'intermédiaire du Koh Chang Resort (1 200 B) ou du Mama's (800 B).

Parc national de Laem Son

อุทยานแหงชาติแหลมสน

Couvrant 315 km², ce **parc national** (☎0 7786 1431 ; www.dnp.go.th ; adulte/enfant 200/100 B) englobe quelque 100 km du littoral de la mer d'Andaman (la plus longue portion de côte protégée du pays) et plus de 20 îles. Une grande partie de la côte est bordée de mangroves et découpée d'estuaires, qui abritent des oiseaux, des poissons, des cervidés et des singes (dont des macaques crabiers). Des tortues de mer viennent pondre sur la plage de Hat Praphat.

Sublime bande de sable blanc longue de 3 km, **Hat Bang Ben**, où se situe le bureau du parc, est la plage la plus accessible. Au sud, de petites péninsules s'avancent dans l'océan comme autant de doigts, séparées par des criques isolées accessibles uniquement en *long-tail boat*. Toutes les plages sont sûres toute l'année. D'ici, vous pouvez voir plusieurs îles proches, dont Ko Kam Yai, Ko Kam Noi, Mu Ko Yipun, Ko Khang Khao et, au nord, Ko Phayam. Le personnel du parc organise des circuits en bateau vers chacune de ces îles, pour 1 500-1 800 B selon la destination. C'est sûrement le plus bel endroit pour pique-niquer au coucher du soleil dans le nord de la côte d'Andaman.

Où se loger et se restaurer

Les adresses suivantes se trouvent sur Hat Bang Ben. Le camping est autorisé partout dans la zone des casuarinas moyennant 80 B/pers (à régler au bureau du parc qui se trouve juste après l'entrée). On peut aussi louer une tente à partir de 150 B/nuit.

Wasana Resort PENSION $

(☎0 7786 1434 ; bungalows 400-750 B ; ❄📶). Des bungalows douillets encerclent un restaurant coloré. Les propriétaires, un couple thaïlando-hollandais, fournissent plein d'informations sur Laem Son (entre autres pour un superbe trek de 10 km autour du cap) et proposent des excursions d'une journée sur les îles.

Bungalows du parc national HÔTEL $$

(☎0 2562 0760 ; reserve@dnp.go.th ; bungalows avec ventil 1 200 B, maison avec clim 1 600 B ; ❄). Choisissez entre les bungalows rudimentaires (avec ventilateur) et les maisons climatisées, plus spacieuses. Le restaurant sert 3 repas/jour.

Depuis/vers le parc national de Laem Son

L'embranchement pour le parc national de Laem Son se trouve à 58 km de Ranong, sur la Hwy 4 (Petchkasem Hwy), entre les bornes des Km 657 et 658. Les bus en direction du sud, au départ de Ranong, peuvent vous y déposer (demandez

Hat Bang Ben). Une fois la Hwy 4 quittée, vous devrez héler un pick-up qui se dirige vers le parc. Si vous ne croisez aucun véhicule, sachez que l'entrée du parc se trouve à 10 km de la Hwy 4. La route est goudronnée ; vous n'aurez pas de difficulté à y circuler si vous êtes motorisé.

Il est possible de louer des bateaux pour se rendre sur les autres îles depuis le centre d'information du parc. Comptez 1 200-1 500 B/jour.

PROVINCE DE PHANG-NGA

Khuraburi

คุระบุรี

Cette bourgade charmante (et poussiéreuse) est connue comme point d'embarquement pour les îles Surin (p. 277) et ses excellents projets de tourisme communautaire (ci-dessous). Pour les habitants de la région, il s'agit d'une ville de marché dont dépendent des centaines de pêcheurs de calamars vivant dans des villages en bambou sur pilotis ou dans de nouveaux quartiers soutenus par la Princesse, cachés dans les collines couleur de jade.

Pour des informations touristiques, adressez-vous à **Tom & Am Tour** (☎08 6272 0588), face à l'arrêt de bus.

Où se loger et se restaurer

Ne manquez pas le **marché du matin** (⏲6h-22h tlj) face au Boon Piya Resort. Le plus important est celui du mardi.

Greenview Resort HÔTEL $$
(☎0 7640 1400 ; www.kuraburigreenviewresort.com ; 129 Moo 5 Bangwan ; ch avec petit-déj 1 500-4 000 B ; ❄). Dans la jungle apprivoisée d'un charmant domaine, des chambres exceptionnelles et des bungalows en pierre, en bois ou en bambou aux touches luxueuses (art thaïlandais sur les murs, sdb extérieures avec douche de style cascade). Piscine ombragée. Lac avec canoës.

Boon Piya Resort PENSION $
(☎0 7649 1969, 08 1752 5457 ; 175/1 Th Pekasem ; bungalows 600 B ; ❄). Installés dans un jardin en retrait de la route principale, ces bungalows en béton, modernes, spacieux et impeccables, sont les meilleurs de la ville. Sols carrelés ; eau chaude dans la sdb.

Depuis/vers Khuraburi

Tous les bus à destination de Ranong ou de Phuket s'arrêtent à Khuraburi. Prenez le bus de Phuket jusqu'à Takua Pa, à 50 km au sud de Khuraburi, d'où l'on peut rallier Surat Thani (ordinaire/climatisé 80/100 B, 3 heures), Krabi (ordinaire 120 B, 4 heures) ou le parc national de Khao Sok (60-80 B, 1 heure).

LE TOURISME COMMUNAUTAIRE DANS LA PROVINCE DE PHANG-NGA

Quelques années ont passé depuis le tsunami et Phang-Nga semble avoir retrouvé son visage normal, tout du moins si l'on s'en tient aux zones touristiques. Ce que la majorité des visiteurs ignorent, c'est que nombre de communautés de pêcheurs ont vu leur mode de vie bouleversé à jamais, à la suite de la perte d'un parent qui subvenait aux besoins de toute la famille, de la destruction des bateaux et des outils de pêche ou en raison de leur déménagement à l'intérieur des terres, dicté par la nécessité ou par la peur. La reconstruction continue, sous la forme de projets de développement communautaires, auxquels peuvent participer les voyageurs, qui auront ainsi un aperçu de la vie des habitants de la côte d'Andaman.

Andaman Discoveries (☎08 7917 7165 ; www.andamandiscoveries.com ; Khuraburi), anciennement Northern Andaman Tsunami Relief, organise des circuits (1-7 jours) axés sur le tourisme communautaire, dont un à Ban Talae Nok, un village de pêcheurs entouré d'une forêt tropicale et de mangroves, au bout d'une route donnant sur 6 km de plage déserte. Là, un séjour chez l'habitant comprend des activités culturelles et artisanales, ainsi que des sorties de pêche et de snorkeling vers des îles désertes. À cela peut s'ajouter une visite de **Laem Son**, où vous pourrez explorer la baie de Kapoe et rencontrer les habitants, qui effectuent des démonstrations d'artisanat et d'agriculture durable.

Andaman Discoveries mène trois autres projets au sein de la communauté : un centre de formation pour les enfants des travailleurs immigrés birmans, un orphelinat à la sortie de Khao Lak et une école pour enfants handicapés à Phuket. Il est possible d'y travailler bénévolement. Pour plus d'informations sur le bénévolat, voir p. 401.

L'embarcadère pour les îles Surin est installé à 9 km au nord de la bourgade. Quiconque réservera votre place sur le bateau pour les îles organisera votre transfert gratuitement.

Parc national maritime des îles Surin อุทยานแห่งชาติหมู่เกาะสุรินทร์

À 60 km de la côte thaïlandaise, et à 5 km de la frontière maritime du Myanmar, le **parc national maritime des îles Surin** (www.dnp.go.th ; 400 B ; mi-nov à mi-mai) est formé de cinq superbes îles. Ces terres granitiques aux promontoires rocheux surgissant de la mer sont couvertes d'épaisses forêts tropicales et festonnées de plages de sable scintillant au fil d'interminables baies paisibles. Les eaux cristallines, où la visibilité porte souvent à 35 m, abritent une faune marine unique. La rencontre des chatoyantes eaux émeraude et du sable étincelant de blancheur est un ravissement ! Les îles attirent également des *chow lair*, nomades de la mer qui s'installent sur le rivage durant la saison de la mousson, entre mai et novembre. Dans la région, ils sont connus sous le nom de Moken, terme dérivé du mot local *oken*, qui signifie "eau salée".

Ko Surin Neua (au nord) et Ko Surin Tai (au sud) sont les plus grandes îles. Le bureau du parc et les infrastructures destinées aux visiteurs sont installées à Ao Chong Khad et à Ao Mai Ngam, sur Ko Surin Neua, près de la jetée.

Point de départ vers le parc, l'embarcadère de Khuraburi est à environ 9 km au nord de la bourgade, de même que le **bureau continental du parc** (0 7649 1378 ; 8h-17h), qui fournit de nombreux renseignements et des cartes (personnel prévenant).

À voir et à faire

Ban Moken VILLAGE

Le village des Moken, situé à Ao Bon sur l'île sud, accueille les visiteurs. Après le tsunami, les Moken se sont installés dans cette baie abritée où une importante cérémonie en hommage aux ancêtres (Loi Reua) a lieu en avril. Le parc national organise une **visite du village moken** (300 B/pers). Vous flânerez dans le village et demanderez la permission d'emprunter le **sentier Chok Madah** (800 m) pour traverser les collines couvertes de jungle jusqu'à une plage déserte. Les circuits, à réserver la veille, partent à 9h15. Vous pouvez aussi organiser le transport depuis le bureau du parc (100 B/pers). Si vous visitez le village, prenez un peu d'argent pour acheter de l'artisanat. Dans une boîte spéciale, à l'entrée du parc, vous pourrez également déposer des vêtements, qui seront redistribués aux habitants.

Plongée et snorkeling

Ko Surin Tai et **HQ Channel**, entre les deux îles principales, figurent parmi les sites de plongée les plus remarquables du parc. **Richelieu Rock** (un mont sous-marin à 14 km au sud-est) est aussi situé dans les limites du parc, mais relativement plus éloigné. C'est l'un des plus beaux sites de plongée de la côte d'Andaman, sinon le plus beau. On peut parfois y observer des requins-baleines en mars et en avril. Le parc ne possédant aucune infrastructure de plongée, vous devrez, si vous êtes intéressé, réserver votre circuit sur le continent (comptez 20 000 B environ pour une croisière de 4 jours). Pour plus de détails, reportez-vous à la rubrique *Depuis/vers le parc national maritime des îles Surin* (p. 278) et aux sections consacrées à Khao Lak (p. 282) et à Ranong (p. 268).

En raison du blanchissement récent des coraux durs, le snorkeling n'est plus aussi extraordinaire, mais vous verrez toujours des coraux mous et des poissons. Chaque jour, 2 excursions de snorkeling de 2 heures partent du bureau du parc, à 9h et 14h. Vous serez surtout en compagnie de Thaïlandais, qui ont l'habitude de nager tout habillés. Si vous cherchez une expérience de snorkeling plus calme, louez votre propre *long-tail boat* auprès du parc national (1 000 B la demi-journée) ou, encore mieux, directement auprès des Moken à **Ban Moken**. La meilleure portion du récif se situe entre les bouées blanches le long de la péninsule nord. Il y a plus de poissons au large de la minuscule **Ko Pajumba**, mais les coraux ne se portent pas très bien.

Observation de la faune et randonnée

En explorant la lisière de la forêt autour du bureau du parc, vous rencontrerez peut-être des macaques crabiers ou certaines des 57 espèces d'oiseaux résidentes, dont le fantastique nicobar à camail, un pigeon endémique des îles d'Andaman. Le long de la côte, vous verrez sans doute des milans sacrés (à dos rouge) et des aigrettes sacrées sur les récifs. Douze espèces de chauves-souris peuplent le parc, notamment la roussette de Malaisie qui se nourrit de fruits, appelée aussi grand renard volant.

Un **sentier de randonnée** cahoteux serpente sur 2 km le long de la côte et grimpe dans la forêt avant de redescendre jusqu'à la plage d'**Ao Mai Ngam**, dotée d'un camping et d'une cantine. À marée basse, on circule facilement entre les deux sites de camping.

Où se loger et se restaurer

Simples et corrects, les hébergements gérés par le parc se trouvent sur Ko Surin Neua. En raison de l'étroitesse des plages, le secteur peut sembler bondé quand ils affichent complet (environ 300 personnes). Réservez par l'intermédiaire du **bureau continental du parc** (☎0 7649 1378 ; ⏲8h-17h), à Khuraburi. La clientèle, majoritairement thaïlandaise, donne aux lieux un joyeux air de camp de vacances. Vous pourrez camper sur Ao Chong Khad et Ao Mae Ngam. La première possède la plage la plus spectaculaire ; la deuxième, qui se remplit en dernier, est plus isolée et paraît plus sauvage, avec son étroite bande de sable blanc nichée dans les mangroves

Les **bungalows** (2 000 B) sur Ao Chong Khad sont pourvus de plancher et de terrasses privatives, ainsi que de sdb (terre cuite) et de ventilateurs qui fonctionnent toute la nuit. Il n'y a pas de bungalows sur Ao Mae Ngam. Vous pourrez louer des **tentes** (2/4 pers 300/450 B, literie 60 B/pers), ou planter la vôtre (80 B/nuit). Un groupe électrogène fonctionne jusqu'à 22h.

Un **restaurant** (plats à partir de 80 B, menus 170-200 B) affilié au parc sert une cuisine thaïlandaise correcte.

Depuis/vers le parc national maritime des îles Surin

Les tour-opérateurs utilisent désormais exclusivement des bateaux rapides (aller-retour 1 600 B, 1 heure aller), qui partent chaque matin aux alentours de 9h et acceptent les voyageurs indépendants. Le retour se fait à la date de votre choix.

Plusieurs tour-opérateurs organisent des circuits d'une journée (2 900 B repas et logement dans le parc inclus) dans le parc. Le meilleur choix en termes de sécurité, de service et de rapport qualité/prix est offert par **Greenview** (☎0 7640 1400 ; Khuraburi Pier). Les agences de Hat Khao Lak (p. 284) et de Ranong (p. 269) sont les plus pratiques pour les croisières de plongée. Les transferts depuis le lieu d'achat sont toujours inclus dans leurs prix.

Ko Phra Thong et Ko Ra

เกาะพระทอง/เกาะระ

Une légende raconte que, il y a plusieurs siècles, des pirates qui avaient leur repaire sur Ko Phra Thong y enterrèrent dans le sable un bouddha d'or. Ko Phra Thong, l'"île au Bouddha d'Or", n'est pas prête de livrer son secret, mais le sable étincelant de ses plages, ses mangroves, sa riche faune aviaire et ses orchidées rares sont bel et bien le trésor des touristes.

Sur cette île plate et paisible, les habitants vivent de la pêche (calamars, crevettes et méduses). La spécialité locale est le *gà·Ъì* (pâte de crevettes fermentée).

Non loin, encore plus calme, Ko Ra est bordée de plages dorées et de mangroves. Cette petite île montagneuse, couverte de jungle, abrite une faune étonnamment riche (chats-léopards, lémurs volants, pangolins, loris grêles...) et des villages de pêcheurs accueillants.

Où se loger

Golden Buddha Beach Resort HÔTEL **$$$**
(☎08 1892 2208 ; www.goldenbuddharesort.com ; Ko Phra Thong ; bungalows 3 100-14 000 B). L'hôtel le plus renommé de l'île attire nombre d'amateurs de yoga. L'hébergement consiste en élégantes maisons de bois qui se fondent dans la nature, à louer à court ou long terme. Toutes ont des sdb extérieures, donnant à la fois sur la mer et la forêt environnante. Club de plongée.

Ko Ra Eco-Resort HÔTEL **$$**
(☎08 9867 5288, 08 5280 5507 ; www.thaiecolodge.com ; Ko Phra Thong ; bungalows 1 100-1 900 B). Niché dans les arbres au bord d'une petite plage privée, cet établissement ancien a changé de direction et diversifié ses activités. On a désormais le choix entre une retraite méditative, des randonnées spectaculaires à la découverte de la faune et de la flore, des sorties de plongée et de snorkeling vers des criques sublimes et secrètes (ou même les îles Surin, relativement proches). Bungalows sombres et sommaires ; excellent restaurant de spécialités locales.

Mr Chuoi's PENSION **$**
(☎08 4855 9886, 08 7898 4636 ; www.mrchuoibarandhut.com ; Ko Phra Thong ; bungalows 500 B). Le sympathique Mr Chuoi, au catogan élégant, vous accueille dans des huttes

simples en chaume, surélevées, ressemblant à des balles de foin. Appelez-le et il organisera votre voyage entre Ko Phra Thong et Khuraburi moyennant 1 000 B.

Depuis/vers Ko Phra Thong et Ko Ra

Il n'y a pas de liaison régulière vers Ko Phra Thong ou Ko Ra. Vous pouvez essayer de louer un *long-tail boat* sur l'embarcadère de Khuraburi pour environ 1 500 B l'aller, mais leurs capitaines sont difficiles à trouver. Il est plus facile et souvent plus économique de contacter votre hôtel à l'avance pour organiser le transport.

Les habitants du village de Tung Dap à l'extrême sud de Ko Phra Thong ne souhaitent pas que les touristes se rendent dans cette partie de l'île. Respectez leur volonté.

Parc national de Khao Sok

อุทยานแห่งชาติเขาสก

Si après quelques jours de plage vous ressentez l'envie de vous dégourdir les jambes à l'intérieur des terres, le parc national de Khao Sok est fait pour vous. Cette jungle de plaine, la plus humide de Thaïlande, daterait de plus de 160 millions d'années et serait l'une des forêts pluviales les plus anciennes du monde. Vous y verrez d'impressionnantes formations calcaires et des cascades ruisselant au travers d'épais fourrés détrempés. Un réseau de pistes sillonne le parc et permet aux visiteurs d'observer une myriade d'espèces endémiques.

La meilleure période court de décembre à avril, durant la saison sèche. Lors de la saison des pluies (juin-octobre), les sentiers peuvent être très glissants et les sangsues pullulent. Des inondations soudaines et violentes sont également à redouter. En revanche, vous aurez plus de chance de tomber nez à nez avec des animaux exotiques durant cette période.

À voir et à faire

La superficie de Khao Sok en fait l'un des derniers habitats des **grands mammifères**. Durant les mois les plus humides, ours, gaurs, sangliers, tapirs, gibbons, rennes, éléphants sauvages et même des tigres sortent de leur tanière. On y retrouve plus de 300 espèces d'oiseaux, 38 variétés de chauves-souris et la rarissime *Rafflesia kerrii*, une **fleur géante** dont le diamètre peut atteindre 80 cm (c'est le seul endroit en Thaïlande où l'on peut l'observer).

> **VISITES DE KHAO SOK**
>
> Les visites du parc et des alentours sont deux fois moins chères si vous les réservez auprès des pensions ou des agences de voyages situées près du parc. Les circuits organisés au départ de Phuket ou de Khao Lak incluent le transport (à prix fort) et la commission de l'organisateur.

Le lac **Chiaw Lan**, formé en 1982 par un immense barrage de schiste argileux du nom de Ratchaprapha (Kheuan Ratchaprapha ou Chiaw Lan), est situé à 1 heure de route (65 km) à l'est du bureau d'accueil. Les affleurements calcaires qui émergent du lac peuvent atteindre 960 m de hauteur, soit plus du triple des formations géologiques de Phang-Nga.

La grotte de **Tham Nam Thalu** contient d'étonnantes concrétions calcaires et un réseau de cours d'eau souterrains. Dans la grotte de **Tham Si Ru** convergent 4 galeries souterraines qui servaient d'abri secret aux insurgés communistes entre 1975 et 1982. Ces grottes sont accessibles à pied depuis la rive sud-ouest du lac. Vous pouvez louer un bateau aux pêcheurs pour explorer les criques, les canaux, les grottes et les anfractuosités le long des berges.

Promenades à dos d'éléphant, kayak et rafting sont des activités très prisées dans le parc. Les opportunités de randonnée ne manquent pas, et toutes les pensions organisent des visites du parc ou des alentours – vérifiez que votre guide est certifié (il aura un badge officiel). Divers sentiers ne nécessitant pas de guide partent du centre d'information des visiteurs, menant aux chutes d'eau de **Sip-Et Chan** (4 km), de **Than Sawan** (9 km) et de **Than Kloy** (9 km), entre autres destinations. Le bureau du parc distribue des cartes gratuites.

Où se loger

La route qui mène au parc est bordée de petites pensions pleines de charme à même de réserver les services d'un guide ou d'organiser une visite du parc. Nous vous recommandons de passer 2 jours et 1 nuit à Chiaw Lan (2 500 B/pers), où vous pourrez dormir dans une hutte flottante sur le lac, faire du canoë et des randonnées.

Art's Riverview Jungle Lodge PENSION $$
(☎08 6470 3234 ; http://krabidir.com/artsriverviewlodge ; bungalows 650 B). Tapie dans la jungle fourmillant de singes, au bord d'une rivière avec un trou d'eau de formation calcaire, elle jouit d'un emplacement idéal. Bungalows simples et vastes, avec vue sur la rivière.

Cliff & River Jungle Resort HÔTEL $$$
(☎08 7271 8787 ; www.thecliffandriver.com ; bungalows avec petit-déj 1 800 B ; ❄). Ce magnifique ensemble de bungalows en bambou sur pilotis est installé au pied des falaises escarpées, à l'écart des adresses bon marché de Khao Sok. Clim et excellente cuisine.

Morning Mist Resort HÔTEL $$
(☎08 9971 8794 ; www.khaosokmorningmistresort.com ; bungalows 650-1 000 B ;). Un établissement parmi les plus confortables aux bungalows propres, carrelés, avec ventilateur, tous pourvus d'un balcon. Les plus chers donnent sur la rivière.

Jungle Huts PENSION $
(☎0 7739 5160 ; www.khao-sok-junglehuts.com ; huttes 300-1 200 B). Huttes basiques de bon rapport qualité/prix, dans une forêt d'arbres fruitiers près de la rivière, ou sur de hauts pilotis et reliées par des passerelles.

Renseignements

Le **bureau du parc** (☎0 7739 5025 ; www.khaosok.com ; entrée parc 200 B) et le bureau d'accueil sont à 1,8 km de la Route 401, près de la borne du Km 109.

Il y a un DAB devant le Morning Mist Mini-Mart et vous pouvez accéder à Internet près de l'entrée du parc pour 2 B/min.

Comment s'y rendre et circuler

Des minibus pour Surat Thani (250 B, 1 heure), Krabi (300 B, 2 heures) et quelques autres destinations partent du parc tous les jours. Sinon, prenez un bus vers Takua Pa. Sur la côte d'Andaman, vous pourrez prendre un bus pour Surat Thani. Les bus vous déposent sur la Route 401, à 1,8 km du bureau d'accueil. Si les rabatteurs de l'hôtel ne viennent pas vous chercher, vous devrez vous y rendre à pied (de 50 m à 2 km).

Pour explorer le lac Chiaw Lan par vous-même, louez un *long-tail boat* (2 000 B/jour) au niveau du barrage.

Hat Pakarang et Hat Bang Sak หาดปะการัง/หาดบางสัก

Les plages de Pakarang et de Bang Sak, une longue bande de sable paisible, ne cessaient d'attirer un nombre toujours croissant de touristes, jusqu'à ce que le tsunami de 2004 balaie en un instant tous les hôtels et les installations des lieux. Avec d'épaisses mangroves, de vastes pâturages vallonnés et des plantations d'hévéas formant une large zone tampon entre la côte et la grande route,

UN SYSTÈME DE DÉTECTION PRÉCOCE DES CATASTROPHES

Le matin du 26 décembre 2004, un tremblement de terre ébranla les fonds marins au large de la côte nord-ouest de l'île indonésienne de Sumatra, provoquant un tsunami qui frappa presque toutes les provinces de la côte d'Andaman, en Thaïlande, avec des vagues atteignant 10 m de hauteur dans les régions les plus touchées. La catastrophe fit des milliers de morts ; les dégâts causés aux habitations et aux infrastructures furent estimés à plusieurs millions de dollars. En 2005, la Thaïlande inaugura un système national de surveillance des catastrophes, qui lui avait cruellement fait défaut en 2004. Basé à Bangkok, ce centre regroupe une équipe spécialisée dans la gestion des crises ainsi que des scientifiques chargés d'évaluer l'intensité des catastrophes naturelles et de transmettre des avertissements à la population.

On considère qu'en cas de tsunami, une alerte pourrait être émise dans la demi-heure suivant sa détection par les systèmes internationaux existants, qui enregistrent l'activité sismique dans l'océan Indien. La population serait alors prévenue par les radios et les chaînes de télévision nationales, la chaîne de l'armée Channel 5 et des messages SMS. Pour les étrangers ne parlant pas le thaï, le centre a installé des tours d'alerte sur les plages à haut risque, qui diffuseraient des messages en plusieurs langues et enverraient des signaux lumineux. Un **centre d'appel** (☎1860) a également été mis en place, pour répondre aux questions posées par la population et récolter tous les renseignements concernant les catastrophes potentielles ou déclarées.

vous aurez l'impression, en posant votre valise ici, d'avoir tout laissé derrière vous.

Si vous avez toujours recherché une longue vague constante au bord d'une plage déserte avec presque aucun surfeur dans l'eau, **Hat Pakarang** est la destination de vos rêves. **Pakarang Surf Shop** (☎0 7648 5350 ; pakarangsurfshop.com ; Th Petchkasem), à Khao Lak, loue des planches de surf (200 B/heure), propose des cours (1 000 B, 1 heure 30) et fournit des renseignements sur les spots de surf du coin.

Où se loger et se restaurer

Ces jolies plages, qui ne comptent que quelques hôtels, sont des retraites romantiques idéales.

Sarojin HÔTEL $$$
(☎0 7642 7900-4 ; www.sarojin.com ; Hat Pakarang ; ch 12 500-22 250 B ; ❄@🛜≋). Ce paisible hôtel allie les styles japonais et thaïlandais moderne, et offre un service parfait dans un cadre raffiné et intime. Le spa (soins à partir de 2 300 B), ouvert sur les cocotiers et les mangroves, est exceptionnel. Superbe piscine avec d'élégantes huttes de repos dominant l'eau cristalline ; cours de cuisine sur les rives de la Takuapa, où s'ébattent des buffles d'eau ; excursions privées de plongée et de snorkeling organisées aux îles Similan et Surin. Les enfants ne sont pas admis.

Le Meridian HÔTEL $$$
(☎0 7642 7500 ; www.lemeridian.com ; Hat Bang Sak ; ch à partir de 5 220 B, villa à partir de 11 200 B ; ❄@🛜≋). Un immense *resort* quatre étoiles (243 chambres et 20 villas), et le seul hébergement sur Hat Bang Sak. Si l'endroit n'a ni le charme ni le service du Sarojin, il est légèrement moins cher et reste majestueux, s'étendant de la grande route jusqu'à la mer.

White Sand Beach Bungalow HÔTEL $$
(☎0 7648 7580 ; Hat Pakarang ; bungalows 1 500 B ; ❄). À deux pas du Sarojin, 8 bungalows rudimentaires mais impeccables (clim, grands lits et eau chaude) et une portion de sable cinq étoiles. Les touristes venus pour la journée descendent de Khao Lak jusqu'à l'attirant restaurant sur la plage. Le soir, vous l'aurez pour vous seul.

Depuis/vers Hat Bang Sak

De Khao Lak, prenez l'un des *sŏrng·tăa·ou* (60 B) qui circulent souvent entre 8h30 et 17h. Les bus assurant la liaison entre Takua Pa et Phuket vous y mèneront aussi, mais la nationale est loin à pied de la plupart des hôtels. Mieux vaut prendre les transports en commun jusqu'à Khao Lak, puis louer un *sŏrng·tăa·ou* (500-700 B).

Hat Khao Lak

หาดเขาหลัก

Hat Khao Lak est la plage idéale si l'on veut éviter le côté tape-à-l'œil des grandes stations balnéaires de Phuket, sans pour autant renoncer au confort, au shopping et aux services. Avec ses longs rubans de sable blanc soulignant des collines luxuriantes et ses vagues chaudes si agréables pour la baignade, Hat Khao Lak est un paradis. C'est aussi la base la plus pratique pour explorer le nord de la côte d'Andaman : les îles Similan et Surin, les parcs nationaux de Khao Sok et Khao Lak/Lam Ru, et même Phuket, se visitent facilement dans la journée. À environ 2,5 km au nord de Hat Khao Lak, **Hat Bang Niang** est une version encore plus calme de bonheur sablonneux. Les plages sont plus étroites, mais moins fréquentées. La ville de Khao Lak en elle-même, surnommée Khao Lak-Town par les habitants, succession de restaurants, de marchés touristiques et d'hôtels au bord d'une grande route grise, n'enchante guère le regard, mais s'avère pratique. De toute façon, vous passerez votre temps sur la plage ou plus loin.

Internet est largement disponible, et on trouve des DAB et des banques partout.

À voir

Parc national de Khao Lak/Lam Ru PARC NATIONAL
(อุทยานแห่งชาติเขาหลัก-ลำรู่ ; ☎0 7642 0243 ; www.dnp.go.th ; adulte/enfant 100/50 B ; ⌚8h-16h30). Le secteur au sud de Hat Khao Lak fait partie du vaste parc national de Khao Lak/Lam Ru, d'une superficie de 125 km², qui englobe un ensemble de falaises au bord de la mer, des collines hautes de 1 000 m, des plages, des estuaires, des vallées boisées et des mangroves. Il est peuplé de calaos, drongos, tapirs, ours noirs d'Asie, gibbons et autres singes. Le centre d'information des visiteurs, non loin de la Hwy 4, entre les bornes des Km 56 et 57, possède peu de cartes et de brochures, mais dispose d'un ravissant restaurant en plein air perché sur un versant ombragé surplombant la mer. Depuis là, vous pourrez emprunter un sentier nature assez facile (3 km aller-retour), qui longe le cap pour aboutir à la plage de Hat Lek, souvent déserte.

Khao Lak

Khao Lak

Activités
- 1 Big Blue B1
- 2 Sea Dragon Dive Center B1
- 3 Similar Diving Safaris A2
- 4 Wicked Diving B2

Où se loger
- 5 Fasai House B1
- 6 Greenbeach A2
- 7 Khaolak Banana B1
- 8 Nangthong Bay Resort A2
- 9 Nangthong Beach Resort A2
- Tiffy's Café .... (voir 2)
- 10 Walker's Inn B2

Où se restaurer
- 11 Phu Khao Lak B2

Où prendre un verre
- 12 Happy Snapper B1

Khlong Thap Liang RÉSERVE NATURELLE
Nombre d'agences en ville organisent des randonnées guidées le long de la côte ou à l'intérieur des terres, ainsi que des excursions en *long-tail boat* jusqu'à l'estuaire du Khlong Thap Liang, où l'on peut apercevoir des macaques crabiers dans la mangrove. Entre Khao Lak et Bang Sak, le réseau de chemins de sable – dont certains mènent à des plages désertes – est très agréable à parcourir à pied ou à moto. La plupart des hôtels de la ville louent des motos pour 250 B/jour.

Bateau 813 SITE HISTORIQUE
Échoué en plein champ à presque 1 km du rivage, ce bateau témoigne de la force destructrice du tsunami du 26 décembre 2004. Non loin, vous verrez un kiosque d'information avec une chronologie du tsunami en thaï et en anglais, ainsi qu'un livre de photos en vente. Le trajet en *sŏrng·tăa·ou* depuis Khao Lak coûte seulement 50 B.

Activités

Les excursions de plongée ou de snorkeling à la journée aux îles Similan et Surin sont très réputées, mais, si possible, optez pour une croisière avec nuit à bord. Les îles étant à 60 km du rivage (environ 3 heures en bateau), vous aurez ainsi plus de temps et éviterez la foule. Tous les centres de plongée proposent des croisières pour 17 000/29 000 B pour 3/5 jours et des excursions à la journée pour 4 900 à 6 500 B.

Durant ces sorties, vous serez réveillés à l'aube et plongerez jusqu'à 4 fois par jour dans l'un des 10 plus beaux sites de plongée au monde. Bien que les îles Similan et Surin (p. 277) aient subi un important blanchissement corallien ces dernières années, **Richelieu Rock** est toujours considéré comme le meilleur spot de plongée de la région, et **Ko Bon** et **Ko Ta Chai** sont appréciés car fréquentés par des raies mantas.

Bien que s'adressant principalement aux plongeurs, tous les centres proposent du snorkeling sur certaines excursions et croisières pour un prix réduit de l'ordre de 40%. De plus, les agences situées en ville ont des offres de snorkeling pour seulement 2 700 B. Les cours pour le brevet de plongée PADI coûtent de 10 000 à 18 000 B selon le lieu de plongée. Vous pouvez prendre part à une journée d'initiation aux îles Similan pour 6 000 à 6 500 B.

Centres de plongée recommandés :

Wicked Diving PLONGÉE
(☎0 7648 5868 ; www.wickeddiving.com).
Club très bien géré et respectueux de l'environnement. Excursions de plongée et de snorkeling avec une nuit à bord, ainsi que des circuits écologiques "requins-baleines et raies mantas" (Whale Sharks & Mantas), "tortues et récifs" (Turtle & Reefs) et "requins et raies" (Sharks & Rays), organisés en coopération avec **Ecocean** (whaleshark.org). Propose aussi toutes les formations PADI.

Similan Diving Safaris PLONGÉE
(☎0 7648 5470 ; www.similan-diving-safaris.com). Ce centre spécialisé dans les croisières de 4 jours de bonne qualité (18 800 B tout compris) compte de nombreux clients réguliers. Personnel qualifié et nourriture succulente pour un rapport qualité/prix imbattable. Des excursions à la journée sont aussi proposées.

Big Blue PLONGÉE
(☎0 7648 5544 ; www.bigbluekhaolak.com). Propriétaires japonais et suédois. Ses croisières et ses instructeurs sont parmi les meilleurs à Khao Lak.

Sea Dragon Dive Center PLONGÉE
(☎0 7648 5420 ; www.seadragondivecenter.com ; Th Phetkasem). Sea Dragon, l'un des plus anciens centres de Khao Lak, conserve année après année des offres de qualité.

Où se loger

Les hébergements pour voyageurs à petit budget sont majoritaires dans le centre de la ville, animé et congestionné, tandis que les hôtels trois ou quatre étoiles se sont emparés de la côte.

Pour un tarif défiant toute concurrence, adressez-vous au Sea Dragon Diver Center (ci-dessus), qui saura vous renseigner sur les lits en dortoir de **Tiffy's Café** (180 B/nuitée).

La Flora Resort HÔTEL $$$
(☎0 7642 8000 ; www.laflororesort.com ; ch 5 700-7 700 B, villa 9 000-10 500 B ;). Établi sur Hat Bang Niang, cet hôtel est à la fois chic et extrêmement relaxant, avec ses grandes villas tropicales modernes et ses piscines à débordement donnant sur la mer (sans oublier la piscine centrale pour enfants). Les chambres ont une belle décoration contemporaine, avec sol en marbre et lavabo en céramique.

♥ **Nangthong Beach Resort** HÔTEL $$
(☎0 7648 5911 ; www.nangthong2.com ; ch 2 000-2 200 B, bungalows 2 500-3 000 B ;). Le meilleur choix à Khao Lak même. Les chambres spacieuses sont bien aménagées et les bungalows encore plus grands, ont des sols en carreaux de céramique et des meubles de bois sombre. Jardin fleuri, service impeccable et la plus belle portion de plage de la ville.

Nangthong Bay Resort HÔTEL $$
(☎0 7648 5088 ; www.nangthong.com ; ch 2 000-3 000 B ;). Il s'agissait du meilleur établissement de catégorie moyenne sur la plage jusqu'à l'ouverture du Nangthong Beach Resort. Les chambres affichent une décoration minimaliste en noir et blanc ; les moins chères, en retrait de la plage, sont d'un excellent rapport qualité/prix. Cadre luxuriant, service attentif.

Greenbeach HÔTEL $$
(☎0 7648 5845 ; greenbeach_th@yahoo.com ; bungalows 1 300-2 300 B ;). Sur une superbe portion de plage, un lieu au charme familial, qui s'étend à l'arrière dans un jardin. Les bungalows en bois sont dotés de portes vitrées, de ventilateurs, de la climatisation et de terrasses ombragées. Même les chambres les moins chères ont vue sur la mer.

Fasai House PENSION $
(☎0 7648 5867 ; ch 500-700 B ;). Le meilleur choix bon marché à Khao Lak. Le Fasai dispose de chambres impeccables de style motel. Personnel sympathique.

Bungalows du parc national de Khao Lak/Lam Ru BUNGALOWS $
(☎0 2562 0760 ; reserve@dnp.go.th ; bungalows 800-2 000 B). Une poignée de bungalows (4 ou 6 lits) assez sommaires, dans le parc national. Pour les amoureux de nature.

Khaolak Banana PENSION $
(☎0 7648 5889 ; www.khaolakbanana.com ; ch 500-1 200 B ;). Ces jolis petits bungalows ont des sols peints et une sdb extérieure baignée de soleil. Piscine et transats complètent le tableau.

Walker's Inn PENSION $
(☎0 7648 5668 ; Th Petchkasem ; ch 400-750 B ;). Grandes chambres vieillissantes avec clim et eau chaude, au-dessus d'un pub. Accueil sympathique. Pour les voyageurs avec sac à dos.

Où se restaurer et prendre un verre

La gastronomie n'étant pas le fort de Khao Lak, les touristes se retrouvent dans plusieurs petits restaurants pour échanger leurs exploits sous-marins. Les plongeurs matinaux auront du mal à dénicher un lieu où petit-déjeuner avant 8h30.

Mama's Restaurant FRUITS DE MER $$
(☎08 4850 7417 ; Th Petchkasem ; plats 60-300 B ; ⊙déj et dîner). Personne ne prépare les fruits de mer comme Mama, installée en face du bateau 813. Les cakes de poisson et le barracuda sauté au curry jaune sont fameux.

Phu Khao Lak INTERNATIONAL, THAÏLANDAIS $$
(☎0 7648 5141 ; Th Petchkasem ; plats 80-240 B ; ⊙petit-déj, déj et dîner). Avec ses tables couvertes de nappes dressées sur la pelouse à l'extrémité sud de la bande de Khao Lak, il est difficile de manquer cette adresse. Et ce serait de toute façon dommage tant les nombreux plats occidentaux ou thaïlandais de la carte (décrits dans le détail) sont préparés à la perfection.

Happy Snapper BAR
(☎0 7648 5500 ; Th Petchkasem). On vient dans ce bar pour les bons alcools et la musique live – un groupe s'y produit 6 soirs/semaine en haute saison, mené par le propriétaire, et véritable légende locale, qui tient la basse.

Renseignements

En cas de problème lors d'une plongée, le service d'urgence **SSS Ambulance** (☎08 1081 9444) rapatrie les blessés jusqu'à Phuket. Il peut également intervenir en cas d'accident de la route. À Bang Niang, une infirmière se charge aussi des victimes d'accidents de plongée.

Les agences de voyages sont omniprésentes. La meilleure est **Khao Lak Land Discoveries** (☎0 7648 5411 ; www.khaolaklanddiscovery.com ; Th Phetkasem).

Depuis/vers Khao Lak

Les bus qui circulent sur la Hwy 4 entre Takua Pa (50 B, 45 min) et Phuket (100 B, 2 heures) s'arrêteront à Hat Khao Lak si vous le demandez.

Les minibus de Khao Lak Land Discoveries vont à l'aéroport de Phuket toutes les heures (600 B, 1 heure 15). Sinon, optez pour un taxi (1 200 B) ou prenez un bus pour Phuket et demandez au chauffeur de vous déposer à l'aéroport. Il vous laissera à une intersection où des motos-taxis vous prendront en charge (100 B, 10 min).

Parc national maritime des îles Similan อุทยานแห่งชาติหมู่เกาะสิมิลัน

Connu des plongeurs du monde entier, le **parc national maritime des îles Similan** (www.dnp.go.th ; 400 B ; ⊙nov-mai) s'étend à 60 km au large des côtes. Couvertes de forêts tropicales, bordées de plages de sable blanc et entourées de récifs de corail, ces îles de granit sont aussi impressionnantes au-dessus de l'eau qu'en dessous. Malheureusement, le blanchissement corallien a eu raison de bon nombre de coraux durs, mais la présence de coraux mous intacts et la faune abondante en font un lieu de plongée agréable.

Deux des 9 îles, Ko Miang (île 4) et Ko Similan (île 8), abritent des postes de gardes forestiers et des lieux d'hébergement. C'est sur l'île 4 que se trouve le bureau du parc et que se concentre l'activité touristique. Le nom "Similan" vient du malais *sembilan*, qui signifie "9". Bien que chaque île porte un nom, elles sont souvent désignées par leur numéro. Récemment, le parc a été agrandi pour inclure Ko Bon et Ko Tachai, qui ont échappé au blanchissement corallien, et sont des hauts lieux de plongée et de snorkeling.

Hat Khao Lak est le point d'entrée du parc. L'embarcadère est à Thap Lamu, environ 10 km au sud de la ville.

À voir et à faire

Plongée et snorkeling

Les îles Similan offrent des plongées pour tous les niveaux, à des profondeurs allant de 2 à 30 m. Préparez-vous à découvrir des récifs à **Ko Payu** (île 7) et des tunnels à **Hin Pousar** ("tête d'éléphant"), ainsi qu'une vie sous-marine variée, allant des minuscules serpules aux coraux mous, en passant par les requins-baleines et les bancs de poissons. Chacune des 5 îles au nord de Ko Miang (île n°4) dispose de spots de plongée. La partie sud du parc (îles n°1, 2 et 3), site de ponte des tortues, est interdite aux plongeurs. Aucun équipement de plongée n'étant disponible dans le parc, il faut se joindre à un groupe. Nombre d'agences à Hat Khao Lak (p. 282) et Phuket (p. 237) proposent des excursions de plongée (circuits de 3 jours à bord à partir de 14 500 B).

Il est possible de louer un équipement de snorkeling (100 B/jour) au bureau du parc. De nombreuses agences à Hat Khao Lak proposent des sorties snorkeling en journée/de nuit pour environ 3 000/5 000 B. Les sorties à la journée explorent généralement 3 ou 4 sites.

Faune et randonnée

La forêt qui s'étend aux abords du bureau du parc, sur Ko Miang (île 4), est parcourue par quelques sentiers et abrite une faune exceptionnelle. Le merveilleux nicobar à camail,

Îles Similan

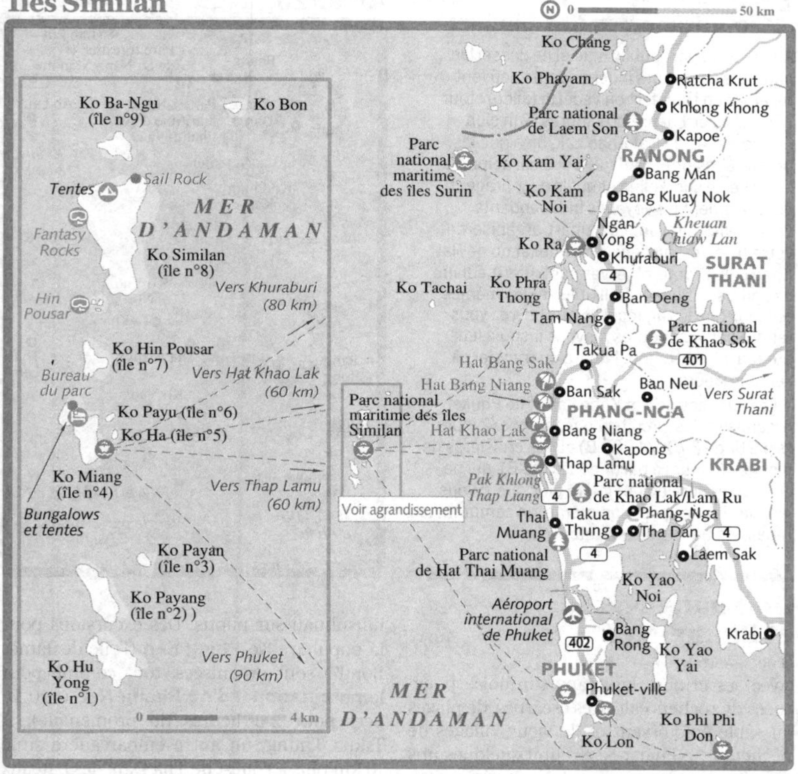

doté d'un plumage gris-vert, y est commun. Endémique des îles de la mer d'Andaman, il figure parmi les 39 espèces d'oiseaux recensées dans le parc. Dans la forêt, il est aussi courant d'apercevoir des crabes aux pattes poilues et des chauves-souris frugivores (renards volants), que des écureuils volants.

Le petit **beach track**, sentier long de 400 m jalonné de panneaux d'information, mène à une jolie baie propice au snorkeling. Quittez-le pour emprunter le **Viewpoint Trail**, un raidillon de 500 m, en haut duquel se déploie un beau panorama. Une marche de 500 m à travers la forêt vous conduira au **Sunset Point**, un cap de granit lisse orienté plein ouest.

Sur Ko Similan (île 8), vous pourrez faire la randonnée de 2,5 km dans la forêt menant à un **point de vue**, ou vous lancer dans une ascension, plus courte mais raide, qui part de la plage principale pour rejoindre le sommet du **Sail Rock** (ou Balance Rock).

Où se loger et se restaurer

Le parc dispose d'hébergements pour tous les budgets. Vous pouvez réserver en ligne sur www.dnp.go.th ou auprès du **bureau du parc national** (☎0 7645 3272), à Hat Khao Lak, sur le continent. Les agences de Hat Khao Lak organisent également des excursions de 2 jours ou plus (transport, repas et logement dans le parc compris) pour à peine plus cher que si vous réserviez par vous-même.

À Ko Miang, vous avez le choix entre des **bungalows** (ch 2 000 B ; ❄) avec balcon, donnant sur la mer, 2 **longhouses** (ch 1 000 B) en bois et bambou comprenant 5 chambres avec ventilateur, et des **tentes** (2/4 pers 300/450 B). Électricité de 18h à 6h.

Des tentes sont aussi disponibles sur Ko Similan. Vous pouvez apporter votre propre **tente** (80 B/nuit) sur l'une ou l'autre île.

Un **restaurant** (plats 100-150 B) proche du bureau du parc propose une cuisine thaïlandaise sans prétention.

Depuis/vers le parc national maritime des îles Similan

Aucun transport public officiel ne dessert le parc. Les voyageurs indépendants peuvent réserver un transfert en vedette (aller-retour 1 700 B, aller 1 heure 30) auprès d'un club de snorkeling de Hat Khao Lak, bien que les prestataires préfèrent que vous participiez à la sortie de snorkeling et qu'ils découragent généralement les voyages indépendants vers les îles Similan. La plupart organiseront votre transfert au départ de Phuket ou de Hat Khao Lak. Si vous réservez par l'intermédiaire des parcs nationaux (qui utilisent les mêmes bateaux que les agences), vous devrez vous rendre par vos propres moyens jusqu'à leur bureau, puis attendre l'heure du transfert à l'embarcadère.

Les agences de Hat Khao Lak et de Phuket organisent des circuits d'une journée/2 jours (à partir de 2 700/4 900 B) et des croisières de plongée (3 jours à partir de 13 500 B), qui ne coûtent généralement guère plus que si vous gagniez les îles par vous-même, en comptant les repas, les tickets de bus, etc.

Ao Phang-Nga

Ao Phang-Nga et Phang-Nga

อ่าวพังงา

11 000 HABITANTS

Avec ses criques aux eaux turquoise ponctuées de rochers calcaires escarpés, de plages au sable éblouissant et de vieux villages de pêcheurs, Ao Phang-Nga réunit quelques-uns des sites les plus spectaculaires de la région. On comprend aisément pourquoi le réalisateur de *L'Homme au pistolet d'or* (un *James Bond*), a choisi cet endroit niché au milieu des hautes falaises pour tourner certaines scènes. L'endroit est fréquenté toute l'année par des touristes venus en vedette ou en kayak de mer. Une grande partie de la baie et certaines parties du littoral ont été incorporées dans le parc national maritime d'Ao Phang-Nga (ci-contre).

À voir et à faire

Phang-Nga, ville triste et misérable, a pour toile de fond un sublime rideau de falaises calcaires. Il y a peu à voir ou à faire, à moins que votre visite ne coïncide avec la **fête végétarienne** (voir l'encadré p. 249), fin septembre ou en octobre.

À l'embarcadère de Tha Dan, à 8,5 km au sud du centre-ville, vous pourrez louer un bateau pour partir à la découverte de **grottes** à moitié immergées, d'îles aux formes étranges et de **Ko Panyi**, un village musulman sur pilotis. Des excursions pour la populaire **Ko Phing Kan** (l'"île de James Bond") sont organisées, tout comme pour le **parc national d'Ao Phang-Nga** (500 B/pers pour 2-3 heures de promenade). À Takua Thung, un autre embarcadère situé 10 km plus à l'ouest de Tha Dan, des bateaux privés se louent à des prix similaires pour des excursions. Le bureau à l'intérieur du parc national marimitine d'Ao Phang-Nga (p. 287) organise aussi des circuits en bateau.

À moins d'aimer marchander avec les propriétaires des bateaux, afin de décider de votre propre itinéraire, il est plus simple et guère plus cher de participer à un circuit organisé par l'une des agences de la ville. **Sayan Tours** (☎0 7643 0348 ; www.sayantour.com) propose depuis des années des excursions à Ao Phang-Nga, très appréciées par les voyageurs. Les circuits (demi-journée/journée 700/1 000 B par pers) comprennent, entre autres, la visite de **Tham Lawt** (une vaste grotte immergée), de Ko Phing Kan et de Ko Panyi. Pour un supplément de 300 B, vous pourrez également faire un peu de kayak. L'agence propose aussi une **sortie de rafting** (1 600 B/pers) sur la rivière vers la cascade de Son Pat, à 25 km au sud de Phang-Nga, et des circuits pour des destinations alentour, dont le **parc forestier de Sa Nang Manora**.

Où se loger et se restaurer

Phang-Nga n'est pas riche en établissements de qualité. La majorité des voyageurs préfèrent visiter la ville en une seule journée. La rue principale de Phang-Nga est bordée d'étals qui vendent de délicieuses *kà·nŏm jin* (nouilles fines de blé) avec du poulet au curry, du *nám yah* (curry de poisson épicé) ou du *nám prík* (sauce curry). Un marché est ouvert tous les matins de 5h à 10h, et un petit marché de nuit se tient les mardi, mercredi et jeudi soir, au sud de Soi Lohakit.

Phang-Nga Inn HÔTEL **$$**
(0 7641 1963 ; 2/2 Soi Lohakit, Phang-Nga ; ch 400-1 500 B ;). Cette ancienne villa à l'imposant escalier en bois, joliment meublée et bordée d'un jardin calme, est un véritable bijou. Accueil chaleureux et petit restaurant.

Phang-Nga Guest House PENSION **$**
(0 7641 1358 ; Th Petchkasem, Phang-Nga ; ch 250-380 B ;). Pension sans prétention. Chambres carrelées, propres et économiques au centre de cette ville maussade.

Kror Son Thong THAÏLANDAIS **$**
(08 4182 4684 ; 29/1 Th Rongua, Phang-Nga ; plats 70-200 B ; déj et dîner). Surplombant la rivière, au sud de la zone commerçante, cette table sert une cuisine élaborée. Goûtez au *pla tod kamin* (poisson mariné et frit), à l'omelette au crabe ou au canard rôti au chou frisé. Tout est excellent.

Environs de Phang-Nga

PARC NATIONAL MARITIME D'AO PHANG-NGA อุทยานแหงชาติอาวพังงา

Créé en 1981 et couvrant 400 km², le **parc national maritime d'Ao Phang-Nga** (0 7641 1136 ; www.dnp.go.th ; 200 B ; 8h-16h) est remarquable pour ses paysages karstiques. Au sud d'Ao Phang-Nga, ces blocs forment plus de 40 îles aux falaises vertigineuses, dont certaines cachent des grottes accessibles à marée basse, appelées *hôrng*. La baie elle-même se compose de chenaux de largeur variable, reliés à l'origine au réseau fluvial continental. Les principaux chenaux – Khlong Ko Phanyi, Khlong Phang-Nga, Khlong Bang Toi et Khlong Bo Saen – traversent dans le sens nord-sud la principale forêt de mangrove primaire du pays.

Durant la haute saison, le défilé des touristes dans la baie est incessant. Toutefois, si vous l'explorez au petit matin, la plage, la mer et les formations karstiques seront pour vous seul. Le kayak est la meilleure façon de découvrir le parc.

À voir et à faire

John Gray's Seacanoe KAYAK
(0 7622 6077 ; www.johngray-seacanoe.com). John Gray est l'un des plus anciens loueurs de kayak sur la baie, et l'un des plus respectueux de l'environnement. Il ne cesse de lutter pour la protection des fragiles écosystèmes des *hôrng* auprès des gardes du parc national et de leurs supérieurs à Bangkok. Son circuit écologique à la journée "Hong By Starlight" (3 950 B/pers), fort apprécié, vous emmène, en kayak, dans les superbes lagunes luminescentes d'Ao Phang-Nga. Voir également p. 239.

BUS POUR PHANG-NGA

La gare routière de Phang-Nga se trouve à deux pas de la rue principale, dans le Soi Bamrung Rat. Au départ de Bangkok, vous aurez le choix entre des bus VIP (912 B, 12 heures, 1/jour), de 1re classe (552 B, 12-13 heures, 2/jour) et de 2e classe (441 B, 12 heures, 3-4/jour). Voici d'autres destinations desservies par les bus :

DESTINATION	TARIF (B)	DURÉE (H)	FRÉQUENCE
Hat Yai	300	6	2/jour
Krabi	74	1½	fréquents
Phuket	85	1½	fréquents
Ranong	170	5	4/jour
Surat Thani	150	3	fréquents
Trang	240	3½	fréquents

ART RUPESTRE À AO PHANG-NGA

Dans de nombreuses îles calcaires d'Ao Phang-Nga, des gravures et des peintures rupestres datant de la préhistoire ornent les parois et les plafonds des grottes, les abris rocheux, les falaises et les massifs. Vous en verrez à Khao Khian ("mont des inscriptions"), site le plus visité, à Ko Panyi, à Ko Raya, à Tham Nak et à Ko Phra At Thao. Les scènes représentées figurent des hommes, des poissons, des crabes, des crevettes, des chauves-souris, des oiseaux et des éléphants, ainsi que des bateaux et des ustensiles de pêche, et semblent évoquer la place fondamentale que la mer occupait pour les communautés à l'époque. Ces œuvres rupestres ne se lisent pas selon un espace de référence déterminé : on peut les regarder de bas en haut, de haut en bas, dans un sens ou dans l'autre. Si la plupart sont monochromes, certaines sont en jaune orangé, en bleu, en gris et en noir.

Ko Phing Kan ÎLE

Site le plus touristique du parc, Ko Phing Kan ("île penchée") est surnommée l'"île de James Bond" depuis le tournage de *L'Homme au pistolet d'or*. Elle est envahie par des marchands écoulant des coraux et des coquillages qui n'auraient jamais dû quitter la mer. Mieux vaut s'aventurer plus loin, à l'écart des foules.

Comment s'y rendre et circuler

Du centre de Phan-Nga, suivez la Hwy 4 vers le sud pendant 6 km, puis empruntez la Route 4144 sur la gauche (route de Tha Dan) ; le bureau du parc est situé à 2,6 km. Si vous n'êtes pas motorisé, prenez un *sŏrng·tăa·ou* jusqu'à Tha Dan (30 B).

On peut louer des bateaux (1 500 B, 4 pers au maximum) au bureau du parc, pour une excursion de 3 heures vers les îles environnantes.

PARC DE SUAN SOMDET PHRA SINAKHARIN สวนสมเด็จพระศรีนครินทร์

Ce **parc public** (entrée libre ; aube-crépuscule) dispose de deux entrées. La plus spectaculaire passe par un immense trou dans une falaise de karst près du Phang-Nga Bay Resort Hotel, à Tha Dan. L'entrée principale se trouve à l'extrémité sud de Phang-Nga. Le parc est dominé par des falaises et des promontoires calcaires, percés de grottes et de tunnels. Des promenades en planches relient les grottes entre elles, permettant aux visiteurs d'admirer les bassins qui s'y forment au milieu de fabuleuses ornementations calcaires. Une des plus grandes grottes, **Tham Reusi Sawan**, abrite la statue dorée d'un *reu·sĕe* (sage hindou). Une autre grotte importante porte le nom de **Tham Luk Seua** (grotte du bébé tigre).

WAT THAM SUWANKHUHA วัดถ้ำสุวรรณคูหา

Le **Wat Tham Suwankhuha** (temple de la Grotte céleste ; 20 B ; aube-crépuscule) est une grotte transformée en temple (*wat*), remplie de statues du Bouddha. Il se compose de deux grandes cavernes : la plus vaste renferme un bouddha couché de 15 m de hauteur, et ses parois sont carrelées de *lai·krahm* et de *benjarong* (des motifs colorés souvent employés pour la céramique). La plus petite renferme des drapeaux à souhaits et une statue de *reu·sĕe*. Les singes adorent ces lieux.

Le *wat* se trouve à 10 km au sud-ouest de Phang-Nga, au bout d'une petite route secondaire. Si vous n'êtes pas motorisé, il n'existe pas d'autre solution que de prendre un *sŏrng·tăa·ou* circulant entre Phang-Nga et Takua Thung (90 B).

Îles Ko Yao เกาะยาว

Îles-montagnes ceintes de plages virginales, où seuls vivent des pêcheurs musulmans et leurs accueillantes familles, **Ko Yao Yai** et **Ko Yao Noi** sont l'endroit idéal pour se relaxer en s'imprégnant des merveilleux paysages d'Ao Phang-Nga, véritables paradis pour les oiseaux. Ces îles font partie du parc national maritime d'Ao Phang-Nga (p. 287) mais sont plus facilement accessibles de Phuket.

Quand vous quittez la plage, veillez à vous vêtir décemment afin de respecter les coutumes de la population musulmane qui vit sur les deux îles.

À voir et à faire

KO YAO NOI เกาะยาวน้อย

La plus petite des Ko Yao est aussi la plus peuplée (environ 4 000 habitants). Toute l'année, la pêche, la culture de la noix de coco, ainsi que le tourisme, font vivre sa communauté. Sur la côte est, les baies laissent place à des étendues de vase à marée basse, et, même à marée haute, n'espérez pas des plages de sable blanc immaculées. Cela dit, **Hat Pa Sai** et **Hat Paradise** sont magnifiques.

Vélo

Si vous voulez explorer les nombreux chemins de terre de l'île, apportez ou louez un VTT (200 B/jour dans la plupart des pensions), ou participez depuis Phuket au circuit d'**Amazing Bike Tours** (☎08 7263 2031 ; www.amazingbiketoursthailand.com ; excursion à la journée 2 900 B). Si vous aimez le vélo mais redoutez de pédaler dans la chaleur, **Eco Island Vehicles** (☎08 6476 1143) vous propose une bicyclette électrique (220 B/jour), respectueuse de l'environnement et idéale sur les routes goudronnées de l'île. Cette agence vous conduit de votre hôtel à sa boutique, où elle loue aussi des VTT (200 B).

Plongée et snorkeling

Koh Yao Diver (☎08 7895 7551 ; www.kohyaodiver.com) organise des sorties de plongée dans la baie et au-delà. Des excursions de snorkeling d'une demi-journée vers trois îles (1 700 B, 6 pers au maximum) via Ao Phang-Nga peuvent facilement être organisées en s'adressant à n'importe quelle pension ou aux capitaines des *long-tail boats* sur la plage.

Escalade

The Mountain Shop Adventures (☎08 9971 0380, 08 4841 1540 ; www.themountainshop.org ; Tha Khao) propose une journée complète d'escalade à partir de 2 500 B, ainsi que des circuits de pêche, de snorkeling ou de kayak. Il y a plus de 150 voies de varappe sur Ko Yao Noi, la plupart équipées par Mark, le patron de l'agence. Le bateau est souvent utilisé pour atteindre les faces de falaises calcaires éloignées. Des pitons en titane marquent les voies, adaptées à tous les niveaux, des débutants aux grimpeurs chevronnés.

KO YAO YAI เกาะยาวใหญ่

Deux fois plus grande que Ko Yao Noi, mais beaucoup moins développée, Ko Yao Yai est plus isolée et sauvage. Ici, les villageois regardent toujours d'un air amusé les touristes arriver à vélo ou à moto. Pourtant, Phuket n'est pas loin. En explorant certaines des pistes qui serpentent dans les collines, vous apercevrez peut-être des sangliers, des écureuils volants ou de petits cerfs aboyeurs.

Hat Lo Pa Red et **Hat Tiikut** sont deux des plus belles plages de l'île – la première bordée de cocotiers, la seconde de casuarinas. Mais **Hat Chonglard**, à laquelle on accède le plus facilement depuis le Thwison Beach Resort, remporte la palme. Le sable blanc poudreux forme vers le nord une péninsule que des palmiers ombragent. Elle est parfaitement orientée vers les îles de calcaire qui parsèment l'horizon à l'est.

Ko Bele, une petite île à l'est des îles jumelles de Ko Yao, possède une vaste lagune, 3 plages de sable blanc, ainsi que des grottes et des récifs coralliens facilement accessibles.

Sur la côte ouest de Ko Yao Yai, **Elixir Divers** (☎08 7897 0076 ; www.elixirdivers.com) organise des plongées à Ao Phang-Nga et au-delà. **Koh Yao Diver** (☎08 7895 7551 ; www.kohyaodiver.com) est présent ici et sur Ko Yao Noi.

Où se loger et se restaurer

KO YAO NOI

♥ **Six Senses Hideaway** HÔTEL $$$
(☎0 7641 8500 ; www.sixsenses.com/hideaway-yaonoi ; ch 32 000-40 000 B ; ❄@≋). Le complexe hôtelier cinq étoiles le plus huppé de l'île dispose de 56 villas avec piscine (et d'un fabuleux spa) à flanc de collines, le tout bâti dans l'esprit d'un village *chow lair*. La vue sur les formations calcaires au loin est époustouflante, la cuisine, thaïlandaise, envoûtante. Le bar et la plage de sable blanc servent fréquemment de cadre à des séances de photos de mode.

Koyao Island Resort HÔTEL $$$
(☎0 1606 1517 ; www.koyao.com ; Ko Yao Noi ; villas 7 000-13 200 B ; ❄@≋). Ces bungalows au toit de chaume offrent une belle vue sur un jardin ombragé et une piscine à débordement donnant sur une plage de sable blanc. Nous avons adoré leur ambiance élégante, leur style colonial avec patio ventilé et la sdb extérieure. Bar-restaurant raffiné ; service irréprochable.

Paradise Hotel HÔTEL $$$
(☎08 1892 4878 ; www.theparadise.biz ; Hat Paradise ; ch à partir de 7 500 B). Donnant sur une crique privée à l'extrémité nord, l'établissement est accessible uniquement par *long-tail boat* ou par une piste tortueuse ravagée de nids-de-poule, c'est dire l'isolement des lieux, d'une beauté sublime. Les chambres et les bungalows, construits à flanc de colline, sont posés dans un jardin fleuri. Le restaurant et la piscine sont nichés juste derrière un arc de sable doré qui se noie dans un lagon turquoise.

Sabai Corner Bungalows PENSION $
(☎0 7659 7497 ; www.sabaicornerbungalows.com ; bungalows 500-2 000 B). Perchés sur un

promontoire rocheux, ces bungalows en bois ou en bambou ne manquent pas de caractère et offrent une vue magnifique. Bon restaurant, où on aime s'attarder.

Tha Khao Bungalow PENSION **$**
(☎08 1676 7726 ; www.kohyaobungalow.com ; bungalows 700 B). Des bungalows en bois, un peu rustiques, mais spacieux, avec terrasses donnant sur une portion sublime de Tha Khao Beach et les formations karstiques qui se profilent jusqu'à l'infini. Ambiance conviviale. Ahn, le neveu du propriétaire, propose une multitude d'activités : escalade, kayak, pêche...

Pasai Cottage PENSION **$**
(☎08 7238 9389 ; pasaicottage@hotmail.com ; Hat Pasai ; bungalows 700-900 B ; @). Adresse chaleureuse avec un café animé sur l'étroite plage de Pasai, où se tiennent, au bord de la route, des vendeurs d'en-cas. Bungalows en bambou ou en bois spacieux, avec ventilateur et moustiquaire et nombreuses activités (location de kayaks et de vélos).

Ko Yao Beach Bungalows PENSION **$$**
(☎08 7896 3815 ; Hat Tha Khao ; bungalows 1 500 B ; ❄). Excellent rapport qualité/prix pour ces bungalows spacieux, carrelés, avec eau chaude et climatisation. Traversez la route pour rejoindre la plage, parfaite pour nager.

KO YAO YAI

Thiwson Beach Resort PENSION **$$**
(☎08 1737 4420 ; www.thiwsonbeach.com ; bungalows 800-3 000 B ; ❄👪). De loin l'ensemble de bungalows le plus charmant de l'île. Les solides constructions en bois sont dotées de splendides parquets, de sdb extérieures et de larges terrasses faisant face à la plus belle plage de Ko Yao Yai. Les bungalows sur la plage sont les plus grands, mais les chambres avec ventilateur sont vraiment d'un excellent rapport qualité/prix.

Elixir HÔTEL **$$$**
(☎08 7808 3838 ; www.elixirresort.com ; bungalows 8 000-25 500 B ; ❄@≈). Le premier des deux *resorts* quatre étoiles de Yao Yai comprend de jolies villas de style thaïlandais aux toits pentus, disposées sur la plage et à flanc de colline. Plage privée, piscine, pagodes de massage, centre de plongée... et magnifiques couchers du soleil sur Phuket.

Fa Sai Beach Bungalows PENSION **$**
(☎08 1691 3616 ; bungalows 500 B). Ces bungalows sur pilotis, rudimentaires (eau froide) mais impeccablement tenus, sont situés dans les mangroves au sud de Tha Lo Jak, en retrait d'une magnifique bande de sable blanc.

Renseignements

Vous pourrez vous ravitailler à **Ta Khai**, siège du sous-district et principale localité de Ko Yao Noi. Outre des étals de marché, il y a un 7-Eleven avec un DAB, et un autre DAB à l'angle de la Government Savings Bank.

Il y a un seul DAB sur Ko Yao Yai, tout au nord, près de l'embarcadère de Klong Hia, aussi vaut-il mieux arriver avec des espèces.

Comment s'y rendre et circuler

Depuis Phuket

Pour rallier Ko Yao Noi depuis Phuket, prenez un taxi (600-800 B) pour Tha Bang Rong. De là, des *long-tails boats* partent toutes les heures (150 B, 20 min), ainsi que 3 bateaux rapides (200 B, 20 min) entre 7h30 et 17h40. Tous s'arrêtent sur demande à Tha Klong Hia, sur Ko Yao Yai, avant de continuer vers Ko Yao Noi. Les bateaux commencent à naviguer vers Phuket à 6h30. Pour rejoindre Phuket depuis Ko Yao Noi, prenez un taxi (600-800 B) de Tha Bang Rong vers la zone des *resorts*, ou le *sŏrng·tăa·ou* (80 B) qui rallie Phuket-ville tous les jours à 14h30.

La meilleure façon de rejoindre Ko Yao Yai depuis Phuket est de prendre un bateau rapide ou un ferry depuis Tha Rasada près de Phuket-ville. Les ferrys partent à 8h30, 10h30 et 14h (100 B, 1 heure) ; les bateaux rapides (150 B, 30 min) font le trajet à 16h et 17h. Le vendredi, les horaires changent pour s'adapter aux heures de prières.

Depuis Krabi

Chaque jour, 4 bateaux "express" (450 B, 1 heure 30) et 2 bateaux rapides (600 B, 45 min) quittent l'embarcadère de Tha Len à Krabi pour Ko Yao Noi (débarcadères de Tha Manok et de Tha Khao).

Depuis Phang-Nga

Depuis Tha Sapan Yao, à Phang-Nga, un ferry part à 7h30 pour Ko Yao Noi et continue vers Ko Yao Yai (200 B, 2 heures), vous offrant ainsi une croisière à prix doux sur Ao Phang-Nga. Le retour depuis Ko Yao Noi est à 13h.

Comment circuler

Des bateaux-navettes circulent entre Ko Yao Yai et Ko Yao Noi, au départ de Tha Manok (100 à 150 B, 15 min) jusqu'à Tha Klong Hia. Sur les îles, vous pouvez vous déplacer en *túk-túk* pour environ 150 B la course ou louer une moto auprès d'une pension pour environ 250 B/jour. Une course en *túk-túk* vers votre hôtel vous coûtera entre 70 et 100 B.

Thaïlande sous-marine

Plonger en Thaïlande »
Les meilleurs spots de plongée »
Itinéraire sous-marin »
Snorkeling »

Parc national maritime des îles Similan (p. 284)

WATERFRAME/ALAMY ©

Plonger en Thaïlande

Les plages de Thaïlande sont réparties le long de deux côtes, toutes deux bordées de sites de plongée dignes d'intérêt. La meilleure période pour la côte d'Andaman s'étend de décembre à mars, lorsque la visibilité est élevée et que les espèces pélagiques viennent s'y nourrir, se faire nettoyer et se reproduire. Une croisière de plongée de plusieurs jours à destination des îles Surin et Similan, près de la frontière birmane, constitue une expérience remarquable. Bien que les récifs de corail aient subi d'importants blanchiments, les sites les plus au nord (tels que Richelieu Rock) promettent toujours de bons moments.

Même si la mer d'Andaman jouit d'une meilleure réputation parmi les plongeurs, le golfe de Thaïlande a ses fidèles qui sont sensibles à ses nombreux atouts. Si les raies mantas peuplent les eaux de l'Andaman, on observe plus (beaucoup plus !) de requins-baleines dans le golfe. La plupart de ces créatures dociles se regroupent à Sail Rock, situé entre Ko Tao et Ko Pha-Ngan. Si vous comptez plonger plusieurs fois à Sail Rock lors de votre voyage, mieux vaut accéder au pinacle depuis Ko Pha-Ngan, où les départs sont quotidiens. Ko Tao est principalement destinée à l'initiation plutôt qu'à des plongées de grande qualité. Autre avantage du golfe : les conditions climatiques moins changeantes permettent de plonger presque toute l'année.

Ci-contre

1. Plongée avec les raies mantas, Thaïlande **2.** Requin-baleine, Richelieu Rock (p. 277) **3.** Corail et banc de petits poissons, parc national maritime des îles Similan (p. 284)

WATERFRAME/ALAMY ©

ERNEST MANEWAL/LONELY PLANET IMAGES ©

1

3

GZO /SHUTTERSTOCK ©

BRANDON PRESSER ©

Les meilleurs spots de plongée

Tranquillement dissimulées au large du littoral cristallin de la Thaïlande s'étendent certaines des plus éblouissantes formations de coraux orangés. Par chance, ces merveilles sous-marines se répartissent tout autour du pays, telle une constellation de supernovas, permettant aux plongeurs de se disperser le long du rivage pour qu'aucun des plus beaux sites ne soit totalement envahi.

Richelieu Rock

1 À la surface on n'aperçoit qu'un petit rocher immergé, mais Richelieu Rock (p. 277) se révèle sous la mer un bloc de roche en forme de fer à cheval géant. Couvert d'épaisses étendues de coraux pourpres, Richelieu sert de garde-manger aux poissons pélagiques ; de décembre à février vous y verrez très certainement des raies manta.

Sail Rock

2 À Sail Rock (p. 194), pinacle solitaire dissimulé au cœur du golfe de Thaïlande, les stars sont les requins-baleines. La clémence des vents et des pluies tout au long de l'année en fait un excellent site pour explorer les fonds marins pendant les saisons basses ou intermédiaires.

Hin Daeng et Hin Muang

3 Accessibles en bateau depuis l'île de Ko Lanta, les deux rochers immergés de Hin Daeng et Hin Muang (p. 325) – connus respectivement sous le nom de rocher rouge et rocher violet – constituent les meilleurs spots de plongée du sud de la côte d'Andaman. Suivez un cours de photographie sous-marine et immortalisez la vie marine qui a élu domicile dans ces sites.

Ci-contre

1. Récif corallien, Richelieu Rock (p. 277) **2.** Plongeur en Thaïlande **3.** Requin-léopard

Itinéraire sous-marin

Trois semaines

Enfilez votre masque pour découvrir le meilleur du sud de la Thaïlande lors de cet itinéraire qui parcourt tous les sites incontournables du pays.

» Envolez-vous vers **Ko Samui** pour quelques jours de détente et de loisir avant le grand plongeon sur les îles voisines.

» Faites un saut à **Ko Tao** pour vous initier à la plongée dans l'un des multiples sites peu profonds entourant la petite île couverte de jungle.

» Votre brevet PADI Open Water en poche, rejoignez **Ko Pha-Ngan** et jetez-vous à l'eau pour observer un requin-baleine à Sail Rock.

» En direction de la côte d'Andaman, faites étape au **parc national de Khao Sok** si vous êtes suffisamment confirmé pour oser plonger dans une grotte.

» Poursuivez vers **Khao Lak** et embarquez pour une paisible croisière de quelques jours à destination des parcs nationaux maritimes des îles Surin et Similan.

» Rejoignez **Ko Phi Phi** au sud et installez-vous au milieu d'imposants reliefs karstiques pour quelques jours de plongée tranquille et un peu de snorkeling.

» Ensuite, direction **Ko Lanta** pour explorer les pinacles de Hin Daeng et de Hin Muang dans les profondeurs. Ne négligez pas pour autant une sortie snorkeling sur les récifs moins profonds près de Ko Haa.

» Si le beau temps se maintient, descendez à **Ko Lipe**. La visibilité n'est pas garantie, mais par temps clair vous serez probablement seul dans l'eau.

Ci-dessus et ci-contre

1. Plongeur et gaterins à lignes **2.** Parc national de Khao Lak/Lam Ru (p. 281) **3.** Ko Phi Phi Don (p. 316) **4.** Parc national de Khao Sok (p. 279)

2

ANDREW BAIN/LONELY PLANET IMAGES ©

3

NOBORU KOMINE/LONELY PLANET IMAGES ©

Snorkeling

Les baies incurvées des îles et des côtes de la Thaïlande en font l'un des meilleurs endroits au monde pour enfiler un masque, un tuba et des plames et explorer les fonds marins. Le golfe de Thaïlande, tout comme la côte d'Andaman, recèle de beaux sites de snorkeling, mais chaque région à ses caractéristiques. La côte d'Andaman possède des affleurements calcaires (ou formations karstiques) typiques qui percent la surface des eaux et pointent vers le ciel. Ces îlots sont en fait des pinacles envahis par la végétation, autour desquels on trouve une vie marine variée. Le snorkeling est particulièrement impressionnant autour de l'éblouissante Ko Phi Phi et des îles de Trang plus paisibles, juste au sud de Krabi.

Les îles du golfe de Thaïlande émergent moins brutalement des profondeurs de l'océan, formant des pics coniques plus arrondis. Par conséquent, les récifs du large sont généralement moins profonds et abritent des coraux colorés et de plus petites créatures – parfait pour les débutants. Parmi les meilleurs endroits où chausser ses palmes figurent Ko Nang Yuan dans les eaux peu profondes de Ko Tao, la côte est de Ko Tao, et la côte nord-ouest de Ko Pha-Ngan.

LES MEILLEURS SPOTS DE SNORKELING

» **Îles de Trang** Minuscules îlots aux charmants récifs où le corail n'est guère occulté par le clapotis de l'eau peu profonde.

» **Ko Pha-Ngan** Palmes aux pieds, faites le tour de l'îlot de Ko Ma situé au nord-ouest.

» **Ko Phi Phi** Encore mieux qu'une rencontre avec Nemo, se lever à l'aube pour côtoyer quelques requins de récif.

» **Ko Tao** La côte ouest est peut-être le haut lieu de la plongée sous-marine, mais l'est de l'île est bordé de baies peu profondes qui invitent au snorkeling.

Ci-contre
1. Snorkeling près de Ko Butang, parc national maritime de Ko Tarutao (p. 347) 2. Ao Maya, Ko Phi Phi Leh (p. 323)

Ko Phi Phi et le sud de la côte d'Andaman

Dans ce chapitre »

Le top des restaurants

- Marché de nuit de Trang (p. 335)
- Marché de nuit de Krabi (p. 302)
- Sukorn Beach Bungalows (p. 342)
- Daya Resort (p. 352)
- Lanta Seafood (p. 330)

Le top des hébergements

- Rayavadee (p. 314)
- Costa Lanta (p. 325)
- Relax Beach Resort (p. 321)
- Sukorn Beach Bungalows (p. 342)
- Chan Cha Lay (p. 301)

Pourquoi y aller

Pour ceux qui aiment se balader d'île en île, le sud de la côte d'Andaman est une région idéale. C'est la partie la plus tranquille : même la célèbre Ko Phi Phi n'a rien du clinquant ni de l'affluence de Phuket. Les îles de sable blanc de cette portion de littoral sont parfaites pour se laisser vivre et profiter des activités de plein air et des soirées conviviales dans les bars de plage.

Ceux qui recherchent la compagnie de leurs pairs apprécieront Ko Phi Phi et Ko Lanta, véritables joyaux aux prestations nombreuses, où l'on peut aussi bien faire la fête jusqu'à l'aube que dénicher une bande de sable tranquille. En s'écartant à peine de ces pôles d'attraction touristique, on peut filer sur les îles Trang, relativement peu aménagées, et surtout jusqu'à la province de Satun, encore plus isolée. Avec ses plages romantiques de sable blanc, ses sublimes sites de snorkeling, ses plaisirs culinaires épicés et sa culture particulière, cette région verdoyante bordée d'un littoral hérissé de formations karstiques spectaculaires, mérite une visite à tout prix.

Quand partir

Les conditions climatiques peuvent poser problème aux voyageurs dans la région. La côte d'Andaman reçoit plus de précipitations que les provinces du sud du golfe, les pluies étant particulièrement abondantes entre les mois de mai et d'octobre. Durant cette période, les services de bateaux vers certaines îles, comme Ko Tarutao, sont interrompus. Si le temps sur la côte d'Andaman s'avère trop déplaisant, vous pourrez facilement gagner la côte sud-ouest du golfe où vous aurez plus de chances de trouver un temps ensoleillé.

Les maximales avoisinent 32°C en moyenne toute l'année, avec un fort taux d'humidité durant la saison humide.

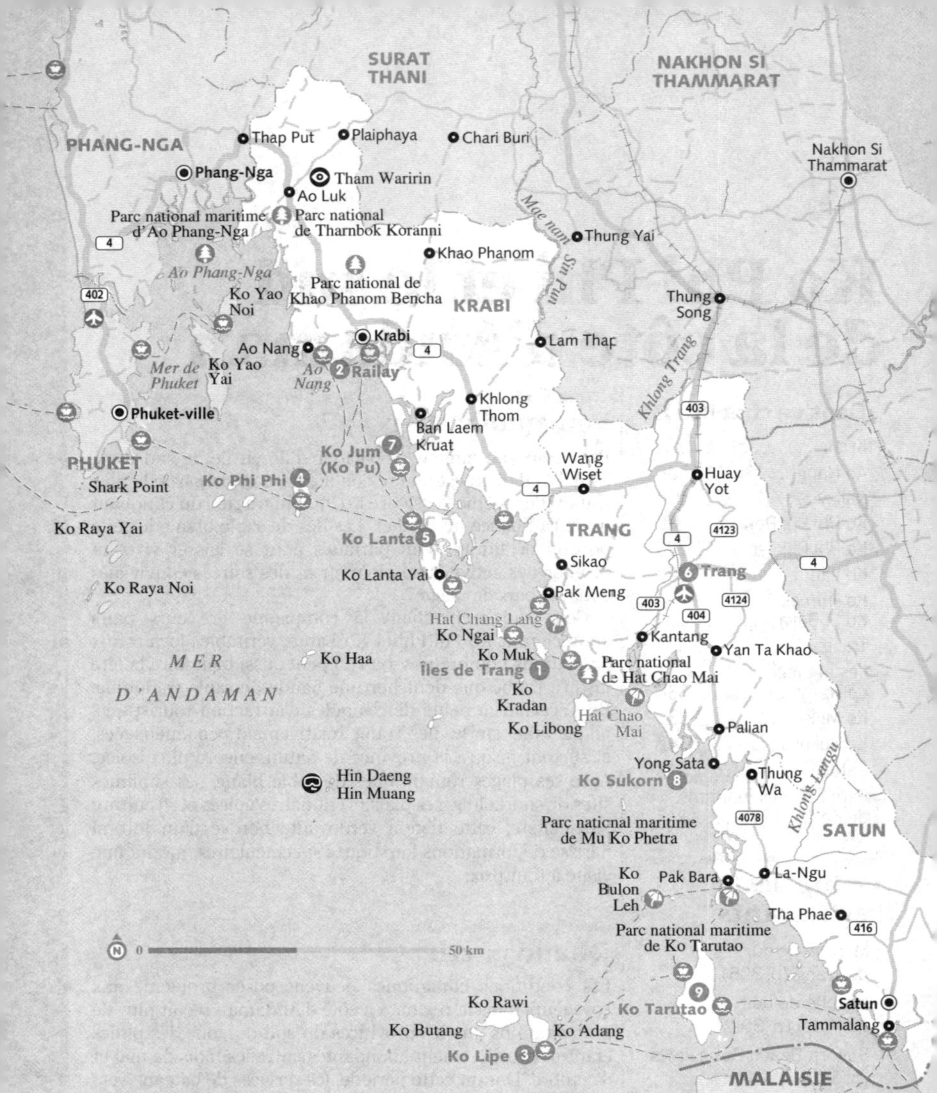

À ne pas manquer

1. Des balades en *long-tail boat* à la découverte des sereines **îles de Trang** (p. 336)
2. L'escalade des reliefs karstiques émergeant des eaux émeraude à **Railay** (p. 310)
3. Un barbecue de fruits de mer sur le sable satiné de **Ko Lipe** (p. 350) par une nuit étoilée
4. Les paysages sublimes de **Ko Phi Phi** (p. 316) sur terre comme sous l'eau
5. Une balade à moto sur la côte est de **Ko Lanta** (p. 323) couverte d'une jungle luxuriante
6. Le **marché de nuit de Trang** (p. 335) où déguster salades de fruits de mer épicées et fritures
7. Le sable gris poudré d'or de l'île de **Ko Jum** (p. 331), par ailleurs livrée à la jungle
8. L'appel à la prière tandis que vous croisez à vélo des buffles d'eau dans la campagne de **Ko Sukorn** (p. 342)
9. **Ko Tarutao** (p. 347), ses petites routes secrètes à vélo et sa jungle à pied…

PROVINCE DE KRABI

Lorsque les voyageurs évoquent la beauté de la côte d'Andaman, ils songent probablement à Krabi, où les formations karstiques enveloppent la côte telle une immense forteresse calcaire. Les grimpeurs trouveront leur bonheur à Railay, alors que les apprentis Robinson choisiront l'une des 150 îles qui semblent flotter au large du littoral sablonneux, comme Ko Lanta et Ko Phi Phi.

Krabi

กระบี่

30 882 HABITANTS

Krabi est majestueusement située entre des falaises saillantes qui prennent naissance dans des mangroves. En ville, vous serez impressionné par le nombre de pensions et d'agences de voyages qui fleurissent dans cette bourgade compacte. Les restaurants occidentaux sont omniprésents, de même que les échoppes de souvenirs, qui vendent toutes les mêmes bibelots. Si vous prenez le temps de l'explorer plus longuement, vous découvrirez que Krabi est un centre régional important qui draine les populations environnantes.

À voir et à faire

Les amateurs d'escalade (voir p. 310) trouveront des bateaux qui les mèneront de Krabi à Railay. Pour plus d'activités dans la région, voir p. 306.

Khao Khanap Nam FALAISES, GROTTES
(ถ้ำเขาขนาบน้ำ). Juste au nord du centre-ville, on peut faire l'ascension de l'un de ces deux massifs calcaires, où ont été exhumés de nombreux squelettes humains. On pense qu'il s'agit de personnes piégées dans les grottes lors d'une inondation. Pour y accéder, prenez un *long-tail boat* depuis l'embarcadère de Khong Kha (environ 400 B).

Sea Kayak Krabi KAYAK
(☎0 7563 0270 ; 40 Th Ruen Rudee). Propose des circuits en kayak de mer, notamment à Ao Thalen (demi-journée/journée 900/1 500 B), un site surmonté de falaises vertigineuses, à Ko Hong (1 800 B/jour), célèbre pour sa lagune émeraude, et à Ban Bho Tho (demi-journée/journée 1 000/1 700 B), où des grottes marines abritent des peintures rupestres vieilles de 2 000 à 3 000 ans. Les tarifs incluent les services d'un guide, le déjeuner, des fruits et de l'eau potable.

Blue Juice Divers PLONGÉE
(☎0 7563 0679 ; bluejuicedivers@gmail.com ; Th Chao Fah). Installé en ville, il propose deux forfaits plongée vers des îles voisines (2 900 B) et des cours PADI Open Water (13 900 B). Également chambre d'hôtes.

Circuits organisés

Diverses agences organisent des excursions d'une journée à Khlong Thom, à 45 km au sud-est de Krabi sur la Hwy 4, qui prévoient des arrêts à des sources chaudes et à des bassins d'eau douce. Comptez environ 1 050 B, avec le transport, le déjeuner et les boissons (prévoir un maillot de bain et de bonnes chaussures de marche). Divers autres circuits dans la jungle sont possibles.

Où se loger

Krabi comprend de plus en plus de pensions bon marché et confortables. Les catégories moyenne et supérieure sont moins fournies qu'à Ao Nang mais en plein essor. Quand vous lirez ces lignes, de nouvelles adresses chics auront sans doute déjà vu le jour. Hors saison, les tarifs chutent jusqu'à 150 B.

♥ **Chan Cha Lay** PENSION $
(☎0 7562 0952 ; www.chanchalay.com ; 55 Th Utarakit ; ch 200-650 B ; ❄). Les chambres les plus raffinées et les plus confortables de la ville, tout de bleu et blanc (on se croirait en Grèce !). Les belles sdb privatives en extérieur sont en béton poli et galets blancs. Les chambres avec sdb commune sont simples et propres, avec ventilateur et literie ferme.

Pak-up Hostel AUBERGE DE JEUNESSE $
(☎0 7561 1955 ; www.pakuphostel.com ; 87 Th Utarakit ; dort 180-200 B, d 600 B ; ❄📶). L'auberge la plus chic de la côte d'Andaman comporte des dortoirs en béton poli bien conçus avec 10 grands lits en bois superposés (casier personnel fermé). Dans le même style, une unique chambre double. Imposantes sdb communes très modernes, avec blocs lavabos (eau froide) et quelques douches chaudes. Deux bars (l'un avec concerts le soir) à l'ambiance jeune et branchée.

K Guesthouse PENSION $
(☎0 7562 3166 ; kguesthouse@yahoo.com ; 15-25 Th Chao Fah ; ch 150-600 B ; ❄@📶). Dans un décor de western, des chambres en bois verni s'alignent le long d'une véranda à un 1er étage qui donne sur la rue. Toujours sur le même thème, le sympathique café au

rez-de-chaussée arbore des trophées bovins aux murs.

Krabi Maritime Park & Spa HÔTEL $$$

(☎0 7562 0028 ; www.maritimeparkandspa.com ; ch à partir de 4 200 B ; ❄@📶🏊). À 2 km de la ville de Krabi, cet hôtel, jadis de grand standing, mais très défraîchi, jouit d'un superbe emplacement en bord de rivière, encadré par les fameuses formations karstiques. Boîte de nuit, piscine, salle de gym, spa et lac avec pédalos en forme de cygne. Des bus font gratuitement la navette vers Krabi et Ao Nang, et des bateaux rejoignent Railay.

Krabi River Hotel HÔTEL $$

(☎0 7561 2321 ; krabiriver@hotmail.com ; 73/1 Th Khong Kha ; ch 700-1 000 B ; ❄). Simplicité et ambiance des années 1980 pour ces chambres dotées de grands lits et assorties de sdb récemment carrelées. Elles offrent une vue magnifique sur la rivière sombre et la mangrove brumeuse. Grâce à ce cadre digne d'un cinq-étoiles, vous jouirez du calme en ville.

Greenery Hotel HÔTEL $$

(☎0 7562 3648 ; http://krabidir.com/thegreenery-hotel/index.htm ; 167/2 Th Maharat ; ch 600-800 B ; ❄@📶). Chambres modernes, têtes de lit colorées, TV câblée et minibars. Les couloirs semi-ouverts donnent sur le jardin luxuriant qui apporte une touche de tranquillité au lieu. À 5-10 min à pied du centre-ville.

Où se restaurer

Marché de nuit THAÏLANDAIS $

(Th Khong Kha ; repas 20-50 B). Près de l'embarcadère de Khong Kha, voici le meilleur endroit pour dîner. Les cartes sont en anglais, mais la nourriture est authentique. Salade de papaye, nouilles frites, *dôm yam gûng* (soupe de crevettes à la citronnelle) et desserts lactés thaïlandais vous y attendent.

Marché de jour THAÏLANDAIS $

(Th Sukhon ; repas 20-60 B). Ce marché est encore plus typique que le marché de nuit. Parmi les étals de fruits tropicaux, vous trouverez une multitude de plats au curry, de nouilles à la vapeur avec calamars frits ou de poissons frits accompagnés de maïs bouilli. Malgré son nom, ce marché se poursuit la nuit.

Good Steak House OCCIDENTAL $

(☎08 9724 7008 ; Th Utarakit ; repas à partir de 45 B ; ⏲petit-déj, déj et dîner). Ce restaurant propose des steaks et des saucisses fumées, mais c'est pour ses plats sautés au wok (à partir de 45 B) qu'il mérite le détour : bœuf au sésame et à la sauce aux huîtres, poulpe au basilic thaïlandais ou crevettes à la pâte de piment. Portions un peu chiches, mais à ce prix, qui s'en plaindrait ?

Cucina Italiana Viva ITALIEN $$

(☎0 7563 0517 ; 29 Th Phruksauthit ; pizzas 200-260 B). L'endroit idéal pour déguster une bonne pizza à pâte fine (nombreux fromages et garnitures au choix). Vin, glaces et café sont italiens. Livraison à domicile.

SE REPÉRER À KRABI

La plupart des sites dignes d'intérêt se trouvent dans les *soi* (ruelles) qui partent de Th Utarakit, l'artère principale de Krabi. Les ferrys pour Ko Phi Phi, Ko Lanta et les autres îles partent de Khlong Chilat (embarcadère de passagers de Krabi), à 4 km au sud-ouest de la ville, alors que les *long-tail boats* pour Railay circulent depuis l'embarcadère de Khong Kha (Chao Fa) dans Th Khong Kha. Le terminal des bus se tient au nord du centre-ville, à Talat Kao, près du croisement de Th Utarakit. L'aéroport se situe à presque 17 km au nord-est sur la Hwy 4.

Renseignements

Beaucoup de pensions et de restaurants proposent l'accès Internet (40-60 B/h). Banques et DAB ne manquent pas.

Bureau de l'immigration (☎0 7561 1350 ; Th Chamai Anuson ; ⏲8h30-16h lun-ven). Délivre des prorogations de visa.

Krabi Hospital (☎0 7561 1210 ; Th Utarakit). À 1 km au nord de la ville.

Poste (Th Utarakit). Au sud de l'embranchement pour l'embarcadère de Khong Kha.

Depuis/vers Krabi

Avion

La plupart des compagnies aériennes du pays relient Bangkok et l'aéroport international de Krabi (environ 4 400 B l'aller, 1 heure 15). **Bangkok Air** (www.bangkokair.com) dessert Ko Samui tous les jours pour environ 3 800 B.

Bateau

Les bateaux pour Ko Lanta et pour Ko Phi Phi partent de l'embarcadère de Khlong Chilat, à 4 km au sud-ouest de Krabi. Les agences de

Krabi

Krabi

Activités

1 Blue Juice Divers C2
2 Sea Kayak Krabi B2

Où se loger

3 Chan Cha Lay C2
4 Greenery Hotel B1
5 K Guesthouse C2
6 Krabi River Hotel C3
7 Pak-up Hostel C2

Où se restaurer

8 Cucina Italiana Viva C2
9 Day Market C1
10 Good Steak House C1
11 Night Market C2

Transports

12 PP Family Co C2
13 *Sŏrng tăa ou* C2
14 Yellow House C2

voyages assurent le transfert gratuit pour leurs clients.

La principale compagnie, **PP Family Co** (☎0 7561 2463 ; Th Khong Kha), possède une billetterie à côté de l'embarcadère en ville. En haute saison, des bateaux desservent Ko Phi Phi (300 B, 1 heure 30) à 9h, 10h30, 13h30 et 15h. En basse saison ce service est réduit à 2 bateaux/jour.

De novembre à mai, un seul bateau part chaque jour à destination de Ko Lanta (350 B, 2 heures) ; il quitte Krabi à 11h30. Il s'arrête parfois à Ko Jum (1 heure), où des *long-tail boats* font la navette jusqu'à Ko Lanta (mais le prix reste le même : 350 B). En basse saison, on ne peut accéder à Ko Lanta qu'en minibus climatisé (300 B, 2 heures 30) : liaisons fréquentes, y compris en haute saison.

Pour se rendre à Railay, des *long-tail boats* partent de l'embarcadère de Khong Kha, à Krabi, pour Hat Railay Est entre 7h45 et 18h (150 B, 45 min). Les pilotes attendent qu'il y ait 10 personnes dans le bateau pour lever l'ancre. Pour partir avant, vous devrez payer 1 500 B pour le bateau entier.

Pour rallier Phuket ou les îles Ko Yao, le moyen le plus rapide est le bateau direct qui part de l'embarcadère d'Ao Nang (voir p. 309). Le *sŏrng·tăa·ou* qui circule entre les deux embarcadères coûte 50 B ; le taxi 300 à 400 B.

Minibus

À Krabi, des dizaines d'agences de voyages gèrent des minibus climatisés et des bus VIP vers des destinations touristiques très courues du sud de la Thaïlande. Malheureusement, les

BUS DEPUIS/VERS KRABI

Il est moins stressant de prendre un bus public au départ du **terminal des bus de Krabi** (angle Th Utarakit et Hwy 4) situé à Talat Kao, à 4 km de Krabi, que de prendre un minibus privé bondé.

DESTINATION	PRIX (B)	DURÉE (H)	FRÉQUENCE
Bangkok	720-1080	12	4/jour
Hat Yai	169	5	1/heure
Phuket	145	3½	1/heure
Ranong	200	6	2/jour
Surat Thani	140	2½	fréquent
Trang	90-115	2	fréquent

employés n'hésitent pas à vous forcer la main et vous risquez de vous retrouver entassé dans un minibus avec d'autres voyageurs. La plupart des agences proposent aussi des billets combinés minibus/bateau à destination de Ko Samui (500 B, 5 heures 30) et de Ko Pha-Ngan (550 B, 7 heures 30). Destinations au départ de Krabi :

DESTINATION	PRIX (B)	DURÉE (H)
Ao Luk	80	1
Hat Yai	350	3
Ko Lanta	350	1½
Phuket	350	2-3
Satun	550	5
Trang	350	2

Sŏrng·tăa·ou

Des *sŏrng·tăa·ou* relient le terminal des bus au centre de Krabi avant de continuer vers Hat Noppharat Thara (40 B), Ao Nang (60 B) et le cimetière de coquillages d'Ao Nam Mao (80 B). Le service est assuré de 6h à 18h30. En haute saison, il se poursuit jusqu'à 22h, moins fréquemment et pour 90 B. Des *sŏrng·tăa·ou* pour Ao Luk (80 B, 1 heure) partent régulièrement de l'angle de Th Phattana et de Th Phruksauthit ; le dernier démarre vers 15h.

ℹ Comment circuler

Le centre de Krabi est facile à explorer à pied, mais le terminal des bus et l'aéroport sont assez éloignés. Un taxi de l'aéroport au centre coûte 400 B. Dans le sens inverse, il revient à 350 B – les motos-taxis demandent 300 B. Les agences en ville peuvent réserver des places à bord du bus de l'aéroport pour 120 B. Un *sŏrng·tăa·ou* entre le terminal des bus et le centre de Krabi coûte 40 B.

Louer un véhicule est idéal pour explorer les environs de Krabi. La plupart des agences de voyages et des pensions de la ville peuvent vous louer une moto (environ 200 B/jour). **Yellow House** (☎0 7562 2809 ; Th Chao Fah) possède une rutilante flotte de motos et fournit des casques. Quelques agences de voyages donnant sur Th Utarakit louent de petits 4x4 (1 200-1 800 B/jour).

Wat Tham Seua

วัดถ้ำเสือ

À 8 km au nord-ouest de Krabi, le vaste ensemble de grottes et de temples à flanc de collines du **Wat Tham Seua** (temple de la grotte du Tigre) constitue une excursion facile d'une journée à ne pas manquer. Si la principale salle (*wí·hăhn*) occupe une longue grotte calcaire à l'entrée du *wat* (temple), le plus bel endroit du site est caché dans une petite vallée boisée, derrière la crête où se situe le *bòht* (sanctuaire central) ; suivez le sentier en boucle dans la forêt. Vous découvrirez plusieurs grottes calcaires renfermant des images de Bouddha, des statues et des autels, ainsi que les cabanes rustiques des moines. Ils font sécher à l'arrière leurs robes safran, et des troupes de singes crient dans les feuillages.

En revenant près de la porte du parc, vous arriverez à une montée escarpée de 1 237 marches (impossible de les oublier si vous arrivez au bout de cette escalade exténuante) menant à un pic karstique de 600 m. Une statue du Bouddha, un stupa doré et une vue panoramique sur les alentours récompenseront vos efforts : par temps dégagé, le regard porte jusqu'à la mer.

Une immense pagode au sommet d'une autre volée de marches était en construction près du parking du *wat* lors de notre passage.

Depuis/vers le Wat Tham Seua

Un moto-taxi ou un *túk-túk* de Krabi au Wat Tham Seua coûte 100 B. Sinon, prenez un *sŏrng·tăa·ou* dans Th Utarakit (50 B) et dites au chauffeur "Wat Tham Seua". Si personne d'autre ne va au *wát*, il se peut qu'il réclame un supplément pour vous conduire jusqu'au bout de l'allée de 300 m qui mène de la route à l'entrée. Autant descendre et marcher. Pour le retour, des motos-taxis et des *túk-túk* attendent généralement sur le parking du *wat*, sinon vous pourrez en héler un au carrefour.

Parc national de Tharnbok Koranni

อุทยานแห่งชาติธารโบกขรณี

Près de la petite ville d'Ao Luk, au bout d'une magnifique route de 46 km au nord-ouest de Krabi, le **parc national de Tharnbok** (Than Bok ; adulte/moins de 14 ans 200/100 B) protège une vaste zone d'îles, de mangroves et de grottes calcaires. La plus importante, la **Tham Pi Hua Toe** (grotte du fantôme à grosse tête), est accessible en *long-tail boat* ou en kayak de mer depuis l'embarcadère de Ban Bho Tho, à 7 km au sud d'Ao Luk. La légende veut qu'un énorme crâne humain ait été retrouvé dans la grotte, mais l'histoire du fantôme a sans doute plus à voir avec les peintures vieilles de 2 000 à 3 000 ans qui ornent les parois de la grotte. À proximité, **Tham Lot** (la grotte tube) est également navigable en bateau. Ces deux grottes figurent sur les circuits en kayak de mer au départ de Krabi ou d'Ao Nang. Vous pouvez aussi louer un kayak de mer auprès des guides locaux qui ont grandi à l'ombre de l'embarcadère de Bho Tho. La location d'un *long-tail boat* coûte 400 B.

Le parc compte 7 autres grottes calcaires similaires, dont **Tham Sa Yuan Thong**, à quelques kilomètres au sud-est d'Ao Luk, à l'entrée de laquelle se trouve un bassin alimenté par une source. **Ko Hong**, une île inhabitée dotée de plages superbes, de falaises couvertes de jungle et d'une magnifique lagune cachée, est aussi englobée dans le parc. Des circuits en kayak de mer et en *long-tail boat* y viennent depuis Ao Nang.

Juste au sud d'Ao Luk, le bureau du parc est un endroit très apprécié pour le pique-nique avec ses habituels vendeurs de nouilles, de poulet frit et de *sôm·tam* (salade de papaye verte épicée). Un sentier de découverte de 1 800 m parcourt une série de ruisseaux et de bassins aux eaux émeraude reliés entre eux par de petites cascades. Le petit **centre d'information des visiteurs** (⏲6h-18h ; entrée du parc 200 B) présente des expositions en thaï et en anglais.

TENUE CORRECTE DANS LE WAT

De nombreux Occidentaux visitent le Wat Tham Seua en short, maillot de bain, voire torse nu, comme s'ils remontaient de la plage. Autour du *wat*, des panneaux demandent de porter une tenue correcte. Respectez-les même si les moines et la plupart des Thaïlandais sont trop polis pour faire une remarque aux visiteurs indélicats. Ce site sacré est un lieu de culte et il faut adopter un comportement et une tenue adéquate : des vêtements non moulants, couvrant les jambes et les épaules.

Non loin, Ao Them Lem dévoile un panorama impressionnant de calcaire et de mangroves, sillonné de routes bétonnées et d'allées de sable. Les voyageurs de passage pour la journée se pressent pour prendre des *long-tail boats* jusqu'aux *hôrng* (grottes semi-immergées sur une île) voisins et aux lagons. Le reste du temps, ce village très authentique, qui compte quelques modestes complexes hôteliers, est paisible.

Discovery Resort (☎08 1298 9533 ; 500 Moo 1 Kao Tong ; bungalows 1 300 B ; ❄) comprend de jolis bungalows aux toits pointus, presque tous flambant neufs, équipés de la TV câblée. Location de kayaks et organisation d'excursions – mangroves et formations karstiques à quelques minutes en voiture. Les spacieux **Coconut Bungalows** (☎08 1537 0247 ; bungalows 500 B), un peu défraîchis, restent propres. Ils sont installés dans une superbe plantation de cocotiers, à deux pas de la mer avec vue sur les *hôrng* et les îles au loin.

Depuis/vers le parc national de Tharnbok Koranni

Le bureau du parc se situe à 1,5 km au sud du bourg d'Ao Luk sur la Route 4039. Les bus et les *sŏrng·tăa·ou* en provenance de Krabi s'arrêtent sur la Hwy 4. Prenez un bus public pour Pha-Ngan ou Phuket et demandez à vous faire déposer à Ao Luk (80 B, 1 heure), d'où vous pourrez rejoindre le parc à pied ou à moto-taxi (15 B). Le plus facile pour accéder à Tham Pi Hua Toe et à Tham Lot reste de participer à un circuit en kayak de mer au départ de Krabi ou d'Ao Nang.

Pour aller d'Ao Luk à Ban Bho Tho par vos propres moyens, prenez une moto-taxi (70 B) ou un *sŏrng·tăa·ou* (30 B) pour Laem Sak jusqu'à l'embranchement menant à Tham Pee Hua Toe sur la Route 4039. De là, comptez environ 2 km jusqu'à Ban Bho Tho, en passant par la première route signalée sur la gauche.

Les *sŏrng·tăa·ou* en provenance de Krabi desservent aussi Ao Them Lem (60 B).

Ao Nang อ่าวนาง

12 400 HABITANTS

Ao Nang n'a rien d'exceptionnel, mais cette ville entièrement dévouée au tourisme dispose tout de même de nombreux atouts, à commencer par ses plages, encadrées par des promontoires de calcaire et couvertes de sable doré. À la saison sèche, la mer brille d'un bel éclat turquoise, tandis qu'à la saison des pluies, les contre-courants remuent les bas-fonds brunâtres. Si vous rêvez de plonger dans les eaux cristallines quelle que soit la saison, vous pouvez facilement réserver un voyage vers les îles voisines qui apparaissent comme des points au loin.

Ao Nang est compacte ; il est facile de s'y repérer. Avec la multiplication d'attrayants édifices de milieu de gamme, les normes d'hébergement sont particulièrement élevées. On trouve en outre des promotions très avantageuses. La ville n'est pas aussi bon marché (ni aussi authentique) que Krabi, mais beaucoup plus propre et ensoleillée. De plus, les prix y sont bien inférieurs à ceux pratiqués à Railay ou à Phuket. Les activités ne manquent pas (visite de la mangrove, snorkeling), à seulement 40 minutes de l'aéroport de Krabi et 20 minutes en *long-tail boat* de la sublime Railay. C'est pourquoi Ao Nang attire un nombre croissant de voyageurs de tous horizons.

Activités

Les activités sont nombreuses. Les moins de 12 ans paient en général moitié prix.

Kayak

Au moins 7 agences proposent des circuits en kayak de mer dans les mangroves et jusqu'aux îles environnantes. Parmi les destinations prisées figure le magnifique lagon de Ko Hong (1 500-1 800 B), où vous pourrez pagayer et découvrir des sites de cueillette de nids de salangane (très recherchés pour la soupe aux "nids d'hirondelle"). Il y a aussi des circuits vers les falaises vertigineuses et les mangroves d'Ao Thalane (faune nombreuse, demi-journée/journée 500/800 B), et vers les grottes marines de Ban Bho Tho (demi-journée/journée 700/900 B ; voir ci-contre), ornées de peintures vieilles de 2 000 à 3 000 ans et regorgeant de formations coquillières. Les tarifs varient légèrement, mais comprennent toujours le déjeuner, des fruits, de l'eau potable, les kayaks de mer et les services des guides.

Plongée et snorkeling

Ao Nang compte de nombreuses écoles de plongée proposant des sorties vers 15 îles,

DÉTOUR : PARC NATIONAL DE KHAO PHANOM BENCHA

À 30 km au nord de Krabi, ce **parc** (☎0 7566 0716 ; adulte/moins de 14 ans 200/100 B) de 50 km² couvre une superbe forêt tropicale humide le long de la crête du Khao Phanom Bencha (1 350 m). De nombreux sentiers bien balisés sillonnent le parc et mènent à de superbes chutes d'eau, dont la **cascade de Huay To**, sur 11 niveaux, à 500 m du bureau du parc. À proximité, les cascades de Huay Sadeh et de Khlong Haeng sont presque aussi grandioses. En pénétrant plus avant dans le parc, vous pourrez visiter **Tham Pheung**, une grotte splendide aux chatoyantes stalactites et stalagmites. De multiples sentiers serpentant à travers le parc permettent de belles randonnées.

Le parc abrite une faune abondante, mais seuls les singes sont fréquemment visibles. De nombreux ornithologues viennent ici pour observer les calaos à casque et les calaos coiffés, l'argus et la très rare brève de Gurney. Il n'est pas indispensable d'avoir les services d'un guide, puisque les sentiers sont bien indiqués. Cependant, en étant accompagné par quelqu'un de compétent, vous observerez généralement plus d'animaux et bénéficierez d'informations plus riches.

Aucun transport public ne dessert le parc. On y accède toutefois facilement en louant une moto à Krabi : suivez la Hwy 4 et tournez à l'embranchement signalé. Garez votre moto près du bureau du parc, sans oublier de l'attacher avec une chaîne et un cadenas. La course en *túk-túk* revient à environ 600 B aller-retour.

dont Ko Si, Ko Ha, Yava Bon et Yava Son. Comptez environ 3 200 B pour 2 plongées. Avec 2 tunnels sous-marins frangés de coraux mous et durs, Ko Mae Urai est l'un des spots les plus exceptionnels. Des sorties plus longues mènent à l'épave du *King Cruiser* (4 700 B pour 3 plongées) et à Ko Phi Phi (3 900 B pour 2 plongées). Comptez entre 14 900 et 16 000 B pour une formation PADI Open Water. **Ao Nang Divers** (☎0 7563 7244 ; www.aonang-divers.com) et **Poseidon Dive Center** (☎0 7563 7263 ; www.poseidon-diving.com) sont des écoles de plongée fiables. La plupart des centres organisent aussi des sorties de snorkeling dans la région.

Vélo

Inscrivez-vous pour un "Tour de Krabi" auprès de **Krabi Eco Cycle** (☎0 7563 7250 ; www.krabiecocycle.com ; 41/2 Muu 5 ; circuit demi-journée/journée 800/1 700 B, circuit demi-journée vélo et kayak 1 000 B). Nous vous recommandons le circuit d'une journée, de 15,5 km, qui passe par des plantations d'hévéas et de palmiers à huile, des petits villages et des sources chaudes pour plonger finalement dans la fraîcheur du bien nommé "bassin émeraude". Le déjeuner est compris dans le tarif de tous les circuits, sauf dans celui de la demi-journée à vélo.

Cours

Krabi Thai Cookery School CUISINE
(☎0 7569 5133 ; www.thaicookeryschool.net ; 269 Moo 2, Ao Nang, Rte 4204). À quelque 10 km d'Ao Nang, entre le Wat Sai Thai et Ao Nam Mao, cette école propose des cours de cuisine thaïlandaise d'une journée à partir de 1 000 B, transport compris.

Circuits organisés

N'importe quelle agence peut vous intégrer à l'un des circuits comprenant l'exploration de 4 ou 5 îles pour environ 2 200 B. Il est possible de louer des bateaux (maximum 6 personnes) auprès d'**Ao Nang Longtail Boat Service** (☎0 7569 5313 ; www.aonangboatco-op.com) pour aller à Ko Hong (2 500 B) et à Ko Mai Phai (3 800 B), ou pour effectuer le fameux circuit des cinq îles. Vous pouvez aussi réserver des sorties d'une demi-journée vers Ko Poda et Ko Hua Khwan (1 700 B, 4 heures) pour 4 personnes au maximum.

Plusieurs agences proposent des excursions vers **Khlong Thom** qui passent par les bassins d'eau douce, les sources chaudes et le **musée du Wat Khlong Thom** (adulte/enfant 1 200/900 B). Des *mystery tours* ("circuits mystère") permettent de découvrir des fermes d'élevage de serpents, des villages ruraux, des bassins cristallins et des plantations d'hévéas, d'ananas, de bananiers et de papayers (adulte/enfant 900/450 B). Des agences proposent aussi la découverte des environs d'Ao Phang-Nga, avec des spectacles animaliers douteux.

La découverte de Ko Phi Phi dans la journée est possible à bord de l'**Ao Nang Princess** (adulte/enfant 1 400/1 000 B), qui lève l'ancre face aux bureaux du parc national de Hat Noppharat Thara à 9h à destination de Ko Mai Phai, Phi Phi Don et Phi Phi Leh. Transfert d'Ao Nang à Hat Noppharat Thara compris dans le prix.

Où se loger

Le prix des hébergements suivants baisse de 50% en basse saison.

Golden Beach Resort HÔTEL $$$
(☎0 7563 7870-74 ; www.goldenbeach-resort.com ; ch 4 500-6 000 B, bungalows 6 000-10 000 B ; ❄🏊). Ce complexe tentaculaire, à la déco soignée mais sans prétention, domine la plus belle portion de plage d'Ao Nang. Bâtiments massifs et bungalows élégants sont installés dans un jardin autour d'une grande piscine.

Red Ginger Chic Resort HÔTEL $$$
(☎0 7563 7777 ; www.redgingerkrabi.com ; 88 Moo 3 ; ch 6 300-10 900 B ; ❄📶🏊). Une adresse moderne et colorée. Les grandes chambres dévoilent un papier peint élégant, des meubles modernes et de grands balcons donnant sur une gigantesque piscine.

Somkiet Buri Resort HÔTEL $$
(☎0 7563 7320 ; www.somkietburi.com ; ch 3 000-10 500 B ; ❄📶🏊). La propriété couverte d'une jungle luxuriante regorge de fougères et d'orchidées à travers lesquelles serpente une promenade en bois jusqu'aux 26 grandes chambres au design original. Les balcons donnent sur l'immense piscine centrale ou sur un paisible plan d'eau. Service excellent.

Ao Nang Cliff Resort HÔTEL $$$
(☎0 7562 6888 ; www.aonangcliffbeach.com ; ch 4 500-7 500 B ; ❄📶🏊). Les vastes chambres disposent de canapés, de douches à effet pluie, de linge délicat... Vue sur la falaise et la mer pour les chambres les mieux situées. Piscine impressionnante. On trouve des chambres à 2 500 B en basse saison.

Ananta Burin HÔTEL $$$
(☎0 7566 1551 ; www.anantaburinresort.com ; 166 Moo 3 ; ch 4 500-5 500 B ;). Un nouveau complexe au design contemporain. Les chambres, disposées en fer à cheval autour d'une piscine, sont joliment décorées. Celles du rez-de-chaussée donnent directement sur la piscine. Le vaste hall d'accueil voûté est remarquable.

Verandah HÔTEL $$
(☎0 7563 7454 ; www.theverandahaonang.com ; ch avec petit-déj 1 700-2 300 B ;). Une valeur sûre située en plein centre. Les chambres sont simples, vastes et impeccables, avec sol carrelé, minibar, eau chaude, TV satellite et coffre-fort. Petit-déjeuner inclus et accès gratuit à la piscine du Peace Laguna Resort, à deux pas.

Apasari HÔTEL $$
(☎0 7563 7188 ; www.apasari.com ; ch 1 800-5 800 B ;). Un des derniers-nés des hôtels de milieu de gamme sur le nouveau boulevard d'Ao Nang. Les chambres, magnifiquement carrelées, sont dotées d'un bureau et d'un écran plat, et arborent un balcon donnant sur la piscine. Tarifs très attractifs en basse saison.

Dream Garden HÔTEL $
(☎0 7563 7338 ; ch 950-1 200 B ;). Passé l'entrée d'une agence de voyages douteuse et un spa aux senteurs de citronnelle, l'hôtel se présente sous la forme d'un bâtiment de 2 étages. Les grandes chambres sont simples et propres, carrelées, avec eau chaude, meubles en bois et petites terrasses.

Phra Nang Inn HÔTEL $$$
(☎0 7563 7130 ; www.phrananghotels.com ; ch avec petit-déj 4 000-9 000 B;). Cet hôtel se distingue par une profusion de bois de cocotier, des couleurs vives, l'emploi de carrelage thaïlandais et ses deux piscines. Un établissement jumeau est situé de l'autre côté de la route.

Aonang Villa Resort HÔTEL $$$
(☎0 7563 7270 ; www.aonangvillaresort.com ; ch 3 600-5 400 B ;). Un établissement plaisant et sans chichis qui vise les familles. Il est niché en bord de mer à l'ombre d'un imposant promontoire calcaire. De l'autre côté de la rue vous attend une assez belle portion de plage.

Où se restaurer

Les rues d'Ao Nang sont bordées de restaurants médiocres proposant de la cuisine italienne, scandinave, indienne, thaïlandaise et de la restauration rapide. Pour les budgets serrés, quelques stands s'installent le soir le long de la route de Krabi (près du McDonald's) et servent des *roti* (crêpes), des *gài tôrt* (poulet grillé) et des hamburgers. Environ 100 m plus loin, vous goûterez de bons plats thaïlandais à prix raisonnable parmi les cabanes de bambou faisant office de restaurants.

Soi Sunset FRUITS DE MER $$
(☎0 7569 5260 ; Soi Sunset ; plats 60-400 B ; midi et soir). À l'extrémité ouest de la plage, une petite allée piétonnière est bordée de romantiques restaurants de fruits de mer qui offrent une belle vue sur les îles. Des modèles réduits de bateaux leur servent de présentoir pour la pêche du jour et un personnel souriant vous invite à prendre place. Le Krua Ao Nang, au bout de la ruelle, est l'un des plus populaires, à juste titre.

Huttes de bambou THAÏLANDAIS $
(Repas 35-90 B). Si vous aimez l'ambiance des stands de restauration un peu délabrés, remontez au sortir de la plage la route principale de Krabi durant quelques minutes : une rangée de huttes coiffées de paille vous attend. Ignorez les plats occidentaux et préférez-leur les spécialités savoureuses et épicées comme le calamar frit au basilic thaïlandais, le *tôm yam* (soupe aigre-douce) aux fruits de mer ou le curry *massaman*. Nombreux plats végétariens. Le **Lucky Yim Restaurant** est un bon choix.

Coffee Arthit CAFÉ $
(☎0 7563 7847 ; petit-déj complet à partir de 120 B ; petit-déj, déj et dîner ;). Carte impressionnante, déclinant d'excellents petits-déjeuners occidentaux toute la journée (du français au britannique, en passant par le végétarien). Également de bons expressos, une sélection de thés, des *smoothies* et des boissons protéinées.

Jeanette's Restaurant SCANDINAVE, THAÏLANDAIS $$
(☎08 9474 6178 ; www.jeanettekrabi.com ; plats 120-450 B ; petit-déj, déj et dîner). Le restaurant le plus populaire de la ville grâce à ses peintures à l'encre ornant les murs et à son menu traditionnel thaïlandais agrémenté de classiques suédois (comme l'appétissante tarte aux pommes).

Où prendre un verre et sortir

Last Café CAFÉ, BAR $

(⌚11h-19h). À l'extrémité sud de Hat Ao Nang se tient ce café de plage servant des bières fraîches dans une ambiance décontractée.

Amy's Bar BAR $

(⌚11h-2h). Outre son décor hippie et fleuri, ce bar dispose de billards et d'écrans plats retransmettant des matchs de foot en direct. Plusieurs autres pubs se trouvent dans ce *soi* perpendiculaire à la falaise.

Aonang Krabi Muay Thai Stadium BOXE THAÏLANDAISE $$

(☎0 7562 1042 ; 800 B, bord du ring 1 200 B). Ce stade accueille de tumultueux combats de *mou·ay tai* ou *muay thai* deux fois par semaine à partir de 20h45. Les agences de voyages en ville fournissent le programme. Un *sŏrng·tăa·ou* gratuit vient chercher les parieurs sur la plage avant les combats.

Renseignements

Tous les bureaux d'information touristique du secteur sont des agences de voyages privées, comme l'**Ao Nang Visitor Center** (☎0 7523 8221). La plupart proposent aussi un accès Internet (environ 1 B/min) et un service d'appels internationaux. Dans la rue principale, plusieurs banques disposent de DAB et de guichets de change (ouverts de 10h à 20h).

Comment s'y rendre et circuler

Bateau

Les bateaux d'**Ao Nang Long-tail Boat Service** (☎0 7569 5313 ; www.aonangboatco-op.com) pour Hat Railey Ouest coûtent 80 B/personne de 7h30 à 18h, et 150 B de 18h à 6h. La traversée dure 15 min – les bateaux démarrent lorsqu'il y a 6 passagers minimum, à moins de payer l'équivalent. En cas de mer agitée, les bateaux partent d'une crique abritée, à environ 200 m à l'ouest d'Ao Nang. Elle est accessible en moto-taxi (30 B), en *sŏrng·tăa·ou* (10 B) ou à pied.

Non loin, les ferrys et les bateaux rapides partent de l'embarcadère de Hat Noppharat Thara (voir ci-contre) à destination de Ko Phi Phi, Ko Lanta, Phuket et les îles Ko Yao.

Voiture, bus et minibus

Des *sŏrng·tăa·ou* relient régulièrement Ao Nang à Krabi (50 B, 20 min). Ils partent du terminal des bus de Krabi (10 B de plus), passent par le 7-Eleven dans Th Maharat et par l'embarcadère de Khong Kha à Krabi, continuent vers Hat Noppharat Thara et Ao Nang, pour finir au cimetière de coquillages. D'Ao Nang à Hat Noppharat Thara ou au cimetière de coquillages, le tarif est de 20 B. Les bus reliant l'aéroport et Ao Nang coûtent entre 80 et 100 B et partent tout au long de la journée. La course en taxi depuis l'aéroport coûte environ 800 B. Des minibus desservent toutes les destinations du sud, dont Phuket (350-400 B, 3-4 heures), Pak Bara (300 B, 3 heures 30) et Koh Lanta (400 B, 2 heures).

Des dizaines de loueurs de petites motos (150-200 B) jalonnent la promenade. Budget Car Hire, qui possède des bureaux dans la plupart des grands complexes hôteliers, demande environ 1 600 B/jour pour la location d'un mini 4x4.

Environs d'Ao Nang

HAT NOPPHARAT THARA หาดนพรัตน์ธารา

Au nord d'Ao Nang, la plage dorée devient un peu plus sauvage. Elle suit sur 4 km un promontoire peu aménagé jusqu'à un lagon naturel, dans lequel la mer vient se déverser (au niveau du bureau du parc national maritime de Ko Phi Phi). Ici, des dizaines de *long-tail boats* se mêlent aux bateaux de pêche et aux hors-bord, sur fond de belles formations calcaires. Le petit centre d'information présente une exposition consacrée aux écosystèmes des récifs coralliens et des mangroves (légendes en thaï et en anglais).

Plusieurs complexes hôteliers font miroiter un emplacement "central dans Ao Nang". Si vous vous laissez tenter, vous n'aurez pas à le regretter... même si ces adresses n'ont rien de central.

Où se loger et se restaurer

Sala Talay Resort & Spa HÔTEL $$$

(☎0 7581 0888 ; www.salatalay.com ; ch 10 000-29 000 B ; ❄@≈). Juste après le promontoire par rapport à Ao Nang, ce nouvel hôtel étonnant qui jouxte la mangrove se distingue par l'omniprésence du béton moulé, du bois et de la pierre. Dans les chambres, sols, murs et lavabos sont en béton poli. Lecteurs DVD et TV à écran plat.Excepté en haute saison, les tarifs en ligne sont beaucoup plus avantageux que les prix indiqués ici.

Sabai Resort HÔTEL $$

(☎0 7563 7791 ; www.sabairesort.com ; bungalows 1 300-2 200 B ; ❄@≈). Cet hôtel regroupe des bungalows avec ventilateur, dotés de patios pavés de galets, donnant sur une piscine ombragée de palmiers et sur un jardin fleuri. Massages. Cartes bancaires acceptées.

Bungalows du parc national BUNGALOWS $
(☎0 7563 7200 ; bungalows 800-1 000 B). Rustiques mais bien tenus, ces bungalows en bois avec ventilateur, séparés de la plage par la rue, constituent un excellent choix bon marché. En haute saison, les prix n'augmentent pas, et mieux vaut réserver. Adressez-vous au bureau du parc national près du port. Les repas ne sont plus servis sur place.

Restaurants THAÏLANDAIS, FRUITS DE MER
Autour du bureau du parc national, plusieurs restaurants servent des en-cas (poulet frit, salade de papaye...). Quelques stands et restaurants de fruits de mer sont installés le long de la contre-allée.

Depuis/vers Hat Noppharat Thara

Les *sŏrng·tăa·ou* reliant Krabi et Ao Nang s'arrêtent à Hat Noppharat Thara (40 B depuis Krabi, 10 B depuis Ao Nang).

De novembre à mai, l'*Ao Nang Princess* relie le bureau du parc national maritime de Ko Phi Phi à la ville de Ko Phi Phi (400 B, 2 heures). Le bateau part à 9h de la jetée du parc national et repart de Ko Phi Phi à 13h30. Il fait également escale à Hat Railay Ouest (Railay). On peut aussi louer ce bateau pour faire une excursion d'une journée à Ko Phi Phi. Durant la même période et depuis le même embarcadère, un bateau part directement pour Phuket (700 B, 4 heures) via Ko Lanta (470 B, 30 min), à 10h30 et 15h30.

Pour rejoindre Phuket plus rapidement, prenez le bateau rapide *Green Planet* (950 B, 75 min), qui relie Hat Noppharat Thara à la jetée de Bang Rong, au nord de Phuket-ville via Ko Yao Noi et Koh Yao Yai (450 B les deux, 45 min). Le bateau quitte Hat Noppharat Thara à 11h et 16h ; le transfert jusqu'à votre hôtel à Phuket est compris.

VAUT LE DÉTOUR

CIMETIÈRE DE COQUILLAGES สุสานหอย

Également appelé Gastropod Fossil ou Su-San Hoi, il s'étend à environ 9 km à l'est d'Ao Nang, à l'extrémité ouest d'Ao Nam Mao. On y voit de gigantesques strates formées de millions de minuscules fossiles de coquillages vieux de 75 millions d'années. Un petit **centre d'information des visiteurs** (50 B ; ⏲8h30-16h30) expose quelques pièces géologiques et divers stands vendent des en-cas. Un *sŏrng·tăa·ou* depuis Ao Nang coûte 30 B.

Railay ไร่เลย์

Les magnifiques reliefs karstiques de Krabi atteignent leur paroxysme à Railay (ou Rai Leh), destination incontournable pour tous les amateurs d'escalade. De belles plages sablonneuses viennent compléter ce petit coin de rêve. Malgré la proximité avec l'agitation touristique d'Ao Nang, l'atmosphère est très détendue.

À voir

À l'extrémité orientale de Hat Phra Nang, **Tham Phra Nang** (grotte de la Princesse) est un sanctuaire important pour les pêcheurs locaux. Une légende raconte qu'au IIIe siècle av. J.-C., une barque royale transportant une princesse indienne sombra lors d'une tempête. L'esprit de la princesse se réfugia dans la grotte, réalisant les vœux de ceux qui venaient lui rendre hommage. Les pêcheurs, aussi bien musulmans que bouddhistes, y placent des phallus sculptés dans le bois dans l'espoir que l'esprit leur accorde une pêche abondante.

À peu près à mi-chemin du sentier entre Hat Railay Est et Hat Phra Nang se trouve le départ d'un chemin ardu montant le long de la falaise couverte de végétation tropicale jusqu'à la lagune dissimulée de **Sa Phra Nang** (bassin de la Princesse sainte). Depuis le sommet de la falaise, tout proche, se déploie une vue spectaculaire sur la péninsule. Cette courte randonnée est difficile.

Une autre vaste grotte appelée **Tham Phra Nang Nai** (grotte intérieure de la Princesse ; adulte/enfant 40/20 B ; ⏲5h-20h), également baptisée grotte du Diamant, surplombe Hat Railay Est. Un passage en bois traverse une série de cavernes éclairées remplies de magnifiques formations calcaires. Mais, en raison des modifications du régime des précipitations, il n'y a plus d'eau et les reflets qui leur ont valu le surnom de diamant ont disparu. Elles valent malgré tout le détour.

Activités

Escalade

Il n'est pas surprenant qu'avec quelque 500 voies aménagées de tous niveaux, ces incroyables falaises, offrant de superbes panoramas, figurent parmi les lieux d'escalade les plus prisés du monde. On pourrait passer plusieurs mois sur place pour les explorer, ce que font d'ailleurs de nombreux voyageurs. La nouvelle tendance est à l'escalade libre en solo sur des parois surplombant la mer : si vous tombez, vous ne risquez rien, alors même les débutants s'y essayent.

La plupart des grimpeurs commencent par le **Muay Thai Wall** et le **One, Two, Three Wall**, à la pointe sud de Hat Railay Est, qui compte au moins 40 voies allant du niveau 4b au niveau 8b. À l'extrémité sud de Hat Railay Ouest, l'impressionnante **Thaiwand Wall**, une falaise calcaire abrupte, offre les voies de varappe les plus sportives.

Parmi les autres belles parois, on compte **Hidden World** (voies classiques pour grimpeurs intermédiaires), le **Wee's Present Wall** (une magnifique voie 7c+), le **Diamond Cave** (un classique pour débutants et intermédiaires) et la **Ao Nang Tower** (une paroi sur 3 faces, accessible en *long-tail boat*).

Il faut compter 800 à 1 000 B pour une demi-journée et 1 500 à 2 000 B pour la journée entière. Les forfaits de 3 jours (6 000 B) comprennent de l'escalade de tête (le premier grimpeur attache le matériel aux pitons de la paroi). Les varappeurs expérimentés peuvent louer l'équipement (1 corde de 60 m, 2 baudriers et des chaussures d'escalade) dans une école d'escalade moyennant 800/1 300 B la demi-journée/journée, mais si vous comptez escalader par vous-même, mieux vaut apporter votre propre matériel. Pensez à prendre un certain nombre d'anneaux de corde et de dégaines, de la magnésie et quelques coinceurs et coinceurs à came qui vous fourniront une protection supplémentaire sur les voies peu pitonnées. Si vous avez oublié quelque chose, certaines écoles d'escalade vendent du matériel importé, mais elles n'auront pas forcément votre taille ou le modèle souhaité. Un tapis en rotin (100-150 B) vous aidera à garder votre matériel à l'abri du sable.

Si vous lisez l'anglais, *Rock Climbing in Thailand* (40 $US), d'Elke Schmitz et Wee Changrua, est l'un des guides les plus complets. Centres d'escalade recommandées :

Highland Rock Climbing CENTRE D'ESCALADE
(☎08 0693 0374 ; chaow_9@yahoo.com ; Hat Railay Est). Si la montagne est votre passion, le propriétaire de ce centre d'escalade est votre homme.

Hot Rock CENTRE D'ESCALADE
(☎0 7566 2245; www.railayadventure.com ; Hat Railay Ouest). Sa réputation n'est plus à faire et son propriétaire est l'un des pionniers de l'escalade à Railay.

King Climbers CENTRE D'ESCALADE
(☎0 7563 7125 ; www.railay.com ; Hat Railay Est). Ce centre est ancien, grand et bien réputé.

Wee's Climbing School CENTRE D'ESCALADE
(☎08 1149 9745 ; www.tonsaibasecamp.com ; Hat Ton Sai). Sans doute l'école la plus professionnelle de la région.

Sports nautiques

Plusieurs centres de **plongée** de Railay organisent des excursions à Ko Poda et vers d'autres spots. Comptez 2 000 B pour 2 plongées sur les îles avoisinantes et 12 000 B pour un stage PADI de 3 ou 4 jours.

Des sorties de **snorkeling** d'une journée autour de plusieurs îles dont Ko Poda, Chicken Island et d'autres plus éloignées, peuvent être organisées par n'importe quel complexe hôtelier pour environ 1 800 B (6 personnes au maximum). Vous pouvez aussi louer un *long-tail boat* (demi-journée/journée 1 700/2 200 B) sur la plage de Hat Railay Ouest.

Flame Tree Restaurant (Hat Railay Ouest) loue des **kayaks de mer** (200 B/heure, 800 B/jour). Vous pouvez organiser des circuits de 2 jours vers des îles désertes avec les propriétaires de bateau, mais vous devrez prévoir votre propre matériel de camping et vos repas.

Cours

Railay Thai Cookery School CUISINE
(Railay Headlands ; ☎08 4096 4994 ; cours 1 200 B). Juste en dessous du Railay Phutawan Restaurant, cette école propose chaque jour des cours de 5 heures dans un cadre ravissant, à 8h30 et à 14h30.

Où se loger et se restaurer

HAT RAILAY OUEST

Railay Ouest est magnifique, mais vous n'y trouverez que des hôtels de catégories moyenne ou supérieure. Les prix chutent de 30% en basse saison. Tous les hôtels disposent de restaurants corrects.

Railay Bay Resort & Spa HÔTEL **$$$**
(☎0 7562 2570-2 ; www.railaybayresort.com ; bungalows 3 700-17 800 B ; ❄@≋). La piscine bleue faisant face à la plus belle partie de la plage, vous pourrez alterner eau douce et eau salée. Les élégants bungalows dotés de grandes fenêtres s'étirent à travers la péninsule jusqu'à Hat Railay Est, sur un beau terrain paysagé, agrémenté d'une deuxième piscine. Sur la côte est, les bungalows, aux

Railay

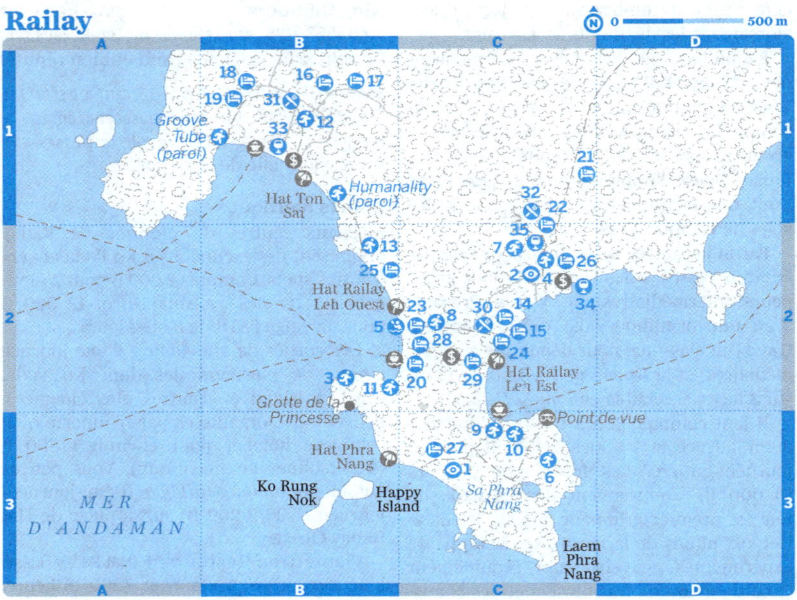

fenêtres teintées, sont plus anciens et moins chers. Le spa, qui surplombe la mer, offre des soins à des prix très raisonnables.

Railay Village Resort & Spa HÔTEL **$$$**
(☎0 7563 7990 ; www.railayvillagekrabi.com ; bungalows 7 500-10 500 B ; ❄🏊). Les bungalows chics, avec Jacuzzi privé, sont disséminés autour de 2 piscines et dans les jardins parsemés de bassins et fontaines. Le restaurant en plein air sert un excellent curry vert et des pâtes à l'occidentale convaincantes.

Railei Beach Club LOCATION DE VILLAS **$$**
(☎08 6685 9359 ; www.raileibeachclub.com ; maisons à partir de 2 800 B). Sur un terrain boisé à l'extrémité nord de la plage, ces maisons de style thaïlandais sont toutes différentes en taille et en style (certaines accueillent jusqu'à 8 personnes). Leurs patios, cuisines et aménagements rendent les séjours prolongés très confortables. Excellente affaire, idéalement située. Réservez bien à l'avance pour la haute saison.

Sand Sea Resort HÔTEL **$$**
(☎0 7562 2608 ; www.krabisandsea.com ; bungalows avec petit-déj 1 950-5 950 B ; ❄@🏊). L'hôtel le moins cher de la plage propose aussi bien des bungalows vieillissants avec ventilateur que des villas rénovées, avec tout le confort. Les chambres sont bien équipées, avec vue sur les reliefs karstiques, et la piscine est entourée de feuillage, sans parler de la sublime plage en face. Buffet petit-déjeuner très complet inclus.

HAT RAILAY EST

Également connue sous le nom de plage du Soleil levant, cette plage vire à l'étendue boueuse à marée basse et peut être une étuve en l'absence de vent. C'est pourtant là que se concentrent les restaurants et les bars bon marché, à 5 minutes à pied de plages plus plaisantes.

Les prix indiqués chutent de moitié en basse saison.

Sunrise Tropical Resort HÔTEL **$$**
(☎0 7562 2599 ; www.sunrisetropical.com ; bungalows avec petit-déj 2 500-5 750 B ; ❄@📶🏊). Ces bungalows rivalisent avec les meilleurs de Hat Railay Ouest mais affichent des prix de Hat Railay East, ce qui en fait l'une des meilleures affaires de Railay. Imaginez des parquets, du mobilier thaïlandais, des sdb luxueuses en mosaïque bleue et des balcons ou patios privatifs.

Bhu Nga Thani HÔTEL **$$$**
(☎0 7581 9451 ; www.bhungathani.com ; ch à partir de 7 500 B, villas 25 000 B ; ❄@🏊). L'adresse

Railay

À voir

1	Tham Phra Nang	C3
2	Tham Phra Nang Nai	C2

Activités

3	Ao Nang Tower (paroi)	B2
4	Grotte du Diamant	C2
5	Flame Tree Restaurant	B2
6	Hidden World	C3
7	Highland Rock Climbing	C2
8	Hot Rock	C2
	King Climbers	(voir 15)
9	Muay Thai Wall (paroi)	C3
10	One,Two,Three Wall (paroi)	C3
	Railay Thai Cookery School	(voir 32)
11	Thaiwand Wall (paroi)	B2
12	Wee's Climbing School	B1
13	Wee's Present Wall (paroi)	B2

Où se loger

14	Anyavee	C2
15	Bhu Nga Thani	C2
16	Countryside Resort	B1
17	Forest Resort	B1
18	Mountain View Resort	B1
19	Paasook	B1
20	Railay Bay Resort & Spa	C2
21	Railay Cabana	C1
22	Railay Phutawan Resort	C2
23	Railay Village Resort & Spa	C2
24	Railay Ya Ya Resort	C2
25	Railei Beach Club	B2
26	Rapala Rockwood Resort	C2
27	Rayavadee	C3
28	Sand Sea Resort	C2
29	Sunrise Tropical Resort	C2

Où se restaurer

30	Mangrove Restaurant	C2
31	Pyramid Bar & Restaurant	B1
32	Railay Phutawan Resort Restaurant	C1

Où prendre un verre

33	Chillout Bar	B1
34	Chok's Bar	C2
	Highland Rock Climbing	(voir 7)
35	Ya-ya Bar	C2

Renseignements

	DAB	(voir 5)
	Clinique	(voir 20)
	Phra Nang Tours & Travel	(voir 14)

la plus récente, la plus tape-à-l'œil et probablement la plus chère de Railay Est. Les chambres sont bien conçues, avec de hauts plafonds, des sols en pierre et tout le confort imaginable. Larges terrasses et vue magnifique.

Anyavee HÔTEL $$
(☎0 7581 9437 ; www.anyavee.com ; bungalows 2 800-7 000 B ; ❄@≋). Hôtel original, avec une déco plus recherchée que la plupart de ses concurrents sur la plage. Les bungalows, lumineux, offrent peu d'intimité. Intérieur de style rustique chic, avec des couettes dans les tons crème et beaucoup de bois.

Rapala Rockwood Resort BUNGALOWS $
(☎08 4191 5326 ; bungalows 500-750 B). Bungalows en bambou un peu délabrés avec véranda, sdb, moustiquaire et ventilateur. Situés au sommet d'une colline, ils bénéficient de la brise marine et de la vue sur la mer (et sur les voisins). Le restaurant, tenu par une charmante vieille dame thaïlandaise, sert des plats thaïlandais et indiens.

Railay Princess Budget HÔTEL $$
(☎0 7562 2593 ; www.yaya-resort.com/france ; ch 1 600-2 000 B ; ❄@). Chambres en bois spacieuses, un peu sombres, dont certaines tremblent dès que l'on fait un pas, mais l'ambiance cabane dans les bois fonctionne. Les chambres avec ventilateur sont peu reluisantes mais les climatisées, peintes de couleurs gaies, sont propres et ont notre préférence. Les réductions en basse saison (chambre à partir de 500 B), pouvant s'étendre jusqu'à la saison intermédiaire, en font une bonne affaire.

Mangrove Restaurant THAÏLANDAIS $
(plats à partir de 50 B). Cet humble restaurant bon marché, juste après la plage Est, sert des spécialités thaïlandaises bien épicées : riz sauté, nouilles, currys et *sôm tam*. Nos compliments à la cuisinière, et à son mari qui se débrouille très bien aussi.

PROMONTOIRE DE RAILAY

Les complexes hôteliers dans les collines au-dessus de la plage figurent parmi les meilleures adresses de la région.

OÙ LOGER À RAILAY ?

Railay est entouré par 4 plages et un promontoire. Hat Railay Est et Ouest, Hat Phra Nang et le promontoire sont à 5 minutes de marche les uns des autres. Hat Ton Sai est plus isolée, et l'accès aux autres plages se fait en *long-tail boat* (50 B) ou après 20 minutes de marche difficile à travers les falaises depuis Hat Railay Ouest.

- **Hat Railay Est** est la plage où bars et restaurants sont les plus nombreux. La baie, peu profonde et boueuse, est bordée de mangrove. Elle ne convient pas vraiment à la baignade, mais on y trouve beaucoup d'hôtels et de pensions, et les promontoires et les falaises calcaires sont majestueux.
- **Hat Railay Ouest** est une superbe étendue de sable blanc et le meilleur endroit pour se baigner ou admirer un coucher de soleil. Des hôtels de catégorie moyenne, décorés avec goût, bordent la plage où les *long-tail boats* assurent la liaison avec Ao Nang.
- **Hat Phra Nang** est l'une des plus belles plages du monde, avec sa langue de sable blanc encadrée de falaises karstiques où sont creusées des cavernes. Deux îlots calcaires pointent dans la mer azur, Ko Hua Khwan (île aux poules) et l'île de Poda. Le Rayavadee est le seul hôtel (et le plus chic de la péninsule), mais la plage est ouverte à tous.
- **Hat Ton Sai** est un repaire de varappeurs. La plage est assez quelconque, mais de nombreuses voies d'escalade sont situées aux alentours. Les bars et les bungalows sont nichés dans la jungle derrière la plage. L'ambiance est décontractée.
- **Le promontoire**, rafraîchi par la brise marine, a une allure plus sauvage avec ses plantations et sa jungle où des constructions récentes ont vu le jour. Les habitants sont très accueillants. Pour y accéder, vous devrez marcher 500 m depuis Hat Railay Ouest ou Est. Depuis Hat Railay Ouest, suivez la Walking Street, tournez à gauche sur le sentier, puis suivez les panneaux du Ya-Ya Bar. Depuis Hat Railay Est, tournez à droite sur la voie asphaltée, accessible par le Diamond Cave Restaurant.

♥ **Railay Phutawan Resort** HÔTEL $$
(☎08 4060 0550, 0 7581 9478 ; www.phuritvalleyresort.com ; bungalows 1 140-1 940 B, ch 1 640 B ; @❄). Cet établissement ne sait pas encore trop comment il s'appelle : Railay Phurit Valley Resort ? Highland Resort ? Peu importe, il est fantastique. Les bungalows lumineux et bien équipés, avec leurs grandes douches, sont superbes. Les chambres dans les bâtiments sont un peu moins luxueuses. Quant aux bungalows avec ventilateurs, ils sont défraîchis mais bon marché.

Railay Cabana PENSION $
(☎0 7562 1733, 08 4057 7167 ; bungalows 350-600 B). Dotée d'une situation idéale dans les collines entourées de falaises karstiques, cette pension est un paradis pour hippies. Les bungalows, simples et propres, sont entourés de manguiers, mangoustaniers, bananiers et goyaviers. Vous n'entendrez que le chant des oiseaux et le rire des enfants.

♥ **Railay Phutawan Resort Restaurant** THAÏLANDAIS, OCCIDENTAL $
(repas 80-180 B ; ⏲petit-déj, déj et dîner). Au milieu de la jungle et des falaises karstiques, il vaut mieux manger ici en journée pour profiter de la vue, mais la cuisine (thaïlandaise et occidentale) est délicieuse à toute heure. Essayez d'obtenir un box ombragé et intime à la lisière de la jungle.

HAT PHRA NANG หาดถ้ำพระนาง

Il n'existe qu'un hôtel donnant sur cette magnifique plage, mais pas n'importe lequel.

♥ **Rayavadee** HÔTEL $$$
(☎0 7562 0740-3 ; www.rayavadee.com ; pavillons 22 300-39 900 B, villas 72 000-128 000 B ; 📶❄🏊). Cette adresse d'exception occupe un immense domaine en bord de mer, parmi les plus fabuleux de Thaïlande. Émaillé de pièces d'eau, de banians et de fleurs, on s'y déplace en buggy de golf. Les pavillons, sur 2 niveaux, coiffés d'un toit en chaume, sont dotés de meubles anciens et de tous les équipements modernes. Certains comprennent un Jacuzzi et une piscine. Service de majordome possible. Spa haut de gamme. Cours de yoga et circuits dans de luxueux bateaux rapides. Hat Tham Phra Nang compte 2 restaurants (l'un installé en partie dans une grotte illuminée) ; les non-résidents peuvent s'y arrêter pour un repas thaïlandais ou méditerranéen, onéreux mais divin.

HAT TON SAI หาดต้นไทร

Cette plage pour les mordus de varappe compte de nombreux hébergements destinés aux voyageurs à petit budget. On mange aussi très bien et pas cher dans les stands de restauration alignés côté jungle.

Countryside Resort HÔTEL $

(☎08 5473 9648 ; countryside-resort.com ; huttes 850 B ; ❄@🛜). Cet hôtel comprend deux rangées de jolies huttes fonctionnant à l'énergie solaire. Celles du haut ont une vue incroyable sur les formations karstiques. Hauts plafonds, rideaux de dentelle et ventilateur. Les propriétaires sont britanniques.

Paasook HÔTEL $

(☎08 9645 3013 ; bungalows 300-800 B). À l'extrémité ouest de la plage, juste en dessous de Groove Tube, c'est l'adresse pour petits budgets la plus chic de Ton Sai. Les bungalows en bois sont immenses, avec de grandes baies vitrées et des sols en béton. Les jardins sont luxuriants, le personnel sympathique et le restaurant en plein air, chic et rustique, est parfait pour les soirs de grosse chaleur.

Mountain View Resort HÔTEL $$

(☎0 7562 2610-3 ; bungalows 1 300-1 900 B ; ❄). Des bungalows lumineux, gais et immaculés, avec des sols carrelés et des draps impeccables. Certaines chambres sentent un peu le renfermé.

Forest Resort HÔTEL $$

(☎08 0143 8261 ; bungalows 1 000 B). Un ensemble de grands bungalows en chaume tout simples, perchés à flanc de colline au milieu des fleurs, avec une vue superbe sur les formations calcaires. Le restaurant en bois sculpté sert entre autres des plats indiens.

Pyramid Bar & Restaurant INTERNATIONAL $

(Boissons à partir de 30 B, plats à partir de 60 B). Le lieu le plus fréquenté de Ton Sai. On y sert des lassis de fruits frais, des milk-shakes, des sandwichs (*ciabatta* et baguette maison), ainsi que de bons expressos dans une cabane dans les arbres en chaume. Installez-vous dans un hamac ou sur les coussins au sol.

Où prendre un verre et sortir

Vous trouverez sur les plages quelques bars où vous détendre en sirotant un verre.

Chill Out Bar BAR $

(Hat Ton Sai). Sur la plage, avec plusieurs niveaux de terrasses recouvertes de nattes thaïlandaises, voici la scène où se produisent les plus grands groupes thaïlandais et internationaux. Hors concert, l'endroit est idéal pour s'attarder devant une bière.

Highland Rock Climbing CAFÉ $

(☎08 0693 0374 ; Railay Headlands). Moitié école d'escalade, moitié bistrot bricolé. Sert le meilleur café de la péninsule, issu de l'agriculture durable de Chiang Rai.

Ya-ya Bar BAR $

(Falaises de Railay). Ce bar à l'ambiance rasta est idéalement situé au bas d'une immense paroi d'escalade. Les mojitos (160 B) sont généreusement alcoolisés. Il y a aussi un ring de boxe thaïlandaise, avec cours sur demande (500 B/heure).

Chok's Bar BAR $

(Hat Railay Est ; ⏲19h-2h). Bar élégant et décontracté en bambou avec des concerts presque tous les soirs.

Renseignements

Le site www.railay.com est une mine d'informations sur Railay. Vous trouverez deux DAB le long de Hat Railay Est. Sur Hat Ton Sai, un DAB, qui ne fonctionne que de novembre à mai, est situé près du Ton Sai Bay Resort. En général, les grands hôtels changent les devises et les chèques de voyage. En cas de blessure mineure en escalade, adressez-vous au petit centre de soins du Railay Bay Resort (p. 311).

Il est facile de trouver une connexion Wi-Fi à Railay. Si vous n'avez pas d'ordinateur, allez à **Phra Nang Tours & Travel** (Internet 1 B/min) sur la plage Est.

Comment s'y rendre et circuler

L'accès à Railay se fait uniquement en *long-tail boat*, au départ de l'embarcadère de Khong Kha à Krabi ou depuis le front de mer à Ao Nang ou à Ao Nam Mao. Les bateaux reliant Krabi à Hat Railay Est partent toutes les 1 heure 30 entre 7h45 et 18h, à condition d'avoir entre 6 et 10 passagers (150 B, 45 min). Affréter spécialement un bateau revient à 1 500 B.

Les bateaux pour Hat Railay Ouest ou Hat Ton Sai partent de l'extrémité est de la promenade d'Ao Nang (15 min). Le tarif s'élève à 100 B entre 7h30 et 18h, puis à 150 B après ; les bateaux ne partent pas avant d'avoir 6 à 8 personnes à bord – vous devrez débourser 800 B pour en louer un en entier. Quand la mer est mauvaise, les bateaux partent d'une crique abritée juste à l'ouest du Krabi Resort à Ao Nang. On peut se faire déposer à Hat Phra Nang ou à Hat Ton Sai pour le même prix.

Durant les grandes marées, les bateaux au départ d'Ao Nang et de Krabi ne circulent plus, mais on peut aller de Hat Railay Est à Ao Nam Mao (100 B, 15 min) et continuer en *sŏrng·tăa·ou* vers Krabi ou Ao Nang.

D'octobre à mai, l'*Ao Nang Princess* relie le bureau du parc national de Hat Noppharat Thara à Ko Phi Phi en faisant escale au large de Hat Railay Ouest. Des *long-tail boats*, qui partent en face du Sand Sea Resort (p. 312), viennent à la rencontre du bateau vers 9h15. La traversée de Railay à Ko Phi Phi coûte 300 B.

Ko Phi Phi Don เกาะพีพีดอน

La beauté peut être un fardeau et celle, époustouflante, de Ko Phi Phi Don, est pour elle un cadeau empoisonné. Tout le monde veut goûter à ce petit coin de paradis. On vient y barboter dans l'eau azur et photographier les *long-tail boats* qui ondulent au gré des vagues face aux falaises calcaires. Avec ses magnifiques étendues de sable blond et sa jungle luxuriante, il n'est pas étonnant que Phi Phi Don soit devenue la coqueluche de la côte d'Andaman. Comme une belle jeune fille, elle peut faire la fête toute la nuit et avoir fière allure le lendemain. Mais, elle ne tiendra pas longtemps à ce rythme-là, et à moins d'imposer des restrictions, l'île court droit à une catastrophe écologique.

Activités

La courte ascension à pied jusqu'au **point de vue de Phi Phi** est rude mais gratifiante. Depuis le village touristique, prenez la route menant vers l'est en direction d'Ao Lo Dalam et suivez les panneaux. Pour accéder au point de vue, il faut gravir 300 m à la verticale par des centaines de marches et d'étroits sentiers sinueux. Les vues depuis le sommet sont sublimes : la luxuriante montagne de Phi Phi y apparaît dans toute sa splendeur. Le panorama du parc national maritime est extraordinaire : tout en camaïeu de turquoise, vert émeraude et vert de jade. De là, en poursuivant vous franchirez la colline à travers la jungle et rejoindrez les paisibles plages de l'est où faire un peu de snorkeling.

Ao Lo Dalam invite à l'exploration. Faites une halte au stand de **location de kayaks** (carte p. 320 ; 200 B/h, 600 B/jour) sur le sable en face du Slinky Bar, pagayez jusqu'au promontoire et plongez !

Plongée

Avec ses eaux cristallines et son abondante vie aquatique, Ko Phi Phi est un endroit rêvé pour la plongée. Parmi les sites les plus visités, citons l'**épave du King Cruiser** qui gît à 12 m de profondeur, le **récif aux anémones** et ses coraux et poissons-clowns, le sommet sous-marin de **Hin Bida** et ses tortues et poissons pélagiques, et les massifs karstiques uniques de **Ko Bida Nok**, entourés de requins-léopards. Hin Daeng et Hin Muang (p. 325), au sud, sont des

LES SPOTS DE PLONGÉE DE KO PHI PHI

Les spots de plongée autour de Ko Phi Phi figurent parmi les plus beaux de Thaïlande. Les requins-léopards et les tortues carets sont très communs. Les requins-baleines font parfois des apparitions furtives, en février-mars, du côté de Hin Daeng, de Hin Muanz, de Hin Bida et de Ko Bida Nok. Voici les cinq plus beaux sites de plongée de Ko Phi Phi :

SPOT	PROFONDEUR (M)	CARACTÉRISTIQUES
Anemone Reef	17-26	Récif de corail dur où l'on peut voir quantité d'anémones et de poissons-clowns.
Hin Bida Phi Phi	5-30	Relief immergé avec corail dur, tortues, requins-léopards et parfois des requins-baleines.
Hin Muang	19-24	Relief immergé. Quelques requins-léopards, mérous, barracudas et murènes.
Ko Bida Nok	18-22	Massif karstique avec gorgones, requins-léopards, barracudas et parfois des requins-baleines.
Phi Phi Leh	5-18	Le pourtour de l'île est couvert de coraux et d'huîtres au milieu desquels on aperçoit des murènes et des hippocampes.

Ko Phi Phi Don

destinations coûteuses depuis Ko Phi Phi ; mieux vaut s'y rendre à partir de Ko Lanta.

Le brevet Open Water revient à 12 900 B, tandis qu'une sortie classique avec 2 plongées coûte 3 200 B. Les plongées à Hin Daeng et à Hin Muang sont à 5 500 B.

Centres de plongée recommandés :

Adventure Club PLONGÉE
(Carte p. 320 ; ☎08 1970 0314 ; www.phi-phi-adventures.com). Ce club, notre adresse préférée sur l'île, propose un beau choix d'excursions et de plongées éducatives et axées sur l'environnement. Vous ne serez pas déçu de votre réveil matinal à 6h pour plonger avec un tuba et observer des requins de récif qui viendront vous cabrioler autour.

Blue View Divers PLONGÉE
(Carte p. 317 ; ☎0 7581 9395 ; www.blueviewdivers.com). Cette école très citoyenne, qui participe au nettoyage des plages (700 tonnes de déchets ramassés à ce jour) est la seule à proposer de la plongée depuis un *long-tail boat*.

Snorkeling

Ko Mai Phai (île aux Bambous), à 5 km au nord de Phi Phi Don, est un lieu de prédilection pour le snorkeling. On y aperçoit des petits requins en eau peu profonde. Comptez entre 600 et 2 400 B pour une sortie, selon le type d'embarcation. Il existe de bons spots de snorkeling le long de la côte est de **Ko Nok**, près d'Ao Ton Sai, et le long de la côte est de **Ko Nai**. Si vous préférez vous débrouiller seul, la plupart des hôtels louent masque, tuba et palmes pour 150 à 200 B/jour.

Escalade

Ko Phi Phi compte quelques belles falaises calcaires à escalader, avec des vues spectaculaires. Les principaux sites sont **Ton Sai Tower** (carte p. 317), à la pointe ouest d'Ao Ton Sai, et **Hin Taak** (carte p. 317), de l'autre côté de la baie, à une courte distance en *long-tail boat*. Des boutiques d'escalade compétentes sont installées sur l'île, la plupart prenant environ 1 000/1 500-2 000 B la demi-journée/journée, moniteur et équipement compris. **Spider Monkey** (carte p. 320 ; ☎0 7581 9384 ; www.spidermonkeyclimbing.com) est tenu par Soley, l'un des varappeurs les plus doués de Phi Phi. **Cat's Climbing Shop** (carte p. 320 ; ☎08 1787 5101 ; www.catsclimbingshop.com), l'un des principaux centres d'escalade du village touristique, jouit d'une bonne réputation.

Cours

Pum Restaurant & Cooking School CUISINE
(Carte p. 320 ; ☎08 1521 8904 ; www.pumthaifoodchain.com ; cours 450-4 650 B). Nous recommandons aux amateurs de cuisine thaïlandaise les cours dispensés par cette école dans le village touristique. On y apprend à préparer quelques-uns des délicieux plats servis dans le restaurant et on repart avec un excellent livre de cuisine.

Circuits

Depuis le tournage du film *La Plage*, de Danny Boyle, d'après le roman d'Alex Garland, Phi Phi Leh est un véritable lieu de pèlerinage. En plus des excursions en *long-tail boat* vers cette île et Ko Mai Phai (île aux Bambous), les agences de voyages organisent des circuits pour admirer le soleil couchant sur la baie des Singes ou découvrir la plage de Wang Long (600 B). Adventure Club (voir p. 317) est un prestataire fiable.

Où se loger

Il n'est pas facile de trouver à se loger sur cette île ultra-populaire. Attendez-vous à une pénurie de chambres en haute saison. Des rabatteurs vous attendront à la descente du bateau, ce qui peut être désagréable, mais peut aussi vous faciliter la vie.

Assurez-vous de fermer votre porte à clé la nuit et toutes vos fenêtres lorsque vous sortez, car on déplore des cambriolages.

AO TON SAI ET AO LO DALAM อ่าวต้นไทร/อ่าวโละดาลัม

Durant la haute saison, dans les rues piétonnières de ce secteur, on se croirait dans un concert bondé. Ce n'est pas pour rien que le centre de Tonsai est surnommé le "village des touristes".

Superbe croissant de sable blanc encadré de fantastiques falaises de karst, la plage d'Ao Dalam est la plus belle de l'île, mais elle grouille de monde et elle est encombrée de *long-tail boats*. Les habitants se plaignent de l'eau polluée par les mégots des bars de plage, les écrans solaires, l'urine et l'essence.

La côte d'Ao Ton Sai, avec l'embarcadère principal des ferrys et une promenade bétonnée sur le front de mer, n'est pas plus calme. Pour trouver la paix, il faut aller à l'extrémité ouest, délimitée spécialement pour la baignade.

♥ **Mama Beach Residence** HÔTEL $$
(Carte p. 317 ; ☎08 8443 1363, 0 7560 1365 ; www.mama-beach.com ; ch 2 500-3 800 B ; ❄@📶). Fréquenté par des Français, cet hôtel chic est situé sur la meilleure partie de la plage d'Ao Ton Sai. Les chambres modernes climatisées arborent une terrasse avec meubles en

(ESSAYER DE) DORMIR À KO PHI PHI

La pollution sonore sur Ko Phi Phi est importante, surtout sur Ao Ton Sai et Ao Dalam, mais aussi sur Hat Hin Khom. Lors de notre passage, l'heure de fermeture officielle (plus ou moins respectée) des bars était 2h sur Ao Dalam et 1h30 sur Ton Sai, mais cela n'empêchait pas les fêtards de continuer à faire du bruit.

Les logements les plus tranquilles sont situés sur :

- La côte est de Ko Phi Phi
- La petite route qui relie la pointe sud-est d'Ao Ton Sai à Ao Lo Dalam (et qui passe devant la Chunut House)
- La colline près de la route qui mène au point de vue
- La partie la plus à l'ouest d'Ao Ton Sai
- Hat Yao

La meilleure solution consiste peut-être à prendre un verre et à se joindre aux noctambules...

bois et vue sur la mer. Sdb avec lavabo en pierre et douche parée de coquillages. Des cours de yoga en bordure de mer (1 heure 15, 400 B) sont offerts plusieurs soirs par semaine, à 18h.

PP Viewpoint Resort HÔTEL **$$**
(Carte p. 317 ; ☎0 7560 1200, 0 7561 8111 ; www.phiphiviewpoint.com ; bungalows 1 700-3 500 B ; ❄🏊). Situés à la pointe nord-ouest d'Ao Lo Dalam, ces bungalows sur pilotis offrent une superbe vue. La petite piscine semble plonger dans la mer en contrebas et vous pourrez profiter d'un massage thaïlandais dans une tour vitrée offrant une vue à 360°. Les bruits d'Ao Dalam parviennent jusqu'ici : bouchons d'oreille recommandés.

Chunut House PENSION **$$**
(Carte p. 320 ; ☎0 7560 1227 ; www.phiphichunuthouse.com ; bungalows 2 500-3 500 B ; ❄📶). Situé sur un sentier tranquille, loin de l'animation du centre, cet établissement est très reposant. Les vastes bungalows en bois et bambou à la déco naturelle et artisanale sont dotés d'une sdb carrelée et propre. Les prix, récemment revus très à la hausse, rendent cette adresse moins attractive.

White PENSION **$$**
(Carte p. 320 ; ☎0 7560 1300 ; www.whitephiphi.com ; ch 1 500-1 800 B ; ❄@📶). Le White a 2 adresses confortables et calmes à Tonsai Village, destinées aux voyageurs un peu bobos. Préférez le White 2, plus chic et doté de suites avec toit-terrasse. Toutes les chambres, équipées d'une TV et d'un coffre-fort, sont propres, très blanches et design, avec une sdb à carreaux noirs et blancs et eau chaude.

Uphill Cottage PENSION **$**
(Carte p. 317 ; ☎0 7560 1124, 08 6553 2316 ; www.phiphiuphillcottage.com ; ch 700-1 500 B ; ❄📶). Les chambres sont simples, mais grandes et propres. On entend à peine la clameur des noctambules au loin. Situées au sommet d'une colline près du sentier qui mène au point de vue, les chambres sont dotées d'une terrasse avec vue sur la ville et un coin de mer.

Oasis Guesthouse PENSION **$**
(Carte p. 320 ; ☎0 7560 1207 ; ch 900 B ; ❄). Cette charmante pension nichée au milieu des arbres et accessible par une voie secondaire à l'est du village vaut le détour. Le propriétaire est un peu grincheux, mais les chambres ont été repeintes récemment et la sdb est propre. Pas de réservation.

Rock Backpackers AUBERGE DE JEUNESSE **$**
(Carte p. 320 ; ☎08 1607 3897 ; dort 300 B, ch 400-600 B). Cette auberge de jeunesse à flanc de colline dispose de dortoirs propres avec lits superposés, de minuscules chambres privées et d'un sympathique resto-bar dont la façade est couverte de graffitis.

HAT HIN KHOM หาดหินคม

Cette zone comprend quelques petites plages de sable blanc au fond de criques rocheuses, certaines relativement paisibles. Elles ne sont qu'à 15 min de marche à travers la jungle de l'agitation d'Hat Yao et d'Ao Ton Sai – ce qui signifie malheureusement que vous profiterez aussi de l'animation.

♥ **Viking Natures Resort** HÔTEL **$$**
(Carte p. 317 ; ☎08 3649 9492 ; www.vikingnaturesresort.com ; bungalows 1 000-6 500 B ; 📶). Adresse branchée mais qui ne conviendra pas à ceux qui redoutent les animaux de la jungle et surtout les insectes. Les bungalows en bois, en chaume et en bambou sont originaux : bois flotté, mobiles en coquillages et hamacs se balançant sur des terrasses avec vues sublimes sur Ko Phi Phi Leh. Tous sont dotés de moustiquaires et de balcons ; les chambres les moins chères toutefois n'ont pas de sdb. Goûtez plutôt au luxe des villas en bois (hauts plafonds, vaste sdb) s'ouvrant sur de superbes vérandas, éclairées par de jolies lanternes.

HAT YAO หาดยาว

Il faut marcher 30 minutes jusqu'ici depuis Ton Sai via Hat Him Khom, ou bien prendre un *long-tail boat* (100-150 B) depuis l'embarcadère de Ton Sai. Cette longue étendue de sable blanc, parfaite pour la baignade, vaut le détour mais, fréquentée par les familles et les sportifs, elle est loin d'être déserte. De là, un sentier mène jusqu'à la superbe baie isolée d'Ao Lo Mu Di.

Phi Phi Hill Resort PENSION **$$**
(Carte p. 317 ; ☎0 7561 8203 ; www.phiphihill.com ; bungalows 700-2 000 B ; ❄@). Haut perché au milieu des bananiers, des manguiers et des frangipaniers, cette modeste pension dispose d'une vue sur le promontoire sud de Ko Phi Phi Don, où le soleil se lève à une extrémité avant de se coucher à l'autre. Les grands bungalows en bois, propres, avec ventilateur (sdb eau froide), côté coucher de soleil, sont la meilleure option, mais tous

Tonsai Village

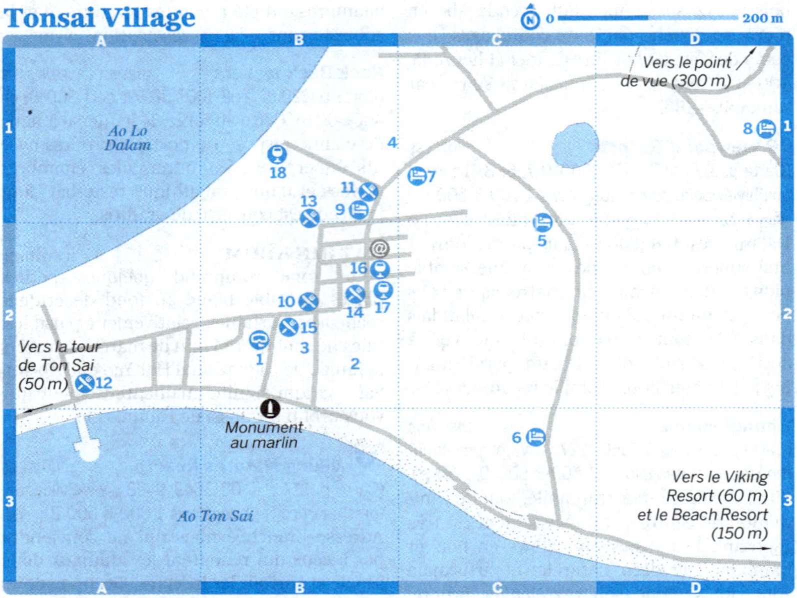

Tonsai Village

Activités

1 Adventure Club ... B2
2 Cat's Climbing Shop ... B2
Kayak Rental Stall ... (voir 18)
3 Pum Restaurant & Cooking School ... B2
4 Spider Monkey ... B1

Où se loger

5 Chunut House ... C2
6 Oasis Guesthouse ... C3
7 Rock Backpackers ... C1
8 Uphill Cottage ... D1
9 White ... B1

Où se restaurer

10 Cosmic ... B2
11 Garlic Restaurant ... B1
12 Le Grand Bleu ... A2
13 Local Food Market ... B1
14 Papaya Restaurant ... B2
15 Unni's ... B2

Où prendre un verre

16 Breakers ... B2
17 Reggae Bar ... B2
18 Slinky Bar ... B1

jouissent de la même vue. Bon restaurant au sommet d'une falaise rafraîchie par la brise. Fermé de mai à octobre.

Beach Resort HÔTEL $$$

(Carte p. 317 ; ☎0 7561 8268 ; phiphithebeach.com ; bungalows 3 450-5 350 B ; ❄≋). Luxueux domaine avec petite piscine et bar chic, très fréquenté par les groupes soucieux de leur confort. Les bungalows thaïlandais en teck, accrochés en bon ordre au flanc d'une colline à la jungle apprivoisée, sont spacieux et élégants, offrant des vues idylliques sur Ko Phi Phi Leh. Sans conteste, l'adresse la plus agréable et raffinée sur cette plage.

The Paradise HÔTEL $$

(Carte p. 317 ; ☎08 1788 7868, 08 9077 7939 ; zer_zaa@hotmail.com, osopang@hotmail.com ; bungalows à partir de 1 500 B ; ❄📶). L'établissement le plus charmant d'Hat Yao, avec de confortables bungalows en ciment bleu semés dans un jardin fleuri. Pas aussi grand et clinquant que ses rivaux, moins cher aussi, il n'en partage pas moins la même plage. Chambres propres et climatisées.

HAT RANTEE ET AO TOH KO หาดรันตี

Cette enfilade de petites baies isolées à l'est, encore assez tranquilles, accueille de modestes groupes de bungalows (à partir de 600 B), tenus par des familles. Les jolies plages de sable cendré et doré, semées d'affleurements rocheux, se prêtent idéalement au snorkeling. On y accède soit en *long-tail boat* depuis l'embarcadère d'Ao Ton Sai (300 B l'aller, mais la plupart des pensions envoient un bateau gratuit si vous réservez, retour 150 B), soit par une rude marche de 45 min en passant par le point de vue.

Toh Ko Beach Resort PENSION **$$**
(Carte p. 317 ; ☎08 1537 0528 ; www.tohkobeachresort.com ; bungalows 1 000-2 800 B ; @📶). Seule sur la douce et blanche Ao Toh Ko, cette pension offre une ambiance très camp de vacances entre les quelques hôtes à long terme et les nombreux petits nouveaux qui rêveraient de rester ici. Les modestes bungalows en bois ou en bambou, avec ventilateur, perchés sur une colline sont dotés de sdb en pierre et de moustiquaires, sans oublier les hamacs et la vue sur la mer. Il existe aussi des chambres familiales et un grand restaurant convivial sur la plage, qui loue kayaks, palmes et tubas.

Rantee Hut PENSION **$**
(Carte p. 317 ; ☎08 9741 4846 ; bungalows 700-1 000 B). On ne sait pas très bien où commence et finit ce domaine tant ses huttes sommaires en bois, ciment ou bambou, perchées à flanc de colline, se confondent des deux côtés avec celles d'autres établissements (dont le nom commence toujours par Rantee). Celui-ci se distingue par son restaurant avec vue sur la mer, où coussins et reggae participent de la décontraction. Excursions de snorkeling à l'île aux Bambous moyennant 600 B.

HAT PHAK NAM หาดหินคม

Cette plage est nichée sur la même baie qu'un petit hameau de pêcheurs. Pour y accéder, vous pourrez affréter un *long-tail boat* depuis Ao Ton Sai pour environ 500 B (150 B en bateau-taxi collectif pour le retour) ou marcher et transpirer pendant 1 heure au-dessus du promontoire – déconseillé avec une valise à roulettes.

Relax Beach Resort HÔTEL **$$**
(☎08 1083 0194, 08 9475 6536 ; bungalows 1 600-2 800 B). Cet hôtel est constitué de 47 bungalows sans prétention mais attrayants avec leur déco thaïlandaise, et leur baignoire en mosaïque dans les plus récents. Tous sont bordés par la jungle luxuriante. Bon restaurant et bar sympathique. Équipe adorable. L'un des meilleurs choix de l'île. Pensez à réserver.

AO LO BAKAO อ่าวโละบาเกา

Cette superbe bande de sable, ourlée de palmiers et adossée à des collines spectaculaires, est l'une des plus belles de Phi Phi, offrant des vues paradisiaques sur Ko Mai Phai et Mosquito Island au large. C'est en quelque sorte Bora Bora, à moindre coût. Le Phi Phi Island Village s'occupe du transfert de ses hôtes, mais vous pouvez venir en *long-tail boat* depuis Ao Ton Sai (800 B).

Phi Phi Island Village HÔTEL **$$$**
(Carte p. 317 ; ☎0 7636 3700 ; www.ppisland.com ; bungalows 7 200-21 500 B ; ❄📶🏊). La centaine de bungalows s'étirant à l'ombre des palmiers sur le front de mer donne au lieu un faux air de village. Vous pourrez opter pour une ambiance familiale et détendue, pour des dîners romantiques ou pour des soins corporels... Nombreuses activités et excursions. La piscine à débordement semble se fondre dans l'océan. Très agréable si on en a les moyens.

HAT LAEM THONG หาดแหลมทอง

Longue, blanche et sablonneuse, la plage accueille une petite communauté de *chow lair* (nomades des mers) vivant dans des baraques en tôle ondulée à l'extrémité nord, jonchée de détritus. Malgré le prix et le luxe des hébergements, la plage est animée, tous les hôtels étant collés les uns aux autres. Au cœur de l'agitation, quelques petits restaurants de fruits de mer valent la visite. La location d'un *long-tail boat* depuis Ao Ton Sai coûte 800 B. Les agences de voyages peuvent se charger des transferts.

Zeavola HÔTEL **$$$**
(Carte p. 317 ; ☎0 7562 7000 ; www.zeavola.com ; bungalows 9 900-26 900 B ; ❄@📶🏊). Des sentiers bordés d'hibiscus mènent à d'élégants bungalows de teck alliant le style thaïlandais traditionnel à un design moderne épuré : baies vitrées sur 3 façades (les volets en bambou télécommandés protègent l'intimité), patio et mobilier ancien. Certaines ont une piscine privée. Service impeccable. Fabuleux spa visant une clientèle de couples.

Holiday Inn Phi Phi Island HÔTEL $$$
(☎0 7562 7300 ; www.phiphi.holidayinn.com ; bungalows 8 297-10 400 B ;). Un Holiday Inn en version thaïlandaise, c'est-à-dire confortable, où le béton blanc est embelli de bois sombre, et les abords de la piscine animés. Courts de tennis, hamacs, spa et centre de plongée, ainsi qu'un restaurant avec belle terrasse sur la mer.

Où se restaurer

La plupart des hôtels possèdent leurs propres restaurants. Ao Ton Sai abrite quelques restaurants pratiquant des prix raisonnables, mais n'espérez pas de la grande cuisine.

Marché local THAÏLANDAIS $
(Carte p. 320 ; petit-déj, déj et dîner). L'option la moins chère et la plus authentique. Une poignée de stands blottis sur la partie la plus étroite de l'isthme servent de délicieux *phàt thai* (fines nouilles de riz sautées avec du tofu, des légumes, des œufs et des cacahuètes), du riz sauté, des *sôm·đam* (salade de papaye verte) et du poisson-chat fumé.

Unni's OCCIDENTAL $$
(Carte p. 320 ; plats environ 120 B ; petit-déj, déj et dîner). Vous pourrez déguster des bagels faits maison avec la garniture de votre choix (saumon fumé, boulettes de viande...), ou bien une salade, des plats mexicains, des tapas et bien d'autres choses. Café-*lounge* chic et ventilé, avec jazz en arrière-fond.

Garlic Restaurant THAÏLANDAIS $
(Carte p. 320 ; ☎08 3502 1426 ; plats 45-95 B ; petit-déj, déj et dîner). Hutte colorée, toujours pleine de voyageurs se régalant d'une délicieuse cuisine thaïlandaise, pas trop épicée. Tous les classiques sont là et la pêche du jour est présentée sur un lit de glace au dîner.

Le Grand Bleu FUSION $$$
(Carte p. 320 ; ☎08 1979 9739 ; plats 195-695 B ; déj et dîner). Cuisine fusion thaïlando-européenne dans une charmante maison en bois, à côté de l'embarcadère principal. Vins français et australiens et canard au wok avec du basilic, ou rôti et caramélisé à la mangue. Fermé entre 14h et 18h30.

Papaya Restaurant THAÏLANDAIS $
(Carte p. 320 ; ☎08 7280 1719 ; plats 80-300 B). Savoureux, épicé et bon marché. On trouve ici des plats thaïlandais (au basilic et au piment, ainsi que des currys et du *tŏm yam*) servis en portions généreuses.

Cosmic OCCIDENTAL, THAÏLANDAIS $$
(Carte p. 320 ; pizzas à partir de 160 B ; petit-déj, déj et dîner). Ce restaurant qui existe depuis de nombreuses années prépare toujours une des meilleures pizzas de Phi Phi, ainsi que des plats occidentaux et thaïlandais.

Où prendre un verre

La vie nocturne de Phi Phi est tapageuse. Les jeunes fêtards occidentaux ingurgitent des seaux de whisky bon marché et de boissons énergisantes, ou des cocktails sirupeux. Cependant, si vous logez à portée d'oreille des folies de Phi Phi, prendre part au chaos.

♥ **Sunflower Bar** BAR $
(Carte p. 317 ; Ao Lo Dalam). Ce joyau en bois flotté reste le bar le plus décontracté de Phi Phi. Détruit par le tsunami de 2004, il a été reconstruit par son propriétaire avec du bois récupéré. Les box portent le nom des proches qu'il a perdus dans la catastrophe.

Reggae Bar BAR $$
(Carte p. 320 ; village touristique). Vous ne pouvez prétendre connaître la vie nocturne de Phi Phi tant que vous n'avez pas vu des touristes (hommes comme femmes) s'affronter sur le ring de boxe thaïlandaise de ce bar louche. Les 2 combattants repartent avec un seau d'alcool gratuit pour panser leurs plaies.

Slinky Bar CLUB $$
(Carte p. 320 ; Ao Lo Dalam). C'était la piste de danse du moment lors de notre passage. Attendez-vous à un spectacle de feu, des cocktails sucrés et une foule qui danse et flirte sur la plage au rythme de basses puissantes.

Breakers BAR $$
(Carte p. 320 ; village touristique ; burgers 200-240 B ; 11h-14h ;). Bar sportif, où les matchs de foot retransmis sont aussi intéressants que les spectateurs. Succulents burgers et steaks et un plateau de tapas avec d'appétissantes ailes de poulet marinées, et pommes de terre farcies à partager entre amateurs de bière.

Renseignements

Les DAB et les cybercafés (2 B/min) sont omniprésents dans le centre touristique ; en revanche, il n'y en a pas près des plages plus reculées, à l'est. Au cœur du village, **D's Bookshop** (10h-22h) dispose d'une connexion Wi-Fi. Bons expressos (50 B) et livres en anglais.

Depuis/vers Ko Phi Phi

Ko Phi Phi est accessible par bateau depuis Krabi, Phuket, Ao Nang, Railay et Ko Lanta. La plupart des bateaux accostent à Ao Ton Sai, mais quelques-uns en provenance de Phuket utilisent l'embarcadère isolé de Laem Thong, au nord. Les bateaux de Phuket et de Krabi circulent toute l'année, ceux de Ko Lanta et d'Ao Nang seulement en haute saison (octobre-avril).

KO PHI PHI Les bateaux quittent Krabi pour Ko Phi Phi (300 B, 1 heure 30) à 9h et 15h30. Depuis Ao Nang (350 B, 1 heure 30), il y a un bateau quotidien à 15h30.

PHUKET Les bateaux partent de Phuket à 9h, 14h30 et 15h. Les retours de Ko Phi Phi ont lieu à 9h, 13h30 et 15h (400 B, 1 heure 45).

KO LANTA Départ des bateaux à 11h30 et 14h, retour depuis Ko Lanta à 8h et 13h (300 B, 1 heure 30).

RAILAY Pour Railay (350 B, 1 heure 15), prenez le ferry à destination d'Ao Nang.

Comment circuler

Ko Phi Phi Don ne comporte aucune route ; on s'y déplace essentiellement à pied. On peut toutefois louer un *long-tail boat* à Ao Ton Sai pour aller d'un point à un autre autour de Ko Phi Phi Don ou rejoindre Ko Phi Phi Leh.

Des *long-tail boats* partent de l'embarcadère d'Ao Ton Sai pour Hat Yao (100-150 B), Laem Thong (800 B), Hat Rantee (500 B) et la grotte du Viking (500 B). La location d'un *long-tail boat* coûte 1 200 B pour 3 heures ou 2 500 B pour la journée. Celle d'un hors-bord coûte environ 6 500 B pour 6 heures.

Ko Phi Phi Leh

เกาะพีพีเล

Phi Phi Leh, la plus petite des deux îles sœurs, arbore d'impressionnantes falaises qui surplombent des eaux transparentes ; dessous, de magnifiques récifs coralliens abritent une vie marine florissante. Lieu de prédilection pour le snorkeling, elle compte deux splendides lagunes, **Pilah** sur la côte est, et **Ao Maya**, sur la côte ouest. Cette dernière a acquis une célébrité controversée en 1999 (l'équipe de tournage l'aurait saccagée) après avoir servi de décor au film *La Plage*. À la pointe nord-ouest de l'île, la **grotte des Vikings** (Tham Phaya Naak) est un important lieu de récolte de nids de salanganes. Les ramasseurs gravissent des échafaudages en bambou pour atteindre les nids. Auparavant, ils prient et offrent tabac, encens et alcool aux esprits de la grotte. Celle-ci doit son surnom trompeur aux peintures rupestres réalisées par des pêcheurs chinois il y a 400 ans.

Il n'y a pas d'hôtels sur Phi Phi Leh, et la plupart des (nombreux) visiteurs s'y rendent depuis Phi Phi Don. Les circuits d'une demi-journée comportent des arrêts snorkeling dans différents spots de l'île et une incursion jusqu'à la grotte des Vikings et à Ao Maya. Comptez 800 B en *long-tail boat* et 2 400 B en hors-bord. Les frais d'accès au parc national à payer à l'accostage sont de 400 B.

Il est possible de camper sur Phi Phi Leh, par l'entremise du **Maya Bay Camping** (☎08 6944 1623 ; www.mayabaycamping.com ; 2 100 B/pers), qui propose des séjours intensifs comprenant sortie en kayak, snorkeling, repas et sac de couchage pour une nuit à la belle étoile.

Ko Lanta

เกาะลันตา

20 000 HABITANTS

Longue et étroite, bordée de sable blond, l'île de Ko Lanta est la plus séduisante de la province de Krabi. Ce paradis de la détente convient à tous les budgets, et les plages de la côte ouest sont plus belles les unes que les autres. Les plages du nord sont très fréquentées et animées. Plus vous descendez au sud, plus le rivage est tranquille.

Le relief de Ko Lanta étant peu accidenté comparé à celui de ses voisines hérissées de formations karstiques, on peut facilement l'explorer à moto (les distances sont longues et la température élevée pour faire du vélo). On croise dans ce melting-pot de cultures des échoppes de poulet frit au pied des minarets, des villages décrépits de *chow lair* et des petits *wat* thaïlandais au milieu des mangroves.

L'île s'appelle en fait Ko Lanta Yai. C'est la plus grande des 52 îles qui forment l'archipel protégé par le parc national maritime de Mu Ko Lanta. Presque tous les bateaux accostent à Ban Sala Dan, une bourgade poussiéreuse où il n'y a que deux rues, à la pointe nord de l'île.

À voir

Ban Ko Lanta VILLE

Au milieu de la côte est, **Ban Ko Lanta** (vieille ville de Lanta) était autrefois le centre commerçant de l'île. Elle constituait un port d'attache sûr pour les navires de commerce arabes et chinois qui naviguaient entre Phuket, Penang et Singapour. Certaines élégantes maisons et boutiques sur pilotis datent d'il y a plus d'un siècle. Jouissant d'une belle vue sur la mer, quelques restaurants installés sur l'embarcadère servent les prises du jour. Un petit marché se tient le dimanche. Si vous cherchez de beaux objets artisanaux en cuir, **Lanta Leather** (☎08 5046 6410 ; ⌚8h-20h) vaut le détour. Pour des hamacs de qualité, ne manquez pas la **Hammock House** (☎0 4847 2012 ; www.jumbohammock.com ; ⌚10h-17h) ; vous pourrez y récupérer la carte *Lanta Biker's Map* (en anglais), où sont indiqués quelques-uns des meilleurs sites hors des sentiers battus.

Chao Leh Museum MUSÉE

(พิพิธภัณฑ์ชาวเกาะลันตา ; Ban Sanghka-U). Dans des maisons en bambou traditionnelles sont présentées des peintures à l'huile et des expositions sur les mythes, la musique et les cérémonies des *chow lair*. Pour trouver le musée, cherchez la maison sur piloti qui dépasse de la colline de l'autre côté de la route, face à la mer.

Parc national maritime de Mu Ko Lanta PARC NATIONAL

(อุทยานแห่งชาติเกาะลันตา ; adulte/enfant 400/200 B). Depuis 1990, 15 îles de l'archipel de Lanta, y compris la pointe sud de Ko Lanta Yai, forment un parc national maritime, malheureusement de plus en plus menacé par l'urbanisation galopante qui gagne la côte ouest de Ko Lanta Yai. Les autres îles de l'archipel connaissent un sort un peu meilleur. **Ko Rok Nai**, toujours d'une beauté exceptionnelle, possède une baie en forme de croissant qui s'adosse à des falaises, de superbes récifs coralliens et une étincelante plage de sable blanc. Avec une autorisation du bureau du parc, on peut camper sur Ko Rok Nok et **Ko Ha**, une île voisine. À l'est de Ko Lanta Yai, **Ko Talabeng** recèle de spectaculaires grottes calcaires, que l'on peut découvrir lors d'un circuit en kayak. Si vous visitez ces îles, vous devrez payer le droit d'entrée du parc.

Le **bureau du parc** est installé à Laem Tanod, à la pointe sud de Ko Lanta Yai, à 7 km de Hat Nui en prenant une piste escarpée et accidentée. Des *túk-túk* peuvent venir vous prendre. Il y a là quelques sentiers de randonnée rudimentaires et un **phare panoramique**. En basse saison, il est possible de louer un *long-tail boat* pour effectuer un circuit autour des îles.

Tham Khao Maikaeo GROTTE

(ถ้ำเขาไม้แก้ว). Les pluies de la mousson qui se sont déversées dans les crevasses de calcaire pendant des millions d'années ont créé ce réseau de grottes et de tunnels perdu dans la forêt. Certaines cavernes, ornées de stalactites et de stalagmites, sont aussi vastes que des cathédrales, d'autres si basses qu'il faut s'y glisser à quatre pattes. Vous pourrez même vous baigner ici dans l'eau très fraîche d'un lac souterrain. Il est essentiel d'être bien chaussé pour cette excursion. Vous risquez aussi de sortir couvert de boue.

On atteint Tham Khao Maikaeo après une marche avec guide à travers la forêt tropicale. Une famille locale propose

INTERVIEW

UNE S.P.A. THAÏLANDAISE

Junie Kovacs est la fondatrice de Lanta Animal Welfare, une association qui s'occupe des animaux abandonnés, organise des campagnes de stérilisation et de vaccination, ainsi que des programmes de sensibilisation.

POURQUOI TANT D'ANIMAUX ERRANTS ?

Nombre de pensions prennent pendant la haute saison des chiots ou des chatons, pour attirer les touristes. Quand la saison est finie, les animaux sont abandonnés au bord des routes secondaires.

COMMENT AIDER ?

L'association a besoin de volontaires à court ou long terme pour promener les chiens, collecter des fonds pour les campagnes, aider les vétérinaires bénévoles, attraper les chiens errants, etc. Si vous vous attachez à un animal pendant vos vacances, l'association peut vous aider dans les démarches administratives pour le ramener chez vous ! Soi Dog (voir p. 243), à Phuket, est une autre structure bien organisée où votre aide sera utile.

des randonnées jusqu'aux grottes (avec lampes électriques) pour 200 B environ. La meilleure solution pour se rendre jusque-là est de louer une moto ou de demander à son hôtel d'organiser le transport.

Non loin, mais accessible par un sentier séparé, qui part du chemin menant au bureau du parc, **Tham Seua** (grotte du Tigre) possède aussi des tunnels intéressants à explorer. Des randonnées à dos d'éléphant permettent d'atteindre cette grotte depuis Hat Nui.

Activités

Les vacanciers sur Ko Lanta seront ravis de constater que certains spots de plongée parmi les plus réputés de Thaïlande ne sont qu'à quelques brasses. Les meilleurs sont situés au niveau des pics sous-marins de **Hin Muang** et **Hin Daeng**, à environ 45 minutes de hors-bord. Ces sites de réputation mondiale recèlent des récifs coralliens isolés au milieu de l'océan où viennent se nourrir de grandes espèces pélagiques, dont des requins, des thons et, parfois, des raies mantas et des requins-baleines. Hin Daeng est considéré par beaucoup comme le plus beau spot de plongée après Richelieu Rock (p. 277), près de la frontière birmane. Les sites proches de **Ko Ha** jouissent de très bonnes conditions, avec des profondeurs de 18 à 34 m, une faune abondante et une grotte baptisée la "cathédrale". Des excursions sont organisées jusqu'à l'épave du *King Cruiser*, le récif aux anémones et Ko Phi Phi.

Des excursions à Hin Daeng/Hin Muang coûtent entre 5 000 et 6 000 B, et il faut compter 3 500-4 500 B pour Ko Ha. La formation PADI Open Water revient à 14 000-17 000 B.

De nombreuses agences de voyages dans les principales zones touristiques peuvent organiser une sortie de snorkeling vers Ko Rok Nok, Ko Phi Phi et les îles avoisinantes.

Scubafish PLONGÉE
(☎0 7566 5095 ; www.scuba-fish.com). Installé au Baan Laanta Resort (p. 329), à Ao Kantiang, il est réputé pour être le meilleur centre de plongée. Une annexe se trouve au Narima Resort (p. 329). Contrairement aux prestataires impersonnels de Ban Sala Dan, Scubafish propose des programmes établis sur mesure pour chaque client, à l'instar du stage de photographie sous-marine Liquid Lense. Les formules de 3 jours (9 975 B) ont beaucoup de succès.

D'autres écoles de plongées fiables :

Blue Planet Divers PLONGÉE
(☎0 7566 2724 ; www.blueplanetdivers.net ; Ban Sala Dan). La seule école spécialisée en plongée libre.

Lanta Diver PLONGÉE
(☎0 7568 4208 ; www.lantadiver.com ; Ban Sala Dan)

Dive & Relax PLONGÉE
(☎08 4842 2191 ; www.diveandrelax.com ; Hat Phra Ae)

Cours

Time for Lime CUISINE
(☎0 7568 4590 ; www.timeforlime.net). Sur Hat Khlong Dao, cet établissement dispose d'une cuisine professionnelle, en béton moulé, si vaste qu'on s'y perdrait. Il organise des cours de cuisine durant lesquels vous élaborerez des recettes plus originales que celles proposées dans la plupart des écoles de cuisine ailleurs dans le pays. Un cours de 5 heures revient à 1 800 B. De fortes réductions sont consenties si vous suivez plusieurs cours. Les profits de l'école contribuent à financer le Lanta Animal Welfare (voir l'encadré ci-contre).

Où se loger

Ko Lanta recèle de longues étendues de sable bordées d'hôtels. Certains complexes ferment en basse saison (mai-octobre), d'autres baissent leurs tarifs de 50%, voire plus. Les hôtels font généralement aussi restaurant et peuvent organiser des sorties de snorkeling, des massages, des circuits et la location de motos.

HAT KHLONG DAO หาดคลองดาว

Il s'agit d'une superbe plage de 2 km de sable blanc, idéale pour la baignade. Malheureusement, au changement de marée, les détritus s'y amoncellent. Les habitants disent (non sans dédain) que ceux-ci viennent de Phi Phi.

♥ **Costa Lanta** HÔTEL $$$
(☎0 7566 8168 ; www.costalanta.com ; ch à partir de 6 200 B ;). Chambres indépendantes zen, nichées dans un jardin ombragé de cocotiers et parcouru de canaux de marée à l'extrémité nord de Hat Khlong Dao. Des sols aux murs, en passant par les lavabos,

Ko Lanta

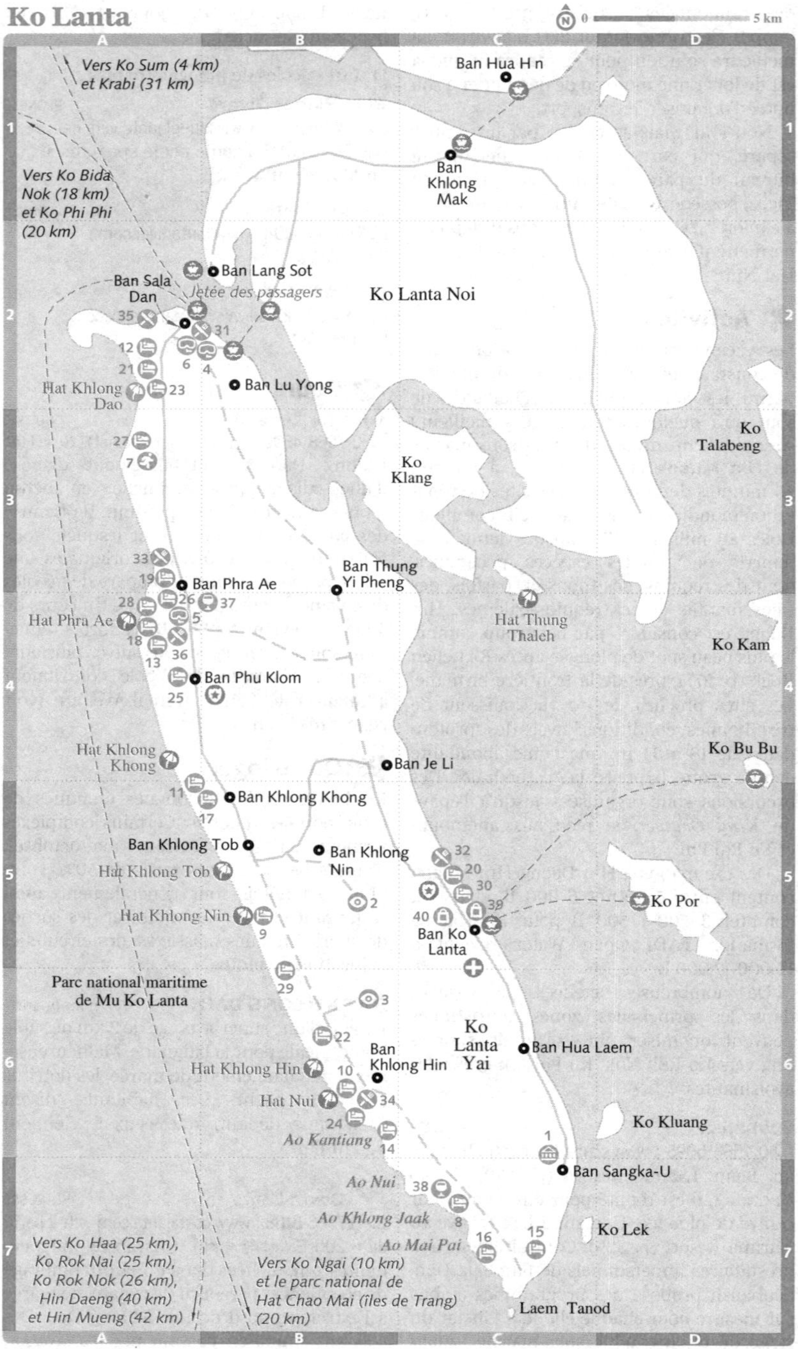
0
5 km
Vers Ko Sum (4 km) et Krabi (31 km)
Ban Hua H n
Ban Khlong Mak
Vers Ko Bida Nok (18 km) et Ko Phi Phi (20 km)
Ban Lang Sot
Ban Sala Dan
Jetée des passagers
Ko Lanta Noi
Ban Lu Yong
Hat Khlong Dao
Ko Talabeng
Ko Klang
Ban Thung Yi Pheng
Ban Phra Ae
Hat Phra Ae
Hat Thung Thaleh
Ko Kam
Ban Phu Klom
Ko Bu Bu
Hat Khlong Khong
Ban Je Li
Ban Khlong Khong
Ban Khlong Tob
Ban Khlong Nin
Hat Khlong Tob
Ko Por
Hat Khlong Nin
Ban Ko Lanta
Parc national maritime de Mu Ko Lanta
Ko Lanta Yai
Ban Hua Laem
Ban Khlong Hin
Hat Khlong Hin
Hat Nui
Ao Kantiang
Ko Kluang
Ban Sangka-U
Ao Nui
Ao Khlong Jaak
Ko Lek
Ao Mai Pai
Vers Ko Haa (25 km), Ko Rok Nai (25 km), Ko Rok Nok (26 km), Hin Daeng (40 km) et Hin Mueng (42 km)
Vers Ko Ngai (10 km) et le parc national de Hat Chao Mai (îles de Trang) (20 km)
Laem Tanod

Ko Lanta

À voir

1 Musée des *chao leh* (*chow lair*) C6
Liquid Lense .... (voir 10)
2 Tham Khao Mai Kaeo B5
3 Tham Seua B6

Activités

4 Blue Planet Divers B2
5 Dive & Relax A4
6 Lanta Diver A2
Scubafish .... (voir 10)
Scubafish .... (voir 22)
7 Time for Lime A3

Où se loger

8 Andalanta Resort C7
9 Andalay Resort B5
10 Baan Laanta Resort & Spa B6
11 Bee Bee Bungalows A5
12 Costa Lanta A2
13 Hutyee Boat A4
14 Kantiang Bay View Resort B6
15 La Laanta C7
16 Lanta Darawadee B5
17 Lanta Marina A4
18 Layana Resort A3
19 Mango House C5
20 Maya Beach Resort A2
21 Mu Ko Lanta Marine National Park Headquarters C7
22 Narima B6
23 Ocean View Resort A2
24 Phra Nang Lanta B6
25 Relax Bay A4
26 Sanctuary A4
27 Slow Down Villas A3
28 Somewhere Else A4
29 Sri Lanta B6
30 Sriraya C5

Où se restaurer

31 Bai Fern B2
32 Beautiful Restaurant C5
33 Country Lao A3
34 Drunken Sailors B6
35 Lanta Seafood A2
36 Red Snapper A4

Où prendre un verre

Moonwalk .... (voir 26)
37 Opium B4
38 Same Same But Different C7

Achats

39 Hammock House C5
40 Lanta Leather C5

tout est en béton poli ; pour une circulation d'air maximale, les portes à double battant de chaque cabane s'ouvrent largement. Le restaurant est sensationnel, tout comme la piscine à débordement noire à côté du sable. Réductions possibles en ligne. Les tarifs de basse saison en font une véritable affaire.

Slow Down Villas LOCATION DE VILLAS $$

(☎08 4999 6780 ; www.slowdownlanta.se, en suédois ; villas 25 000 B/semaine ;). Ces 9 villas modernes, couvertes de bardeaux, à 2 ou 3 chambres, sont d'un design épuré tout en espaces ouverts. Confortables, elles sont parfaites pour des vacances en famille près de la plage. Le site Internet est en suédois mais tout le monde est le bienvenu. Les propriétaires, des expatriés, les louent à la semaine ou au mois.

Maya Beach Resort HÔTEL $$$

(☎0 7568 4267 ; www.mayalanta.com ; ch 4 300 B ;). Grandes chambres attrayantes, réparties sur 2 étages. Rampes à claire-voie sur la terrasse et piscine qui se fond avec la mer tout près.

Ocean View Resort HÔTEL $$

(☎0 7568 4089 ; www.oceanviewlanta.com ; bungalows 1 300-2 900 B ;). Bungalows spacieux carrelés, avec grands lits, TV câblée, hamacs à l'extérieur et piscine près de la mer.

HAT PHRA AE หาดพระแอ

Un grand village touristique s'est développé sur l'interminable et sablonneuse Hat Phra Ae (appelée aussi Long Beach), avec une kyrielle de restaurants, de bars de plage, de cybercafés et d'agences de voyages.

Relax Bay HÔTEL $$

(☎0 7568 4194 ; www.relaxbay.com ; bungalows 1 200-2 500 B ;). Magnifique établissement tenu par des Français sur un promontoire boisé, près d'une petite plage. Les bungalows en bois sur pilotis, dotés de larges terrasses, dominent la baie et ses sublimes couchers de soleil. Pour une expérience mémorable, dormez dans une tente de luxe installée sur une plate-forme en bois au sommet des rochers. Bar en plein air et restaurant raffinés.

Sanctuary PENSION $

(☎08 1891 3055 ; sanctuary_93@yahoo.com ; bungalows 600-1 200 B). Bungalows en bois et en chaume au design recherché sur une grande pelouse, avec une ambiance décontractée et conviviale. Le restaurant sert des plats indiens et végétariens, en plus des spécialités thaïlandaises. Cours de yoga.

Hutyee Boat PENSION $

(☎08 3633 9723 ; bungalows 350-400 B). Un paradis pour hippies composé de grands bungalows robustes avec sdb carrelée et miniréfrigérateur, au milieu d'une forêt de palmiers et bambous, en retrait de la plage, derrière le Nautilus. Le propriétaire portant tunique et fez est le plus heureux sultan du monde.

Layana Resort HÔTEL $$$

(☎0 7560 7100 ; www.layanaresort.com ; bungalows 11 900-17 700 B ; ❄). Certes le Layana attire nombre de groupes en voyage organisé. Mais le bel emplacement sur une portion encore préservée de Long Beach, la fabuleuse piscine ombragée de palmiers et les chambres en joli bois, spacieuses et douillettes, aux tons apaisants, font oublier cet inconvénient. Tarifs affichés onéreux, beaucoup plus intéressants sur Internet.

Somewhere Else PENSION $

(☎08 1536 0858 ; bungalows 400-1 000 B ; 📶). Ces grands bungalows octogonaux en bambou ornent une pelouse ombragée, face à une partie de la plage très conviviale où il fait bon s'allonger. Les sdb sont grandes et propres, tout comme le restaurant, face à la plage, qui sert des plats indiens, thaïlandais et européens.

Lanta Marina PENSION $

(☎0 7568 4168 ; www.lantamarina.com ; bungalows 500-800 B ; ⏲nov-avr ; 📶). Bungalows géants évoquant de hautes balles de foin, avec de larges porches. On croirait débarquer dans un village tribal. Excellent rapport qualité/prix.

HAT KHLONG KHONG หาดคลองโขง

Toits de chaumes et bars rasta abondent sur cette plage qui semble s'étendre à l'infini. Des matchs de beach-volley et des fêtes de la lune y sont organisés. L'atmosphère est sans prétention et l'on croise des visiteurs de tous âges.

♥ **Bee Bee Bungalows** PENSION $

(☎08 1537 9932 ; www.beebeebungalows.com ; bungalows 400-800 B ; ❄@🏊). Un des meilleurs hôtels petits budgets de l'île, le Bee Bee propose une dizaine de bungalows originaux ; certains sont perchés sur pilotis dans les arbres. Le personnel est très accueillant. Le restaurant possède une bibliothèque de vieux livres de poche à lire en attendant de déguster de savoureux mets thaïlandais.

Lanta Darawadee HÔTEL $$

(☎0 7566 7094 ; bungalows avec petit-déj 1 000-1 600 B ; ❄📶🏊). Si l'atmosphère de Hat Khlong Khong vous plaît, mais que vous préférez une chambre climatisée, ce nouvel hôtel, situé sur la plage, constitue une excellente option. Chambres propres et literie ferme, avec terrasse, frigo et TV. L'eau est chauffée à l'énergie solaire.

HAT KHLONG NIN หาดคลองนิน

Après Hat Khlong Tob, vers le sud, la route bifurque : on peut tourner à gauche vers l'intérieur des terres (puis la côte est) ou tourner à droite pour longer la côte sur 14 km, jusqu'à l'extrémité sud de Ko Lanta. La première plage, la ravissante Hat Khlong Nin, jouit d'une belle étendue de sable blanc. De nombreuses petites pensions économiques avec restaurant sont situées à son extrémité nord. Il est facile de s'y arrêter pour choisir un hébergement à petit prix.

🍃 **Sri Lanta** HÔTEL $$

(☎0 7566 2688 ; www.srilanta.com ; bungalows à partir de 3 000 B ; ❄@🏊). À la pointe sud de la plage, cet hôtel est constitué de constructions minimalistes en bois, dans un jardin qui court de la plage à un flanc de colline arboré. Un nouvel espace chic a été aménagé en front de mer avec restaurant, piscine à débordement et pavillons de massage. L'établissement s'efforce de réduire son empreinte carbone en utilisant des produits biodégradables et en minimisant sa consommation d'électricité.

Andalay Resort HÔTEL $$$

(☎0 7566 2699 www.andalay-lanta.com ; bungalows 5 400 B ; ❄📶🏊). Nouveau complexe élégant où les 12 chambres s'ouvrent sur des avancées perchées au-dessus d'un bassin de lotus, qui se confond avec la piscine et la mer. Sols en béton, ventilateur et climatisation, meubles en bois, TV sat et Wi-Fi dans les chambres.

HAT NUI

Plusieurs petites plages rocailleuses abritent des hébergements haut de gamme.

Narima HÔTEL $$

(☎0 7566 2668 ; www.narima-lanta.com ; bungalows 2 300-3 700 B ; ❄@≋). Une atmosphère à la Robinson émane de cet hôtel qui surplombe sa propre plage, petit joyau de sable blanc. On s'attendrait pour le prix à plus luxueux que ces bungalows (parquets, modeste sdb carrelée et grandes vérandas).

AO KANTIANG อ่าวกันเตียง

Sur cette superbe étendue de sable adossée à des montagnes, se love un petit village avec supérettes, cybercafés, loueurs de motos et restaurants. La majeure partie de la plage est à l'état sauvage, mais un grand nombre de voiliers et de hors-bord sont amarrés dans la baie. C'est loin de tout, alors si vous y venez, vous ne visiterez pas le reste de l'île.

♥ **Phra Nang Lanta** HÔTEL $$$

(☎0 7566 5025 ; lanta@vacationvillage.co.th ; studios 6 000 B ; ❄@≋). Ces vastes studios de style mexicain semblent tout droit sortis d'un magazine d'architecture. Les lignes claires, de bois et de blanc, sont accentuées de couleurs vives. Dehors, des fleurs et des plantes grimpent le long de pare-soleil en bambou. La piscine et le restaurant-bar cossu donnent sur la plage.

Baan Laanta Resort & Spa HÔTEL $$$

(☎0 7566 5091 ; www.baanlaanta.com ; bungalows à partir de 3 500 B ; ❄@≋). Des jardins paysagers entourent les bungalows en bois design et la piscine qui donne sur une plage de sable blanc. L'élément central des chambres est le lit de style futon, placé sur une plateforme en bois surélevée, et protégé par une fine moustiquaire.

Kantiang Bay View Resort HÔTEL $$

(☎0 7566 5049 ; www.kantiangbay.net ; bungalows 500-2 000 B ; ❄@). Les bungalows branlants en bois et en bambou ne sont ni chers ni très propres, alors que les chambres carrelées, plus coûteuses, sont colorées et dotées d'un petit frigo. Le restaurant en bambou sert des mets thaïlandais convenables.

AO KHLONG JAAK อ่าวคลองจาก

La splendide plage d'Ao Khlong Jaak tire son nom de la cascade à l'intérieur des terres.

Andalanta Resort HÔTEL $$$

(☎0 7566 5018 ; www.andalanta.com ; bungalows 2 600-6 900 B ; ❄@≋). Les bungalows modernes et climatisés (certains en duplex), ainsi que d'autres, plus simples avec ventilateur, font tous face à la mer. Le jardin est charmant, et le restaurant exquis. La cascade se trouve à 30-40 minutes de marche.

AO MAI PAI อ่าวไม้ไผ่

♥ **La Laanta** HÔTEL $$$

(☎0 7566 5066 ; www.lalaanta.com ; bungalows 2 800-6 200 B ; ❄@≋). Cette adresse incarne l'élégance aux pieds nus. Tenu par un couple thaïlandais et vietnamien anglophone, c'est l'établissement le plus épatant de toute l'île. Dans les bungalows en chaume : sol en ciment poli, lit-plateforme, motifs floraux et terrasse donnant sur une plage de sable et de rochers. Situé au bout d'un chemin, cet hôtel est le plus proche du parc national maritime.

LAEM TANOD แหลมโตนด

La route qui mène au bureau du parc national maritime passe le *klong* (canal) à gué. En saison humide, l'eau peut y être très profonde.

Bureau du parc national maritime de Mu Ko Lanta (☎Bangkok 0 2561 4292 ; emplacement 30 B/pers, emplacement et tente 300-400 B). Tranquille, le terrain isolé de l'administration du parc est idéal pour camper et s'endormir bercé par le clapotis des vagues sur les rochers. Les emplacements situés au milieu de la forêt tropicale sont plats et ombragés. Vous trouverez sur place des toilettes et l'eau courante, mais pas de quoi manger. Le bureau délivre des autorisations pour camper à Ko Rok et à Ko Ha. Droit d'entrée au parc national en sus (voir p. 324).

BAN KO LANTA

Quelques pensions sont ouvertes dans la vieille ville de Lanta, souvent ignorée des voyageurs, mais tellement ancienne et riche.

Mango House PENSION $$

(☎0 7569 7181 ; www.mangohouses.com ; suites 2 000-2 500 B ; ⊙oct-avr). Vieille de 100 ans, cette maison chinoise sur pilotis construite en teck, au-dessus du port, est une ancienne fumerie d'opium. Les planchers d'origine, usés par le temps, sont intacts et les immenses chambres hautes de plafond sont équipées de TV sat, lecteur de DVD et ventilateur. Le restaurant est une version chic d'une cabane de pêcheur et sert de délicieux plats thaïlandais et occidentaux.

Sriraya PENSION $

(☎0 7569 7045 ; ch 500 B). Cette *shophouse* chinoise a été restaurée avec goût et simplicité. La chambre côté rue avec balcon donne sur le centre de la vieille ville. Sdb communes.

Où se restaurer

Les meilleurs établissements sont ceux qui servent des fruits de mer à l'extrémité nord de Ban Sala Dan. Prix au poids et terrasses au-dessus des flots.

Beautiful Restaurant FRUITS DE MER $$

(☎0 7569 7062 ; Ban Ko Lanta ; plats 100-200 B). Le meilleur restaurant de fruits de mer de la vieille ville. Le poisson est frais, délicieusement préparé et servi sur des terrasses les pieds dans l'eau.

Lanta Seafood FRUITS DE MER $$

(☎0 7566 8411 ; Ban Sala Dan). Vente au poids très intéressante. Commandez le *pla tod ka min* – dorade blanche enduite de curcuma frais râpé à la main et d'ail, puis frite. Ce n'est pas gras mais fumé, épicé et juteux. Les moules à la vapeur sont divines elles aussi.

Country Lao THAÏLANDAIS $

(☎08 5796 3024 ; Ban Phra Ae ; plats 80-180 B). Sous ces parasols en bambou et dans ces pagodes en chaume le long de la route principale, vous dégusterez la spécialité de la maison : la salade de papaye verte croustillante (150 B) – papaye râpée, panée puis frite. Portion généreuse avec, en accompagnement, un bol de sauce au citron vert, des cacahuètes, des haricots verts et des tomates cerises juteuses. Votre mission : associer les saveurs et dévorer.

Red Snapper FUSION $$

(☎0 7885 6965 ; www.redsnapper-lanta.com ; Ao Phra Ae ; tapas/plats à partir de 70/235 B ; ⏲dîner). Restaurant de tapas tenu par des Néerlandais, sur le bord de la route à Ao Phra Ae. Le cadre dans le jardin est romantique et le magret de canard aux champignons shiitaké, vivement recommandé.

Drunken Sailors FUSION $$

(☎0 7566 5076 ; plats 100-200 B ; Hat Nui ; ⏲petit-déj, déj et dîner). Cet espace octogonal, adouci par des poufs en forme de haricot, est un lieu branché et très décontracté. Les boissons au café sont excellentes et raccords avec des en-cas tel le sandwich au poulet et curry vert.

Bai Fern THAÏLANDAIS $

(☎0 7566 8173 ; Ban Sala Dan ; plats 40-100 B ; ⏲petit-déj, déj et dîner). Salades thaïlandaises, nouilles et currys bon marché et savoureux, servis dans une salle sur pilotis.

Où prendre un verre et sortir

Ko Lanta s'anime en haute saison. Cela dit, les bars reggae en bois flotté sont si nombreux le long de la côte ouest, que vous risquez de vous lasser. La basse saison est très calme.

Same Same But Different BAR $$

(☎08 1787 8670 ; Ao Kantiang ; cocktails 200 B ; ⏲8h-23h). Dans un cadre agréable au bord de la mer, vous goûterez à une cuisine thaïlandaise savoureuse en sirotant de délicieux cocktails.

Moonwalk BAR $$

(Hat Phra Ae ; cocktails 180 B ; ⏲7h-23h). Grand bar-restaurant en chaume qui redonne une petite touche thaïlandaise à une île de plus en plus aménagée à l'occidental. Délicieux cocktails et barbecue de fruits de mer en haute saison.

Opium NIGHT-CLUB $$

(Hat Phra Ae ; ⏲à partir de 18h). Cette boîte de nuit chic organise des concerts certains soirs, accueille des DJ et possède une grande piste de danse. Le meilleur endroit pour faire la fête sur Lanta.

Renseignements

Ban Sala Dan regroupe de nombreux restaurants, cybercafés (1 B/min), agences de voyages, loueurs de motos et magasins de plongée. Les supérettes 7-Eleven sont au nombre de 5 le long de la côte ouest de l'île, toutes dotées d'un DAB.

Ko Lanta Hospital (☎0 7569 7085). Situé à 1 km au sud de Ban Ko Lanta (vieille ville).

Poste de police (☎0 7569 7017). Au nord de Ban Ko Lanta.

Depuis/vers Ko Lanta

La plupart des visiteurs arrivent à Ko Lanta en bateau ou en minibus climatisé. Si vous êtes motorisé, vous devrez prendre l'un des **car-ferrys** (moto 20 B, voiture/4x4 75/150 B ; ⏲7h-20h) qui circulent fréquemment entre Ban Hua Hin et Ban Khlong Mak (Ko Lanta Noi) avant de rejoindre Ko Lanta Yai.

Bateau

Ban Sala Dan compte deux embarcadères : un pour les passagers à 300 m de la principale rangée de boutiques et un autre pour les véhicules, quelques kilomètres plus à l'est.

Un seul ferry de passagers relie l'embarcadère Khlong Chilat de Krabi et Ko Lanta. Il quitte Ko Lanta à 8h (400 B, 2 heures) et repart de Krabi à 11h. Il s'arrête aussi à Ko Jum (400 B).

Les bateaux reliant Ko Lanta à Ko Phi Phi circulent toute l'année, mais il arrive qu'en basse saison le service soit suspendu faute d'un nombre suffisant de passagers. Les ferrys partent habituellement de Ko Lanta à 8h et 13h (300 B, 1 heure 30) ; dans l'autre sens, ils partent de Ko Phi Phi à 11h30 et 14h. De Ko Phi Phi, des ferrys desservent Phuket.

À partir du 21 octobre environ et jusqu'en mai, vous pouvez participer à une excursion de snorkeling aux îles de Trang (incluant quatre d'entre elles) et descendre à la destination de votre choix (300 B ; n'oubliez pas le maillot de bain). Les bateaux s'arrêtent sur Ko Ngai (2 heures), Ko Muk (3 heures) et Ko Kradan (4 heures) dans la province de Trang.

Plusieurs hors-bord relient également Ko Lanta aux îles Trang, le plus rapide étant le **Satun-Pak Bara Speedboat Club** (☎0 7475 0389, 08 2433 0114 ; www.tarutaolipeisland.com) qui fait étape à Ko Ngai (650 B, 30 min), Ko Muk (900 B, 1 heure) et Ko Bulone Leh (1 600 B, 2 heures), puis se rend à Ko Lipe (1 900 B, 3 heures).

Tigerline (☎08 1092 8800 ; www.tigerlinetravel.com), un ferry à grande vitesse, circule entre Ban Sala Dan sur Ko Lanta et Ko Lipe (1 400 B, 4 heures), et s'arrête à Ko Ngai (500 B, 30 min), Ko Kradan (750 B, 1 heure 30) et Ko Muk (750 B, 2 heures). Il part de Ban Sala Dan à 13h et repart de Ko Lipe le lendemain à 9h pour arriver à Ban Sala Dan vers 12h.

Minibus

Les minibus circulent toute l'année et sont les plus pratiques depuis le continent. Chaque jour, des liaisons gagnent l'aéroport de Krabi (280 B, 1 heure 30) et Krabi (250 B, 1 heure 30) toutes les heures de 7h à 15h30. En sens inverse, les minibus partent toutes les heures de 8h à 16h.

Les minibus pour Phuket (350 B, 4 heures) partent de Ko Lanta environ toutes les 2 heures, et plus fréquemment en haute saison. Plusieurs minibus climatisés par jour vont à Trang (250 B, 2 heures 30) et moins fréquemment à Khao Lak (650 B, 6 heures), Ko Samui (650 B, bateau compris) et d'autres destinations prisées.

Comment circuler

La plupart des complexes hôteliers envoient des véhicules attendre leurs clients à l'arrivée des bateaux et les transfèrent gratuitement. Au retour, comptez entre 80 et 250 B. On peut également prendre une moto-taxi en face du 7-Eleven à Ban Sala Dan ; la course varie de 50 à 250 B selon la distance.

On peut louer des motos (250 B/jour) à peu près partout. Par contre, peu de loueurs fournissent un casque et aucun n'offre d'assurance. Soyez prudent.

On trouve plusieurs loueurs de petits 4x4 pour environ 1 600 B/jour, assurance comprise.

Ko Jum et Ko Si Boya

เกาะจำ/เกาะศรีบอยา

Au nord de Ko Lanta, Ko Jum et sa voisine Ko Si Boya semblent désertes, tant les rares constructions sont nichées au milieu des arbres. Les habitants appellent la partie sud et plate Ko Jum et la partie nord et vallonnée Ko Pu ; mais il s'agit d'une seule île, Ko Jum.

Les Chinois commencèrent à débarquer à Ko Jum, autrefois le domaine exclusif des *chow lair* (ou *chao leh*) de Lanta, dans les années 1950, après l'accession de Mao au pouvoir. À l'époque, aucun Thaï ne vivait ici. Les trois cultures ont fini par se mélanger pour n'en former qu'une, que l'on découvre mieux tôt le matin dans le village de pêcheurs délabré et poétique de **Ban Ko Jum**. On y trouve quelques restaurants, un **cybercafé** (3 B/min) et quelques boutiques de plongée comme **Blue Juice Divers** (☎à Krabi 0 7563 0679 ; bluejuicedivers@gmail.com).

Où se loger et se restaurer

Les hébergements sont implantés le long de la côte ouest de Ko Jum. Il en existe plus d'une vingtaine. Certains louent des kayaks de mer et la plupart disposent d'un restaurant. Les transports publics à destination de Ko Jum et de Ko Si Boya sont très rares en basse saison, aussi la plupart des hôtels ferment-ils de mai à octobre.

♥ **Koh Jum Beach Villas** LOCATION DE VILLAS $$$
(☎08 6184 0505 ; www.kohjumbeachvillas.com ; Hat Yao ; villas 6 000-16 000 B ; 📶👪). Des maisons en bois avec vue sur la mer, spacieuses, carrelées, comportant de nombreux espaces de vie et des terrasses aménagées pour la détente s'égrènent sur une portion étincelante de blancheur de Hat Yao. Les propriétaires, des particuliers, louent ces maisons à la nuitée. Ils se sont engagés à respecter l'environnement et les coutumes locales (pas de climatisation mais

les maisons sont conçues pour que la brise marine y circule). Le personnel est charmant, le restaurant et le bar fantastiques.

Woodland Lodge PENSION $
(☎08 1893 5330 ; www.woodland-koh-jum.com ; Hat Yao ; bungalows 800-1 000 B). Huttes de bambou charmantes et propres avec de vrais toits de chaume et des vérandas. Les propriétaires organisent des croisières en bateau et des sorties de pêche, et tiennent un excellent restaurant convivial. C'est l'une des deux adresses ouvertes toute l'année.

Koh Jum Lodge HÔTEL $$$
(☎0 7561 8275 ; www.kohjumlodge.com ; Hat Yao ; bungalows 4 500-5 500 B ;). Écolodge très chic : en bois dur et bambou, avec de vaporeuses moustiquaires, des orchidées en pot, des sculptures thaïlandaises et des jardins soignés sur une plage de sable blanc équipée de hamacs. L'équilibre est parfait entre authenticité et confort. Divin !

Oon Lee Bungalows PENSION $$
(☎08 7200 8053 ; http://kohjumoonleebungalows.com ; bungalows 500-3 800 B). Ce complexe hôtelier pour robinsonades raffinées est niché sur une plage de sable blanc déserte dans la partie nord de Ko Jum. Bungalows en bois sur pilotis dans un jardin ombragé. Nombreuses activités, dont certaines des plus belles randonnées de l'île. Le fantastique restaurant de cuisine fusion mérite à lui seul le détour.

Koh Jum Resort HÔTEL $$
(☎08 0221 4040 ; www.kohjumresort.com ; Ko Pu ; bungalows 1 700-5 500 B ;). Les 5 bungalows en teck, à 2 niveaux, bâtis en planches irrégulières polies, et ornés de tourelles, sont magnifiques. En revanche, les 5 huttes en bambou, attenantes à de larges terrasses ensoleillées sur pilotis haut au-dessus de la mer, sont rustiques pour le prix, ce que fait vite oublier le superbe jardin paysager.

Ting Rai Bay Resort HÔTEL $$
(☎08 7277 7379 ; www.tingrai.com ; Ko Pu ; bungalows 600-2 800 B ; mai-mars ;). À côté du tape-à-l'œil Koh Jum Resort, ce complexe ne démérite pas. Les bungalows, qui varient en taille et en confort, sont disposés en U à flanc de colline, dans un cadre paysager. Ils ont tous vue sur la mer.

Joy Bungalow PENSION $
(☎0 7561 8199, 08 9875 2221 ; www.kohjum-joybungalow.com ; Hat Yao ; bungalows 500-2 500 B). Sur la côte sud-ouest de Ko Jum, très jolis bungalows sur pilotis, en bois poli, sur une superbe portion de plage. Préférez ceux qui sont nichés dans les arbres. Le tout premier *resort* de Ko Jum est toujours très apprécié.

Ko Jum Seafood FRUITS DE MER $$
(☎08 1893 6380 ; Ban Ko Jum ; repas 100-400 B). Sans conteste le meilleur restaurant de poisson de l'île. Les prises fraîches sont servies sur un ponton sur pilotis dominant l'étroit détroit – vue restreinte sur Ko Lanta.

KO SI BOYA

Ko Si Boya, rurale et plutôt plate, ne recueille encore qu'une infime partie du flux touristique annuel, et les habitués ne s'en plaignent pas – ils logent presque tous dans un exceptionnel ensemble de bungalows.

Siboya Resort HÔTEL $
(☎0 7561 8026, 08 1979 3344 ; www.siboyabungalows.com ; bungalows 200-1 200 B ;). La plage n'a rien de spectaculaire, mais la mangrove environnante est sauvage et pleine de vie, et les bungalows en bois sont grands, agréables et abordables. Le restaurant est délicieux (connexion Internet à haut débit). Les quinquagénaires européens et canadiens affluent.

Comment s'y rendre et circuler

De novembre à mai, les bateaux reliant Krabi à Ko Lanta peuvent vous laisser à Ko Jum, mais vous devrez payer le plein tarif (400 B, 1 heure) – voir p. 302. En novembre et en mai, seul le premier bateau vous déposera. De petits bateaux desservent aussi Ko Jum plusieurs fois par jour depuis Ban Laem Kruat, un village situé à quelque 30 km de Krabi, au bout de la Route 4036, qui part de la Hwy 4. Le bateau (100 B) part à 15h et revient le lendemain à 7h45.

Si vous prévoyez d'arriver à Ko Jum via Laem Kruat, votre pension peut organiser le transfert. Quelques boutiques sur la route principale à Ban Ko Jum louent des vélos (100 B), des VTT (130-150 B) et motos (250 B) aux tarifs habituels.

Toute la journée, des bateaux font la traversée de 10 min vers Ko Si Boya (50 B) depuis Laem Hin, juste au nord de Ban Laem Kruat. Pour en affréter un, comptez 150 B. Appelez le Siboya Resort pour organiser le transfert depuis l'embarcadère.

PROVINCE DE TRANG

Au sud de Krabi, la province de Trang offre un paysage impressionnant de littoral calcaire ponctué d'îles sublimes. Pour les plus audacieux, le luxuriant arrière-pays réserve aussi des sites naturels à explorer, dont nombre de cascades et de grottes. La région étant beaucoup moins fréquentée que Krabi, vous aurez plus de chances de voir des plantations d'hévéas que des vendeurs de T-shirts. Les transports s'améliorent d'année en année et, en haute saison, il est désormais possible d'aller jusqu'en Malaisie en passant d'île en île.

Trang ตรัง

77 200 HABITANTS

La plupart des visiteurs se contentent de traverser Trang pour rejoindre les îles voisines. Pourtant, la ville justifie une halte d'au moins une journée pour qui s'intéresse à la culture locale, aux marchés et à la cuisine thaïlandaise. Même si vous n'aurez aucun mal à vous orienter, égarez-vous, le jour, dans les marchés de produits locaux et, la nuit, au milieu des marchés de colporteurs et des cafés chinois. Toute l'année, on a des chances de tomber sur une petite fête locale.

La plupart des services touristiques bordent la principale rue, Th Praram VI, entre la tour de l'horloge et la gare ferroviaire.

À voir

Trang est plus un centre d'affaires et de commerce qu'une destination touristique. De part et d'autre de la route se dressent le **Wat Tantayaphirom** (Th Tha Klang), dont l'immense *chedi* (stupa) blanc recèle une empreinte du Bouddha, et l'imposant **temple de Kew Ong Yia** confucéen. Le **temple de Meunram**, chinois, est situé entre Soi 1 et Soi 3. Il propose parfois des

Province de Trang

Trang

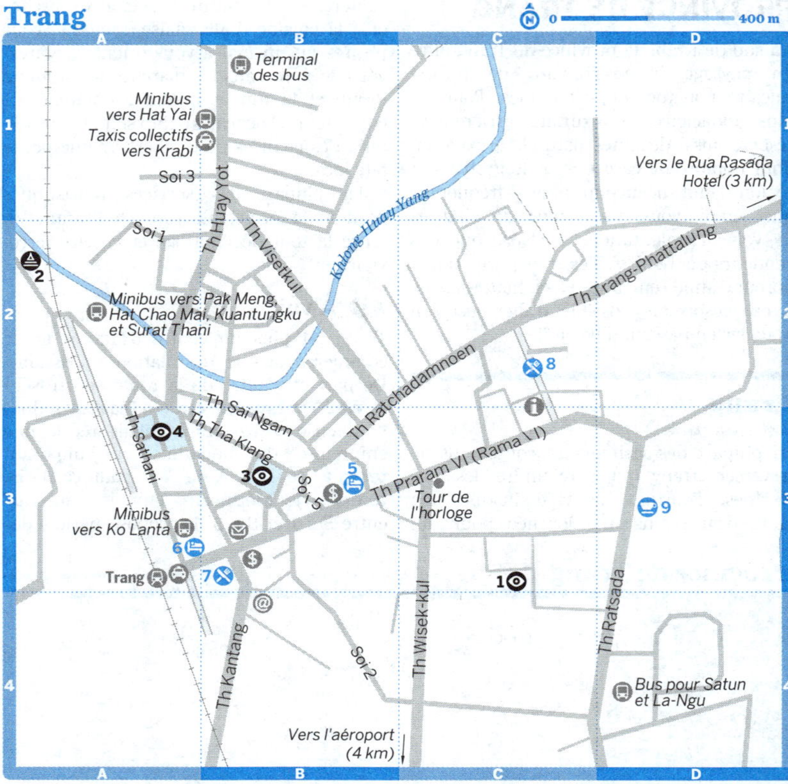

représentations de théâtre d'ombres de Thaïlande du Sud. Les grands **marchés de produits locaux** (*wet market*) et **généraliste** (*dry market*), dans Th Ratchadamnoen et Th Sathani, méritent vraiment le détour.

Activités

Les agences de voyages, près de la gare ferroviaire et le long de Th Praram VI, proposent divers circuits aux environs de Trang. Les tarifs des **croisières** à destination du parc national de Hat Chao Mai et des îles Trang commencent à 750 B/personne, déjeuner et boissons inclus. Le droit d'entrée au parc national est en supplément. Les excursions en **kayak de mer** à Tham Chao Mai (650 B) permettent d'explorer la superbe mangrove. La plupart des agences proposent aussi des sorties **snorkeling** à bord de *long-tail boats* privés à Ko Rok (3 500 B, 4 pers au maximum), ainsi que des excursions vers les **grottes** et les **chutes** alentour (1 800 B, 3 pers au maximum) en voiture privée. Pour découvrir la culture locale, une journée de **randonnée** dans les monts Khao Banthat vous permettra de visiter les villages des Sa Kai, un peuple des montagnes. Cette randonnée inclut une visite de chutes d'eau, le déjeuner et les services d'un guide local compétent (2 500 B, 2 pers au maximum).

Fête

Fête végétarienne Célébrée par la population chinoise de Trang, cette fête spectaculaire se déroule tous les ans en octobre, en même temps que celle de Phuket (voir l'encadré p. 249).

Où se loger et se restaurer

Trang est renommée pour ses *mŏo yâhng* (porc grillé) et ses *ráhn go·Ъêe* (cafés) qui servent de véritables cafés filtres. Certains cafés vendent du *mŏo yâhng* le matin.

Trang

À voir

1 Temple de Meunram C3
2 Wat Tantayaphirom A2
3 Marché B3
4 Marché A3

Où se loger

5 Koh Teng Hotel B3
6 Sri Trang Hotel A3

Où se restaurer

7 Asia Ocha B3
8 Marché de nuit C2

Où prendre un verre

9 Coffee Shops D3

Vous pouvez en acheter au poids sur le marché alimentaire de Th Ratchadamnoen. Pour vous immerger dans la culture locale, rendez-vous à un restaurant de *dim-sum* tôt le matin et restez jusqu'à tard dans un café sur Th Ratsada.

Sri Trang Hotel HÔTEL $
(0 7521 8122 ; www.sritranghotel.com ; 22-26 Th Praram VI ; ch 450-690 B ;). Cette bâtisse rénovée vieille de 60 ans abrite plusieurs chambres avec ventil ou clim, hauts plafonds et couleurs chatoyantes, accessibles par un escalier en colimaçon en bois. Accès Wi-Fi dans tout l'hôtel. Sympathique café en bas.

Rua Rasada Hotel HÔTEL $$$
(0 7521 4230 ; www.ruarasadahotel.com ; 188 Th Pattalung ; ch avec petit-déj à partir de 2 700 B ;). L'hôtel le plus chic de Trang est à 10 minutes (25 B) de *túk-túk* de la gare. Les chambres design ont un lit moelleux et arborent une palette de gris-mauve. L'hôtel est à 5 minutes du centre commercial Robinson's et du Cinema City.

Koh Teng Hotel HÔTEL $
(0 7521 8148 ; 77-79 Th Praram VI ; ch 180-380 B ;). C'est l'établissement favori des voyageurs à petit budget. Dites-vous que vous êtes un aventurier pour ne pas tourner les talons devant les chambres un peu sinistres.

Marché de nuit MARCHÉ $
(entre Th Praram VI et Th Ratchadamnoen ; plats environ 30 B ; soir). Le meilleur marché de nuit de la côte d'Adaman vous fera saliver avec ses currys, ses poulets et ses poissons frits, ses *pàt tai* et ses innombrables desserts. Mieux vaut y aller l'estomac vide et l'esprit ouvert. Les vendredi et samedi, un 2e marché de nuit se tient en face de la gare.

Asia Ocha THAÏLANDAIS $
(Th Kantang ; plats à partir de 30 B ; petit-déj, déj et dîner). Ouvert depuis les années 1940, cet établissement sert des cafés filtres à une clientèle exclusivement thaïe, accoudée à des tables en marbre aussi anciennes que la bâtisse. La nourriture y est délicieuse, notamment le canard rôti.

Renseignements

Plusieurs cybercafés et banques avec DAB et bureau de change bordent Th Praram VI.

My Friend (0 7522 5984 ; 25/17-20 Th Sathani ; 30 B/heure). Le meilleur cybercafé de la ville, ouvert 24h/24.

Poste (angle Th Praram VI et Th Kantang). Elle vend des cartes CAT pour les appels internationaux.

Depuis/vers Trang

Avion

Nok Air (www.nokair.com) et **Orient Thai Airlines** (www.orient-thai.com) assurent des vols quotidiens entre Bangkok (Don Muang) et Trang (environ 1 500 B aller). En cas de pluie violente, les vols sont annulés. L'aéroport est situé à 4 km au sud de Trang. Des minibus attendent l'arrivée des avions et demandent 60 B pour aller en ville. Dans le sens inverse, une course en taxi ou en *túk-túk* coûte 80 à 100 B.

Minibus et taxis collectifs

Des minibus rallient Surat Thani (180 B, 2 heures 30) toutes les heures, avec correspondances à Ko Samui et Ko Pha-Ngan, depuis un **dépôt** (Th Tha Klang) juste avant l'intersection de Th Tha Klang avec la voie ferrée. Des minibus climatisés relient Trang à Ko Lanta (250 B, 2 heures 30) plusieurs fois par jour depuis les agences de voyages en face de la gare ferroviaire. Des taxis collectifs vont à Krabi (180 B, 2 heures) et des minibus climatisés à Hat Yai (160 B, 2 heures) au départ des bureaux à l'ouest du terminal des bus de Trang.

Les transports locaux se font plus par minibus climatisés que par *sŏrng·tăa·ou*. Des minibus partent régulièrement du dépôt dans Th Tha Klang, pour Pak Meng (70 B, 45 min), Hat Chao Mai (80 B, 1 heure) et l'embarcadère de Kuantungku (100 B, 1 heure).

Train

Seuls 2 trains relient directement Bangkok et Trang : l'express 83 et le rapide 167, qui partent tous les deux de la gare de Hualamphong à

BUS DEPUIS/VERS TRANG

Les bus partent du **terminal des bus** (Th Huay Yot) de Trang. Des bus climatisés relient Trang et Bangkok pour 600 à 680 B (12 heures, matin et après-midi). Les bus VIP de 24 places, plus confortables, partent à 17h et 17h30 (1 050 E). Au départ de Bangkok, les bus VIP/climatisés partent entre 18h30 et 19h.

DESTINATION	TARIF (B)	DURÉE (H)	FRÉQUENCE
Hat Yai	110	3	fréquent
Krabi	115	2	fréquent
Phang-Nga	180	3½	1/heure
Phuket	240	5	1/heure
Satun	120	3	fréquent

Bangkok l'après-midi et arrivent à Trang le lendemain matin. Au départ de Trang, les trains partent en début et en fin d'après-midi. Comptez 1 480/831 B pour une couchette 1re/2e classe climatisée et 285 B pour une 3e classe.

Comment circuler

Vous trouverez des *túk-túk* tout autour de la gare. Comptez 30 B pour une course en ville ou 250 B/heure. Les motos-taxis pratiquent les mêmes tarifs. Les agences de voyages peuvent vous louer une voiture pour environ 1 400 B/j.

Îles et plages de Trang

Le littoral de Trang est bordé de formations karstiques, découpées de vallées plantées de palmiers au bout desquelles s'étendent de petites plages de sable. Bien que ces dernières servent surtout de tremplin vers les îles, prenez le temps d'en profiter.

HAT PAK MENG ET HAT CHANG LANG หาดปากเมง/หาดฉางลาง

À 39 km de Trang dans le district de Sikao Amphoe, Hat Pak Meng est le principal point de départ vers Ko Ngai. La côte est sauvage, et bien que la plage soit négligée, le décor est sublime et les formations karstiques escarpées n'ont rien à envier à celles de Railay et de Phi Phi. L'embarcadère principal se trouve au nord de la plage. Quelques bons restaurants de fruits de mer avec une terrasse sont installés sous les casuarinas, là où la Route 4162 rejoint la côte.

Les agences de voyages situées à l'embarcadère organisent des croisières d'une journée vers Ko Muk, Ko Cheuk, Ko Ma et Ko Kradan pour 900-1 000 B/personne (min 3 pers, déj et boissons inclus). Elles proposent aussi des sorties de snorkeling à Ko Ngai (750 B) et Ko Rok (1 200-1 400 B, plus droits d'entrée du parc). On peut louer masque et palmes à l'embarcadère (50 B chaque).

La plage de Hat Chang Lang s'étend dans la continuité de Hat Pak Meng, avec les mêmes dunes bordées de casuarinas. Au sud de la plage, là où la route pénètre dans les terres, se situent les bureaux du **parc national de Hat Chao Mai** (☎0 7521 3260 ; adulte/- 14 ans 400/200 B ; ⏲6h-18h).

Le parc couvre près de 231 km² entre Hat Pak Meng et Laem Chao Mai, et comprend les îles Ku Muk, Ko Kadran et Ko Cheuk (ainsi que de nombreux îlots). On peut y croiser des dugongs menacés d'extinction, des jabirus d'Asie et d'autres animaux plus courants tels que des loutres de mer, des macaques et des entelles, des sangliers, des pangolins, des petits hérons, des aigrettes des récifs, des pygargues blagres et des varans.

Où se loger

Anantara Sikao HÔTEL **$$$**
(☎0 7520 5888 ; www.sikao.anantara.com ; ch 5 400-15 400 B ; ❄📶🏊). Situé sur la pointe nord de Hat Chang Leng, l'Anantara conserve une ambiance glamour même s'il a été rafraîchi (il s'agit de l'ancien Amari Resort). Les chambres de luxe face à la mer, avec parquet, bureau et écran plat, jouissent d'une vue imprenable sur les reliefs karstiques de Pak Meng. D'impressionnantes colonnes de bois et des meubles balinais agrémentent le hall. Le restaurant Acqua offre une vue époustouflante. Navette gratuite pour le *beach club* réservé aux clients de l'hôtel, sur la séduisante Ko Kradan.

Bureau du parc national CAMPING, CABANES $
(☎0 7521 3260 ; www.dnp.go.th/index_eng.asp ; empl gratuit, location de tente 300 B, huttes 800-1 000 B). Les huttes, sans fioritures, mais ventilées, peuvent accueillir jusqu'à 6 personnes. On peut également camper sous les casuarinas. Restaurant et petit magasin sur place.

Depuis /vers Hat Pak Meng et Hat Chang Lang

Plusieurs bateaux quotidiens relient Pak Meng et Ko Ngai. De Ko Ngai, le bateau part pour Pak Meng (400 B) à 9h, et revient à 10h. Louer un *long-tail boat* coûte 1 200 B.

Des minibus climatisés partent régulièrement de Th Kha Klang à Trang pour Hat Pak Meng (80 B, 45 min) et Chao Mai (100 B, 1 heure). La course en taxi depuis Trang revient à environ 800 B.

Les bureaux du parc national de Chao Mai se trouvent à 1 km de la route, au bout d'une piste bien signalée.

KO NGAI เกาะไหง (ไห)

La longue plage de sable blond aménagée le long de la côte est de Ko Ngai (Ko Hai) plonge en douceur dans une eau azur aux fonds sablonneux (idéal pour les enfants) bordée d'un récif qui constitue un bon lieu de snorkeling. En fait, toute cette île boisée est entourée de coraux et d'eau transparente. Aucune population indigène ne vit ici ; plusieurs *resorts* se partagent le territoire. Il y a 2 centres de plongée (à partir de 1 500 B), et l'on peut louer un masque et des palmes pour 60 B auprès des hôtels, un kayak de mer pour environ 150 B/heure, ou faire du snorkeling à la demi-journée vers les îles avoisinantes pour 850 B/pers. La connexion Internet est lente et coûte 100-150 B/heure dans les principaux hôtels.

Bien que Ko Ngai fasse administrativement partie de la province de Krabi, la liaison avec le continent se fait à Pak Meng.

Où se loger et se restaurer

La majorité des établissements sont de catégorie moyenne et possèdent un restaurant et l'électricité 24h/24. L'embarcadère se situe au Koh Ngai Resort, mais si vous réservez une chambre ailleurs, votre hôtel organisera le transfert.

Coco Cottages HÔTEL $$
(☎08 1693 6457, 08 9724 9225 ; www.coco-cottage.com ; bungalows 1 650-4 700 B ; ❄📶). Comme leur nom l'indique, les bungalows ont des murs en bois de coco, un toit de chaume et des lampes en noix de coco. La brise circulant sur les terrasses et dans les pièces, nul besoin de climatisation. Si possible, essayez d'obtenir un bungalow ouvrant sur la mer et avec ventilateur. Sur la plage, il y a des meubles en bambou, des pavillons de massage et un très bon bar-restaurant.

Thanya Beach Resort HÔTEL $$$
(☎0 7520 6967 ; www.kohngaithanyaresort.com ; bungalows 3 500-7 600 B ; ❄@). Les bungalows en teck, sombres mais spacieux, évoquent le chic balinais. Chacun dispose d'une douche chaude à l'intérieur et d'une douche rustique avec un seau à l'extérieur (ne jugez pas avant d'avoir essayé). Séchez-vous avec les serviettes moelleuses, puis relaxez-vous sur la terrasse face à la pelouse frangée de palmiers qui ondule jusqu'à la mer.

Ko Hai Seafood PENSION $$
(☎08 1367 8497 ; ch 1 200 B ; ❄@🏊). Parmi les options les moins chères de la plage, ces robustes bungalows en bambou sont certainement les plus charmants. Les propriétaires, sympathiques et souriants, concoctent l'une des meilleures cuisines de l'île. Le curry de crabe au lait de coco avec de gros morceaux du crustacé tout frais pêché est un délice !

Mayalay Resort HÔTEL $$
(☎08 3530 7523 ; www.mayalaybeachresort.com ; ch 2 000-3 500 B ; ❄@🏊). Autre charmant complexe avec de vastes bungalows, tous dotés de lits deux places et de sofas drapés de moustiquaires sous les fenêtres. Le restaurant en terrasse au bord de la plage est un peu cher mais la vue est sublime et la cuisine (thaïlandaise et internationale) généreuse et succulente.

Fantasy Resort & Spa HÔTEL $$$
(☎0 7520 6960 ; www.kohhai.com ; ch 2 500-7 500 B ; ❄@📶🏊). Immense hôtel s'étendant de la plage jusqu'au flanc de la colline. S'ils ne sont pas toujours du meilleur goût, les bungalows confortables sont bien équipés et dotés de jolies terrasses en bois. Chambres d'hôtel plus simples en hauteur.

Ko Hai Camping CAMPING $
(☎08 1970 9804 ; seamoth2004@yahoo.com ; tente 600 B). Ces vastes tentes propres installées sur la plage, avec ventilateur et sdb commune, sont tenues par le sympathique Tu, qui gère également le club de plongée Sea Moth Dive Center attenant.

Depuis/vers Ko Ngai

Ko Ngai Villa assure des liaisons quotidiennes (400 B, 1 heure 30) de Ko Ngai à Hat Pak Meng, à 9h et, dans le sens inverse, à 10h. Vous pouvez louer un *long-tail boat* depuis/vers Pak Meng (1 200 B), Ko Muk (1 200 B) et Ko Kradan (1 500 B).

Durant la haute saison, le ferry à grande vitesse de **Tigerline** (☎08 1092 8800 ; www.tigerlinetravel.com) relie Ban Sala Dan (750 B, 30 min) sur Ko Lanta et Ko Lipe (1 400 B, 4 heures) avec une escale à Ko Muk. Le **Satun Pakbara Speedboat Club** (☎0 7475 0389, 08 2433 0114 ; www.tarutaolipeisland.com) constitue l'option la plus directe et la plus confortable depuis Ko Lanta (650 B, 30 min). Vous pouvez louer un *long-tail boat* à destination de Lanta pour 2 000 B.

Ko Muk

เกาะมุก

L'arrivée sur Ko Muk est inoubliable, que vous accostiez sur la langue de sable blanc de **Hat Sivalai** ou sur la superbe **Hat Faràng** (aussi appelée Hat Sai Yao ou Charlie's Beach) baignée par une eau couleur jade. Par contre, question logement, le choix n'est pas fameux. La plage est envahie par une horde de touristes en voyage organisé et par les hors-bord qui font des trajets entre **Tham Morakot** et Ko Lanta. Néanmoins, les couchers du soleil sur la côte ouest sont extraordinaires, et vous pouvez aisément vous rendre sur les autres îles de la province. Enfin, une visite approfondie de Ko Muk vous touchera en profondeur.

À voir et à faire

Tham Morakot (la grotte d'Émeraude) est un splendide tunnel de calcaire long de 80 m et débouchant sur un *hôrng* (grotte). Il n'est pas surprenant que des pirates y aient jadis enfoui leurs trésors. Pour y accéder, il faut franchir le tunnel à la nage ou en pagayant, par endroits dans une obscurité totale. Au bout, une plage de sable blanc entourée de hautes falaises calcaires reçoit vers midi quelques rayons de soleil filtrés par un puits de lumière. La grotte d'Émeraude est très fréquentée et peut être bondée en haute saison. Mieux vaut louer un *long-tail boat* (300 B) ou un kayak (150/500 B par heure/jour) et gagner la grotte à l'aube ou en fin de soirée, vous l'aurez alors pour vous seul. À marée haute, il est impossible d'y pénétrer.

Entre Ko Muk et Ko Ngai, les îlots karstiques de **Ko Cheuk** et **Ko Waen**, ourlés de petites plages de sable, sont propices au snorkeling.

Princess Divers (☎08 6270 9174) se trouve au Charlie Beach Resort et le club de plongée indépendant **Chill Out Divers** est juste derrière. Fiables tous les deux, ils proposent 1/2 plongées pour 1 800/2 600 B et des formations PADI à partir de 10 900 B. Chill Out Divers dispense aussi des **cours de yoga** (250-400 B) sur la plage.

Koh Muk Nature Resort loue des **VTT** (150 B/jour) avec cartes indiquant des circuits dans l'île. On peut aussi se promener des heures entières à travers les plantations d'hévéas et les petits villages authentiques de l'île (en tenue correcte).

LES ARBRES À CAOUTCHOUC

Si vous vous êtes déjà demandé d'où vient le caoutchouc, la réponse est ici. Contrairement à l'argent, le caoutchouc pousse dans les arbres, et plus exactement dans les arbres à caoutchouc. Dans toute la région de Trang, et particulièrement sur les îles, vous verrez des plantations de ces arbres.

Ils produisent un liquide lacté, le latex, qui circule dans les vaisseaux situés dans l'écorce. Pour "saigner" les arbres, on pratique de fines incisions parallèles aux vaisseaux laticifères (à noter : le latex n'est pas la sève de l'arbre). De petits récipients sont disposés pour recueillir le précieux écoulement. De nouvelles incisions sont pratiquées chaque jour.

Après avoir collecté le latex de plusieurs arbres, on y ajoute de l'acide formique, qui agit comme un coagulant. Après quelques heures, les galettes humides sont essorées dans une presse, puis étendues pour sécher. Vous pourrez apercevoir ces grandes crêpes jaunes sécher sur des bâtons de bambou dans toutes les plantations de caoutchouc. On les envoie ensuite à l'usine, où elles sont transformées en caoutchouc tel qu'on le connaît.

Où se loger et se restaurer

HAT SIVALAI ET HAT LODUNG หาดสิวลัย

Les adresses suivantes sont à une courte distance à pied de l'embarcadère. Si vous faites face à la mer, la modeste plage d'Hat Lodung, très couleur locale, est à gauche, après un village sur pilotis et quelques mangroves. À droite, embrassant une péninsule, s'étire la sublime Hat Sivalai.

Sivalai HÔTEL $$$

(☎08 9723 3355 ; www.komooksivalai.com ; Hat Sivalai ; bungalows avec petit-déj 5 000-8 000 B ; ❄). Avantageusement situé sur une péninsule de sable blanc et offrant une vue complète sur les îles karstiques et le continent, cet hôtel est sublime. Entourés presque entièrement de baies vitrées, les élégants bungalows au toit de chaume offrent une vue panoramique.

Pawapi Resort PENSION $$

(☎08 9669 1980 ; www.pawapi.com ; Hat Sivalai ; bungalows avec petit-déj 2 600 B). Les bungalows haut de gamme en bambou, perchés sur pilotis à 1,50 m de hauteur, sont amplement ventilés par la brise et offrent une vue spectaculaire à 180°. Les propriétaires, thaïlando-britanniques, sont charmants et le restaurant sert d'excellents plats faisant le lien entre les deux continents et de plantureux petits-déjeuners.

Koh Muk Nature Resort PENSION $$

(☎08 1894 6936 ; www.trangsea.com ; Hat Sivalai ; bungalows 1 500-1 800 B ; ❄). Deux rangées de cocotiers au garde-à-vous encadrent de modestes bungalows en ciment bleu et blanc, à quelques mètres d'une superbe plage. Légumes et herbes aromatiques sont issus du jardin bio. Déchets recyclés. Circuits à vélo autoguidés sur l'île.

Ko Mook Garden Resort PENSION $

(☎08 1748 384, 08 1798 7805 ; Hat Lodung ; bungalows 300 B, ch 500 B). Les chambres en bois sont vastes et les bungalows en bambou sont petits et simples. En logeant ici, vous serez avec une famille locale qui vous amènera faire du snorkeling, vous prêtera des vélos et vous fournira une carte détaillée avec tous les recoins secrets de l'île.

HAT FARANG หาดฝรั่ง

Cette plage concentre presque toute l'animation, attirant surtout des voyageurs indépendants et des groupes préférant le calme à la fête. De plus en plus d'adresses ouvrent en retrait de la plage, certaines sont intéressantes. La plupart des bateaux vous déposent et vous reprennent sur Hat Farang, sinon, vous devrez prendre une moto-taxi depuis l'embarcadère (10 min, 50 B).

Charlie Beach Resort HÔTEL $$

(☎0 7520 3281/3 ; www.kohmook.com ; bungalows 1 200-3 100 B ; ❄@). Ce vaste hôtel domine la plage et dispose d'une variété d'hébergements allant de la hutte rudimentaire au bungalow chic et climatisé, reliés par des chemins en sable. Le restaurant ne vaut pas le détour. Le personnel, pas toujours serviable, peut organiser des sorties de snorkeling à Tham Morakot et vers d'autres îles pour environ 1 000 B. Ouvert toute l'année.

Sawadee Resort PENSION $

(☎08 1508 0432 ; bungalows 800 B). Ces bungalows quelconques avec terrasse sont à la pointe nord et ombragée de Hat Faràng. Vous payez pour la situation, qui est sublime.

Rubber Tree Bungalow PENSION $$

(☎08 1968 0332 ; www.mookrubbertree.com ; bungalows avec petit-déj 800-1 990 B ; ❄@). À l'intérieur des terres, de jolis bungalows climatisés couleur pêche, d'autres moins chers en bambou et un grand restaurant en hauteur, au milieu des hévéas.

♥ Ko Yao Restaurant FRUITS DE MER $

(Repas 100-200 B ; ⏲petit-déj, déj et dîner). Perché au sommet des falaises, avec des tables en bois disposées sous une guirlande de lampions, ce restaurant-patio tenu par une famille offre un panorama époustouflant. La bière est fraîche, et le poisson tout juste pêché est cuit dans un bouillon fumant au piment et au citron vert.

ℹ Depuis/vers Ko Muk

Les bateaux pour Ko Muk partent de l'embarcadère de Kuantungku. Il y a 4 départs par jour à 8h, 10h, 12h et 15h (100-300 B, 30 min) ; le retour a lieu 1 heure plus tard. Le premier ferry du matin est le moins cher. Des minibus depuis/vers Trang (200 B, 1 heure) viennent à la rencontre du bateau. On peut louer un *long-tail boat* de Kuantungku à Ko Muk (600 B, 30 min) et vers Pak Meng ou Hat Yao (environ 1 200 B, 45 min à 1 heure).

Il est également possible de louer un *long-tail boat* pour Ko Kradan (600 B, 30 min) et Ko Ngai (1 000 B, 1 heure) depuis l'embarcadère ou auprès du Rubber Tree Bungalow ou du Ko Yao Restaurant sur Hat Faràng.

De novembre à mai, les hors-bord reliant Ko Lanta et Ko Lipe font escale à Ko Muk (voir p. 353).

Ko Kradan

เกาะกระดาน

Kradan est parsemée d'étroites plages de sable blanc léchées par une mer chaude et dominées par des reliefs karstiques. De magnifiques coraux se trouvent à quelques encablures de la côte sud, et il y a un reste de jungle luxuriante à l'intérieur des terres. L'île connaissant un développement rapide, vous trouverez facilement à vous loger, mais la plupart des hôtels sont excessivement chers et sans personnalité.

Pour accéder à Internet et acheter un billet de bateau, allez au Kradan Beach Resort, le plus grand complexe de bungalows (médiocres) sur la plage principale.

Où se loger et se restaurer

Seven Seas Resort HÔTEL **$$$**
(☎08 2490 2442 ; www.sevenseasresorts.com ; ch 6 600-7 600 B, bungalows 11 750-15 600 B ; ❄@📶🏊). Ce petit hôtel luxueux possède des chambres ultra-chics dotées d'immenses lits. Les voyageurs rêvant de plage seront ravis par cette étendue de sable où des hamacs sont tendus entre les palétuviers. Le restaurant, accolé à une piscine à débordement, sert des plats occidentaux et d'excellents currys du Sud. Le tout est un peu cher, mais le service irréprochable est à la hauteur.

MARIAGE SOUS-MARIN

À chaque Saint-Valentin (14 février), Ko Kradan est le théâtre de noces insolites. Une trentaine de couples enfilent une combinaison de plongée et descendent jusqu'à un autel sous-marin parmi les récifs coralliens pour officialiser leur union devant le représentant du district de Trang. Personne ne sait comment les couples parviennent à dire "oui" sous l'eau, mais la cérémonie, qui regroupe le plus grand nombre de mariages sous-marins du monde, est entrée dans le *Livre Guinness des records*. Avant et après la cérémonie, les couples sont promenés le long de la côte dans une flottille de bateaux à moteur. Si cela vous donne des idées, consultez le site www.underwaterwedding.com.

Paradise Lost PENSION **$$**
(☎08 9587 2409 ; www.kokradan.wordpress.com ; dort 250 B, bungalows 900-1 600 B, avec sdb commune 700 B). L'une des plus anciennes adresses de Kradan, et toujours l'une des meilleures. Tenue par un Américain, cette pension est située à l'intérieur des terres, mais offre un accès facile aux plages isolées. Les petits bungalows en bambou ont des sdb communes. Les plus grands, en bois, disposent de leur propre sdb. Les dortoirs sont installés sur une véranda ouverte. Le restaurant est le meilleur de l'île (plats 120-1 800 B).

Kalumé Village PENSION **$$**
(☎08 6905 5034 ; www.kalumekradan.com ; bungalows 900-1 500 B). Huttes sommaires en bambou ou en bois plantées dans un jardin sablonneux à deux pas de la mer, aux reflets d'azur. Les propriétaires italiens s'efforcent de minimiser l'impact sur l'environnement (électricité limitée, matériaux durables, etc.). Seul hic, le prix !

Ao Niang Beach Resort PENSION **$**
(☎08 1891 7379 ; bungalows 800 B). Accessible par une piste dans la jungle depuis le Paradise Lost ou en faisant le tour par la plage principale à marée basse, ce domaine bien tenu aux bungalows rudimentaires est à quelques brasses d'époustouflants sites de snorkeling. Le propriétaire a la main lourde sur le Sam Song (whisky thaïlandais) mais ne perd jamais sa bonne humeur. Il construisait de nouveaux bungalows plus grands lors de notre passage. On peut aussi camper (300 B, tente comprise).

Depuis/vers Ko Kradan

Des bateaux pour Kuantungku partent tous les jours à 9h et 12h ; le billet comprend le trajet en minibus jusqu'à Trang (450 B). La location d'un *long-tail boat* depuis Kuantungku coûte environ 800 B l'aller (45 min à 1 heure). Vous pouvez également louer un bateau depuis Kradan pour les autres îles de l'archipel.

Tigerline (☎08 1092 8800 ; www.tigerlinetravel.com) relie Kradan à Ko Lanta (750 B, 1 heure 30) et à Hat Yao (750 B, 1 heure). **Patpailin Ferry** va à Ko Muk et à Ko Ngai (500 B chacun), puis continue vers Ko Lanta.

Hat Yao

หาดยาว

Petit hameau de pêcheurs délabré juste au sud de Hat Yong Ling, Hat Yao est pris en sandwich entre la mer et les imposantes falaises calcaires, à l'embouchure d'un estuaire couvert d'une épaisse mangrove. À la pointe sud de Hat Yao, un promontoire rocheux est creusé de multiples grottes. Une île toute proche invite au snorkeling. La plus belle plage du secteur, la minuscule **Hat Apo**, est cachée parmi les falaises. On peut la rejoindre en *long-tail boat* ou passer à gué par la pointe sablonneuse qui fait face au Sinchai's Chaomai Resort. **Tham Chao Mai** est une vaste grotte regorgeant de cascades cristallines et d'immenses stalactites et stalagmites, que l'on peut explorer en bateau.

Juste au sud du promontoire, l'embarcadère de Yao est le principal point de départ pour Ko Libong et une escale sur la ligne de ferry Tigerline qui relie Lipe à Lanta.

Où se loger et se restaurer

Haad Yao Nature Resort PENSION $

(☎08 1894 6936 ; www.trangsea.com ; ch 500-1 200 B, bungalows 800 B ; ❄@). Ce complexe hôtelier est le seul hébergement digne d'intérêt à Hat Yao. Situé sur le port et géré par la Lifelong Learning Foundation, une ONG spécialisée dans l'écologie dirigée par des naturalistes passionnés, il propose des circuits pour découvrir l'environnement de la région de Hat Yao. Côté logement : de grands bungalows dotés de larges terrasses (TV et lecteurs de DVD), des chambres plus simples de style motel, et quelques bungalows sur pilotis.

Restaurants THAÏLANDAIS, FRUITS DE MER

Le long de la plage, au nord du promontoire, plusieurs restaurants en bois spécialisés dans les produits de la mer servent des plats thaïlandais bon marché. Il y a également une poignée de bons restaurants sur le port.

Comment s'y rendre et circuler

De Hat Yao, des *long-tail boats* réguliers vont à Ko Libong (50 B, 20 min). Il est aussi possible de louer des *long-tail boats* pour Ko Libong (800 B, 20 min) et Ko Muk (1 500 B, 1 heure), dans les deux sens. Des *sŏrng·tăa·ou* partent de l'embarcadère pour Trang (70 B, 1 heure) lorsqu'ils sont pleins. La desserte rapide en ferry de **Tigerline** (☎08 1092 8800 ; www.tigerlinetravel.com) s'arrête à Hat Yao à l'heure du déjeuner, entre Lanta (750 B, 2 heures 30) et Lipe (750 B, 2 heures 30).

Ko Libong

เกาะลิบง

La plus grande île de la province se trouve à 15 min en *long-tail boat* de Hat Yao. Moins visitée que les îles voisines, c'est un joyau couvert d'une jungle montagneuse, réputé pour sa faune et sa flore plutôt que pour ses plages d'un brun rougeâtre. L'île abrite une petite communauté de pêcheurs musulmans. Elle compte quelques complexes hôteliers sur sa côte ouest.

À voir

Réserve naturelle de l'archipel des Libong RÉSERVE NATURELLE

(☎0 7525 1932). Sur la côte est, à **Laem Ju Hoi**, cette vaste mangrove a été classée par le département de Botanique. Ses bras de mer verdoyants comptent parmi les derniers habitats du dugong, en voie de disparition. Une quarantaine de ces mammifères marins herbivores vivent dans la baie. Le Haad Yao Nature Resort (ci-contre) à Hat Yaho et les complexes hôteliers sur Ko Libong – la réserve n'est pas loin du Libong Beach Resort– proposent des circuits d'observation du dugong en kayak de mer, guidés par des naturalistes expérimentés (environ 1 000 B). La plupart des complexes hôteliers louent aussi des kayaks (200 B/heure).

Où se loger

Libong Beach Resort HÔTEL $

(☎0 7522 5205 ; www.libongbeachresort.com ; bungalows 500-800 B ; ❄@). Voici le seul endroit de l'île ouvert toute l'année – les tarifs chutent en basse saison. Le choix varie du cabanon construit à la va-vite derrière un cours d'eau trouble au très confortable chalet en bois verni et chaume. Circuits guidés, location de motos (300 B) et accès Internet (100 B/heure). Un centre de plongée (2 plongées 3 500 B) fonctionne en haute saison.

Le Dugong Resort HÔTEL $

(☎08 7972 7228 ; www.libongresort.com ; bungalows 400-900 B). Les plus beaux bungalows, en bois et bambou, sont rustiques mais chics, de bon goût, avec lavabos en terre cuite, murs tissés et portes à volets permettant de profiter de la mer et du coucher de soleil. En revanche, les huttes en bambou partageant une sdb sont très bas de gamme.

Libong Sunset Resort HÔTEL $

(☎08 9766 3341 ; www.libongsunsetresort.com ; bungalows 200-800 B ; ❄). Complexe flambant neuf où l'énorme restaurant désert crache des flots de techno. En bord de plage, dans un jardin peu fourni, des petites cabanes en bambou basiques et des bungalows en bois ou en ciment tout aussi simples.

Depuis/vers Ko Libong

Des *long-tail boats* pour Ban Ma Phrao, sur la côte est de Ko Libong, partent régulièrement de Hat Yao (50 B/pers, 20 min), depuis le quai situé juste à l'ouest du nouvel embarcadère. À Ko Libong, des motos-taxis vous emmènent vers les hôtels de la côte ouest pour 100 B. La location d'un *long-tail boat* pour gagner directement l'un des hôtels revient à 800 B l'aller.

Ko Lao Liang

เกาะเหลาเลียง

Ko Lao Liang est en fait composée de 2 îles : Ko Laoliang Nong, la plus petite des deux et la seule qui dispose d'un hébergement, et Ko Laoliang Pi, où se trouve un petit village de pêcheurs. Les îles sont de superbes formations karstiques escarpées bordées de petites plages de sable blanc où l'eau claire abrite de nombreux coraux non loin du rivage.

Le seul hébergement de l'île est le **Laoliang Island Resort** (☎08 4304 4077 ; www.laoliangresort.com ; 1 500 B/pers), surtout destiné aux amateurs d'escalade. Des tentes de luxe, confortables, équipées de matelas et de ventilateurs, sont installées à même la plage. Nombreuses possibilités d'activités : snorkeling, escalade des falaises karstiques, kayak de mer... Un petit bar est ouvert en soirée et le restaurant organise des barbecues de fruits de mer : c'est un véritable camp de vacances pour adultes (les enfants apprécieront également). Le tarif comprend les repas, le matériel de snorkeling et les kayaks de mer.

Tigerline (☎08 1092 8800 ; www.tigerline-travel.com) fait escale devant Ko Lao Liang entre Lanta (750 B, 2 heures 30) et Lipe (750 B, 2 heures 30).

Ko Sukorn

เกาะสุกร

Sukorn est un paradis de plages cuivrées bordées d'eau vert clair, de sombres promontoires rocheux couverts de jungle, et de cabanes sur pilotis où vivent 2 800 pêcheurs musulmans. Des rizières, des champs de pastèques, des plantations de caoutchouc et des prés où paissent des buffles longent d'étroites routes bétonnées idéales à vélo. On est touché par sa simplicité, son authenticité et l'accueil de ses habitants met du baume sur le cœur du voyageur.

Quelques montées, des paysages saisissants, beaucoup d'ombre et de multiples occasions de rencontrer les habitants – la meilleure façon de visiter l'île est de louer un vélo (150 B). N'oubliez pas de vous couvrir lorsque vous quittez la plage, par respect pour les coutumes locales.

Où se loger

♥ **Sukorn Beach Bungalows** HÔTEL $$
(☎0 7520 7707, 08 1647 5550 ; www.sukorn-island-trang.com ; bungalows 1 000-2 500 B ; ❄📶). L'établissement le plus professionnel de l'île offre des bungalows en bois et en béton avec véranda, face à une plage propice à la baignade d'où vous pourrez admirer le soleil couchant sur les îles au loin. Les propriétaires, néerlandais et thaïlandais, sont chaleureux et connaissent bien la région. Ils peuvent vous organiser un circuit dans les îles et une visite guidée de Sukorn (350 B/pers). Et leur cuisine (plats de 180 à 300 B) est la meilleure des îles Trang.

Sukorn Cabana HÔTEL $$
(☎08 9724 2326 ; www.sukorncabana.com ; bungalows 800-1 300 B ; ❄@). Sur ce terrain paysager en pente, parsemé de papayers, frangipaniers et bougainvilliers, sont disposés des bungalows en bois au toit de chaume et disposant de vastes terrasses. La belle plage offre une vue imprenable sur Ko Petra.

Depuis/vers Ko Sukorn

Le plus simple pour rejoindre Sukorn est de contacter votre hôtel pour organiser le transport depuis Trang (1 750 B/pers). Le plus économique consiste à prendre un *sŏrng·tăa·ou* à Trang pour Yan Ta Khao (60 B, 40 min), puis pour Ban Ta Seh (40 B, 45 min), où un *long-tail boat* (50 B) partira une fois plein.

Vous pouvez aussi louer un taxi privé ou un *sŏrng·tăa·ou* à Trang pour Ban Ta Seh (800 B), puis un *long-tail boat* pour Ban Saimai (200 B), le principal village de Ko Sukorn. Comptez ensuite 20 min de marche ou 50 B en moto-taxi jusqu'à votre hôtel. Il est possible de louer un *long-tail boat* pour aller directement à votre *resort* (750 B).

De Ko Sukorn, vous pouvez louer un *long-tail boat* pour Ko Lao Liang (1 750 B), où vous prendrez le ferry à grande vitesse **Tigerline** (☎08 1092 8800 ; www.tigerlinetravel.com), qui relie Lanta à Lipe et fait escale dans les îles en chemin, dont Ko Kradan, Ko Ngai et Ko Muk (1400 B).

PROVINCE DE SATUN

Il y a peu encore, les voyageurs négligeaient Satun. Cette époque est désormais révolue grâce aux plages de sable blanc de Ko Lipe : cette destination longtemps gardée secrète par les plus aventureux est devenue à la mode. Le reste de la province peine à attirer les visiteurs, qui se rendent au nord à Ko Lanta ou au sud à Pulau Langkawi, en Malaisie. Ils passent ainsi à côté des plages désertes et des grottes marines de Ko Tarutao, des sentiers escarpés et des cascades de Ko Adang, et de la beauté rustique de Ko Bulon Leh.

Malgré sa proximité avec les provinces de Yala, de Pattani et de Narathiwat (voir l'encadré p. 232), la province de Satun est restée à l'écart des violences qui affectent ces régions. Environ 60% de la population parle le yawi ou le malais. Dans cette région à majorité musulmane, les *wat* sont moins nombreux et plus modestes que les mosquées.

Satun

สตูล

33 720 HABITANTS

Située dans une vallée de jungle entourée de falaises calcaires, et longée par une rivière aux eaux troubles, la ville côtière de Satun incite à la détente. Les touristes ne passent, dans les deux sens, que pour renouveler leur visa. Les plaisanciers malais traversant la frontière pour des réparations sur le chantier naval, bon marché et réputé, semblent les seuls voyageurs à s'attarder. Non loin, des bateaux partent de l'embarcadère de Tammalang pour Kuala Perlis et Pulau Langkawi en Malaisie. Prenez le temps de flâner un peu, et vous découvrirez une architecture religieuse intéressante et le charme brut de cette ville.

À voir et à faire

Musée Ku Den CULTURE RÉGIONALE

(Musée national de Satun ; Soi 5, Th Satun Thanee ; 20 B ; 8h30-16h30 mer-dim). Cet excellent musée occupe une jolie demeure sino-portugaise construite pour accueillir le roi Rama V lors d'une visite officielle. Quand il fut avéré que le roi ne viendrait pas, le gouverneur en profita pour en faire sa résidence privée. Amoureusement restaurée, elle abrite aujourd'hui des expositions et des dioramas (commentaires en thaï et en anglais) couvrant tous les aspects de la vie musulmane dans le sud du pays.

Monkey Mountain RANDONNÉE

Vous pourrez gravir ce monticule calcaire couvert d'une jungle peuplée de singes

Satun

Satun

À voir
1 Musée Ku Den A1

Où se loger
2 Sinkiat Thani Hotel................................ A2

Où se restaurer
3 Restaurants musulmans et stands de restauration chinoise A2
4 Marché de nuit.. A1
On's ....(voir 2)

Renseignements
5 Bureau de l'immigration A2

Transports
6 Bus pour Trang et Hat Yai.................. A2
7 Minibus pour Hat Yai A3
8 *Sŏrng tăa ou*.. A3

jusqu'au **Spirit Rock**, un temple bouddhique un peu kitsch mais très vénéré, ou passer par le pont pour vous promener dans le village de pêcheurs sur pilotis – situé seulement à 1 km de la ville.

Mangrove Walk PROMENADE

Derrière le stade de football, cette promenade bien aménagée sur un chemin de planches dans la mangrove offre un panorama de la rivière, très apprécié au coucher du soleil.

Circuits organisés

La On's Guesthouse (ci-dessous) propose le **circuit Satun Discoveries** (990 B/pers) d'une journée. On vient vous chercher à 8h30 pour vous conduire à Tham Phu Pha Pet, où vous pagaierez en kayak dans des minirapides sur 7 km, avant de vous détendre au bord des chutes de Wang Sai Thong. Il est possible de passer la nuit dans une maison dans la jungle qui surplombe la rivière (1 500 B). Repas, boissons et transport inclus.

Où se loger

On's Guesthouse PENSION $

(☎0 7473 0469, 08 1097 9783 ; 1 Soi 1, Th Khuhaprawat ; ch 200 B). Une vaste maison de bois, claire et spacieuse, à 10 min de marche du centre de Satun. Chambres rudimentaires mais propres – sol en béton au rdc et en bois à l'étage. Sûrement l'un des meilleurs choix parmi l'offre réduite de Satun.

Sinkiat Thani Hotel HÔTEL $

(☎0 7472 1055 ; http://sinkiathotel.wordpress.com ; 50 Th Burivanich ; ch 680 B ; ❄@). Un peu défraîchie mais propre, cette tour vieillissante est bien équipée, et les étages supérieurs jouissent, grâce à la situation centrale, d'une superbe vue sur la ville et la jungle. Juste à côté du restaurant On's.

Où se restaurer et prendre un verre

Des restaurants musulmans et des stands de cuisine chinoise servent des plats rapides et bon marché sur Th Burivanich et Th Samanta Prasit. Les stands de cuisine chinoise sont spécialisés dans le *kôw mŏo daang* (porc rouge au riz), tandis que les restaurants musulmans proposent des *roti* avec du poulet au curry dans le style du Sud (environ 50 B pour chacun).

Marchés de nuit MARCHÉS $

(Th Satun Thanee). Satun compte d'excellents marchés de nuit. Le marché quotidien, juste au nord du Satun Tanee Hotel, s'anime vers 17h. On y déguste du délicieux poisson frit, des brochettes de calamar et des currys du Sud relevés. Le samedi soir, un marché de nuit beaucoup plus grand s'étend dans Th Burivanich ; celui du lundi a lieu à 1 km de la ville, dans Th Yatrasawat.

On's THAÏLANDAIS, OCCIDENTAL $

(☎0 7473 0469, 08 1097 9783 ; 48 Th Burivanich ; plats 80-150 B ; ⏲8h-tard ; @📶). Avec son porche verdoyant à l'avant et ses délicieux plats thaïlandais et occidentaux (dont le *chili con carne* et la tourte poulet-champignons), voici l'adresse à ne pas manquer à Satun. On y obtient aussi les renseignements les plus précis de la ville en matière de voyage.

Renseignements

Agence CAT (Th Satun Thanee). Le bureau de la Communications Authority of Thailand (ou télécoms) se trouve dans la poste.

Bangkok Bank (Th Burivanich). Bureau de change et DAB

Bureau de l'immigration (☎0 7471 1080 ; Th Burivanich ; ⏲8h30-16h30 lun-ven). Gère les demandes et prorogations de visa pour résidents à long terme. Pour les touristes, il est plus simple et moins cher de quitter la Thaïlande via le poste-frontière de l'embarcadère de Tammalang et de regagner immédiatement le pays pour obtenir un nouveau visa touristique de 15 jours. Avant de revenir, vous devrez prendre le bateau pour entrer en Malaisie. Si vous êtes motorisé, faites un saut en Malaisie via le parc national de Thale Ban.

Poste (angle Th Satun Thanee et Th Samanta Prasit)

Siam Commercial Bank (Th Satun Thanee). Bureau de change et DAB.

Depuis/vers Satun

Bateau

Les bateaux pour la Malaisie partent de l'embarcadère de Tammalang, à 7 km au sud de Satun, le long de Th Sulakanukoon. De grands *long-tail boats* partent à 9h30 et 16h30 pour Kuala Perlis en Malaisie (aller 150 B, 1 heure). Au retour, le tarif est de 30 $M.

Pour Pulau Langkawi, en Malaisie, les bateaux quittent l'embarcadère de Tammalang à 9h30, 13h30 et 16h (300 B, 1 heure).

En sens inverse, les bateaux partent de Pulau Langkawi à 8h30, 12h30 et 15h et coûtent

27 $M. N'oubliez pas que la Malaisie est en avance d'une heure sur la Thaïlande. Les billets peuvent s'acheter à l'embarcadère à Satun.

En haute saison, un bateau quotidien pour Ko Lipe part à 11h30 (650 B, 1 heure 30 ; décembre-mai). Billets à l'embarcadère ou à la On's Guesthouse (ci-contre).

Bus

Tous les bus partent du **terminal des bus** (Th Samanta Prasit), situé à 2 km à l'est du centre-ville. Les bus climatisés pour Bangkok (800-1 200 B, 14 heures) partent à 7h, 7h30, 15h et 16h. Des bus climatisés rallient Trang (110 B, 1 heure 30) toutes les heures. Il y a aussi quelques bus quotidiens pour Krabi (220 B, 4 heures) et Phuket (360 B, 7 heures). Les bus pour Hat Yai (70 B, 2 heures) et les bus locaux non climatisés pour Trang (90 B, 2 heures) prennent des passagers dans Th Satun Thanee, avant de poursuivre lentement leur route vers le nord.

Minibus et taxi collectif

Des minibus fréquents desservent la gare ferroviaire de Hat Yai (80 B, 1 heure) au départ d'un dépôt au sud du Wat Chanathipchaloem, dans Th Sulakanukoon. Des minibus rallient de temps à autre Trang, mais il y a beaucoup plus de bus. Si vous arrivez en bateau à l'embarcadère de Tammalang, il existe des minibus climatisés directs pour Hat Yai et l'aéroport de Hat Yai (90 B).

Comment circuler

Les petits *sŏrng·tăa·ou* orange pour l'embarcadère de Tammalang (pour les bateaux à destination de la Malaisie) coûtent 40 B et partent du 7-Eleven dans Th Sulakanukoon 40 min avant le départ du ferry. Comptez 60 B en moto-taxi.

Environs de Satun

PAK BARA ปากบารา

Le petit village de pêcheurs de Pak Bara est le principal point de départ pour les îles des parcs nationaux maritimes de Mu Ko Phetra et de Ko Tarutao. Les aménagements touristiques progressent lentement, Pak Bara attirant de plus en plus de voyageurs venant découvrir les éblouissantes îles. La paisible ville compte quelques hébergements corrects et des restaurants servent de délicieux fruits de mer. Pour autant, à moins d'arriver après le départ du dernier bateau, il n'y a pas vraiment de raison de s'attarder.

La route principale venant de La-Ngu se termine à l'embarcadère, où sont regroupés plusieurs agences de voyages, des cybercafés, des restaurants bon marché et des boutiques vendant du matériel de plage. Juste derrière l'embarcadère (en chantier au moment de notre visite), le nouveau et vaste **centre d'information des visiteurs** (☎0 7478 3485) du parc national maritime de Ko Tarutao délivre des autorisations de camper et réserve des hébergements. Les agences de voyages de la ville organisent des circuits dans les îles du parc national.

Circuits organisés

Plusieurs agences proches de l'embarcadère se disputent les voyageurs. **Adang Seatours** (☎0 7478 3338 ; www.adangseatour.com) est l'une des plus fiables, et possède un DAB. Comparez les prix pour les excursions d'une journée en kayak dans les impressionnantes grottes de **Tham Chet Khok** (1 800 B/pers, déj inclus).

En haute saison, le **Satun Pakbara Speedboat Club** (☎0 7478 3643 ; www.tarutaolipeisland.com) propose des circuits en hors-bord à Ko Tarutao, à Ko Bulon Leh et à Ko Lipe. Consultez le site pour plus d'informations.

Où se loger et se restaurer

Best House Resort HÔTEL $
(☎0 7478 3058 ; bungalows 600 B ; ❄). À 100 m de l'embarcadère, cet établissement possède des bungalows en béton bien tenus autour d'un bassin aux eaux troubles. La direction, très chaleureuse, fournit de bons conseils de visites.

Red Boat THAÏLANDAIS, OCCIDENTAL $
(☎0 7478 3498 ; plats 60-150 B ; ⏲7h-23h). Faites halte ici en attendant votre ferry pour prendre un petit-déjeuner occidental, un expresso, un cocktail ou de délicieuses crevettes sautées au tamarin.

Près de l'embarcadère de Pak Bara, quelques restaurants simples et des vendeurs ambulants proposent de bons plats malais pour 20-50 B. On trouve aussi de bons stands de fruits de mer alignés le long de la côte au sud de la ville – ils commencent à fumer juste avant le coucher du soleil. Les habitants s'y pressent le dimanche.

Depuis/vers Pak Bara

BUS Des bus circulent toutes les heures de 7h à 16h entre Hat Yai et l'embarcadère de Pak Bara (90 B, 2 heures 30). En venant de Satun, le bus ordinaire vers Trang vous déposera à La-Ngu (60 B, 30 min), d'où vous continuerez en *sŏrng·tăa·ou* jusqu'à Pak Bara (20 B, 15 min).

MINIBUS Des minibus climatisés partent pour Hat Yai toutes les heures devant les agences de voyages proches de l'embarcadère (150 B, 2 heures). Il y a aussi des minibus pour Trang (200 B, 1 heure 30), qui permettent de prendre des correspondances pour de nombreuses destinations, comme Krabi (450 B, 4 heures) ou Phuket (650 B, 6 heures).

BATEAU Du 21 octobre à fin mai, on trouve des hors-bord, qui vont à Ao Pante Malacca sur Ko Tarutao, puis continuent vers Ko Lipe. Les bateaux partent de Pak Bara à 10h, 11h et 12h30 (aller-retour 1 200 B, 1 heure 30) ; dans le sens inverse, les bateaux partent de Ko Lipe à 9h30, 10h, 12h30 et 13h30. À partir du 16 novembre, ils s'arrêtent aussi à Ko Adang pour le même prix. Pour Ko Bulon Leh, les bateaux partent à 12h30 (aller-retour 800 B, 1 heure) – ils poursuivent leur route vers Ko Lipe. Si vous ratez le départ, vous pourrez facilement louer un *long-tail boat* auprès des pêcheurs locaux (1 500-2 000 B, 1 heure 30). Pendant la saison des pluies, les services pour Ko Lipe dépendent de la météo et de la demande ; ils sont alors généralement limités à 3 par semaine.

KO BULON LEH เกาะบุโหลนเล

C'est le bon moment pour visiter Ko Bulon Leh, superbe île située à 23 km à l'ouest de Pak Bara. Entourée d'eaux limpides – une caractéristique de la mer d'Andaman – et bordée de magnifiques plages de sable blanc parsemées de hauts casuarinas, la belle Ko Bulon Leh est une étape idéale : assez développée pour offrir le confort nécessaire, mais relativement peu fréquentée.

L'exceptionnelle **plage** de sable blanc s'étend le long de la côte est depuis le Bulone Resort, sur le cap nord-est, et jusqu'à Pansand. La plage se rétrécit par endroits, surtout lorsqu'elle se confond avec les mangroves denses et qu'elle est jonchée d'épais rondins blanchis par le soleil. Mais, grâce à tous les coins et recoins, il est facile de trouver un endroit secret et ombragé, pour profiter de la vue en toute quiétude.

L'arrière-pays luxuriant de Bulon est parcouru de pistes qui méritent d'être explorées – la partie ouest, composée d'un massif rocheux couvert d'une jungle dense, est inaccessible à pied. On apprécie la beauté sauvage de Bulon sur la côte sud à **Ao Panka Yai**, un lagon bleu tapissé de graviers de corail. Des sites de snorkeling intéressants bordent le promontoire ouest. Quant aux sentiers traversant la jungle et les plantations d'hévéas – ouvrez grand les yeux pour ne pas manquer les énormes varans qui vivent là –, ils conduisent à **Ao Muang** (ou Mango Bay), où vous découvrirez un camp de *chow lair*, pêcheurs de calamars. Du Viewpoint Resort, un sentier descend à **Ao Panka Noi**, autre village de pêcheurs où les *long-tails boats* reposent sur une jolie plage de gravier fin. La vue sur les falaises karstiques est superbe et les quelques petits restaurants délicieux.

Les hôtels peuvent organiser des excursions de snorkeling (1 500 B, 4 heures) vers d'autres îles de l'archipel pour un maximum de 6 personnes, ainsi que des sorties de pêche (300 B/heure). Les circuits incluent généralement les eaux limpides couleur émeraude autour de **Ko Gai** et de **Ko Ma**, deux rochers érodés par les éléments. Mais le site le plus sublime est **White Rock** (rocher Blanc) – des flèches jaillissant de la mer. Sous la surface, un récif rocheux couvert de moules grouille de poissons colorés. La marée basse est idéale pour le snorkeling. Le plus beau récif de corail de la région se situe au large de Laem Son, près du Bulone Resort, qui loue des masques, des tubas (100 B), des palmes (70 B) et des kayaks (150 B).

Le Bulone Resort propose aussi un accès à Internet (3 B/min) et recharge les batteries d'ordinateurs portables (50 B) et d'appareils photo (10 B).

Où se loger et se restaurer

La plupart des adresses sont fermées en basse saison. Les bungalows ouverts se louent alors à prix cassés. Pour se restaurer, cela vaut la peine de se rendre à Ao Panka Noi.

Marina Resort HÔTEL **$$**
(☎08 1598 2420, 08 5078 1552 ; bungalows 500-1 000 B). Juste à l'intérieur des terres, après le Pansand Resort. Les huttes en rondins, coiffées de chaume, sont dignes de villas : terrasses sur pilotis, parquet, hauts plafonds… La cuisine, savoureuse, est servie dans un agréable restaurant. L'hôtel peut réserver des billets de hors-bord et organise des circuits de snorkeling.

Bulone Resort HÔTEL **$$**
(☎08 6960 0468 ; www.bulone-resort.com ; bungalows 1 250-1 650 B). Perchés sur le cap nord-est et offrant un accès à deux charmantes plages de sable blanc, ces jolis bungalows en bois figurent parmi les meilleurs choix de Bulon. Lits extra-larges et brise marine. L'électricité fonctionne toute la nuit. Le smoothie à la mangue, avec du miel, du citron vert et du yaourt, est délicieux.

Chaolae Homestay PENSION $
(Bungalows 400 B). Ces bungalows d'un très bon rapport qualité/prix ont des intérieurs en bois verni, un toit en chaume et une sdb en béton ciré (avec toilettes à la turque). Établissement reposant, tenu par une sympathique famille *chow lair*, non loin d'un spot de snorkeling sur Ao Panka Yai.

Pansand Resort HÔTEL $$
(☎0 7521 1010 ; www.pansand-resort.com ; bungalows 1 200-1 500 B ; @). À l'extrémité sud de la superbe plage de sable blanc. Les bungalows en brique et en bambou, avec vue sur la mer, sont équipés de ventilateurs. Ils ne sont pas mieux qu'ailleurs sur l'île – vous payez pour le cadre, sublime, et les infrastructures, plus nombreuses. Des bungalows en bois, moins chers, sont en retrait sous les arbres.

Jungle Resort PENSION $
(Bungalows 150 B). Il n'y a pas moins cher que ces ravissants bungalows sur la côte d'Andaman ! Impeccables, avec terrasse et sdb attenante (toilettes à la turque), ils s'alignent dans un jardin clos ombragé, soigneusement entretenu par une accueillante famille de *chow lair*. Demandez au pilote du bateau de vous déposer à Ao Panka Yai, puis traversez le Chaolae Homestay, et tournez à droite.

Vous trouverez quelques restaurants et une petite boutique dans le village musulman qui jouxte le Bulon Viewpoint.

ℹ Depuis/vers Ko Bulon Leh

Le bateau pour Ko Bulon Leh part tous les jours de Pak Bara à 12h30, s'il y a assez de passagers (400 B). Le transfert du bateau vers la plage en *long-tail boat* coûte 50 B – vous pouvez demander à être déposé sur la plage la plus proche de votre hôtel. En sens inverse, le bateau mouille dans la baie en face du Pandang Resort vers 9h. Vous pourrez aussi louer un *long-tail boat* à Pak Bara (1 500-2 000 B).

De novembre à mai, deux hors-bord (600 B, 1 heure) partent tous les jours de Ko Bulon Leh pour Ko Lipe, dans le parc national maritime de Tarutao. Les bateaux, qui arrivent de Ko Lanta et font halte aux îles de Trang, partent devant le Pansand Resort à 13h et 15h.

Parc national maritime de Ko Tarutao อุทยานแห่งชาติหมู่เกาะตะรุเตา

Protégé par son statut, et surtout par sa relative inaccessibilité, le **parc national maritime de Ko Tarutao** (☎0 7478 1285 ; www.dnp.go.th/index_eng.asp ; adulte/moins de 14 ans 200/100 B) englobe 51 îles aux plages resplendissantes et aux superbes récifs coralliens, couvertes d'une forêt vierge préservée, refuge de nombreuses espèces animales.

Ko Tarutao fut l'un des premiers parcs nationaux maritimes de Thaïlande. Il compte un seul hébergement, composé de petites cabanes et de *longhouses*, géré par l'État dans le respect de l'environnement. Jusqu'à maintenant, les responsables ont (pour la plupart) fait la sourde oreille face aux pressions des promoteurs, désireux de construire des complexes hôteliers sur les îles, même si des concessions ont été faites pour le tournage de l'émission de télé-réalité américaine *Survivor* (l'équivalent de *Koh Lanta* en France), en 2001. S'est également posé la question d'un *resort* privé axé sur la pêche sur Ko Adang, dont les promoteurs immobiliers devaient être exclus. Son inauguration était prévue pour 2010, mais les écologistes locaux ont fait appel auprès des tribunaux pour interdire son ouverture.

La présence de détritus peut poser problème sur les îles – le nettoyage de ceux qui échouent sur la plage ou sont laissés par les visiteurs n'est qu'occasionnel. Veillez à ne pas laisser de traces de votre passage. Sur les îles du parc, vous apercevrez peut-être des semnopithèques obscurs, des macaques crabiers, des chevrotains, des cochons sauvages, des loutres de mer, des chats pêcheurs, des pythons verts, des varans malais, des milans sacrés, des aigles de mer, des calaos et des martins-pêcheurs.

Ko Tarutao est l'île la plus grande et la plus visitée de l'archipel. C'est ici que se trouvent le bureau du parc et les hébergements gérés par le gouvernement. De nombreux voyageurs préfèrent loger sur Ko Lipe, qui a échappé à la protection du parc national et s'est rapidement transformée en une station balnéaire très prisée, dotée de nombreuses infrastructures touristiques. Des circuits en *long-tail boat* vers les îles voisines peuvent être organisés par les agences de voyages de Satun et de Pak Bara, le bureau du parc national sur Ko Tarutao, les complexes hôteliers et les compagnies de *long-tail boats* sur Ko Lipe. Attention, il n'y a aucun bureau de change sur Ko Tarutao. Prenez vos dispositions dans les agences de voyages de Pak Bara, ou pensez à retirer de l'argent au DAB de La-Ngu.

KO TARUTAO เกาะตะรุเตา
La majeure partie de Ko Tarutao, île d'une superficie de 152 km², est couverte d'une

Parc national maritime de Ko Tarutao et environs

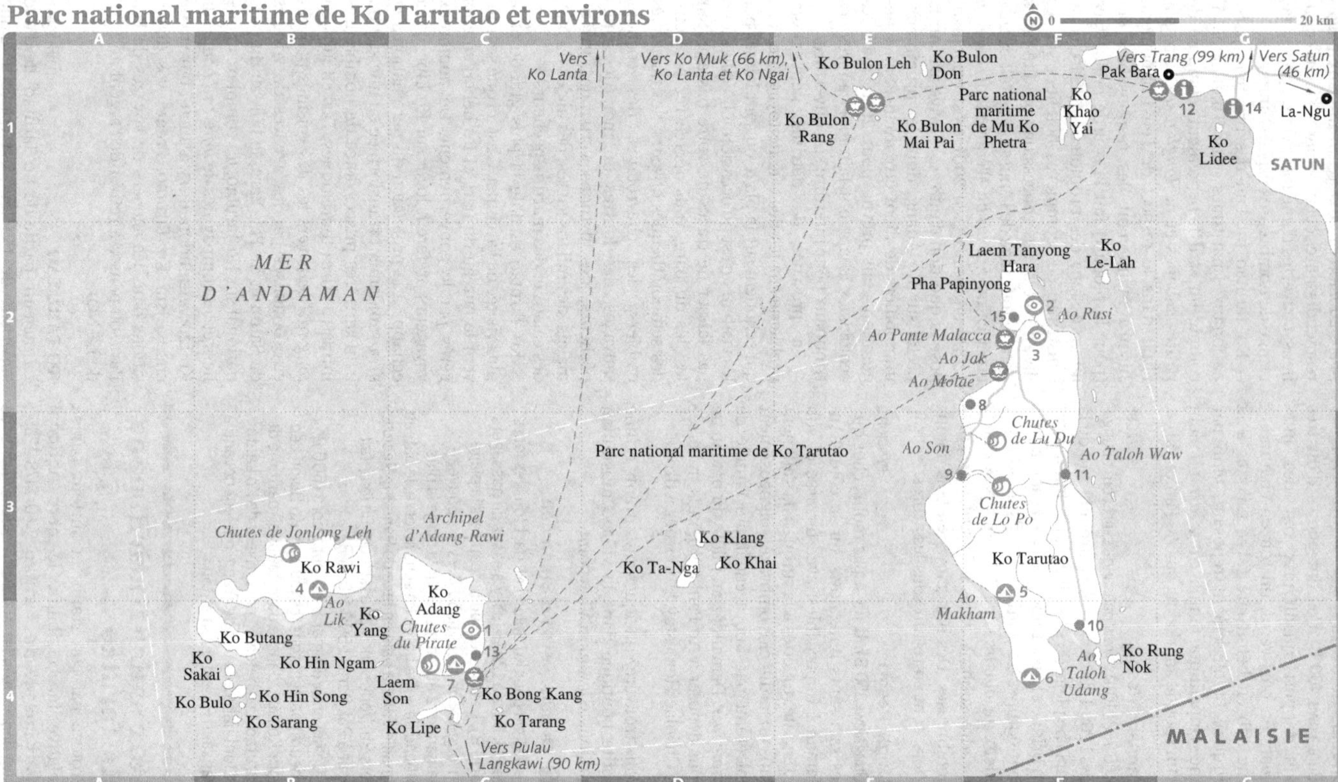

Parc national maritime de Ko Tarutao et environs

À voir

1 Falaise de Chado C4
2 Tham Jara-Khe F2
3 Falaise de Toe-Boo F2

Où se loger

4 Camping d'Ao Lik B3
5 Campings d'Ao Makham F3
Bungalows et campings d'Ao Molae ..... (voir 8)
Bungalows et campings d'Ao Pante Malacca ..... (voir 15)
6 Campings d'Ao Son F4
Campings d'Ao Taloh Waw ..... (voir 11)
7 Campings de Ko Adang C4

Où se restaurer

Cantine ..... (voir 15)
Cantine ..... (voir 13)
Cantine ..... (voir 8)

Renseignements

8 Gardes forestiers d'Ao Molae F2
9 Gardes forestiers d'Ao Son E3
10 Gardes forestiers d'Ao Taloh Udang F4
11 Gardes forestiers d'Ao Taloh Waw F3
12 Bureau du parc national maritime de Ko Tarutao G1
13 Gardes forestiers de Laem Son C4
14 Bureau du parc national maritime de Mu Ko Phetra G1
15 Bureau du parc F2

épaisse forêt tropicale primaire qui grimpe jusqu'au point culminant du parc (713 m). Les marécages de mangrove et les impressionnantes falaises calcaires caractéristiques de la côte d'Andaman entourent une grande partie de l'île, et la côte ouest est criblée de grottes et bordée de paisibles plages de sable blanc. Il s'agit de l'une des îles les plus sauvages de Thaïlande. Le droit d'entrée dans le parc (200 B) est à régler à l'arrivée.

Tarutao a connu une histoire difficile qui explique en partie son état de préservation. Entre 1938 et 1948, plus de 3 000 détenus y ont été exilés, des criminels comme des prisonniers politiques, dont So Setabutra, qui compila le premier dictionnaire thaï-anglais lors de sa détention. Pendant la Seconde Guerre mondiale, le paludisme, associé au manque de nourriture et de médicaments, fit des centaines de morts parmi les détenus. Prisonniers et gardiens se mutinèrent et se livrèrent à la piraterie dans le proche détroit de Malacca, avant qu'un contingent de soldats britanniques ne mette fin à leurs exactions en 1944.

Le centre d'accueil des visiteurs d'Ao Pante Malacca offre un accès à Internet (80 B/heure) et une connexion Wi-Fi (50 B/heure).

À voir et à faire

Un long chemin, enfoui dans la végétation, mène aux ruines du camp des prisonniers politiques à **Ao Taloh Udang**, dans le sud-est de l'île. Le camp des prisonniers de droit commun se trouvait sur la côte est, au-dessus d'**Ao Taloh Waw**, où accostent les grands bateaux en provenance de l'embarcadère de Tammalang à Satun.

À côté du bureau du parc, à Ao Pante Malacca, un sentier escarpé grimpe dans la jungle jusqu'à la **falaise de Toe-Boo**, un spectaculaire affleurement rocheux qui offre un panorama somptueux de Ko Adang et des îles environnantes.

Ao Pante Malacca possède une jolie plage d'un blanc d'albâtre, ombragée de pandanus et de casuarinas. Remontez le cours d'eau vers l'intérieur des terres pour rejoindre **Tham Jara-Khe** (grotte aux crocodiles), autrefois peuplée de dangereux crocodiles de mer. À marée basse, la grotte est navigable sur 1 km et peut se visiter dans le cadre des circuits en *long-tail boat* qui partent de la jetée d'Ao Pante Malacca.

Juste au sud d'Ao Pante Malaçca, une autre belle plage de sable borde **Ao Jak**. **Ao Malae**, également ourlée de sable blanc, abrite un poste de gardes forestiers, avec des bungalows et un camping. À 30 minutes en bateau ou 8 km de marche vers le sud, s'étend **Ao San**, une baie sablonneuse isolée où des tortues viennent pondre de septembre à avril. Malgré l'absence d'installations, vous pouvez y camper. Le snorkeling se révèle aussi plaisant à Ao Son qu'à **Ao Makham**, plus au sud. Du petit poste de gardes forestiers d'Ao Son, une belle randonnée dans les terres mène à la **cascade de Lu Du** (environ 1 heure 30) et à la **cascade de Lo Po** (environ 2 heures 30).

Où se loger et se restaurer

On peut trouver à se loger sur Ao Pante Malacca et sur Ao Molae de mi-novembre à mi-mai. L'eau est rationnée, l'électricité ne fonctionne que de 18h à 7h (ampoules basse consommation pour l'éclairage) et les ordures sont irrégulièrement ramenées sur le continent.

Ao Pante Malacca à l'offre la plus nombreuse et la plus diversifiée : des **bungalows** (800-1 000 B), des **chambres** (550 B) avec sdb commune accueillant jusqu'à 4 personnes, et un **camping** (avec/sans location de tente 375/150 B).

Ao Molae est plus tranquille et isolée (et certainement plus belle). De chics **duplex** (ch 600-1 000 B) de 1 et 2 chambres sont installés sur la plage. On peut effectuer la réservation auprès du **bureau du parc** (☎0 7478 3485) à Pak Bara. Il est possible d'acquitter le droit d'entrée dans le parc national à Ao Pante Malacca ou à Ao Taloh Waw.

Il est aussi permis de **camper** (avec/sans location de tente 255/30 B) sous les casuarinas à Ao Molae et à Ao Taloh Waw, qui disposent d'un bloc sanitaire, et sur les plages sauvages d'Ao Son, d'Ao Makham et d'Ao Taloh Udang, où vous serez livré à vous-même. Le coût est de 30 B/pers pour ceux qui ont leur tente ; sinon comptez 225 B pour la location. Le camping est aussi autorisé sur Ko Adang et d'autres îles du parc. Des singes ont pris l'habitude de pénétrer dans les tentes et de saccager ou de manger tout ce qu'ils trouvent, alors prenez soin de bien tout fermer.

Vous trouverez une **cantine** (plats 40-120 B ; ⏲7h-14h et 17h-21h) à Ao Pante Malacca et à Ao Molae. La nourriture est substantielle et savoureuse, mais il n'y a de la bière que sur Ao Molae.

Comment s'y rendre et circuler

Des bateaux reliant Pak Bara à Ko Lipe s'arrêtent à Ko Tarutao en route ; voir p. 346 pour plus de détails. L'île est officiellement fermée de fin mai au 15 septembre. Des bateaux réguliers circulent du 21 octobre à fin mai ; en dehors de cette période, il faut louer un *long-tail boat* à Pak Bara (1 500 B). En haute saison, des excursions d'une journée en hors-bord sont proposées au départ de Pak Bara (2 000 B, accès au parc, déjeuner, boissons et snorkeling inclus).

Avec sa rivière navigable et nombre de routes asphaltées, l'île se prête bien aux déplacements non motorisés : kayak (100/300 B par heure/jour) ou VTT (50/200 B). S'il fait vraiment trop chaud, optez pour un véhicule (600 B/jour). Il est aussi possible de louer un *long-tail boat* pour des excursions vers Ao Taloh Udang (2 000 B), Ao Taloh Wow (1 500 B), Tham Jara-Khe (800 B) ou Ao Son (800 B).

Si vous logez sur Ao Molae, grimpez dans une voiture du parc (60 B/pers) à l'embarcadère d'Ao Pante Malacca.

KO LIPE เกาะหลีเป๊ะ

Depuis quelques années, Ko Lipe est mis en coupe réglée par les promoteurs immobiliers. Dotée de deux larges plages de sable blanc séparées par des collines boisées, proches de récifs coralliens protégés, cette île était il y a encore peu un secret bien gardé. Mais la rumeur de sa beauté s'est répandue comme une traînée de poudre, et les bulldozers sont entrés en action. Ceux qui ont le plus perdu dans toute cette affaire sont les quelque 700 villageois *chow lair* qui ont vendu leurs terres aux promoteurs (voir l'encadré p. 353).

Malgré tout, Lipe est encore séduisante. La magnifique plage de sable blanc de **Hat Pattaya** sur la côte sud compte des bars de plage sympathiques, des restaurants de fruits de mer et l'ambiance y est festive durant la haute saison. Juste au nord, **Sunrise Beach**, une superbe étendue de sable ventée, offre une vue spectaculaire sur Ko Adang. Par contre, ces deux plages sont très fréquentées et l'omniprésence des *long-tail boats* gêne la baignade. **Sunset Beach**, avec son sable blond, ses petites collines boisées et sa baie tranquille qui s'ouvre sur le détroit d'Adang, présente une atmosphère toute différente, plus proche de l'esprit sauvage de Lipe. Entre ces plages a été construit un labyrinthe bétonné de cafés, d'agences de voyages, de boutiques et de salons, dont bon nombre sont désormais ouverts toute l'année.

Il n'y a pas de banque ni de DAB sur l'île, mais certains grands hôtels changent les chèques de voyage ou les devises et font l'avance sur carte de crédit (à grands frais). Il y a un accès à Internet le long du sentier qui traverse l'île (3 B/min) et sur Sunrise Beach (2 B/min).

À voir et à faire

De beaux récifs coralliens bordent la côte sud et entourent **Ko Kra**, une petite île située en face de Sunrise Beach. La plupart des hôtels louent des masques et tubas, ainsi que des palmes (50 B chaque), et peuvent organiser des circuits de snorkeling de quatre étapes en *long-tail boat* vers Ko Adang et d'autres îles frangées de corail (environ 1 500 B). La meilleure façon de

Ko Lipe

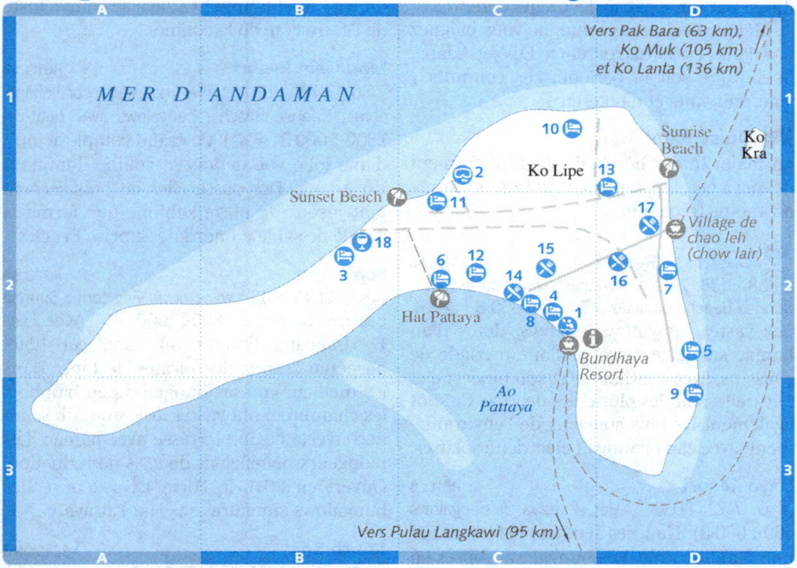

Ko Lipe

Activités

- Castaway Divers .... (voir 5)
- Forra Dive .... (voir 7)
- Forra Dive .... (voir 8)
- 1 Islander Sea Sports C2
- 2 Sabaye Divers C1

Où se loger

- 3 Bila Beach B2
- 4 Blue Tribes C2
- 5 Castaway Resort D2
- 6 Daya Resort C2
- 7 Forra Dive D2
- 8 Forra Dive2 .... C2
- 9 Idyllic D3
- 10 Mountain Resort C1
- 11 Porn Resort C2
- 12 Sita Beach Resort C2
- 13 South Sea D1

Où se restaurer

- 14 Nong Bank Restaurant C2
- 15 Pee Pee Bakery C2
- 16 Pooh's Bar D2
- 17 Som Tam D2

Où prendre un verre

- 18 Mia Luna B2

découvrir l'archipel consiste à engager un capitaine *chow lair*. **Islander Sea Sports** (☎08 7294 9770 ; 100/600 B par heure/jour) loue des kayaks flambant neufs sur Hat Pattaya.

Il serait exagéré de qualifier la plongée d'excellente, mais il existe de très bonnes possibilités de plongée dérivante et deux excellents sites dans les rochers. **Eight Mile Rock** est un amphithéâtre naturel couvert de coraux attirant des raies mantas et des requins-baleines. **Stonehenge** est réputé pour ses magnifiques coraux mous, ses hippocampes et ses rares requins-baleines et requins-léopards. Sur les plages de Sunrise et Pattaya, **Forra Dive** (☎08 1479 5691, 08 4407 5691 ; www.forradiving.com), tenu par des Français, est le centre le moins cher de Lipe. Il propose des formations PADI Open Water (12 600 B) et des sorties d'une journée (2 plongées 2 600 B). **Castaway Divers** (☎08 7478 1516 ; www.kohlipedivers.com), basé sur Sunrise Beach, propose des formations PADI et SDI, ainsi que des sorties plus personnalisées (2 plongées, 2 800 B) en *long-tail boat*. **Sabye Divers** (☎08 9464 5884 ; www.sabye-sports.com) est le petit centre certifié Greenfins sur Sunset Beach ; il est dirigé par un expatrié de longue date.

Même si cela vous tente, ne vous baignez pas dans l'étroit détroit entre Lipe et Adang, quelle que soit la période. Les courants y sont puissants et dangereux.

Où se loger

La majorité des hôtels de Ko Lipe ferment de mai à octobre, lorsque la liaison maritime est moins fréquente.

Castaway Resort HÔTEL $$
(08 3138 7472 ; www.castaway-resorts.com ; Sunrise Beach ; bungalows 3 500-5 000 B ; @). Les vastes bungalows en bois, dotés d'un hamac sur la terrasse et d'une myriade de coussins, avec ventilateur et sdb moderne et naturelle, sont les plus chics de Lipe. Ce sont également les plus soucieux de l'environnement, avec eau chaude et électricité solaires.

Daya Resort HÔTEL $
(0 7472 8030 ; Hat Pattaya ; bungalows 500-1 000 B). L'un des seuls hôtels tenus par une famille locale. Les bungalows sobres en bois n'ont rien d'exceptionnel, mais la plage est fantastique, le jardin fleuri est charmant, et le restaurant sert les meilleures grillades de fruits de mer de l'île (et les moins chères), ce qui n'est pas rien.

Idyllic Resort HÔTEL $$$
(08 1802 5453 ; www.idyllicresort.com ; Sunrise Beach ; bungalows 6 300-15 000 B ; @). Le premier hôtel au design haut de gamme de Lipe. Avec leur toit incliné, leurs murs de béton et de verre, leur écran plat et leur terrasse, ces bungalows ont une allure résolument moderne.

Blue Tribes HÔTEL $$
(08 6285 2153 ; www.bluetribeslipe.com ; Hat Pattaya ; bungalows 1 200-1 700 B ; @). Un des petits complexes les plus attrayants de Pattaya. Ses plus beaux bungalows de 2 étages en bois et en chaume comprennent un salon au rez-de-chaussée et des chambres à l'étage, avec portes coulissantes donnant sur la mer.

Bila Beach HÔTEL $$
(08 0589 2056 ; Sunset Beach ; bungalows 1 500 B). Les élégants bungalows grimpent à flanc de colline, au-dessus d'une petite crique privée au sable blanc semé de gros rochers, dans le prolongement de Sunset Beach. Un superbe bar en bambou et un restaurant sur le front de mer complètent l'offre. Le cadre parfait pour une lune de miel hippie ! Pattaya se trouve juste de l'autre côté de la colline.

Mountain Resort HÔTEL $$
(0 7472 8131 ; www.mountainresortkohlipe.com ; Sunrise Beach ; bungalows avec petit-déj 1 300-5 000 B ; @). Ce grand complexe jouit d'une jolie vue depuis sa colline dominant Ko Adang. Des passerelles en bois serpentent jusqu'à la plage sublime que forme la bande de sable au nord de Sunrise Beach.

Forra Dive HÔTEL $$
(08 0545 5012 ; www.forradiving.com ; Sunrise Beach ; bungalows 800-1 000 B). Avec ses 17 drapeaux flottant au vent, cet hôtel perpétue l'esprit des pirates de Lipe. Dans les meilleurs de ses bungalows en bambou, les chambres sont vastes avec une sdb semi-découverte et une terrasse avec hamac. Les plongeurs bénéficient de 25% de réduction. Ouvert en 2011, le Forra Dive 2 offre des bungalows similaires sur Hat Pattaya.

South Sea PENSION $
(08 0544 0063, 08 1678 9903 ; Sunset Beach ; bungalows 350 B). Située dans les terres, près de Sunset Beach, cette pension ensoleillée est composée de minuscules huttes en bambou. Petites nattes de couchage et sdb attenante semi-extérieure de style thaïlandais.

Porn Resort HÔTEL $
(08 9464 5765 ; Sunset Beach ; bungalows 500-750 B). Cet ensemble de bungalows anciens dotés d'une literie ferme est le seul *resort* sur Sunset Beach, une plage imparfaite, mais agréable pour la baignade. Le tout est rustique, mais c'est le choix le plus économique pour une terrasse face à une plage privée.

Sita Beach Resort HÔTEL $$$
(0 7478 3664 ; www.sitabeachresort.com ; Hat Pattaya ; bungalows 6 500-9 000 B ; @). L'hôtel le plus luxueux de Hat Pattaya a des airs de résidence californienne. Logements ultra-confortables répartis de la plage jusqu'au sommet de la colline.

Où se restaurer et prendre un verre

Les complexes hôteliers de Hat Pattaya organisent des barbecues de fruits de mer en soirée. Ceux du Daya (voir ci-contre) ont notre préférence. Pour un repas moins onéreux, optez pour les stands et les petits cafés thaïlandais sur Walking Street.

LA MÉTAMORPHOSE DE KO LIPE *ADAM SKOLNICK*

La transformation de Ko Lipe a vraiment commencé en 2005, lorsque la piste sablonneuse qui traverse l'île a été bétonnée. Mais ce changement trouve ses origines plus de 10 ans en arrière, lorsque Ko Kyiet, un promoteur de Ko Phi Phi a proposé aux familles *chow lair* d'acheter leurs terres ancestrales. Des accords ont été passés, mais jamais honorés. Entre alors en scène Ko Pi Tong, originaire de Satun et qui tire sa fortune du commerce lucratif, et peu écologique, de la récolte des nids d'hirondelles. Selon Kun Pooh, le propriétaire du Pooh's Bar et des Pooh's Bungalows, résident de longue date et l'un des acteurs majeurs du tourisme de Lipe : "Pi Tong est comme Robin des Bois. Il a versé aux familles ce que Kyiet leur devait, plus les intérêts." Tong est allé voir les familles *chow lair*, qui pour la plupart n'avaient aucun titre de propriété, et leur a versé la somme due, en espèce. Elles ont librement accepté l'argent, ce qui a rendu cette transaction légale. Mais l'histoire ne s'arrête pas là.

Les ententes négociées par Kyiet permettaient aux *chow lair* de conserver une partie de leurs terres ancestrales. Celles passées avec Tong visaient la quasi totalité des terres. Kun Pan, un vieux pêcheur à la chevelure argentée, qui vit dans le nouveau village *chow lair* isolé sur la colline surplombant Sunset Beach, explique la situation : "Avant, toute l'île était à nous et nous vivions tous sur la plage. Mon frère et moi, on ne voulait pas vendre. La police est venue et nous a emmenés à Satun. Ils ont dit que nous n'avions aucun droit sur ces terres."

Pooh conteste les dires de Pan. Il pense que le pêcheur se trompe, car "Tong a laissé les *chow lair* vivre sur les terres qu'il leur a achetées durant des années" et ne les a expulsés que récemment. Selon Pooh, Tong revend maintenant les terrains avec grand profit. Il est certain que Tong a créé des emplois, des infrastructures et une richesse dans cette région sauvage du sud de la Thaïlande. De plus, certaines familles *chow lair* qui ont refusé de vendre leurs terres ont ouvert des commerces prospères, comme le Daya Resort, ce qui semble contredire les dires de Pan. Néanmoins, il est difficile de contester que la plupart des *chow lair* semblent être les laissés-pour-compte de cette nouvelle prospérité.

Pour prendre un verre, vous trouverez de petits bars rasta sur toutes les plages.

Som Tam CAFÉ **$**
(Sunrise Beach ; plats 20-50 B). Ce petit café à l'angle de Walking Street et de la route de Sunrise Beach, encore sans enseigne lors de notre passage, sert un fabuleux *sôm·tam* (salade de papaye verte épicée) avec du poulet frit croustillant, un déjeuner parfait.

Nong Bank Restaurant RESTAURANT **$$**
(Hat Pattaya ; plats 80-120B ; ⏲petit-déj, déj et dîner). Ce restaurant sert des fruits de mer fraîchement grillés et de superbes plats de curry jaune (120 B), avec quelques tables à l'ombre sur la plage.

Pooh's Bar RESTAURANT, BAR **$**
(☎0 7472 8019 ; www.poohlipe.com). Le Pooh est un énorme complexe qui a été bâti par un pionnier de Lipe et comprend des bungalows, un centre de plongée et plusieurs restaurants. Très populaire parmi les expatriés, surtout en basse saison. Chaque soir, des films sont projetés sur grand écran.

Pee Pee Bakery BOULANGERIE **$**
(Hat Pattaya ; plats à partir de 80 B ; ⏲petit-déj, déj et dîner). Le meilleur petit-déjeuner sur Lipe, comprenant viennoiseries et pains artisanaux. Un petit-déjeuner américain coûte 240 B.

Mia Luna BAR **$**
(Hat Pattaya). Ce bar de pirates est orné de bouées peintes, de bancs en bois et de hamacs. Seul sur une petite plage de sable blanc près de Bila Beach, il est à quelques minutes de marche derrière la colline de Hat Pattaya. C'est aussi un endroit tranquille où étendre sa serviette dans la journée, lorsque les fêtards dorment encore.

ℹ Depuis/vers Ko Lipe

Du 21 octobre à la fin mai, plusieurs hors-bord relient Pak Bara (voir p. 346) à Ko Lipe via Ko Tarutao ou Ko Bulon Leh à 9h30, 11h, 12h30 et 14h (550-650 B, 1 heure 30) ; en sens inverse, les bateaux partent à 9h30, 10h et 13h30. En basse saison, le transport est tributaire du temps, mais il y a généralement un bateau par semaine. La location d'une embarcation pour Ko Lipe depuis Pak Bara coûte 4 000 B par trajet.

Tigerline (☎08 1092 8800 ; www.tigerlinetravel.com) assure le service de ferry à grande vitesse le moins cher pour Ko Lanta (1 500 B, 5 heures 30), faisant escale à Ko Muk (1 400 B, 3 heures 30), Ko Kradan (1 400 B, 4 heures) et Ko Ngai (1 400 B, 4 heures 30). Il part de Ko Lipe à 9h30.

Satun-Pak Bara Speedboat Club (☎0 7475 0389, 08 2433 0114 ; www.tarutaolipeisland.com) assure une liaison quotidienne plus confortable en hors-bord, de Ko Lipe à Ko Lanta (1 900 B, 3 heures) à 9h, avec escale à Ko Bulon Leh (600 B, 1 heure), Ko Muk (1 400 B, 2 heures) et Ko Ngai (1 600 B, 2 heures 30). La même embarcation fait le voyage retour depuis Ko Lanta à 13h.

Tous deux proposent aussi la liaison quotidienne avec Pulau Langkawi (1 200 B, 1 heure) en Malaisie ; départs à 7h30, 10h30 et 16h. Arrivez au bureau de l'immigration au Bundhaya Resort en avance pour faire tamponner votre passeport. Pour le retour, les bateaux quittent Pulau Langkawi pour Ko Lipe à 7h30, 9h30 et 14h30, heure malaise.

Quel que soit le bateau que vous choisirez, vous devrez prendre le *long-tail boat* (50 B/pers) qui assure la navette entre l'embarcadère flottant et le bord de la baie.

KO ADANG ET KO RAWI เกาะอาดัง/เกาะราวี

Ko Adang, l'île située juste au nord de Ko Lipe, est couverte de hautes collines densément boisées, mais bordée de plages de sable blanc et de récifs coralliens florissants. De nombreux circuits de snorkeling font halte ici ; des bouées d'amarrage évitent d'endommager les coraux avec les ancres. À l'intérieur des terres, quelques sentiers serpentent dans la jungle et conduisent à des chutes d'eau, dont les **cascades du Pirate**, jadis une source d'eau douce pour les flibustiers, et la **falaise de Chado**, qui offre une vue magnifique sur la plage principale en contrebas, où les tortues vertes pondent leurs œufs de septembre à décembre.

Ko Rawi, un ovale rocheux et couvert de jungle à 11 km à l'ouest de Ko Adang, possède de magnifiques plages et de grands récifs coralliens tout autour. Il est permis de camper sur Ao Lik, avec la permission des gardes forestiers. Parmi les excellents spots de snorkeling figurent le littoral nord de **Ko Yang** et la minuscule **Ko Hin Ngam**, renommée pour ses bénitiers géants, ses anémones de mer et ses superbes plages de galets rayés. La légende veut que ces pierres soient maudites et que la malchance s'attache à quiconque en ramasse une, jusqu'à ce qu'il la remette en place. Il y a un petit restaurant ici, mais apportez votre déjeuner depuis Lipe : il sera moins cher et bien meilleur. Même pour un petit arrêt sur l'île, vous devrez vous acquitter des droits d'entrée dans le parc national (adultes/enfants 200/100 B).

L'hébergement sur Ko Adang est situé près du bureau des gardes forestiers à Laem Son. Vous trouverez de nouveaux **bungalows** (3-9 pers 600-1 800 B), des **maisonnettes** (ch 3 lits 300 B) plus anciennes avec sdb attenante et un terrain de **camping** (30 B/pers, avec location de tente 250 B). Une petite cantine sert de bons plats thaïlandais.

Les *long-tail boats* de Ko Lipe vous emmèneront à Ko Adang et à Ko Rawi pour 50 B/pers (après marchandage).

Comprendre les îles et plages de Thaïlande

Population au km²

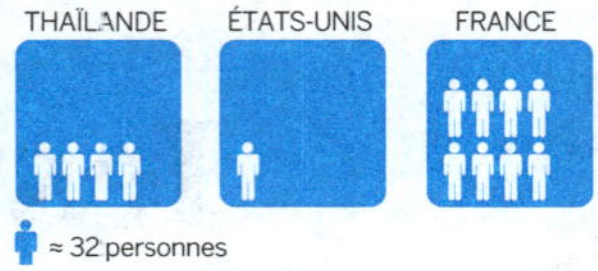

Les îles et plages de Thaïlande aujourd'hui

L'industrie du sexe

Peu importe comment on tourne la chose, en Thaïlande, les endroits rêvés pour les vacances – et donc les îles et les plages – accueillent une industrie du sexe parmi les plus actives du pays. Il n'est pas rare de tomber sur des prostitués ou des rabatteurs attirant le chaland. Cependant, si ce commerce est beaucoup plus visible au Pays du sourire qu'ailleurs, il convient de ne pas en faire une mauvaise interprétation. La relation de la Thaïlande avec la prostitution est une longue histoire, très complexe.

Si le pays a aujourd'hui la réputation d'être la destination mondiale du tourisme sexuel, ce commerce a commencé à l'époque de la guerre du Vietnam. Dans les quartiers "chauds" de Bangkok, de Phuket et de Pattaya, les étrangers en sont les premières cibles, mais il existe aussi une industrie du sexe locale plus clandestine (notamment aux abords des villes-frontières) et une myriade de réseaux souterrains.

La prostitution est officiellement illégale, selon une loi passée dans les années 1960, suite à une pression intense exercée par l'ONU. Or, les établissements de divertissement (des go-go bars aux salons de massage) sont soumis à une autre législation qui autorise les services non sexuels. Le gouvernement préfère se voiler la face devant les pratiques qui y ont effectivement cours, sans doute pour ménager une importante source de revenus. Ses mesures concernent principalement la prostitution des mineurs et les pratiques abusives.

L'Organisation internationale du travail estime qu'un travailleur du sexe thaïlandais gagne un salaire équivalent à celui d'un employé du secteur tertiaire ou d'un petit fonctionnaire. Ce qui n'est pas énorme mais représente beaucoup pour les populations rurales, déshéritées, sans formation ou ayant à charge une famille.

La famille est une valeur essentielle dans la société thaïlandaise et de nombreux travailleurs, ceux du sexe compris, envoient chez eux une

- » Population : 66,7 millions d'habitants
- » PNB : 580,3 milliards de dollars
- » PNB par habitant : 8 700 $US
- » Taux de chômage : 1,2%
- » Dépenses d'éducation : 4,1% du PNB

Pas d'impairs !

- » Ôtez vos chaussures avant de pénétrer dans un temple ou chez quelqu'un. Faites attention où vous mettez les pieds.
- » Évitez toute querelle et toute manifestation de colère, cela gêne profondément les Thaïlandais.
- » Levez-vous respectueusement pour l'hymne national.
- » Ne critiquez pas la monarchie.
- » Souriez ! Vous mettrez les Thaïlandais à l'aise.
- » Portez une tenue correcte – bras et jambes couverts – pour visiter les temples et les édifices liés à la monarchie.

À lire

Thaïlande (Les Éditions du Pacifique, 2007). L'âme de la Thaïlande et de ses habitants cernée par des photographes du monde entier.

Thaïlande, Histoire, Société, Culture (La Découverte, 2011), d'Arnaud Dubus. Le portrait d'un pays moderne et cosmopolite.

Religion
(% de la population)

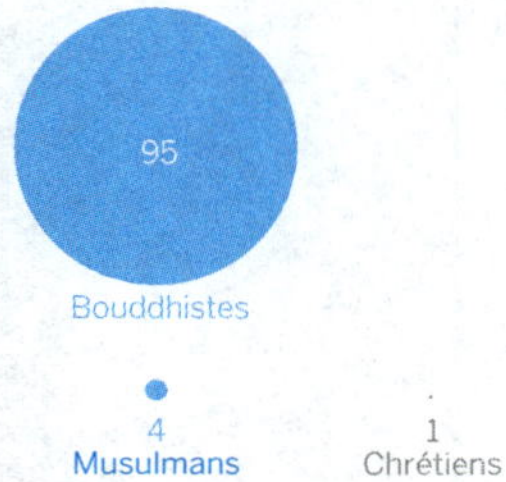

Sur 100 personnes en Thaïlande

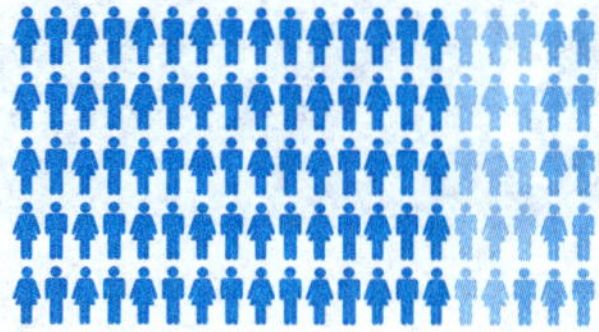

grosse part de leur salaire. Ce revenu perçu par les parents est souvent utilisé pour des achats ostentatoires montrant la réussite de leurs enfants. Malheureusement, de telles pratiques ne font que perpétuer l'idée qu'il s'agit d'argent facilement et rapidement gagné, et préparer une nouvelle génération de travailleurs du sexe.

À lire pour dépasser les clichés à propos de la prostitution en Thaïlande, l'ouvrage du sociologue Sébastien Roux, *No money, no honey. Économies intimes du tourisme sexuel en Thaïlande* (La Découverte, 2011). Pour ce travail, il a interviewé de nombreux travailleurs du sexe dans le pays.

Les séparatistes du Sud

Si le sud de la Thaïlande évoque avant tout des plages dorées et des palmiers ondulant sous le ciel, la vie dans le Sud profond, à la frontière de la Malaisie, est loin de cette vision paisible. Plusieurs provinces de l'extrême Sud thaïlandais, dont Yala, Pattani et Narathiwat, faisaient autrefois partie du sultanat de Pattani, qui domina la région du XVe siècle au début du XXe siècle, jusqu'à sa conquête par le royaume bouddhique du Siam. Les populations d'origine malaise de ces régions, à 80% musulmanes, n'ont jamais vraiment assimilé le mode de vie thaïlandais et un sentiment séparatiste profond a persisté jusqu'à aujourd'hui.

À partir des années 1930, une politique nationaliste visant à transformer la société multiethnique en une nation bouddhiste thaïe unifiée et homogène fut mise en place. Elle rencontra une forte opposition dans les provinces du Sud, où un mouvement séparatiste puissant vit le jour. La politique d'assimilation fut abandonnée dans les années 1980 et 1990 mais dès 2001 le régime de Thaksin revint à une politique ostraciste, donnant naissance à une guerre de faible intensité de la part des séparatistes.

Le mouvement de rébellion est composé de groupes autonomes basés dans les villages. Le réseau compterait environ 8 000 séparatistes. Les groupes ne revendiquant que rarement leurs actions et ne s'attaquant pas à des cibles hors de l'extrême Sud, le conflit n'attire guère l'attention internationale, bien qu'il ait un profond impact sur l'industrie touristique de la région.

À regarder

Oncle Boonmee, celui qui se souvient de ses vies antérieures (2010), de Apichatpong Weerasethakul. Palme d'or à Cannes en 2010.
Bangkok Traffic Love Story (2009), d'Adisorn Tresirikasem. Comédie romantique.
La Plage (2000). Utopie hollywoodienne sur une île paradisiaque, adapté du roman éponyme. On a souvent dit que le film était à l'origine de la gentrification des plages de Thaïlande.
OK Baytong (2007), du réalisateur thaïlandais Nonzee NImibutr, traite de la violence entre les bouddhistes et les musulmans.
Bangkok Dangerous (1999 et 2008), des frères hongkongais Danny et Oxide Pang, est un film d'action qui montre, dans une mise en scène intense, le côté obscur de la ville.

Histoire et politique

Histoire

À lire

» *Le Siam* (2004), de Michel Jacq-Hergoualc'h

» *Thaïlande, les larmes de Bouddha* (Autrement, 1990), collectif, hors-série n°43.

» *Retour à la rivière Kwaï* (Phébus, 2005), de L. Velmans

L'histoire de la Thaïlande en tant que pays des Thaï commence au XIIIe siècle avec l'arrivée en masse de migrants venus du nord dans des territoires que dominaient les empires indiens ou khmers. Rassemblant des villages auparavant rivaux, de puissantes chefferies se constituèrent au fil du temps. Le pays naissant se forgea une identité nationale autour d'une langue, d'une religion et d'une monarchie. À peine avaient-ils repoussé les visées colonialistes des puissances occidentales que les souverains durent renoncer à leur pouvoir absolu sur le pays. Depuis l'instauration d'une monarchie constitutionnelle, en 1932, le pouvoir est resté aux mains de l'armée, à quelques intermèdes démocratiques près.

Les origines

Il reste peu de traces des civilisations présentes en Thaïlande avant le milieu du premier millénaire. Les fossiles d'*Homo erectus* découverts dans la province de Lampang (nord du pays) datent d'au moins 500 000 ans. Le plus important site archéologique thaïlandais, Ban Chiang, près d'Udon Thani, témoigne de l'existence de l'une des plus anciennes sociétés agraires du monde. On pense que la vallée du Mékong et le plateau de Khorat étaient habités il y a 10 000 ans par des agriculteurs maîtrisant le travail du bronze. Le parc national de Pha Taem, près d'Ubon Ratchathani, renferme des peintures rupestres réalisées il y a quelque 3 000 ans.

Les premiers empires

Durant le premier millénaire, des populations "thaïes", ancêtres des Thaïlandais d'aujourd'hui, émigrèrent du sud de la Chine pour s'installer par vagues successives dans le territoire de l'actuelle Asie du Sud-Est. Ces immigrants, parlaient le thaï-kadai, langue appartenant à une famille

CHRONOLOGIE

4000-2500 av. J.-C.

Des communautés préhistoriques développent la poterie, la riziculture et le travail du bronze dans le nord-est de la Thaïlande.

VIe-XIe siècle

Fondation de cités-États Dvaravati dans le centre de la Thaïlande.

IXe-XIIIe siècle

Angkor étend son influence à certaines régions de la Thaïlande.

de langues monosyllabiques et tonales, considérée comme le groupe ethnolinguistique le plus important d'Asie du Sud-Est. Certains s'établirent dans les vallées de l'actuelle Thaïlande, d'autres dans plusieurs régions du Laos contemporain et dans l'actuel État shan de Birmanie (Myanmar).

Vivant de l'agriculture, de la chasse et du commerce, ils formèrent des villages organisés en *meu ang*, chefferies placées sous la coupe d'un seigneur autour desquelles s'édifia l'État thaï. Au fil du temps, les Thaïs étendirent leur influence au-delà des vallées montagneuses du Nord, s'installant dans les plaines du Centre et le plateau du Nord-Est, où existaient plusieurs grands centres marchands aux mains d'empires locaux et "étrangers" – môn-Dvaravati, khmer (Cambodge) et Srivijaya (péninsule malaise)…

La civilisation de Dvaravati

Les Môn, venus d'Inde, dominaient une partie de la Birmanie, l'ouest de la Thaïlande et une partie des plaines centrales. La période du VIe au IXe siècle vit l'émergence d'une civilisation bouddhique bien spécifique associée aux Môn, connue sous le nom de Dvaravati. On en sait peu de choses, si ce n'est que Nakhon Pathom était sans doute le centre du royaume. La mise au jour de statues bouddhiques, de vestiges de temples et de pierres gravées caractéristiques a permis en outre d'établir l'existence de routes marchandes terrestres et de postes commerciaux vers l'ouest (Birmanie), l'est (Cambodge), le nord (Chiang Mai et Laos) et le nord-est.

Des nombreuses civilisations indianisées qui se sont épanouies en Asie du Sud-Est, celle de Dvaravati se distingue par la richesse de son art et par l'établissement de routes commerciales qui ont probablement constitué la toute première charpente de la future Thaïlande.

Le royaume khmer

Si la civilisation de Dvaravati reste mystérieuse, le royaume khmer est célèbre pour la splendeur de sa sculpture et de son architecture, il a marqué d'une profonde empreinte l'art et la religion de la région. Né au IXe siècle, le royaume installa sa capitale à Angkor, dans l'actuel Cambodge, et s'étendit vers l'ouest, dans le centre et le nord-est de l'actuelle Thaïlande. Reliés à la capitale par la route, des centres administratifs arborant des temples sur le modèle de ceux d'Angkor virent le jour à Lavo (l'actuelle Lopburi), Sukhothai et Phimai (près de Nakhon Ratchasima).

Symboles de la puissance impériale, les constructions monumentales khmères témoignent des technologies les plus avancées de l'époque. Les éléments d'inspiration religieuse – hindouisme, brahmanisme, bouddhisme theravada ou mahayana –, présents jusque dans les réalisations utilitaires, caractérisent la production culturelle de la Thaïlande de cette période.

La civilisation de Srivijaya

Pendant que la Thaïlande continentale était sous l'influence de cultures venues du nord et de l'ouest, la péninsule malaise était assimilée

Des reliefs à Angkor Wat représentent des mercenaires thaïs servant dans les armées khmères. Les Khmers les appelaient "Syam", un nom que le négociant anglais James Lancaster écrivit "Siam" en 1592.

SIAM

Xe siècle

Arrivée des peuples "thaïs" dans ce qu'on appellera la Thaïlande.

1240-1438

Période estimée du royaume de Sukhothai.

PAUL BEINSSEN/LONELY PLANET IMAGES ©

» Parc historique de Sukhothai

culturellement et économiquement à des civilisations du Sud. Entre les VIIIe et XIIIe siècles, elle fut sous l'emprise de la confédération de Srivijaya, qui contrôlait le commerce entre la mer de Chine méridionale et l'océan Indien. On pense que la capitale en était Palembang (île de Sumatra).

Plusieurs cités-États liés à l'"empire" de Srivijaya s'épanouirent dans la péninsule malaise, dont Tambralinga, qui établit sa capitale près de l'actuelle Nakhon Si Thammarat et adopta le bouddhisme au XIIIe siècle. Les États plus au sud, eux, se placèrent sous l'influence de l'islam – une frontière religieuse qui a traversé les siècles. On peut voir des vestiges de la civilisation de Srivijaya près de Chaiya et de Nakhon Si Thammarat. Elle a aussi légué à la Thaïlande moderne des traditions artistiques telles que le *năng đà·lung* (théâtre d'ombres) et le *lá·kon* (théâtre classique dansé).

Grands sites sacrés

» Tham Phraya Nakhon, Khao Sam Roi Yot

» Sanctuaire de la Vérité, Pattaya

» Wat Phra Mahathat Woramahawihaan, Nakhon Si Thammarat

» Temples khmers, Phetchaburi

» Le Grand Bouddha, Phuket

Naissance des royaumes thaïs

Ces empires régionaux commencèrent à décliner au XIIIe siècle, tandis qu'apparaissaient de prospères cités-États thaïes imposant localement leur pouvoir et leur puissance militaire. Ces cités rivales finirent par s'unir en plusieurs royaumes, notamment ceux de Lanna, de Sukhothai et d'Ayuthaya sur lesquels s'est construite l'identité thaïlandaise.

Lanna

Le royaume de Lanna fut fondé au milieu du XIIe siècle dans la ville de Chiang Saen, dans le haut Mékong (nord de la Thaïlande), par le roi Mengrai, qui s'imposa aux cités locales rivales. Il s'installa ensuite plus au sud, faisant de Chiang Mai (la "ville nouvelle") sa capitale en 1296. Diplomate averti, le souverain noua des alliances avec de potentiels adversaires, dont le roi Ngam Muang de Phayao et le roi Ramkhamhaeng de Sukhothai ; on peut voir aujourd'hui à Chiang Mai une statue de bronze qui rappelle cette entente. Au début du XIVe siècle, le roi Mengrai parvint à repousser les invasions mongoles et instaura des relations diplomatiques avec ses voisins afin d'éviter d'autres attaques.

Le royaume de Lanna favorisa l'expansion de la tradition cinghalaise du bouddhisme theravada, largement dominant aujourd'hui en Thaïlande, et de la culture des Thaïs du Nord, toujours présente dans la région. Le royaume connut son apogée au XVe siècle, mais, en proie à des intrigues dynastiques et miné par les guerres, notamment contre les royaumes de Sukhothai et d'Ayuthaya, il ne connut jamais de forte expansion.

Sukhothai

Au cours du XIIIe siècle, plusieurs principautés des plaines centrales unirent leurs forces et ravirent le pouvoir détenu par l'empire khmer déclinant. Elles firent de Sukhothai ("l'aube de la félicité") leur capitale. Les Thaïlandais considèrent Sukhothai comme le premier véritable royaume thaï, et cette période vit un réel épanouissement culturel et artistique.

1283
Le roi Ramkhamhaeng de Sukhothai invente la première écriture thaïe.

1292
Chiang Mai devient la capitale du Lanna.

1351-1767
Royaume d'Ayuthaya.

1511
Le Portugal établit un comptoir à Ayuthaya, suivi par d'autres nations européennes.

On attribue à Ramkhamhaeng, le plus admiré des souverains de Sukhothai, la mise au point de la graphie thaïe moderne, basée sur les systèmes d'écriture indien, môn et khmer. Il imposa par ailleurs le bouddhisme theravada comme religion officielle.

À son apogée, le royaume s'étendait de Nakhon Si Thammarat, au sud, jusqu'à la haute vallée du Mékong, dans l'actuel Laos, et à Bago (Pegu), dans le sud de la Birmanie. La capitale fut transférée à Phitsanulok pour une courte période (1448-1486). À cette époque, déjà, le royaume d'Ayuthaya gagne en puissance.

Le roi Naresuan est un véritable héros national et un personnage culte, notamment pour l'armée thaïlandaise. Sa légende a inspiré au réalisateur Chatrichalerm Yukol l'imposante tétralogie à succès, *King Naresuan*, en partie financée par le gouvernement.

Ayuthaya

Le royaume d'Ayuthaya commença à s'imposer dans le bassin du Chao Phraya au milieu du XIVe siècle, au crépuscule de l'empire khmer. Le plus important des royaumes anciens du Siam, qui dura 416 ans, joua un rôle fondamental dans l'organisation de l'État et dans la structure sociale de la Thaïlande contemporaine. Sa sphère d'influence s'étendait loin, y compris sur la plus grande partie de l'ancien empire khmer.

Entouré de rivières lui conférant une position insulaire stratégique, Ayuthaya prospéra grâce aux échanges internationaux durant l'âge d'or du commerce, au XVIIe siècle. Le royaume assit sa puissance militaire en achetant aux Portugais des armes à feu et des mercenaires. Le réseau fluvial le reliait aussi bien au golfe de Thaïlande qu'à l'intérieur des terres.

Alors que les marchands occidentaux découvraient à cette époque l'Asie du Sud-Est, Ayuthaya accueillit de nombreux étrangers. Les visiteurs mentionnent dans leurs récits la cour et les marchés cosmopolites de la capitale. "Le royaume de Siam est la plus grande des nations asiatiques", s'enthousiasmait en 1690 le voyageur allemand Engelbert Kaempfer.

Ayuthaya adopta les coutumes de la cour khmère, sa langue honorifique et ses conceptions de la royauté. Le souverain prit ainsi le titre de *devaraja* (roi divin) khmer au lieu du *dhammaraja* (roi vertueux) en usage à Sukhothai. Le royaume demeurait tributaire de l'empire de

LES AMIS DU ROI

Dans les années 1680, de nombreux émissaires étrangers furent invités à Ayuyatha par le roi Narai, qui se montrait très curieux des biens, de la culture et des idées venus d'ailleurs. Sa cour commanda une grande diversité de produits : longues-vues, sabliers, papier, noyers, fromages, vins et fontaines en marbre. Il se joignit aux jésuites français pour observer une éclipse depuis son palais de Lopburi et reçut un globe offert par Louis XIV.

Durant la même période, le roi fit appel aux services de l'aventurier grec Constantin Phaulkon. Cette influence étrangère à la cour suscita de nombreux mécontentements et, lorsque le souverain tomba malade, Phaulkon fut accusé de complots par des intrigants. Ils fomentèrent un coup d'État et exécutèrent le conseiller (1688).

1688

La mort du roi Narai est suivie par la "révolution de palais" et l'expulsion des Français.

1767

Ayuthaya est détruite par les Birmans.

1768

Le roi Taksin installe la nouvelle capitale à Thonburi.

1782

Fondation de la dynastie des Chakri, avec Bangkok comme capitale.

Chine, qui lui accordait en échange de sa soumission rituelle de généreux cadeaux et des privilèges commerciaux.

Les visées expansionnistes des Birmans mirent à mal la splendeur d'Ayuthaya. En 1569, la ville tomba aux mains du grand roi birman Bayinnaung, avant de reprendre son indépendance sous le règne de Naresuan. En 1765, la jeune et ambitieuse dynastie birmane de Kongbaung poussa à nouveau vers l'est pour écraser son rival politique et commercial. Ses troupes assiégèrent Ayuthaya pendant un an, avant de la mettre à sac en 1767, détruisant ses bâtiments et massacrant ses habitants. La région alentour fut désertée. La violence de cet événement historique fut telle que de nombreux Thaïlandais considèrent aujourd'hui encore les Birmans comme des agresseurs et des ennemis impitoyables.

L'ère de Bangkok

Ayuthaya ruinée et la lignée des rois interrompue, le chaos s'instaura. Un ancien général, Taksin, fit valoir des droits sur le pouvoir, parvint à écarter ses rivaux et installa sa capitale à Thonburi, une localité située en aval d'Ayuthaya qui bénéficiait d'un meilleur accès aux routes commerciales. Devenu roi en 1768, Taksin, fils d'un Chinois et d'une Thaïe, affermit son pouvoir et favorisa le développement du commerce avec la Chine.

L'ère de Bangkok en 3 sites

» Wat Arun

» Wat Phra Kaew et Grand Palais

» Parc Dusit

Taksin fut renversé par des militaires en 1782, après 15 années de règne. L'un des conspirateurs, Chao Phraya Chakri, monta sur le trône sous le nom de Phraphutthayotfa Chulalok (r. 1782-1809, appelé à titre posthume Rama Ier) et fonda la dynastie des Chakri, toujours en place. Le nouveau monarque transféra la capitale sur l'autre rive du Chao Phraya, à Bangkok.

Durant le premier siècle de cette dynastie, les souverains se consacrèrent à reconstruire ce qui avait été perdu lors de la mise à sac d'Ayuthaya. Les connaissances et les pratiques qui avaient survécu furent maintenues ou incorporées dans de nouvelles lois, des manuels de pratique gouvernementale, des textes religieux et historiques, et dans la littérature. Parallèlement, ces monarques adoptèrent une attitude plus offensive pour agrandir leur territoire, étendant leur influence dans toutes les directions. Ayant détruit les capitales du Laos et du Cambodge, le Siam contint l'agression birmane et asservit Chiang Mai. Les populations vaincues furent déplacées et jouèrent un rôle important dans l'accroissement de la production rizicole au Siam, dont l'essentiel était exporté vers la Chine.

Au contraire des rois d'Ayuthaya, qui vénéraient le dieu hindou Vishnu, les monarques Chakri se firent les défenseurs du bouddhisme. Ils compilèrent et traduisirent en thaï les grands textes bouddhiques et construisirent de nombreux temples royaux.

Parallèlement, un ordre social nouveau et une économie de marché apparurent vers le milieu du XIXe siècle. Le Siam s'ouvrit à l'Occident et à ses idées scientifiques et technologiques modernes pour réformer l'éducation, les infrastructures et le système juridique. L'un des grands

1851-1868
Règne de Mongkut (Rama IV). Montée de l'influence occidentale.

1855
Le traité de Bowring, conclu entre le Siam et l'Angleterre, stimule l'économie de marché du pays et accorde des droits d'extraterritorialité aux sujets britanniques.

1868-1910
Règne de Chulalongkorn (Rama V). Renforcement de la présence européenne dans les pays voisins.

1874
Abolition de l'esclavage.

modernisateurs du pays fut le roi Mongkut (Rama IV), qui n'avait jamais envisagé de monter sur le trône : avant d'accéder au pouvoir, il avait passé 27 ans dans un monastère où il avait fondé l'ordre Thammayut, régi par les principes stricts auxquels s'astreignaient les moines môn. Il étudia durant sa vie monastique les sciences occidentales ainsi que le pali, le sanskrit, le latin et l'anglais.

Sous son règne, le Siam signa avec les puissances occidentales des traités prévoyant l'intégration du royaume dans le système de marché mondial, céda des monopoles royaux et octroya aux sujets britanniques des droits d'extraterritorialité.

Le fils de Mongkut, le roi Chulalongkorn (Rama V), poursuivit ses réformes en abolissant l'ancien ordre politique et en adoptant le modèle de l'État-nation. Il supprima l'esclavage et les corvées, qui persistaient depuis la période d'Ayuthaya. Chulalongkorn supervisa la création d'une bureaucratie salariée, d'une force de police et d'une armée efficace. Ses réformes permirent d'uniformiser le code juridique, les tribunaux et les services fiscaux. Les progrès des techniques d'irrigation et l'accroissement de la population paysanne permirent d'améliorer la production agricole. Des écoles furent créées sur le modèle européen, tandis que le service militaire obligatoire et l'impôt firent de tous des sujets du roi.

Pour "civiliser" son pays, Chulalongkorn s'appuya beaucoup sur des conseillers étrangers, en majorité britanniques. À la cour, l'essentiel du protocole en vigueur depuis des siècles fut abandonné et remplacé par des pratiques occidentales. L'architecture et la décoration des espaces officiels, comme les nouvelles salles du trône, furent confiées à des artistes italiens.

Considéré comme un diplomate tout aussi habile que son père, Chulalongkorn utilisa les puissances européennes les unes contre les autres de manière à éviter la colonisation. Pour maintenir son indépendance, la Thaïlande céda le Laos (1893) et le Cambodge (1907) à l'Indochine française, puis trois États malais à la Birmanie britannique (1909). L'ancien royaume de Pattani, remis en 1902 aux Britanniques alors aux commandes en Malaisie, revint dans le giron de la Thaïlande cinq ans plus tard. (Cette région du Sud se considère toujours aujourd'hui comme occupée par le pouvoir central thaïlandais.)

Le Siam devint un pays aux contours géographiques définis, au sens moderne. En 1902, il se dénommait non plus Siam, mais Prathet Thai (le pays des Thaïs) ou Ratcha-anachak Thai (le royaume des Thaïs). En 1913, tous ceux qui vivaient à l'intérieur de ses frontières furent appelés "Thaïlandais".

Le roi Chulalongkorn (Rama V) est l'objet d'un véritable culte de la part des Thaïlandais, qui adressent souvent des prières à ses attachants portraits, en costume européen, en habit de paysan ou en uniforme militaire. Le souverain défia la tradition en s'autorisant à être vu par ses sujets et en propageant largement ses photographies.

Armée contre démocratie

En 1932, un groupe de jeunes officiers et de fonctionnaires se faisant appeler Khana Ratsadon (Parti du peuple) mit fin sans effusion de sang à la monarchie absolue et instaura une monarchie constitutionnelle.

DIANA MAYFIELD/LONELY PLANET IMAGES ©

» Wat Arun (p. 57), sur les rives du Chao Phraya, Bangkok

1890

La première voie ferrée du Siam relie Bangkok à Nakhon Ratchasima.

1893

Le blocus français du fleuve Chao Phraya, dans le cadre d'un conflit territorial concernant l'Indochine, renforce la menace de colonisation.

Les dirigeants du mouvement se réclamaient des idéaux démocratiques découverts pendant leurs études en Europe.

Les années qui suivirent furent marquées par les luttes des différents groupes d'intérêts (royalistes, militaires, civils) cherchant à s'assurer le contrôle du pouvoir. Le Parti du peuple lui-même était divisé quant à sa vision d'une Thaïlande démocratique, et l'aile militaire du parti s'empara du pouvoir avant que des élections générales puissent se tenir. Le leader de la faction civile, Pridi Phanomyong, un juriste qui avait fait ses études en France, fut contraint de quitter le pays en 1933 après avoir mis en place un plan économique d'inspiration socialiste qui déplut fortement aux généraux. Le roi Prajathipok (Rama VII) abdiqua en 1935 et s'installa en Grande-Bretagne. Son neveu, Ananda Mahidol, alors âgé de 10 ans, lui succéda. En 1937, les Thaïlandais participèrent à leurs premières élections générales afin de désigner la moitié des parlementaires de la toute nouvelle Assemblée du peuple. Nommé Premier ministre, le général Phibul Songkhram, l'un des dirigeants de l'aile militaire du Parti du peuple, occupa cette fonction de 1938 à 1944, puis de 1948 à 1957.

Dans une initiative clairement nationaliste visant à rassembler toutes les populations de langue thaïe, Phibul changea le nom du pays en 1939 : le "Siam" devint le "Prathet Thai" (c'est-à-dire "pays des Thaïs", ou "Thaïland" en anglais, sur lequel le nom en français est calqué).

PRATHET THAI

Le gouvernement de Phibul fut marqué par une politique nationaliste exacerbée, axée sur le thème de l'"identité thaïe". Le régime collabora avec le Japon, lui ouvrant son territoire pour qu'il l'utilise comme base pour ses opérations d'invasion d'autres pays d'Asie du Sud-Est. Le régime espérait ainsi accroître son pouvoir de négociation au plan international et récupérer les territoires perdus lors de l'expansion coloniale française en Indochine. La Thaïlande comptait déclarer la guerre aux États-Unis et à la Grande-Bretagne, mais l'ambassadeur à Washington, Seni Pramoj, qui était membre du Seri Thai (Mouvement thaïlandais de libération), refusa de remettre la déclaration de guerre officielle, épargnant au pays les conséquences du statut de pays vaincu. Contraint à la démission en 1944, le général Phibul fut jugé pour crimes de guerre, puis acquitté.

Ananda Mahidol, qui avait été couronné sous le nom de Rama VIII, passa la plupart de ses jeunes années à l'étranger et ne rentra en Thaïlande qu'après la guerre. En 1946, il fut assassiné dans sa chambre dans des circonstances mystérieuses. Son frère Bhumibol Adulyadej (on prononce *phuumíphon adunyádèt*) devint le neuvième roi de la dynastie. Son règne est le plus long de l'histoire de la Thaïlande, et il est actuellement le plus ancien souverain en exercice dans le monde.

La démocratie s'est épanouie durant une brève période après la guerre : des élections parlementaires furent organisées pour désigner la totalité des membres de l'Assemblée du peuple et une Constitution fut adoptée en 1946. Ce texte, qui limitait le pouvoir des militaires et instaurait une série de droits démocratiques, ne fut appliqué que jusqu'à la mort du roi Ananda, un prétexte dont s'emparèrent les militaires pour revenir au pouvoir et placer à leur tête le général Phibul. Son retour sonne le glas du régime constitutionnel inauguré en 1932.

1902

Annexion par le Siam de Yala, Pattani et Narathiwat, appartenant auparavant au sultanat de Pattani.

1909

Un traité anglo-siamois délimite les frontières du Siam.

1913

Le roi Vajiravudh exige de tous ses sujets qu'ils adoptent un nom de famille.

1916

Création de la première université thaïlandaise, l'université Chulalongkorn.

Dictatures militaires

Après avoir écarté Phibul du pouvoir en 1957, le général Sarit Thanarat instaura une dictature militaire : il abolit la Constitution, procéda à la dissolution du Parlement et interdit les partis politiques. Cherchant à empêcher l'expansion du communisme dans la région, les États-Unis intervenaient en Asie du Sud-Est dans les années 1950. Durant la guerre froide, le gouvernement américain apporta un soutien économique et militaire au régime de Sarit, puis aux dictateurs militaires Thanom Kittikachorn et Praphat Charusathien qui gouvernèrent de 1964 à 1973. En échange d'avantages économiques, la Thaïlande accepta l'installation sur son sol de bases américaines d'appui à la guerre du Vietnam.

En 1973, des manifestations réunirent opposants de gauche – intellectuels et étudiants pour l'essentiel –, paysans, ouvriers et une partie de la classe moyenne, unis pour réclamer au régime militaire l'adoption d'une constitution. Le 14 octobre, l'armée intervint lors d'un grand rassemblement à Bangkok, faisant 77 morts et plus de 800 blessés. Un mémorial a été élevé sur Th Ratchadamnoen Klang, près du monument de la Démocratie. Refusant de cautionner davantage le bain de sang, le roi Bhumibol s'interposa et obtint le départ de Thanom et de Praphat.

La radicalisation du mouvement étudiant, au cours des années suivantes, suscita au sein des classes moyennes et d'une partie de la classe populaire la crainte de voir l'avènement du communisme en Thaïlande. Rentré au pays en 1976, officiellement pour devenir moine, Thanom fut accueilli chaleureusement par la famille royale. Des contestataires organisèrent alors à l'université Thammasat des manifestations contre celui qu'ils tenaient pour responsable du massacre du 14 octobre. Des

La Thaïlande a eu jusqu'à présent 17 constitutions, qui toutes ont été écrites à la suite de l'un des 18 (ce nombre est en débat) coups d'État. Il s'agit à chaque fois de redistribuer le pouvoir au sein des différentes factions (militaires, royalistes et civiles), en fonction des intérêts de l'aile aux commandes.

UN CONTREPOIDS LIBÉRAL

Juriste formé en France, Pridi Phanomyong (1900-1983) fut l'un des leaders civils de la révolution de 1932 et l'un des dirigeants du Parti du peuple. Il s'efforça de faire progresser la démocratie en Thaïlande grâce à des mesures constitutionnelles et des initiatives visant à limiter la participation de l'armée à la vie politique du pays. Partisan de la nationalisation des terres et du travail, il soutenait aussi une industrialisation menée par l'État et la protection des travailleurs. Il fonda en 1934 l'université Thammasat. Grande figure du Seri Thai, le mouvement de résistance à l'occupation japonaise durant la Seconde Guerre mondiale, il fut nommé Premier ministre en 1946.

Homme d'État d'envergure, personnalité reconnue, cet adversaire déclaré de Phibul et des militaires ne faisait toutefois pas l'unanimité. Ses détracteurs lui reprochaient ses idées "communistes" et il dut quitter le pays après avoir été accusé de régicide. Le regard porté sur lui a changé après la fin de la guerre froide ; on reconnaît aujourd'hui son action en faveur de la démocratie et son rôle important de contrepoids aux intérêts militaires.

1917
Le Siam envoie des troupes aux côtés des Alliés pendant la Première Guerre mondiale.

1932
Un coup d'État sans effusion de sang met fin à la monarchie absolue.

1939
Le nom du pays, Siam, est officiellement remplacé par celui de Thaïlande.

1941
Les troupes japonaises entrent en Thaïlande, dans le cadre du conflit mondial.

affrontements sanglants éclatèrent entre les étudiants et des groupes de civils de droite et anticommunistes. Contraints d'entrer dans la clandestinité, de nombreux intellectuels et étudiants rejoignirent alors dans les jungles du nord et du sud du pays les insurgés communistes de l'Armée populaire de libération de la Thaïlande (PLAT).

L'ancien général Prem Tinsulanonda est aujourd'hui à la tête du Conseil privé du roi Bhumibol. On pense qu'il est à l'origine du coup d'État de 2006.

Le pays resta aux mains des militaires tout au long des années 1980. Le gouvernement du général Prem Tinsulanonda, un "soldat politique", fut une période de stabilité et de prospérité. Prem parvint à démanteler l'insurrection communiste en combinant action militaire et programmes d'amnistie. Mais l'embellie économique fit émerger des adversaires de taille au régime militaire : des dirigeants économiques mécontents du poids de l'armée au sein du pouvoir et de ses positions dépassées depuis la fin de la guerre froide. Pour eux, les communistes n'étaient plus des ennemis, mais des partenaires commerciaux potentiels.

Le monde des affaires au pouvoir

En 1988, des élections régulières portèrent au pouvoir Chatichai Choonhavan, dirigeant du parti du Chart Thai. Le successeur du général Prem installa un pouvoir dominé par d'influents hommes d'affaires de province, écarta les bureaucrates de la prise de décision et entreprit de transformer le pays en un "tigre asiatique". La politique et l'argent ne faisant toutefois pas forcément bon ménage, Chatichai, accusé de graves faits de corruption, fut renversé par l'armée. Le coup d'État marquait l'émergence d'une nouvelle alliance dans le paysage politique thaïlandais entre les militaires, le monde des affaires et les classes éduquées de Bangkok opposés à Chatichai, aux entrepreneurs de province entrés en politique et à leur la "politique de l'argent".

Créée en 1969 par le roi Bhumibol afin d'aider les paysans en difficulté, la Royal Project Foundation a beaucoup fait pour éradiquer la culture de l'opium par les ethnies montagnardes du nord du pays.

En 1992, après des élections, un militaire s'imposa comme Premier ministre au mépris des résultats, déclenchant une protestation populaire qui se heurta à la répression de l'armée. En mai, quelque 200 000 manifestants défilèrent dans les rues de Bangkok derrière l'ancien gouverneur de la ville, Chamlong Srimuang. Les "manifestants aux téléphones portables" (une désignation témoignant de leur appartenance aux classes urbaines prospères) affrontèrent l'armée durant trois nuits de violences, avant que, le 20 mai, le roi Bhumibol ne demande l'arrêt de la répression.

Après les événements du "Mai noir", une nouvelle génération de militants démocratiques se mobilisa pour obtenir des réformes constitutionnelles. Pendant la plus grande partie des années 1990, le Parti démocrate, représentant les classes moyennes urbaines et les intérêts économiques, fut majoritaire au Parlement. Sa base de soutien s'ancrait dans les villes du sud du pays, des vieux ports dont l'économie était désormais orientée sur le tourisme et les exportations (caoutchouc, étain et pêche). À l'autre extrémité du spectre politique, les anciens pro-militaires disposaient du soutien des plaines centrales et des nouvelles villes du Nord-Est

1945

Fin de la Seconde Guerre mondiale ; la Thaïlande restitue les territoires pris au Laos, au Cambodge et à la Malaisie.

1946

Accession au trône du roi Bhumibol Adulyadej (Rama IX) ; la Thaïlande entre à l'ONU.

1957

Le coup d'État de Sarit Thanarat inaugure une longue période de régimes militaires qui durera jusqu'en 1973.

1959

Création de la première institution touristique.

agricole désireuses de s'attribuer une part du budget national destiné aux provinces. Ces fractures politiques ont perduré jusqu'à aujourd'hui.

L'année 1997 marqua la fin de la prospérité et l'arrivée de la crise asiatique. Minée par le poids de la dette extérieure, l'économie subit en outre les conséquences du surinvestissement dans l'immobilier et d'une monnaie dévaluée. Le baht se déprécia par rapport au dollar de manière vertigineuse, et le FMI intervint pour imposer des réformes financières et juridiques en échange d'une aide de plus de 17 milliards de dollars pour stabiliser la devise thaïlandaise.

La crise et ses conséquences ramenèrent le Parti démocrate au pouvoir, mais les dirigeants perdirent rapidement de leur crédibilité en raison de l'aggravation de la situation économique.

La "thaksinocratie"

En 2000, la crise économique commença à s'atténuer au profit des hommes d'affaires et au détriment des militaires. Ancien policier ayant fait fortune dans le secteur des télécoms, le milliardaire Thaksin Shinawatra surfa, avec son parti du Thai Rak Thai ("les Thaïlandais aiment les Thaïlandais"), sur la montée du nationalisme, remportant les élections de 2001. Il tint rapidement ses engagements en faveur des zones rurales, procédant à l'allègement de la dette agricole, à la mise en place de fonds d'investissement dans les villages et à la création de soins de santé bon marché.

Les réformes constitutionnelles de 1997 ayant renforcé la position du Premier ministre, son gouvernement fut l'un des plus stables qu'ait connu la Thaïlande à l'issue d'élections. L'essor de l'économie et sa gouvernance ferme, mais audacieuse, lui valurent de remporter la majorité absolue lors des élections de 2005 – ce qui lui permit de gouverner seul. Sa popularité était immense parmi les classes laborieuses et les populations rurales.

Thaksin fut mis en cause en 2006 pour abus de pouvoir et conflits d'intérêts, en lien avec la vente par sa famille au gouvernement de Singapour des actions de la Shin Corporation, pour un bénéfice de 73 milliards de bahts (1,88 milliard de dollars), non taxés en vertu d'une nouvelle loi sur les télécoms dont il avait favorisé l'adoption. Des manifestants descendirent dans les rues de Bangkok pour réclamer son départ. Le 19 septembre, l'armée dirigée par son commandant en chef Sonthi Boonyaratglin prit le pouvoir sans effusion de sang, contraignant Thaksin à l'exil. Le Thai Rak Thai fut dissous et les cadres du parti interdits de participation à la vie politique pendant cinq ans. Comme il s'y était engagé, le gouvernement provisoire organisa des élections générales en décembre et rendit le pays à un régime civil. À son grand désarroi, les alliés politiques de Thaksin obtinrent une majorité leur permettant de constituer un gouvernement emmené par Samak Sundaravej.

Des manifestants antigouvernementaux descendirent dans la rue, emmenés par l'ancien gouverneur de Bangkok et militant du "Mai noir"

Thaksin a été le premier Premier ministre thaïlandais à achever son mandat de 4 ans.

THAKSIN

1965
Le Thaïlande accueille des bases militaires américaines pendant la guerre du Vietnam.

1968
La Thaïlande est un des membres fondateurs de l'Association des nations du Sud-Est asiatique (ASEAN).

1973
Étudiants, ouvriers et paysans manifestent pour le retour de la démocratie.

1976
Répression violente du mouvement étudiant par l'armée.

Chamlong Srimuang, et par Sondhi Limthongkul, adversaire politique et concurrent commercial de longue date de Thaksin. Rassemblés sous l'égide de l'Alliance du peuple pour la démocratie, ces opposants qui s'habillaient en jaune (la couleur de l'anniversaire du roi), en signe de soutien à la monarchie, furent surnommés les "chemises jaunes". Ils accusaient entre autre Thaksin de nourrir des ambitions pour le trône – ou à tout le moins de menacer la monarchie.

En septembre 2008, la Cour constitutionnelle destitua Samak Sundaravej au motif qu'il avait accueilli chez lui une émission de télévision culinaire alors qu'il était en exercice, ce qui constituait un conflit d'intérêts. Les "chemises jaunes" ne se contentèrent pas de ce résultat et s'emparèrent, en novembre 2008, des deux grands aéroports du pays, Suvarnabhumi et Don Muang. L'occupation dura une semaine, au terme de laquelle l'armée organisa une sorte de "coup d'État silencieux". La Cour constitutionnelle rendit par ailleurs un nouvel arrêt affaiblissant davantage encore les alliés politiques de Thaksin. Obtenant une coalition in extremis, le démocrate Abhisit Vejjajiva recueillit les suffrages du Parlement et devint le 27e Premier ministre de la Thaïlande.

Les partisans de Thaksin s'organisèrent en un Front uni pour la démocratie et contre la dictature, appelé les "chemises rouges". Ses sympathisants, pour l'essentiel des habitants du nord et du nord-est du pays, rassemblent des opposants au coup d'État, des militants en faveur de la démocratie et des soutiens inconditionnels de Thaksin. La question de la lutte des classes est au cœur des préoccupations de certains, qui expriment avec force leur hostilité à l'aristocratie. En 2010, après un arrêt de la Cour suprême ordonnant la saisie de 46 milliards de dollars d'avoirs de Thaksin, déclaré coupable d'abus de pouvoir lorsqu'il était Premier ministre, les "chemises rouges" occupèrent durant deux mois le quartier commerçant du centre de Bangkok. Les leaders du mouvement et le gouvernement ne parvenant pas à trouver un compromis, l'armée intervint en mai pour disperser les contestataires, déclenchant des affrontements qui se soldèrent par la mort de 91 personnes et laissèrent un centre-ville ravagé.

Les élections générales de 2011 ont vu le parti Puea Thai, allié politique de Thaksin, obtenir la majorité au Parlement. Sa leader, Yingluck Shinawatra, n'est autre que la petite sœur de Thaksin. Elle est devenue la première femme Premier ministre en Thaïlande.

Les troubles dans le Sud

Dans les provinces méridionales de Pattani, Narathiwat et Yala, des séparatistes musulmans livrent depuis 2001 une guérilla contre le gouvernement central. Les trois provinces faisaient autrefois partie du royaume de Pattani, annexé par les souverains de la dynastie Chakri. Sous le roi Chulalongkorn, les dirigeants traditionnels furent écartés et remplacés par des envoyés du gouvernement central et des

1979

Après 3 ans de régime militaire, des élections ont lieu et le Parlement est restauré.

1980

Le gouvernement de Prem Tinsulanonda lutte contre le mouvement d'insurrection communiste et y met fin par la voie politique.

1988

Chatichai Choonhavan devient le premier chef du gouvernement élu depuis 1976 ; ouverture des échanges avec la péninsule indochinoise.

1991-1992

Le général Suchinda tente de s'emparer du pouvoir ; le roi Bhumibol intervient pour mettre fin à l'agitation civile après les manifestations du "Mai noir".

fonctionnaires de Bangkok. Pendant la Seconde Guerre mondiale, une politique nationaliste visant à transformer la société multiethnique en une nation bouddhiste thaïe, unifiée et homogène, fut mise en place. Cette approche rencontra l'opposition dans les provinces du Sud, où un mouvement séparatiste puissant vit le jour. La politique d'assimilation fut abandonnée dans les années 1980 et 1990, et le Premier ministre, Prem, s'engagea à promouvoir les droits culturels et la liberté religieuse des populations musulmanes. Il offrit par ailleurs une amnistie aux insurgés et mit en œuvre un plan de développement économique.

Le régime de Thaksin choisit d'appliquer une politique bien différente dans cette région, qui figure toujours parmi les plus sinistrées du pays au plan économique et éducatif. Il renforça la mainmise du gouvernement central – initiative à peine déguisée, selon les observateurs, en vue d'affaiblir le bastion traditionnel du Parti démocrate. Ses mesures réduisirent certes les relations entre l'élite locale, les électeurs du Sud et les démocrates qui les avaient représentés au Parlement. Mais elles réveillèrent l'irrédentisme latent des provinces méridionales musulmanes. En 2002, le gouvernement mit fin aux fonctions d'un corps d'inspecteurs existant de longue date et d'un bureau mixte (civils-police-armée) de sécurité aux frontières, une unité qui jouait un rôle essentiel dans le maintien de la paix et de la stabilité, et servait d'interface entre le gouvernement de Bangkok et les populations musulmanes du Sud. On confia le maintien de la sécurité à la police provinciale, redoutée et méprisée par la population locale. Confronté à des manifestations en 2004, le gouvernement choisit la manière forte. Les événements de la mosquée de Krue Se et ceux de Tak Bai coûtèrent la

LE TEMPLE FRONTALIER

En 2008, le Cambodge a obtenu le classement au patrimoine mondial de l'Unesco du temple khmer de Preah Vihear ("Khao Phra Wihan" en thaï). Installé dans une région reculée, cet ensemble de sanctuaires, datant de la première moitié du XIe siècle, est une pomme de discorde très ancienne entre le Cambodge et la Thaïlande. La Cour internationale de justice a tranché en 1969 et décidé que le temple appartenait au Cambodge, mais les deux pays se disputent toujours la zone de 4,6 km² qui l'entoure. Des soldats sont déployés de chaque côté de la frontière depuis la décision de l'Unesco et les échanges de coups de feu sont fréquents. Les tensions se sont accrues dans la période qui a précédé les élections thaïlandaises de 2011. Le chef du gouvernement cambodgien, Hun Sen, considéré comme un allié de Thaksin, a été accusé de se servir de cette querelle pour affaiblir le gouvernement d'Abhisit Vejjajiva. Parallèlement, on a reproché à des groupes anti-Thaksin d'exploiter le côté nationaliste de cette affaire pour discréditer les idées pro-Thaksin. La querelle semble avoir tourné court avec la victoire électorale du Puea Thai et les deux pays sont parvenus à une déclaration officielle prévoyant une coopération future.

JACQUES LANGEVIN/SYGMA/CORBIS ©

» Bangkok après les émeutes de 1992

1997

Crise économique asiatique ; adoption de la "Constitution du peuple".

2001

Thaksin Shinawatra, devient Premier ministre.

vie à 180 musulmans, pour la plupart des civils non armés. En 2005, l'État décréta la loi martiale dans la région.

L'apaisement espéré de la violence après le coup d'État de 2006, mené par Sonthi Boonyaratglin, premier commandant en chef musulman de l'armée thaïlandaise, ne s'est pas produit. Des attentats à la bombe et des fusillades ont toujours lieu, et la région est interdite d'accès.

Le Parti démocrate (Phak Prachathipat), fondé en 1946, est aujourd'hui le plus vieux parti politique de Thaïlande.

Politique

Le système politique

La situation politique agitée que connaît la Thaïlande depuis le coup d'État de 2006 tient en grande partie à la question de fond, ancienne, de l'organisation du corps législatif – et en définitive de la hiérarchie des pouvoirs. L'Assemblée nationale (Parlement) se compose de 630 membres, répartis en deux chambres : la Chambre des représentants et le Sénat. Une partie des sièges est attribuée lors d'élections au suffrage universel, une autre lors d'un scrutin partisan. La proportion de sièges attribués lors du vote de la population varie au gré des Constitutions. Celle de 1997, surnommée la "Constitution du peuple", prévoyait l'élection de tous les parlementaires au suffrage universel, ce qui a permis à Thaksin de prendre en main la quasi-totalité des pouvoirs. L'armée et les classes supérieures ont, depuis, abrogé ces dispositions, avançant l'argument que la représentation démocratique totale ne fonctionne pas en Thaïlande.

Les Thaïlandais qui se rendent aux urnes déposent un bulletin de vote pour élire le député de leur circonscription et un autre pour le parti de leur choix. On établit ainsi une représentation proportionnelle pour les sièges attribué lors des votes au sein des partis.

AFFICHAGE ÉLECTORAL

Avant un scrutin, les candidats tapissent les bords de route et les poteaux électriques d'affiches électorales. Elles représentent le candidat dans une pose sérieuse et vêtu d'un uniforme officiel – mais on a vu apparaître récemment des pancartes empruntant beaucoup au marketing, avec des slogans accrocheurs et des images expressives.

Toujours précurseur, Chuvit Kamolvisit, ancien propriétaire de salons de massage reconverti en trublion politique, a conquis ses électeurs en 2011 avec sa campagne de l'"homme en colère". Il apparaissait le visage furieux et grimaçant, signe de son courroux vis-à-vis du gouvernement – à peine élu, il a d'ailleurs révélé l'existence à Bangkok d'un casino clandestin géré par des policiers de haut rang.

Les habitants se plaignent parfois de la profusion de panneaux qui gênent la circulation. Quel que soit le candidat, les pancartes sont régulièrement vandalisées – ou volées, les affiches plastifiées faisant de parfaits pare-soleil ou parapluies de fortune.

2004

Un tsunami dans l'océan Indien fait plus de 5 000 morts en Thaïlande et met à mal les industries de la pêche et du tourisme ; résurgence du séparatisme dans le Sud.

2006

Le roi Bhumibol célèbre le 60e anniversaire de son accession au trône ; le gouvernement de Thaksin est renversé lors d'un coup d'État ; le Premier ministre est contraint à l'exil.

GAMMA-RAPHO VIA GETTY IMAGES ©

» Célébrations du 60e anniversaire du roi Bhumibol

Le Premier ministre, chef du gouvernement, est élu par l'Assemblée, et est donc issu du parti majoritaire. L'actuelle Constitution prévoit qu'il doit être choisi parmi les députés, ce qui n'a pas toujours été respecté.

Le vote est obligatoire pour tous les citoyens éligibles âgés de 18 ans au moins ; les membres du clergé n'ont pas le droit de vote. Le taux de participation aux scrutins nationaux, en augmentation constante depuis 2000, s'élevait à 78% des inscrits lors du scrutin de 2007. Des allégations de fraude (achat de votes) sont soulevées à chaque élection. Il arrive en effet que des dirigeants de parti au niveau local fassent le tour des villages et proposent de l'argent en échange d'une voix. L'électeur qui choisit de ne voter pour aucun des candidats dispose d'un bulletin "non".

Médias

Les gouvernements d'Asie du Sud-Est sont frileux en matière de liberté des médias, mais la Thaïlande est souvent allée à contre-courant dans les années 1990, garantissant même la liberté de la presse dans sa Constitution de 1997, avec quelques notables lacunes cependant. Cette époque prit fin avec l'ascension de Thaksin Chinawatra. Quand il est devenu Premier ministre et que son parti a acquis une position majoritaire, la presse a subi une censure et une intimidation judiciaire inconnues depuis la dictature militaire des années 1970. Le gouvernement a déposé de multiples plaintes pour diffamation contre des particuliers, des journaux et des groupes de presse qui avaient fait des révélations embarrassantes contre le régime.

Après l'éviction de Thaksin, en 2006, les médias ont obtenu que les garanties en faveur de la liberté de la presse restent inscrites dans la nouvelle Constitution, mais cette "promesse sur le papier" ne leur a pas évité les manœuvres d'intimidation, les procès et les attaques physiques. La législation d'exception, appliquée après le coup d'État, comprenait des dispositions pouvant, au nom de la sécurité nationale, être invoquées aisément contre la presse.

L'intimidation de la presse en Thaïlande est facilitée par les lois de lèse-majesté qui prévoient un emprisonnement entre 3 et 15 ans. Les médias pratiquent l'autocensure au sujet de la monarchie, par respect, mais aussi par peur des poursuites par leurs ennemis politiques.

On constate, depuis 2006, une augmentation des plaintes pour lèse-majesté. Beaucoup sont déposées par des responsables contre des adversaires politiques, mais d'autres visent des journalistes et même, dans certains cas, de simples citoyens.

Souvent, le gouvernement interdit la publication d'écrits considérés comme trop critiques vis-à-vis de la monarchie. Depuis 2006, plusieurs numéros de *The Economist* ont ainsi été empêchés de paraître en Thaïlande. La censure sur Internet s'accentue également. Enfin, des stations de radio "chemises rouges" (pro-Thaksin) du nord-est du pays ont été interdites.

LÈSE-MAJESTÉ

La loi sur les crimes de lèse-majesté qui permet de poursuivre toute personne critiquant le roi, la reine, le prince héritier ou le régent, connaît un usage renforcé depuis 2006. Il semblerait que les élites monarchistes en aient fait une arme contre les partisans de Thaksin, arme d'autant plus redoutable que les juges sont issus de ces élites.

2008
Le Cambodge obtient de l'Unesco le classement au patrimoine mondial du site de Khao Phra Wihan ; regain de tension à la frontière thaïlando-cambodgienne.

2008
Les "chemises jaunes" (sympathisants royalistes) s'emparent des aéroports internationaux de Bangkok, qui demeurent fermés durant une semaine.

2010
Les "chemises rouges" (sympathisants pro-Thaksin) occupent le centre de Bangkok durant 2 mois ; la répression militaire fait 91 morts.

2011
Le parti Puea Thai, proche de Thaksin remporte les élections générales ; Yingluck Shinawatra (sœur de Thaksin) devient la première femme Premier ministre du pays.

Culture et société

Un fort sentiment d'identité nationale cimente les diverses composantes ethniques et régionales qui, au fil des migrations et des métissages avec les peuples voisins, ont constitué la nation thaïlandaise.

Démographie en bref

- 66,7 millions d'habitants
- Taux de fécondité : 1,6
- Pourcentage des plus de 65 ans : 9,2%
- Taux d'urbanisation : 34%
- Espérance de vie : 73 ans

La mosaïque ethnique

Avec environ 75% des sujets du royaume appartenant à l'ethnie thaïe, la nation offre un visage assez homogène, mais cette uniformité masque de subtiles différences au niveau régional. L'unité du pays s'est forgée autour des Thaïs siamois des plaines du centre (delta du Chao Phraya), de leurs royaumes et de leur langue. Les médias populaires et les écoles véhiculent par ailleurs une culture unifiée.

Plus proche ethniquement et culturellement du Laos et des populations thaïes lao, le Nord-Est (Isan) occupe depuis toujours une place à part dans le pays. Le dialecte de la région diffère du thaï du Centre, les croyances populaires ne sont pas identiques et même le *sôm·đam* (salade de papaye épicée) local se distingue : il se prépare avec du crabe de rizière et non avec des cacahuètes comme dans la version classique. L'empreinte du monde khmer marque les provinces limitrophes du Cambodge, qui ont accueilli au fil de l'histoire de nombreuses familles venues de l'autre côté de la frontière. Près de Surin et Khorat (Nakhon Ratchasima) vit une minorité, les Suay, dont les hommes exercent traditionnellement le métier de cornac. Beaucoup se sont installés dans d'autres parties du pays en raison du développement des activités touristiques autour de l'éléphant.

LES INVISIBLES

La situation au Myanmar (Birmanie) a provoqué, jusqu'aux évolutions récentes, un afflux de Birmans en Thaïlande. Quelque 150 000 personnes ont fui leur pays en raison de persécutions politiques ou ethniques, et un nombre beaucoup plus important a migré pour des motifs économiques – entre 2 et 3 millions, estime-t-on, dont plus de la moitié seraient clandestins. Ils occupent des emplois peu qualifiés dans le bâtiment, la transformation du poisson, le ménage et les usines, qui étaient auparavant dévolus aux populations originaires du nord de la Thaïlande. Nombre d'habitants pensent que la Thaïlande, dont la population vieillit, a besoin de cette main-d'œuvre.

Toutefois, les pouvoirs publics n'ont pas pris en compte la nouvelle donne en matière d'immigration aussi rapidement que le secteur privé. Vivant et travaillant illégalement en Thaïlande, beaucoup de Birmans sont exploités par leurs employeurs dans des conditions qui s'apparentent selon les défenseurs des droits de l'homme à de l'esclavage. Leur situation est inextricable car ils ne peuvent rentrer dans leur pays, où ils risquent d'être persécutés par le régime militaire, et ne peuvent non plus s'acresser aux autorités thaïlandaises pour dénoncer les abus, sous peine d'être expulsés.

SAUVER LA FACE

Les Thaïlandais cherchent en toute circonstance à sauver la face. Ainsi ils évitent la confrontation et s'efforcent de ne pas provoquer de situations embarrassantes, tant pour eux que pour les autres (sauf si c'est *sà·nùk* – "divertissant" – de le faire). Ainsi, il convient de ne pas évoquer de sujets négatifs dans la conversation, de ne pas exprimer de convictions ou d'opinions tranchées, et de ne pas prétendre avoir raison contre les autres. L'accord et l'harmonie sont considérés comme les qualités sociales parmi les plus importantes.

Si les Occidentaux apprécient les discussions passionnées, les Thaïlandais les évitent et considèrent qu'élever la voix est impoli et futile. Perdre son sang-froid revient à faire perdre la face à tous ses interlocuteurs, et les Thaïlandais offensés réagissent souvent de façon extrême.

Un incident mineur, comme trébucher ou tomber, peut susciter des rires. Ce n'est pas alors pour se réjouir de votre infortune mais pour vous aider à sauver la face.

Le Sud porte l'empreinte des Thaïs Pak Tai, dont la langue est un peu plus rapide que le thaï standard et le curry beaucoup plus épicé que celui du Centre. Leur culture est influencée par la proximité de la Malaisie et la présence de longue date d'une population musulmane.

Si l'on redessinait une carte de la Thaïlande en fonction des composantes ethniques et culturelles, le nord du pays serait rattaché à certaines régions du sud de la Chine et du nord du Myanmar. Les Thaïs sont originaires, pense-t-on, de la région chinoise du Yunnan. Il existe par ailleurs un grand nombre de sous-groupes ethniques thaïs, parmi lesquels les Shan (des cousins des Thaïs qui se sont installés dans les hauts plateaux de Birmanie) et les Tai Lü (présents à Nan et dans la province de Chiang Rai, ainsi que sur les hauts plateaux vietnamiens).

Les Thaïlandais d'ascendance chinoise – pour la plupart des Hakka, des Chao Zhou, des Hainanais ou des Cantonais de la 2e ou 3e génération – représentent 14% de la population. Bangkok et les régions littorales proches comptent une importante minorité chinoise, attirée par la prospérité économique de la première moitié du XXe siècle. Le Nord abrite une forte communauté hui (Chinois musulmans), arrivée du Yunnan à la fin du XIXe siècle.

Commerce, migrations et affinités culturelles ont tissé de longue date des liens entre la Chine et la Thaïlande. Dans de nombreuses familles, des mariages mixtes ont forgé une culture métissée. Dans le passé, des Chinois fortunés parvinrent d'ailleurs à marier leurs filles aux membres de la famille royale, créant avec la monarchie thaïlandaise des liens de sang qui se sont perpétués jusqu'au roi actuel. Les centres commerçants de la plupart des villes thaïlandaises sont aux mains de familles sino-thaïes. Dans de nombreuses localités, on célèbre des fêtes chinoises, comme le festival végétarien, qui a lieu tous les ans.

Regroupés dans les provinces les plus méridionales, les Malais forment la seconde minorité ethnique du pays (4,6%). Les autres populations comptent de petits groupes ne parlant pas le thaï, comme les Vietnamiens, les Khmers, les Môn, les Semang (Sakai), les Moken (*chow lair* ; peuples de la mer, ou "nomades de la mer"), les Htin, les Mabri, les Khamu et diverses ethnies montagnardes. Une modeste communauté d'Européens et d'autres non-Asiatiques vit à Bangkok et dans les provinces.

Identité régionale

L'équilibre de la société thaïlandaise repose en grande partie sur un système de valeurs dont les piliers sont la religion, la monarchie et la tradition. Le fait que la Thaïlande soit le seul pays d'Asie du Sud-Est à n'avoir jamais été colonisé a renforcé d'autant ces trois piliers fondateurs. Le pays n'en est pas pour autant homogène : dans le Sud, on trouve une minorité culturelle forte, étroitement liée à la culture musulmane de la Malaisie voisine.

NOMS ET SURNOMS

À leur naissance, les enfants thaïlandais reçoivent un nom censé attirer sur eux la bonne fortune. Ce nom poétique, généralement donné par l'aïeul de la famille, se trouve ensuite limité à un usage administratif, et l'enfant est présenté à tout le monde par un surnom monosyllabique. Souvent amusants, ces surnoms peuvent s'inspirer de l'aspect physique du petit (par exemple "Moo", qui signifie "cochon", s'il s'agit d'un bébé joufflu), ou de son passe-temps favori ("Toon", abréviation de "cartoon", s'il regarde des dessins animés). Beaucoup de filles se voient affublées d'un "Lek" ou d'un "Noi" ("petite" dans les deux cas). Certains parents n'hésitent pas à projeter leurs goûts dans le surnom de leurs enfants : on a ainsi vu des "Golf" (le sport) et des "Benz" (la Mercedes).

Avant la division de la péninsule malaise entre deux pays, les villes-États, sultanats et villages appartenaient à l'empire de Srivijaya, basé en Indonésie. Ces entités partageaient la même langue et les mêmes coutumes, tout en rivalisant pour prendre le contrôle des routes de navigation marchande. Beaucoup de villes thaïlandaises et de noms de lieu du sud du pays sont frappés au coin de la langue bahasa. De même, certaines traditions villageoises sont d'emblée familières à un habitant de Sumatra et totalement inconnues d'un Thaïlandais du Nord. La culture chinoise est également très prégnante dans le Sud, comme en témoignent les nombreux temples et pagodes. Ce mélange d'influences culturelles est caractéristique du sud du pays.

Mode de vie

La vie ordinaire d'un Thaïlandais du Sud se distingue selon qu'il habite en ville ou à la campagne.

Les gens de la campagne vivent principalement de la production du caoutchouc ou de la pêche, mais l'élevage et la riziculture sont aussi très présents. Ceux qui récoltent le latex produit par les hévéas vivent dans de petits villages de l'intérieur des terres, que l'on reconnaît à leurs rangées d'arbres et aux bandes de caoutchouc séchant à l'air libre. Les villages musulmans traditionnels sont construits sur l'eau. Ce sont des rangées de maisons sur pilotis reliées entre elles. Les eaux de la mer d'Andaman étant réputées calmes, les habitants ne redoutaient pas la colère de l'océan jusqu'au tsunami de 2004, qui a ébranlé leur confiance.

Dans les villes, l'ambiance est semblable aux zones urbaines du reste du pays (animée et moderne), à ceci près que la présence des marchands chinois et indiens donne une identité bien spécifique aux cités du Sud. Les bourgs marchands, où les bateaux de pêche aux couleurs vives viennent décharger leurs prises, sont de grands centres du commerce.

SALUT

Traditionnellement, le *wâi* – geste de joindre les mains devant soi en collant les paumes l'une contre l'autre – est l'équivalent de notre poignée de main.

Famille

L'importance de la famille dans la société thaïlandaise saute aux yeux du visiteur. De nombreux commerces sont des affaires familiales, et il est très courant de voir trois générations tenir une pension ou cohabiter. Les personnes âgées participent aux tâches quotidiennes, vendant des bonbons aux enfants du quartier, louant des motos aux touristes ou se livrant à mille autres petites activités. Si le tourisme a modifié le mode de vie insulaire traditionnel, les emplois qu'il génère aident à retenir les jeunes tentés d'aller chercher du travail sur le continent.

Ce sens exacerbé de la famille se retrouve dans la façon de s'adresser à autrui. Au sein d'une même génération, on s'adresse toujours à quelqu'un comme si c'était un parent, plus âgé *(pêe)* ou plus jeune *(nórng)*. Les Thaïlandais étendent parfois cette coutume à l'anglais, en appelant les gens dont ils parlent "*sister*" ou "*brother*". L'étranger s'étonne alors de l'incroyable étendue de la famille thaïlandaise…

Économie

Grâce au tourisme, à la pêche, à l'élevage de crevettes et à la culture du caoutchouc, le Sud est la région la plus prospère du pays. La plupart des saigneurs de caoutchouc le sont de génération en génération. L'élevage de crevettes et de poissons est en revanche une industrie récente, créée dans le cadre d'un programme de développement économique pour les communautés rurales concurrencées par les grandes pêcheries. L'entreprise s'est révélée profitable, puisque la Thaïlande est l'un des pays leaders en matière d'exportation de crevettes d'élevage. Mais il y a encore peu, la pisciculture manquait de cadre légal, d'où de nombreux problèmes écologiques – pollution de l'eau et destruction des mangroves notamment.

Le tourisme est sans conteste l'industrie dont l'impact sur l'économie de la région a été le plus fort, transformant nombre de petits villages en entreprises bilingues. Des femmes qui, sans cela, vendraient des produits sur les marchés, ont appris les techniques traditionnelles de massage, et arpentent désormais les plages à la recherche de clients. Quantité de petits commerces ont été taillés sur mesure pour les touristes : au bord des fronts de mer, des boutiques proposent des crèmes solaires et des cartes postales plutôt que de l'alcool de riz et du poisson grillé ; les marchands ambulants vendent des sarongs et des tatouages au henné plutôt que des plumeaux (en plumes véritables) et des balais en paille ; et les pêcheurs abandonnent parfois leurs filets pour accompagner des excursions de snorkeling.

Dans tout le pays, la classe moyenne se développe, comblant ainsi le fossé entre les riches et les pauvres. La Thaïlande ne souffre pas de misère au sens classique du terme – même le Thaïlandais le plus démuni a un toit et de quoi manger. En revanche, les gens au bas de l'échelle sociale n'ont pas les moyens d'offrir une éducation digne de ce nom à leurs enfants, d'acheter des biens matériels ou de consacrer de l'argent à leur santé. En chiffres, cela donne 2 000 $US de revenu moyen annuel, mais nombreux sont ceux, dans les zones rurales, qui ne gagnent que 570 $US par an.

Chiffres clés

» Âge moyen du mariage homme/femme 27/24 ans

» Revenu minimum journalier à Bangkok : 206 B

» Salaire mensuel de base dans la fonction publique : 9 000 B

CHOW LAIR

Le sud de la Thaïlande abrite l'une des plus petites minorités du pays, les *chow lair* (ou *chao leh*), littéralement "peuple de la mer". Également appelés Moken *(mor·gaan)*, soit nomades des mers, les *chow lair* sont une ethnie d'origine malaise que l'on retrouve sur toute la côte de la mer d'Andaman, du Myanmar au nord jusqu'à Bornéo au sud. Constituées de chasseurs-cueilleurs, les communautés qui subsistent sont reconnues comme l'un des rares groupes humains à vivre le plus clair de leur temps en mer ; cependant, ces dernières années, beaucoup de membres se sont installés dans des campements de misère sur les îles. Peut-être en raison d'une habitude acquise au fil des siècles, de nombreux *chow lair* savent retenir leur souffle très longtemps et ont une étonnante faculté à voir sous l'eau. Lors du tsunami de 2004, presque aucun *chow lair* n'a perdu la vie. Les contes et légendes transmis de génération en génération les ayant alertés des dangers d'une mer se retirant brusquement, ils ont su se mettre à l'abri.

Les *chow lair*, jusqu'à récemment, n'intéressaient personne. Or, voilà que leurs îles sont devenues une richesse pour le tourisme. Des entrepreneurs ont acheté de grandes bandes de plage, les forçant à déménager sur des îles plus petites, de moindre valeur. Ces pressions causeront inéluctablement, la disparition de la culture *chow lair*. Beaucoup de ces nomades des mers vivent aujourd'hui en transportant les touristes d'île en île ou en pêchant des poissons et des fruits de mer pour les buffets des complexes hôteliers. Une survivance de la vie traditionnelle des *chow lair* est la cérémonie du "bateau flottant", que l'on peut découvrir deux fois par an, en mai et en novembre, et durant laquelle une maquette élaborée de bateau est lancée à l'eau, emportant au large tous les maléfices.

Jacques Ivanoff, ethnologue, spécialiste des populations marines de la région et chercheur au CNRS, a consacré aux *chow lair* un ouvrage intitulé *Les Naufragés de l'histoire* (Indes Savantes, 2004).

Religion

Bouddhisme

Environ 95% de la population thaïlandaise pratique le bouddhisme theravada (du petit véhicule, où chaque individu est responsable de son propre éveil). Les intellectuels désignent parfois leur religion comme le bouddhisme lankavamsa (de lignée cinghalaise), car le bouddhisme est venu de Sri Lanka à l'époque du royaume de Sukhothai (XIIIe-XVe siècle). Avant l'arrivée des moines cinghalais au XIIIe siècle, une forme indienne de theravada existait dans le royaume de Dvaravati (VIe-Xe siècle), tandis que le bouddhisme mahayana tantrique était connu dans certaines poches du Nord-Est sous contrôle khmer aux Xe et XIe siècles.

Depuis la période du Sukhothai, la Thaïlande est le seul pays à avoir conservé une tradition canonique ininterrompue et une lignée "pure" d'ordinations. Quand la lignée des ordinations s'interrompit à Sri Lanka durant le XVIIIe siècle, suite aux persécutions hollandaises, c'est la Thaïlande qui restaura la *sangha* (la communauté monastique bouddhiste).

La doctrine theravada insiste sur les trois aspects principaux de l'existence : la *dukkha* (satisfaction impossible), l'*anicca* (nature éphémère de toute chose) et l'*anatta* (non-substantialité de la réalité). Ces trois concepts, développés par Siddharta Gautama au VIe siècle av. J.-C., s'opposaient à la croyance hindoue en un moi éternel et bienheureux (*paramatman*). Le bouddhisme fut donc considéré comme une hérésie par la religion brahmanique indienne. Le prince Gautama se soumit à de longues années d'ascétisme avant de comprendre que ce n'était pas le moyen d'échapper aux souffrances. Connu ensuite sous le nom du Bouddha, "l'Illuminé" ou "l'Éveillé", il enseignait les "quatre nobles vérités" qui avaient le pouvoir de libérer tout être humain capable d'en prendre conscience.

La finalité du bouddhisme theravada est le *nibbana* (nirvana en sanskrit) qui, au sens littéral, signifie l'extinction de toute convoitise et donc de toute douleur. C'est aussi la fin du cycle des renaissances qui constitue l'existence.

Le *tiratana* (Trois Joyaux), hautement respecté par les bouddhistes thaïlandais, comprend le Bouddha, le *dhamma* (les enseignements) et la *sangha* (la communauté religieuse). Le Bouddha, sous une multitude de formes, trône sur une étagère, dans la plus rustique gargote de rue comme dans les bars luxueux des grands hôtels. Le *dhamma* est psalmodié matin et soir dans tous les *wat* et enseigné à tous les citoyens à l'école primaire. La *sangha* est incarnée par les moines à robe orange que l'on verra, le matin de bonne heure, accomplir leur tournée d'aumône.

La plupart des bouddhistes thaïlandais aspirent plutôt à une renaissance dans une existence meilleure qu'au but supraterrestre du *nibbana*. En nourrissant les moines, en faisant des dons aux temples et en accomplissant leurs devoirs religieux au *wat* (temple, monastère) local, ils espèrent améliorer leur sort et acquérir suffisamment de mérite (*puñña* en pali, *bun* en thaï) pour empêcher, ou au moins diminuer, les renaissances successives. Le concept de renaissance est universellement accepté en Thaïlande, même par les non-bouddhistes, et la théorie bouddhique du karma est bien traduite par le proverbe : *tham dii, dâi dii ; tham chûa, dâi chûa* ("les bonnes actions mènent à de bons résultats ; les mauvaises actions à de mauvais résultats").

Le bouddhisme thaïlandais ne connaît ni jour de repos ni jour consacré aux dévotions. Les fidèles fréquentent le temple selon leurs envies ou leurs besoins, mais plus souvent pendant les *wan phrá* ("excellents jours"), période faste qui revient tous les 7 ou 8 jours, selon la lune. Ces visites pieuses s'organisent autour d'activités diverses, telles que les offrandes traditionnelles aux différents autels (boutons de fleurs de lotus, cierges et encens) et reliquaires des défunts situés dans le *wat*, ou les offrandes de nourriture à la *sangha* (moines, religieuses et résidents laïcs, les bonzes étant toujours servis en premier). Les fidèles peuvent aussi méditer (individuellement ou en groupe), écouter les moines psalmodier des *sutta* (discours du Bouddha) ou assister au *thêt* (prêche du *dharma*) prononcé par le moine supérieur ou un autre dignitaire religieux.

Moines et nonnes

Socialement, il est du devoir de tout homme de passer une brève période de sa vie comme moine (*bhikkhu* en pâli ; *prá* ou *prá pík sù* en thaï), de préférence après la fin de ses études, avant d'entamer sa carrière et de se marier. Une famille acquiert beaucoup de mérite quand l'un de ses fils prend la robe et la sébile. Traditionnellement, les novices passaient 3 mois au *wat*, pendant le carême bouddhique (*pan săh*), qui commence en juillet et coïncide avec la saison des pluies. De nos jours, ils peuvent n'y séjourner qu'une semaine. La plupart des ordinations temporaires concernent des jeunes hommes de moins de 20 ans, qui peuvent intégrer la sangha en tant que novice "de 10 vœux" (*nairn*).

En signe de renoncement aux préoccupations matérielles, les moines doivent se raser les cheveux, les sourcils et la barbe durant leur séjour au monastère. Ils vivent en ascète, s'abstenant de relations sexuelles et prenant un seul repas par jour (parfois deux, selon la tradition du temple). En ville, les moines s'attachent généralement à l'étude des textes bouddhiques, alors que ceux qui choisissent un temple isolé en forêt mettent plutôt l'accent sur la méditation. Les moines ayant reçu l'ordination définitive sont habilités à célébrer les mariages et les funérailles, prononcent des sermons et dispensent des enseignements dans les monastères.

Dans les zones rurales, le monastère est également une institution à vocation sociale s'occupant des pauvres et des malades. Les garçons peuvent y suivre une scolarité gratuite – mais la tradition se perd depuis la mise en place d'un système public d'éducation. Les moines se préoccupent aussi de justice sociale et d'environnement. Des religieux éminents ont pris des positions publiques pour défendre la nature ou ont enveloppé des arbres de tissus sacrés afin d'empêcher leur abattage illégal.

Dans le bouddhisme thaï, les femmes désireuses de mener une vie monastique se voient accorder un petit rôle dans le temple. Une nonne bouddhiste est appelée *mâa chi* (mère prêtresse) et vit comme une nonne *atthasila* (8 préceptes), position traditionnellement occupée par des femmes qui n'avaient pas d'autre place dans la société. Les nonnes thaïes se rasent la tête, portent des robes blanches et s'occupent des travaux ménagers du temple. En général, les *mâa chi* ne jouissent pas du prestige des moines et n'ont pas de fonction dans les rituels de mérite des laïques.

Islam

La Thaïlande compte 1,6 million de musulmans (environ 4% de la population), regroupés dans le sud du pays. La plupart des Thaïlandais musulmans sont d'origine malaise et pratiquent une version modérée de l'islam sunnite, mâtinée d'animisme préislamique.

Depuis une dizaine d'années, le regain d'influence de l'islam a renforcé les pratiques. En raison d'une interprétation dogmatique, de nombreuses pratiques populaires ont disparu des rites quotidiens. Les habitants de la région sont de plus en plus méfiants vis-à-vis du gouvernement et du système éducatif à majorité bouddhiste. Les écoles et infrastructures du Sud ne bénéficient clairement pas des mêmes moyens que dans le reste du pays. Et la frustration à l'encontre du gouvernement de Bangkok prend quelquefois le visage d'une lutte religieuse plutôt que politique.

Si l'on trouve des mosquées dans tout le sud de la Thaïlande, rares sont celles qui présentent un intérêt architectural et la plupart sont interdites aux femmes. Lors de la visite d'une mosquée, pensez à vous couvrir la tête et à ôter vos chaussures.

Autres religions

Les chrétiens représentent 0,5% des habitants ; ce sont essentiellement des membres des peuples montagnards évangélisés par les missionnaires et des immigrants vietnamiens. Confucianistes, taoïstes, bouddhistes mahayana et hindouistes sont de toutes petites minorités. De nombreux temples et sanctuaires chinois ponctuent le sud du pays et le quartier chinois de Bangkok. La capitale compte également un grand temple hindou coloré.

Arts

L'essentiel de l'énergie créatrice de la Thaïlande s'est exprimé dans les arts religieux et cérémoniel. Peinture, sculpture, musique et théâtre jouent encore un rôle majeur dans les rites, et l'art religieux reste très dynamique.

Littérature

De tous les classiques de la littérature thaïlandaise, le *Ramakian* est le plus célèbre. Il a profondément marqué la culture nationale. Ce texte est inspiré de l'épopée hindoue du *Ramayana*, diffusée en Asie du Sud-Est par des négociants indiens, et introduite en Thaïlande par les Khmers il y a environ 900 ans. Si les thèmes centraux sont les mêmes, les Thaïlandais ont ajouté de nombreuses caractéristiques aux personnages maléfiques que sont Ravana (appelé Thótsàkan ou "homme aux dix cous" dans le *Ramakian*) et son épouse Montho. Hanuman, le chaste dieu singe, s'est quant à lui transformé en un véritable coureur de jupons. La romancière Sri Daoruang a adapté le *Ramakian* au Bangkok d'aujourd'hui dans *Married to the Demon King* (2004).

Le *Phra Aphaimani*, poème épique composé par Sunthorn Phu (1786-1855), a pour cadre l'île de Ko Samet. Il conte l'histoire d'un prince exilé qui doit accomplir une odyssée avant de revenir victorieux.

L'ancien Premier ministre Kukrit Pramoj (1911-1995) est un auteur respecté – son recueil de nouvelles *Plusieurs vies (Lai Chiwit)* est paru en français (L'Asiathèque, 2003) et son roman inspiré du règne de Rama V, *Si Phandin* (*Four Reigns*), est disponible en anglais.

Écrivain contemporain réputé, Pira Sudham est né en 1942 dans une famille pauvre du nord-est du pays. *Terre de mousson* (Picquier, 1998, indisponible), un roman largement autobiographique, exprime les tensions entre tradition et modernité. On trouvera également en français *Enfances thaïlandaises* (Fayard, 1990).

Chart Korbjitti (né en 1954) a remporté à deux reprises le S. E. A. Write Award, prestigieux prix littéraire d'Asie du Sud-Est : une fois en 1982 pour *La Chute de Fak* (Seuil, 2003), histoire d'un jeune villageois, accusé à tort d'avoir couché avec la veuve de son père, et qui sombre dans l'alcoolisme ; et une deuxième fois en 1994 pour *Sonne l'heure* (Seuil, 2002).

S. P. Somtow, romancier, réalisateur et compositeur de musique classique né en 1952, s'est notamment illustré dans les genres de la science-fiction et de l'horreur. Considéré par certains comme le "Salinger thaïlandais", il a aussi signé *Jasmine Nights* (1995), roman initiatique semi-autobiographique encensé dans le monde entier, mêlant les valeurs traditionnelles à la culture populaire thaïlandaise contemporaine.

En tête de file des écrivains postmodernes, Prabda Yoon, né en 1973, a remporté en 2002 le S. E. A. Write Award avec son recueil de nouvelles *Probability* (2000). Son œuvre n'est pas encore traduite. Prabda Yoon est également l'auteur des scénarios de *Last Life in the Universe* (2004), et de *Vagues invisibles* (2006), réalisés par Pen-ek Ratanaruang. En 2004, le ministère de la Culture thaïlandais lui a commandé une pièce sur le tsunami de 2004, qui est aujourd'hui montrée gratuitement sur la côte d'Andaman. Il s'agit de *Where We Feel: A Tsunami Memoir by an Outsider.*

On pourra également découvrir Saneh Sangsuk, né en 1957, et dont *L'Ombre blanche* (Seuil, 2000), *Venin* (Points, 2005) et *Une histoire vieille*

Romans et nouvelles

» *Le Pont de la rivière Kwaï* (1952), de Pierre Boulle

» *La Plage* (1998), d'Alex Garland

» *Plusieurs vies* (*Laï Chiwit*, traduit en 2003), de Kukrit Pramoj

» *La Chute de Fak (Kampipâkskâ*, 1981), de Chart Korbjitti

» *Café Lovely* (2005), de Rattawut Lapcharoensap

» *Bangkok 8* (2004), *Bangkok Tattoo* (2006) et *Bangkok Psycho* (2009), de John Burdett

LUTTER CONTRE L'EXPLOITATION DES ENFANTS

La Thaïlande est malheureusement une destination très courue pour le tourisme sexuel impliquant des enfants. Plusieurs facteurs socio-économiques concourent à rendre les enfants vulnérables à de tels abus, et certains individus n'hésitent pas à en profiter.

Les abus sexuels ont des conséquences irrémédiables sur leurs victimes, et le tourisme sexuel visant les enfants est considéré comme un crime et une violation des droits de l'enfant. La Thaïlande dispose d'un arsenal législatif strict lui permettant de poursuivre les coupables. La législation extraterritoriale de nombreux pays autorise également les poursuites contres leurs ressortissants sur leur sol national pour de tels délits.

Chacun à son échelle peut contribuer à enrayer le fléau du tourisme sexuel, par exemple en signalant les comportements suspects. Ne pratiquez pas la politique de l'autruche ! Un simple geste peut contribuer à protéger les enfants de nouveaux abus.

Sur place, vous pouvez contacter une ligne téléphonique spécialisée en composant le ☎1300, ainsi que l'ambassade de l'étranger concerné si vous connaissez sa nationalité.

L'**ECPAT** (End Child Prostitution & Trafficking ; ☎à Bangkok 0 2215 3388 ; http://ecpat-france.fr/index.html), qui lutte activement contre l'exploitation sexuelle des enfants en Thaïlande et à l'étranger, compte plus de 70 organismes affiliés dans le monde. Son siège se trouve à Bangkok.

comme la pluie (Seuil, 2004) ont tous été traduits par Marcel Barang. Grâce au même traducteur, *L'Empailleur de rêve* (L'Aube, 1998), de Nikom Rayawa, est disponible en français. Marcel Barang propose également, sur le site Internet ThaiFiction (www.thaifiction.com) une sélection de romans et de nouvelles, dans leur traduction française ou anglaise.

Cinéma

La Thaïlande est considérée comme l'un des pionniers du cinéma asiatique. Elle possède une industrie cinématographique florissante, qui produit d'excellents films, dans des genres très différents. *La Légende de Suriyothai* (2003), de Chatrichalerm Yukol, une épopée retraçant l'histoire d'une princesse guerrière du XVIe siècle, est à ce jour le film le plus cher jamais tourné en Thaïlande – et aussi le plus rentable. Quant aux films d'action comme *Ong Bak : Thai Warrior* et sa suite *Tom Yum Goong*, réalisés par Prachya Pinkaew, ils sont parvenus à détourner les spectateurs thaïlandais des productions hollywoodiennes.

La Thaïlande s'est imposée au fil des ans dans les festivals de cinéma internationaux, grâce à plusieurs films d'art et d'essai encensés par la critique. Les œuvres grinçantes et satiriques de Pen-ek Ratanaruang – dont *6ixty9ine* en 1999, ou *Last Life in the Universe* en 2003 – ont suscité un réel engouement chez les cinéphiles. Avec trois films primés au Festival de Cannes, dont la Palme d'or 2010 pour *Oncle Boonmee, celui qui se souvient de ses vies antérieures*, Apichatpong Weerasethakul est le chef de file du cinéma d'avant-garde. On citera comme autres réalisateurs talentueux Wisit Sasanatieng, dont *Les Larmes du tigre noir* figurait dans la sélection Un certain regard en 2001, Ekachai Uekrongtham (*Pleasure Factory*, en sélection officielle à Cannes en 2007), Nonzee Nimibutr.

Le gouvernement thaïlandais s'emploie activement à faire du pays un lieu de tournage pour les films étrangers. *Very Bad Trip 2* (2011) et *La Plage* (2000) sont les films les plus célèbres tournés sur place ces dernières années. Adapté du roman d'Alex Garland (LGF, 1999), ce dernier a été tourné à Maya Bay sur Ko Phi Phi et dans la jungle, près de Krabi et du parc national Khao Yai. Une controverse est née du fait que le tournage aurait contribué à dégrader l'environnement à Maya Bay, où fut également tourné *L'Île aux pirates* (1995), de Renny Harlin. La Thaïlande a servi de décor à *L'Homme au pistolet d'or* (1974), un *James Bond* tourné à Ao Nang Bay, ou à *Good Morning Vietnam* (1987) de Barry Levinson.

LANGUE

Il n'existe pas de transcription officielle du thaï en alphabet latin, donc certains mots et noms ont plusieurs orthographes.

Musique

Le visiteur pourra être dérouté par la musique thaïlandaise traditionnelle : l'octave comporte en effet des intervalles différents de ceux de l'octave européenne. Les gammes thaïlandaises furent transcrites pour la première fois par le compositeur germano-thaïlandais Phra Chen Duriyanga (Peter Feit), qui composa l'hymne national en 1932.

L'orchestre classique, le *Ɓì·pâht,* compte de 5 à 20 musiciens. Instrument à cordes le plus populaire, le *ja·kêh* (ou *jakhe*), sorte de luth étroit que l'on pose sur le sol pour en jouer à l'horizontale, est probablement la version thaïlandaise du sitar indien. Parmi les instruments à vent en bois, on trouve le *khlùi,* flûte toute simple, et le *Ɓì* (ou *pi*), sorte de hautbois à l'anche en roseau inspiré du *shennai* indien. Vous entendrez jouer du *Ɓì* si vous assistez à un match de boxe. Le *saw,* instrument à trois cordes sans frettes, rappelle le *shamisen* japonais. Le *rá·nâht èk* est un xylophone en bambou dont on joue avec des mailloches en bois.

L'instrument le plus familier aux oreilles occidentales est le *khĭm,* que l'on entend en fond sonore dans les restaurants thaïs du monde entier. Cet instrument à cordes frappées, de la famille des cithares, se joue avec deux baguettes légères en bambou. Le *kôrng wong yài* consiste quant à lui en un ensemble de gongs accordés et disposés en demi-cercle sur un portant en bois. Le *đà·pohn* (ou *ta phon*), tambourin double, marque le tempo.

La scène musicale contemporaine est très dynamique et variée. Le *lôok tûng* est sans conteste le genre le plus populaire. Équivalent de la musique country américaine, il s'adresse principalement aux classes populaires. Les années 1970 ont vu naître un nouveau genre musical, le *pleng pêu·a cheewít* ("musique pour la vie"), inspiré du rock engagé qui se jouait aux États-Unis et en Europe. Les trois plus grandes icônes de la musique thaïlandaise contemporaine sont le groupe de rock Carabao, la pop-star Thongchai "Bird" MacIntyre, et la reine du *lôok tûng*, Pumpuang Duangchan, disparue en 1995.

Les années 1990 ont vu l'émergence d'une scène pop alternative, connue sous le nom de *pleng tâidin* (musique underground), à Bangkok. Modern Dog, qui s'inspire de la pop anglaise, est célèbre pour avoir popularisé la musique thaïlandaise indépendante. Son succès a ouvert la voie à d'autres groupes de la même veine tels Apartment KhunPa, Futon, Chou Chou et Calories Blah Blah. Parmi les groupes de rock qui remplissent régulièrement les stades, citons Loso, Big Ass, Potato et Bodyslam.

Architecture

L'architecture traditionnelle est majoritairement religieuse. Les temples mélangent sans état d'âme diverses influences étrangères – du stupa en forme de cône hérité de l'Empire khmer à celui en forme de cloche venu de Sri Lanka. Si leurs ornementations varient, tous les toits de temples imitent la forme du *naga* (serpent mythique qui protégeait le Bouddha durant ses méditations), considéré comme un symbole de vie : les tuiles vertes et dorées évoquent ses écailles, les avant-toits représentent sa tête.

Dans le nord du pays, on peut voir des demeures traditionnelles en teck mais aussi dans la capitale, où la plus belle est incontestablement le palais Vimanmek (p. 60). Il s'agirait du plus grand édifice en teck doré du monde. Ces maisons sont construites sur pilotis, pour éviter les dégâts causés par les inondations et ménager un espace où entreposer des affaires ou du bétail. La structure est assemblée au moyen de chevilles en bois et coiffée d'avant-toits dont les flancs incurvés rejoignent des pignons typiques à chaque extrémité de l'habitation. Les toitures sont traditionnellement couvertes de tuiles vernissées ou de bardeaux en bois.

Dans le Sud, les maisons, généralement plus simples, sont construites de préférence avec du bambou (troncs et fibres tressées). On y voit aussi des maisons de style malais, dont les fondations font office de pilotis en surélevant la partie habitable.

Depuis un siècle, l'architecture thaïlandaise a subi l'influence de cultures du monde entier. Dans le Sud, on voit encore énormément de *hôrng tăa·ou* (*shophouses*) sino-portugais – constructions en dur de style chinois dont le rez-de-chaussée sert de commerce et l'étage supérieur d'habitation. Phuket-ville (p. 245), en compte d'intéressants. Depuis la Seconde Guerre mondiale, le fonctionnalisme occidental prédomine, avec pour résultat des bâtiments évoquant d'immenses boîtes à œufs dressées à la verticale.

Les architectes se sont remis à innover durant le boom de la construction du milieu des années 1980, et ont donné naissance à des bâtiments originaux comme le Robot Building de Sumet Jumsai (édifice en forme de robot abritant la Bank of Asia dans Th Sathon Tai à Bangkok), ou l'Elephant Building près de Th Phaholyothin, dans le nord de Bangkok.

Peinture

À l'exception des grottes renfermant des œuvres d'art rupestre, datant de la préhistoire ou d'époques plus tardives, découvertes dans le sud du pays, la Thaïlande ne compte guère de peintures anciennes, en partie à cause de l'invasion birmane dévastatrice de 1767. Dans leur grande majorité, les peintures existantes sont religieuses, et sont constituées de fresques dans les temples, illustrant les vies du Bouddha.

Lors du boom des années 1980, la sculpture et la peinture "profanes" ont connu une reconnaissance internationale grandissante, une poignée d'artistes inspirés par l'impressionnisme s'étant taillé une belle réputation. Par la suite, les artistes de l'école Fireball (Boule de feu), comme Manit Sriwanichpoom, se sont illustrés par un art engagé et des installations multimédias. Ces dernières années, les artistes thaïlandais se sont de nouveau éloignés des influences traditionnelles et de l'engagement politique pour se tourner vers l'art contemporain. Leurs thèmes sont plus personnels, tels que l'exploration du corps féminin chez Pinaree Sanpitak, ou l'identité chez Maitree Siriboon.

Théâtre

Le théâtre traditionnel compte quatre genres d'expression dramatique : le *khŏn*, drame dansé classique avec des masques, donne à voir des scènes du *Ramakian* ; le *lákhon* désigne des pièces dansées populaires ; le *lígair*, genre de pièces populaires en partie improvisées, souvent paillardes, mêle danse, comédie, mélodrame et musique ; enfin, le *hùn lŏo·ang (lákhon lék)* désigne le théâtre traditionnel de marionnettes mettant en scène des légendes religieuses et des contes folkloriques.

On peut se familiariser avec ces différents genres à Bangkok, à l'occasion de dîners-spectacles destinés aux touristes ou lors de vraies représentations. Il existe des formes théâtrales spécifiques au Sud, antérieures à l'arrivée de l'islam sur la péninsule malaise. La plus célèbre, le *má·noh·rah*, est aussi la plus ancienne forme de théâtre dansé. On y raconte l'histoire du prince Suthon qui partit secourir Mánohraa, princesse *gin·ná·ri* (femme-oiseau) victime d'un enlèvement. Comme dans le *lígair*, les acteurs lancent des répliques improvisées, humoristiques et rimées. La province de Trang compte aussi une forme typique de *lígair*, dont l'intrigue met en scène des négociants indiens emmenant leur épouse thaïlandaise en visite en Inde.

Le théâtre d'ombres est une autre forme théâtrale ancienne du Sud. Les marionnettes plates, en cuir de buffle, sont manipulées entre un écran de tissu et une source de lumière. Nakhon Si Thammarat, qui accueille des festivals spécialisés, est la capitale du théâtre d'ombres. Cet art comprend deux traditions : le *năng tàlung*, où un seul marionnettiste manipule les personnages et raconte des histoires tirées du *Ramakian*, et le *năng yài* (littéralement "gros cuir") qui fait appel à des marionnettes bien plus grandes, manipulées par plusieurs personnes – un art qui disparaît peu à peu. Ces marionnettes sont vendues comme souvenirs aux touristes.

Lectures sur l'art

» *Jim Thompson : la maison sur le Klong* (Éditions du Pacifique, 2004), de William Warren et Jean-Michel Beurdeley

» *Dvaravati : aux sources du bouddhisme en Thaïlande* (Réunion des Musées nationaux, 2009), dirigé par Pierre Baptiste et Thierry Zéphir

» *Thaïlande, Trésors d'une civilisation ancienne* (White Star, 2011), de Nicoletta Celli

» *Thai cinema, le cinéma thaïlandais* (Asiexpo Association, 2006), dirigé par B. Meiresonne, S. Ariyavicha, G. Boutigny, A. Chaiworaporn et *al.*

Cuisine thaïlandaise

Outre le *pad thai* et le curry vert, une multitude de plats succulents font de la Thaïlande une destination prisée des gourmets. Les Thaïlandais apprécient tout autant leur cuisine que les touristes et se réjouissent de savourer des nouilles bien préparées ou de s'installer devant un stand réputé. Cet intérêt pour la nourriture, combiné à la profusion d'ingrédients et d'influences, a engendré une scène culinaire parmi les plus diverses au monde.

Le Livre de la cuisine thaïe (Éditions du Rouergue, 2004), de David Thompson, est considéré comme la référence en matière de cuisine thaïlandaise.

Dans les pages qui suivent, vous trouverez un aperçu général de la gastronomie thaïlandaise. Pour découvrir les spécialités locales de Bangkok et du Sud, et manger comme un vrai Thaïlandais, voir p. 39.

Les quatre saveurs

Beaucoup associent la cuisine thaïlandaise aux piments, mais elle est plutôt le résultat d'un savant équilibre entre quatre saveurs : sucré, aigre, salé et épicé. On l'obtient en ajoutant un filet de jus de citron et une goutte de sauce de poisson, ou une cuillère de soja fermenté et un peu de vinaigre. L'amertume, une autre composante importante, est souvent apportée par un légume ou une herbe. Quels que soient les ingrédients employés, le but est toujours l'harmonie des quatre saveurs fondamentales.

Aliments de base et spécialités

Riz et nouilles

Le riz occupe une telle place dans l'alimentation thaïlandaise que *gin kôw* (littéralement "manger du riz") est le terme commun pour "manger", et que *gin kôw rĕu yang ?* (avez-vous déjà mangé du riz ?) est l'une des salutations les plus courantes. Se nourrir signifie manger du riz et, pour la plupart des habitants, un repas doit obligatoirement en comporter.

Le riz accompagne toujours les currys, les viandes sautées ou les soupes, plats réunis sous l'appellation *gàp kôw* (avec riz). Pour

LA SAUCE DE POISSON

La sauce de poisson est bien plus qu'un condiment comme les autres, c'est un ingrédient indispensable à de nombreux plats thaïlandais.

Obtenue par la fermentation de poissons, cette sauce varie selon les régions. Dans le Nord-Est, les gourmets préfèrent une épaisse purée de poissons d'eau douce fermentés, parfois mêlés à du riz. À proximité de la mer, la sauce de poisson claire provient d'anchois salés. Dans les deux cas, le goût est puissant, généralement salé, et la sauce s'utilise comme le sel en Occident.

L'ART DE L'ASSAISONNEMENT

Dans les restaurants qui servent du *gŏo·ay đĕe·o* (soupe de nouilles de riz), les tables comportent un présentoir en métal contenant 4 bols ou pots à couvercle. Ces récipients contiennent habituellement 4 ingrédients : du *nám sôm prík* (piments verts émincés dans du vinaigre), du *nám ḃlah* (sauce de poisson), du *prík ḃòn* (piments rouges séchés, émiettés ou moulus) et du *nám·đahn* (sucre blanc en poudre).

Ces condiments permettent d'épicer la soupe de 3 manières – épicée et aigre, épicée et salée, ou juste épicée – et de l'adoucir grâce au sucre.

Les connaisseurs ajoutent à la soupe une petite cuillère de chacun des 3 premiers condiments et une cuillère à soupe de sucre. Si vous n'avez pas l'habitude des assaisonnements prononcés, ajoutez-les par petites doses en goûtant la soupe pour éviter d'en mettre trop.

commander du riz nature, demandez du *kôw ḃlòw,* "riz blanc" ou du *kôw sŏoay,* "riz supérieur".

Quatre sortes de nouilles prédominent dans la cuisine thaïlandaise. Dans ce pays où le riz a une telle importance, il n'est guère surprenant que les *sên gŏo·ay đĕe·o,* des nouilles de farine de riz, soient les plus prisées. La farine est mélangée à de l'eau pour former une pâte, cuite à la vapeur et aplatie en grandes feuilles qui seront pliées et découpées en diverses largeurs.

Également à base de farine de riz, les *kà·nŏm jin* sont fabriquées en poussant la pâte à travers un tamis dans l'eau bouillante. Les *kà·nŏm jin* sont habituellement proposées le matin sur les marchés, accompagnées de divers currys épicés, de légumes et d'herbes.

Les *bà·mèe,* des nouilles jaunes composées de farine de blé et d'œuf, sont uniquement vendues fraîches en bottes.

Enfin, les *wún·sên* (littéralement "fils de gelée"), des nouilles translucides à base de fécule de haricot mungo et d'eau, sont souvent vendues sèches, en bottes. Elles cuisent en quelques minutes dans l'eau bouillante et sont couramment utilisées pour préparer le *yam wún sên*, une salade épicée et acidulée avec du jus de citron vert, des *prík kêe nŏo* (petits piments) émincés, des crevettes, du porc haché et divers assaisonnements.

Premier exportateur mondial de riz, la Thaïlande en a exporté 9,03 millions de tonnes en 2010.

RIZ

Currys et soupes

Le mot thaï *gaang* est souvent traduit par "curry", mais il désigne en fait tout plat à consistance liquide ; il peut donc renvoyer aux soupes (comme le *gaang jèut*) ou aux currys classiques servis avec les fameuses pâtes de curry très relevées. La préparation de ces dernières commence par la confection d'un *krê·wang gaang*, en pilant plusieurs ingrédients frais dans un mortier en pierre jusqu'à obtenir une pâte épaisse, aromatique et âcre. Piments séchés, galanga (racine de souchet ou "poivre thaï"), citronnelle, zestes de combava, échalotes, ail, pâte de crevettes et sel sont des ingrédients classiques d'un *krê·wang gaang.*

Autre plat renommé, le *đôm yam* est une soupe aigre et épicée. Son aspect souvent velouté cache des petits piments frais (*prík kêe nŏo*), parfois remplacés par une demi-cuillère à café de *nám prík pŏw* (pâte de piment grillée). La citronnelle, les feuilles de combava et le jus de citron vert donnent son goût acidulé caractéristique au *đôm yam.*

Plats sautés et frits

Mets les plus simples du répertoire culinaire thaïlandais, les plats sautés (*pàt*) ont été introduits en Thaïlande par les Chinois, capables de préparer un banquet dans un simple wok.

La liste des plats *pàt* semble infinie. Beaucoup conservent leurs caractéristiques chinoises, comme l'omniprésent *pàt pàk bûng fai daang*

CUISINE (CON)FUSION

Souvent proposé dans les restaurants du pays, le *kôw pàt à·me·rí·gan* (riz sauté américain) s'accompagne de ketchup, de raisins secs, de petits pois, de jambon et de saucisses frites, le tout surmonté d'un œuf au plat. Ce plat étonnant serait apparu durant la guerre du Vietnam, quand des milliers de soldats américains étaient stationnés dans le nord-est de la Thaïlande. Un cuisinier local décida d'accommoder le classique petit-déjeuner américain (œufs au plat, jambon et/ou saucisses, pain de mie et ketchup) "à la thaïlandaise" en faisant sauter les divers ingrédients avec du riz.

Ce croisement culinaire n'est qu'un exemple de la tendance des chefs thaïlandais à s'inspirer d'autres cuisines. Parmi d'autres exemples plus savoureux figurent le *gaang mát·sà·màn,* "curry musulman", un mélange désormais classique de cuisines thaïlandaise et moyen-orientale, et les fameux *pàt tai,* combinaison des techniques et des ingrédients chinois (sauté, nouilles de riz) et des saveurs thaïlandaises (sauce de poisson, piment, tamarin).

(liserons d'eau avec ail et piments), tandis que d'autres ont été adaptés par les Thaïlandais, tel le *pàt pèt* (littéralement : "sauté épicé") dans lequel les principaux ingrédients, viande ou poisson, sont rapidement sautés avec une pâte de curry rouge.

Le *tôrt* (friture à l'huile) est essentiellement réservé aux en-cas comme les *glôo·ay tôrt* (bananes frites) ou les *þò·þée·a* (pâtés impériaux). Exception notable, le *þlah tôrt* (poisson frit), une manière courante de préparer le poisson.

Le guide pratique et illustré *Cuisine thaïe* (Solar, 2007) présente plus de 70 recettes aux saveurs exotiques, complétées d'astuces pratiques.

Salades épicées et acidulées

Tout aussi emblématiques et omniprésentes que les currys, les *yam* sont des "salades" relevées et acidulées, à base de poisson, de viande ou de légumes.

La touche acidulée provient du jus de citron vert et la généreuse utilisation de piments frais apporte le piquant. Les *yam* sont souvent servis à température ambiante, parfois légèrement réchauffées par les ingrédients cuits. Ils peuvent constituer une entrée, un repas complet sous forme de *gàp glâam,* ou un en-cas pour accompagner une soirée arrosée.

Nám Prík

Plutôt servis chez les particuliers que dans les restaurants, les *nám prík,* des purées épicées à base de piments, comptent parmi les plats les plus emblématiques de la cuisine thaïlandaise. Servis avec du riz, des légumes cuits à la vapeur ou crus et des herbes, ils varient selon les régions et l'on peut habituellement reconnaître une province à ses *nám prík*.

Le site www.austinbushphotography.com/blog, géré et rédigé par l'auteur de ce chapitre, fournit des informations (en anglais), mais surtout de magnifiques photos sur la cuisine, les marchés et les restaurants de Bangkok et du reste du pays.

Fruits

Pays tropical, la Thaïlande offre une fabuleuse diversité de fruits. Les *má·môo·ang* (mangues) se déclinent en 12 variétés, consommées à différents stades de maturité. Parmi les autres fruits courants, les *sàp·þà·rót* (ananas), les *má·lá·gor* (papayes) et les *đaang moh* (pastèques) sont vendus à tous les coins de rue, accompagnés d'une pincée de sucre, de sel et de piment moulu.

Desserts

Les cartes en anglais comprennent souvent une section "desserts", un concept qui se décline de deux manières légèrement différentes en Thaïlande. Les *kŏrng wăhn,* ou "douceurs", sont de petites friandises au goût riche, généralement un peu salées. Noix de coco râpée, lait de coco, farine de riz (blanc ou gluant), riz gluant, tapioca, fécule de haricot mungo, taro bouilli et fruits constituent les ingrédients de base des *kŏrng wăhn*.

Les *kà·nŏm* s'apparentent plus aux pâtisseries européennes. Les plus prisées sont des bouchées enveloppées de feuilles de bananier, notamment les *kôw đôm gà·tí* et *kôw đôm mát* ; toutes deux se composent de riz gluant cuit à la vapeur avec du *gà·tí* (lait de coco) dans une feuille de bananier.

Si les étrangers ne semblent pas instantanément emballés par les desserts thaïlandais, ils apprécient presque tous les *rođi*, des crêpes à la banane nappées de sucre et de lait concentré, et les *ai·đim gà·tí*, des glaces à la noix de coco. Les glaciers les plus traditionnels proposent un supplément de haricots rouges ou de riz gluant.

Variante régionales

La cuisine thaïlandaise est fortement marquée par les diversités régionales. Bien que le pays soit relativement petit, les plats prennent des nuances légèrement différentes dans chaque province. Pour plus d'informations sur les spécialités de Bangkok et du sud de la Thaïlande, reportez-vous p. 41 et 42.

Boissons

Café, thé et jus de fruits

Les Thaïlandais boivent beaucoup de café et cultivent de l'arabica et du robusta de bonne qualité dans les régions montagneuses du Nord et du Sud. Le système de filtrage traditionnel se résume à un étroit sac en tissu attaché à un support. Le café est servi dans un verre, mélangé à du sucre et du lait concentré sucré ; si vous ne voulez ni l'un ni l'autre, précisez *gah·faa dam* (café noir) suivi de *mâi sài nám·đahn* (sans sucre).

Les établissements qui servent du café proposent aussi du thé noir, local ou importé. Le *chah thai* doit sa couleur rouge-orange aux graines de tamarin moulues ajoutées après le séchage.

Vous trouverez partout des boissons aux fruits, idéales pour se réhydrater et changer de l'eau. La plupart des *nám pŏn·lá·mái* (jus de fruits) sont servis avec un peu de sucre et de sel, et beaucoup de

RECETTES

Le site Recettes thaïes (www.recettes-thai.fr) propose de nombreuses recettes authentiques et bien expliquées, écrites par une Thaïlandaise.

DES ALIMENTS VENUS D'AILLEURS

Imaginez un curry thaïlandais sans piment, un *pàt tai* sans cacahuètes ou une salade de papaye sans papaye ! Nombre des ingrédients utilisés quotidiennement par les Thaïlandais furent introduits par les marchands et missionnaires européens. Au début du XVIe siècle, alors que les explorateurs espagnols et portugais arrivaient les premiers sur les côtes d'Asie du Sud-Est, l'exploration des Amériques se poursuivait. Les Portugais furent particulièrement prompts à s'emparer des produits du Nouveau Monde et à les diffuser dans le reste du monde, introduisant probablement en Asie la tomate, la pomme de terre, le maïs, la laitue, le chou, les piments, la papaye, la goyave, l'ananas, la courge, la patate douce, les arachides et le tabac.

Les piments plurent particulièrement aux Thaïlandais et furent sans doute apportés à Ayuthaya par les Portugais vers 1550. Auparavant, les habitants relevaient leurs plats à l'aide d'herbes amères et épicées, de poivre et de racines comme le gingembre.

Les Portugais apportèrent également des techniques de cuisson, notamment dans le domaine des desserts. Les pâtisseries jaune vif à base d'œuf de canard et de sirop que l'on voit sur de nombreux marchés sont les descendantes directes des *fios de ovos* ("fils d'œuf") et *ovos moles* portugais. Dans l'ancienne enclave portugaise qui entoure l'église Santa Cruz à Bangkok, vous dégusterez des *kà·nŏm fa·ràng*, des petits gâteaux cuits sur les braises.

glaçons. De nombreux étrangers refusent le sel, qui aide cependant à se réhydrater.

Bières et alcools

Plusieurs brasseries thaïlandaises produisent des bières locales (Singha, Chang, Leo), toutes assez similaires. Sinon, vous pourrez vous rabattre sur des bières étrangères (Heineken, Asahi, San Miguel). Lisez l'encadré ci-dessous pour savoir comment boire une bière à la mode thaïlandaise.

Moins chers que la bière, les alcools de riz locaux sont prisés par les ouvriers et les étudiants. Ils figurent en bonne place sur les tables lors des réunions familiales. Les whiskys importés sont réservés aux grandes occasions et bus avec beaucoup de glaçons, de l'eau gazeuse et une goutte de Cola. Lors d'une sortie, acheter une bouteille est la norme. Si elle n'est pas terminée, le bar la conservera jusqu'à votre prochaine visite.

Établissements

Les établissements de restauration sont omniprésents dans le pays et les habitants mangent souvent à l'extérieur, une formule qui convient parfaitement aux voyageurs.

Les marchés de plein air et les stands de restauration sont les endroits les plus courus par les Thaïlandais. Le matin, dans les passages fréquentés, des stands vendent du café et des beignets de style chinois. À l'heure du déjeuner, ils proposent des plats sautés ou des nouilles, à déguster sur place ou à emporter. Dans la plupart des petites villes, des marchés de nuit comprennent, entre autres, des stands de restauration avec tables et chaises.

Les restaurants (*ráhn ah·hăhn*) vont des simples gargotes aux établissements huppés. Parfaits au déjeuner, les *ráhn kôw gaang* (échoppe servant riz et curry) présentent une sélection de plats préparés qu'il suffit de désigner. Les *ráhn ah·hăhn đahm sàng* (échoppe de plats sur commande) se reconnaissent à la présentation d'ingrédients crus – chou frisé, tomates, porc émincé, poissons frais ou séchés, nouilles, aubergines, oignons – qui servent à préparer des plats thaïlandais et chinois ; vous aurez peut-être des difficultés à commander si vous ne parlez pas thaï.

SITES

Les pages (en anglais) consacrées à Bangkok de CNNGo (www.cnngo.com/bangkok/eat) et la section restaurants de BK (http://bk.asia-city.com/restaurants) vous informeront sur la scène culinaire de la capitale, en perpétuelle évolution.

Végétariens

Le végétarisme n'est pas très répandu en Thaïlande, mais de nombreux restaurants touristiques proposent des plats végétariens. Plusieurs *ráhn ah·hăhn mang·sà·wí·rát* (restaurants végétariens) à but non lucratif, installés à Bangkok (voir l'encadré p. 75) et dans plusieurs capitales

UNE BIÈRE À LA THAÏLANDAISE

Le regard horrifié des voyageurs fraîchement débarqués quand un serveur ajoute des glaçons dans leur bière est toujours un spectacle distrayant. Avant de vous indigner de ce blasphème, découvrez les raisons pour lesquelles les Thaïlandais préfèrent la bière avec des glaçons.

Malgré les mentions flatteuses sur les bouteilles, les bières locales manquent de finesse et s'apprécient mieux glacées. La chaleur ambiante justifie également de conserver la bière à une fraîcheur maximale. Enfin, les bières thaïlandaises affichent généralement un taux d'alcool élevé que les glaçons aident à diluer, prévenant la déshydratation et les risques de gueule de bois. Certains bars servent même de la *beea wún* ("gelée de bière"), une bière semi-congelée à la consistance de granité, très désaltérante.

ON NE MARCHE PAS À LA BAGUETTE

Ne réclamez pas de baguettes dans un restaurant thaïlandais. À l'origine, les Thaïlandais mangeaient avec les doigts, ce qui se pratique encore dans certaines régions. Au début du XXe siècle, fourchettes et cuillères sont apparues sur les tables pour leur donner une allure "royale" et leur usage est rapidement devenu la norme à Bangkok puis dans le reste du pays.

Les baguettes ne sont utilisées que dans les restaurants chinois ou pour des plats chinois servis dans des bols et, dans ces deux cas, seront fournies d'office.

provinciales, proposent des buffets à petits prix, essentiellement composés de plats végétaliens (sans viande, poisson, laitage ni œuf).

Durant la Fête végétarienne, célébrée en octobre par les Chinois bouddhistes, de nombreux restaurants et stands de rue à Bangkok, Phuket et dans les quartiers chinois de la plupart des villes ne servent pas de viande pendant un mois. Moins courants, les restaurants indiens offrent habituellement quelques plats végétariens.

En thaï, "je suis végétarien" se dit *pǒm gin jair* (pour les hommes), *dì·chăn gin jair* (pour les femmes). Traduit librement, cela signifie "je mange seulement végétarien", ce qui exclut les œufs et les produits laitiers.

Pour ceux qui lisent l'anglais, le site Thai Food Master (www.thaifoodmaster.com), géré par un étranger qui réside depuis longtemps en Thaïlande, propose des recettes de cuisine illustrées de nombreuses photos.

À table

Comme la plupart des coutumes thaïlandaises, les conventions qui régissent les repas semblent détendues et informelles, mais obéissent en fait à des règles implicites.

Que ce soit à la maison ou au restaurant, les repas sont toujours servis dans des récipients communs et les plats arrivent à mesure qu'ils sont prêts. Quand vous vous servez, ne mettez qu'une petite quantité dans votre assiette pour ne pas choquer les autres convives thaïlandais. L'équilibre des textures et des saveurs constitue un élément important du repas. Traditionnellement, on commande un curry, un poisson à la vapeur ou frit, des légumes sautés et une soupe, en prenant soin d'équilibrer le chaud et le froid, l'aigre et le doux, le salé et le neutre. Servez-vous de la cuillère pour prendre un peu de nourriture dans le plat commun et déposez-la sur une partie de votre riz, puis poussez ce mélange avec la fourchette dans la cuillère pour le manger.

Environnement

Géographie et géologie

La forme étrange de la Thaïlande – large et épanouie au nord, s'étrécissant en un bras long et mince au sud – a souvent été comparée à celle d'un éléphant. Quasiment de la même superficie que la France (environ 517 000 km²), le pays s'étend le long d'un axe nord-sud sur 1 650 km et bénéficie de climats très variés, avec notamment deux moussons, venues du sud-ouest et du nord-ouest. Au nord, le terrain s'élève en de hautes montagnes boisées, tandis que le Sud consiste en une longue crête de collines calcaires couvertes de forêt tropicale.

Délimitée à l'est par les eaux peu profondes du golfe de Thaïlande et à l'ouest par la mer d'Andaman, qui fait partie de l'océan Indien, la Thaïlande compte l'un des plus fascinants littoraux du monde : formations calcaires délicatement sculptées par le temps et l'érosion surplombant l'eau, et récifs coralliens d'une extraordinaire beauté. Des centaines d'îles tropicales de toutes formes et tailles ponctuent la côte, du banc de sable plat disparaissant sous les mangroves aux imposantes formations karstiques qui dominent des eaux azur et des plages de sable blanc. Les deux côtes comptent d'immenses récifs coralliens, notamment autour des îles granitiques Surin (p. 277) et Similan (p. 284), dans la mer d'Andaman. On en trouve d'autres, ainsi que les îles calcaires les plus spectaculaires du pays, à Ao Phang-Nga (p. 287), près de Phuket. La côte ouest présente un intérêt tout particulier pour les amateurs de plongée en raison de la pureté cristalline de ses eaux, peuplées d'une faune et d'une flore d'une incroyable richesse.

Faune et flore

Étant donné la diversité de son climat et de sa topographie, il n'est pas étonnant que la Thaïlande abrite une faune et une flore aussi incroyablement variées. Plus surprenant en revanche, le pays conserve une assez bonne qualité environnementale, malgré le développement intensif et impitoyable qui a gagné ses moindres recoins. Cela dit, des problèmes existent ; la survie des espèces menacées et des écosystèmes marins (ci-contre) constitue un sujet particulièrement préoccupant.

Animaux

Les animaux peuplant les côtes et les îles thaïlandaises doivent s'adapter aux mouvements des marées et au mélange d'eau douce et d'eau saumâtre. Plutôt que de traquer les éléphants et les tigres, tâchez de repérer des animaux moins imposants, tels l'étrange gobie marcheur, qui se déplace sur les vasières une fois la mer retirée, ou le lézard moniteur aquatique, un animal impressionnant de 3,50 m qui grimpe aux arbres et nage avec une aisance confondante dans sa quête de petites proies.

Parions que vous apercevrez de superbes spécimens d'oiseaux, tant la vie aviaire est riche et abondante – la Thaïlande abrite 10% des espèces du monde. On rencontre notamment le chevalier guignette et le gravelot sur les vasières, ainsi que le héron et l'aigrette dans les marais. Dans le ciel, observez le milan sacré au plumage marron et blanc, ou scrutez les branches basses à la recherche de l'un des nombreux martins-pêcheurs aux couleurs vives. Vous verrez aussi sans doute une troupe bruyante de macaques mangeurs de crabe, qu'il ne faudra pas s'étonner de voir s'éloigner du rivage à la nage. Avec un peu de chance, une civette palmée, drôle de créature au pelage marbré ressemblant à un chat, acceptera de se montrer ; un serow (ou capricorne de Sumatra), farouche antilope asiatique qui n'hésite pas à bondir entre les failles inaccessibles des falaises calcaires, fera peut-être de même.

Les eaux bordant les deux côtés de la péninsule thaïlandaise sont peuplées de centaines d'espèces de coraux. Les récifs constituent un habitat idéal pour d'innombrables espèces de poissons, de crustacés et de minuscules invertébrés. On y trouve l'un des plus petits poissons du monde (le gobie, de 10 mm), mais aussi le plus grand (le requin-baleine qui mesure près de 18 m de longueur), et d'autres habitants caractéristiques tels le poisson-clown, le poisson-perroquet, la girelle, le scalaire, le baliste et le poisson-lion. Dans les profondeurs se croisent des espèces plus imposantes – mérous, barracudas, requins, raies mantas, marlins et thons. On peut aussi apercevoir des tortues, des baleines et des dauphins.

Espèces en danger

La Thaïlande est signataire de la Convention sur le commerce international des espèces de faune et de flore sauvages menacées d'extinction (CITES). Pour autant, l'application des interdictions de commercialisation pâtit d'un laxisme notoire. Il suffit de se promener entre les stands d'animaux du marché du week-end de Chatuchak à Bangkok (p. 89) pour constater que les lois sont enfreintes en toute impunité ; on peut même voir des peaux de tigre en vente. À cause de la pollution, du braconnage et de la disparition des habitats naturels, un nombre terrifiant d'animaux sont menacés. Même les populations d'espèces jadis courantes déclinent à une vitesse alarmante. Les espèces rares de mammifères, d'oiseaux, de reptiles, d'insectes, de coquillages et de poissons tropicaux font l'objet d'un trafic juteux en direction de collectionneurs du monde entier, ou sont tout simplement tuées pour faire des souvenirs destinés aux touristes.

Nombre d'espèces marines sont menacées, notamment le requin-baleine, dont la présence se fait toutefois plus fréquente depuis peu dans les eaux thaïlandaises, et la tortue marine, littéralement massacrée pour ses œufs, sa chair et sa carapace. Beaucoup d'autres espèces de requins, chassées pour leurs ailerons dont on fait des soupes, sont menacées d'extinction.

Espèce rare, le dugong (aussi appelé lamantin ou vache marine), que l'on pensait autrefois disparu de Thaïlande, survit cependant en quelques endroits, principalement dans la province de Trang, dans le sud du pays. Toutefois, la disparition de son habitat naturel et la pollution occasionnée par les bateaux de tourisme le mettent chaque jour un peu plus en danger.

Le gouvernement thaïlandais prend peu à peu conscience de la nécessité de préserver l'environnement, peut-être grâce aux efforts et à la volonté de la reine Sirikit. Nombre de zoos du royaume sont désormais dotés de programmes de reproduction et de préservation. Les organismes écologistes, tel le Centre de réadaptation pour les gibbons (Gibbon Rehabilitation Centre, p. 268) de Phuket, font œuvre de pédagogie auprès du public, l'informant sur les espèces indigènes. Ces organismes sont à l'initiative de plusieurs projets de sauvetage et de réintroduction des animaux dans la nature.

ÉLÉPHANT BLANC

Quiconque croise un éléphant blanc doit le signaler au Bureau of the Royal Household, afin que le roi puisse décider si l'animal remplit les critères qui caractérisent un éléphant blanc royal.

Plantes

Grâce à deux moussons annuelles, le Sud est une région à la végétation luxuriante. La majorité des forêts éloignées de la côte sont des forêts tropicales humides, composées d'arbres au feuillage persistant. En revanche, au bord de l'eau et sur les formations calcaires, les arbres sont rabougris en raison du manque d'eau douce et de leur exposition à des minéraux durs.

Pour des suggestions sur les destinations et établissements axés sur l'écotourisme, consultez www.voyagespour-laplanete.com ou www.thailand.com/travel/eco/eco.htm.

Les plus beaux arbres du littoral sont bien sûr les multiples espèces de palmiers, dont certaines n'existent nulle part ailleurs. Tous sont dotés de petites feuilles résistantes, dont la forme caractéristique d'éventail ou de plume leur permet de dissiper la chaleur et de retenir l'eau. Le sagoutier, à la silhouette élégante, se distingue sur les falaises calcaires, où ce "cocotier des montagnes" *(ƀlông)* pousse à même les crevasses. Plante ornementale convoitée par les collectionneurs, il est en train de disparaître de son milieu naturel.

La Thaïlande compte aussi près de 75 sortes de mangroves, dont la végétation pousse sur des sols à haute teneur en sels. Les racines des arbres, hautes et découvertes permettent à la mangrove d'assurer sa fonction écologique essentielle de rétention des sédiments et des nutriments. Par ailleurs, la mangrove sert de zone tampon en protégeant la côte d'érosion massive lors des moussons. Cet habitat naturel sert

PARCS NATIONAUX DE THAÏLANDE

PARC	CARACTÉRISTIQUES	ACTIVITÉS	PAGE
Parc national maritime de Mu Ko Chang	archipel d'îles couvertes de forêt vierge, cascades, plages et récifs coralliens	snorkeling, plongée, trekking à dos d'éléphant, randonnée	p. 122
Parc national de Khao Laem Ya/Mu Ko Samet	plages, récifs coralliens côtiers	snorkeling, plongée, excursions en bateau, planche à voile	p. 112
Parc national de Kaeng Krachan	sur le continent ; cascades et forêts, nombreux oiseaux et mammifères de jungle	observation des oiseaux	p. 144
Parc national de Khao Sam Roi Yot	parc côtier ; grottes, montagnes, falaises, plages ; serows, dauphins de l'Irrawaddy et 300 espèces d'oiseaux	kayak, observation des oiseaux, visite des grottes	p. 160
Parc national maritime d'Ang Thong	40 superbes îles tropicales, récifs coralliens, lagons et falaises calcaires	kayak de mer, randonnée, snorkeling	p. 220
Parc national de Khao Luang	sur le continent ; montagnes boisées, pics, cours d'eau et cascades ; mammifères de la jungle, oiseaux et orchidées	randonnée	p. 227
Parc national maritime d'Ao Phang-Nga	baie côtières bordées de falaises calcaires, îles et grottes, récifs coralliens et mangroves	kayak de mer	p. 286
Parc national de Khao Lak/Lam Ru	parc côtier avec falaises et plages ; calaos, singes et ours	randonnée, excursions en bateau	p. 281
Parc national de Khao Sok	sur le continent ; forêt tropicale dense, cascades et rivières ; tigres, singes, rafflesias et 180 espèces d'oiseaux	randonnées à pied et à dos d'éléphant, *tubing* (bouée)	p. 279

d'incubateur aux œufs et aux petits d'innombrables espèces marines. Pourtant, la Thaïlande a détruit au moins 50% de ses mangroves pour laisser place aux élevages de crevettes et aux grands complexes hôteliers.

Parcs nationaux

Les parcs nationaux thaïlandais attirent les amoureux de la plage. Très fréquentées, les îles de Ko Chang et de Ko Samet sont proches du continent, le long de la côte orientale du golfe de Thaïlande. Le parc maritime national de Ko Tarutao est reculé et ne se prête pas à un authentique retour à la nature. Ao Phang-Nga, au nord de Phuket, est en bonne place pour obtenir le prix du parc le plus photogénique : les falaises calcaires jaillissent des eaux aigue-marine, tandis que les racines noueuses des mangroves s'accrochent à la boue épaisse des vasières. Les sites de plongée des parcs nationaux maritimes des îles Similan et Surin, au large de la côte d'Andaman, sont parmi les plus beaux du monde.

Cent douze parcs nationaux et 44 réserves naturelles couvrent environ 13% du territoire thaïlandais - un chiffre honorable par rapport à la moyenne mondiale. Parmi les zones protégées, 18 parcs englobent des îles et des mangroves. Les parcs et les réserves abritent plus de 850 espèces d'oiseaux endémiques et migrateurs, ainsi qu'un

PARC	CARACTÉRISTIQUES	ACTIVITÉS	PAGE
Parc national de Laem Son	parc côtier et maritime, 100 km de mangroves ; oiseaux de la jungle et migrateurs	observation des oiseaux, excursions en bateau	p. 275
Parc national maritime des îles Similan	îles granitiques, récifs coralliens, requins-baleines et raies mantas	snorkeling, plongée	p. 284
Parc national de Sirinat	parc côtier aux plages bordées de filao ; tortues et récifs coralliens	marche, snorkeling, plongée	p. 266
Parc national maritime des îles Surin	îles granitiques ; récifs coralliens, requins-baleines et raies mantas	snorkeling, plongée	p. 277
Parc national de Hat Chao Mai	parc côtier aux plage de sable, mangroves, lagons et îles de corail ; dugongs et oiseaux de mangrove	kayak de mer, snorkeling, plongée	p. 336
Parc national de Khao Phanom Bencha	sur le continent ; jungle montagneuse avec chutes d'eau ; singes	randonnée	p. 306
Parc national maritime de Ko Phi Phi	archipel avec plages, lagons et falaises, récifs coralliens ; requins-baleines	kayak de mer, snorkeling, plongée	p. 317
Parc national maritime de Ko Tarutao	archipel d'îles reculées couvertes de jungle et plages tropicales ; singes, oiseaux et mammifères de la jungle	snorkeling, randonnée, plongée	p. 347
Parc national maritime de Mu Ko Lanta	archipel aux plages superbes ; récifs coralliens et requins de récif	kayak de mer, randonnée à pied et à dos d'éléphant, snorkeling, plongée	p. 324
Parc national maritime de Mu Ko Phetra	archipel peu fréquenté ; dugongs, oiseaux et récifs coralliens	kayak de mer, snorkeling	p. 345
Parc national de Tharnbok Korannee	parc côtier avec forêts de mangrove, grottes de calcaire et oiseaux marins ; singes, orchidées	kayak de mer	p. 305

nombre toujours plus réduit de tigres, de léopards tachetés, de koupreys (bœufs sauvages), d'éléphants, de tapirs, de gibbons et d'ours noirs d'Asie, entre autres.

Malheureusement, le statut officiel de parc national ou de réserve naturelle ne garantit pas toujours la protection des habitats et de la vie sauvage. Les forces conjuguées des agriculteurs locaux, des promoteurs fortunés et des intérêts financiers l'emportent aisément, de façon légale ou illégale, sur la protection environnementale. Souvent, des îles qui ne devraient pas faire l'objet d'aménagement urbain subissent les travaux en dépit de la loi. En outre, le gouvernement ne cherche guère à renforcer la réglementation. Ainsi, Ko Chang, Ko Samet et Ko Phi Phi sont de curieux exemples de parcs nationaux où les infrastructures touristiques se multiplient au détriment de l'environnement.

Le droit d'entrée dans les parcs nationaux pour les étrangers s'élève à 400 B/adulte et à 200 B/enfant de moins de 14 ans. Ces tarifs ont récemment été doublés, puis redéfinis au cas par cas, ce qui explique les variations de prix d'un parc à l'autre. Dans certains cas, le **Royal Forestry Department** (☎0 2561 4292/3 ; www.forest.go.th, www.thaiforestbooking.com ; 61 Th Phahonyothin, Chatuchak, Bangkok 10900) propose un hébergement ; réservez, car c'est une solution très prisée des Thaïlandais. La saison sèche est la meilleure période pour visiter les parcs quels qu'ils soient, notamment les parcs maritimes (la visibilité sous l'eau est parfois restreinte à la saison des pluies).

Écologie

La Thaïlande est plus prospère et plus développée que ses voisins ; elle jouit d'un niveau d'éducation supérieur, aussi la prise de conscience écologique y est-elle plus élevée qu'au Cambodge et au Myanmar. Mais celle-ci reste souvent limitée, et si on note une évolution, elle génère sans doute moins de grands mouvements qu'en Europe ou en Amérique du Nord par exemple.

Les problèmes "simples" – pollution, urbanisation massive et manque de planification adéquate – sautent aux yeux du visiteur. L'environnement a souffert de la rapide modernisation du pays, réalisée principalement selon des plans à court terme. Peu de Thaïlandais considèrent comme un problème l'abattage de la mangrove pour construire des élevages de crevettes, ou le fait d'aller chercher l'énergie nécessaire à leur développement au Laos (barrages) et au Myanmar (gaz naturel).

Au regard des nombreuses lois aux intentions louables qui ont été votées, on pourrait penser que la Thaïlande se tourne vers une réelle prise de conscience écologique. Toutefois, à l'issue d'une conférence des Nations unies en 2008, il est apparu que la corruption et le manque de détermination entravent sérieusement les efforts menés pour appliquer les lois de protection de la nature.

Dans un contexte de profonde fracture politique et d'une succession de gouvernements prêts à de nombreuses concessions pour se maintenir au pouvoir, il n'y a guère de volonté politique de faire appliquer les lois sur l'environnement. Et, malheureusement, le manque de stabilité effraie aussi les investisseurs.

Environnement terrestre

En termes de dégâts environnementaux, l'Asie fait pire que l'Occident principalement dans le domaine du déboisement, même si, selon les estimations actuelles, la Thaïlande conserverait encore environ 25% de ses forêts – un chiffre bien plus élevé que les 5% affichés par le Royaume-Uni par exemple. La National Forest Policy (politique nationale des forêts), lancée en 1985, préconisait le maintien d'une couverture forestière équivalant à 40% du territoire. En 1989, l'interdiction totale de l'exploitation forestière a constitué une avancée notable. Une loi impose la préservation de 25% du territoire thaïlandais en "forêts protégées". Mais l'interdiction de l'exploitation du bois a simplement déplacé le problème : on cherche les ressources naturelles ailleurs. En outre, l'abattage illégal perdure dans le pays, bien qu'à une échelle relativement réduite. En revanche, depuis l'interdiction de 1989, il bat son plein dans les pays voisins, au Cambodge et surtout au Myanmar ; quantité de cargaisons de bois passent frauduleusement la frontière.

Bien que la Thaïlande soit signataire de la CITES, toutes sortes d'animaux font l'objet d'un trafic illégal et sont exportés vivants ; pour satisfaire les besoins de la médecine chinoise traditionnelle, certains sont également vendus en "pièces détachées". Si les tigres sont officiellement protégés, le royaume reste le plus grand exportateur mondial d'organes de tigre vers la Chine (pour les effets thérapeutiques et aphrodisiaques du pénis et des os). D'autres espèces sont chassées (souvent illégalement) pour fabriquer des souvenirs destinés aux touristes. C'est notamment le cas des éléphants, des mygales, des insectes géants, des papillons de la jungle et, sur la côte, des palourdes, des coquillages et du poisson-lune.

Le gouvernement a sévi contre les restaurants proposant de l'*ah·hăhn Ƅàh* (nourriture de la jungle), c'est-à-dire des espèces menacées comme le cerf aboyeur, l'ours, le pangolin, le gibbon, la civette et le gaur. Les employés des parcs nationaux, sous-payés et mal formés, sont censés s'opposer aux braconniers armés et aux mercenaires financés par de riches et puissants truands.

Dans certains cas, le tourisme a eu un impact positif. On lui doit de fait en grande partie l'expansion des parcs nationaux. Dans le parc national de Khao Yai, tous les hôtels et infrastructures de golf ont été supprimés pour réduire les dégâts environnementaux. À la suite des pressions du gouvernement et du secteur touristique sur la pêche, le dynamitage du corail a quant à lui été éradiqué dans les îles Similan et Surin, afin de préserver l'environnement pour les visiteurs.

Mais le tourisme a aussi des effets pervers. Le développement massif des infrastructures aux abords des parcs nationaux, et parfois même à l'intérieur, s'est fait au détriment de la nature. Des bungalows, des hôtels de luxe et des bars de plage ont été construits à la hâte, tandis que des navettes maritimes touristiques étaient mises en place. Dans les parcs nationaux de Ko Phi Phi (p. 316) et de Ko Samet (p. 109), les intérêts financiers l'ont à l'évidence emporté sur l'écologie. Dans ces deux régions, l'urbanisation a débuté dans des zones réservées aux *chow lair* (nomades des mers, voir l'encadré p. 353). Ko Lipe, dans le parc maritime national de Ko Tarutao (p. 347), et Ko Muk, dans le parc national de Hat Chao Mai (p. 336), semblent suivre cette voie.

Les déchets et les eaux usées posent de plus en plus de problèmes dans les zones peuplées, surtout dans les zones très touristiques, où l'afflux de visiteurs pèse sur les infrastructures locales. Un bon point cependant : le vote d'une loi sur l'environnement, en 1992, a défini des critères de qualité environnementale, désigné des zones protégées, des zones de pollution limitée, et organisé le financement du nettoyage par l'État. Pattaya a fait construire sa première usine de traitement des eaux usées en 2000, et on note une nette amélioration depuis.

Les Thaïlandais, en général, rechignent à s'engager dans des campagnes écologiques à grande échelle. L'homme de la rue se montre toutefois de plus en plus concerné, surtout lorsque le problème le touche directement. Des communautés locales manifestent depuis des années contre la construction de barrages, sans succès cependant. L'impact négatif qu'a eu le tournage du film *La Plage* sur une plage très fréquentée du parc national de Ko Phi Phi a entraîné des manifestations dans tout le pays. Le tournage de l'émission télévisée nord-américaine *Survivor* (équivalent de *Koh Lanta*) dans le parc maritime national de Ko Tarutao a suscité le même genre de réactions. Aujourd'hui, une législation stricte régit les autorisations de tournage afin d'éviter de tels problèmes. Quant à la construction d'un pipeline jusqu'à Songkhla en 2002, elle a déclenché une incroyable opposition populaire chez les villageois.

Un groupe de moines bouddhistes écologistes, connu sous le nom de Thai Ecology Monks, a courageusement donné l'exemple en soutenant pacifiquement les communautés locales dans leur lutte contre les projets de développement surdimensionnés.

Écosystèmes marins

Les récifs coralliens thaïlandais, y compris ceux de la côte d'Andaman – de Ranong au nord de Phuket –, et ceux des îles Surin et Similan, sont d'une extrême diversité. Quelque 600 espèces de poissons de récifs, de tortues marines menacées et d'autres animaux rares peuplent le littoral.

> **SABLE**
>
> Le fameux sable blanc des plages thaïlandaises est constitué de minuscules particules de corail digérées puis rejetées par les poissons...

Le tsunami de 2004 a gravement endommagé environ 13% des récifs coralliens de la mer d'Andaman. Toutefois, les dégâts occasionnés ont été relativement faibles comparés à la dégradation constante générée par toute société industrialisée. On estime qu'environ 25% des récifs coralliens thaïlandais ont été détruits par la pollution et que la perte annuelle de coraux sains risque de se poursuivre à un rythme soutenu. Aux environs de Phuket, prisée pour la plongée, des récifs coralliens morts sont visibles sur la côte nord. La plus grande menace résulte de la sédimentation due au développement côtier (nouveaux complexes hôteliers, routes et habitations). En effet, la haute teneur en sédiments de l'eau nuit à la croissance des coraux. Autres problèmes courants : la pollution provoquée par les bateaux de tourisme au mouillage et autres activités aquatiques, les déchets et les égouts déversés directement dans la mer, sans oublier les divers produits rejetés par les activités agricoles et industrielles. Même lorsque les nageurs urinent dans l'eau, ils portent atteinte aux coraux, des organismes particulièrement délicats.

La prise de conscience écologiste suscitée par le tsunami a mis en lumière l'importance des forêts de mangrove et leur rôle de zone tampon contre la fureur des éléments. Auparavant, on considérait que les mangroves ne servaient à rien. On les éliminait donc indifféremment. On estime qu'environ 80% des forêts de mangrove bordant le littoral du golfe de Thaïlande et 20% de celles de la côte d'Andaman ont été détruites pour laisser la place à de petits élevages marins, aux infrastructures touristiques, ou pour alimenter l'industrie du charbon de bois. Les élevages de crevettes représentent la plus grande menace, la Thaïlande étant le premier producteur mondial de crevettes tigrées. Les fermes d'élevage, très polluantes, s'implantent dans un milieu naturel de marais de mangrove et entraînent un coût exorbitant, tant pour l'environnement que pour la population autochtone. Mais elles génèrent de tels profits (la production annuelle est passée de 900 à 277 000 tonnes ces dix dernières années) que toute tentative de protestation est peu relayée. Ainsi les grandes exploitations continuent-elles d'opérer au mépris des lois.

Les industries de pêche intensive de Thaïlande et des pays voisins, fréquemment surnommées "mines à ciel ouvert de la mer", contribuent grandement à la détérioration de la santé de l'océan. Les prises ont baissé de 33% dans la région du Pacifique asiatique ces 25 dernières années, et la partie septentrionale du golfe de Thaïlande est quasi vide de poissons. L'essentiel du produit de la pêche est envoyé sur les marchés étrangers et ne bénéficie que rarement aux Thaïlandais eux-mêmes. Les poissons et fruits de mer vendus dans le pays proviennent des élevages.

Apporter sa pierre à l'édifice

Si l'étendue des problèmes écologiques semble effrayante, le voyageur peut néanmoins œuvrer à minimiser l'impact de son séjour, ou même avoir un effet positif. La façon dont vous dépensez votre argent influe grandement sur l'économie du pays et sur celle des petites entreprises individuelles. N'hésitez pas à poser des questions directes et à changer d'endroit si les réponses ne vous satisfont pas. Par exemple, plusieurs grands complexes hôteliers dépourvus de routes d'accès transportent leurs clients dans des tracteurs qui traversent les vasières – détruisant ainsi ces écosystèmes fragiles. Au moment de réserver, renseignez-vous sur le transport jusqu'à l'hôtel. Parmi les innombrables centres de plongée dans la région, certaines s'efforcent de minimiser l'impact de leurs clients sur les récifs coralliens ; mais quand un prestataire entraîne des débutants au-dessus de coraux vivants plutôt qu'en piscine pour l'obtention d'un brevet, il est certain que l'écosystème local sera irrémédiablement endommagé. D'une manière générale, ne touchez pas aux coraux, ne les foulez pas aux pieds, surveillez vos gestes de sorte à ne pas les frôler par inadvertance, et ne perturbez pas les animaux marins – si vous voyez un poisson-lune échoué sur la plage, il est sans doute mort parce qu'un plongeur l'a touché jusqu'à ce qu'il enfle.

Vous pouvez agir positivement en prenant contact avec les nombreux organismes tournés vers l'écologie. En vous renseignant et en vous organisant avant le départ, vous trouverez sans doute celui qui vous conviendra le mieux. En voici une petite sélection.

La **Wild Animal Rescue Foundation of Thailand** (WAR ; ☎0 2712 9715 ; www.warthai.org ; 65/13e ét., Soi 55, Th Sukhumvit, Bangkok 10110) est l'un des organismes phares travaillant à la protection de la nature. Elle gère actuellement quatre réserves naturelles faisant appel à des bénévoles qui réintroduisent les animaux sauvages dans leur milieu naturel.

La **Bird Conservation Society of Thailand** (☎0 2691 4816 ; www.bcst.or.th), spécialisée dans la protection des oiseaux, fournit quantité d'informations sur les oiseaux de Thaïlande, sous des formes multiples : comptes-rendus de missions sur le terrain, observation d'oiseaux rares, festivals ornithologiques, recensement des populations, forum sur Internet…

Axée sur le développement social, la **Sanithirakoses-Nagapateepa Foundation** (www.sulak-sivaraksa.org) a été lancée en 1995 par Sulak Sivaraksa, lauréat du prix Nobel alternatif. Cette fondation chapeaute de nombreux organismes qui œuvrent pour la préservation de l'environnement, le développement durable et la justice sociale en Thaïlande, dont la Foundation for Children, le Forum of the Poor, le Thai-Tibet Centre et Pun Pun, ferme bio et centre de développement durable. Ces organismes offrent d'innombrables possibilités de travailler pour les communautés locales et de s'impliquer aux côtés des Thaïlandais. Ils ont également lancé un mouvement d'éducation alternatif du nom de Spirit in Education Movement (SEM) qui propose un enseignement d'esprit écologique ancré dans la spiritualité, véritable contrepoids à l'enseignement classique.

Citons aussi :

Thailand Environment Institute (☎0 2503 3333 ; www.tei.or.th)

Wildlife Friends of Thailand (☎0 3245 8135 ; www.wfft.org)

WWF Thailand (☎0 2524 6168 ; www.wwfthai.org)

Les étudiants du Dulwich International College à Phuket ont collecté 5 tonnes de déchets sur la plage en une seule journée ; aidez-les en ramassant les ordures chaque fois que c'est possible.

DÉCHETS

Les îles et plages de Thaïlande
› Pratique

Carnet pratique

Achats

Beaucoup de bonnes affaires vous attendent en Thaïlande, mais ne faites pas vos achats en compagnie d'un rabatteur, d'un guide touristique ou d'un charmant inconnu. Leur commission se répercuterait inévitablement sur le prix de vos achats.

Antiquités

Les antiquités véritables et les bouddhas, récents ou anciens, ne peuvent sortir du territoire sans l'autorisation du Fine Arts Department (département des Beaux-Arts, voir p. 403).

Les vraies antiquités thaïlandaises se font rares. Vous ne trouverez sur les marchés que des reproductions et des babioles du Myanmar. Bangkok et Chiang Mai sont les deux centres pour l'achat et la vente d'antiquités et de reproductions.

Contrefaçons

À Bangkok et dans les autres grands centres touristiques, des stands de rue vendent des contrefaçons de grandes marques. Personne ne prétend à l'authenticité de ces marchandises, du moins pas les vendeurs. La confection, la vente et l'achat de ces contrefaçons sont illégales. Nous vous déconseillons d'en acheter. Des institutions ont souvent fait pression sur la Thaïlande pour éradiquer ce commerce contraire au respect de la propriété intellectuelle, mais les opérations de police ne durent jamais longtemps, et les vendeurs développent de nouvelles techniques de vente, toujours plus discrètes. Au marché de Patpong, par exemple, les vendeurs vous montrent des photos de montres, vous font payer puis disparaissent au coin de la rue, pour revenir (presque toujours) avec la marchandise.

Laques

Les mobiliers et les objets de décoration étaient à l'origine fabriqués en bambou et en teck, mais le bois de manguier est de plus en plus utilisé comme base. Pour confectionner un laque, l'artisan tresse d'abord l'armature de l'objet désiré en bambou. Les pièces de qualité sont également tressées avec du crin d'âne ou de cheval. Une première couche de laque est ensuite appliquée sur l'armature. Après plusieurs jours de séchage, elle est frottée avec de la cendre de balles de riz, avant l'application d'une seconde couche. Les objets haut de gamme peuvent comporter jusqu'à 7 couches de laque. Le laque est ensuite gravé au stylet, peint, puis poli pour effacer toutes traces de peinture hors des gravures. Ces 3 étapes sont effectuées à plusieurs reprises dans le cas de laques multicolores.

Il faut entre 5 et 6 mois de travail pour fabriquer un modèle de qualité supérieure, qui pourra compter jusqu'à 5 couleurs. Un laque de qualité se reconnaît à sa flexibilité : pour un bol, on

MARCHANDER

Si le prix d'un article n'est pas affiché, c'est qu'il est possible de négocier. Le marchandage est courant pour les produits non alimentaires sur les marchés et dans les petites boutiques. Les 7-Eleven et autres supermarchés pratiquent des prix fixes.

Les Thaïlandais respectent le marchandage bien mené. Laissez le vendeur faire la première offre, puis demandez-lui s'il ne peut pas faire un effort. Il vous proposera un rabais, puis ce sera à votre tour de faire une proposition ; commencez assez bas et poursuivez jusqu'à ce que vous vous accordiez sur un montant. N'entamez pas la discussion si vous n'avez pas l'intention d'acheter.

Restez détendu et souriant, les négociations auront plus de chances d'aboutir. Évitez de hausser le ton et de vous emporter, vous n'arriverez à rien.

doit pouvoir, par exemple, rapprocher les bords jusqu'à ce qu'ils se touchent, sans le casser. La finesse et la précision de la gravure entrent aussi en compte.

Mobilier

Les meubles en rotin ou en bois massif sont de bons achats et peuvent être réalisés sur commande. Il existe de nombreux magasins au détail à Bangkok. À la suite de l'interdiction d'abattre le teck et de la disparition progressive des meubles en teck recyclé, près de 70% du mobilier produit en Thaïlande et destiné à l'exportation est fait en bois d'hévéa traité ne pouvant être utilisé dans la production de latex.

Pierres précieuses et bijoux

Malgré l'épuisement de ses gisements, la Thaïlande se situe parmi les premiers exportateurs mondiaux de gemmes et de joaillerie, rivalisant avec l'Inde et le Sri Lanka. Les pierres précieuses sont importées du Myanmar, du Sri Lanka et d'autres pays, afin d'être taillées et polies, avant d'être revendues.

Malgré le grand nombre de bijouteries en Thaïlande, il est devenu si difficile de repérer les arnaques qu'il vaut mieux ne rien acheter ici. Il est plus prudent de seulement faire du lèche-vitrine.

Textiles

Sur le marché du week-end de Chatuchak, à Bangkok (p. 89), et sur nombre de marchés touristiques, vous trouverez un choix de textiles traditionnels provenant de tout le royaume, notamment des régions du Nord, aux riches productions.

Les motifs des beaux batiks (*bah dé*) réalisés dans le Sud rappellent plus ceux de Malaisie que ceux d'Indonésie.

Vêtements

Les vêtements sont très bon marché en Thaïlande, mais le prêt-à-porter correspond rarement aux tailles occidentales, sauf dans les centres commerciaux et les magasins touristiques. Vous trouverez des articles à très bas prix sur les marchés, bien pratiques si toutes vos affaires sont sales. Pour des habits plus élégants, rendez-vous à Bangkok ou à Ko Samui, où la mode est très présente. Dénicher des chaussures pour les plus grandes pointures est difficile. Rendre ou échanger un article n'est pas une habitude thaïlandaise, alors soyez sûr de vous avant de payer.

La Thaïlande est réputée pour ses tailleurs, dont la plupart sont issus de familles sikhs indo-thaïlandaises. Mais attention, le milieu est truffé de tailleurs au rabais et d'escrocs payés à la commission. Ne vous fiez pas à ceux qui vous proposent un costume en 24 heures ; ils utilisent souvent un tissu de moindre qualité et confectionnent des vêtements de facture médiocre. Demandez l'adresse d'un bon tailleur à des résidents étrangers, puis n'hésitez pas à faire 2 ou 3 essayages.

Ambassades et consulats

Ambassades et consulats thaïlandais

Le site www.thaiembassy.org répertorie les liens vers les missions diplomatiques thaïlandaises à l'étranger. Voici les coordonnées de quelques ambassades de Thaïlande à l'étranger :

Belgique (☎640 68 10 ; www.thaiembassy.be ; chaussée de Waterloo 876, 1000 Bruxelles)

Canada (☎613 722 4444 ; http://www.thaiembassy.ca ; 180 Island Park Drive, Ottawa, ON K1Y OA2). Nombreux autres consulats dans le pays.

France (☎01 56 26 50 50 ; www.thaiembassy.fr/fr/ ; 8 rue Greuze, 75116 Paris)

Suisse Ambassade (☎031-970 30 30 ; http://thaiembassybern.org/en/index.php ; Kirchstrasse 56, 3097 Bern-Liebefeld) ; Consulat (☎022 311 07 23 ; www.thaiconsulate.ch ; 91 rue de la Servette, 1202 Genève)

Ambassades et consulats en Thaïlande

Les ambassades sont situées à Bangkok.

Cambodge (☎0 2957 5851-2 ; 518/4 Pracha Uthit/Soi Ramkamhaeng 39, Bangkok)

Canada (☎0 2636 0540 ; www.thailand.gc.ca ; 15e ét., Abdulrahim Bldg, 990 Th Phra Ram IV, Bangkok)

Chine (☎0 2245 7044 ; www.chinaembassy.or.th ; 57 Th Ratchadaphisek, Bangkok)

France (hors carte p. 72 ; ☎0 2657 5100 ; www.ambafrance-th.org ; 35 Soi 36, Th Charoen Krung) ; service visa et culture à Bangkok ; ☎0 2627 2150 ; 29 Th Sathon Tai). Il y a aussi des consulats à Phuket et Surat Thani.

Indonésie (plan p. 68 ; ☎0 2252 3135 ; www.kemlu.go.id/bangkok ; 600-602 Th Phetchaburi, Bangkok).

Japon (☎0 2207 8500 ; www.th.emb-japan.go.jp ; 177 Th Withayu/Wireless Rd, Bangkok)

Laos (☎0 2539 6678 ; www.bkklaoembassy.com ; 502/1-3 Soi Sahakarnpramoon, Pracha Uthit/Soi 39, Th Ramkamhaeng, Bangkok).

Malaisie (☎0 2629 6800 ; 35 Th Sathon Tai, Bangkok). Autre consulat à Songkhla.

Myanmar (Birmanie ; plan p. 72 ; ☎0 2233 2237 ; www.mofa.gov.mm ; 132 Th Sathon Neua, Bangkok)

Népal (☎0 2391 7240 ; www.immi.gov.np ; 189 Soi 71, Th Sukhumvit, Bangkok)

Philippines (plan p. 78 ; ☎0 2259 0139 ; www.philembassy-bangkok.net ; 760 Th Sukhumvit, Bangkok)

Singapour (☎0 2286 2111 ; www.mfa.gov.sg/bangkok ; 129 Th Sathon Tai, Bangkok)

PRATIQUE

- Le *Bangkok Post* et *The Nation*, deux quotidiens (en anglais).
- Plus de 400 stations de radio FM et AM. On peut capter Radio France International sur les ondes courtes.
- 6 chaînes nationales de TV et le câble pour les programmes internationaux.
- PAL est le principal format vidéo.
- La Thaïlande utilise le système métrique international. L'or et l'argent se pèsent en *bàat* (15 g).

Suisse (plan p. 68 ; ☎0 2674 6900 ; www.eda.admin.ch/bangkok ; 35 Th Withayu/Wireless Rd, Bangkok)

Vietnam (plan p. 68 ; ☎0 2251 5836-8 ; www.vietnamembassy-thailand.org ; 83/1 Th Withayu/Wireless Rd, Bangkok)

Argent

L'unité monétaire est le baht (B), qui se divise en 100 satangs ; il existe des pièces de 25 et 50 satangs et de 1, 2, 5 et 10 B. Les anciennes pièces portent uniquement des chiffres thaïs, les nouvelles des chiffres thaïs et arabes. La pièce de 2 B a la même taille que la pièce de 1 B, mais elle est de couleur or. Les pièces de 2 satangs ne sont distribuées que par les supermarchés, lorsque les prix ne sont pas arrondis comme c'est le cas ailleurs.

Des billets de 20 B (vert), 50 B (bleu), 100 B (rouge), 500 B (violet) et 1 000 B (beige) sont utilisés.

Change

Les banques et les bureaux de change privés – plus rares – proposent les meilleurs taux. Pour acheter des bahts, le dollar US est la devise la plus couramment acceptée, devant la livre sterling et l'euro. La plupart des banques prélèvent une commission sur chaque chèque de voyage changé.

Le *Bangkok Post* et la *Nation* publient quotidiennement les taux de change du jour, également affichés dans toutes les banques.

Voir p. 18 pour des informations sur le coût de la vie en Thaïlande.

Contrôle des changes

Depuis 2008, les touristes sont tenus de déclarer toute somme au-dessus de 20 000 $US. Les étrangers qui entrent en Thaïlande sont également soumis à certaines contraintes financières ; par exemple apporter la preuve que l'on dispose de suffisamment d'argent ; la somme requise varie selon le type de visa mais n'excède généralement pas le budget prévu pour le type de voyage entrepris. On vous demandera rarement de présenter cette somme d'argent, mais sachez que cela serait conforme à la loi. Le **ministère des Affaires étrangères** (www.mfa.go.th) peut vous renseigner sur la question.

On peut légalement ouvrir un compte en devises étrangères dans n'importe quelle banque commerciale thaïlandaise. Dès lors que les fonds proviennent de l'étranger, vous le gérez comme bon vous semble.

Distributeurs automatiques de billets (DAB) et cartes bancaires

Les cartes bancaires et de crédit émises par une banque de votre pays permettent de retirer de l'argent liquide (en bahts uniquement) dans les distributeurs automatiques (DAB) de Thaïlande. Les DAB sont suffisamment répandus dans tout le pays pour vous permettre de retirer tout l'argent dont vous aurez besoin durant votre séjour. Vous pouvez aussi recourir à vos cartes pour acheter des bahts aux guichets de change de certaines banques.

Retirer de l'argent dans un DAB vous coûtera aujourd'hui 150 B pour un transfert international, quels que soient les taux de conversion et les frais de votre banque. Cela revient nettement plus cher qu'auparavant. Avant de partir en Thaïlande, nous vous conseillons d'ouvrir un compte qui vous permettra de ne pas payer de frais supplémentaires aux DAB internationaux et d'être remboursé des commissions lorsque vous utiliserez les DAB d'autres banques.

Aeon est à notre connaissance la seule banque thaïlandaise qui ne facture pas ces 150 B pour les comptes internationaux. Elle dispose de peu de distributeurs. Ils sont souvent situés dans les magasins Big C.

Certains magasins, hôtels et restaurants acceptent les paiements par carte de crédit. Les plus couramment acceptées sont les cartes Visa et MasterCard. La carte American Express n'est généralement acceptée que par les plus grands hôtels et restaurants.

Pour signaler le vol ou la perte d'une carte de crédit, composez l'un des numéros suivants, à Bangkok :

American Express (☎0 2273 5544)

MasterCard (☎001 800 11887 0663)

Visa (☎001 800 11535 0660)

Pourboire

Le pourboire n'est pas une pratique courante

dans le pays, sauf lorsque l'on règle une grosse note de restaurant. On laisse alors généralement la menue monnaie ; ainsi, un Thaïlandais qui règle une addition de 488 B avec une coupure de 500 B, n'empochera pas les 12 B de différence. Il s'agit moins d'un pourboire que d'une manière d'affirmer son dédain pour une somme minime.

Beaucoup de restaurants d'hôtels ou d'établissements haut de gamme majorent la note de 10% pour le service. Dans ce cas, le pourboire n'est pas de mise. Bangkok a adopté l'habitude des pourboires, en particulier dans les restaurants fréquentés par les touristes.

Assurance

Souscrire une police d'assurance qui couvre le vol, la perte et les frais médicaux est une sage précaution. Les garanties proposées diffèrent, notamment pour la couverture médicale ; lisez avec attention les clauses imprimées en petits caractères et assurez-vous que le contrat inclut le transport en ambulance et le rapatriement d'urgence en avion.

Certains contrats excluent explicitement les "activités à risques", comme la plongée, la moto, voire la randonnée. De même, un permis moto obtenu dans le pays visité peut ne pas être reconnu par votre assurance. Ne plongez pas sans une assurance qui couvre spécifiquement cette activité.

Il est préférable que votre police d'assurance prenne en charge directement vos frais médicaux. Si elle vous rembourse après, veillez à bien conserver toutes les factures.

Bénévolat

Il existe de nombreuses et excellentes organisations en Thaïlande qui offrent des opportunités de travail et de bénévolat culturel. **Volunteer Work Thailand** (www.volunteerworkthailand.org) gère une base de données sur ce sujet.

Parmi les organismes français, vous pouvez contacter :

Délégation catholique pour la coopération (DCC ; ☎01 45 65 96 65 ; fax 01 45 81 30 81 ; dcc@ladcc.org, http://ladcc.org ; BP 303, 11 rue Guyton-de-Morveau, 75625 Paris Cedex 13). Propose des postes de professeurs d'anglais dans des écoles thaïlandaises.

Jeunesse et reconstruction (☎01 47 70 15 88 ; www.volontariat.org ; 10 rue de Trévise, 75009 Paris). Propose en priorité des projets individuels de 6 mois à 1 an.

Service civil International (SCI, branche française ; ☎01 42 54 62 43 ; www.sci-france.org ; 20 rue Camille-Flammarion, 75018 Paris). Vise par des chantiers de volontaires à la promotion de la paix et du développement durable.

Solidarités jeunesses (☎01 55 26 88 77 ; www.solidaritesjeunesses.org ; 10 rue du 8-Mai-1945, 75010 Paris). Développe des chantiers internationaux et le volontariat à long terme.

Cartes et plans

L'IGN vend une carte *Thaïlande, Vietnam, Laos et Cambodge* (n°85110 ; 8,70 €), au 1/2 000 000.

Climat

Bangkok

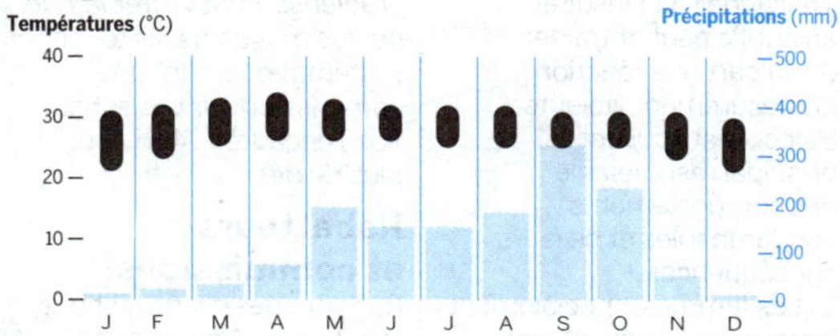

Phuket

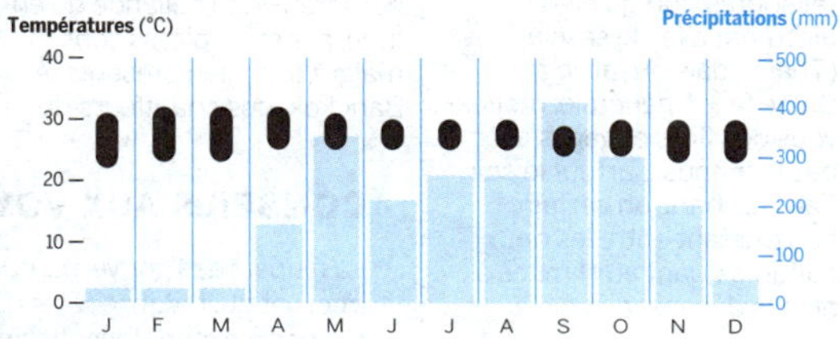

Surat Thani

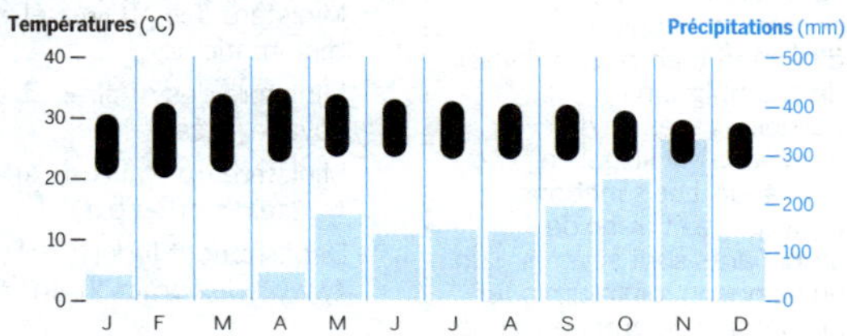

ThinkNet (www.thinknet.co.th, en anglais) édite des cartes bilingues du pays et des villes, de bonne qualité, ainsi que des CD interactifs sur Bangkok. Les GPS de la marque Garmin et leurs cartes, précises et détaillées, sont les plus réputés pour la Thaïlande.

Désagréments et dangers

Bien que la Thaïlande ne soit pas un pays dangereux, mieux vaut être prudent, surtout lors de contacts avec des inconnus (Thaïlandais ou étrangers) et si vous voyagez seul. Il y a en réalité davantage de risques de se faire voler que d'être physiquement agressé.

Agressions

Les agressions de voyageurs sont très rares, mais possibles. Sachez que faire perdre la face à un Thaïlandais et l'insulter en public peut entraîner de sa part une réaction démesurément violente. L'alcool est souvent le principal responsable des comportements condamnables et de leurs conséquences.

Les femmes, spécialement lorsqu'elles voyagent seules, doivent rester prudentes (et sobres) lorsqu'elles discutent avec le sexe opposé (Thaïlandais ou *faràng*). D'une façon générale, méfiez-vous des flirts engagés avec des inconnus, surtout le soir dans les bars, un certain flou existant entre les deux cultures quant aux limites à ne pas dépasser.

Drogues

Tout achat, vente ou possession d'opium, d'héroïne, d'amphétamines, de champignons hallucinogènes ou de marijuana est illégal en Thaïlande. Les sanctions pour usage et trafic de stupéfiants sont sévères – un an de prison minimum pour possession de drogue – et ne sont en aucun cas adoucies pour les étrangers. Quant au trafic, c'est-à-dire toute tentative de franchissement de la frontière en possession de stupéfiants, il entraîne des sanctions beaucoup plus lourdes, allant jusqu'à la peine capitale.

Escroqueries fréquentes

Les Thaïlandais peuvent se montrer si gentils et détendus que certains voyageurs laissent de côté toute méfiance et deviennent une proie facile pour les escrocs de tous poils. Bangkok est réputée pour ses aigrefins qui se font passer pour des amis aux yeux des voyageurs en leur proposant des réductions sur des pierres précieuses de grande valeur (alors qu'il ne s'agit que de jolis morceaux de verre brillant).

Suivez le conseil n°1 de la TAT : *ignorez les inconnus qui proposent de vous faire gracieusement visiter la ville ou des magasins.* Ils touchent systématiquement une commission sur vos achats. Voir l'encadré p. 405 pour plus de détails.

Rabatteurs et commissions

Rabattre des clients est une tradition en Asie. Et si les rabatteurs ne sont pas aussi nombreux en Thaïlande qu'en Inde, par exemple, ils sont malgré tout bien présents. À Bangkok, des chauffeurs de *túk-túk*, des employés d'hôtel ou des hôtesses de bar font visiter la ville aux nouveaux venus. La visite se finit presque toujours dans une boutique de soie, de bijoux ou d'artisanat afin de vous pousser à la consommation.

Les rabatteurs emmènent également les touristes vers des hébergements qui les paient à la commission. Certaines agences de voyages sont connues pour aiguiller les arrivants vers des hôtels mal situés et trop chers.

Certaines se font passer pour des bureaux de la TAT, l'office du tourisme officiel du gouvernement. Pour cela, elles n'hésitent pas à inscrire TAT sur leur vitrine et le personnel, qui porte de faux badges, vous vendra des billets de bus ou de train trop chers. Les bureaux officiels ne prennent pas de réservation pour des hôtels ou des moyens de transport. Si l'on vous propose ces services, c'est que vous n'êtes pas dans une agence officielle.

Lorsque vous cherchez un transport, n'hésitez pas à vous renseigner auprès de plusieurs agences de voyages. Les commissions peuvent varier entre les agences. Résistez également à l'achat de billets groupés pour l'avion, l'hôtel, des circuits, etc. Les vendeurs thaïlandais les plus honnêtes sont généralement discrets et même mauvais marchands.

CONSEILS AUX VOYAGEURS

La plupart des gouvernements possèdent des sites Internet qui recensent les dangers possibles et les régions à éviter. Consultez notamment les sites suivants :

- Ministère des Affaires étrangères de Belgique (www.diplomatie.be/)
- Ministère des Affaires étrangères du Canada (www.voyage.gc.ca)
- Ministère français des Affaires étrangères (www.france.diplomatie.fr)
- Département fédéral des affaires étrangères suisse (www.eda.admin.ch/eda/f/home.html)

Troubles frontaliers et zones à risques

La Thaïlande entretient de bonnes relations avec ses voisins et le passage des personnes et des marchandises par la plupart des frontières terrestres se déroule sans difficultés. Toutefois, le passage de Sungai Kolok vers la Malaisie n'est plus possible à cause des troubles qui agitent l'extrême Sud (voir l'encadré p. 232) et il est déconseillé de se rendre dans les provinces à majorité musulmane (Yala, Pattani et Narathiwat).

Les relations entre la Thaïlande et le Myanmar se sont largement améliorées. Cependant, les frontières sont parfois fermées sans sommation. Ce fut le cas en 2010, lors des élections au Myanmar. Renseignez-vous sur la situation pour éviter toute complication.

Tenez-vous informé de l'actualité auprès du ministère des Affaires étrangères de votre pays.

Vols et fraude

Soyez vigilant en ce qui concerne vos affaires personnelles et ayez toujours sur vous votre passeport, votre argent et votre carte de crédit. Assurez-vous également que la porte de votre chambre d'hôtel ferme bien et soyez vigilant lorsque vous laissez des objets ou des papiers personnels dans le coffre de l'hôtel.

Suivez les mêmes principes lorsque vous voyagez, car un sac fermé ne décourage pas les voleurs lorsque vous dormez durant les longs trajets en bus.

Si vous payez par carte, ne laissez pas le vendeur prendre votre carte et la manipuler hors de votre vue. Certains commerçants sans scrupules éditent 3 ou 4 reçus pour un seul achat. Il se passe ensuite plusieurs semaines voire des mois avant qu'ils ne présentent chacun des reçus à la banque, de sorte que le client ne se souvient jamais s'il a été facturé plus d'une fois par le même commerçant.

Pour limiter les risques, utilisez toujours une carte de crédit qui ne soit pas directement reliée à votre compte en banque. En cas d'escroquerie, personne ne peut ainsi accéder directement à votre argent.

En cas de problème, contactez la **police touristique** (☎1155).

Douane

Le site Internet du **département des Douanes** (www.customs.go.th, en anglais) présente une information détaillée sur la réglementation douanière. La Thaïlande admet en franchise les produits suivants :

» une quantité raisonnable d'effets personnels (vêtements et affaires de toilettes)

» instruments professionels

» 200 cigarettes

» 1 litre de vin ou de spiritueux

La Thaïlande interdit l'importation des produits suivants :

» armes à feu et munitions (à moins qu'elles ne soient déclarées à l'avance au Police Department)

» drogues illicites

» documents à caractère pornographique

Lorsque vous quittez la Thaïlande, vous devez être en possession d'une licence d'exportation pour toute antiquité, y compris les statues récentes du Bouddha (sauf amulettes personnelles). Pour l'obtenir, vous devez présenter au **Fine Arts Department** (☎0 2628 5032) deux photos de l'objet prises de face, une photocopie de votre passeport, ainsi que la facture et l'objet en question. Le délai d'attente est de 4 jours.

Électricité

Les prises thaïlandaises ont un voltage de 220 V. Les équipements électriques comportent habituellement des prises à 2 broches, rondes ou plates.

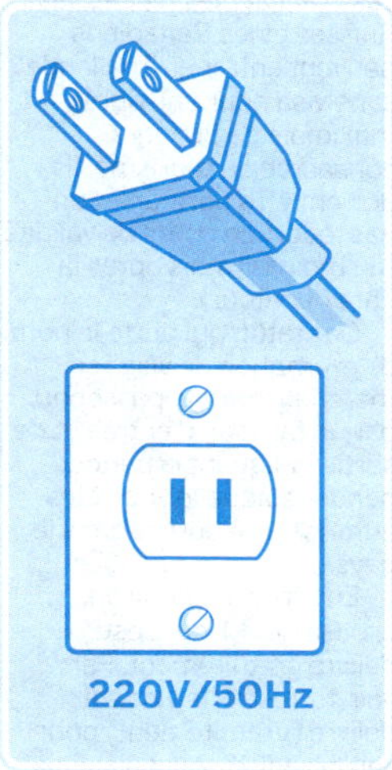

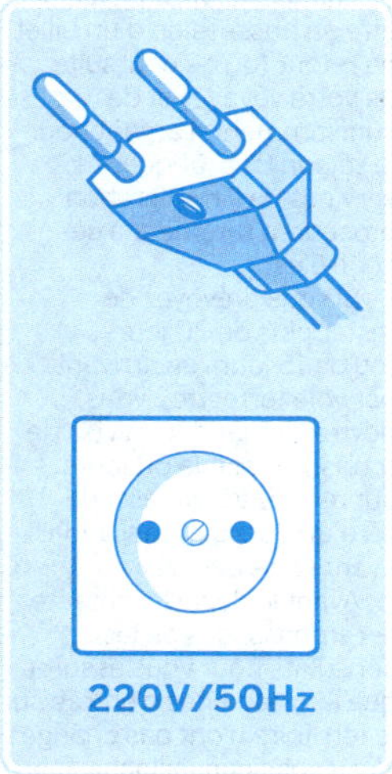

Formalités et visas

Le **ministère des Affaires étrangères** (www.mfa.go.th) supervise les questions d'immigration et la délivrance des visas. Consultez son site ou déplacez-vous à l'ambassade ou au consulat de Thaïlande le plus proche de chez vous pour connaître les procédures et leur coût.

Visas de tourisme

Les Français, les Belges, les Suisses et les Canadiens peuvent entrer en Thaïlande sans visa pour une durée maximale de 30 jours consacrée au tourisme. Ils doivent être porteurs d'un passeport en cours de validité (au moins 6 mois après la date de retour).

Ce statut, qui porte le nom d'"exemption de visa", se matérialise sur le passeport par un tampon d'entrée et de sortie indiquant la période pendant laquelle vous êtes autorisé à séjourner dans le pays.

En arrivant par avion, un visa de 30 jours est délivré gratuitement. Par voie terrestre, le visa est délivré (gratuitement) pour seulement 15 jours.

En théorie, vous devez être en possession d'un billet de retour (ou de poursuite de votre voyage) et de suffisamment d'argent pour le séjour. En pratique, les services de l'immigration procèdent rarement à ces contrôles.

Si vous prévoyez de rester plus de 30 jours (ou de 15 jours en arrivant par voie terrestre), vous devrez demander un visa de tourisme valable 60 jours auprès d'une ambassade ou d'un consulat thaïlandais avant votre départ.

Avant le départ, contactez les ambassades ou les consulats pour vous assurer que les modalités d'entrée sur le territoire n'ont pas changé. Nous vous conseillons de photocopier tous vos documents importants et d'emporter un jeu de ces copies, que vous conserverez à part des originaux. Vous remplacerez ainsi plus aisément ces documents en cas de perte ou de vol.

Prorogation de visas

Si vous souhaitez prolonger votre séjour au-delà de la durée consentie, vous pouvez faire une demande de prorogation de visa dans n'importe quel bureau de l'immigration, en Thaïlande. Le tarif habituel est de 1 900 B. Les visas de 15 ou 30 jours peuvent être prolongés de 7 à 10 jours (selon le bureau de l'immigration auquel vous vous adressez), à condition de s'y prendre avant l'expiration de votre visa. Le visa de tourisme de 60 jours peut être renouvelé jusqu'à 30 jours à la discrétion des autorités de l'immigration.

Pour renouveler votre visa, vous pouvez également franchir une frontière. On vous délivrera un nouveau visa de 15 jours à votre retour. Pour plus d'informations sur les frontières et les formalités de passage, référez-vous aux chapitres correspondants.

Si vous dépassez la durée autorisée par le visa, vous êtes passible d'une amende de 500 B par jour d'infraction, plafonnée à 20 000 B. Le règlement s'effectue à l'aéroport, ou à l'avance dans un bureau de l'immigration. Si le dépassement se limite à une journée, vous n'aurez rien à payer. Les enfants de moins de 14 ans voyageant avec un parent sont exemptés d'amende.

Les étrangers résidant en Thaïlande doivent renouveler leur visa auprès du bureau de l'immigration le plus proche de leur domicile.

Visas de non-immigrant

Le visa de "non-immigrant", valable 90 jours, est destiné aux étrangers en visite dans le pays pour affaires, études ou retraite, ou effectuant une visite familiale prolongée. Les visas de cette catégorie peuvent vous accorder plusieurs entrées dans le pays. Vous aurez plus de chances d'obtenir un tel visa auprès d'un consulat thaïlandais en Europe.

Si vous prévoyez de demander un permis de travail, vous devez d'abord obtenir un visa de non-immigrant.

Handicapés

La Thaïlande est un pays peu facile d'accès pour les handicapés. Bangkok n'est guère recommandée avec ses hauts trottoirs au revêtement inégal et sa circulation incessante ; de nombreuses rues se traversent au moyen de hautes passerelles, aux escaliers assez raides. Les bus et les bateaux s'arrêtent si brièvement que même les personnes non handicapées peinent pour monter à bord. Quant aux rampes d'accès pour les personnes en fauteuil roulant, elles sont quasi inexistantes.

Beaucoup d'hôtels de catégorie supérieure s'efforcent de réaliser les aménagements nécessaires aux personnes handicapées. Dans d'autres établissements haut de gamme, le personnel nombreux permet de pallier l'absence d'installations appropriées. Ailleurs vous serez livré à vous-même.

À l'inverse de la tendance dominante, **Worldwide Dive & Sail** (www.worldwidediveandsail.com) propose aux sourds et aux malentendants de participer à des sorties de plongée, également accessibles aux personnes en fauteuil roulant.

En France, l'**APF** (Association des paralysés de France ; ☎01 40 78 69 00 ; www.apf.asso.fr ; 17 bd Auguste-Blanqui, 75013 Paris) peut vous fournir d'utiles informations sur les voyages accessibles. Mentionnons également les sites de **Yanous** (www.yanous.com) et de **Handica** (www.handica.com).

Hébergement

La Thaïlande possède un grand choix d'hébergements à prix très variés, allant du tarif raisonnable à l'innabordable.

Les prix mentionnés dans ce guide correspondent à la haute saison. Les icônes indiquent les équipements mis à disposition par les établissements : accès Internet, Wi-Fi, climatisation ou piscine. Si nous omettons de mentionner la climatisation, c'est qu'il n'y a qu'un ventilateur dans les chambres.

Nous avons classé les établissements selon 3 catégories : petits budgets (chambre à moins de 1 000 B/nuit), catégories moyenne (entre 1 000 et 3 000 B) et supérieure (plus de 3 000 B).

Si le personnel d'accueil ne parle pas anglais, demandez une *hôrng pát lom* (chambre avec ventil) ou *hôrng aa* (chambre climatisée).

L'ENFER DES COMMISSIONS

Dans les régions les plus touristiques, vous serez approché et parfois encerclé par des rabatteurs et des chauffeurs payés à la commission tentant de vous attirer dans une pension. Si cette pratique peut sembler ennuyeuse, elle est communément admise comme forme de publicité pour les petits commerces. Prenez les renseignements de ces rabatteurs avec scepticisme, car ils travaillent à la commission et sont payés pour vous conduire dans un établissement précis (que vous preniez une chambre ou non). Par conséquent, ils vous raconteront n'importe quoi pour parvenir à leurs fins. Certains hébergements refusent de payer les rabatteurs, ceux-ci vous dirigeront donc vers les adresses les plus intéressantes à leurs yeux. Dans certains cas, ils iront jusqu'à affirmer qu'un hôtel complice est celui que vous avez demandé. En cas de problème, n'hésitez pas à contacter votre hébergement. Le personnel, souvent au courant de ce genre de pratiques agressives, viendra vous chercher.

Hôtels

Dans les capitales provinciales et les petites villes, les seules possibilités d'hébergement sont souvent les vieux hôtels sino-thaïlandais, autrefois de mise dans tout le pays. Ils reçoivent surtout une clientèle thaïlandaise et l'anglais y est peu pratiqué.

Il s'agit de bâtiments à plusieurs étages qui proposent des chambres climatisée de catégorie moyenne avec sdb privée et TV ou des chambres petits budgets avec sdb commune et ventil. Certains des établissements les plus anciens n'ont que des toilettes à la turque, tandis qu'un *khlong* (grande cruche) fait office de douche. Si les hôtels sino-thaïlandais affichent un charme un peu rétro, ils sont souvent trop vieux et délabrés pour pouvoir concurrencer les pensions (à moins qu'ils n'aient été rénovés).

Depuis quelques années, les hôteliers font tout pour plaire aux voyageurs qui recherchent l'ambiance d'une pension et le confort d'un hôtel. Dans la plupart des grandes villes touristiques, des établissements proposent désormais des services à l'ancienne dans un décor moderne et tout confort.

Les grandes chaînes hôtelières internationales sont présentes à Bangkok, Phuket et dans les autres stations balnéaires huppées. Plusieurs établissements haut de gamme ont associé l'architecture traditionnelle thaïlandaise et le style minimaliste moderne.

La majorité des hôtels de catégorie supérieure et certains hôtels de catégorie moyenne facturent une taxe gouvernementale de 7% (TVA), ainsi que 10% pour le service. Ces charges supplémentaires sont souvent dénommées "plus plus". Le prix des chambres inclut par ailleurs souvent le petit-déjeuner sous forme d'un buffet. S'il s'agit d'une formule à l'occidentale, elle est appelée "ABF" (*american breakfast*).

Il est possible de réserver dans les établissements de catégorie moyenne et dans les grandes chaînes hôtelières, surtout s'ils se trouvent dans une ville ou un site touristique. Certains de ces établissements proposent des réductions sur leurs sites Internet ou par l'intermédiaire d'agences en ligne. Ils acceptent aussi les cartes de crédit, mais seuls les établissements de catégorie supérieure prennent la carte American Express.

Hébergement dans les parcs nationaux

La plupart des parcs nationaux sont dotés de bungalows ou d'aires de camping. Les bungalows, qui peuvent accueillir jusqu'à 10 pers, coûtent de 800 à 2 000 B selon leur taille et le parc où ils sont situés. Les Thaïlandais aiment y venir en famille. Quelques parcs possèdent aussi des *reu·an tăa·ou* (longues maisons).

La plupart des parcs autorisent le camping pour 60 à 90 B par personne et par nuit. Certains louent des tentes et du matériel de base, mais de piètre qualité.

Les réservations pour tous les parcs doivent être faites auprès du **service central de réservation** (☎0 2561 0777 ; http://web3.dnp.go.th/parkreserve/reservation.asp). Attention, selon que vous voulez réserver un bungalow ou une place de camping, vous devrez vous rendre sur 2 pages différentes du site Internet.

Pensions

Les pensions (*guesthouses*) sont généralement les hébergements les moins chers. On les trouve en nombre sur les sites fréquentés par les voyageurs à petit budget. Ils sont plus rares dans les régions moins touristiques du Sud-Est.

Les tarifs varient selon les infrastructures et la situation géographique. Dans les petites villes, les chambres les moins onéreuses, en général avec sdb commune et ventilateur branlant, coûtent entre 150 et 200 B. Pour une chambre avec sdb, clim et parfois la TV, comptez entre 600 et 800 B. Dans les *resorts* de bord de mer, les prix sont beaucoup élevés et commencent entre 700 et 800 B pour une chambre basique avec ventil. Beaucoup de pensions réalisent leur profit grâce à leur restaurant qui sert, sur place, les spécialités prisées par les routards (crêpes à la banane et milk-shakes aux fruits). Bien qu'ils permettent de rencontrer d'autres voyageurs, ces restaurants généralement médiocres sont loin de refléter la qualité de la vraie cuisine thaïlandaise.

La plupart des pensions cultivent l'ambiance du voyage et s'adjoignent un bureau de renseignements ou une bourse aux livres. Dans d'autres, vous recevrez un accueil plus que mitigé par le personnel grognon qui vous fera comprendre que son métier l'ennuie.

De plus en plus d'établissements gèrent les réservations à l'avance. Mais du fait de la propreté et de la qualité variable selon les établissements, mieux vaut jeter un œil à la chambre avant de s'engager. Dans les zones touristiques, vous trouverez de nombreuses alternatives si votre adresse préférée affiche complet. Les pensions n'acceptent en général que des paiements en espèces.

Heure locale

La Thaïlande est en avance de 7 heures sur l'heure GMT (Londres). Quand il est 12h à Paris, il est 17h ou 18h à Bangkok, selon l'heure d'hiver ou d'été.

Heures d'ouverture

La liste suivante présente les horaires d'ouverture standards en Thaïlande. Vous trouverez les horaires spécifiques dans les descriptions des établissements de ce guide. Les banques et les administrations sont fermées les jours fériés (voir ci-dessous).

Banques 9h30-15h30 lun-ven ; DAB accessibles 24h/24.

Bars 18h-24h (officiellement) ; les heures de fermeture varient selon le respect du couvre-feu ; fermés pendant les élections et certaines fêtes religieuses.

Boîtes de nuit 20h-2h ; les heures de fermeture varient selon le respect du couvre-feu ; fermées pendant les élections et certaines fêtes religieuses.

Administrations 8h30-16h30 lun-ven ; certaines ferment pendant le déjeuner (12h-13h) et ouvrent le samedi (9h-15h).

Salles de concert 18h-1h ; les heures de fermeture varient selon le respect du couvre-feu ; fermées pendant les élections et certaines fêtes religieuses.

Restaurants 10h-22h ; certains, spécialisés dans les petits-déjeuners, ferment à 15h.

Magasins boutiques : tlj 10h-18h ; centres commerciaux : tlj 10h-20h. Dans les petites villes, fermeture le dimanche.

Homosexualité

La société thaïlandaise se montre relativement tolérante envers l'homosexualité, masculine ou féminine. La communauté homosexuelle est bien représentée à Bangkok, à Pattaya et à Phuket. Les tenues vestimentaires et les comportements suscitent rarement des commentaires. En revanche, les démonstrations d'affection en public, homo ou hétéro, sont mal vues.

Le site **Utopia** (www.utopia-asia.com) diffuse de nombreuses informations destinées aux gays et aux lesbiennes et publie un guide pour les homosexuels en Thaïlande.

Internet (accès)

Vous trouverez des cybercafés partout. Le tarif varie de 40 à 120 B l'heure, selon la concurrence. Les connexions sont généralement rapides et l'équipement informatique est bien entretenu. La plupart des hôtels et des pensions disposent du Wi-Fi, même si le personnel est souvent incapable de régler les problèmes, surtout en cas de panne du service. Plus l'on monte dans les étages, moins la connexion est efficace, alors demandez si un routeur est proche de votre étage.

Jours fériés

Les administrations et les banques ferment les jours suivants :

1er janvier – Nouvel An

Février (dates variables) – Jour de Makha Bucha, fête religieuse bouddhiste

6 avril – Jour des Chakri, en l'honneur du fondateur de la dynastie Chakri, Rama Ier

13-14 avril – Fête de Songkran, célébration traditionnelle du Nouvel An thaï et fête de l'Eau

1er mai – Fête du Travail

5 mai – Jour du Couronnement, commémore le couronnement en 1946 de Leurs Majestés le roi et la reine

Mai-juin (dates variables) – Visakha Bucha, fête religieuse bouddhiste

Juillet (dates variables) – Asahna Bucha, fête religieuse bouddhiste

12 août – Anniversaire de la reine

23 octobre – Jour de Chulalongkorn

Octobre-novembre (dates variables) – Ork Phansaa, fin du carême bouddhique

5 décembre – Anniversaire du roi

10 décembre – Jour de la Constitution

31 décembre – Réveillon du jour de l'An

Offices du tourisme

La **Tourism Authority of Thailand** (TAT ; www.tourismthailand.org), service d'État de promotion et d'information touristique, existe depuis 1960. Elle édite d'excellentes brochures sur les sites à visiter, l'hébergement et les transports. Elle dispose de bureaux de renseignements à l'étranger et dans toutes les grandes villes touristiques thaïlandaises.

À l'étranger

Il n'existe pas de bureaux de la TAT en Suisse et au Canada. Les ressortissants de ces deux pays pourront s'adresser respectivement au bureau allemand et au bureau new-yorkais.

Allemagne (☎069 138 1390 ; www.thailandtourismus.de ; Bethmannstrasse 58, D-60311, Frankfurt/Main)

Belgique (☎504 97 03 ; www.tourismethailande.be ; rue des Drapiers 40, 1050 Bruxelles)

France (☎01 53 53 47 00 ; www.tourismethaifr.com, tatpar@wanadoo.fr ; 90 av. des Champs-Élysées, 75008 Paris)

États-Unis (☎(1212) 432 04 33 ; info@tatny.com ; 61 Broadway, Ste 28.10, New York 10 006 USA)

En Thaïlande

Le bureau principal de la TAT est installé à Bangkok. La TAT possède également 22 succursales régionales à travers le pays. Pour savoir où elles se trouvent, dans les villes où vous comptez vous rendre, consultez les chapitres régionaux.

Photographie

Les Thaïlandais sont de vrais accros à la technologie et ils sont prompts à prendre des photos avec leur appareil ou leur téléphone portable. Vous trouverez facilement des cartes mémoire pour vos appareils dans les rayons électroniques des grands magasins. Vous pourrez graver vos photos sur CD dans les cybercafés des régions touristiques, ou même les télécharger sur des sites de stockage en ligne grâce aux accès Internet de bonne qualité.

Utilisez votre appareil avec discrétion et demandez toujours l'autorisation avant de photographier une personne. Un très bon ouvrage à consulter : *La Photo de voyage*, de Richard l'Anson (Lonely Planet, 2011).

Poste

La Thaïlande possède un service postal très efficace et bon marché. En province, les bureaux principaux ouvrent de 8h30 à 16h30 en semaine et de 9h à 12h le samedi. Les postes principales des capitales régionales restent parfois ouvertes une partie du dimanche.

La plupart des postes de province vendent des boîtes standards pour les colis. N'envoyez pas d'argent ou d'objets de valeur par courrier.

Le service de poste restante est très fiable, même si les touristes l'utilisent de moins en moins. Pour retirer du courrier, il faut présenter son passeport et remplir un formulaire.

Problèmes juridiques

En général, la police thaïlandaise n'importune pas les étrangers, surtout les touristes. Elle se donne plutôt du mal pour éviter d'avoir à parler anglais avec eux, surtout lorsqu'il s'agit d'une infraction mineure au code de la route.

Cette mansuétude ne s'étend pas aux stupéfiants, que les policiers considèrent soit comme un fléau à combattre par tous les moyens légaux, soit comme l'occasion de percevoir un pot-de-vin.

Si l'on vous arrête pour un délit quelconque, la police vous autorisera à appeler votre ambassade ou votre consulat, sinon un parent ou un ami. Une procédure légale s'applique à la durée de la détention et à la manière dont elle doit se dérouler jusqu'à l'inculpation ou au procès, mais la police dispose d'une grande latitude en la matière. Si elle peut faire preuve de mansuétude envers les étrangers, mieux vaut, comme partout ailleurs, respecter les forces de l'ordre si l'on ne veut pas aggraver son cas.

La justice thaïlandaise ne présume pas de la culpabilité ou de l'innocence d'un prévenu, considéré plutôt comme "suspect". Le tribunal tranchera au cours d'un procès, souvent expéditif.

La **police touristique** (☎1155) peut se révéler d'un grand secours en cas d'arrestation. Bien qu'elle ne puisse intervenir dans le processus judiciaire, elle peut aider les étrangers à trouver un interprète ou à contacter leur ambassade. N'hésitez pas à la contacter en cas de vol ou d'escroquerie à partir de n'importe quel téléphone du pays. Cette ligne, ouverte 24h/24, reçoit les plaintes comme les demandes d'assistance en cas de danger.

Téléphone

L'indicatif de la Thaïlande est le ☎66. Tous les numéros thaïlandais commencent par 0 si vous appelez depuis la Thaïlande (le 0 est omis pour les appels depuis l'étranger). Les 3 chiffres qui suivent correspondent à l'indicatif régional, qui fait partie intégrante du numéro. Si le 0 est suivi d'un 8, il s'agit d'un numéro de portable.

Reportez-vous p. 19 pour les numéros utiles.

Appels internationaux

Lorsque vous appelez la Thaïlande depuis l'étranger, composez le code d'accès international (☎00 depuis la France, la Belgique ou la Suisse ; ☎011 depuis le Canada), suivi du ☎66, puis du numéro souhaité.

Pour appeler l'étranger depuis la Thaïlande, composez un code d'accès international suivi de l'indicatif du pays (☎33 pour la France, ☎32 pour la Belgique, ☎41 pour la Suisse et ☎1 pour le Canada) et du numéro de votre correspondant.

Il existe plusieurs codes d'accès internationaux à tarifs variables. Le numéro standard, le ☎001, est géré par la CAT Telecom (Communications Authority of Thailand) et possède la meilleure qualité d'écoute. Il permet d'appeler un grand nombre de pays, mais c'est le plus cher. Un autre code intéressant est le ☎007, géré par la TOT (Telephone Organisation of Thailand), un peu moins cher et de bonne qualité. Les tarifs les plus bas sont le ☎008 et le ☎009. La communication se fait par Internet en VoIP, avec une qualité variable, mais correcte.

Beaucoup d'expatriés passent par **DeeDial** (www.deedial.com), un service d'appel qui nécessite la création d'un compte prépayé géré par Internet. Son offre "ring-back" vous permet d'économiser les charges locales.

Il existe également de nombreuses cartes téléphoniques internationales proposées par la **CAT** (www.cthai.com), à moins de 1 B la minute.

Si vous souhaitez passer par un opérateur ou appeler en PCV, composez le ☎100. Vous pouvez également contacter votre opérateur pour connaître leur numéro international gratuit. Sinon, essayez d'appeler le ☎001 9991 2001 depuis un téléphone CAT ou le ☎1 800 000 120 depuis un téléphone TOT.

Téléphones et cabines téléphoniques

Si vous n'avez pas accès à une ligne fixe, vous pouvez utiliser le service Home Country Direct pour appeler à l'étranger, disponible dans les bureaux de poste et les centres de la CAT partout en Thaïlande.

Les hôtels majorent presque systématiquement les appels internationaux (parfois de 50% par rapport aux tarifs de la CAT). Toutefois, certains appels locaux sont gratuits ou facturés au tarif standard. Dans certaines pensions, une ligne ou même un mobile sont à la disposition des clients pour des appels tarifés à la minute.

Il existe de nombreuses cabines téléphoniques qui prennent les cartes prépayées (pour les appels nationaux et internationaux), et des cabines à pièces, plus rares (pour les appels locaux). Les téléphones publics peuvent parfois être contraignants, les cabines étant souvent installées près de grandes artères très bruyantes.

Téléphones portables

La Thaïlande utilise le réseau GSM et les opérateurs mobiles sont AIS, DTAC et True Move.

Le plus simple en Thaïlande est de se procurer un téléphone portable équipé d'une carte SIM locale.

Pour le téléphone lui-même, rendez-vous dans l'un des centres commerciaux des grandes villes ou dans un magasin spécialisé près du marché d'une ville de province. Vous pouvez aussi apporter un téléphone importé si celui-ci n'est pas simloqué (bloqué par votre opérateur) et s'il supporte le réseau GSM.

Ensuite, il vous faudra acheter une carte SIM d'un opérateur (AIS et DTAC sont les plus utilisés), qui inclut un numéro d'appel. Puis vous rechargerez votre crédit en vous procurant des cartes prépayées. On peut se procurer cartes SIM

> **LA 3G POUR DEMAIN ?**
>
> Les opérateurs téléphoniques et les agences gouvernementales se querellent au sujet de la 3G (réseau mobile haut débit) depuis si longtemps, que cette nouvelle technologie est déjà dépassée par la 4G. La Thaïlande est le seul pays de l'ASEAN où la 3G n'est pas encore déployée, malgré les nombreux utilisateurs de Smartphones. En 2010 et 2011, des licences ont été délivrées, puis suspendues par la justice thaïlandaise et l'importation des équipements a été repoussée. Mais la 3G existera peut-être en Thaïlande quand vous lirez ces lignes.

et cartes-recharges (généralement entre 300 et 500 B) dans les 7-Eleven.

Des promotions sont régulièrement proposées, mais les prix standards oscillent entre 1 et 2 B la minute pour les appels nationaux et entre 5 et 9 B pour les appels internationaux. Les SMS coûtent 3 B par message, c'est l'option la moins chère pour communiquer par mobile.

Toilettes

Les toilettes à la turque sont de moins en moins la norme en Thaïlande. Elles subsistent dans les zones rurales, les gares routières de province, les vieilles maisons et les petits restaurants, mais on trouve de plus en plus de toilettes à l'occidentale, en particulier dans les zones touristiques.

Après votre passage dans des toilettes à la turque, l'usage est de nettoyer à l'aide de l'eau entreposée dans le récipient en plastique. Certains établissements fournissent du papier toilette (5 B). Sinon, il faut prévoir le sien ou utiliser de l'eau.

L'installation septique n'est pas toujours adaptée au papier toilette, même lorsqu'il s'agit de toilettes à l'occidentale. Dans ce cas, utilisez la corbeille pour le papier (et dans tous les cas pour les produits d'hygiène féminine). Certaines toilettes modernes sont équipés de petits jets d'eau (comme un bidet).

Voyager seule

Les femmes rencontrent relativement peu de problèmes en Thaïlande, compte tenu du grand respect qui leur est témoigné.

Les femmes thaïlandaises, en particulier de la jeune génération, sont plus dénudées que par le passé et sont presque toutes habillées comme des hôtesses de bar. Les touristes peuvent donc porter ce qu'elles veulent (hauts sans manches et autres vêtements légers) sans offenser les Thaïlandais. Toutefois, il vaut mieux se couvrir dans les zones rurales reculées et, bien entendu, lors des visites de temples.

Les agressions et les viols sont plus rares en Thaïlande que dans bien des pays occidentaux, mais des incidents peuvent se produire lorsqu'un individu mal intentionné jette son dévolu sur une femme seule ou sur une femme ivre, plus vulnérable encore. Si vous rentrez seule d'un bar, ayez toute votre tête. N'acceptez pas d'être ramenée en voiture par des inconnus ou ne voyagez pas dans des zones isolées. Ce sont des règles de base, mais on a tendance à les oublier lorsque l'on découvre un pays aussi hospitalier.

Si Bangkok est paraît-il le paradis des hommes, les femmes peuvent, quant à elles, rencontrer leur Roméo sur les plages thaïlandaises. Mais attention, il est plus prudent de ne pas s'engager dans un flirt avec des hommes thaïlandais, si l'on ne souhaite pas aller jusqu'au bout. Changer d'avis pourra être perçu comme une insulte et provoquer des actes de violence, alcool aidant.

Transports

DEPUIS/VERS LA THAÏLANDE

Entrer en Thaïlande

Les formalités douanières sont simples : il vous suffit de présenter votre passeport (voir p. 403 à propos des visas), ainsi que les cartes d'arrivée et de départ dûment remplies. Celles-ci vous sont distribués à bord des vols à destination de la Thaïlande ou, si vous arrivez par la route, au service de l'immigration.

Vous n'aurez pas besoin de remplir de déclaration de douane à l'arrivée, sauf si vous importez des biens à déclarer. Dans ce cas, adressez-vous aux douaniers thaïlandais pour obtenir le formulaire adéquat.

Reportez-vous p. 403 pour des informations sur la somme minimale de devises requise pour entrer sur le territoire thaïlandais.

Voie aérienne

Aéroports

Bangkok est le principal point d'entrée du pays. De petits aéroports reçoivent des vols nationaux ou depuis/vers des pays voisins.

Aéroport international de Suvarnabhumi (BKK ; ☎0 2132 1888). Dessert la plupart des vols nationaux et internationaux. Il se situe à Samut Prakan, à 30 km à l'est de Bangkok et à 110 km de Pattaya. Se prononce *sù·wan·ná·poom*.

Aéroport de Don Muang (DMK ; ☎0 2535 1111). Deuxième aéroport de Bangkok. Propose des vols intérieurs gérés par Nok Air et Orient Thai (anciennement One-Two-Go). Si vous réservez des vols avec correspondance, vérifiez bien par quel aéroport de Bangkok vous transitez.

Aéroport international de Phuket (HKT ; ☎0 7632 7230). Assure des vols directs vers certaines destinations asiatiques : Hong Kong, Singapour et Bali avec Air Asia et des vols charters directs depuis l'Europe.

Aéroport de Ko Samui (USM ; www.samuiairportonline.com). Les destinations internationales desservies comprennent Hong Kong, Singapour et Kuala Lumpur.

Depuis la France

Un vol direct pour Bangkok depuis la France dure environ 11 heures. Au moment de la rédaction de ce guide, les tarifs les plus avantageux pour un aller-retour avec escale se situaient autour de 550 € ; pour un vol direct, sur Thai Airways ou Air France, il fallait plutôt compter à partir de 620 €.

Pendant la haute saison (de décembre à mars), trouver un billet depuis ou vers Bangkok peut relever du défi, et les tarifs seront plus élevés. Il est donc conseillé de réserver le plus tôt possible.

Voici quelques adresses d'agences ou de transporteurs :

Air France (☎36 54, 0,34 €/min ; www.airfrance.fr)

Thai Airways International (☎01 55 68 80 00 ; www.thaiairways.fr ; Tour Opus 12, 77 esplanade du Général-de-Gaulle, 92914 La Défense Cedex)

Nouvelles Frontières (réservations et informations au ☎0825 000 747 ; www.nouvelles-frontieres.fr). Nombreuses agences en France et dans les pays francophones.

AVERTISSEMENT

Les informations contenues dans ce chapitre sont particulièrement susceptibles de changements. Vérifiez directement auprès de la compagnie aérienne ou de l'agence de voyages les modalités d'utilisation de votre billet d'avion. N'hésitez pas à comparer les prestations. Les détails fournis ici doivent être considérés à titre indicatif et ne remplacent en rien une recherche personnelle attentive.

VOYAGES ET CHANGEMENTS CLIMATIQUES

Tous les moyens de transport fonctionnant à l'énergie fossile génèrent du CO_2 – la principale cause du changement climatique induit par l'homme. L'industrie du voyage est aujourd'hui dépendante des avions. Si ceux-ci ne consomment pas nécessairement plus de carburant par kilomètre et par personne que la plupart des voitures, ils parcourent en revanche des distances bien plus grandes et relâchent quantité de particules et de gaz à effet de serre dans les couches supérieures de l'atmosphère. De nombreux sites Internet utilisent des "compteurs de carbone" permettant aux voyageurs de compenser le niveau des gaz à effet de serre dont ils sont responsables par une contribution financière à des projets respectueux de l'environnement. Lonely Planet "compense" les émissions de tout son personnel et de ses auteurs.

SNCF (☎0 892 335 335, 0,34 €/min ; www.voyages-sncf.com)

Thomas Cook (☎ 0 826 826 777 ; www.thomascook.fr)

Depuis la Belgique

Au moment où nous mettions sous presse, un aller-retour Bruxelles-Bangkok avec escale commençait à environ 650 €.

Les agences suivantes présentent souvent des offres intéressantes :

Airstop (☎070 233 188 ; www.airstop.be ; Bd E. Jacquemain 76, Bruxelles 1000). Plusieurs agences en Belgique.

Connections (☎070 23 33 13 ; www.connections.be) Bruxelles (☎02/550 01 30 ; 19-21 rue du Midi, 1000 Bruxelles) ; Gand (☎09/223 90 20 ; Hoogpoort 28, Gent 9000) ; Liège (☎04/223 03 75 ; 7 rue Sœurs-de-Hasque, 4000 Liège). Nombreuses agences en Belgique.

Gigatours Voyages Éole (☎070/22 44 32 ; www.voyageseole.be ; ☎02/672 35 03 ; Place Keym 3, Bruxelles 1170). Plusieurs agences en Belgique.

Thai Airways International (☎2 502 47 44 ; www.thaiair.com ; Av. de la Toison d'Or 21, 1050 Bruxelles)

Depuis la Suisse

En réservant à l'avance, vous pourrez trouver des vols Genève-Bangkok à partir de 650 FS, avec escale.

Vous pouvez contacter :

STA Travel (☎058 450 49 49 ; www.statravel.ch ; Genève ☎058 450 48 30 ; Rue Vignier 3, 1205 Genève). D'autres agences en Suisse.

Swiss (www.swiss.com ; ☎848 700 700)

Thai Airways International (☎44 215 65 00 ; www.thaiair.com ; Bahnhofstrasse 67, Sihlstrasse 1, 8023 Zurich)

Depuis le Canada

Les premiers prix pour un aller-retour Montréal-Bangkok, avec 2 escales, se situent autour de 1 300 $C. Certains vols permettent de ne faire qu'une seule escale, mais ils sont beaucoup moins fréquents et les tarifs sont plus élevés (à partir de 1 600 $C).

Pour réserver en ligne, connectez-vous sur www.expedia.ca et www.travelocity.ca.

Vous pouvez également contacter :

Travel CUTS – Voyage Campus (☎800 667 2887 ; www.travelcuts.com). L'agence de voyages des étudiants canadiens.

Air Canada (☎888 247 2262 ; www.aircanada.com).

En Thaïlande

En Thaïlande, les réservations se font en règle générale par l'intermédiaire d'agences de voyages. Les commissions varient. Nous vous conseillons d'en comparer plusieurs pour vous faire une idée. La plupart sont honnêtes, mais il en existe aussi qui ne sont pas fiables. Le meilleur moyen de ne pas se faire escroquer reste de payer par Carte bleue : la majorité des banques remboursent les frais engagés par les cartes qu'elles fournissent à leurs clients si ceux-ci peuvent prouver qu'ils n'ont pas obtenu le service pour lequel ils ont effectué cette dépense. Les agences qui n'acceptent que les paiements en devises devront vous donner vos billets tout de suite et ne pas vous demander de repasser le lendemain. Une fois vos billets achetés, appelez la compagnie aérienne afin de confirmer que votre réservation a été effectuée.

Les tarifs sont plus chers durant la haute saison (décembre à mars).

Voie terrestre

La Thaïlande partage des frontières avec le Laos, la Malaisie, le Cambodge et le Myanmar. Il est possible de circuler par voie de terre entre tous ces pays en passant par des postes-frontières où vous serez contrôlé. L'amélioration des autoroutes permet également de voyager plus facilement de Thaïlande jusqu'en Chine. Reportez-vous p. 412 pour plus d'informations sur les postes-frontières et les transports.

Bus, voiture et moto

Il est possible de circuler par voie de terre entre la Thaïlande et tous les pays limitrophes, que ce

AGENCES EN LIGNE ET COMPARATEURS DE VOLS

Vous pouvez réserver votre vol via une agence en ligne ou vous renseigner auprès d'un comparateur de vols :

- www.anyway.com
- www.boursedesvols.com
- www.easyvoyage.com
- www.ebookers.fr
- www.expedia.fr
- www.govoyage.com
- www.illicotravel.com
- www.fr.lastminute.com
- www.liligo.fr
- www.nouvelles-frontieres.fr
- www.opodo.fr
- www.sprice.fr
- www.voyages-sncf.com

soit en bus, en taxi ou en voiture individuelle. Peut-être vous demandera-t-on de descendre du bus à la frontière pour passer la douane, avant de remonter dans un autre bus ou un taxi de l'autre côté de la frontière. Dans d'autres cas, notamment à la frontière avec la Malaisie, le bus s'arrêtera pour les formalités avant de repartir jusqu'à sa destination finale.

Train

Les voies ferrées nationales de la Thaïlande et de la Malaisie se rencontrent à Butterworth (à 93 km au sud de la frontière), point de transfert pour Penang (par la mer), Kuala Lumpur et Singapour (par les services ferroviaires malais).

Vous pouvez accéder à plusieurs postes-frontières par train avant de prendre la voiture de l'autre côté : c'est le cas de la frontière thaïlando-cambodgienne entre Aranya Prathet et Poipet et de la frontière thaïlando-laotienne entre Nong Khai et Vientiane.

Des trains circulent jusqu'à Sungai Kolok, sur la côte est de la Malaisie, mais nous déconseillons d'emprunter cette voie à cause des violences fréquentes dans le sud de la Thaïlande.

Passage de frontière

Cambodge

Les visas touristiques pour le Cambodge sont disponibles à la frontière pour 20 $US, ou 1 200 B à certaines frontières. Munissez-vous d'une photo d'identité et évitez les jeunes gens qui proposent de vous fournir un certificat ou un autre document médical contre des frais supplémentaires.

D'Aranya Prathet à Poipet Route la plus directe pour relier Bangkok et Angkor Wat.

De Hat Lek à Krong Koh Kong (p. 122). Sur la côte depuis/vers Ko Chang et Sihanoukville.

De Pong Nam Ron à Pailin (p. 118). Route secondaire depuis Ko Chang (via Chanthaburi) vers Battambang et Angkor Wat.

Chine

Le développement des infrastructures se manifeste par la création de routes entre l'intérieur du sud de la Chine, le Laos et le nord de la Thaïlande. Le trajet est désormais presque direct. Avant de partir, assurez-vous d'obtenir un visa pour la Chine à Bangkok ou Chiang Mai.

Les deux principaux postes-frontières sont ceux entre Chiang Khong et Mengla et entre Chiang Saen et Jinghong. Dans le passé, il était possible de se rendre de Mae Sai (Thaïlande) vers la Chine à travers le Myanmar et la frontière près de Mong La, jusqu'à Daluo (Chine). Elle a été fermée en 2005.

Laos

La frontière entre le nord et le nord-est de la Thaïlande et le Laos est facile à franchir. Vous pouvez obtenir un visa (entre 30 et 42 $US) à votre arrivée en fournissant une photo d'identité.

La principale porte d'entrée au Laos est le 1er pont de l'Amitié

VOYAGER EN BATEAU DEPUIS/VERS LA THAÏLANDE

Il est possible de venir en Thaïlande par la mer, en empruntant un bateau public depuis la côte occidentale de Malaisie.

Si vous venez à bord d'un bateau privé battant pavillon étranger, il faudra l'enregistrer ainsi que l'équipage auprès des autorités compétentes dès votre arrivée dans les eaux territoriales thaïlandaises. Les grands ports de Thaïlande permettent tous de s'enregistrer. Les plus fréquentés sont Phuket, Krabi, Ko Samui, Pranburi et Pattaya. Avant votre départ, vous devrez également vous signaler auprès de l'Immigration, des douanes et du capitaine de port.

lao-thaïlandaise qui relie Nong Khai à Vientiane par-dessus le Mékong. Les autres points de passage relient Chiang Khong à Huay Xai, Mukdahan à Savannakhet, Hakhon Phanom à Tha Khaek et Chong Mek à Vangtao.

Il existe d'autres chemins d'accès plus reculés : Bueng Kan-Paksan (obtention des visas à l'avance), Tha Li-Kaen Thao (il faut louer un moyen de transport) et Ban Huay Kon-Muang Ngeun.

Malaisie

La Malaisie, et en particulier la côte ouest, est facilement accessible par bus, train ou même par bateau.

De Hat Yai à Butterworth (p. 230). L'embranchement ouest de la voie ferrée qui dessert la Malaisie depuis Bangkok conduit les passagers jusqu'à Butterworth, tandis que la branche principale mène à Penang. Trajet moins prisé actuellement en raison des troubles dans l'extrême Sud.

De Ko Lipe à Pulau Langkawi (p. 354). Possibilité en haute saison de traverser en bateau entre ces deux îles de la mer d'Andaman.

De Satun à Pulau Langkawi/Kuala Perlis (p. 344). Des bateaux partent du port continental de Satun pour l'île de Langkawi et la ville continentale de Kuala Perlis.

Il existe aussi un poste-frontière à Hat Yai pour Padang Besar et un autre à Sungai Kolok pour Kota Bharu (p. 235), des routes que nous ne recommandons pas en raison de la violence qui sévit dans l'extrême Sud.

Myanmar

La plupart des postes-frontières avec le Myanmar n'offrent pas un plein accès au pays. Il font aussi souvent l'objet de fermetures impromptues qui peuvent durer d'une journée à des années.

De Ranong à Kawthoung (p. 272). C'est un passage fréquenté du sud de la Thaïlande pour renouveler son visa.

Entre Mae Sai et Tachileik se trouve le seul point de passage pour les étrangers, mais les possibilités de déplacement sont limitées et nécessitent parfois des autorisations supplémentaires. De nombreux voyageurs utilisent cette frontière pour renouveler leur visa thaïlandais, car elle mène facilement à Chiang Mai et Chiang Rai. On peut aussi traverser de Mae Sot à Myawadi ou par le col des Trois Pagodes, deux passages fermés lors de nos recherches.

VOYAGES ORGANISÉS

Séjours

La Thaïlande figure au catalogue de nombreux tour-opérateurs, qui proposent des forfaits tout compris à des tarifs défiant toute concurrence. Beaucoup se limitent à Bangkok et aux destinations balnéaires les plus touristiques (Pattaya, Phuket...). On prêtera une attention particulière aux prestations hotelières, de qualité très variable, tant du fait de leur emplacement (éloignement des plages et des divers centres d'intérêt, système de transport...) que des activités proposées (sport, activités pour les enfants...) : la réalité est souvent très éloignée des belles images illustrant les brochures publicitaires.

Circuits

Les meilleures agences de voyages établies hors de Thaïlande créent leurs circuits de A à Z, en sélectionnant leurs collaborateurs locaux en fonction de la qualité de leurs services. En voici quelques-unes, généralistes ou spécialisées dans les voyages axés sur la plongée ou le trek.

Agences généralistes

Asia (☎01 44 51 50 10 ; 1 rue Dante, 75005 Paris ; www.asia.fr). Autres agences en France et en Suisse.

Clio (☎01 53 68 82 82 ; www.clio.fr ; 34 rue du Hameau, 75015 Paris)

Club Aventure (☎514-527 0999 ; www.clubaventure.com ; 757 ave du Mont-Royal Est, Montréal, H2J 1W8, Canada). Nombreuses agences au Canada.

Maison de l'Indochine (☎ 01 40 51 95 15 ; www.maisondelindochine.com ; 76 rue Bonaparte, 75006 Paris)

Nouvelles Frontières (www.nouvelles-frontieres.fr)

Orients (☎01 45 61 90 90 ; www.orients.com ; 60 rue de La Boétie, 75008 Paris)

Voyageurs du Monde (☎01 42 86 16 00 ; www.vdm.com ; 55 rue Sainte-Anne, 75002 Paris). Nombreuses agences en France.

Plongée

Océanes (☎04 42 52 82 40 ; www.oceanes.com ; 531 rue Paul-Julien, 13100 Le Tholonet)

Ultramarina (☎0 825 850 859, 0,15 €/min ; www.ultramarina.com) ; Nantes (2 ter rue des Olivettes, CS 33221, 44032 Nantes Cedex 1) ; Paris (29 rue de Clichy, 75009 Paris) ; Marseille (27 rue de la Palud, 13001 Marseille). Autres agences à Lyon, à Genève (Suisse) et à Liège (Belgique).

Trek

Club Aventure (☎0 826 88 20 80 ; www.clubaventure.fr) ; Paris (18 rue Séguier, 75006 Paris) ; Lyon (2 rue Vaubecour, 69002 Lyon) ; Genève (rue Prevost Martin 51, CP 124-1211 Genève 4) ; Bruxelles (27 place St Job, 1180 Bruxelles).

Terres d'Aventure (☎0 825 700 825, 0,15 €/min ; www.terdav.com) ; Paris (30 rue Saint-Augustin, 75002 Paris) ; Lyon (5 quai

Jules-Courmont, 69002 Lyon) ; Bruxelles (23 Chaussée de Charleroi, 1060 Saint-Gilles). Nombreuses autres agences en France.

Nomade (☎0825 701 702, 0,15 €/min ; www.nomade-aventure.com) ; Paris (40 rue de la Montagne-Sainte-Geneviève, 75005 Paris) ; Toulouse (43 rue Peyrolières, 31000 Toulouse) ; Lyon (10 quai Tilsitt, 69002 Lyon) ; Marseille (12 rue Breteuil, 13001 Marseille).

COMMENT CIRCULER

Auto-stop

L'auto-stop ne constitue jamais un moyen de transport réellement sûr et recommandable. Les voyageurs qui décident de se déplacer ainsi prennent un risque certain, même s'il est limité. L'auto-stop est peu répandu en Thaïlande et vous attendrez parfois longtemps sur le bord de la route avant qu'un conducteur ne comprenne votre intention. D'autant que les Thaïlandais n'agitent pas le pouce ; pour arrêter un véhicule, on tend le bras, main ouverte paume vers le bas. C'est ainsi qu'on hèle un taxi ou un bus et c'est pourquoi certains automobilistes s'arrêteront pour vous indiquer un arrêt de bus à proximité.

Dans certains parcs nationaux non desservis par les transports publics, les conducteurs vous proposeront volontiers de vous déposer quelque part.

Avion

Voyager en avion en Thaïlande reste très accessible financièrement. La plupart des liaisons aériennes se font au départ de Bangkok, mais Ko Samui et Phuket desservent également quelques villes thaïlandaises. Reportez-vous à la carte des Lignes ferroviaires et tarifs aériens pour avoir une idée des trajets et des tarifs. Consultez les rubriques consacrées aux villes pour trouver les coordonnées des agences des compagnies aériennes.

La compagnie Thai Airways assure de nombreux vols intérieurs au départ de Bangkok vers les capitales provinciales. Bangkok Air est une autre compagnie locale. Orient Thai et Nok Air pratiquent des tarifs bon marché.

Bateau

L'authentique embarcation thaïlandaise est le *long-tail boat* ("bateau à longue queue", ou *reu·a hăhng yow*), ainsi dénommé parce que l'hélice est fixée à l'extrémité d'un long arbre de transmission sortant du moteur. À Bangkok et dans les provinces voisines, les *long-tail boats* sont le moyen de transport le plus utilisé sur les rivières et les canaux.

Entre le continent et les îles du golfe de Thaïlande ou de la mer d'Andaman, l'embarcation la plus courante est un bateau en bois long de 8 à 10 m, équipé d'un moteur intérieur, d'une timonerie et d'un simple toit pour abriter les passagers et les marchandises. Des hovercrafts et des hydroglisseurs, plus rapides et plus chers, circulent dans les zones touristiques.

Bus et minibus

Le réseau de bus thaïlandais est à la fois très dense et très fiable. Ce moyen de transport a l'avantage de permettre de découvrir le paysage et de lier connaissance avec les habitants sur le trajet. Le gouvernement thaïlandais subventionne la Transport Company (*bò·rí·sàt kŏn sòng*), souvent abrégée en Baw Khaw Saw (BKS). Toutes les villes et les bourgades desservies par les bus disposent d'une gare BKS – parfois une simple cabane le long de la route.

Les compagnies de bus les plus sûres sont celles qui partent des gares routières d'État (BKS). Il peut s'agir de bus publics ou privés bénéficiant de concessions.

Nous déconseillons d'emprunter les bus privés qui opèrent depuis les centres touristiques tels que Th Khao San, à Bangkok, où des vols et des commissions abusives sont fréquemment signalés. Reportez-vous à la section *Désagréments et dangers* de chaque région.

Les minibus correspondent de plus en plus à une option de catégorie moyenne. Ils sont gérés par des entreprises privées Parce que les véhicules sont plus petits, ils peuvent partir du marché (et non d'une gare routière en dehors de la ville) et vous déposer directement à votre hôtel. Évitez de vous asseoir à l'avant, sensations fortes assurées !

Classes

Les bus les moins chers et les plus lents sont les *rót tam·má·dah* (bus ordinaires, sans clim), qui s'arrêtent dans tous les villages et au moindre signe d'un piéton au bord de la route. Seuls quelques-uns continuent à circuler, dans les régions rurales ou sur de courtes distances. Ils ont pour la plupart été remplacés par des véhicules climatisés.

La majorité des compagnies disposent de véhicules climatisés rapides et confortables. Ce sont les *rót aa* (bus avec ventilation). Sur les longs trajets, il existe au moins 2 classes de bus climatisés (1re et 2de classes), la première étant dotée de toilettes. Les bus "VIP" et "Super VIP" (parfois appelés *rót norn* ou bus-couchettes) comptent moins de sièges, ce qui permet de les incliner davantage.

Prévoyez une petite laine à portée de main, surtout pour les longs voyages, car la clim rafraîchit parfois sensiblement l'atmosphère.

Lignes ferroviaires et tarifs aériens

Dans ces bus, les services sont généralement assez bons, et vous pourriez même avoir droit à une hôtesse en uniforme vous proposant un film ou une boisson.

Durant les trajets de nuit, les bus s'arrêtent généralement pour un *kôw đôm* de minuit. Les passagers sont invités à descendre pour déguster une soupe de riz gratuite.

Réservations

Vous pouvez réserver vos places pour un bus climatisé BKS dans tous les terminaux BKS. Les réservations ne sont pas possibles pour les bus ordinaires (avec ventilation). La plupart des hôtels et tous les voyagistes peuvent réserver des places dans les bus privés, mais, pour être sûr d'obtenir le service demandé, il vaut mieux s'adresser directement à l'agence de la compagnie de bus concernée.

Transports urbains

Bus urbains et sŏrng·tăa·ou

C'est à Bangkok que le réseau de bus est le plus développé. L'usage veut que les passagers attendent à l'arrêt et hèlent le bus avec la main, paume vers le bas. Il faut généralement payer une fois assis ou à la descente.

Ailleurs, les transports publics sont assurés par des *sŏrng·tăa·ou* (petites camionnettes avec deux rangées de sièges face à face pour les passagers). Ces véhicules desservent parfois des itinéraires fixes, comme les bus, mais ils peuvent aussi fonctionner comme des taxis collectifs en prenant plusieurs passagers allant dans la même direction. Dans les régions touristiques, ils peuvent être loués comme un taxi ordinaire, mais vous devrez négocier le tarif avant de monter. Vous pouvez héler un *sŏrng·tăa·ou* sur la route et payer le trajet à la descente.

Dans certaines régions, les *sŏrng·tăa·ou* desservent des destinations fixes depuis le centre-ville jusqu'aux régions ou provinces avoisinantes. Ces véhicules sont parfois de gros véhicules à 6 roues que l'on appelle aussi *rót hòk lór.*

Moto-taxi

Dans de nombreuses villes de Thaïlande, on peut louer des *mor·đeu·sai ráp jâhng* (des motos de 100 ou 125 cm^3), avec chauffeur, pour des petites courses. C'est la meilleure solution si vous n'avez pas de bagage (ou seulement un petit).

Dans la plupart des villes, les chauffeurs de motos-taxis préfèrent rester groupées aux carrefours plutôt que de sillonner les rues à la recherche de clients. Ils portent souvent des T-shirts numérotés. Le tarif de la course oscille entre 10 et 50 B selon la distance. Il faut convenir du prix avant de monter. Seul Bangkok est une exception où le tarif standard est fixé 10 B.

Taxi

Si, à Bangkok, les taxis sont équipés de compteurs, dans les autres villes de Thaïlande, il peut arriver que les taxis soient des véhicules privés pratiquant des tarifs négociables. On peut se rendre d'une ville à une autre en taxi mais il faut négocier le prix de la course avec le chauffeur, le compteur n'étant pas de mise pour ce type de trajet.

Transports en commun

Bangkok est la seule ville de Thaïlande à posséder à la fois un métro aérien et un métro souterrain, respectivement connus sous le nom de Skytrain et de Metro. Tous deux ont largement contribué à réduire les énormes embouteillages de la capitale.

Train

Les trains thaïlandais parcourent tout le pays et sont la meilleure alternative au bus pour le long voyage vers Surat Thani au sud.

Le réseau ferré de 4 500 km est géré par la société des chemins de fer thaïlandaise, **State Railway of Thailand** (SRT ; ☎1690 ; www.railway.co.th) et s'organise autour de 4 lignes principales : nord, sud, nord-est et est. Tous les trajets longue distance partent de la gare Hualamphong à Bangkok.

Classes

Les trains de passagers de la SRT comptent en général 3 classes, qui diffèrent parfois considérablement selon let type de train (ordinaire, rapide ou express).

Première classe – Les wagons de 1re classe sont équipés de cabines privées, disponibles seulement dans les trains rapides, express et express spéciaux.

Deuxième classe – Les sièges rembourrés (généralement inclinables) sont disposés comme dans un bus, par paires, tous tournés dans le sens de la marche. Dans les wagons-couchettes, les sièges se font face deux par deux et se transforment en couchettes, l'une au-dessus de l'autre. La couchette inférieure offre plus de dégagement au-dessus de la tête, ce qui explique son prix plus élevé. Les enfants sont toujours placés en couchettes inférieures. Les voitures de 2e classe n'existent que sur les trains rapides et express. Il existe des wagons climatisés et d'autres avec ventilateur.

Troisième classe – Un wagon de 3e classe typique compte 2 rangées de banquettes qui se font face deux à deux. Chaque banquette est conçue pour 2 ou 3 passagers, mais, sur les lignes bondées des régions rurales, on tient peu compte de ces considérations. Les express n'ont pas de 3e classe. Les trains qui desservent la banlieue de Bangkok ne possèdent que des wagons de 3e classe.

Tarifs

Les tarifs sont calculés en ajoutant des suppléments au prix de base, selon le type du train (express spécial, express, rapide, ordinaire), la classe choisie et la distance parcourue. Des frais supplémentaires sont ajoutés pour les wagons avec clim. et les couchettes (basse ou haute).

Réservations

Vous pouvez réserver vos billets de train entre 1 et 60 jours avant la date de départ, en personne, depuis n'importe quelle gare ferroviaire. Les agences de voyages assurent ce service, mais c'est un peu plus cher. Si vous êtes à l'étranger et que vous organisez de longs trajets en train, envoyez un e-mail à l'agence gouvernementale **State Railway of Thailand** (passenger-ser@railway.co.th) au moins 15 jours avant

SĂHM·LÓR ET TÚK-TÚK

Les *săhm·lór* (dont le nom signifie "3 roues") non motorisés sont l'équivalent des *rickshaws* (ou cyclo-pousse) que l'on trouve dans toute l'Asie. On les rencontre dans les petites villes où la circulation est fluide et la conduite traditionnelle.

La version moderne et motorisée du *săhm·lór* est le *túk-túk*. Ce sont de petits véhicules utilitaires, équipés d'un moteur deux temps (souvent alimenté au GPL) effroyablement bruyants – si le bruit et les vibrations ne vous abrutissent pas, les gaz s'en chargeront.

Dans les deux cas, le tarif doit être négocié avant le départ. Dans les centres touristiques, les conducteurs de *túk-túk* ont tendance à gonfler les prix pour les étrangers. Renseignez-vous sur les tarifs appliqués avant de héler un véhicule. Le personnel des hôtels peut vous indiquer un montant convenable.

votre séjour. Vous recevrez un message de confirmation de votre réservation. Vous pourrez retirer et payer vos billets en gare 1 heure avant le départ du train.

Les réservations sont recommandées pour les trains-couchettes entre Bangkok et Surat Thani, notamment autour de la fête de Songkran en avril et durant les mois très touristiques de décembre et janvier.

Pour les trajets plus courts, achetez vos billets la veille pour avoir des sièges plutôt que des couchettes.

Vous pourrez obtenir des remboursements partiels si vous annulez votre billet, selon le nombre de jours restants avant le départ. Rendez-vous au guichet des réservations de la gare.

Services en gare

Toutes les gares thaïlandaises disposent d'une consigne (*cloak room*). La plupart des gares ont un guichet qui ouvre de 15 à 30 min avant l'arrivée des trains. Vous trouverez également dans les gares des kiosques à journaux et des vendeurs d'en-cas, mais pas de restaurants assurant un service 24h/24.

Les gares, à l'exception des plus petites, affichent généralement les horaires des trains en anglais. La gare de Hualamphong, à Bangkok, est le meilleur endroit pour obtenir des renseignements sur les horaires.

Voiture et moto

Assurance

La réglementation impose la souscription d'une assurance responsabilité civile pour tous les véhicules en circulation. Les meilleures agences de location proposent une couverture complète pour leurs véhicules. Vérifiez toujours que le vôtre est au moins assuré au tiers et demandez à voir les papiers d'assurance datés. Un accident au volant d'un véhicule non assuré vous entraînerait dans des ennuis considérables.

Carburant

Des stations-service modernes jalonnent toutes les routes goudronnées du pays. Dans les régions plus reculées, l'essence contenant du benzène (*ben·sin/nám·man rót yon*) est distribuée dans de petites stations au bord des routes ou dans les villages. Tous les carburants sont sans plomb et le diesel est utilisé par les camions et par certains cars. En 2007, la Thaïlande a opté pour l'introduction de carburants de remplacement comme le *gasohol* (mélange à 91 ou 95% de pétrole et d'éthanol) et le gaz naturel comprimé, consommé par les taxis conçus pour rouler avec deux types de carburants. Pour plus d'informations sur ce sujet, consultez le site de **BKK Auto** (www.bkkautos.com).

Code de la route et règles de sécurité

Les Thaïlandais roulent à gauche (la plupart du temps !). En dehors de cela, tout semble permis, en dépit des panneaux de signalisation et des limitations de vitesse.

La règle cardinale de sécurité est de laisser la priorité au véhicule le plus gros. La vitesse est limitée à 50 km/h dans les villes et de 80 à 100 km/h sur la plupart des routes nationales, mais vous verrez toujours des véhicules rouler à 30 km/h comme à 150 km/h ! Les contrôles de vitesse sont fréquents sur la Hwy 4.

Souvent, des panneaux lumineux informent les conducteurs sur l'état du trafic. Un indicateur clignotant sur la gauche vous signifie que vous pouvez passer, un indicateur allumé sur la droite signale qu'un véhicule arrive dans l'autre sens. Le klaxon permet d'avertir les autres usagers que le conducteur compte passer. Si un conducteur vous fait des appels de phares, il vous indique de ne pas avancer.

À Bangkok, il faut des nerfs d'acier pour affronter la circulation désordonnée et la mauvaise signalisation des routes. Nous déconseillons fortement l'expérience, d'autant plus dangereuse que les motos sont omniprésentes et le système de circulation à sens alterné hasardeux.

Hors de la capitale, outre le mépris général du code de la route, les conducteurs sont surtout confrontés à une multitude de véhicules en tous genres circulant sur la chaussée : camions,

LA THAÏLANDE À VÉLO

Partout ailleurs qu'à Bangkok, le vélo constitue le moyen de locomotion idéal pour parcourir de courtes distances : bon marché, non polluant et suffisamment lent pour ne rien perdre du paysage. De nombreux endroits proposent des locations de vélos (pas toujours de très bonne qualité), notamment les pensions, pour au moins 50 B/jour. En général, aucune caution n'est demandée.

Le vélo est également un moyen apprécié pour visiter le pays, la plupart des routes possédant un revêtement en dur et étant bordées de larges bas-côtés. En raison des droits de douane élevés sur l'importation de cycles, il est souvent préférable d'emporter son propre vélo en Thaïlande, plutôt que d'en acheter un sur place. Aucune autorisation n'est requise, mais vous devrez faire enregistrer le vélo par les douanes – vous paierez donc des droits de douane si vous repartez sans votre engin. Il est prudent d'emporter un kit de réparation complet.

vélos, *túk-túk* et motos. Une situation encore aggravée par le fait que de nombreux feux de circulation ne fonctionnent pas. Dans les villages, la circulation est moins dense, mais vous trouverez sur votre chemin poulets, chiens et buffles d'eau.

Location et achat

Il est possible de louer des voitures, des jeeps et des fourgonnettes dans la plupart des grandes villes et des aéroports, auprès de compagnies locales ou internationales. Les agences de location locales pratiquent des tarifs inférieurs à ceux des grandes chaînes internationales, mais leurs véhicules sont souvent plus anciens et moins bien entretenus. Vérifiez toujours l'état des pneus et l'aspect général du véhicule avant de signer un contrat de location.

On trouve également des motos à louer dans toutes les grandes villes, ainsi que dans les centres touristiques plus modestes, auprès des pensions ou des petites sociétés familiales. Il est assez facile de louer une moto. C'est le moyen de transport idéal pour parcourir le pays de façon indépendante. Pour les locations à la journée, on vous demandera la plupart du temps de laisser votre passeport en dépôt. Là encore, avant de vous engager, vérifiez l'état de la moto et réclamez un casque (dont le port est obligatoire).

De nombreux touristes ont des accidents de moto en Thaïlande faute de savoir conduire leur engin ou parce qu'ils ignorent le code de la route et l'état de certains tronçons de route. Prenez garde à conduire toujours lentement et prudemment, surtout sur route glissante, afin d'éviter tout dommage à votre véhicule et à vous-même. Souscrivez une assurance adaptée. Si vous n'avez jamais conduit de moto auparavant, tenez-vous-en aux 100 cm^3 à embrayage automatique et pensez à bien répartir le poids du corps sur tout le véhicule pour en améliorer le maniement.

Permis de conduire

Pour conduire une voiture ou une moto lors d'un court séjour en Thaïlande, vous devez posséder un permis de conduire international.

Santé

En Thaïlande, les risques sanitaires et la qualité des infrastructures médicales varient selon la destination et la façon de voyager. Les grandes villes et les zones touristiques sont dotées d'excellentes infrastructures médicales. Par contre, dans des zones rurales isolées, vous aurez des risques de contracter certaines affections et plus de difficultés à vous faire soigner.

Les voyageurs redoutent les maladies infectieuses propres aux zones tropicales, mais il est rare qu'une infection soit à l'origine d'une maladie grave ou d'un décès. Les problèmes les plus sérieux sont liés à des soucis de santé préexistants (maladies cardiaques...) ou à des blessures accidentelles (accidents de la route...).

Tomber malade lors d'un voyage est cependant assez courant. Les infections respiratoires, la diarrhée et la dengue sont des risques inhérents à la Thaïlande.

La plupart des maladies peuvent être évitées ou soignées facilement.

Les conseils donnés dans ce chapitre le sont à titre indicatif, et ne peuvent en aucun cas remplacer l'avis d'un médecin formé à la médecine du voyage.

AVANT LE DÉPART

Assurez-vous que vous êtes en bonne santé. Si vous suivez un traitement régulier, n'oubliez pas votre ordonnance (avec le nom du principe actif). Transportez vos médicaments dans leur emballage d'origine. Nous vous conseillons de joindre une lettre de votre médecin qui indique votre état de santé et le matériel dont vous avez besoin (médicaments, aiguilles et seringues). En cas de problème cardiovasculaire, prenez une copie de votre dernier électrocardiogramme (ECG).

En Thaïlande, beaucoup de médicaments se vendent sans ordonnance, mais il peut être difficile de trouver le médicament précis que vous prenez.

Assurances et services médicaux

Il est conseillé de souscrire une police d'assurance qui vous couvrira en cas de maladie ou d'accident. Vérifiez notamment que les "sports à risques", comme la plongée, la moto ou même la randonnée ne sont pas exclus de votre contrat, ou que le rapatriement médical d'urgence, en ambulance ou en avion, est couvert.

La plupart des hôpitaux exigent néanmoins d'être payés avant l'admission (par vous ou votre assureur). Renseignez-vous avant de partir sur les modalités de paiement des frais médicaux et conservez tous les documents nécessaires pour les procédures (rapports médicaux, factures, etc.).

Avant de souscrire une police d'assurance, vérifiez que vous ne bénéficiez pas déjà d'une assistance via votre carte bancaire, votre mutuelle ou votre assurance automobile.

Vaccins

Contactez votre généraliste ou un centre agréé pour mettre à jour vos vaccinations avant le départ. Mieux vaut les planifier à l'avance, car certaines demandent des rappels ou sont incompatibles entre elles.

Le ministère des Affaires étrangères effectue une veille sanitaire et met régulièrement en ligne (www.diplomatie.gouv.fr/voyageurs) des recommandations concernant les vaccinations. Il tient également à jour la liste complète des centres de vaccination en France.

Seul le vaccin contre la fièvre jaune a un caractère obligatoire. Si vous avez visité une zone à risques (Afrique ou Amérique du Sud) dans les 6 jours précédant votre arrivée en Thaïlande, on vous demandera la preuve de votre vaccination.

Trousse médicale de voyage

Veillez à emporter avec vous une petite trousse à pharmacie (que vous placerez en soute) contenant quelques produits indispensables. Certains ne sont délivrés que sur ordonnance médicale.

» des **antibiotiques**, à utiliser uniquement aux doses et aux périodes prescrites, même si vous avez l'impression d'être guéri avant. Chaque antibiotique soigne une affection précise : ne les utilisez pas au hasard. Cessez immédiatement le traitement en cas de réactions graves

» un **antidiarrhéique** et un **réhydratant**, en cas de forte diarrhée, surtout si vous voyagez avec des enfants

» un **antihistaminique** en cas de rhumes, allergies, piqûres d'insectes, mal des transports – incompatible avec l'alcool

» un **antiseptique** ou un désinfectant pour les coupures, les égratignures superficielles et les brûlures ; des pansements gras pour les brûlures

» de l'**aspirine** ou du **paracétamol**

» une **bande Velpeau** et des **pansements**

» une **crème antibiotique**, une **crème antifongique**, et une **crème antibactérienne**

» une **paire de lunettes de secours** (si vous portez des lunettes ou des lentilles de contact) et la copie de votre ordonnance

» un **produit contre les moustiques**, un écran total, et des comprimés pour stériliser l'eau

» une **paire de ciseaux** à bouts ronds, une **pince à épiler** et un **thermomètre à alcool**

» une petite trousse de **matériel stérile** avec une seringue (il faut une lettre de votre médecin), des aiguilles, du fil à suture, une lame de scalpel et des compresses

» des **préservatifs**

Santé sur Internet

Avant de partir, vous pouvez consulter les conseils en ligne du **ministère des Affaires étrangères** (www.diplomatie.gouv.fr/fr/conseils-aux-voyageurs_909/index.html) ou le site très complet du **ministère de la Santé** (www.sante.gouv.fr).

PENDANT LE VOYAGE

Vols long-courriers

Les trajets en avion, principalement du fait d'une immobilité prolongée, peuvent favoriser la formation de caillots sanguins dans les jambes (par exemple une phlébite). Le risque est d'autant plus élevé que le vol est long.

Généralement, l'un des premiers symptômes est un gonflement ou une douleur du pied, de la cheville ou du mollet. Des douleurs dans la poitrine associées à une difficulté à respirer doivent vous faire alerter le personnel de bord.

En prévention, buvez de l'eau en abondance, faites jouer les muscles de vos jambes lorsque vous êtes assis et levez-vous de temps à autre pour marcher dans la cabine.

Décalage horaire et mal des transports

Le décalage horaire est fréquent dans le cas de trajet traversant plus de trois fuseaux horaires. Il se manifeste par des insomnies, de la fatigue, des malaises ou des nausées. En prévention, buvez abondamment (des boissons non alcoolisées) et mangez léger. En arrivant, exposez-vous à la lumière naturelle et adoptez les horaires locaux aussi vite que possible.

Les antihistaminiques préviennent le mal des transports mais ils peuvent provoquer une somnolence.

EN THAÏLANDE

Disponibilité et coût des soins

Bangkok est considérée par de nombreux pays d'Asie du Sud-Est comme une capitale de l'excellence médicale. Les hôpitaux privés sont les plus onéreux, mais les soins prodigués y sont de meilleure qualité et le personnel parle anglais. Nous les avons indiqués dans ce guide à la rubrique *Renseignements* de chaque ville. En comparaison, les frais médicaux en Thaïlande sont moins chers que dans les pays occidentaux.

À part pour des affections bénignes (diarrhée en particulier), l'autodiagnostic et l'autotraitement sont risqués ; autant que possible, adressez-vous à un médecin.

Il n'est pas recommandé d'acheter des médicaments sans ordonnance, car les contrefaçons et produits périmés sont fréquents.

Maladies infectieuses et parasitaires

Dengue

Cette maladie transmise par les moustiques est un réel problème en Asie du Sud-Est, surtout dans les villes. Les îles du sud de la Thaïlande sont des zones à haut risque. Il n'existe pas de traitement prophylactique contre cette maladie propagée par les moustiques. Poussée de fièvre, maux de tête, douleurs articulaires et musculaires précèdent une éruption cutanée sur le tronc qui s'étend ensuite aux membres puis au visage. Au bout de quelques jours, la fièvre régresse, et la convalescence commence. Les complications graves sont rares. La dengue peut se développer en une forme mortelle de fièvre hémorragique, très rarement observée chez les touristes. Ce risque augmente si vous avez déjà été infecté par la dengue et que vous êtes alors infecté par un sérotype différent.

Dermatite vermineuse rampante

Ce parasite (ankylostome) transmis par les chiens est très fréquent sur les plages de Thaïlande. Il se forme d'abord un petit bouton, puis la zone infectée s'étend de manière linéaire. Les démangeaisons sont très fortes, surtout la nuit. Il ne faut pas ouvrir la lésion. Il est assez facile de se soigner en suivant un traitement adapté.

Grippe

Présente toute l'année sous les tropiques, la grippe (*Myxovirus influenzae*) peut être très sévère chez les plus de 65 ans ou les personnes présentant des pathologies chroniques (affections cardiaques, diabète) ; la vaccination est alors recommandée. Mais tous les voyageurs devraient envisager de se faire vacciner contre la grippe, car c'est la maladie qui risque le plus de gâcher leurs vacances alors qu'elle peut être évitée. Si vous l'avez attrapée, pas de traitement spécifique, juste du repos et du paracétamol.

Hépatite A

Le risque a diminué à Bangkok mais est toujours présent dans une grande partie du pays. La contamination est alimentaire. Il n'y a pas de traitement médical ; il faut simplement se reposer, boire beaucoup, manger légèrement et s'abstenir de toute boisson alcoolisée pendant au moins six mois. L'hépatite A se transmet par l'eau, les coquillages et, d'une manière générale, tous les produits manipulés à mains nues. En faisant attention à la nourriture et à la boisson, vous préviendrez le virus. La maladie peut, dans de rares cas, être fatale chez des personnes de plus de 40 ans. Tous les voyageurs en Thaïlande devraient se faire vacciner contre l'hépatite A.

Hépatite B

Dans certaines zones de Thaïlande, 20% de la population est contaminée par cette maladie. Elle se transmet par voie sexuelle ou sanguine (piqûre, transfusion). Évitez de vous faire percer les oreilles, tatouer, raser ou de vous faire soigner par injection si vous avez des doutes quant à l'hygiène des lieux. Les symptômes de l'hépatite B sont les mêmes que ceux de l'hépatite A. La vaccination est très efficace.

Leptospirose

Cette maladie infectieuse, due à une bactérie (le leptospire) qui se développe dans les mares et les ruisseaux, se transmet par des animaux comme le rat et la mangouste.

On peut attraper cette maladie en se baignant dans des nappes d'eau douce, contaminées par de l'urine animale. La bactérie pénètre dans le corps humain par le nez, les yeux, la bouche ou les petites coupures cutanées. Les symptômes, similaires à ceux de la grippe, peuvent survenir 2 à 20 jours suivant la date d'exposition. Les symptômes durent quelques jours, voire quelques semaines. La maladie est rarement mortelle.

Évitez de nager et de vous baigner dans tout plan d'eau douce, notamment si vous avez des plaies ouvertes ou des coupures.

Maladies sexuellement transmissibles

Les MST les plus courantes en Thaïlande sont la blennorragie, l'herpès, les mycoses, la syphilis et la chlamydia. Dans un premier temps, les personnes infectées ne développent pas de symptômes. Il est indispensable d'utiliser des préservatifs, mais ils ne sont pas suffisants pour se protéger de l'herpès ou des mycoses. Si vous avez des démangeaisons, pertes ou douleurs en urinant, consultez tout de suite un médecin. Si vous avez eu des relations sexuelles lors de votre séjour, il est prudent de faire des analyses médicales complètes à votre retour.

Paludisme

Le paludisme, ou malaria, est transmis par un moustique, l'anophèle, dont la femelle pique surtout la nuit, entre le coucher et le lever du soleil.

En Thaïlande, en particulier dans les villes et dans les grands complexes touristiques, le risque de paludisme est minime, voire inexistant. Vous avez plus de risques de souffrir d'effets secondaires dus aux médicaments contre le paludisme, que de la maladie elle-même. Si vous visitez des zones rurales à haut risque (peu touristiques), il faut consulter un médecin sur un traitement préventif. Le paludisme survient généralement dans le mois suivant le retour de la zone d'endémie. Symptômes : maux de tête, fièvre et troubles digestifs.

Tout voyageur atteint de fièvre ou montrant les symptômes de la grippe doit se faire examiner. Il suffit d'une analyse de sang pour établir le diagnostic. Contrairement à certaines croyances, une crise de paludisme ne signifie pas que l'on est touché à vie.

Les mesures de prévention des piqûres de moustiques :

» Dès le coucher du soleil, couvrez vos bras et surtout vos chevilles, mettez de l'antimoustiques.

» Dormez sous une moustiquaire (en vente en pharmacie), idéalement imprégnée d'insecticide.

» Choisissez un hébergement pourvu de ventilateurs et de moustiquaires aux fenêtres.

» Imprégnez votre chambre d'insecticide avant d'aller dîner.

Rage

Très répandue, cette maladie est transmise par un animal contaminé : chien, singe et chat surtout. Morsures, griffures ou simples coups de langue d'un mammifère doivent être nettoyés immédiatement et à fond. Frottez avec du savon et de l'eau courante, puis nettoyez avec de l'alcool. S'il y a le moindre risque que l'animal soit contaminé, allez voir un médecin. Même si l'animal n'est pas enragé, toutes les morsures doivent être surveillées de près pour éviter les risques d'infection et de tétanos.

Il faut envisager le vaccin antirabique si vous pensez explorer des grottes (les morsures de chauves-souris peuvent être dangereuses) ou travailler avec des animaux. Cependant, la vaccination préventive ne dispense pas du traitement antirabique immédiatement après un contact avec un animal enragé.

Rougeole

La bactérie qui est à l'origine de cette infection est très contagieuse (en particulier par la toux). La plupart des personnes de 40 ans sont immunisées, pour avoir contracté la maladie pendant l'enfance. Les premiers symptômes de la rougeole sont la fièvre et l'apparition de boutons. Des complications telles que pneumonie ou lésions cérébrales peuvent survenir. Il n'existe pas de traitement. Vaccinez-vous.

Typhoïde

Cette maladie se transmet par de l'eau ou de la nourriture contaminées par des matières fécales humaines. La fièvre et une éruption rose sur l'abdomen sont généralement les premiers symptômes, qui s'accompagnent parfois d'une septicémie (empoisonnement du sang). Le vaccin contre la typhoïde protège pendant trois ans. Mieux vaut être vacciné si vous passez plus d'une semaine en Thaïlande et voyagez hors des grandes villes, même si la vaccination n'est pas entièrement efficace, car l'infection est particulièrement dangereuse.

VIH/sida

La transmission de cette infection se fait : par rapport sexuel (hétérosexuel ou homosexuel – anal, vaginal ou oral), d'où l'impérieuse nécessité d'utiliser des préservatifs à titre préventif ; par le sang, les produits sanguins et les aiguilles contaminées. Il est impossible de détecter la présence du VIH chez un individu apparemment en parfaite santé sans procéder à un examen sanguin.

Diarrhée du voyageur

Diarrhée

Le changement de nourriture, d'eau ou de climat suffit à la provoquer ; si elle est causée par des aliments ou de l'eau contaminés, le problème est plus grave. En dépit de toutes vos précautions, vous aurez peut-être la "turista", mais quelques visites aux toilettes sans aucun autre symptôme n'ont rien d'alarmant. Il est fortement recommandé d'emmener avec soi un antidiarrhéique et un antiseptique intestinal (de type Intetrix et Ercefuryl). Demandez conseil à votre pharmacien et à votre médecin. La déshydratation est le danger principal lié à toute diarrhée, particulièrement chez les enfants. Le premier traitement consiste à boire beaucoup. Quand vous irez mieux, continuez à manger légèrement. Les antibiotiques peuvent être utiles dans le traitement de diarrhées très fortes, en particulier si elles sont accompagnées de nausées, de vomissements, de crampes d'estomac ou d'une fièvre légère. Trois jours de traitement sont généralement suffisants, et on constate normalement une amélioration dans les 24 heures. Lorsque la diarrhée persiste au-delà de 48 heures ou en cas de sang dans les selles, il est préférable de consulter un médecin.

MALADIES INFECTIEUSES RARES

- **Grippe aviaire** – La plupart des personnes infectées ont eu des contacts avec des oiseaux malades ou morts.
- **Filariose** – Maladies parasitaires transmises par des piqûres d'insectes, fréquente parmi la population locale. Bien se protéger des moustiques.
- **Hépatite E** – Transmise par de l'eau ou de la nourriture contaminée. Mêmes symptômes que l'hépatite A. Peut être dangereuse pour les femmes enceintes. Se référer aux conseils sanitaires sur l'alimentation et l'eau.
- **Encéphalite japonaise B** – Maladie virale généralement transmise par les moustiques dans les zones rurales. Vaccin conseillé en cas de séjour de plus d'un mois dans ces régions.
- **Mélioïdose** – Se transmet au contact de la peau avec la terre et touche jusqu'à 30% de la population locale du nord-est de la Thaïlande. Les symptômes ressemblent à ceux de la tuberculose. Traitement efficace, mais pas de vaccin.
- **Strongyloïdes** – Parasite qui se transmet au contact de la terre. Répandu dans la population locale. Éruption cutanée ponctuelle sur le tronc en forme de ligne, parfois suivie d'une grave infection si le parasite n'est pas traité. Il existe des médicaments adaptés.
- **Tuberculose** – Les voyageurs de longue durée doivent prendre leurs précautions en cas de contact prolongé avec la population locale. Vaccin conseillé pour les enfants pour un séjour de plus de 3 mois. Symptômes : fièvre, toux, perte de poids, suées nocturnes et fatigue. Traitement médicamenteux multiple sur le long terme.
- **Typhus** – Le typhus est transmis soit par des acariens (dont les tiques), soit des poux. Symptômes principaux : rhume, fièvre, frissons, douleurs musculaires et éruption cutanée. Bien se protéger des insectes.

Dysenterie
Affection grave, due à des aliments ou de l'eau contaminés. Se manifeste par une violente diarrhée, souvent accompagnée de sang ou de mucus dans les selles. Une analyse des selles est indispensable pour diagnostiquer le type de dysenterie. Il faut donc consulter rapidement.

Giardiase
Ce parasite intestinal est présent dans l'eau souillée ou dans les aliments souillés par l'eau. Symptômes : crampes d'estomac, nausées, estomac ballonné, selles très liquides et nauséabondes, et gaz fréquents. La giardiase peut n'apparaître que plusieurs semaines après la contamination. Les symptômes peuvent disparaître pendant quelques jours puis réapparaître, et ceci pendant plusieurs semaines.

Affections liées à l'environnement

Alimentation
C'est en mangeant dans les restaurants que vous risquez le plus d'attraper la turista. Une façon d'y échapper est de ne consommer que de la nourriture fraîchement cuisinée, et d'éviter les mets traînant sur un buffet. Pelez tous les fruits, cuisez les légumes. Mangez dans des restaurants très fréquentés.

Coup de chaleur
Presque partout en Thaïlande, il fait chaud et humide toute l'année. Dans bien des cas, il faut au moins 2 semaines pour s'acclimater. Restez hydraté et évitez les activités extrêmes pendant les heures chaudes de la journée afin de prévenir tout gonflement des pieds et des chevilles ou des crampes musculaires dues à la transpiration excessive.

De longues périodes d'exposition à des températures élevées peuvent vous rendre vulnérable à l'insolation. Cet état grave survient quand le mécanisme de régulation thermique du corps ne fonctionne plus : la température s'élève alors de façon dangereuse. Évitez l'alcool et les activités fatigantes lorsque vous arrivez dans un pays à climat chaud.

Symptômes : malaise général, transpiration faible ou inexistante et forte fièvre (39 à 41°C) et céphalée lancinante, difficultés à coordonner ses mouvements, signes de confusion mentale ou d'agressivité. Il faut absolument hospitaliser le malade. En attendant les secours, installez-le à l'ombre, ôtez-lui ses vêtements, couvrez-le d'un drap ou d'une serviette mouillés et éventez-le continuellement.

Coup de soleil
Sous les tropiques, les coups de soleil sont plus fréquents, même par temps couvert. Utilisez un écran total et pensez à vous couvrir. Évitez de vous exposer au soleil pendant son zénith (10h-14h).

Piqûres et morsures
Les punaises affectionnent la literie douteuse. Si vous repérez de petites taches de sang sur les draps ou les murs autour du lit, changez d'hôtel. Les piqûres de punaises forment des alignements réguliers. Utilisez une pommade calmante.

Les sangsues sont présentes dans les régions de forêts humides. Les randonneurs en retrouvent sur leurs jambes ou dans leurs bottes. Ne les arrachez pas, car la morsure s'infecterait plus facilement. Utilisez de l'alcool, de l'éther, de la vaseline ou de l'huile pour vous en débarrasser. Au pire, du sel ou le contact d'une braise de cigarette les feront tomber. Une crème répulsive peut les maintenir éloignées. Vérifiez toujours que vous n'avez pas attrapé de tiques dans une région infestée : elles peuvent transmettre le typhus.

Parasites
Les habitants d'Asie du Sud-Est sont souvent touchés par des parasites, mais les visiteurs sont rarement affectés. Deux règles à respecter : ne pas marcher pieds nus et éviter de manger des aliments crus, surtout le poisson, le porc et les légumes.

Certains parasites (strongyloïdes, ankylostomes, *larva migrans* cutanée, etc.) se transmettent via la peau au contact des pieds nus sur le sol.

Problèmes de peau
Les boutons de chaleur apparaissent souvent dans les tropiques. Ils sont dus à la sueur restée piégée sous la peau. Des douches froides et des poudres résoudront le problème.

Les blessures s'infectent facilement dans les climats chauds et cicatrisent mal. Coupures et égratignures doivent être traitées avec un antiseptique et du désinfectant cutané. Évitez si possible bandages et pansements, qui empêchent la plaie de sécher.

Les coupures de corail sont particulièrement longues à cicatriser, car le corail injecte un venin léger dans la plaie.

Serpents
Bien que les voyageurs soient rarement mordus par des serpents, plus de 85 espèces venimeuses sont présentes en Thaïlande. Portez toujours bottes, chaussettes et pantalons longs pour marcher dans la végétation à risque. Ne hasardez pas la main dans les trous et les anfractuosités, et faites attention lorsque vous ramassez du bois pour faire du feu. Les morsures de serpent ne provoquent pas instantanément la mort, et il existe généralement des antivenins. Il faut calmer la victime, lui interdire de bouger, bander étroitement le membre comme pour une foulure et l'immobiliser avec une attelle. Trouvez ensuite un médecin, et essayez de lui apporter le serpent mort. N'essayez pas d'attraper le serpent s'il y a le moindre risque qu'il pique à nouveau. Il ne faut pas sucer le venin ou poser un garrot.

La Croix-Rouge thaïlandaise produit de l'antivenin agissant contre un grand nombre de serpents du pays.

Voyager avec des enfants

Les enfants courent relativement peu de risques sanitaires en Thaïlande. Avant de partir, il est conseillé de consulter un médecin spécialisé dans la médecine du voyage afin de vous assurer que votre enfant est en bonne santé. N'oubliez pas que les enfants ne sont pas des adultes en miniature et qu'il est donc important d'emporter une trousse médicale spécifique. Elle contiendra du paracétamol ou ibuprofène (en doses pour enfants), un antihistaminique, de la crème contre les démangeaisons, des produits pour les premiers soins en cas de blessure, une crème contre l'érythème fessier du bébé, et une bonne quantité de crèmes solaires et de produits anti-insectes adaptés à chaque âge. Il est sage d'avoir sous la main un antibiotique général (que votre médecin aura prescrit).

Santé au féminin

Grossesse

La plupart des fausses couches ont lieu pendant les 3 premiers mois de la grossesse. C'est donc la période la plus risquée pour voyager. Pendant les 3 derniers mois, il vaut mieux rester à distance raisonnable de bonnes infrastructures médicales, en cas de problèmes. Les femmes enceintes doivent éviter de prendre inutilement des médicaments. Cependant, certains vaccins et traitements préventifs contre le paludisme restent nécessaires. Mieux vaut consulter un médecin avant de prendre quoi que ce soit. L'OMS déconseille aux femmes enceintes de voyager en régions infestées où le paludisme résiste à la Chloroquine.

Problèmes gynécologiques

La chaleur, l'humidité, et un éventuel traitement antibiotique peuvent contribuer à l'apparition d'infections vaginales. Portez des vêtements amples et des sous-vêtements en coton. Les infections urinaires peuvent être favorisées par la déshydratation ou une vessie vidée peu fréquemment. Munissez-vous de crèmes contre ces désagrément.

PIQÛRES DE MÉDUSES

Toutes les méduses boîtes (*box jellyfish*) ne sont pas dangereuses ; leurs piqûres peuvent être sans risque ou aller jusqu'à la mort. Par principe, il vaut mieux considérer qu'elles sont toutes dangereuses, jusqu'à preuve du contraire. Il existe 2 espèces principales de méduses boîtes : l'une à plusieurs tentacules, l'autre à tentacule unique.

Les méduses boîtes multitentaculaires, les plus dangereuses, sont présentes dans les eaux thaïlandaises. En 2 minutes, elles peuvent causer la mort d'un adulte si la piqûre est sévère. On les trouve généralement sur les plages sablonneuses près des estuaires et de la mangrove, plutôt pendant les mois les plus chauds.

Les méduses boîtes unitentaculaires englobent différents genres, certaines causant des symptômes sévères comme le syndrome d'Irukandji. La piqûre peut passer pour anodine, avant que, 5 à 40 minutes après, apparaissent des douleurs insoutenables : mal de dos, nausées, vomissements, suées et difficultés respiratoires. Ce syndrome a parfois causé la mort de certaines victimes en provoquant une poussée de tension artérielle entraînant une crise cardiaque.

Il existe beaucoup d'autres espèces de méduses en Thaïlande qui causent des piqûres urticantes, mais sans gravité. Le seul moyen de se protéger des piqûres est de mettre une barrière entre l'homme et la méduse, le plus efficace étant un vêtement protecteur.

Premiers soins en cas de piqûre sérieuse

En cas de piqûre grave, la priorité est de garder la personne en vie. Restez avec elle et envoyez quelqu'un chercher une aide médicale. Si la victime est inconsciente, commencez immédiatement le bouche-à-bouche et le massage cardiaque. Si elle est consciente, versez du vinaigre à l'endroit de la piqûre – du vinaigre alimentaire suffit – pendant 30 secondes. Dans le cas d'une piqûre infligée par une méduse unitentaculaire, versez de la même façon du vinaigre : la rapidité de ce geste est primordiale. Il faut cependant toujours rechercher une aide médicale le plus vite possible au cas où d'autres symptômes se développent dans les 40 minutes qui suivent.

L'Australie et la Thaïlande collaborent aujourd'hui à l'identification des espèces de méduses peuplant les eaux thaïlandaises et étudient leur mode de vie, ce qui donne bon espoir de pouvoir un jour mieux les détecter dans les endroits qu'elles affectionnent

Merci au Dr Peter Fenner pour les informations qu'il nous a fournies pour cet encadré.

Langue

POUR ALLER PLUS LOIN

Pratique pour mieux communiquer sur place : le *Guide de conversation Thaï*, de Lonely Planet. Pour réserver une chambre, lire un menu ou simplement faire connaissance, ce manuel permet d'acquérir des rudiments de thaïlandais. Inclus : un minidictionnaire bilingue.

Le dialecte pratiqué dans le centre du pays est devenu la langue officielle de tous les groupes ethniques thaïs ou non thaïs du royaume.

En thaï, la signification d'une simple syllabe peut changer selon le ton. Le thaï du Centre en comprend cinq : le ton grave, le ton médian, le ton descendant, le ton aigu et le ton ascendant. La hauteur de chaque ton dépend du registre de la voix ; il n'y a pas de "diapason" fixe, intrinsèque à la langue.

» **Ton grave** – "uniforme", comme le ton moyen, mais prononcé dans les graves du spectre vocal, sans inflexion. Ex. : bàht (la monnaie thaïlandaise).

» **Ton médian** – "uniforme", comme le ton grave, mais prononcé dans le registre moyen du spectre vocal. Ex. : di (bon) ; sans indication de ton.

» **Ton descendant** – la voix démarre très haut et retombe brusquement comme si l'on accentuait le mot ou que l'on appelait quelqu'un de loin. Ex. : mâi (non/pas).

» **Ton aigu** – le plus difficile pour les étrangers. Se prononce d'une voix de tête, aussi uniformément que possible. Ex. : máh (cheval).

» **Ton ascendant** – ressemble à l'inflexion de la voix quand on demande "Ah oui ?" Ex. : săam (trois).

Le gouvernement thaïlandais a instauré le *Royal Thai General Transcription System* (RTGS, système de transcription général). Il s'agit de la méthode standard pour la transcription de la langue en alphabet latin. Elle est utilisée notamment pour les documents officiels, les panneaux de signalisation et les menus. Ce guide suit cette méthode pour la plupart des noms.

Dans la prononciation (en couleur) de nos pages de vocabulaire, les syllabes sont séparées par un tiret. Il marque une rupture de syllabe à l'intérieur même du mot. Certaines sont séparées par un point qui vous aidera à prononcer les diphtongues comme dans mêu·a-rai (quand).

La voyelle a se prononce comme le a de "patte" ; aa est un a long ; ah comme le a de "pâte" ; ai comme dans "ail" ; air comme dans "fée" ; eu comme dans "peur" ; ew comme "i-ou" ; oh comme le o de "drôle" ; or comme le o de "porc" sans prononcer le r ; ow comme "a-o".

La majorité des consonnes se prononcent comme en français, à quelques exceptions près : ƃ (un p dur proche du b qui ressemble au son que vous faites quand vous prononcez l'anglais "hip-bag") ; đ (un t dur comme un d aigu comme dans l'anglais "mid-tone") ; ng (comme dans l'anglais "singing", en thaï il peut se rencontrer en début de mot) et r (comme dans l'anglais "run", un r roulé qui se prononce l dans le langage courant).

CIVILITÉS ET EXPRESSIONS DE BASE

La structure sociale de la société thaïe exige plusieurs registres de langue qui diffèrent selon l'interlocuteur. Pour simplifier les choses, nous avons choisi la forme appropriée au contexte de chaque phrase.

Par politesse, le locuteur termine sa phrase par kráp (pour les hommes) ou kâ (pour les femmes). C'est aussi la façon courante de répondre "oui" à une question ou de montrer son approbation.

Le masculin et le féminin des phrases de ce chapitre sont indiqués par "m/f".

Bonjour.	สวัสดี	sà-wàt-di
Au revoir.	ลาก่อน	lah gòrn
Oui.	ใช่	châi
Non.	ไม่	mâi
S'il vous plaît.	ขอ	kŏr
Merci.	ขอบคุณ	kòrp kun
De rien.	ยินดี	yin di
Excusez-moi.	ขออภัย	kŏr à-pai
Désolé(e).	ขอโทษ	kŏr tôht

Comment allez-vous ?
สบายดีไหม — sà-bai di măi

Je vais bien. Et vous ?
สบายดีครับ/ค่า แล้วคุณล่ะ — sà-bai di kráp/ kâ láa·ou kun lâ (m/f)

Quel est votre nom ?
คุณชื่ออะไร — kun chêu à-rai

Je m'appelle...
ผม/ดิฉันชื่อ... — pŏm/dì-chăn chêu ... (m/f)

Parlez-vous anglais ?
คุณพูดภาษา อังกฤษได้ไหม — kun pôot pah-săh ang-grìt dâi măi

Je ne comprends pas.
ผม/ดิฉันไม่ เข้าใจ — pŏm/dì-chăn mâi kôw jai (m/f)

HÉBERGEMENT

Où puis-je trouver un(e)... ?	...อยู่ที่ไหน	...yòo têe năi
site de camping	ค่ายพักแรม	kâi pák raam
pension	บ้านพัก	bâhn pák
hôtel	โรงแรม	rohng raam
auberge de jeunesse	บ้าน เยาวชน	bâhn yow-wá-chon

Avez-vous un(e) chambre... ?	มีห้อง ... ไหม	mi hôrng ... măi
simple	เดี่ยว	dèe·o
double	เตียงคู่	đee·ang kôo
avec lits jumeaux	สองเตียง	sŏrng đi·ang

clim	แอร์	aa
sdb	ห้องน้ำ	hôrng nám
laverie	ห้องซักผ้า	hôrng sák pâh
moustiquaire	มุ้ง	múng
fenêtre	หน้าต่าง	nâh đàhng

Mots interrogatifs

Quoi ?	อะไร	à-rai
Quand ?	เมื่อไร	mêu·a-rai
Où ?	ที่ไหน	têe năi
Qui ?	ใคร	krai

CIRCULER

Où se trouve... ?...
อยู่ที่ไหน — ... yòo têe năi

Quelle est l'adresse ?
ที่อยู่คืออะไร — têe yòo keu à-rai

Pourriez-vous l'écrire ?
เขียนลงให้ได้ไหม — kĕe·an long hâi dâi măi

Pourriez-vous m'indiquer (sur la carte) ?
ให้ดู (ในแผนที่) ได้ไหม — hâi dou (nai păan têe) dâi măi

Tournez à gauche/droite.
เลี้ยวซ้าย/ขวา — lée·o sái/kwăh

C'est ...	อยู่ ...	yòo ...
derrière	ที่หลัง	têe lăng
devant	ตรงหน้า	đrong nâh
près de	ใกล้ๆ	glâi glâi
à côté de	ข้างๆ	kâhng kâhng
tout droit	ตรงไป	đrong bai

SE RESTAURER ET PRENDRE UN VERRE

Je voudrais (le menu), s'il vous plaît.
ขอ (รายการ อาหาร) หน่อย — kŏr (rai gahn ah-hăhn) nòy

Que nous conseillez-vous ?
คุณแนะนำอะไรบ้าง — kun náa-nam à-rai bâhng

C'était délicieux !
อร่อยมาก — à-ròy mâhk

Santé !
ไชโย — chai-yoh

L'addition, s'il vous plaît.
ขอบิลหน่อย — kŏr bin nòy

Je ne mange pas de...	ผม/ดิฉัน ไม่กิน ...	pŏm/dì-chăn mâi gin ... (m/f)
œufs	ไข่	kài

poisson	ปลา	ɓlah
viande rouge	เนื้อแดง	néu·a daang
fruits à coque	ถั่ว	tòo·a

Mots clés

bar	บาร์	bah
bouteille	ขวด	kòo·at
bol	ชาม	chahm
petit-déjeuner	อาหารเช้า	ah-hăhn chów
café	ร้านกาแฟ	ráhn gah-faa
baguettes	ไม้ตะเกียบ	mái đà-gèe·ap
froid	เย็น	yen
tasse	ถ้วย	tôo·ay
dessert	ของหวาน	kŏrng wăhn
dîner	อาหารเย็น	ah-hăhn yen
carte des boissons	รายการเครื่องดื่ม	rai gahn krêu·ang dèum
fourchette	ส้อม	sôrm
verre	แก้ว	gâa·ou
chaud	ร้อน	rórn
couteau	มีด	mêet
déjeuner	อาหารกลางวัน	ah-hăhn glahng wan
marché	ตลาด	đà-làht
menu	รายการอาหาร	rai gahn ah-hăhn
assiette	จาน	jahn
restaurant	ร้านอาหาร	ráhn ah-hăhn
épicé	เผ็ด	pèt
cuillère	ช้อน	chórn
végétarien (personne)	คนกินเจ	kon gin jair
avec	มี	mi
sans	ไม่มี	mâi mi

Symboles

ทางเข้า	**Entrée**
ทางออก	**Sortie**
เปิด	**Ouvert**
ปิด	**Fermé**
ที่ติดต่อสอบถาม	**Renseignements**
ห้าม	**Interdit**
ห้องสุขา	**Toilettes**
ชาย	**Hommes**
หญิง	**Femmes**

Viande et poisson

bœuf	เนื้อ	néu·a
poulet	ไก่	gài
crabe	ปู	ɓou
canard	เป็ด	ɓèt
poisson	ปลา	ɓlah
viande	เนื้อ	néu·a
porc	หมู	mŏo
fruits de mer	อาหารทะเล	ah-hăhn tá-lair
calmar	ปลาหมึก	ɓlah mèuk

Fruits et légumes

banane	กล้วย	glôo·ay
haricots	ถั่ว	tòo·a
noix de coco	มะพร้าว	má-prów
aubergine	มะเขือ	má-kĕu·a
fruit	ผลไม้	pŏn-lá-mái
goyave	ฝรั่ง	fa-ràng
citron	มะนาว	má-now
mangue	มะม่วง	má-môo·ang
mangoustan	มังคุด	mang-kút
champignons	เห็ด	hèt
fruits à coque	ถั่ว	tòo·a
papaye	มะละกอ	má-lá-gor
pommes de terre	มันฝรั่ง	man fa-ràng
ramboutan	เงาะ	ngó
tamarin	มะขาม	má-kăhm
tomate	มะเขือเทศ	má-kĕu·a têt
légumes	ผัก	pàk
pastèque	แตงโม	đaang moh

Autres

piment rouge	พริก	prík
œuf	ไข่	kài
sauce de poisson	น้ำปลา	nám ɓlah
glaçon	น้ำแข็ง	nám kăang
nouilles	เส้น	sên
huile	น้ำมัน	nám man
poivre	พริกไทย	prík tai
riz	ข้าว	kôw
salade	ผักสด	pàk sòt
sel	เกลือ	gleu·a
soupe	น้ำซุป	nám súp
sauce soja	น้ำซีอิ๊ว	nám si-éw
sucre	น้ำตาล	nám đahn
tofu	เต้าหู้	đôw hôo

Boissons

bière	เบียร์	bi·a
café	กาแฟ	gah-faa
lait	นมจืด	nom jèut
jus d'orange	น้ำส้ม	nám sôm
lait de soja	น้ำเต้าหู้	nám đôw hôo
jus de canne	น้ำอ้อย	nám ôy
thé	ชา	chah
eau	น้ำดื่ม	nám dèum

URGENCES

Au secours !	ช่วยด้วย	chôo·ay dôo·ay
Allez-vous-en !	ไปให้พ้น	ɓai hâi pón

Appelez un médecin !
เรียกหมอหน่อย rêe·ak mŏr nòy

Appelez la police !
เรียกตำรวจหน่อย rêe·ak đam·ròo·at nòy

Je suis malade.
ผม/ดิฉันป่วย pŏm/dì-chăn ɓòo·ay (m/f)

Je suis perdu.
ผม/ดิฉัน pŏm/dì-chăn
หลงทาง lŏng tahng (m/f)

Où se trouvent les toilettes ?
ห้องน้ำอยู่ที่ไหน hôrng nám yòo têe năi

ACHATS ET SERVICES

Je voudrais acheter...
อยากจะซื้อ ... yàhk jà séu ...

Je ne fais que regarder.
ดูเฉย ๆ doo chĕu·i chĕu·i

Puis-je regarder ?
ขอดูได้ไหม kŏr doo dâi măi

Combien coûte ceci ?
เท่าไร tôw-rai

C'est trop cher.
แพงไป paang ɓai

Pouvez-vous baisser un peu le prix ?
ลดราคาได้ไหม lót rah-kah dâi măi

Il y a une erreur sur le ticket de caisse/la facture.
บิลใบนี้ผิด bin bai née pìt ná
นะครับ/ค่ะ kráp/kâ (m/f)

HEURE ET DATES

Quelle heure est-il ? กี่โมงแล้ว gèe mohng láa·ou

matin	เช้า	chów
après-midi	บ่าย	bài
soir	เย็น	yen
hier	เมื่อวาน	mêu·a wahn
aujourd'hui	วันนี้	wan née
demain	พรุ่งนี้	prûng née
lundi	วันจันทร์	wan jan
mardi	วันอังคาร	wan ang-kahn
mercredi	วันพุธ	wan pút
jeudi	วันพฤหัสฯ	wan pá-réu-hàt
vendredi	วันศุกร	wan sùk
samedi	วันเสาร์	wan sŏw
dimanche	วันอาทิตย์	wan ah-tít

TRANSPORTS

Transports publics

cyclo-pousse	สามล้อ	săhm lór
bateau	เรือ	reu·a
bus	รถเมล์	rót mair
voiture	รถเก๋ง	rót gĕng
moto	มอร์เตอร์ไซค์	mor-đeu-sai
moto-taxi	รับจ้าง	ráp jâhng
avion	เครื่องบิน	krêu·ang bin
train	รถไฟ	rót fai
túk-túk	ตุ๊ก ๆ	đúk đúk

À quelle heure arrive le ... bus ?	รถเมล์คัน ... มาเมื่อไร	rót mair kan ... mah mêu·a rai
premier	แรก	râak
dernier	สุดท้าย	sùt tái
prochain	ต่อไป	đòr ɓai

Un billet ..., s'il vous plaît.	ขอตั๋ว ...	kŏr đŏo·a ...
aller simple	เที่ยวเดียว	têe·o di·o
aller-retour	ไปกลับ	ɓai glàp

Je voudrais un siège côté...	ต้องการ ที่นั่ง ...	đôrng gahn têe nâng ...
couloir	ติดทางเดิน	đìt tahng deun
fenêtre	ติดหน้าต่าง	đìt nâh đàhng
quai	ชานชาลา	chan-chah-lah

Chiffres

1	หนึ่ง	nèung
2	สอง	sŏrng
3	สาม	săhm
4	สี่	sèe
5	ห้า	hâh
6	หก	hòk
7	เจ็ด	jèt
8	แปด	Ɓàat
9	เก้า	gôw
10	สิบ	sìp
11	สิบเอ็ด	sìp-èt
20	ยี่สิบ	yêe-sìp
21	ยี่สิบเอ็ด	yêe-sìp-èt
30	สามสิบ	săhm-sìp
40	สี่สิบ	sèe-sìp
50	ห้าสิบ	hâh-sìp
60	หกสิบ	hòk-sìp
70	เจ็ดสิบ	jèt-sìp
80	แปดสิบ	Ɓàat-sìp
90	เก้าสิบ	gôw-sìp
100	หนึ่งร้อย	nèung róy
1000	หนึ่งพัน	nèung pan
10 000	หนึ่งหมื่น	nèung mèun
100 000	หนึ่งแสน	nèung săan
1 000 000	หนึ่งล้าน	nèung láhn

guichet	ช่องขายตั๋ว	chôrng kăi đŏo·a
horaires	ตารางเวลา	đah-rahng wair-lah

À quelle heure arrive-t-il à (Chiang Mai) ?

ถึง (เชียงใหม่) กี่โมง — tĕung (chi·ang mài) gèe mohng

S'arrête-t-il à (Saraburi) ?

รถจอดที่ (สระบุรี) ไหม — rót jòrt têe (sà-rà-bù-ri) măi

Comment puis-je me rendre à (Chiang Mai) ?

เมื่อถึง (เชียงใหม่) กรุณาบอกด้วย — mêu·a tĕung (chi·ang mài) gà-rú-nah bòrk dôo·ay

Je voudrais descendre à (Saraburi).

ขอลงที่(สระบุรี) — kŏr long têe (sà-rà-bù-ri)

En voiture et à vélo

Je voudrais louer un(e)...	อยากจะ เช่า ...	yàhk jà chôw ...
4x4	รถโฟร์วีล	rót foh ween
voiture	รถเก๋ง	rót gĕng
moto	รถ มอร์เตอร์ไซค์	rót mor-đeu-sai

Je voudrais... faire réparer	ต้องการ ... จักรยาน	đôrng gahn... jàk-gà-yahn
mon vélo	ซ่อมรถ	sôrm rót
louer	เช่ารถ	chôw rót
un vélo	จักรยาน	jàk-gà-yahn

Est-ce la route vers (Ban Bung Wai) ?

ทางนี้ไป (บ้านบุงหวาย) ไหม — tahng née Ɓai (bâhn bùng wăi) măi

Puis-je me garer ici ?

จอดที่นี่ได้ไหม — jòrt têe née dâi măi

Combien de temps puis-je me garer ici ?

จอดที่นี่ได้นานเท่าไร — jòrt têe née dâi nahn tôw-rai

J'ai besoin d'un mécanicien.

ต้องการช่างรถ — đôrng gahn châhng rót

J'ai un pneu crevé.

ยางแบน — yahng baan

Je n'ai plus d'essence.

หมดน้ำมัน — mòt nám man

GLOSSAIRE

Ce glossaire comprend des termes thaïs, palis (P) et sanskrits (S) ainsi que des mots souvent utilisés dans ce guide. Pour le vocabulaire culinaire, voir p. 427.

ah·hăhn – nourriture
ah·hăhn Ƀàh – "nourriture de la jungle" ; habituellement plats à base de gibier
ah·hăhn Ƀàk đâi/ah·hăhn pàk tâi – nourriture de Thaïlande du Sud
ao/ow – baie ou golfe

bâhn/ban – maison, village
baht/bàat – unité monétaire thaïlandaise
bàht – unité de poids égale à 15 g ; bol utilisé par les moines pour recevoir les aumônes de nourriture
bòht – du pali *uposatha* (*ubohsòt*) ; sanctuaire central d'un temple, utilisé pour les cérémonies officielles de l'ordre, comme les ordinations ; voir aussi *wí·hăhn*
BTS – Bangkok Transit System (Skytrain, le métro aérien) ; en thaï : *rót fai fáh*
Ƀah·dé – batik, tissu imprimé selon le procédé du batik
Ƀàk đâi – Thaïlande du Sud
Ƀèe·pâht – orchestre thaïlandais classique
Ƀohng·lahng – le marimba du nord-est de la Thaïlande (instrument de percussion), fait de courtes bûches

CAT – Telecom Public Company Limited (Agence thaïlandaise des télécommunications, ancienne Communications Authority of Thailand)
chedi – voir *stupa*
chow – les gens
chow lair/chow nám/chao leh – nomades des mers
chow nah – fermier

đà·làht/tàlàat – marché
đà·làht nám – marché flottant
dhamma – bonne conduite et vérité selon la doctrine bouddhique
doy/doi – montagne en dialecte du Nord
đròrk/trok – ruelle, plus petite qu'un *soi*
đrùđ jin/Trùt Jiin – Nouvel An chinois

faràng – un Occidental (de type européen) ; appelé aussi *guava*

gà·teu·i/kàthoey – le "3e sexe" thaïlandais, en général des travestis ou transexuels masculins, aussi appelés *ladyboys*
gopura (S) – pavillon d'entrée traditionnel des temples hindous, très courant dans les temples angkoriens
grà·bèe grà·borng – art martial thaïlandais traditionnel utilisant des épées courtes et des bâtons

hàht/hat – plage
hôrng/hong – salle ; dans le Sud, désigne les grottes semi-immergées des îles
hôrng tăa·ou – maison traditionnelle de marchand, avec boutique au rdc et logement au-dessus (*shophouses*)

ìsan/i·săhn – nord-est de la Thaïlande

jataka/chah·dòk (P) – récits des vies antérieures du Bouddha
jeen/jiin – Chinois

kaan – flûte de roseau très répandue dans le nord-est du pays
kàthoey – voir *gà·teu·i*
khao/kŏw – colline ou montagne
klorng/khlong/khlawng – canal
ko/koh/gò – île
kŏhn – théâtre masqué et dansé s'inspirant des épisodes du *Ramakian*
ku – petit *chédi* partiellement creux et ouvert
Kun/Khun – titre honorifique utilisé devant le prénom

laem/lăam – cap
lá·kon – théâtre dansé classique
lí·gair Ƀàh/lí·keh pàa/lí·gair bòk – théâtre dansé populaire
longyi – sarong birman
lôok tûng – musique populaire
lôw kŏw – alcool blanc, souvent distillé maison à partir de riz
lôw tèu·an – alcool artisanal (illicite)

mâa nám – fleuve
Mahanikai – la plus grande des 2 branches du bouddhisme theravada en Thaïlande
mahathat – (*má·hăh tâht*) du sanskrit-pali *mahadhatu* ; nom commun des temples qui renferment des reliques du Bouddha
má·noh·rah – théâtre dansé, très populaire dans le sud du pays
masjid – (*mát·sà·yít*) mosquée
mát·mèe – technique de teinture et de tissage des fils de soie ou de coton selon des motifs complexes, semblables à l'*ikat* indonésien ; le terme désigne aussi les motifs eux-mêmes
meu·ang – ville ou principauté
mon·dòp – du sanskrit *mandapa* ; petit édifice carré surmonté d'une flèche dans un *wát*
moo·ay tai/muay·thai – boxe thaïlandaise
MRT – Metropolitan Rapid Transit (le réseau de métro de Bangkok) ; en thaï : *rót fai fáh đâi din*

nám – eau, jus
nám đòk/náam tòk – cascade

năng đà·lung – théâtre d'ombres

nibbana (P/S) – nirvana ; dans l'enseignement bouddhique, l'éveil ou la délivrance du cycle des renaissances ; en thaï : *níp·pahn*

noi – (*nóy*) un peu, petit (quantité)

ow – baie ou golfe ; écrit "Ao" dans les noms propres

pâh ka·máh – pièce de coton que les hommes s'enroulent autour de la taille

pâh mát·mèe – étoffe de soie ou de coton tissée avec des fils noués et teints (*mát·mèe*)

pâh sîn – pièce de coton dont les femmes s'entourent

pâhk glahng – Thaïlande du Centre

pâhk nĕua – Thaïlande du Nord

pâhk tâi/ɓàk đâi – Thaïlande du Sud

pali – langue dérivée du sanskrit, dans laquelle sont rédigées les écritures bouddhiques

pìi-phâat – voir *ɓèe·pâht*

prá/phrà – image de Bouddha

pleng koh·râht – chanson populaire de Khorat

pleng pêu·a chee·wít – "chansons pour la vie", musique de rock populaire

ponglang – voir *ɓohng·lahng*

poo kŏw – montagne

prang/ɓrahng – tour de style khmer, surmontant les temples

prasada – aliments bénis offerts aux fidèles des temples hindous ou bouddhiques

prasat/ɓrah·sàht –petit édifice en forme de croix, surmonté d'une flèche, dans un *wát* ; désigne tout lieu, salle ou résidence, doté d'une signification religieuse ou royale

ɓàk đâi – voir *pàk tâi*

ɓèe·pâht/pìi-phâat – orchestre thaïlandais classique

ɓrang – voir *prang*

ráhn goh·ɓêe/ráhn ko-píi – cafés de Thaïlande du Sud

râi – mesure agraire correspondant à 1 600 m²

Ramakian – version thaïlandaise de l'épopée indienne *Ramayana*

reu·a hăhng yow – bateau allongé, *long-tail boat*

reu·an tăa·ou – longère

reu·sĕe – ascète, ermite ou sage (*rishi* en hindi)

rót aa – bus climatisé bleu et blanc

rót tam·má·dah – bus ou train ordinaire (non climatisé, omnibus)

săh·lah/sala/saalaa – salle de réunion ou de repos, ouverte sur les côtés ; du portugais *sala*, "pièce"

săhm·lór/săamláw – cyclo-pousse

săhn jôw/săan jâo – sanctuaire chinois

sangha (P) – la communauté bouddhiste

sà·nùk – divertissant

satang/sà·đahng – unité monétaire thaïlandaise ; 100 satangs valent 1 baht

serow – chèvre des montagnes d'Asie

shophouse – voir *hôrng tăa·ou*

soi – ruelle ou petite rue

Songkran – Nouvel An thaï (mi-avril)

sŏrng·tăa·ou/săwngthăew – (litt. "2 rangées") ; petit pick-up avec 2 banquettes à l'arrière, qui fait office de bus ou de taxi

SRT – State Railway of Thailand (Chemins de fer nationaux de Thaïlande)

stupa/chedi – monument bouddhique de forme conique qui renferme des objets sacrés

suttas – discours du Bouddha (soutra)

tâh – jetée, embarcadère ; écrit "Tha" dans les noms propres

tâht grà·dòok – reliquaire, petit stupa renfermant les restes d'un dévot bouddhiste

thâm/tâm – grotte

TAT – Tourism Authority of Thailand (direction du tourisme de Thaïlande)

thammájàk – du pali *dhammacakka* ; roue de la loi bouddhique

Thammayut – l'une des deux branches thaïlandaises du bouddhisme theravada ; fondée par Rama IV lorsqu'il était moine

thanŏn/tà·nŏn – rue, avenue, route ; abrégé en "Th"

Tripitaka (S) – écritures du bouddhisme theravada (*Tipitaka* en pali)

Trùt Jiin – voir *đrùð jin*

túk-túk/đúk–đúk – cyclo-pousse à moteur

ùt·sà·nít – ornement en forme de flamme sur la tête d'un bouddha

vipassana/wí·pàt·sà·nah (P) – méditation bouddhique

wâi – geste de salutation, les mains jointes au niveau de la poitrine

wan prá – jours sacrés bouddhiques, qui correspondent aux phases principales de la lune (pleine, nouvelle et demi)

wang – palais

wát – temple-monastère, du pali *avasa* (résidence de moine)

wí·hăhn – (*wihan, viharn*) grande salle d'un temple, généralement ouverte aux laïcs ; du sanskrit *vihara* (habitation)

wí·hăhn/wihan/viharn – contrepartie du *bòht* dans les temples thaïlandais, contenant des images de Bouddha non entourées de pierres sema

yawi – langue traditionnelle de Java, de Sumatra et de la péninsule malaise, largement parlée dans les provinces les plus méridionales du pays ; la forme écrite emploie l'alphabet arabe classique plus 5 lettres

yài – grand

En coulisses

VOS RÉACTIONS ?

Vos commentaires nous sont très précieux et nous permettent d'améliorer constamment nos guides. Notre équipe lit toutes vos lettres avec la plus grande attention. Nous ne pouvons pas répondre individuellement à tous ceux qui nous écrivent, mais vos commentaires sont transmis aux auteurs concernés. Tous les lecteurs qui prennent la peine de nous communiquer des informations sont remerciés dans l'édition suivante, et ceux qui nous fournissent les renseignements les plus utiles se voient offrir un guide.

Pour nous faire part de vos réactions, prendre connaissance de notre catalogue et vous abonner à Comète, notre lettre d'information, consultez notre site web : **www.lonelyplanet.fr**

Nous reprenons parfois des extraits de notre courrier pour les publier dans nos produits, guides ou sites web. Si vous ne souhaitez pas que vos commentaires soient repris ou que votre nom apparaisse, merci de nous le préciser. Pour connaître notre politique en matière de confidentialité, connectez-vous à :-**www.lonelyplanet.fr/confidentialite/index.cfm**

À NOS LECTEURS

Merci à tous les voyageurs qui ont utilisé la dernière édition de *Thaïlande îles et plages* et de *Thaïlande* et qui nous ont écrit pour nous faire part de leurs conseils, de leurs suggestions et de leurs anecdotes :

A Abdelaziz Lydia **B** Ballot Gérard, Beaucourt Fanny, Bizet Laurent, Bordas Michel, Borga Jean, Buffet Isabelle **C** Chazottes Edwige, Courtin Philippe, Coutant David, CZ Nicole **D** Dalle Quentin, de Mil Gabrielle, Denis Jean-Luc, Deprez Gilles, Deweer Bertrand, Dorine et Daniel, Duarte Emmanuelle, Mr Dufour **E** Ennesser Murielle **F** Forestier Pascal, Foussal Patrick, Frantz **G** Gagnant Michel, Gamblin Jacqueline, Gauthier Franck, Gibert Marine, Gillard Pauline, Gouleau Jean-Louis, Gourdon Damien et Manuela, Gouverneur Amandine, Grasset Audrey, Guez Michele et Thierry, Guillemain Marine, Guyetvero **H** Hamonic, Harel Gabriel, Harrisson Maureen, Hildebrandt Michel **K** Kervern Jean-Pierre **L** Laboissiere Xavier, Lagoussis Denis, Lavaud Monique, Le Rue Marlène, Lemaire Nicole, Leroy Loïc **M** Marchand Alex, Martinuzzi YuY, Menjot Alain, Mertz Renald, Morin Jeremy, Mounic Pierre, Muet Dominique **N** Nagau, Navarro Matthias, Neant Ludovic, Nézan Jacqueline **P** Pastourel Dominique, Pastre Sophie, Pelissier Zélia, Philipon Alice, Planchenault Samuel **R** Renard Manuel, Robert Sylvie et Steph, Robitaille Serge Jr, Roger Michel, Rolin Arthur, Ronzon David **S** Sanchez Dominique, Santi Michel, Santi Michel, Servas Nicolas, Sliwinski Dominique, Squizzato Alexandre **T** Therraize Laure, Tizio Laurent, Trobat Patrick **V** Voila Bob **Z** Zanag Marine, Zirilli Patrick

UN MOT DES AUTEURS

Brandon Presser

Comme toujours, un merci du fond du cœur à mes chers amis les Bambridge qui m'accueillent avec tant de générosité lors de mes voyages en solitaire. Dans les îles, un remerciement particulier également à Matt Bolton et Crystal. Je voudrais de plus saluer le précieux travail de China Williams sur la dernière édition du guide Thaïlande, le zèle de Celeste et d'Austin, les efforts constants d'Ilaria pour fournir du nouveau à nos lecteurs et ceux de Joanne et Sasha Fachay pour me faire rire alors que je paniquais de ne pouvoir rendre ma copie à temps.

Celeste Brash

Un énorme merci à mon mari Josh et à mes enfants, qui m'ont beaucoup manqué lors de ce très long voyage. À Phuket, merci à Celine

À PROPOS DE CET OUVRAGE

Cette 3e édition française du guide *Thaïlande îles et plages* est la traduction de la 8e édition du guide *Thailand's Islands & Beaches* en anglais. L'auteur-coordinateur, Brandon Presser, est un grand connaisseur du pays. Il a rédigé les chapitres de la partie *Préparer son voyage* (à l'exception de *À table comme un Thaïlandais*) et le *Carnet pratique*. Il est également allé sur le terrain et a écrit le chapitre *Ko Samoui et le Sud-Ouest du golfe de Thaïlande*. Brandon était entouré de deux amoureux de la Thaïlande : Celeste Brash (*Phuket et le nord de la côte d'Andaman, Ko Phi Phi et le sud de la côte d'Andaman*) et Austin Bush (*Bangkok, À table comme un Thaïlandais, Cuisine thaïlandaise*). Le chapitre *Santé* a été supervisé par le Dr Trish Batchelor et le chapitre *Environnement* par David Lukas. Maher Sattar est revenu juste à temps pour rédiger l'encadré "La côte sud du Cambodge", dans le chapitre *Ko Chang et la côte est*. Ce guide a été commandé par le bureau de Melbourne de Lonely Planet.

Traduction
Aurélie Belle, Dominique Lavigne

Direction éditoriale
Didier Férat

Adaptation française
Dominique Bovet

Responsable prépresse
Jean-Noël Doan

Maquette
Laurence Tixier

Couverture
Adapté par Annabelle Henry pour la version française

Cartographie
Cartes originales de Csanad Csutoros adaptées en français par Nicolas Chauveau

Remerciements
Un chaleureux merci à Sandrine Gallotta, Anaïs Goacolou et Christiane Mouttet pour leur précieuse contribution au texte. Merci également à Émilie Leibig et Sarah Arfaoui pour leur efficacité aux deux bouts de la chaîne. Tous nos remerciements à Marjorie Goussu et à Dorothée Pasqualin. Enfin merci à Darren O'Connell, Chris Love, Craig Kilburn, Carol Jackson du bureau australien et à Clare Mercer, Tracey Kislingbury et Joe Revill du bureau de Londres.

Masson, à Lauren Ladky ; à Jade à Surin ainsi qu'à Aleksander Bochenek. Chez Lonely Planet, merci aussi pour leur soutien avisé à mes collègues auteurs Adam Skolnick, Lisa Dunford et Greg Bloom. Je n'oublie pas Bodhi Garrett, faisant apparaître tel un magicien les plus beaux paysages, Starlight sur Phayam, Dick sur Sukorn, et Brandon et Ilaria plus que jamais déterminés à mener à bien cette folle entreprise.

Austin Bush

J'aimerais remercier les Lonely Planeters talentueux que sont Ilaria Walker, David Connolly et Bruce Evans, mes collègues auteurs Celeste Brash et Brandon Presser, et toutes les personnes sympathiques que j'ai rencontrées à Bangkok, dont Joe Cummings, Greg Glachant, Craig Harrington, Richard Hermes, Natchaphat Itthi-chaiwarakom, Maher Satter, David Thompson, Pailin Wedel et Patrick Winn.

REMERCIEMENTS

Les cartes et graphiques du climat sont adaptées de Updated World Map of the Köppen-Geiger Climate Classification, chapitre *Hydrology and Earth System Sciences*, 11, 163344, Peel MC, Finlayson BL & McMahon TA (2007).

Photographie de couverture : Parc national maritime d'Ang Thong, Thaïlande, Mikel Bilbao/Getty Images ©

La plupart des photos publiées dans ce guide sont disponibles sous licence auprès de notre agence photographique Lonely Planet Images : www.lonelyplanetimages.com.

index

Références des cartes **en gras**
Références des photos en bleu

L

M

N

O

P

Q

R

S

T

Comment utiliser ce guide

Ces symboles vous aideront à identifier les différentes rubriques :

- À voir
- Activités
- Cours
- Circuits organisés
- Fêtes et festivals
- Où se loger
- Où se restaurer
- Où prendre un verre
- Où sortir
- Achats
- Renseignements/transports

Ces symboles vous donneront des informations essentielles au sein de chaque rubrique :

- Numéro de téléphone
- Horaires d'ouverture
- Parking
- Non-fumeurs
- Climatisation
- Accès Internet
- s Chambre simple
- f Chambre familiale
- Wi-Fi
- Piscine
- Végétarien
- Familles bienvenues
- Animaux acceptés
- dort Dortoir
- d Chambre double
- app Appartement
- Bus
- Ferry
- Métro
- Tramway
- Train
- ch Chambre
- tr Chambre triple
- ste Suite

Les pictos pour se repérer

- Les coups de cœur de l'auteur
- GRATUIT Des sites libre d'accès
- Les adresses écoresponsables

Nos auteurs ont sélectionné ces adresses pour leur engagement dans le développement durable – par leur soutien envers des communautés ou des producteurs locaux, leur fonctionnement écologique ou leur investissement dans des projets de protection de l'environnement.

Légende des cartes

À voir

- Plage
- Temple bouddhiste
- Château
- Église/cathédrale
- Temple hindou
- Mosquée
- Synagogue
- Monument
- Musée/galerie
- Ruines
- Vignoble
- Zoo
- Centre d'intérêt

Activités

- Plongée/snorkeling
- Canoë/kayak
- Ski
- Surf
- Piscine/baignade
- Randonnée
- Planche à voile
- Autres activités

Se loger

- Hébergement
- Camping

Se restaurer

- Restauration

Prendre un verre

- Bar
- Café

Sortir

- Spectacle

Achats

- Magasin

Renseignements

- Poste
- Point d'information

Transports

- Aéroport/aérodrome
- Poste frontière
- Bus
- Téléphérique/funiculaire
- Piste cyclable
- Ferry
- Métro
- Monorail
- Parking
- S-Bahn
- Taxi
- Train/rail
- Tramway
- Tube
- U-Bahn
- Autre moyen de transport

Routes

- Autoroute à péage
- Autoroute
- Nationale
- Départementale
- Cantonale
- Chemin
- Route non goudronnée
- Rue piétonne
- Escalier
- Tunnel
- Passerelle
- Promenade à pied
- Promenade à pied (variante)
- Sentier

Limites et frontières

- Pays
- Province/État
- Contestée
- Région/banlieue
- Parc maritime
- Falaise/escarpement
- Rempart

Population

- Capitale (pays)
- Capitale (État/province)
- Grande ville
- Petite ville/village

Géographie

- Refuge/gîte
- Phare
- Point de vue
- Montagne/volcan
- Oasis
- Parc
- Col
- Aire de pique-nique
- Cascade

Hydrographie

- Rivière
- Rivière intermittente
- Marais/mangrove
- Récif
- Canal
- Eau
- Lac asséché/salé/intermittent
- Glacier

Topographie

- Plage/désert
- Cimetière (chrétien)
- Cimetière (autre religion)
- Parc/forêt
- Terrain de sport
- Site (édifice)
- Site incontournable (édifice)

LES GUIDES LONELY PLANET

Une vieille voiture déglinguée, quelques dollars en poche et le goût de l'aventure, c'est tout ce dont Tony et Maureen Wheeler eurent besoin pour réaliser, en 1972, le voyage d'une vie : rallier l'Australie par voie terrestre via l'Europe et l'Asie. De retour après un périple harassant de plusieurs mois, et forts de cette expérience formatrice, ils rédigèrent sur un coin de table leur premier guide, *Across Asia on the Cheap*, qui se vendit à 1 500 exemplaires en l'espace d'une semaine. Ainsi naquit Lonely Planet, qui possède aujourd'hui des bureaux à Melbourne, Londres et Oakland, et emploie plus de 600 personnes. Nous partageons l'opinion de Tony, pour qui un bon guide doit à la fois informer, éduquer et distraire.

LES AUTEURS

Brandon Presser

Auteur-coordinateur, Ko Samui et Sud-Ouest du golfe de Thaïlande.

Ayant passé son enfance dans un pays où on peut très bien finir dans les bras d'un ours, ce Canadien qui avait la bougeotte a toujours rêvé de palmiers ondulant sous le vent et de sable doré. Un trek en Asie du Sud-Est quand il était adolescent a été le déclic : il s'est retrouvé pour toujours enlacé à cette région. Année après année, il y est retourné pour plonger, se dorer au soleil et se régaler de *sôm-tam* (salade de papaye) délicieusement épicé. Ensuite, après avoir quitté son travail au Louvre, Brandon a rejoint le rang des éternels nomades, que l'on envie, et est devenu un écrivain de voyages freelance à plein temps. Il est le co-auteur de plus de 35 guides chez Lonely Planet, qui vont de l'Islande à la Thaïlande, en passant par beaucoup d'autres terres. Vous en apprendrez plus à propos de Brandon sur www.brandonpresser.com.

Celeste Brash

Phuket et le nord de la côte d'Andaman, Ko Phi Phi et le sud d'Andaman.

Celeste est tout d'abord partie en Thaïlande pour étudier la langue, l'histoire et la culture thaïlandaises à l'université de Chiang Mai. Depuis, elle y est retournée à plusieurs reprises, pour goûter aux nuits animées de Ko Phang-Ngan et aux semaines de silence au Wat Suanmok. Ses récits de voyage sont disponibles en anglais aux éditions Travelers' Tales et ses articles ont été publiés dans plusieurs revues, dont le *LA Times* et *Islands*. Elle ne se souvient pas à combien de guides Lonely Planet elle a participé (au moins 30), mais sait seulement que son cœur appartient à l'Asie du Sud-Est. Quand elle n'entraîne pas son mari et leurs enfants vers des contrées exotiques, Celeste vit à Portland, Oregon. Retrouvez-la sur www.celestebrash.com.

Austin Bush

Bangkok

Austin Bush est arrivé en Thaïlande en 1998, après avoir obtenu une bourse pour étudier le thaï à l'université de Chiang Mai. L'attrait de la vie urbaine, le besoin d'un emploi et un penchant pour la cuisine épicée l'ont finalement mené à Bangkok, où il est toujours et content de vivre. Ce natif de l'Oregon, écrivain et photographe apprécie particulièrement de travailler sur le thème de la gastronomie. Vous pourrez suivre son travail sur www.austinbushphotography.com

Thaïlande, îles et plages

3e édition

Traduit et adapté de l'ouvrage *Thailand's Islands & Beaches, July 2012*

Dépôt légal Octobre 2012
ISBN 978-2-81612-141-4
Imprimé par Grafica Veneta, Trebaseleghe, Italie
Réimpression 02, juin 2013

En Voyage Éditions | un département place des éditeurs